中国反垄断十二年

回顾与展望

李青 主编

中信出版集团 | 北京

图书在版编目（CIP）数据

中国反垄断十二年: 回顾与展望 / 李青主编 . --
北京 : 中信出版社 , 2020.12
ISBN 978-7-5217-2466-0

I. ① 中…　II. ① 李…　Ⅲ . ①反垄断法—研究—中国
Ⅳ . ① D922.294.4

中国版本图书馆 CIP 数据核字 (2020) 第 227416 号

中国反垄断十二年：回顾与展望

主　　编：李青
出版发行：中信出版集团股份有限公司
（北京市朝阳区惠新东街甲4号富盛大厦2座　邮编　100029）
承 印 者：北京诚信伟业印刷有限公司

开　　本：787mm × 1092mm　1/16　　印　　张：49.5　　字　　数：768千字
版　　次：2020年12月第1版　　印　　次：2020年12月第1次印刷
书　　号：ISBN 978-7-5217-2466-0
定　　价：198.00元

编委会人员

目　录

序一 …………………………………………………………… 彭森 Ⅶ

序二 …………………………………………… 威廉姆·科瓦希克 Ⅺ

序三 ………………………………………………………… 林至人 XV

第一篇　12位学者谈

反垄断法理与经济学基础 ……………………………………… 于立 3

“两拓”并购与中国反垄断法 ………………………………… 王晓晔 9

反垄断法的学术之争难掩其制度之效 …………………… 王先林 14

初创和奠基：反垄断司法的早期岁月 …………………… 孔祥俊 20

反垄断法：一本难啃的市场经济“大部头” …………… 史际春 32

一个反垄断法研究者的疲惫与欢乐 ……………………… 许光耀 38

对反垄断领域一项副业的回忆和感悟 …………………… 吴汉洪 45

遗憾的减法与欣慰的加法 ………………………………… 时建中 51

经济分析在中国反垄断中的应用 ………………………… 林平 60

行政性垄断与竞争文化 …………………………………… 徐士英 67

禁止行政性垄断行为立法及法律实施的回顾 ………… 盛杰民 72

《反垄断法》对中国经济体制改革的回应与支撑 ………… 黄勇 79

第二篇　12 位机构及实务界人士谈

在不确定性中坚持理性 ………………………………… 丁文联　87
反垄断之路：栉风沐雨，砥砺前行 ………………… 宁宣凤　94
与《反垄断法》共同成长 …………………………………… 任勇　101
反垄断司法 12 年：回顾与展望 ……………………… 朱理　108
以竞争政策为主导，完善社会主义市场经济体制机制…… 张汉东　117
亲历与见证：《反垄断法》的第一个 12 年 ……………… 李青　126
招投标市场中相关市场的界定 ………………………… 芮松艳　134
我国反垄断司法实践基本观察 ……………………………… 宋健　140
反垄断理论与实践的中国色彩 ……………………………… 尚明　149
开创竞争政策基础地位的反垄断立法 ……………… 赵晓光　156
见证中国反垄断事业的 12 年 ………………………………… 韩亮　175
12 年反垄断求索之路……………………………………… 魏士廪　181

第三篇　12 件法治建设及国际交流合作大事

反垄断法颁布是我国的一次思想大解放 ………………… 王晓晔　189
国务院反垄断委员会与专家组 ……………………………… 王先林　196
公平竞争审查制度 ……………………………………………… 李青　203
中国经营者集中申报标准面临的挑战及修订展望 ……… 钱晓强　211
国务院反垄断委员会指南 ………………………………… 王先林　224
国务院机构改革与反垄断执法机构的统一 ………… 魏颖　祁欢　230
浅谈 2019 年“三部反垄断新规” ……………………………… 胡铁　235

反垄断法律规则体系建设 ………………………………………… 解琳 245
《反垄断法》的修订 ………………………………………………… 韩伟 251
中美反垄断交流与合作 ……………………………………………… 张炜 259
以竞争政策周为代表的中欧竞争政策合作 ………………………… 张昕 264
与金砖五国及其他国家的交流合作 ……………………………… 赵亦勤 271

第四篇 12 个并购案

可口可乐收购汇源案 ………………………………………………… 冯瑶 279
西部数据收购日立存储案 ……………………………… 任勇 张枫宜 287
希捷科技收购三星硬盘驱动器业务案 ……………………………… 冯瑶 296
谷歌收购摩托罗拉移动案 …………………………………………… 冯瑶 306
沃尔玛公司收购1号店案 ……………………………… 任勇 王文睿 315
赛默飞世尔科技公司收购立菲技术公司案
……………………………………………………… 许蓉蓉 巩明芳 324
美国应用材料公司收购日本毅力科创株式会社案
………………………………………………………………… 刘俊升 333
百威英博收购南非米勒案 ………… 韩亮 黄菁 董昀 梁笑冬 340
佳能收购东芝医疗系统未依法申报调查案 ……… 任勇 王智宁 351
拜耳收购孟山都股权案 …………………… 马辰 仕达 杜波 360
高通公司收购恩智浦半导体公司股权案 ……………… 任勇 柳洁 369
马士基航运公司收购汉堡南美船务集团股权案
…………………………………………… 谢冠斌 焦姗 吴旭婷 374

第五篇　12 个协议或滥用行为案

锐邦诉强生纵向垄断协议纠纷案 …………………………… 岑兆琦　385
奇虎 360 诉腾讯滥用市场支配地位纠纷案 …………………… 朱理　392
华为诉交互数字案 ………………………………………………… 祁放　404
浙江保险行业协会及 23 家财险公司垄断协议案 ………… 万江　410
中国电信和中国联通滥用市场支配地位案 ……………… 只升敏　418
高通公司滥用市场支配地位案 ……………………………… 张占江　426
奔驰汽车价格垄断案 ………………………………………… 鞠汉方　432
重庆青阳药业有限公司滥用市场支配地位案 …………… 胡健禾　440
八家滚装货物国际海运企业横向垄断协议案 …………… 倪国宸　450
利乐滥用市场支配地位案 …………………………………… 王晓茹　456
海南裕泰不服海南省物价局处罚决定行政诉讼案 ………… 薛强　463
伊士曼滥用市场支配地位案 ………………………………… 杨超　470

第六篇　12 个行政垄断案

斯维尔诉广东省教育厅及第三人广联达行政垄断诉讼案
………………………………………………… 魏士廪　李蕊　481
斯维尔诉赣住建厅、造价局侵害公平竞争权案
………………………………………………… 魏士廪　李蕊　490
河源市人民政府滥用行政权力案 ……………… 孙文　陈华荣　503
深圳市教育局滥用行政权力案 ……………………………… 孙娟娟　516
河北省交通运输厅等部门滥用行政权力案 ………………… 只升敏　524

云南省通信管理局行政垄断案 ………………………… 魏士廪 529
蚌埠市卫计委滥用行政权力案 ……………………… 孙晋 徐则林 535
“新居配”滥用行政权力案 ………………………… 李青 魏颖 543
深圳市卫计委 GPO 行政垄断案………………………… 仲春 王政宇 552
北京市房山区燃气开发中心行政垄断案 ………………… 魏士廪 561
内蒙古公安厅指定使用独家印章软件系统行政垄断案
…………………………………………………… 魏士廪 李蕊 569
北京市交管局交通违章罚款管理滥用行政权力案 ……… 杨佳佳 578

第七篇 12 位国际专家和学者的观察

再接再厉：一项指引机构领导人建设良好竞争法
体系的规范 …………………………………… 威廉姆·科瓦希克 589
《反垄断法》出台后的 12 年 ………………………… 艾伦·菲尔斯 607
中国反垄断法实施 12 年回顾：基于比较视角的评估
…………………………………………………… 阿尔贝托·海姆勒 620
新冠危机下的反垄断：拨云见日的公共利益和经济理性
…………………………………………………… 弗里德里克·詹尼 634
竞争政策应如何应对新冠疫情？ ………………… 安德鲁·泰瑞 646
一轮圆满：纪念中国反垄断法和知识产权的 12 年
………………………………… 莫琳·奥尔豪森 雅娜·塞德尔 664
国家市场监督管理总局的成立和演进
……………………… 蕾娜塔·海瑟 索菲娅·范德格瑞特 676
两个体系的故事：美国和中国反垄断审查决定的比较分析
……………………………… 道格拉斯·金斯伯格 蔡淑如 689

中国转售价格维持分析
…………………… 约书亚·怀特　伊恩·弗雷泽　周颖　703
欧盟与中国的竞争法合作 ………………………… 托本·托夫特　725
中国在促进竞争执法国际合作和程序保障方面的重要角色
………… 乔治·卡里　布鲁斯·霍夫曼　黄存真　许涣冰　737

中国经营者集中审查程序的透明度和公平性
……… 弗朗西斯科·冈萨雷斯－迪亚斯　黄存真　孙艺铭　748

后记 …………………………………………………… 张穹　759
主要作者简介 ……………………………………………… 764
致谢 ………………………………………………………… 771

序一

彭森

1992 年，党的十四大确立了建立社会主义市场经济体制的改革目标，开启了我国从计划经济转向市场经济，构建统一、开放、竞争、有序的市场经济体系的改革历程。1993 年我国开始推进《反垄断法》的研究起草工作，前后历时十几年，在 2007 年 8 月的全国人大常委会上表决通过，2008 年 8 月 1 日正式实施，至今已实施 12 年了。我国研究、起草和实施《反垄断法》的过程，与我国经济体制改革的进程呈现出高度一致。《反垄断法》的研究、起草和实施，起到了传播市场经济竞争理念、确定市场经济竞争规则、助力我国改革事业的作用。一方面，《反垄断法》的制定出台，是我国市场经济发育发展的重要里程碑，是中国伟大的改革开放事业的有机组成部分。同时，我国建立社会主义市场经济体制的改革实践，对《反垄断法》的理念、原则和最后出台，提出了迫切的要求，也提供了鲜活的实践，更奠定了思想基础和制度基础。

经过四十多年的不懈探索和实践，我国社会主义市场经济体制已经初步建立，我国经济由高速增长阶段转向高质量发展阶段，社会主要矛盾发生深刻变化，国际经济政治格局发生深刻的大变化、大调整，这些因素要求我国在更高起点、更高层次、更高目标上推进经济

---

* 彭森，中国经济体制改革研究会会长。曾任第十二届全国人大常委、财经委员会副主任委员，国家发改委副主任，国务院经济体制改革办公室副主任。

体制改革。为此，党的十九届四中全会明确提出，要强化竞争政策基础地位，加强和改进反垄断执法。在这个时间节点上，回顾《反垄断法》实施的第一个 12 年，展望我国改革开放的光明前景，恰逢其时。

《反垄断法》于 2008 年开始实施，当时我在国家发改委任副主任，分管价格工作，《反垄断法》实施后担任了国务院反垄断委员会成员。根据国务院 2008 年批准的“三定”方案，国家发改委、商务部和工商总局共同承担反垄断工作，在职能上各有分工。其中，国家发改委负责依法查处涉及价格的垄断行为，具体包括垄断协议、滥用市场支配地位、滥用行政权力排除限制竞争等行为；商务部负责依法进行经营者集中审查；工商总局负责垄断协议、滥用市场支配地位以及滥用行政权力排除竞争方面的反垄断执法，涉及价格的除外。在具体工作中，国家发改委还为商务部经营者集中审查工作提供政策支撑，就具体案件的审查提出参考意见。《反垄断法》实施后，国家发改委调查处理了一系列案件，其中有不少是相关领域的第一案或者垄断行为类型的第一案。案件调查范围涉及图书、互联网接入、原料药、交通运输、电影、海运、保险、证券、标准必要专利、奶粉、白酒、汽车零配件、水泥、河沙、造纸、医疗器械等领域。其中有不少案件成为社会各方关注的焦点。

在大力推进反垄断执法的同时，国家发改委制定出台了《反垄断法》配套部门规章、指南及规范性文件，加强了反垄断和竞争政策领域的国际交流合作。通过争取，中央编办为国家发改委本级及价格系统增加了反垄断执法人员专项编制。最值得提及的是，按照中央的部署，国家发改委牵头起草了国发〔2016〕34 号文件《关于在市场体系建设中建立公平竞争审查制度的意见》的送审稿，并大力推动了公平竞争审查制度的落实和实施。反垄断执法工作以及公平竞争审查制度的实施，对规范经营者竞争行为、预防政策制定机关排除限制竞争，从而构建和维护我国公平竞争的市场环境发挥了非常重要的作用。

12年来,《反垄断法》的实施取得了丰硕的成果,三家执法机构在2018年实现了统一,竞争政策的基础地位逐步得到认可,体现了我国市场经济体制改革的内在逻辑,与市场化改革目标高度契合,产生了巨大的推动作用。我个人作为这段历史的亲历者,作为改革领域的一个老兵,感到非常欣慰。展望未来,我想借为本书作序的机会,就强化《反垄断法》实施、强化竞争政策基础地位以及进一步深化市场化改革,提出三点希冀。

第一,处理好政府与市场的关系。改革开放四十多年来,政府与市场的关系始终是经济体制改革的核心问题。市场配置资源是最有效率的形式。坚持社会主义市场经济改革方向,就要充分尊重市场经济一般规律,"使市场在资源配置中起决定性作用,更好发挥政府作用"。市场经济的核心是公平竞争,只有竞争公平,才能从根本上破除阻碍要素自由流动的体制机制障碍,才能保证不同的市场主体平等获取生产要素,推动要素配置依据市场规则、市场价格、市场竞争实现效益最大化和效率最优化。更好发挥政府作用也是社会主义市场经济的内在要求,但政府的政策和行为都不应忽视和动摇竞争政策的基础地位。

第二,处理好改革与发展的关系。发展无止境,改革亦无止境。当今世界国家间的竞争在经济、政治、文化等多个领域同时展开。面对百年未有之大变局,最根本的竞争还是制度的竞争,制度优势是一个国家最大的优势。长期以来,为追求经济快速发展,政府对微观市场进行直接干预,却带来了产能过剩、政策寻租、政策依赖、企业竞争力不强等一系列问题。进一步强化反垄断执法、强化竞争政策基础地位、坚持市场化改革方向,必然会释放出巨大的改革红利和制度红利,将会助推我国经济实现新一轮高质量发展。

第三,处理好改革与法治的关系。在新时代加快完善社会主义市场经济体制，必须强化法治保障。社会主义市场经济本质上是法治经济。一方面，全面依法治国强调把改革纳入法治轨道，重大改革应当于法有据。另一方面，全面深化改革要求推进市场的法治化建设，不断完善社会主义市场经济法治体系，让法律制度成为市场经济高效、有序运行的重要保障。《反垄断法》是经济体制改革法律化的重要范本，为发挥法治在促进和保障改革中的作用提供了重要参考。在我国的其他改革领域，也应该有这样的法治高度和法治勇气，既用法律固定改革成果，也用法律推动改革进程。

中国经济体制改革研究会牵头组织 80 多位参与《反垄断法》研究、起草和实施的专家、学者、官员、法官、律师以及来自丹麦、比利时、美国、英国、法国、意大利、澳大利亚等国反垄断领域的资深专家，一起回顾中国《反垄断法》实施的第一个 12 年，不仅可以留存这 12 年的珍贵历史，也为《反垄断法》的未来发展提供一个记忆的新起点。鉴于此，我代表中国经济体制改革研究会对本书的出版表示热烈的祝贺，对各位作者的积极参与、各位编辑的辛勤付出以及北京凯恩克劳斯经济研究基金会的大力支持，表示衷心的感谢。同时，祝愿我国的反垄断事业更上层楼，祝愿我国的改革开放事业取得更大的成就。

序二

威廉姆·科瓦希克

反垄断界的重要时间点通常来说都跟五和十有关。比如，反垄断评论家在2020年纪念了《谢尔曼法》颁布130周年，又比如，2021年是改变了并购控制规则的《哈特-斯科特-罗迪诺反托拉斯改进法》（1976年颁布）的45周年纪念。今天，为什么这几位主编偏离了“尚五崇十”的传统，苦心找来这么多专家撰写文章，纪念中国《反垄断法》的12年呢？我想，至少有三个理由，让这个12年特别值得纪念。

首先就是新冠疫情的肆虐。这场疫情给全世界的竞争执法机构带来了残酷的考验，迫使它们面对灾难性的经济动荡，不得不采取一些临时性的政策措施。在动荡中，竞争执法机构做出了巨大努力和非凡创造。出于迫切需求，它们激发了自身前所未有的能力——迅速搜集和分析有关可疑商业行为的数据并以惊人的速度制定出应对策略；急速出台指南明确经营者能做和不能做的事项；在办公场所关闭、业务团队无法面对面沟通的情况下，通过高效的远程办公，保障案件的顺利开展。这场疫情还无情地暴露了目前竞争法律体系的弱点，并通过一些强有力的证据向监管机构清晰展现了需要填补的政策缺陷和改进的方向。尽管疫情并没有赋予竞争执法机构新的权力，但这场危机帮

---

*　William E. Kovacic，美国联邦贸易委员会前主席，乔治·华盛顿大学法学院国际竞争法教授。

助执法机构找到了新的政策工具。虽然只是应急措施，但执法机构仍然有权力在非疫情时期继续使用这些工具。所有这些经验、教训以及危机中的彷徨都值得铭记。本书中很多这类文章都非常有技巧地向我们分享了这些财富。

出版本书的第二个理由是现在是数字化时代。在过去不到四分之一世纪的时间里，这些属于新时代的公司不断涌现，并在中国和世界上享有盛名。它们占据了数字商业时代的各个重要赛道，并且通过自身不断扩张的经济实力挑战了现有的竞争政策体系。这些数字企业复杂又令人困惑的发展，给竞争执法机构识别问题和找到恰当的救济措施带来压力。科技巨头的惊人崛起以及它们在一个又一个领域中掀起的革命，也引发了人们对竞争法宗旨的重新审视：竞争法应当强调对作为商品和服务购买者的公民利益的保护，还是应当有更多元化的价值目标，如关注工人和小企业的利益、社区以及公共治理的质量等？关于现有反垄断工具——侧重于个案的解决方式——是否足以应对包括反垄断、消费者和隐私保护在内的涉及多个政策领域的交叉问题，全世界仍在争论不休。本书中的多篇文章都提供了解决这些问题的宝贵见解。

出版本书的第三个理由是，在中国《反垄断法》实施 12 年做回顾和评估非常及时。没有任何一个国家能够保证每隔五到十年，或者更长的时间，一定有足够的竞争法或者其他任何公共政策领域的进展，用于回顾性的评估。回顾竞争法的历史，追溯到 19 世纪晚期北美进行的首次竞争立法尝试，我们可以得到一个明确的启示：一个成功的体系总是通过不断地尝试、评估和完善而得到发展。这个持续的评估过程对于这样的正向循环来说至关重要。我相信，这也深植于中国《反垄断法》的实施经验之中。自从《反垄断法》实施以来，中国的反垄断实施机制变化巨大，取得了相当可观的进展。这其中最值得一提的，是在《反垄断法》实施 10 年时，中国进行了一次重大的机构改革，将《反垄断法》实施初期的三家执法机构的职能整合到一起。之所以这样做，是因为中国持续不断地对法律实施效果进行评估，并寻求更好的政策实现路径。这是非常值得赞许的。特别是在《反垄断法》实施12年时，人们又开始热议《反垄断法》的首次修订。此时进行回顾和评估，可以对“未来应当如何做得更好”有更加深入的思考。

序三

林至人

对于中国经济体制改革和经济长期发展来说，建立公平和充分竞争的市场经济至关重要。纵观那些经济能够保持长期强劲增长，以及那些在二战后避免了中等收入陷阱并成功转型为高收入经济体的若干国家的发展轨迹，不难发现：这些国家体制的根本特点之一就是通过竞争性的市场来配置资源。在过去的250年中，全球大型经济体的主要进步，基本上都是在市场竞争和自由贸易的背景下取得的。全世界大量的研究都清楚地表明，竞争可以降低价格、提高效率和生产率并加速创新。

十八届三中全会决定，使市场在资源配置中起决定性作用，建设统一开放、竞争有序的市场体系，这是中国经济体制改革的一项重大突破。十八届四中全会决定全面推进依法治国，使中国朝着更具竞争力的市场经济迈出了坚实的一步，遏制反竞争行为的法律措施得到进一步加强。为了推动落实这些具有里程碑意义的决定，北京凯恩克劳斯经济研究基金会自2013年以来围绕中国竞争政策问题开展了三项重要研究。[①] 该基金会是一家在北京设立并注册的独立非营利性经济研究型基金会。基金会的宗旨是为加强对中国经济政策的分析，特别

---

* Cyril Lin，北京凯恩克劳斯经济研究基金会理事及执行主任。

① 这三项研究分别是《以竞争促增长：国际视角》（2016）、《减少竞争中的政策壁垒：国际经验与教训》（2018）和《中国数字经济的竞争政策：国际视角》（将于2021年完成）。

是为公共政策的分析提供智力支持，并推动中国经济与全球经济的协调发展。基金会为中国学者、学生、专业人士、政府官员与国际知名专家进行政策对话、开展中外合作研究项目以及为其参加国际著名学府或机构的高端培训提供资金支持并开展相关活动。

基于我们对中国竞争政策的高度关注，北京凯恩克劳斯经济研究基金会很荣幸能为中国经济体制改革研究会编著的《中国反垄断十二年：回顾与展望》一书的出版提供资助。此书涵盖的文章由部分国内外研究竞争法和竞争政策的顶级专家以及从事反垄断实务的机构和专业人士撰写，不仅涉及反垄断执法重点领域的代表性案例研究，而且包含了中国反垄断法律、监管框架发展以及国际合作的重要文件。

本书以独特的视角全面概括了《反垄断法》自2008年实施以来的12年里，这一法律在建立竞争性市场体系方面发挥的重要作用。对于任何想要了解有关情况的人士而言，这都是非常宝贵的。本书还记录了中国在建设更加开放、更具竞争力的市场经济方面一如既往的不懈努力。近期，国际上出现了一些贸易保护主义情绪，个别国家对中国坚持开放和公平竞争的承诺缺乏了解，本书的出版可谓恰逢其时。建立开放和公平竞争的市场经济体制，对任何国家来说都是动态发展的长期过程。中国已在路上，但仍任重道远。

祝贺编辑团队编纂了一部内容丰富且具有指导意义的文集。

第一篇

12位学者谈

反垄断法理与经济学基础

于立*

从经济学角度看，研究竞争政策或从事反垄断实践，有下述几组关系值得注意：(1) 微观经济学与产业经济学——微观经济学的逻辑思路一方面从消费到需求，另一方面从生产到供给，进而从供求价格到市场结构，再到政府作用与法律制度。产业经济学属于微观经济学的应用，侧重于企业之间的竞争与垄断关系，包括早期的结构—行为—绩效（SCP）研究范式。(2) 反垄断经济学与规制经济学——能够竞争的靠市场竞争，构成反垄断经济学；难以竞争的靠政府规制，形成规制经济学。(3) 政治经济学与制度经济学——新政治经济学（political economics）不同于旧政治经济学（political economy），是用经济学的理论和方法研究政治问题，与制度经济学有些交叉。(4) 经济计量学与博弈论——竞争政策和反垄断实践依靠的经济学方法主要是经济计量学和博弈论，前者需要足够数据，后者侧重理论推演。成本—收益分析属于较低层次。(5) 法律经济学（Law & Economics）与法理经济学（Jurisprudential Economics）——反垄断经济学和规制经济学本来都是法律经济学的重要组成部分，后来相对独立。法律经济学是用经济学的理论和方法研究法律问题，法理经济学则是用经济学的理论和方法研究法理问题。法理经济学目前在全球范围尚未建

* 于立，中国工业经济学会副会长，兼任竞争政策专业委员会主任。

立，是我正在研究的方向和努力的目标。

一、行业与市场

从《反垄断法》2008 年开始实施至今，国务院反垄断委员会及其下设的执法机构，在很多方面都取得了巨大的成绩，唯独第九条中的“组织调查、评估市场总体竞争状况，发布评估报告”，落实情况不能令人满意。尽管也做了大量的工作，并曾经对汽车、电力、农药、互联网等多个行业立项招标，组织进行竞争状况评估，但十多年没有正式公开发布一项竞争状况评估报告，更谈不上像欧盟竞争委员会那样，用多种文字对外公布。

根本原因在于《反垄断法》立法之初，就忽视了“行业≠市场”的反垄断经济学公理。行业标准分类是统计机构定期发布统计数据的基本依据，但统计工作中的行业通常并不对应具体的市场。反垄断意义上的“相关市场”，因时因势而变，不能事先预定，所以统计数据不能直接使用。而且，统计数字多用不变价格，与市场的本意相去甚远。数字经济下，平台企业对应的是双边市场，那种依靠统计数据，事先界定市场的思路就更行不通了。但愿已经开启的《反垄断法》修订工作，会注意到这个问题。

二、效率与公平

一般来说，经济学更重视效率，法学更重视公平或正义。但在反垄断领域，效率和公平应该统一。《反垄断法》对违法行为规定了停止违法行为、没收违法所得、行政罚款和法律赔偿四种处罚，构成相应的“处罚结构”。而现实反垄断实践中，存在“处罚结构”失衡的弊端。主要表现有二：一是几乎没有没收违法所得的情况；二是行政执法只罚款不赔偿，法院执法只赔偿不罚款。

2017 年，在“中国法律经济学年会”上，我做了《垄断侵害与垄断损失辨析及最适处罚结构》的主旨报告。随后，又多次在中国社会科学院、香港岭南大学等学术机构会议上报告其理论和发现。我的主要观点是，总垄断损害 = 垄断侵害 + 垄断损失。相应地，总损害处罚 = 损害赔偿 + 垄断罚款。需要同时兼顾效率原则（数倍威慑）和赔偿原则（多年累计），绝不能顾此失彼。综合目标 = 维持公平 + 追求效率 = 还原收益转移 + 消除效率损失。要达到这个要求，现有的法理理论和机构设置都需要相应提升或改变。

三、后继诉讼与举证责任

2019 年，我曾以专家证人的身份，介入一起反垄断后继诉讼。该案件的典型意义有二：一是它可能是中国第一起反垄断后继诉讼；二是法院对举证责任的认定陷入困境。

案件的焦点在于，行政执法机构对被告的纵向垄断行为进行查处之后，某消费者后继起诉原被告，要求给予损害赔偿。按理，法院无须重新认定被告的违法事实，只需认定后继原告是否受到垄断所害（有因果关系），进而确定赔偿金额。如果法院判定垄断行为不成立，也就没有赔偿问题，但这等于否定了行政执法的判决。现有法规规定中，纵向垄断案件中行政执法与民事诉讼审查标准区别较大。在行政执法中，被告在豁免抗辩中承担举证责任；而在民事诉讼中，原告承担举证责任，对于滥用市场支配地位方面的案件，原告举证难度过大，举证责任配置存在法律缺欠。现有法律法规关于举证责任的配置漏洞明显，既无效率，也失公平。比如在该案中，在前案行政执法中，被告因不能举证豁免理由而被判罚，垄断行为自行成立；而在民事后继诉讼中，原告因举证困难不被认定而无奈败诉（一审）。结果，法院实际上否定了行政执法机构的判决。

作为法律经济学学者，也曾是国务院反垄断委员会专家咨询组的成员，能够经历这样一件案件，无论有无二审，或者结果如何，这都将成为我正在研究的《法理经济学》中的一个典型案例。

四、《反垄断法》与《反不正当竞争法》

2004 年，我曾获批主持教育部人文社科重点研究基地重大项目《中国〈反垄断法〉与〈反不正当竞争法〉的共同经济原理及其衔接》（04JJD790007），并提出了近期“二法并存”，中期“一主一辅”，最终“二法合一”的思路。

2017 年 3 月 18 日，在中国人民大学法学院组织的“竞争政策沙龙”上，我以“《反不正当竞争法》与竞争政策无关?”为题，提出《反不正当竞争法》与《反垄断法》演变规律，会经历“先入为主，猴子称王；二法并存，此消彼长；后来居上，诸神退位”这样三个阶段。主要理由是，《反不正当竞争法》法律阶位低，与《消费者权益保护法》《商标法》《专利法》《广告法》《价格法》等相关法律交叉重复多，更关键的是虽然名为《反不正当竞争法》，其实与竞争政策基本无关。该法虽然经历过 1993 年、2017 年和 2019 年三次修订，但大的趋势不会改变，难逃与《乡镇企业法》相似的不了了之的命运。

五、国际竞争网络与国际竞争组织

ICN 是国际竞争网络（International Competition Network）的简称，ICO 是国际竞争组织（International Competition Organization）的简称。前者是一个专门研究反垄断法律和竞争政策的国际性学术组织，但受某种政治因素影响，中国至今还不是其正式成员。后者是我提出的国际组织机构，希望替代并扩展 WTO（世界贸易组织）的部分职能，尽快成为一个新的国际机构，甚至考虑总部就设在北京。

我们早就意识到竞争政策的国际间协调是件大事，并于 2005 年立项获批教育部人文社科重点研究基地重大项目《竞争政策的国际协调：机理、机构与法律》（05JJD790030）。从我们最早提出建立 ICO 的设想，15 年过去了，目前特别是出现 2018 年中美贸易争端之后，成立 ICO 的意义更加明显，时机和条件也已渐成熟。

2018 年，在《反垄断法》实施 10 周年之际，国务院反垄断委员会专家咨询组要求大家写文章纪念，并推动进一步发展。我以法制日报内参的渠道，写了《关于推动建立国际竞争组织（ICO）的建议》报送国务院有关领导，并在中国工业经济学会主办的《产业论丛》（政策建议版，2018 第 1 期）内部刊登，后又在《竞争政策研究》（2018 年第 4 期）上正式发表。

六、竞争政策与法律失灵

中央有关文件中多次明确，要发挥市场在资源配置中的决定性作用，并且竞争政策处于基础性地位。有人对此有所误解，觉得产业政策属于政府范畴，竞争政策属于市场范畴，可能出现“市场失灵”。我认为，竞争政策是更好发挥政府作用的首要工具，需要注意的是“政府失灵”，而不是“市场失灵”。与此相应，反垄断执法还需要尽量避免出现“法律失灵”。

2018 年 9 月，我曾以“‘法律失灵’理论与案例”为题，在“北上广深”（北京市、上海市、广州市、深圳市）律师协会举办的“第三届中国竞争与反垄断实务论坛”上，做了简要介绍。

“法律失灵”的有关理论是我计划完成的《法理经济学》的重要组成部分。据目前的研究发现，“法律失灵”的种类与原因主要有这样几个方面：(1) 法律滞后性；(2) 信息不对称；(3) 理性人问题；(4) 法条间悖论。

七、公地悲剧与公地喜剧

公地悲剧一直是法律经济学和法理经济学研究的重要问题，针对的是具有“争用性”而无“限用性”的“公用品”（common goods）。而数字经济中，很多物品是不具“争用性”而有“限用性”的“共享品”（club goods），特点是零边际成本。以“药神案”中的专利药为例，其中总药价中较大比例是专利分摊费用，而生产中的边际成本为零。这样，如果知识产权保护过度，就可能因患者支付不起而出现见死不救的“反公地悲剧”（tragedy of anti-commons），同时也有垄断之嫌；反之，如果知识产权保护不足，药商无法获利，必然研发不足，又可能出现无药可医的“准公地悲剧”（tragedy of quasi-commons）。知识产权保护与反对滥用知识产权必须“保反兼顾”，不能单打一。

另一方面，由于数字经济中大量的“共享品”，如百科全书、知网等，竞争机制设计得好，完全可以使“共享品”向既不“争用”也不“限用”的“共用品”（public goods）转化，从而出现日益增多的“公地喜剧”（comedy of commons）成分。这是新经济面临的重要问题，也是对反垄断机构和知识产权法院提出的挑战。

“两拓”并购与中国反垄断法

王晓晔*

我国《反垄断法》于2008年8月1日开始实施，澳大利亚的“两拓”并购是中国反垄断执法机关最早审理的案件之一。在我国《反垄断法》实施12周年的今天，回顾此案，仍然具有重大意义。世界各国反垄断法一般都有域外效力的规定。不论全球化的历程如何发展变化，有一点是确定的，反垄断法域外适用非常重要。在一个国家产生的限制竞争非常可能在其他很多国家或地区产生不利影响。为了保护竞争，保护消费者的选择权，世界各国反垄断执法机构需要合作。

2008年10月1日，澳大利亚竞争监管机构澳大利亚竞争和消费者委员会批准了必和必拓集团（BHP Billiton）以1 200亿美元的代价并购力拓集团（Rio Tinto）的计划。澳大利亚竞争和消费者委员会的批准书指出：“委员会认为这个并购无论对铁矿石市场，还是对其他市场，均没有不利的影响。”10月3日，我在墨尔本大学法学院举办的反垄断国际研讨会上听到这个消息后，在会上直截了当批评了澳大利亚竞争和消费者委员会批准“两拓”并购计划的决定。我的发言引起国际社会的高度重视，会后接受了澳大利亚国家电视台ABC的采访，从墨尔本飞回北京的航班上还看到《星岛日报》和路透社记者就

*　王晓晔，深圳大学特聘教授，中国社会科学院法学研究所研究员。

我发言内容的报道。我还在2008年11月5日《中国经济时报》发表了《我国反垄断执法机构应拒绝批准“两拓”并购》，2009年7月24日在《中国周刊》发表了《反垄断法对“两拓”并购的影响》。我的基本观点是，从世界铁矿石市场的竞争秩序出发，“两拓”并购存在严重的反竞争问题；如果“两拓”并购向中国提出了申请，中国反垄断执法机构应当拒绝批准，即便澳大利亚政府对这个并购开了绿灯。

“两拓”并购计划的收购方是必和必拓集团。必和必拓成立于1885年，总部设在墨尔本，在澳大利亚、英国、美国等很多国家的股票交易所同时上市，目前是全球最大的矿业集团，也是全球第三大铁矿石供应商。“两拓”并购的被并购方是力拓矿业集团。该集团成立于1873年，总部设在英国，在澳大利亚、英国同时上市，目前是全球第二大铁矿石供应商，也是向中国出口铁矿石的最大企业。根据当时的统计数据，必和必拓和力拓年产铁矿石2.6亿吨，与巴西淡水河谷公司一起，它们在铁矿石国际市场的份额达到75%。毫无疑问，随着必和必拓并购力拓，全球铁矿石市场的主要竞争者将从现在的三家减少为两家，从而会进一步提高市场集中度，加剧全球铁矿石的垄断性，其后果是影响铁矿石的产量和价格。我国是全球铁矿石的消费大国，进口的铁矿石中40%来自“两拓”，因此这个并购对我国钢铁业有着严重的不利影响。

我国反垄断执法机构应当对“两拓”并购行使管辖权，这不仅因为我国钢铁企业是“两拓”的大消费者，而是因为我国2008年8月1日生效的《反垄断法》有着域外适用效力。该法第二条规定：“中华人民共和国境内经济活动中的垄断行为，适用本法；中华人民共和国境外的垄断行为，对境内市场竞争产生排除、限制影响的，适用本法。”这即是说，我国《反垄断法》不仅适用于我国境内发生的垄断行为，也适用于境外发生但对我国市场能够产生排除、限制竞争影响的垄断行为。随着这个条款的实施，我国反垄断法会产生两个重要后果：一是其适用范围扩大到了在外国有住所或者营业场所的企业，如果它们在外国策划或者实施的限制竞争行为对我国市场有重大的限制竞争影响；二是对国际市场上从事生产经营活动的中国企业的适用受到了限制，如果它们的限制竞争行为对国内市场没有影响。简言之，我国反垄断法只适用于对我国市场有排除、限制竞争影响的活动，而不管行为人的国籍、住所，也不管限制竞争行为的策源地在哪个国家。

在经济全球化的今天，反垄断法域外适用非常重要。因为在反垄断法没有域外适用的情况下，一国的市场竞争完全可能受到来自国外限制竞争的影响。在这种情况下，反垄断法保护的自由竞争和公平竞争可能就成为空话。因此，世界各国反垄断法一般都有域外效力的规定。例如欧盟委员会依据欧盟竞争法的域外效力，1997 年曾干预过美国波音公司和麦道公司的并购，2001 年还禁止过美国通用电气公司与霍尼韦尔公司的并购。在通用电气公司并购霍尼韦尔公司一案中，尽管美国司法部附条件批准了并购，欧盟委员会还是发布了禁令，理由是美国司法部批准并购所附的条件不足以消除欧盟委员会的担忧，因为这个并购会加强美国通用电气公司在喷气发动机国际市场上的市场势力。

我国反垄断执法机构应对“两拓”并购行使管辖权，另一个重要原因是这个并购的规模达到了《国务院关于经营者集中申报标准的规定》，即如果参与集中的经营者在上一会计年度全球的营业额合计达到 100 亿元，且其中至少两个经营者上一会计年度在中国境内的营业额达到 4 亿元，该并购需要向反垄断执法机构进行申报。在“两拓”并购案中，必和必拓和力拓的年产铁矿石共计达到了 2.6 亿吨，这说明它们的全球营业额远远超过了 100 亿元；另一方面，我国进口铁矿石的 40% 来自“两拓”，这说明“两拓”在我国境内的营业额都远远超过了 4 亿元。因此，“两拓”并购必须向我国反垄断执法机关进行申报。

在澳大利亚的“两拓”并购一案中，人们比较关心的问题是，如果我国反垄断执法机构禁止批准并购，这个“禁止”决定对“两拓”并购后的企业将会产生什么影响。这里应当首先认识到，我国反垄断执法机构禁止“两拓”并购的决定是正确的。理由是这个并购将明显对全球铁矿石市场的竞争产生不利影响，主要的表现是可能会大幅提高铁矿石在国际市场的价格，其后果将损害中国钢铁企业的利益，损害中国消费者的利益，即这个并购将对我国的经济产生重大、直接和可以预期的不利影响。但是也有人提出，即便中国反垄断执法机关对这个并购做出禁止性决定，这个决定的司法效力可能存在问题，因为必和必拓和力拓在我国境内均没有财产，执法机构即便对违法企业做出罚款决定或者恢复原状的要求也均不会得到认真执行，甚至根本得不到执行。但是笔者认为，这个问题虽然可以考虑，但是不必过度考虑。因为参与并购的企业即便在中国境内没有财产，执法机构的禁止性决定对“两拓”还是能够产生重大的影响力。因为随着中国经济的不断发展和国内市场的不断扩大，这些企业一定会渴望与中国钢铁企业做更多的生意，渴望在中国市场销售更多的铁矿石，得到更大的市场份额。既然它们不想退出中国市场，中国反垄断法执法机关对“两拓”并购做出的禁止性决定毫无疑问会对它们产生心理压力和威慑力。

必和必拓和力拓在悉尼、伦敦、纽约、约翰内斯堡、法兰克福等很多地方的证券交易所有交易活动，在很多国家有资产，在国际市场有很多经营活动。因此，“两拓”并购如果成功，除了需要经过澳大利亚竞争主管机构和中国反垄断执法机关的审查，这个并购还需要经过其他很多反垄断机构的审查。美国不是“两拓”铁矿石的进口国，这个并购对美国市场没有大的影响，美国司法部做出一个自私的决定，即批准了这个并购。欧盟委员会则是对这个并购表示出“严重的疑虑”，因为和中国一样，欧洲有很多企业需要进口铁矿石，有些国家的对外依存度甚至达到百分之百。早在 2008 年 5 月 30 日必和必拓向欧盟委员会提出并购申报的当天，欧洲钢铁工业联盟就发表意见，敦促欧盟委员会驳回申请。欧盟委员会于 2009 年 1 月 15 日对“两拓”并购做出了不予批准的决定。

值得更加强调的是，我国《反垄断法》于 2008 年 8 月 1 日开始实施，澳大利亚的“两拓”并购是我国反垄断执法机关最早审理的案件之一。早在 2008 年 6 月，申报方就和商务部进行过接触，提出了申报申请，并提交了初步申报材料。尽管商务部反垄断局对这个并购案没有正式立案，但是它的态度受到了国际社会特别是日本企业的高度关注。国际社会关注中国刚刚建立的反垄断执法机关是否真正是一个市场竞争秩序的“守护神”。就是因为中国反垄断执法机关对这个并购明确持反对态度，“两拓”并购在中国反垄断执法机关正式立案和欧盟委员会正式做出禁止并购的决定之前，并购双方就终止了它们建立一个生产性合营企业的计划。按照原计划，两家企业要在 2009 年 12 月签署建立生产性合营企业的正式协议。必和必拓的首席执行官马里厄斯·克洛珀斯（Marius Kloppers）表示：“西澳集团的铁矿石资产与必和必拓的铁矿石资产的并购可以带来巨大的协同效应，因此我们不懈地寻求获得相关政府监管部门的批准。但是现在看来，我们不可能获得完成这笔交易所需要的政府批准，因此双方不得不遗憾地终止了协议。”

反垄断法的学术之争难掩其制度之效

王先林

一、反垄断法的产生和发展一直伴随着学术上的争议

虽然现代经济学和法学理论对于竞争的作用和垄断的危害以及反垄断法的必要性等问题有若干共识，但是在一些问题上的分歧和争议还是很大的，尤其是在反垄断法制定和实施的过程中常常伴随着各种理论上的争议。在经济学领域，不同时期的理论对于反垄断的基本立场和具体措施等方面存在差异，甚至就连世界上公认的第一部反垄断法——1890 年的美国《谢尔曼法》通过时，在众多的支持者中没有一位经济学家。根据施蒂格勒的解释，其原因有三：一是经济学者不重视厂商暗地里进行的联合行为；二是经济学者对利用规制来处理垄断的问题有比较高的信心；三是经济学者低估了当反垄断问题顾问的所得。在此后的数十年里，与其说反垄断政策变成经济学家的普遍信念，还不如说人们越来越能够忍受这一政策。1932 年亚瑟·伯恩斯还把反托拉斯法称为“一项重大的错误”。而在 20 世纪 80 年代中期对经济学者的调查发现，86% 的经济学者表示支持反托拉斯法，并且认为反托拉斯法应当严格执行，以限制垄断势力的滥用。①

---

* 王先林，上海交通大学特聘教授、竞争法律与政策研究中心主任。

① 参见刘伟，《反垄断的经济分析》，上海财经大学出版社 2004 年版，第 7—8 页。

实际上，无论是在国外还是在国内，对于反垄断的必要性和合理性这一根本问题以及一些具体法律规则的制度设计，都有着不同的认识，甚至存在观点的严重对立。即使在今天，仍然有一些国内外经济学家对反垄断和反垄断法持强烈的批评和排斥态度。例如，薛兆丰教授在其一本反垄断经济学的著作中，不仅在正文的论述中对反垄断法及其具体制度提出批评，而且还在该书的封底上集中罗列了多位国外著名学者和法官批评反垄断法的论述。例如霍姆斯说："《谢尔曼法》可真荒唐，但如果我的国家要下地狱，我就在此帮它一把。"米尔顿·弗里德曼说："反垄断法的害处远远大于好处，所以最好干脆废除它。"科斯说："我被反垄断法烦透了。假如价格涨了，它就说是'垄断性定价'；价格跌了，它就说是'掠夺性定价'；价格不变，它就说是'合谋性定价'。"博克说："现代的反托拉斯法破败如斯，已经在学术上不配尊重了。"波斯纳说："《谢尔曼法》的立法者对'托拉斯'问题感到担忧，但他们所认定的问题不仅模糊不清，而且是自相矛盾的。"②

近些年来，我国一些著名经济学家也对反垄断法及其实施行为提出了尖锐的批判。例如，张维迎教授就不止一次结合一些受关注度比较高的反垄断案件（如腾讯垄断案等）激烈抨击反垄断法，认为反垄断法是建立在传统经济学关于"竞争"和"垄断"的错误定义上的，它反的是真正的竞争；反垄断法把强力保护的垄断地位与竞争中形成的优势地位都归于"垄断"，把竞争和垄断搞混了，导致了错误的结论；真正的垄断只存在于政府强力干预的情况，也就是法定垄断和行政垄断。③

客观地说，一些经济学家对反垄断法的某些批评意见并非毫无道

② 参见薛兆丰，《商业无边界：反垄断法的经济学革命》，法律出版社 2008 年版。

③ 参见张维迎，《一场错误的官司——兼评 360 诉腾讯垄断案》，《经济观察报》，2013 年 12 月 6 日。

理，实际上很多国家和地区在不同时期的反垄断法无论是在制度设计上还是在具体的适用中，都会存在这样或者那样的问题，有些还可能是比较严重的问题。但是，那种不区分经济学上的垄断与反垄断法规制的垄断，并对实施了一个多世纪并且有越来越多的国家和地区选择制定和实施的反垄断法采取完全否定的态度，显然也不是客观和理性的，甚至还是比较武断和轻率的。实际上，现代反垄断法所反对的不是大企业本身，更不是反对规模经济，而是实施了排除、限制竞争的行为，并且还有若干例外和豁免的规定。笼统地批评反垄断法既在逻辑上难以成立，也与实际的情况明显不符，反而有越来越多的国家和地区（目前大约有 140 个）陆续加入制定和实施反垄断法的行列。

我国《反垄断法》也是在各种争议之声中出台的，经历了一个非常漫长曲折的过程。虽然自 20 世纪 80 年代起，随着中国以市场为取向的改革的深入，关于中国应当制定反垄断法的呼声就日渐高涨，但由于种种原因，直到 2007 年 8 月 30 日我国才出台了《反垄断法》，前后相距达 20 年。即使是从 1993 年《反不正当竞争法》出台算起，也有 14 年的时间。因此，说中国反垄断法的出台是“千呼万唤始出来”“二十年磨一剑”似乎并不为过。这种状况的形成既有经济体制、传统观念和各方利益博弈方面的原因，也有学术理论分歧方面的原因。除了对反垄断法是否有存在的合理性这一根本问题以及一些具体的制度设计都有着不同的认识甚至严重分歧之外，对某个具体制度（如行政性垄断规制制度等）是否需要纳入以及相关的制度设计也存在很多争议。④这也在一定程度上影响了决策者在中国推动反垄断法的决心，至少是延缓了该法的出台。

虽然学术上的争议不断，经历的过程很漫长，内容上也不尽如人意，但是以市场为取向的经济改革最终还是催生了这部我国社会主义

---

④ 参见王先林，《〈反垄断法〉的若干主要争论》，《检察风云》，2007 年第 22 期。

市场经济条件下的重要法律。这既表明我国反垄断立法是一个各方面利益相互博弈、相互协调的过程，也是各种学术观点相互碰撞、相互竞争的过程，但最终还是取决于以市场为取向的经济改革和发展对反垄断法维护市场正常竞争机制的内在要求。

二、我国反垄断法应该也实际发挥了重要的作用

在现代市场经济条件下，制定和实施反垄断法是国家调节经济一种普遍和重要的方式和职能，具有重要的意义和作用。虽然竞争是市场经济的精髓和活力源泉，具有不可替代的积极作用，但同时其也存在着排除、限制竞争的倾向，主要表现为经营者达成垄断协议，经营者滥用市场支配地位，具有或者可能具有排除、限制竞争的经营者集中。这种消极倾向人为地扭曲了市场竞争机制，破坏了自由公平的市场竞争秩序，使市场竞争的积极作用不能得到正常发挥。而且，这种消极倾向作为“市场失灵”的表现，是不能通过市场本身得到抑制和矫正的。反垄断法就是为政府运用公权力来矫正这种市场失灵提供法律上的依据和保障。虽然各个国家和地区需要用反垄断法来规制的垄断行为在表现形式和侧重点上有所差异，但是其实质内容和危害是基本一致的。而且，反垄断法的作用既表现在通过实际的执行消除已有的非法垄断上，同时也表现在通过潜在的威慑防止产生新的非法垄断上，而且后者甚至比前者更为重要。总之，反垄断法维护的是竞争自由，完善的是有效竞争的市场结构，制止的是排除、限制竞争的行为，这对于维护市场竞争秩序、促进经济发展来说是不可缺少的。对于我国这样一个由计划经济体制向市场经济体制转轨的国家来说，制定和实施反垄断法除了具有维护竞争自由和保护消费者利益的一般作用外，还具有促进经济体制转轨和完善市场结构的特殊作用。

从实际情况看，我国《反垄断法》实施 12 年来，国务院反垄断

执法机构（前10年的国家发改委、商务部和国家工商总局和后2年的国家市场监管总局）和人民法院积极稳妥地开展了相关的行政执法和司法工作，初步发挥了其规范市场竞争行为、维护自由公平的市场竞争秩序方面的积极作用。总体来说，无论是在公共实施（反垄断执法机构的行政执法）⑤，还是私人实施（经营者和消费者提起的民事诉讼）⑥，还有通过经营者主动合规的自我实施⑦，都取得了明显的成效。尤其是自2013年以来，我国的反垄断法实施力度不断加大，一大批典型案件得到了有效处理。例如，深圳市中级人民法院和广东省高级人民法院对中国华为公司诉美国交互数字公司案的判决，国家发改委对美国高通公司高达60多亿元的反垄断罚款，国家工商总局对利乐公司6.77亿元的反垄断罚款并正式启动对美国微软公司的反垄断调查等。此外，商务部也审查处理了包括附条件批准微软收购诺基亚设备和服务业务案，及禁止马士基、地中海航运、达飞设立网络中心案等一大批有影响的经营者集中案件。我国反垄断行动受到了国内外的广泛关注，我国也成为世界上最重要的反垄断辖区之一。随着我国反垄断执法机构实现了“三合一”，由新组建的国家市场监管总局及其授权的省级市场监管部门统一进行反垄断执法工作，我国反垄断行政执法的统一性和效率有了很大的提高，并已在近年来的执法实践

---

⑤ 根据国家市场监管总局反垄断局吴振国局长2019年8月30日在市场监管总局专题新闻发布会上的介绍，到2019年8月底，我国反垄断执法机构共审结经营者集中案件2 792件，交易总金额超过50万亿元，其中附条件批准41件，禁止2件；查处垄断协议案件179件，滥用市场支配地位案件61件，累计罚款金额超过120亿元；查处滥用行政权力排除限制竞争案件229件。参见《中国市场监管报》2019年8月30日第3版的报道。

⑥ 自《反垄断法》实施以来至2017年底，全国法院共受理垄断民事一审案件700件，审结630件。参见朱理，《反垄断民事诉讼十年：回顾与展望》，《中国知识产权报》，2018年8月24日。

⑦ 这方面虽然没有具体的统计数字，但从相关媒体的报道等反映的情况来看，整体效果也是很不错的。

中有了初步的体现。[⑧]

毋庸讳言，在这个过程中，无论是对反垄断法整体情况还是对个案处理情况都伴随着一些质疑和批评的声音，但是这并不能掩盖反垄断法的作用和我国反垄断法实施取得的成效。而且，这种质疑和批评也不会阻碍我国反垄断法的发展和完善步伐，反而可以帮助我们更加客观、理性地认识垄断和反垄断法，更加合理、准确地实施反垄断法。笔者认为，对我国反垄断法的实施效果应本着理性、历史和全面的态度来看待。理性地看待意味着我们首先要看看人们对于反垄断法实施效果的期待是否属于反垄断法本身所能解决的；历史地看待意味着我们也要从历史过程和历史背景来认识反垄断法的实施效果；全面地看待意味着我们更需要从各个不同的视角看待反垄断法的实施，而不仅仅看其“有形”的实施。总体说来，我国反垄断法已经初步发挥了其规范市场竞争行为、维护自由公平的市场竞争秩序方面的作用，今后的作用更是可期。

---

⑧　2019 年共立案调查垄断案件 103 件，结案 44 件，罚没金额 3.2 亿元。其中，立案调查垄断协议案件 28 件，做出行政处罚 12 件；立案调查滥用市场支配地位案件 15 件，做出行政处罚 4 件；立案调查行政性垄断案件 24 件，纠正滥用行政权力排除限制竞争行为 12 件；调查经营者集中未依法申报案件 36 件，做出行政处罚 16 件。收到经营者集中申报 503 件，立案 462 件，审结 465 件。参见吴振国：《致力公平竞争 服务改革发展——2019 年反垄断工作综述》，《中国市场监管报》，2020 年 2 月 20 日。

初创和奠基：反垄断司法的早期岁月

孔祥俊

我有幸参与了《反垄断法》的早期司法实践，尤其是主持和推动了早期反垄断的司法创制活动。当时我之所以积极推动早期反垄断司法，是与我此前的反垄断行政执法经历以及对反垄断法比较熟悉直接相关。没有这一段的经历和熟悉，也就没有后来的积极推动和努力。鉴于此，本文简要回顾一下我早期的反垄断行政执法和司法经历。

一、我所参与的早期反垄断行政执法

1996 年 9 月我由中国人民大学博士后出站，当时本欲直接进入最高人民法院工作，但一个很偶然的机会使我受反不正当竞争和反垄断业务的吸引，进入国家工商行政管理总局公平交易局工作。当时的公平交易局设有反不正当竞争处和反垄断处，我在国家工商行政管理总局工作四年多一点，在两个处各工作两年左右。我先是在负责执行《反不正当竞争法》的反不正当竞争处工作，而那时的反垄断处名实不副，主要负责打假。后来好像反垄断法的起草工作有加快的趋势，为便于将来承接反垄断执法职能等原因，国家工商行政管理总局决定重组反垄断处，将其打假职能调整出去，让其真正承担反垄断职责，

---

* 孔祥俊，上海交通大学讲席教授、凯原法学院院长、知识产权与竞争法研究院院长。

尤其是负责《反不正当竞争法》垄断条款的执法，并重新调整人员。我就是在此背景下调入反垄断处的。当时国家工商行政管理总局还调整了参加《反垄断法》起草小组的人员，法制司和公平交易局各出一位成员参加，于是我就成为起草小组的成员。当时的起草小组是由国家经贸委牵头，由国家经贸委和国家工商行政管理总局共同组成。

在反垄断处工作期间，我参加了与《反垄断法》起草相关的国内外研讨，尤其是频繁参加联合国贸发会议和经合组织（OECD）等在国外组织的各种反垄断交流研讨活动。当时确实很辛苦，没有现在的经济条件，经常一人独行，足迹遍及欧洲多国、美国、日本、印度等国家。同时，积极推动《反不正当竞争法》垄断条款的执法，起草了一系列行政解释，也开展反垄断专项执法活动，指导地方工商行政管理机关查处案件。应该说，当时的反垄断工作既务虚又务实。

出于工作需要和个人兴趣，当时我结合有限的执法实践，对反垄断法理论进行了系统研究，并于 2000 年出版《反垄断法原理》和《中国反垄断法的理论与实践》。由于当时频繁出国参加各种层次较高的研讨会，得以及时了解各国反垄断法的情况和动态，加之当时勤于收集资料，对国内的情况也比较熟悉，所有这些资料经去粗取精和消化糅合均写进《反垄断法原理》一书中。这些著作出版之时，也正是我即将调入最高人民法院工作前夕。当时研究反垄断法的学者寥寥无几，远不如现在多，国内著作尤其是与实践结合的原理性著作更少，这些著作应该还算是比较早的系统研究。记得后来负责《反垄断法》起草工作的全国人大法工委经济法室副主任袁杰等同志曾经告诉过我，《反垄断法原理》一书是他们起草法律时的重要参考资料。当然，这或许就是顺口那么一说而已。这本书水平未必太高，但以 20 年前的眼光去评价，应该过得去。后来不少人劝我修订这本书，但琐事太多，一直未能如愿。

二、《反垄断法》施行前后的司法应对

《反垄断法》于2008年8月1日施行前后，适值我开始全面主持最高人民法院知识产权审判庭的工作。由于我此前曾从事反垄断行政执法和反垄断法理论研究，对于反垄断法颇有情结，故在《反垄断法》颁布不久即开始积极推动将反垄断司法纳入知识产权审判庭的审理范围，并着手开始为反垄断司法做一些奠基工作。就国家机关的工作而言，有些工作是积极推动的，有些则是被动开展或者顺其自然的。那时我还算少年得志，在工作上一直是拼命三郎，干劲十足。当时法院系统熟悉反垄断法者不多，大家对于反垄断法比较陌生也不关注。但是，要想把一项并不当然属于知识产权案件的垄断案件纳入知识产权审判庭的审理范围，显然不是理所当然，而需要一定的方法、技巧和智慧。当时也确实有些人认为这种法律是典型的经济法，当然属于经济审判庭的管辖范围。为此，我们还是做了一系列精心准备和巧妙应对。对反垄断法的如此热情，显然与我和反垄断法的特殊渊源有直接关系。或者说，如果不是我有一段反垄断执法的特殊经历，不会在《反垄断法》颁布之后即积极推动反垄断司法活动。

《反垄断法》颁布以后，在最高人民法院尚未确定将垄断案件归入哪个业务庭管辖的情况下，我和有关同事即开始酝酿推动将此类业务纳入知识产权庭的活动。后来通过一系列步骤，逐步将该项业务正式纳入知识产权审判庭的业务范围。

第一个步骤是，在《反垄断法》颁布不久，就在主管院长在全国法院知识产权审判工作座谈会的主题报告中加入动员做好垄断案件审理工作准备的内容，为开展反垄断审判造舆论。

例如，在第九届全国部分省市知识产权审判研讨会上，最高人民法院副院长曹建明在《深入学习贯彻十七大精神，加强知识产权审判

理论研究与制度创新》（2007 年 11 月 16 日）中指出："知识产权审判担负着规范市场竞争秩序、维护公平竞争的重要职责。人民法院必须特别注意依法审理好涉及商标、商号、地理标志、特殊标志、网络域名等标识性知识产权案件，制止一切非诚信的仿冒行为和市场混淆行为，确保诚信竞争和有序竞争。尤其是要通过审理好涉及适用反不正当竞争法、反垄断法、合同法等的技术性反垄断案件，坚决制止非法垄断技术、妨碍技术进步的行为，依法认定限制研发、强制回授、阻碍实施、搭售、限购和禁止有效性质疑等技术合同无效事由，维护公平竞争。要特别注意准确界定知识产权权利人和社会公众的权利界限，依法审查和支持当事人的在先权、先用权、公知技术、禁止反悔、合理使用、正当使用等抗辩事由，禁止滥用知识产权。"

在第二次全国法院知识产权审判工作会议（2008 年 2 月 19 日）上，最高人民法院副院长曹建明在《求真务实锐意进取努力建设公正高效权威的知识产权审判制度》的报告中专门讲了"依法审理好反垄断等新类型案件，积极拓展知识产权审判新领域"。对于垄断案件的审判做出如下安排：

"要注意结合《民事案件新案由规定》的贯彻执行，搞好反垄断等各种知识产权新类型案件的审判工作。《规定》已经由最高人民法院审判委员会讨论通过并于2008 年4 月 1 日起正式实施。本着尽可能将与知识产权有关的纠纷集中统一规定的精神，《规定》将'知识产权纠纷'作为一级案由，下设'知识产权合同纠纷''知识产权权属、侵权纠纷''不正当竞争、垄断纠纷'三个二级案由，并相应总共设置了 33 个三级案由和 86 个四级案由。""特别是，考虑到竞争法与知识产权保护的紧密相关性以及即将实施的反垄断法与反不正当竞争法本身的体系性，《规定》将垄断纠纷与各种不正当竞争纠纷集中规定，把有关的不正当竞争和垄断纠纷统一纳入知识产权纠纷。《规定》不仅规范了涉及案由的民事审判管理，而且为进一步明确和理顺民事审判业务分工，确立规范健全、集中统一的知识产权审判机制奠定了基础。各级法院要认真研究新情况和解决新问题，搞好反垄断等各类新类型知识产权案件的审判工作。”在此旗帜鲜明地将垄断案件归入知识产权案件的范围。

在全国法院知识产权审判工作座谈会上（2010年4月28日），时任最高人民法院副院长在《能动司法，服务大局，努力实现知识产权审判工作新发展》报告中指出，“要紧紧围绕完善市场结构和维护公平竞争，加强竞争案件的审判工作”。“严格执行反垄断法和反不正当竞争法，开展好竞争案件审判，对于及时制止垄断和不正当竞争行为，促进市场结构的完善、企业竞争力的提高和市场经济的健康发展，具有重要意义”。“要高度重视反垄断民事审判工作。反垄断法实施以来，反垄断民事诉讼已成为新的审判领域。为及时了解这方面的情况，新受理的垄断案件，都要及时层报最高人民法院。考虑垄断案件的特殊性，在最高人民法院出台专门规定之前，一般应集中由省会市和计划单列市中级人民法院行使管辖权。对于适用反垄断法中遇到的新情况新问题，要加强研究总结，注意把握反垄断民事诉讼的规律和特点。要强化宏观思维，全面考虑各种相关因素，综合评估涉嫌垄断行为的反竞争和促进竞争的影响和效果；注意充分发挥经济学专家和专业部门的作用，探索引进经济分析方法的途径和方式；统筹兼顾国家的各项经济政策，注意竞争政策与国家的经济发展战略、产业政策、贸易政策、技术政策等相协调，避免机械司法和片面司法。”

修改案由是知识产权庭争取管辖权的重要步骤。当时恰值最高人民法院修改案由规定，遂以反垄断与反不正当竞争均属于竞争法的范畴，且垄断案件与知识产权关系紧密，应该像不正当竞争案件那样将垄断案件纳入知识产权审判范围，故将垄断纠纷纳入知识产权审判项下的二级案由（见2008年4月1日起施行的最高人民法院《民事案件案由规定》）。通过修改案由悄然将垄断纠纷纳入知识产权案件之内，似有点“暗度陈仓”之意，但从此使得知识产权庭可以理直气壮地审理此类案件。

下发《通知》对于明确管辖权是关键步骤。2008 年 7 月 28 日《反垄断法》施行前夕，又以最高人民法院名义专门下发《关于认真学习和贯彻〈中华人民共和国反垄断法〉的通知》（下称“《通知》”），《通知》正式明确将垄断案件纳入知识产权审判范围，特别指出：“《反垄断法》第五十条规定：‘经营者实施垄断行为，给他人造成损失的，依法承担民事责任。’当事人因垄断行为提起民事诉讼的，只要符合民事诉讼法第一百零八条和反垄断法规定的受理条件，人民法院应当依法受理，并依法审判。反垄断法与制止知识产权滥用行为和保护知识产权紧密相关，也与反不正当竞争法同属于竞争法范畴。今年（2008 年）4 月 1 日起施行的最高人民法院《民事案件案由规定》将垄断纠纷与各种不正当竞争纠纷集中规定，统一纳入了知识产权纠纷范围。据此，各级人民法院负责知识产权案件审判业务的审判庭，要依法履行好审判职责，切实审理好涉及滥用知识产权的反垄断民事案件以及其他各类反垄断民事案件。”

《通知》还对“加强调查研究工作，认真总结反垄断审判经验”进行了部署安排：“反垄断案件高度疑难复杂，经济与法律问题相互交织，专业性很强，对企业和行业均有重大影响，有些案件还涉及国家的经济安全。反垄断法的一些规定具有较强的原则性和抽象性，涉及人民法院的操作条款相对比较简单。因此，在审理反垄断案件中将会遇到许多新情况新问题，各级人民法院要未雨绸缪，早做部署和应对，切实搞好调查研究，及时总结审判经验。特别是，对于案件管辖、原告资格、适格被告、垄断行为的认定、民事责任的承担和反垄断具体行政行为合法性的标准等问题，要加强调研。对于适用反垄断法中遇到的新情况新问题和调研成果，要及时层报最高人民法院。对于重大反垄断案件，要认真执行大要案件层报制度。”

除此之外，最高人民法院知识产权庭还积极开展其他相关准备工作。例如，《反垄断法》颁布不久，最高人民法院知识产权审判庭就在天津召开由学者、行政执法机关和法官参加的反垄断司法研讨会，探讨即将开展的司法工作问题，并为反垄断司法造势。最高人民法院知识产权庭还与美国司法部反垄断司、美国律师协会在北京上地中国知识产权培训中心联合举办研讨会，由中外专家介绍和交流反垄断司法问题，其中有不少权威性的外国法官和学者，是一场有的放矢的学术盛宴。经积极协调，在美国司法部反垄断司、美国律师协会和斯坦福大学支持和安排下，还派出一定规模（三十余位）的法官参访团，在美国华盛顿和斯坦福大学培训三周左右，并派出三名法官分赴美国三所大学进行深度学习交流。这些活动为反垄断司法做了很好的知识和人才储备。当时大家可能觉得离反垄断司法还有一段距离，是未来的事，不会来得太快，但后来“3Q 大战”引发的奇虎 360 诉腾讯垄断案等案件的出现，就使人眼睛一亮，感到未来已来，不容小觑，大家就觉得未雨绸缪很有必要和远见。

三、司法解释的起草和要义

《反垄断法》施行以后，就开始酝酿司法解释的起草。2009 年开始，最高人民法院正式将司法解释纳入起草规划。经过三年的调查研究和起草工作，最高人民法院颁布《关于审理因垄断行为引发的民事纠纷案件应用法律若干问题的规定》（2012 年 1 月 30 日由最高人民法院审判委员会第 1539 次会议通过，2012 年 5 月 3 日最高人民法院公告公布，自 2012 年 6 月 1 日起施行，法释〔2012〕5 号）。反垄断司法解释的制定，无疑是一项创新性工作。当时的司法实践很有限，主要有唐山市人人信息服务有限公司诉北京百度网讯科技有限公司垄断纠纷案（2010 年 7 月 9 日北京高级法院二审判决）等案件。司法解释在总结有限实践经验的基础上，经大胆探索和借鉴国外经验，尽可能做出有针对性和可操作性的言之有物的规定。

该司法解释主要是基于并贯彻《反垄断法》，尤其是第五十条的规定，但不限于依据《反垄断法》，同时还结合了《侵权责任法》《合同法》《民事诉讼法》等法律的相关规定。司法解释界定了垄断民事纠纷案件（因垄断行为引发的民事纠纷案件）的范围，明确反垄断民事司法不以行政查处为前置条件。司法解释明确了地域管辖和级别管辖，原则上以中级人民法院为一审法院，并集中管辖法院。鉴于垄断案件的举证责任有特殊性，司法解释特意做出规定，尤其是适当减轻原告的举证责任或者便于原告举证。例如，"被诉垄断行为属于《反垄断法》第十三条第一款第（一）项至第（五）项规定的垄断协议的，被告应对该协议不具有排除、限制竞争的效果承担举证责任"（第七条）。"被诉垄断行为属于《反垄断法》第十七条第一款规定的滥用市场支配地位的，原告应当对被告在相关市场内具有支配地位和其滥用市场支配地位承担举证责任。被告以其行为具有正当性为由进行抗辩的，应当承担举证责任"（第八条）。但是，"被诉垄断行为属于公用企业或者其他依法具有独占地位的经营者滥用市场支配地位的，人民法院可以根据市场结构和竞争状况的具体情况，认定被告在相关市场内具有支配地位，但有相反证据足以推翻的除外"（第八条）。"原告可以以被告对外发布的信息作为证明其具有市场支配地位的证据。被告对外发布的信息能够证明其在相关市场内具有支配地位的，人民法院可以据此做出认定，但有相反证据足以推翻的除外。"对于涉密证据，还尝试性做出特别规定："证据涉及国家秘密、商业秘密、个人隐私或者其他依法应当保密的内容的，人民法院可以依职权或者当事人的申请采取不公开开庭、限制或者禁止复制、仅对代理律师展示、责令签署保密承诺书等保护措施"（第十一条）。如此规定在当时还是很大胆很有开创性的，幸好审判委员会并未反对。

鉴于垄断案件可能涉及经济分析等特殊的专业问题，司法解释规定："当事人可以向人民法院申请一至二名具有相应专门知识的人员出庭，就案件的专门性问题进行说明"（第十二条）。"当事人可以向人民法院申请委托专业机构或者专业人员就案件的专门性问题做出市场调查或者经济分析报告。经人民法院同意，双方当事人可以协商确定专业机构或者专业人员；协商不成的，由人民法院指定。""人民法院可以参照民事诉讼法及相关司法解释有关鉴定结论的规定，对前款规定的市场调查或者经济分析报告进行审查判断"（第十三条）。①

需要说明的是，首先，"具有相应专门知识的人员出庭"的规定，借鉴于当时有效的民事和行政证据规则②专业技术人员出庭说明情况的规定。因为我国没有专家证人制度，但有些专业技术问题需要专家的解释说明，故当时的民事证据规则规定了专业技术人员出庭说明的条款。垄断案件可能涉及的专业问题一般是经济学专业问题，在此做出如此规定。该规定显然并未将法律专家（反垄断法专家）纳入专业人员说明的范围。由于法官本身应该是法律专家，不宜在庭审中引入类似专家证人式的法律专家，就法律问题做解释说明。我还是觉得法律专家出庭给法官解释说明拟适用的法律，与法官的职能定位不相符。至于外国法查明中的外国法，乃是将其作为案件事实进行查明的，不同于法律专家对于法院如何解释适用法律进行专家性的解释说

① 参见孔祥俊主编，《最高人民法院知识产权司法解释理解与适用》，中国法制出版社2012年7月版，第261—278页。

② 《行政诉讼证据规定》（2002年）第四十八条规定："对被诉具体行政行为涉及的专门性问题，当事人可以向法庭申请由专业人员出庭进行说明，法庭也可以通知专业人员出庭说明。必要时，法庭可以组织专业人员进行对质。当事人对出庭的专业人员是否具备相应专业知识、学历、资历等专业资格等有异议的，可以进行询问。由法庭决定其是否可以作为专业人员出庭。专业人员可以对鉴定人进行询问。"《民事诉讼证据规定》（2001年）第四十一条规定："对于一方当事人就专门性问题自行委托有关机构或者人员出具的意见，另一方当事人有证据或者理由足以反驳并申请鉴定的，人民法院应予准许。"

明。至于专家对于案件提出法庭之友式的意见，又另当别论。近年来一些法院邀请法律专家就法律解释和适用做证，我觉得并不妥当，也不符合司法解释和诉讼法的精神。

其次，对于经济学家和经济分析不要过于迷信和盲目采信。经济问题不同于自然现象和自然科学问题，其答案很可能言人人殊，而言者都是言之凿凿，看起来都是头头是道。法官在采信时应当要仔细分析，特别是可以用常识衡量的，要兼听则明，绝不能盲目认同或者怠于审查。我感觉到一些法官因为经济学知识缺乏，对于经济分析充满敬畏和好奇，容易盲信。这是值得警惕的。科学鉴定有时还会出错，何况经济分析呢？我曾在网络屏蔽广告的不正当竞争案件中，看到有的法院盲从经济分析报告的倾向。我相信，如果换一些该案被上诉人邀请的经济专家，还可以出具截然相反的经济分析结论。

司法解释还规定了民事责任的承担方式。原来打算借鉴知识产权法的定额赔偿规定，为垄断案件规定定额赔偿，解决赔偿额难以确定的问题。但后来因为没有上位法，也就未再规定。

综上，司法解释虽然内容还不是非常丰富，但为此后的垄断案件审判奠定了很好的基础。

四、垄断案件的审判

司法解释颁布之后，我始终关注垄断案件的审判。比如，2013 年 8 月 2 日上海高院终审判决了北京锐邦涌和科贸有限公司诉强生（上海）医疗器材有限公司、强生（中国）医疗器材有限公司纵向垄断案，认定垄断行为成立，判决原告胜诉，并酌定了赔偿额。该案历经两级法院长达 3 年时间的审理，二审判决书长达 71 页，受到国内外学界、业界高度关注。

还记得西安中级人民法院裁判过电信公司滥用市场支配地位案，

一审判决被告败诉，二审撤销一审判决，最高人民法院再审维持一审判决。该案选入最高人民法院指导案例。我当时觉得一审判决是正确的。

再后来奇虎360与腾讯滥用市场支配地位案上诉到最高法院。鉴于当时该案在业界的影响极大，首席大法官周强院长曾问我能否出任审判长，当时因为要去中央党校学习及习惯于不冲在裁判案件的第一线，故未担任案件的审判长，仍按分配案件的常规程序交由相关合议庭审理。

华为诉美国交互数字公司滥用标准必要专利垄断案，一审法院因缺乏审判经验、涉外案件敏感等原因，有审理上的顾虑，当时两级法院主管院领导带队来最高法院知识产权庭做业务上的探讨沟通，我还是支持积极探索和大胆裁判，最后该案一二审裁判均受到国内外广泛关注并产生良好影响。

五、感想与结语

我的一条重要人生信念是，人生短暂，重要的是经历和过程，要多看些风景。所谓“人生如逆旅，我也是行人”。我历经多次多校求学，历经多个工作岗位，地方到中央，党委、行政和司法，理论与实务均亲身经历，人生经历相对丰富。与反垄断法结缘是我人生的重要经历和浓重一笔。虽然一生碌碌无为，并无太多成就，但毕竟万事开头难，我深度参与了初创时期的特殊性实务工作，也没有放松系统的理论研究。可以说，我还算是集反垄断理论与实务、立法与执行以及行政执法与司法经历于一身。经历和平台有偶然也有必然，是偶然与必然的结合体。比如，我是在事先不知情的情况下偶然被调入最高人民法院知识产权庭的，当时知识产权庭走了几个骨干，需要充实力量，所以就在我毫无准备的情况下突然被调入，得以重拾反垄断旧业。无论如何，经历都是财富，我感恩我所有的经历和所经历的各种平台。

近年来反垄断司法有了一定的发展，虽然案件总量不多，但影响通常较大，也涌现出为数不多的专业性法官。这种案件状况是正常的，此类案件不可能多如牛毛。但我国反垄断法的任务依然艰巨，任重道远，后来者一定会做得更好。作为有几十年研究和工作经历的学者和实践者，自然仍会尽力游走在研究的边缘。

值得一提的是，《反垄断法》虽然很重要，但其作用范围应该有边界，其作用是有局限性的。③ 反垄断法的研究者和实务者往往会夸大自身专业的重要性，甚至不厌其烦地夸大和拔高。这是人之常情，但代替不了理性。要警惕反垄断法“万能论”。首先，对于《反垄断法》的专业性无须过于迷信。任何一个部门法都会有很强的专业性，都足以让人皓首穷经。只不过反垄断法有自己的独特性，把握好特殊性就足以把法律理解运用好。为此，特别要破除迷信。正像大多数专利法官不是理工背景出身，但审判毕竟解决的是法律问题，法律背景的法官照样能够处理好专利纠纷。其次，反垄断法毕竟有独特的专业性，值得深入研究。今后也是研究领域越来越精细化，靠万金油是解决不了问题的。学者要真正把学问研究深、研究透。执法官员要保持对知识和专业的敬畏，不能刚愎自用和傲慢自负，要充分认识职责的神圣性，也要看到大家都是历史的过客，暂时栖居的平台都是公器，自己在平台时要有良知和责任感。

草草数语，言不尽意，望祈指正。

---

③ 参见“The Limits of Competition Policy：The Shortcomings of Antitrust in developing and reforming Economies”，Wolters Kluwer（2010）。

反垄断法：一本难啃的市场经济“大部头”

史际春

那年作为国务院法制办反垄断法审查专家顾问委员会成员，在张穹副主任领导下逐条研议反垄断法草案，历历在目。此前，1989年底国家工商总局召开反不正当竞争法国际研讨会，我通过竞争法热心人、曾任政策研究室主任的吴炯女士拿到会议材料，趁势于1991年在人大开设竞争法课，记得首次授课对象是“高法班”学员。在竞争法中浸淫30年，尤其是《反垄断法》施行12年来，亲历社会主义市场经济和反垄断实践的深入发展，深感市场经济和反垄断法之深奥，高水平反垄断倚赖的是市场经济理念和对市场的认识，而非法律之文本。《反垄断法》结合中国实际对美欧日博采众长，其实够用了，如果理念和认识不到位，增添、修改法条只会适得其反，因为经济社会和市场变幻无穷、发展无止境，“世上没有两片相同的树叶”，法条越细越具体越束缚反垄断，越可能背离公平和法治。而市场经济这本大书，无论对自己还是对国家反垄断执法和司法，都是读不完的。对此体会颇多，五味杂陈，值此应李青主编之约，聊发感慨。

首先，反垄断和竞争政策并非市场本身。说到反垄断，以及竞争政策的基础性地位，竞争法学和实务工作者往往下意识地将其视为市场本身，并以市场及其竞争的化身自居。然而，市场决定资源配置，

* 史际春，中国人民大学法学院教授。

就是由市场调节决定资源配置，所谓市场调节，是任由社会成员根据价格和供求的信号进行投资及交易，自由自主地决策，自担风险，一旦不赚钱就将资源即时转移到其认为能赚钱的市场活动上去，追求自身利益最大化。由此形成一种自发的秩序，就是市场经济。而反垄断是政府或法院根据其主观判断，认定某人某行为损害了竞争，加以“矫正”，这就属于更好发挥政府作用的范畴了，法院也属广义政府。既然是政府行为、政府的主观判断，则可能违背市场的规律和要求，反而给市场和市场经济添乱，这正是某些经济学家否定反垄断法、鼓吹不该反垄断的原因及其合理的一面。当然其整体上是不合理的，自发市场经济的两个天然倾向——垄断和不正当竞争，终究会破坏和否定市场经济，反垄断和反不正当竞争是必须的。

经济体制及其改革的核心是政府与市场的关系，政府必须尊重市场，对市场保持一份敬畏，反垄断也不例外。反垄断以政府的力量作用于市场，主观武断和权力的不当行使在所难免，因此应当在市场面前保持谦抑。看不清楚的别急于出手，市场能自我调节、市场机制仍可在动态中修复的不必出手，虽然垄断但是并未削弱竞争和市场机制的也应引而不发。比如对于大数据、人工智能、区块链等，就是如此。

同时，对于确定符合反垄断原理和逻辑的现象，则该反就应反，不能被“高大上”的商业模式或技术形式所惑而不敢出手。比如市场竞争原则上应当是性价比的竞争，比谁的质量高（包括谁的花色品种更讨人喜欢）、谁的价格低，通过提升质量和降低价格开展竞争，而网约车平台以补贴方式开展竞争，网约车平台虽属双边市场却不具有双边市场可以在平台两边转移成本的特性，司机方和乘客方都必须按市场定价，平台仅具有中介性质，反垄断执法对通过补贴开展竞争不敢出手，结果有违反垄断法初衷，大平台通过补贴滥用优势消灭了众多经济实力较弱的小平台后轻松获取利润。又如苹果公司对其 iOS 操作系统上的第三方 App 内提供服务收取的金额（主要是“打赏”）抽取 30%，肆意剥削开发者和消费者，被网民无奈戏称“苹果税”，如同公路收了卡车的过路费还要对运输公司收取的运费提成、房屋业主收了餐厅的租金还要对餐厅的营业收入提成一样，是十分离奇且赤裸裸的市场霸道行为，市场一片哗然，反垄断执法机构却无动于衷。放任市场自身扭曲，无疑是在政府与市场的关系中没有很好地发挥政府作用。

其次，当代任何国家的市场经济都不再是纯粹的自由市场经济，反垄断法也与整个经济政策、经济和政治体制密不可分，融为一体了。所以反垄断法不只是保障市场主体的自主决策、维护自由公平的竞争那么简单。反垄断法属于竞争政策范畴，配合市场机制发挥基础性作用，此外，一个国家还有规划和产业政策、财政和货币政策，以及国家安全、国家战略等。事实上，后者作为主导性的政策或统率性的政治要求，是高于反垄断法及竞争政策的，社会整体效率、社会福祉、消费者利益等价值，也高于竞争和反垄断的价值。反垄断法的适用除外和豁免，就是其自洽于产业政策和整体效率的要求。美国改变对华战略，挑起贸易争端、打压中国高科技企业，即使削弱和排除竞争、阻碍科技进步、造成运营商等本国企业损失、损害消费者福祉也在所不惜，则可谓反证吧。

即使市场机制和市场竞争也并非万能。一是过度的竞争，往往表现为小散乱的低集中度市场、低端的农贸市场型竞争，价格战导致企业朝不保夕，产品和服务质量低下，反垄断执法应当有意引导形成一种寡头垄断、小企业依附大企业形成产业链的市场结构，一种集创新、质量、服务、品牌、价格和国际竞争为一体的高效而不失激烈的竞争；二是市场退出或市场配置的成本可能高到社会无法承受，任何行业或多或少都有资本沉淀，市场经济的优越性就在于优胜劣汰，但是末位淘汰在 10%～20% 时是良性竞争，一旦产能过剩超过 20%，则会形成竞争僵局，优的胜不出，劣的汰不了，从而形成局部或全局的经济危机，比如西方国家的经济危机和我国 2010 年之后出现的煤钢建材等产能过剩；三是竞争不足的领域也无法靠市场自我矫正，须通过政府打造有效竞争的市场，这主要依赖产业政策，但反垄断执法机构也不是无能为力，比如政府决定的分拆和合并、划拨资产等，反垄断执法机构应予积极协同配合，以形成所需而有效的独占或寡占等；四是政府负有创造和开拓市场的责任，此为北京大学的文一教授所说，竞争法界之前可能未予留意：因为自发形成的市场可能不够大、不够深，政府可以通过构建交通和通信系统使之变大、通过主导航天军工等产业使之变深，从而改变农贸市场型市场经济格局，在我国还包括政府积极缓解市场竞争优胜劣汰的副作用，比如扶持“三农”、脱贫攻坚、开发中西部和振兴老工业基地等。

复次，反垄断法与反不正当法不能截然分开，两者同属竞争法或公平交易法。比如通谋招投标，既涉及卡特尔，也是不正当竞争，12 年来，对这种危害性极大的不公平竞争行为的查处大为削弱，其重要原因之一，就是对这种行为性质的认识陷入了非此即彼的误区。原本将其放在《反不正当竞争法》中，《反垄断法》施行以来尤其是《反不正当竞争法》修订将其取消之后，因其卡特尔性质，反不正当竞争执法逐渐不再给予关注；事实上，通谋招投标主要是对未参与通谋的厂商构成不正当竞争，加上通谋既可能构成横向垄断协议也可能构成纵向垄断协议，《反垄断法》对此未做任何具体规定，于是反垄断执法对其也不闻不问，失职了。此外，利用任何优势地位也可能从事不正当竞争，比如补贴，因为有能力补贴的经营者一定具有市场支配地位，而利用补贴开展竞争原则上是不正当的。

再次，随着经济社会的发展，商业和科技的进步，垄断的主体越来越复杂。反垄断法上的经营者，本质上是市场中的一个竞争者，竞争者的行为是由某个主观意识或决策决定的，所以经营者就是表达行为意识或者决策的主体。表面上，市场交易是在一个个企业法人或个人之间进行的，法人或个人是法律上的独立主体，但在当代市场经济条件下，这些法人或个人未必是市场中的主体或竞争者，不是其行为的决策或决定者。为了降低风险和成本，提高可预期性，法人和个人通过各种方式联合或结合，实现集中统一的计划和安排。比如诸多企业围绕一个核心企业及其品牌结合成一个紧密联合体，等等。换言之，在交易关系中作为独立主体的法人或个人，在组织关系或协作关系中是不独立的。公司法、证券法的最新发展是要明确公司的实际控制人和责任人，而不拘泥于法人的独立人格和独立责任，反垄断法则有经济实体的概念，异曲同工。但在反垄断执法中，往往还囿于传统的“独立法人”观念放不开手脚，比如对子公司的行为不敢追究其实际控制及决策的母公司的责任、处罚加盟店而不公平地忽视了拥有品牌的核心企业的决策和控制，等等。反垄断法中的合营企业难题在此分析框架下也可迎刃而解。合营企业为合营各方通过股权、管理、技术、供应链等共同控制的，构成结合或集中；合营企业为合营一方控制，另一方比如只是出租房屋等，则合营各方仍是独立的经营者，合营企业只属于控制的一方，设立合营企业并不构成结合或集中。

最后，反垄断法适用，理念何以比法条更重要？市场乃至经济社会太错综复杂，某种行为是否限制了竞争，以及虽限制竞争但是否损害或者有利于市场和经济社会，都必须通盘辩证地考量，而无法硬性适用《反垄断法》的某一条文。《反垄断法》只是为判断某种行为是否合乎市场经济的要求提供了一种分析方法，因此，“适用《反垄断法》，依据的表面上是它的法条，实际上却是市场经济之‘理’也即某种经济学。对此，我们准备好了吗？”该法出台时，中国法制出版社约我写一本《反垄断法理解与适用》，这是我写在该书封底的一句话。非常遗憾地说，12 年过去，这方面并无大的进步和质的提升。

反垄断法是合理性与合法性高度统一的法，不能允许合理不合法、合法不合理的现象存在。时至今日，学者和实务工作者还在纠结“本身违法”这种“是与否”的二分法，这与法治要求的利害关系方表达、博弈和决策者担当格格不入，相反，合理原则所提供的辩论和解释空间方凸显反垄断法的永恒魅力。涉及反垄断法的价值、宗旨等问题只有在合理原则的框架下才能得到进一步的追问和解答，诸如效率、公共利益、安全和政治目标等因素也都要以合理原则为渠道进入反垄断法的适用。近期人们关注和讨论纵向垄断协议是否可以不适用合理原则，对照当年反垄断法草案审议的初心和之前的案例，实际上也是一种倒退。

《反垄断法》适用，往往还需要先依理念定立场，再找技术性方法去适用相关规定。在“3Q 大战”案中，最高人民法院就是出于对腾讯作为互联网新经济企业的崇尚和敬畏，把短信等也归入电脑端 QQ 的相关市场，从而认定腾讯没有市场支配地位，它强制消费者在 360 和 QQ 之间“二选一”是合法的。其实，更应该出于对严重扭曲竞争、损害消费者利益的“二选一”行为的厌恶，根据 QQ 可以 7 × 24 小时在线、性价比与 6 毛钱一条的短信不可同日而语且有数亿人安装的事实，得出相反的结论。可口可乐收购汇源案，也是基于立场定方法的一个案例。所以对如何界定相关市场，法律上只需一个概念即可，具体应当留给正确的理念和规制——行政立法和行政执法，以及司法去做。

12 年来，这方面的正反经验不胜枚举，就操作而言，学界和实务部门应当更多关注反垄断法一般概念及兜底条款，而不是只盯着具体条款，具体条款“不够用”就喊着要修改法律。如果说我对《反垄断法》有何期待和展望的话，唯一就是循着社会主义市场经济理念，使其适用由此更上一个台阶，达到一个新的境界，迈入高级阶段。

一个反垄断法研究者的疲惫与欢乐

许光耀

《反垄断法》的颁布、实施及其在中国社会与经济生活中产生重大影响，是21世纪以来中国法制建设的重要成就之一。作为一个研究者，难免会经常回顾一下反垄断法的发展历程，反复研读那些已经十分熟悉的立法，重新审视曾经关注过的重要案例，再次摩挲那些曾给自己以教益的著作，不知不觉间，这回顾也会转向自己，眼前一幕幕呈现自己走过的历程。毕竟把最好的年华和热爱奉献给了它，从此自己的人生融入反垄断事业的背景之中，不再能够割离开来。

反垄断事业的推进无疑应归功于许许多多的人，每个人的贡献方式不同，回顾的内容也会有差异，或波澜壮阔，或千回百折，一定会有无数引人入胜的故事。我也努力在回忆里寻找类似的情节，试图将其连接成一个乐观、胜利、充满轻松趣味的画面。的确是有的，但最能在内心产生触动的，却是一种深入骨髓的疲惫，以及与之相伴的深入骨髓的欢乐。这疲惫与欢乐紧密交织在一起，难分难舍，像涟漪一样层层扩展开来，充满全部的记忆，仿佛时空穿越一般，一下子回到那些苦苦煎熬又充满惊喜的日子。

中国反垄断法研究始于20世纪90年代中期，我于1997年选定这一方向，算是早期的研究者之一。与任何学科的发展初期一样，当时

* 许光耀，南开大学法学院教授。

的研究主要关注比较宏观的层面，尚不能完整展现反垄断法的全貌，不了解其细节，也不能阐明其思维方式与法理基础。2003 年元旦前后，我为自己订立一项研究规划，打算以五六年时间，先就欧盟竞争法、美国反托拉斯法各写一部专著，完成细致的国别研究，弄清反垄断法究竟有哪些问题，其解决方法如何；然后在比较研究基础上体会反垄断法理，最终完成一部著作，形成中国反垄断法的理论体系。当年无知无畏，无论如何想不到这项工程历时 17 年还未能收尾。

第一步的欧盟法研究就持续了 5 年时间，其中前期的铺垫历时 3 年，对当时欧盟的全部竞争立法进行完整翻译。终于可以开始欧盟法专著的写作了。这是期待已久的，抑制住加速的心跳，郑重地端坐在电脑前，准备开始。但这端坐立刻就端不住了：该怎么写？法规的语言高度浓缩，干枯冰冷，骨瘦如柴，而我必须从这骨骼中提炼血肉与神采，填充到这骨骼上，连通脉络，将其还原成楼兰美女的生命状态。通过条文的逐字解读来猜测理论内涵，这已经十分吃力，而上下条文间经常前言不搭后语；关于同一问题的规定可以散布在十几个文件中，而在每个文件中又可能散布在许多不同的角落，我所面对的是不折不扣的一团乱麻，剪不断理还乱，或者是米诺斯的迷宫，还未起步便已晕头转向，气血上涌，心烦意乱，猛然跃起，将手中的译文狠命扔出去。一片片白纸从空中缓缓落下，当时的心情也像送葬的人群一样，不断劝自己：算了吧，不干了，何必呢，怎么活不是一辈子。

平静下来后当然不会真的放弃。一页页捡起来，一句句读透，注满批语，再将不同文件之间的关系梳理出个大概，编好顺序依次铺开，然后，必须把不同文件中的相关条文按顺序一口气读下来，将即时产生的感想迅速敲进电脑。接着再读第二遍，如此反复，直到把一个问题理解清楚，再开始下一个。六十多万字的译文铺在地板上，仿佛置身林海雪原。

最后形成的《欧共体竞争法通论》一书仍然比较生硬，但总算完成了比较全面的原始积累。关于反垄断法的了解猛然间成倍增长，这快乐像北国初春的百花一样一波接一波怒放。那是自我感觉最好的阶段，似乎什么都了解，一切尽在掌握之中。但很快发现，在面对具体的问题时，脑子里的那些一二三四并不管用，我只掌握了字面含义，没有领悟其内在精神，而机械套用经常会导致错误结果而不自知。因此又有了接下来的判例研究。将欧盟一些经典案件的判决书翻译下来，对照着立法和自己的专著，详细体会其论证过程，从而使那些知识立体起来，有了丰满的内涵，领悟到字面背后的道理，这道理又反过来影响着对字义的理解。完成《欧共体竞争法经典判例研究》书稿的准确时间是2007年6月23日，一个星期后，《中华人民共和国反垄断法》出台了。

一天也没有停，立即开始美国法的研究。同样是万事开头难，两个月内翻阅近十本英文著作，不知从何入手，只好捧起那本一直在逃避的巨著。霍温坎普教授的《联邦反托拉斯政策》静静地躺在布里斯托大学法学院图书馆书架的最高一层，我在选择参考书时，首先决定绕过它。现在这本书成了我最后的希望。三天之后，我决定放弃自己的原有计划，我认识到介绍美国法的最好方式，就是把这本书译成中文。

于是从2007年9月起，开始了我学术生涯中最刻骨铭心的28个月。这本书实在太厚了，而且其文字色彩丰富，不像法规的表达那样规范，理解与翻译要费更多的心力；更重要的是，高强度的工作无法长久持续，我用短跑的速度来规划马拉松，后面的路程只能苦撑着爬行。这不是我所经历的难度最高的工作，却是最心力交瘁的一次，交稿后仿佛虚脱一般，昏睡一个月方得以重生。轻飘飘爬起来，漫垂衣袖登上岳麓山顶，眺望飞云流瀑，湘水泱泱，不禁喜极而泣——喜，不是为了翻译的完成，是为了终于开始了我的第二个研究阶段，我盼这一天已经盼了很多年了。

这是 2009 年 12 月，我原定以五六年时间完成的计划到此才进行了一半。但这些国别研究在体量与深度上都超出当初的规划，为比较研究提供了稳固的基础。于是按照反垄断法的体系构成，逐个问题比较下去，到 2011 年底，大致完成了系统的梳理，如果这时出版一部专著，粗略呈现反垄断法的理论体系，是可以做到的。但这个体系里所反映的是我对各国立法、判例与学说的理解，没有多少自己创新的成分。我只是完成了信息的搬运，并且按照中国人的思维方式，把这些内容转化成中国式的表达，同时在逻辑的清晰性、透彻性与通俗性上有所增进。如果 2006 年的《欧共体竞争法通论》能够做到这一步，我会感到无限自豪，但时光已经到了 2011 年底，我不愿意再写作一本没有自己灵魂的书。

接下来的两年间蒙朋友委托，完成一本国际私法的写作，直到 2014 年才回到正轨。由于系统的梳理已经完成，研究的重点聚集在世界反垄断法研究中的一些热点问题，以及中国已有的一些代表性案例。这些思考没有现成答案可以比较，需要调动自己对于反垄断法的全部理解进行独立探索，就在这一探索过程中，实现了几次相对于自己以往认识水平的飞跃。

第一次比较重要的飞跃，是对纵向协议的思考。依《反垄断法》第十四条，纵向协议可以构成垄断协议；而根据第十三条，垄断协议是排除、限制竞争的协议，但纵向协议的当事人之间并无竞争，这似乎意味着，垄断协议不会发生在纵向协议的当事人之间。但纵向协议是否需要反垄断法进行调整？它在反垄断法上应处于怎样的地位？垄断协议的本质究竟是什么？一头又扎进研究欧盟竞争法时所深陷过的迷宫。这一思考消耗了 2014 年的整个上半年，终于在一个雨夜猛然顿悟。那一夜南开大学校园里诞生了四只小猫，新晋的猫父母在草丛里对我怒视，警告我不要侵入它们的领地，而此时的我正在驱赶一只流浪狗，并因自己的善意不被领情而十分尴尬。狗被赶走了，猫也不见了，留下我在寂静的深夜里湿淋淋地发呆，脑子里一片空白，仿佛宇宙最原初的状态；然后就想通了：纵向协议本身不会成为垄断协议，从其运行方式来看，垄断协议只能是横向的；但纵向协议可以成为垄断协议的工具，因此可以成为推定垄断协议的证据；另一方面，纵向协议也可以成为支配地位滥用行为的载体，因此不能局限于垄断协议的分析思路。不仅如此，反垄断法之所以对垄断协议进行调整，原因在于它可能给当事人带来提高价格的能力，因此第十三条所做的定义并不完整：垄断协议应当是对竞争活动产生限制，并由此可能给当事人带来涨价能力的协议。我没有见到欧美学界有完全同样的观点，也就是说，很可能我终于做出了一点比较像样的学术贡献。

这一认识使我深受鼓舞。这鼓舞不仅来自一个具体问题的解决，更在于它似乎是某种创新能力的证明。这能力很快就有了进一步的提升机会，因为世人瞩目的奇虎诉腾讯案终于做出了终审判决。我刚刚清理完关于纵向协议的写作，这判决来得正是时候。

2015 年春节前两天开始动笔。在简明的案情背后汇集着一系列最前沿的问题：平台竞争给反垄断法带来怎样的挑战，双边市场情形下如何界定相关市场，免费模式下 SSNIP（假定垄断者测试）方法是否有效，网络效果与锁定效果的力量来源，支配地位的认定标准对互联网产业是否适用……全都没有答案，偏又一股脑涌来，注定了这一思考将从一片混沌开始。先把判决书研读四十多天，记下 14 000 字的摘要，再将摘要一步步压缩归零，提炼出最核心的环节与问题。接下来是长时间无中生有的苦思冥想。绷紧头脑里所有的神经，在震天动地的轰鸣里去捕捉一缕缥缈的音乐。其实那不能算是音乐，只是不经意间冒出来一些破碎的乐句，有时只是孤立的音符，时隐时现，不知哪一句在先，哪一句在后。我必须找出它们之间的关系，填补残缺，谱成旋律。每天入睡前在枕边放好纸笔，期待上天在梦里赐予灵感。五个多月过去了，什么奇迹也没发生，但答案终于出来了，忍不住哑然失笑：解决最前沿问题的关键，竟是最基础的入门知识：相关市场的界定以需求替代性为标准，这是众人皆知的，而双边市场交易模式下，一笔交易的完成需要满足两种不同的需求，自然应当界定两个市场；下一步的支配地位认定、竞争效果分析均需要跨市场进行。因此双边市场与平台市场完全是两回事。当然，也有需要突破常规的思考：支配地位本质上是一种“让消费者别无选择的地位”，而消费者之所以别无选择，多数情况下是由于其他生产商无力提供足够的产出，因而其转向意愿无法实现；也可能是由于转向成本太高，因此消费者根本没有转向的自由。据此做了“绝对支配地位”与“相对支配地位”的区分，后者的认定与市场份额无关。所谓网络效果与锁定效果则是比较新型的转向成本，这是其能够产生市场力量的根本原因。

在我自己看来，这两项研究都有感到满意的创新成分，并由此对垄断协议与支配地位滥用行为的理论达成了比较全面的贯通，整个学科的画面一下子生动起来，自身的学术功底似乎也提高了好几个台阶；更重要的是进一步确认了自己的方法论：在面对新问题时，解决之道不是向下游追逐外观的复杂性，而是首先向上游追溯原理，进一步返璞归真。

但上面两项思考仍是局部的，我相信在它们背后一定还有更深层的东西，只有它才能统率反垄断法的全部内容并贯穿始终。可是我不知道这东西在哪里。以往的思考都是由问题引发，现在却要去探寻问题本身。这心愿终于在 2019 年完成了，我将其浓缩为一个条文草案：“凡对竞争活动产生排除、限制，并可能由此破坏竞争性市场结构，从而有可能损害效率的行为，应认定为垄断行为，推定其违法；但当事人如果能够证明其垄断行为可以增进效率，从而增进消费者利益或社会公共利益，而且并未超过实现这些积极效果所必需的限度，则应认定其合法。”我试图以这样的表述对垄断行为的调整方法做出全面说明，澄清竞争、效率、消费者利益的含义及其相互间的关系，明确竞争分析的是非标准与分析步骤，以及各步骤的考察内容、认定要件、法律后果和举证责任分配，提炼出反垄断法的核心原理与逻辑。同时，这一表述也可以将完全竞争理论、哈佛学派、芝加哥学派的观点融为一体，清晰体现它们之间的前后继承与发展脉络，从而增强反垄断法理论的透彻性、连贯性。以往的思考难度主要在于对答案的探索过程，答案找到后，思考的路径便自然转化成文章的论证过程；这次的难度正相反，我已经对各种细节形成了清晰的结论，却历时十个月才能将其整合进一篇文章。这一写作差不多覆盖了反垄断法的所有实体内容，尺度有点太大了，我的掌控能力受到严重挑战。

以上回顾基本能够涵盖我在 2020 年之前的全部学术经历。好像一直在诉苦。由于自身能力的局限，那些艰辛是真实的，但再多的艰辛也抵不上每一次苦尽甘来之后发自肺腑的欢乐，久而久之，对这欢乐的追求就成了自己人生的主要意义。不仅如此，这欢乐与付出成正比，随着思考难度的提升，思考的成果也更有价值，每每带来超出意料的喜悦，甚至对这苦的回忆本身也成了享受的过程。因此这种疲惫与欢乐的交织就成了我的生活方式。不再会遇到“怎么活不是一辈子”的纠结，我的生活只能这样进行下去。

对反垄断领域一项副业的回忆和感悟

吴汉洪

到2020年8月1日，中国《反垄断法》已施行了12年。回顾这部法律从审查修改到通过和实施，笔者曾作为国务院法制办聘任的该法审查修改专家组成员和两届国务院反垄断委员会专家咨询组成员，真是感慨颇多。本人不仅亲历了中国反垄断事业从无到有的发展，也有幸参与了反垄断领域一些重要法律、法规的讨论和论证，以及若干重要反垄断案件的分析、研讨。在本文中，我愿意与读者分享我在反垄断领域中的一项副业的情况和感悟，对我而言，这项副业就是翻译出版国外反垄断领域的学术文献。

我在中国人民大学主要从事西方经济学的教学及研究工作，显然，这种研究的基础和前提是，把握西方经济学的基本理论主线和该领域的基本分析方法。在这方面，阅读和学习西方经济学的经典文献，就显得十分重要和必要。同西方经济学一样，反垄断制度也是从西方引入中国的，所以，我在从事中国反垄断领域的研究中，一直关注西方反垄断领域的学术文献。在从事教学和研究工作之余，我有选择地把一些反垄断领域的相关学术文献翻译成中文出版，以便让更多的中国读者从中获益，这就构成了我的一项副业。

近期我大致统计了一下，从2006年至今，我主持翻译出版的国

---

* 吴汉洪，中国人民大学特聘教授、产业经济与竞争政策研究中心主任。

外反垄断领域的学术文献共有 9 本，现按出版时间排列如下：

（1）经济合作与发展组织：《产业组织经济学和竞争法律术语解释》，崔书锋、吴汉洪译，吴汉洪校，北京：中国经济出版社，2006 年。

（2）［美］威廉·G. 谢泼德、乔安娜·M. 谢泼德：《产业组织经济学》（第五版），张志奇、陈叶盛、崔书锋译，吴汉洪校，北京：中国人民大学出版社，2007 年。

（3）［荷］亨利·W. 狄雍、［美］威廉·G. 谢泼德：《产业组织理论先驱》，蒲艳、张志奇译，吴汉洪校定，北京：经济科学出版社，2010 年。

（4）［美］詹姆斯·W·布罗克：《美国产业结构》（第十二版），罗宇、潘碧玥、胡善斌、王杰彪、秦旭等译，吴汉洪校，北京：中国人民大学出版社，2011 年。

（5）［美］乔·S·贝恩：《新竞争者的壁垒》，徐国兴、邱中虎、张明、曹云立译，吴汉洪校，北京：人民出版社，2012 年。

（6）彼得·戴维斯、伊莲娜·迦瑟斯：《竞争与反垄断中的数量技术》，周德发、李三译，吴汉洪校，北京：中国人民大学出版社，2013 年。

（7）［美］罗伯特·C. 马歇尔、莱斯利·M. 马克思：《共谋经济学》，蒲艳、张志奇译，吴汉洪校，北京：人民出版社，2015 年。

（8）［英］西蒙·毕晓普、迈克·沃克：《欧盟竞争法的经济学：概念、应用和测量》，董红霞译，吴汉洪校，北京：人民出版社，2016 年。

（9）［意］斯特凡诺·柯米诺、法维奥·马里亚·马内蒂：《高技术市场的产业组织分析》，周孝、刘雅甜译，吴汉洪校，北京：人民出版社，2018 年。

以上译著的合计字数接近 400 万字。在上述译著中，除了均由我校译外，几乎在每部书中我都会撰写译者序言（或译后记），用以说明每本书的特点和对我国读者的价值。

众所周知，在目前我国高校科研考核规则中，主持翻译工作不算科研成果，更何况翻译费少得可怜。那我为何还做这些所谓“费力不讨好”的工作呢？我做此事主要基于两个理由：一是及时了解和掌握国外反垄断领域的学术动态；二是为国内的读者（包括高校师生、政府部门人员和实务界人员）提供反垄断领域的知识和信息。

现在来看，我认为我在反垄断领域这一副业上的耕耘是值得的，并有如下感悟。

其一，掌握反垄断领域的经济思潮变化是学者的责任。在经济学中，关于市场历来存在着两种对立的观点，第一种观点认为，市场从总体上说，运行是良好和充满活力的，而且市场本身具有修复其运行障碍的功能，这种观点对国家为弥补市场的不完美所进行的干预表示质疑，在学术上，这种观点常常被贴上自由主义的标签。第二种观点认为，市场是脆弱的，经常会出现市场失灵，为矫正市场失灵，国家干预是必要的，相应地，这种观点常常被贴上干预主义的标签。从历史上看，在反垄断领域也存在着自由主义和干预主义的争论，前者以芝加哥学派为代表，后者以哈佛学派为代表。芝加哥学派和哈佛学派各有自己的观点和主张，两派均对美国反垄断政策的执行施加过影响。对于一般的人来说，人们似乎只看到不同时代反垄断当局执法方向的变化，殊不知，反垄断政策实际上受到更深刻的经济思潮变动的影响，就像谢泼德教授在《产业组织经济学》（第五版）中所说的：“产业组织理论是活跃、充满争论并不断变化的理论，不断地在各种巨大的利益影响下艰难前进，其理论不断发展，2020 年教材可能与本书完全不同。每个学生必须完全独立地思考，提出真实、有根据的观点，否则就会出错。”我认为，在反垄断领域，具备整体性的眼光很重要，对反垄断领域中的争论，必须搞清各派的来龙去脉、相似点与相异点。在反垄断的理论争论中，厘清各派间的争执与歧异既是学者的专长，更是学者的责任，而静下心来研读学术文献并进行冷静思考和判断应该是反垄断领域研究者的工作常态。

其二，经济学在反垄断领域的作用越来越大。从抽象的意义上说，反垄断法的实施实际上是对经营者反竞争行为的识别和惩罚，而识别的标准，是看给定的企业竞争行为是否导致了正常竞争过程的扭曲和经济福利的降低，而对这些问题的分析恰恰是经济学的专长。经济学在反垄断领域中的作用可以体现在以下几个方面：

（1）帮助反垄断执法机构制定法律的实施细则和指南。我国《反垄断法》虽然已经颁布并施行，但很多法律条文的表述过于抽象和原则，缺乏可操作性。从国外的情况看，为了使反垄断审查对当事方和执法者具有较明确的预期和可操作性，执法机构通常会颁布相关的指南。我国国务院反垄断委员会印发《关于汽车业的反垄断指南》等四部指南，阐释反垄断执法思路；国家市场监管总局制定《禁止垄断协议行为暂行规定》《禁止滥用市场支配地位暂行规定》《制止滥用行政权力排除限制竞争行为暂行规定》三部规章，统一反垄断执法程序、尺度和标准。毫无疑问，经济学在这些指南和规章的制定中发挥着作用。

（2）反垄断案件中的事实认定需要经济学分析。在反垄断案件诉讼过程中，很多情况下会出现，对同一个商业行为，不同的当事方会有完全不同的评价，这时各方为了支持自己的论点，都需要论据，而相关的论据都可能涉及市场、成本、价格、进入壁垒以及福利等经济学的概念。这意味着，经济学分析可以作为证据或证言出现在反垄断案诉讼中。

（3）反垄断案件的审理和裁决需要经济学帮助。如上所述，虽然反垄断案件中的当事人可以借助经济学的帮助提供证据，但最终判定事实和给出裁决的仍然是法官。一般地，在反垄断诉讼中，法官的一个主要任务是审视法律的适用，而非认定事实，但当法官意识到他们的判决对当事方和经济的影响时，他们要求用经济理论来支持其裁决便是自然而然的。美国著名反托拉斯领域的学者博克（Bork，1978）曾指出：虽然“首要的和最明显的，反垄断是法律”，但它同时“也是一系列持续演变的产业经济学理论的集合”。可以预期，随着我国反垄断事务的演进，诉讼判决对经济学的依赖将更加普遍。

其三，反垄断研究者需要关注数字经济的快速发展给反垄断政策带来的问题和挑战。近几年来，数字经济的一种重要形态——平台经济的快速发展，一方面极大地改变了经济活动的参与方式，另一方面也引发了一系列竞争纠纷问题。例如，互联网平台企业间的并购浪潮、顺丰与菜鸟之间的数据纠纷、天猫与京东平台的“二选一”事件以及欧盟对英特尔、谷歌等互联网平台企业先后开出的天价罚单等。因为平台经济拥有很多不同于传统经济的特征，而且现有与平台经济相关的经济理论和法律制度尚不健全，从而导致了反垄断政策在实施过程中面临一些困难与挑战。因篇幅所限，这里仅提出两方面问题：一是相关市场的界定问题。关于多平台情况下的市场界定，一些学者（Evans and Schmalensee，2014）提出了可能存在的问题，其中之一是直接将单边市场分析工具应用于多边平台可能出现的问题。如果忽视各边需求间的正反馈效应，会导致市场界定的结果要么过于狭窄，要么过于宽泛（Evans and Noel，2005，2008）。以假定垄断者测试（SSNIP）为例，假设一边价格保持不变，如果垄断者在非常短暂的时间内小幅提高了另一边的价格并由此获利，那就说明这一边的产品属于反垄断相关产品市场。但在双边平台情况下，一边的价格上涨会导致另一边需求的下降，这反过来又将减少前者对平台的需求，这就使得提价行为很可能是无利可图的，而这样得到的相关市场明显过于狭窄。问题在于研究者可能忽视了多边平台各边需求是相互依赖的事实。二是市场支配力的问题。在反垄断领域，滥用市场支配地位是指具有市场支配地位的企业为维持和增强其市场地位实施反竞争的商业行为。各国反垄断法几乎都禁止掠夺性定价行为。现在考虑一家具有市场支配地位的企业对其产品收取很低的价格，该价格低于产品的边际成本。通过使用标准的反垄断分析方法，竞争执法机构会将该行为认定为旨在驱逐竞争者的掠夺性定价行为：企业牺牲短期（即掠夺性定价实施阶段）利润以期在长期获取更多利润，也就是说，一旦掠夺成功，企业会提高价格并享有垄断利润。然而，上述解释在双边市场中可能并不成立。双边市场理论指出，为了最大化由交叉网络外部性产生的收益，企业需要适当平衡对市场两边收取的价格。相关的分析证明，当交叉网络外部性的强度不对称时，企业的最优策略是“补贴”能够产生更多价值的一边，甚至对该边采取“免费策略”。因此，对市场一边收取低于成本的价格可能是旨在最大化外部价值的合理商业策略的一部分，并不存在反竞争动机。此外，在并购调查中，市场支配力也是核心议题。并购企业是否有力量大幅提价？对涉及平台的并购来说，如果不考虑对平台服务的所有顾客群体的共同效应和相互影响，是不可能给出答案的。两个平台的并购将影响它们的定价水平和定价结构。根据其成本和需求结构以及竞争状况，并购之后的均衡价格可能导致价格结构不成比例地发生改变，并可能导致价格下降。并购调查需要考虑的另外一点是，导致某一边的顾客数量增加的并购，会使其他边的产品价值提高，因此，即使某一边的价格或总体价格有所提高，消费者福利仍然有可能增加。总之，数字经济出现的竞争问题要求反垄断领域的研究者及时补充和更新自己的知识存量。

最后，我衷心祝愿中国的反垄断事业欣欣向荣，蒸蒸日上。

遗憾的减法与欣慰的加法

我国反垄断法在管制型产业的适用

时建中

2007年8月30日，《反垄断法》由中华人民共和国第十届全国人民代表大会常务委员会第二十九次会议通过，自2008年8月1日起施行。本人作为国务院法制办反垄断法修改审查专家小组专家，参加了反垄断法的立法过程，应《新京报》之约，撰写了题为“反垄断立法中的几次减法”的文章，在该报2007年8月30日发表，回顾了反垄断法草案有关垄断行业条文的变化（全文见专栏1）。

一、反垄断立法中的几次减法

专栏1　反垄断立法中的几次减法

在反垄断法草案的起草和修改过程中，有两个难度甚大的问题：一个是垄断性行业的垄断行为应当由谁来反？一个是依据什么法来反？这是两个密切相关的问题。前者涉及反垄断执法机构与行业监管机构之间的关系，后者涉及反垄断法与行业监管法之间的关系。

---

* 时建中，中国政法大学副校长、教授。

针对第一个问题，2006 年第一次审议时，当时的反垄断法草案第四十四条做了规定，计有两款，第一款规定："对本法规定的垄断行为，有关法律、行政法规规定应当由有关部门或者监管机构调查处理的，依照其规定。有关部门或者监管机构应当将调查处理结果通报国务院反垄断委员会。"第二款规定："有关部门或者监管机构对本法规定的垄断行为未调查处理，反垄断执法机构可以调查处理。反垄断执法机构调查处理应当征求有关部门或者监管机构的意见。"

对这样的制度设计，专家表现出了极大的担忧——反垄断法能够束缚得了垄断性行业吗？然而更令人担忧的是，一年之后，在 2007 年 6 月第二次审议时，第一次审议稿的第四十四条调整为第五十六条，该条仅为一款，保留了第一次审议稿第四十四条的第一款，把第二款给"减"掉了。依新规定，对垄断行业内的垄断行为的反垄断执法权，被行业监管机构垄断了。这样的"减法"令人遗憾。

好在，最近从媒体得知，近日正在第三次审议的反垄断法草案，又做了一次"减法"，把二审稿第五十六条整条删除了。读了此条新闻之后，我多少有些释重的感觉。因为行业监管机构垄断反垄断执法权的规定，被三审稿打破了。这是应该的。

针对第二个问题"反垄断法与行业监管法之间的关系"，草案一审稿的第二条第二款曾规定，"对本法规定的垄断行为，有关法律、行政法规另有规定的，依照其规定"。对此，许多人都非常诧异：若依该款规定，一旦行政法规另有规定，就不再依反垄断法了，结果是行政法规的效力优于作为法律层次的《反垄断法》，明显与《立法法》规定不符。而且，如果"有关法律"另有规定，就不违犯《立法法》了，而“另有规定”的法律会有哪些？不难想到，是电力法、电信法、邮政法、民航法、铁路法、银行法、证券法、保险法等，这些法律都是行业法，分别对应电力、电信、邮政、民航、铁路、银行、证券、保险等垄断性行业。

然而，在一些垄断性行业，昨天是监管部门领导，今天就可能出任被监管企业的老总，在这种体制下，监管机构对于行业内的过度竞争或许会有所作为，因为会影响到行业的整体利益；但限制行业内的垄断，要想有所作为，恐怕就不那么容易了。

不过，庆幸的是，草案二审稿把一审稿第二条第二款整款删除了，又做对了一次“减法”。

坦率地讲，如何处理好反垄断法与行业监管法之间的关系，以及反垄断执法机构与行业监管机构之间的关系，是一个世界性的难题。几乎在所有的国家都充满了争议。在立法过程中，能够创设出最理想的制度当然值得赞赏，但是，在争执不下的情况下，做一做“减法”，删掉那些最不合理的规定，也是值得肯定的。

当然，只做“减法”，会使得反垄断立法的线条更粗。但好在，我们可以把希望寄托于未来出台的反垄断法实施条例上。而且，与其他法律不同的是，反垄断法的实施条例不会是一部，而是多部，那样可以承载我们更多的理想。对于垄断性行业的垄断行为该“由谁来反”这个问题，我只有一个理想——行业监管机构不能垄断了反垄断执法权。

有意思的是，笔者的这篇短文被《检察日报》改编，纳入了该报编辑的“中国 30 年立法故事”，并在 2008 年 12 月 15 日刊发。

二、互联网宽带接入市场反垄断执法引发媒体站队

《反垄断法》自 2008 年 8 月 1 日起施行之后，国家发改委价格监督检查与反垄断局率先在保险业、银行业发力，处理了若干垄断案件，所幸并未遭到相关行业监管机构的有效阻击，初步奠定了国务院反垄断执法机构在垄断性行业适用反垄断法的执法模式，令人欣慰。反垄断法施行之后不久，笔者作为中央机关第六批援疆干部在伊犁师范学院（现已更名为伊犁师范大学）工作三年，多次接受当地价监和工商部门有关反垄断执法的咨询，内容最多的是有关垄断性行业的反垄断执法。

2011 年 11 月 9 日，央视播发了时任国家发改委价格监督检查与反垄断局副局长李青同志接受采访的报道，披露了发改委正在针对中国电信和中国联通宽带接入市场展开反垄断调查一事。该报道瞬间引爆媒体，并在行业内引起了巨大波澜。

2011 年 11 月 11 日，《人民邮电报》发表了题为“混淆视听、误导公众”的文章，指责央视“基本概念厘清了吗？垄断事实查明了吗？全球行情吃准了吗？新闻素养丢掉了吗？”，称国家发改委的调查是针对 SP（服务提供商）接入市场而不是公众市场的，SP 接入市场不涉及普通用户，与公众市场完全不同。当日，新华社的一篇报道认为，国家发改委在调查结论未出的情况下，就在全国影响力巨大的媒体上公布此事的做法“欠慎重”，涉嫌违反了《反垄断法》的相关规定；而无论发改委反垄断调查最终结论如何，都与普通用户的宽带价格没有关系，是一场“神仙战”。

2011 年 11 月 14 日，《人民日报》发表评论认为，反垄断并非“神仙战”，相反，它与千千万万的消费者利益有着割裂不开的联系。

很短时间内，各路媒体包括重量级央媒均参与其中，可见该案的吸睛能力。当时主要聚焦于“是否垄断”“公布调查情况是否违规”

“是否涉及消费者利益”三大焦点，观点明确、阵营清晰。

经过一段时间的准备，央视推出专题，在上述三个论题上全面回击《人民邮电报》与新华社相关报道。面对《人民邮电报》等方面的指责和质疑，央视在专题中以“事实：实施价格歧视，企业、消费者皆被‘坑’”为题，从多个角度论证了电信和联通在宽带市场确实存在垄断。该专题引用数据指出，当时中国 60% 的宽带接入用户、65% 的内容资源、62% 的国际出口带宽集中在中国电信，网间互联总流量中有 83% 流经中国电信网络；中国联通的宽带接入用户、内容资源大约是中国电信的一半，国际出口带宽占 33%；其他运营商的市场占比总和不足 10%。据此，该专题认为，中国的互联网宽带接入市场，基本上是一个由中国电信占垄断支配地位、中国电信和联通两大运营商双垄断的格局。在拥有垄断地位的背景下，该专题认为中国电信和中国联通滥用了支配地位，其中包括，设立“黑白名单”执行差别定价：对同一种产品，不同用户价格不同。

中国电信将高宽带用户（45M 以上）分为两类：一类是联通、铁通、移动三家基础运营商，以及教育网、长城宽带两家全国性单位，必须由中国电信集团直接受理业务。中信网络和广电机构这两家地域性单位，必须由中国电信集团审批后才可受理业务。除了上述用户之外的其他用户属于第二类，中国电信省级公司可直接受理，但也要进行价格管控，避免为第一类用户提供转接。央视网的数据显示，中国电信给第一类用户的结算价格一般高达 100 万元/G/月，第二类用户的结算价格只有 25 万至 42 万元/G/月，在一些地区，二类客户的价格甚至低到 10 万元/G/月。央视网认为，中国电信针对不同的宽带接入用户，特别是有竞争关系的其他基础运营商，采取了严格的管控措施，采取的垄断行为包括：拒绝交易（不准 ISP 购买能够接入广电或者其他基础运营商的带宽）；价格歧视（对有竞争关系的客户，采取高价）；差别待遇（对能够形成垄断地位的 ICP，采取远低于成本的低价）。

当然，当时的主流自媒体微博也没有缺席。我记忆最深的是这一段文字：“我好想哭啊，我只能装一家的有线电视、用一家的电、使一家的煤气、以别人商量好的价格加两家的油，价格一天天飞涨的时候，没有人说垄断；当有一种业务几家运营商比着提速、比着降价的时候，却有人说，你垄断了！”这是在2011年11月9日12时央视《新闻30分》节目曝出国家发改委正在对中国电信和中国联通进行反垄断调查的报道后，一些通信员工发出的微博。突如其来的反垄断执法，令两家公司的股票狂跌，也让几十万电信与联通员工难以接受。

三、中国电信集团公司修改声明引发的深度思考

针对国家发改委启动的反垄断调查，中国电信和中国联通几乎同时在各自的官网发布了相关声明，披露了被调查的事实，表达了基本态度和整体愿望。值得玩味的是，中国电信在发布声明（专栏2）之后不久，就对声明进行了关键修改，并重新发布（专栏3）。

专栏2　中国电信集团公司最初发布的声明

近期，国家发展和改革委员会对中国电信集团公司互联网专线接入价格情况进行了调查。对此，中国电信集团公司高度重视并积极主动配合国家发展和改革委员会的调查工作，认真学习了《中华人民共和国反垄断法》等相关法律法规，并对有关价格行为进行了全面自查。通过自查，发现中国电信集团公司与其他骨干网运营商之间的互联互通质量未完全达到相关主管部门的要求，没有实现充分互联互通。同时，在向互联网服务提供商提供专线接入业务方面，价格管理不到位，价格差异较大。

根据相关法律规定，中国电信集团公司向国家发展和改

革委员会提交了整改方案和中止调查的申请。中国电信集团公司将认真对有关问题进行整改，尽快与中国联通、中国铁通等骨干网运营商进行扩容，降低与中国铁通的直联价格，进一步提升互联互通质量，实现充分互联互通。同时，将进一步规范互联网专线接入资费管理，按照市场规则公平交易，并梳理现有协议，适当降低资费标准。

中国电信集团公司将继续坚持依法经营，不断提升经营管理和服务水平。“十二五”期间，中国电信集团公司将扎实推进“宽带中国·光网城市”工程，大幅提升光纤接入普及率和宽带接入速率，五年内公众用户上网单位带宽价格下降 35% 左右，并立即着手实施。

专栏 3　中国电信集团公司修改后的声明

近期，国家发展和改革委员会对中国电信集团公司互联网专线接入价格情况进行了调查。对此，中国电信集团公司高度重视并积极主动配合国家发展和改革委员会的调查工作，认真学习了《中华人民共和国反垄断法》《中华人民共和国电信条例》等相关法律法规，并对有关价格行为进行了全面自查。通过自查，发现中国电信集团公司与其他骨干网运营商之间的互联互通质量未完全达到相关主管部门的要求，没有实现充分互联互通。同时，在向互联网服务提供商提供专线接入业务方面，由于竞争和管理原因导致价格差异较大。

……

稍加对比就可以发现，在修改后的声明中，有两处关键变化：第一处是增加了学习内容，即《中华人民共和国电信条例》（下称《电信条例》)；第二处是增加了价格差异较大的原因，由“价格管理不到位”修改为“竞争和管理原因”。中国联通公司未修改声明，但该声明从原先官方网站首页被挪到了二级页面。

中国电信集团公司在声明中追加学习了《电信条例》，确实是动了脑筋的。追加的《电信条例》系电信行业的监管法规，暗示了行业监管法规对涉案行为的可适用性，以及行业监管机构应有的话语权。

当时，我认为，我们必须继续追问如下值得思考的问题：反垄断法律制度与行业监管法律制度的关系为何？反垄断执法机构与行业监管机构之间的关系为何？竞争政策与产业政策以及其他经济政策之间的关系为何？我国反垄断法能否以及如何适用于诸如电信业这类管制型产业？这几个问题的立论基础是竞争政策与产业政策以及其他经济政策之间的关系，这是一个具有重大理论价值和实践价值的问题。为了回答这个问题，我认真研究了1993—2012年共计20年的政府工作报告，从“八五”到“十二五”五个规划纲要，十四届三中全会、十六届三中全会及十八届三中全会三个重要决定，并选取了“政策”“竞争”“产业”“产业政策”为核心关键词，对前述近30个文件进行了检索、统计和分析，提炼出如下经济政策：货币政策、财政政策、产业政策、信贷政策、税收政策、投资政策、外资政策、贸易政策、消费政策、分配政策、就业政策等。经过分析发现，在改革开放前期，政府最为常用的经济政策是财政政策、税收政策和信贷政策。随着改革的深入，政府职能的不断转变，政府的经济政策类型更加明确和定型，政策目标更加具有针对性。我国已经形成了组合运用货币政策、财税政策、产业政策调节社会总需求与总供给的基本平衡的路径依赖。虽然《反垄断法》第九条引入了“竞争政策”并使之成为法律概念，但是，竞争政策事实上还没有进入经济政策体系。前述30个文件，没有任何一个文件提及“竞争政策”。我认为，若无竞争政策，经济政策体系就存在先天不足；若无竞争政策的激励和约束，其他经济政策往往会偏离政策预设的目标。因此，我建议，竞争政策应该尽快实质性地进入经济政策并成为经济政策体系的核心，并以此为前提和基础，构建经济政策体系，处理其他经济政策与竞争政策之间的关系，处理产业监管法与竞争法的关系，处理产业监管机构与竞争执法机构之间的关系。在 2012 年 12 月由国务院反垄断委员会专家咨询组主办、中国政法大学竞争法研究中心承办的首届中国竞争政策论坛上，我做了题为“竞争政策在经济政策体系中的地位”的演讲，表达了前述观点和建议。在此演讲稿的基础上撰写了《论竞争政策在经济政策体系中的地位——兼论反垄断法在管制型产业的适用》一文，发表在 2014 年第 7 期《价格理论与实践》上。该文由日本早稻田大学土田和博教授指导的中国籍博士生全金亮译为日文，并于 2017 年 2 月发表在日本公平交易委员会主办的《公正取引》上。

可以这样讲，这个案件的出现，在很大程度上印证了我对反垄断立法过程中所做“减法”的担忧不是杞人忧天。好在，当时的国务院反垄断执法机构之一的国家发改委价格监督检查与反垄断局敢于执法、善于执法，用实际的“加法”式执法行动弥补了反垄断立法过程中“减法”带来的空白，有效地加大了反垄断法在管制型产业适用的应有力度。

2015 年党中央、国务院印发《关于深入推进价格机制改革的若干意见》，首次提出“逐步确立竞争政策的基础性地位”，为实施竞争政策确立了顶层设计，明确了基本方向和总体要求，为进一步明确反垄断法与行业监管法之间的关系，巩固反垄断执法机构对管制型产业的反垄断执法权，奠定了最为扎实的政策基础。

展望未来，笔者呼吁，在反垄断法修订之际，至少应该做两个加法：明确反垄断法与行业监管法之间的关系，明确反垄断执法机构对管制型产业的反垄断执法权。

经济分析在中国反垄断中的应用

林平

我国《反垄断法》实施12年成绩显著，为世界竞争法领域所瞩目。作为一个有幸见证并于初始阶段就参与中国反垄断事业的经济学家，我感受较深的是，在这12年间，经济分析在我国反垄断研究和实践中经历了一个不断被了解、被接受和在一些案件中被深度应用的过程。近年来，经济分析在我国反垄断执法机构案件中和法院民事诉讼案件中都得到较大的重视和应用。可以说，经过12年执法和理论探讨，我国的反垄断法学家、执法机构、法官和实业界专业人员，对经济分析是宽容和不断接受的，双方已经逐渐达到融洽的合作状态。

《反垄断法》条文中众多基本概念同时也是经济学方面的概念，包括成本、价格、市场份额、搭售、差别待遇、拒绝交易、经营者集中、相关市场、竞争、效率等。这意味着经济分析在反垄断工作中是必不可少的。

经济分析的作用：从"计算"到连接行为和效果的桥梁

在我国《反垄断法》实施初期，虽然大家都认识到经济学在反垄断工作中的作用，但可以说，不少人的看法是，经济分析主要是技术

---

* 林平，山东大学经济学院讲席教授。

活。在 2009—2012 年，我在北京、上海等地参加的多次学术会议上，曾多次听到反垄断法学者发言中传达出的让经济学家把排除、限制竞争的效果“算出来”的声音。

较早引起国内反垄断界对经济分析注意的案件之一，是 2011 年奇虎公司和腾讯公司的垄断纠纷案。此案中，原告和被告都各自聘请国际上著名的经济分析咨询公司的经济学家撰写经济分析报告，奇虎公司的经济学家还在法院出庭阐述其经济分析结果，媒体对此也做了相关报道。特别是，因为涉及与传统（假定垄断者测试）方法不同的零价格情形，该案中的相关市场界定问题，在国内反垄断法学界和执法司法界都引起了广泛讨论。从经济分析角度看，那次讨论的核心还是在经济分析的技术层面，大家的关注似乎还集中在经济分析技术性或工具性问题上。

随着我国反垄断执法和司法工作的不断进展，人们对经济学的认识有了明显的变化。从起初只把经济学看作“工具”，到逐渐认识了经济分析的思维方法；从起初偏重于相关市场界定，到逐渐偏重乃至建议偏重诸如竞争伤害理论、福利标准等更加核心的内容。

以经营者集中反垄断审查为例。在《反垄断法》实施初期，商务部反垄断局的公告中较多采用诸如市场份额和集中度等技术层面词汇，对国际上通用但我国法律中尚未明确使用的竞争伤害理论（比如横向集中的单边效应和协调效应，纵向兼并的封锁效应等），没有马上贸然移植使用，而是让学界和业界先有一个认识的过程。现在我们看到，在我国反垄断界，使用单方面提价、共同提价，以及封锁效应等词汇和理论，已成为日常惯例。

在滥用市场支配地位领域，执法机关在 2016 年利乐案中引入经济学团队对忠诚折扣的竞争效果进行了理论和实证分析，并第一次在处罚决定书中插入了经济分析的数学模型。这一举措是对经济分析在反垄断中的作用的正式认可，具有示范效应。记得利乐案处罚决定书公布以后，国内产业经济学圈子的许多专家深受鼓舞，从事反垄断经济分析的热情也更加高涨。可以说，利乐案是经济学分析在中国反垄断工作中发挥作用的一个重要标志，其重要意义之一是国家执法机构在此案中接受并认可了经济分析的作用，并公开向社会以及国际反垄断领域显示这一立场。

我本人也有幸参与国家反垄断执法机构组织的一些课题和案例的经济分析。在 2009 年，我参与了商务部反垄断局的重点研究项目，并提交了有关经营者集中的单边效应和协调效应的研究报告，且参与了《关于评估经营者集中竞争影响的暂行规定（草案稿）》的撰写工作。2011 年 9 月 5 日开始施行的暂行规定包含了草案稿的核心内容，至今仍然有效。在 2016—2018 年，我也有幸参与了国家执法机构对某个大公司涉嫌滥用市场支配地位行为案件正式调查的经济分析工作。其间，我和其他来自内地和境外高校的团队队员，都见证了国家执法机构领导和工作人员对经济分析在反垄断执法中的重视程度，以及他们的专业、敬业精神，我们也更加深刻地体会到，经济分析在具体案例中应如何立足于反垄断分析案件。应该在对涉案行为和涉案相关行业做全面了解的基础上，提出和建立适合具体个案的竞争伤害理论，而不是生搬硬套教科书或者国内外已有案例的做法；我们也更加深刻地体会到国际反垄断圈内常常提到的，经济学家必须做到的一件事，即“要能说出一个故事”（a story），即能够用浅白的语言，而不是抽象的概念和理论，来陈述涉案行为是通过什么渠道产生排除、限制竞争影响、伤害消费者的，并同时提供能够支持你理论的实际证据。

以上经历给我的重要启示是，我国反垄断执法机构、执法官员对经济分析在反垄断中作用的理解深度和全面程度，以及他们对经济分析的重视程度和对国际反垄断发展前沿的了解程度，其实高于我们经济学家的想象。他们一直在以低调、专业的方式，给予经济学家参与国家反垄断执法服务的机会，也非常乐意听取经济学家的意见和建议，并对经济学家知识结构中的法律短板进行指导、交流。可以说，在中国过去 12 年反垄断实践工作中，经济分析和法学之间的互补性发挥了很大的作用。

近年来，地方反垄断执法机构也逐渐开始引入经济分析。2019 年初，经国家市场监管总局一揽子授权，省级市场监管部门获得了垄断协议行为和滥用市场支配地位行为的反垄断执法权限。我也受邀参与了一些地方案件经济分析工作，我非常高兴看到经济分析也能在地方执法机构层面得到重视。

2019 年 4 月，上海市市场监管局发布《伊士曼公司滥用市场支配地位案行政处罚决定书》，其中使用了大量的经济分析方法来界定相关市场并分析排除、限制竞争效果。这对国内产业经济学界又是一个新的鼓舞。我在同一些地方反垄断执法人员交流过程中，能够感受到他们有意无意将伊士曼案作为一个标尺和赶超目标。我认为，这种地区间执法机构、执法工作方面的竞赛概念，是自然和健康的，只要各方严格按照法定程序进行执法，出现过度执法的概率是很小的。可以预见，地方执法会进一步促进经济分析在我国反垄断中的应用。

经济学家推动反垄断经济分析应用的努力

过去 12 年间，我所了解和熟悉的一些产业经济学家，从《反垄断法》即将开始实施时，就意识到，经济学家不应辜负历史给予的机遇和使命，应当为我国反垄断经济学的发展贡献一分力量。中国工业经济学会对推动我国反垄断研究也起到了很大作用，并在 2017 年正式成立了竞争政策专业委员会，由于立教授任主任委员。著名产业经济学家谭国富教授、陈勇民教授和陈智奇教授等学者，每年都组织召开和参加各种反垄断经济学学术会议。不少产业经济学家开始通过各种方式和渠道介绍和宣传反垄断经济学及其作用。比如，山东大学臧旭恒教授和笔者自 2007 年开始组织翻译国际反垄断畅销书《反托拉斯革命：经济学、竞争与政策》一书，旨在为中国将要开始的反垄断执法提供经济学前沿案例分析。该书由中国经济科学出版社出版，我们持续组织翻译了该书的第四版、第五版和第六版，分别出版于 2008 年、2012 年和 2017 年。上述各方面的努力和付出对我国反垄断经济学的发展和应用起到了很大的推动作用。

反垄断法学者和实务界的专业人员对经济分析作用的认识，也在不断加深。在过去的 12 年中，我有幸参加了不少由国内和国际反垄断法学界召开的学术研讨会和竞争政策峰会，结识了许多著名竞争法学专家。我从数个大学法学院院长那里了解到，许多法学院学生有这样一种困惑，即争议双方聘请的经济学家团队在实际执法或司法案例中常常持相反的意见，使得人们很难决定哪一方是正确的。在这种情况下，应如何理解经济分析是科学的、有用的呢？

我记得我的回应是，正因为经济学是科学的，所以实际案例中双方经济学家团队提出的相左相对立的经济分析结论只有一方是正确的，双方较量的过程有助于法官发现哪一方的经济分析更科学、更合理、更符合实际案情，所采用的数据和数据分析方法更加合适和科学。退一步讲，假如没有经济分析的帮助，执法机构或者法院的认定或判定过程可能更加困难，甚至只能依赖于主观感受。经济分析的价值正在于此。它不是完美的，但确实可以发挥很大作用，对许多案件来说，经济分析其实是不可或缺的。

反垄断经济分析的作用，在于它帮助执法机构和法院深刻了解涉案行为的本质，以及涉案行为排除、限制竞争的渠道，并提供竞争效果的证据，乃至为救济措施的设计提供思路和具体方案。这里所说的涉案行为排除、限制竞争的渠道，即是所谓的“竞争伤害理论”；竞争伤害理论将观测到的经营者行为与竞争效果之间建立一种连接，这是每一个反垄断案件经济分析的核心。

国内反垄断法学界和实务界对反垄断经济学的兴趣也在不断提高。举一个例子：山东大学竞争政策研究中心在 2019 年 5 月举办了“山东大学第一届反垄断经济分析研习班”，授课老师全部是具有参与我国反垄断经济分析实际案例实战经验的专家，能够结合实际案例系统讲授反垄断经济学基础理论和方法在实际案例中的应用。报名参加这一研习班的有来自全国各地的执法机构人员、法学教授、博士生，以及高科技公司的法务人员等近 100 名学员。这从一个侧面反映出，反垄断经济学在我国进一步发展具有广阔空间。

经济分析应用的两个滞后方面：福利标准和“反事实”思维

如果说，过去 12 年，经济分析在我国反垄断中应用存在滞后的话，我觉得，最主要的应该是这两个方面：福利标准的认知和“反事实”思维的广泛应用。

首先，一项经营者行为是否具有排除、限制竞争的效果，是以其对福利影响作为判断标准的。在美国、欧盟等发达国家采用的消费者福利标准下，经营者行为对竞争的减损影响，判定标准是该行为是否降低了消费者福利；在加拿大等国家采用的社会总福利标准下，行为是否排除、限制竞争，要看它是否降低了社会总福利。举例说明，假如一起横向企业兼并产生的规模效应给社会带来的成本节约是 1 000 万元，但合并后价格上升使得消费者福利下降 800 万元，对整体社会福利效果是正的 200 万元。那么，这一兼并在消费者福利标准下是反竞争的，而在总福利标准下是促进竞争的。中国《反垄断法》虽在“总则”中提到效率一词，但未明确阐明其福利标准。10 年前我曾撰文提出[⑨]，中国反垄断法的立法原意是以社会总福利为标准的，根据之一是，2007 年立法三读过程中许多人大代表都明确提到要考虑对中国产业的影响，这个观点与最终《反垄断法》中写入鼓励企业“做大做强”的字眼是一致的。我认为，在过去反垄断执法的 12 年中，我国对福利标准的讨论还没有受到应有的重视。

其次，与福利标准紧密相连的，是“反事实状态”的概念。反事实状态是指涉案行为未发生时市场竞争本应达到的状态，它与涉案行为发生之前的市场竞争状态是不同的概念，前者是未发生且永远不会发生，后者是已经发生的状态。经营者行为对消费者福利或者社会总福利的影响，是相对“反事实状态”下的福利水平而言的。发达国家的竞争执法或学术讨论，都是明确以“反事实状态”为基准的。在过去 12 年间，我国反垄断界对“反事实状态”概念和思维的认知和重视程度还远远不足。[⑩]

展望反垄断执法的第二个 10 年，毫无疑问，经济分析将在我国反垄断执法中得到更全面更深入的应用，人们对反垄断经济分析作用的认识，包括经济分析作为工具箱的作用、竞争伤害理论的建立，以及经济分析在证据搜集和分析中的作用等将会更加全面和准确。随着中国市场经济的蓬勃发展，中国反垄断执法实践未来可能遇到一些特殊的经济学问题和挑战。与中国反垄断法一起成长的产业经济学家是非常幸运的。

---

⑨ Lin, P. and J. Zhao (2012), “Merger Control Policy under China’s Anti-Monopoly Law”, *Review of Industrial Organization* 41 (1), 109 – 132.

⑩ 林平，《反事实状态与反垄断执法误差》，《竞争政策研究》，2016 年第 3 期。

行政性垄断与竞争文化

徐士英

2008年8月，对中国来说具有划时代的历史意义，因为在这一个月内发生的两件大事都令世界瞩目。当国内大部分人都聚焦在8月8号开幕的北京奥运会时，国际社会却把目光更多地投向8月1号开始实施的中国《反垄断法》。作为一个处于体制转型过程中的国家，《反垄断法》的制定与实施，表达了中国建立市场经济体制的坚定决心，是对传统体制进行最后宣战的定锤之举，其意义当不亚于19世纪末美国实施《反托拉斯法》对自由市场体制的挑战。今天，当我们悉心盘点《反垄断法》实施12年来的成果时，我的眼前不由得浮现1990年在美期间参与纪念《反托拉斯法》实施百年的感人场景。

波士顿的冬季天寒地冻，但丝毫没有降低人们庆祝《谢尔曼法》百年诞辰的热情。如火如荼的纪念活动，接二连三的研讨会，庆祝的盛况历历在目。布什总统还举办了隆重的部长级庆典，报纸上出现"Long Live Anti-trust""Let It Alive Another Hundred"的通栏标题，这一切都深深震撼了我。这部被称为"经济大宪章"的法律，在经历百年风雨洗礼之后，依然是那样的鲜活。① 我突然意识到，反托拉斯法已经不仅仅是一部法律了，它倡导的维护自由公平竞争的商业伦理，

---

*　徐士英，华东政法大学教授，浙江理工大学特聘教授。

①　徐士英，《美国反垄断法一百年》,《政治与法律》，1994年第1期。

已深深扎根于人们心中。“价格共谋有罪”“滥用优势违法”等源自商业活动的伦理，已通过法律制度的实施，渗透到了包括经营者、消费者以及政府机构各个层面，成为商业文化的主流，推动社会不断创新和持续发展。

我国反垄断法实施虽然只有短短 12 年，但其辉煌的成就同样不可估量。一系列重大案件的审理和发布，不仅使市场主体的竞争行为得到规范，广大国民的思想观念也在迅速发生变化。开放中的人们逐渐明白，在接受市场开放的同时，也必须接受一整套竞争的规则，否则就会因损害竞争机制和社会整体利益而付出昂贵的代价。法律实施播撒了竞争文化的种子，在广袤的中华大地上发芽生长。

与此同时，反垄断法实施中的种种艰难令人担忧，来自政府的限制竞争行为增添了法律实施的难度。当政府的公权力与市场主体的私利益结合形成特殊的利益时，行政性垄断成为难以攻克的障碍就不难理解了。我国市场经济历史短暂，在传统文化中，夸大政府力量的观念远甚于尊重市场竞争，这必然成为反垄断法实施的主要羁绊，对行业协会“共谋”的规制便是反垄断法首当其冲的挑战。对于“市场共谋”，各国法律都将其视为严重危害竞争的行为而严加惩处。但在我国，由于大多数行业协会都是政府主导或政府施加影响的，协会的“共谋”被认为是政府管理市场的必要手段。从早期的保险费率协议案、水泥价格协议案，到黄金饰品协会案，再到山西电力协会案，一系列行业协会的反垄断执法过程，让执法机构体会到了行政权力的难以褪色，管理模式的积弊深远。事实上，反垄断法实施中涉及政府权力限制竞争的难题还远不止行业协会。自然垄断行业滥用支配地位问题、实施产业政策中政府主导资源配置问题、经营者集中的国企申报问题等，这些长期以来人们渴望改变却又无力触及的社会现象，随着反垄断法的实施，都一一浮出水面。政府与市场，抑或市场遭遇权力，真让人有“剪不断，理还乱”，牵一发而动全身之感。而在这些难题的背后，无不关系到政府在市场竞争中的定位和政策制定的标准。从此时起，中国反垄断法对于行政性垄断的规制，成了竞争法律界一道独特的风景线。如果说，美国的反托拉斯法是从市场层面切入全面反思经济体制的缺陷，中国反垄断法则是从行政权力层面寻求完善市场体制的路径。从被称为反垄断第一案的国家质检总局被诉案，到一系列对行政性垄断案件处理的公告，再到广东省工商局行使“反垄断法处罚建议权”第一案，显示了中国反垄断法在规制政府权力限制竞争方面的艰巨任务和不懈努力。

特殊社会经济条件下诞生的反垄断法，第一次尝试厘清政府与市场的关系，其实施的效应当是可歌可泣的。当消费者体会到了多元竞争格局带来的低价和优质时，对“行业协会不得组织本行业的经营者从事本章禁止的垄断行为”的认同就不仅仅是在法律制度层面的理解了，更源于商业伦理的价值判断上升为社会文化上的共识，进而自觉厌恶和抵制，哪怕背后有着政府的影子。不仅行业协会共谋因“底气”不足逐渐趋弱，更令人欣喜的是，对以行政权力排除限制竞争的政府政策，人们开始怀疑，从怀疑到质问，再到谴责和追责，一路寻根，把那些长期以来不能解决的地方保护、行业垄断、不当干预等现象，暴露于市场的阳光之下，政策制定者似乎再也不能以“良好的动机”进行辩解和掩饰，因为社会公众开始有了新的共识和标准：市场经济社会中，如果缺少明确的竞争政策与竞争法律制度，市场竞争过程就可能受到来自个人行为或政府行为的阻碍和扭曲。政府的政策措施如果有损于市场竞争，其正当性就应当受到质疑。我们看到了反垄断法实施正在润物细无声地朝着体制改革的深处渗透，正在滋润着竞争文化的生长。

反垄断法的有效实施，其实也需要社会环境的支撑，竞争文化的护养。12 年来的历程证明，克服政府的反竞争行为，制度层面的问题固然重要，但制度背后的保障机制和文化观念，在市场、竞争、秩序、法律等方面形成社会共识，更关系到解决问题的根本办法。正如中央政府指出的，“破除一切制约创新的思想障碍和制度藩篱，必须将竞争的理念传递到全社会”。[②] 十八大以来，中央政府一再强调要确立和强化竞争政策的基础性地位，不仅反垄断法的强化实施势在必行，2017 年起，我国还开始全面推进“公平竞争审查制度”，这一针对政府政策制定的制度与反垄断法规制行政性垄断的规定，共同构成了实施国家竞争政策的重要两翼。对政府行政权力的行使通过“事先监督”和“事后执法”两个方面的作用，以达到保障市场经济体制的良性运行，政府与市场在资源配置方面的功能界限将越来越明晰。人们开始以市场的视角观察政府的政策措施，将政府的行为与市场的竞争联系起来，以市场竞争的效果作为标准来衡量和评判政府政策的正当性。克服行政权力排斥限制竞争的行为，不再仅仅依靠强制性的行政纠正路径，而是以人们信任市场、渴望竞争的内在需求和市场活力的标准，并将这种需求与标准融入竞争审查制度设计及其实施过程中。这一制度的推进何尝不是竞争文化以柔克刚地融化着限制竞争的政策堡垒，一种更深层次的竞争倡导。

竞争文化是关于市场竞争的一系列思想观念、商业规则和法律制度的总称。它对一个国家来说，是社会民众对市场机制进行辩证认识的过程和必然结果。要对国家和民族传统文化中不适应市场经济和竞争机制生存发展的因素进行改造，其难度是可以想象的，尤其是长期实施计划经济体制的国家。然而，新的风气一旦确立，给社会带来的推动力也是难以估量的。当社会竞争文化足够浓厚时，人们会从被动遵守竞争规则，到敬畏认同竞争规则，即使是市场经济发达的国家也不例外。正如美国联邦贸易委员会前官员所说的，“我们努力通过竞

---

② 徐士英，《市场经济走向成熟的重大举措：浅论公平竞争审查制度》，《竞争法律与政策评论》，2016 年第 1 期。

争倡导以创造一个竞争的文化，让联邦和州政府的决策者、法院和公众理解和支持竞争政策是保护消费者和促进经济增长的最佳途径。[③]竞争文化能确保由此产生的效率不会集中于某一个企业，而是带给消费者更多的选择和更大的福利，推动环境保护和可持续发展”。[④] 因此，无论是已经建立了完备市场经济体制的发达国家，还是正在构建公平市场竞争机制的发展中国家，无不把增进竞争文化氛围的倡导作为一项重要的长期战略来筹划和部署，这几乎成了世界的潮流。美国联邦贸易委员会针对市场竞争影响较大的特定公共部门或社会组织，通过发放竞争推进函的方式期望在重大问题上达成一致；巴西针对公众对市场竞争知识的理解和接纳有待提升的问题，大力开展对公众的宣传教育；韩国基于大企业关系错综复杂，直接牵动经济政治环境的原因，公平竞争委员会专门设计了“自愿守法项目”，以民间力量纠正家族企业的运行；英国作为国家干预主义倡导者凯恩斯的诞生地，其对于竞争文化的持续宣传，尤其是在经济萧条时期的做法，显示了“扬汤止沸不如釜底抽薪”的规律。其实，竞争文化倡导的竞争本身并不是最终目的，竞争只是目前为止实现有限资源优化配置的最佳途径。[⑤] 中国正在开创的是具有自身特色的社会主义市场经济道路，竞争文化的培育和建设需要更多的探索与总结。我们所要努力的，就是坚定不移地坚持竞争法的目标，持续全力推进反垄断法和公平竞争审查双翼制度的实施，尽快实现基础性政策的换位，确立竞争政策的基础性地位。竞争理念深入人心之时，竞争文化也将在更广范围内得到弘扬。

---

③ 美国联邦贸易委员会主席 Deborah Platt Majoras 2006 年 4 月在中国社科院的报告“促进竞争文化”。

④ 参见 CUTS，*Towards a Healthy Competition Culture*。

⑤ 徐士英，《中国竞争文化建设的路径探寻》，《中国物价》，2014 年第 1 期。

禁止行政性垄断行为立法及法律实施的回顾

盛杰民*

2020年是中国《反垄断法》实施12年。市场的统一、开放是社会主义市场经济体制的特征，然而行政性垄断的实行已经成为建立和完善社会主义市场经济体制的根本障碍。《反垄断法》设专章第五章对行政性垄断予以规制，该法律规定实施以来取得较显著的成果。对行政性垄断的执法已走向常态，在制止行政性垄断行为、保护市场公平竞争、促进社会主义经济健康发展中起到了积极作用。

对我国禁止行政性垄断行为的立法及法律实施历程予以回顾是一件很有意义的事情。

一、《反垄断法》第五章立法回顾

在我国的反垄断立法中是否要设专章对行政性垄断行为予以规制曾有过激烈的争论：对于禁止行政性垄断行为我国《反垄断法》应该予以规制，应该设专门部分予以规定，社会较普遍的观点这样认为。但社会上也持有不同的观点，主要有以下质疑：

有一种观点认为，世界各国的反垄断立法经典的做法都是规制垄断协议、滥用市场支配地位及控制经营者过度集中。各国的立法没有

* 盛杰民，北京大学法学院教授，中国经济体制改革研究会理事、专家。

将禁止行政性垄断立法纳入其中的先例。即使俄罗斯在最初的反垄断立法中有禁止行政性垄断的专门条文，但在以后的修订中也删除了。

第二种观点认为，行政性垄断是体制性的产物，只有通过深化政治体制改革才能予以克服，单纯的反垄断立法无法解决我国行政性垄断的危害。解决行政性垄断需要政治、经济和法律手段予以结合，综合治理才能见效。

我国禁止行政性垄断法律制度的构建和完善与我国的经济体制改革、政治体制改革进程同步。经济体制改革的初期我国主要颁布一些政策、文件以规范滥用行政权力排除、限制竞争的行为。1993 年出台的《反不正当竞争法》第七条和第三十条将滥用行政权力排除、限制竞争行为作为不正当竞争行为进行了专门规定。国务院《关于禁止在市场经济活动中实行地区封锁的规定》也明确禁止典型的地区封锁行为，国务院《关于整顿和规范市场经济秩序的决定》规定要打破地区封锁和部门行业垄断。在这个阶段，我国形成了以《反不正当竞争法》为主，其他法律、法规、文件配合对滥用行政权力排除、限制竞争行为进行规制的格局，我国禁止滥用行政权力排除、限制竞争行为制度也由政策调整阶段过渡到法律调整阶段。

2004 年 2 月，商务部与工商总局共同起草的反垄断法草案报送国务院法制办。鉴于反垄断法的重要性，国务院法制办邀请全国人大、最高人民法院以及多个相关部门，成立反垄断法审查修订领导小组，并邀请高校和研究机构的 10 名专家组成了专家小组。草案起草工作由国务院法制办具体领导，经过几个月的调研、起草形成了草案初稿。初稿曾提请各部委、大国企等予以征求意见。反馈的意见，在我印象中长达 300 余页，其中一半以上是针对滥用行政权力排除、限制竞争的专章规定。

出于避免因禁止行政性垄断的专章争议而影响反垄断法的尽早出台，国务院法制办在审查修改专家小组内多次讨论，征询意见后，曾决定撤下该章再提交国务院审议。

国务院审议通过并提交全国人大的《反垄断法》提案还是将滥用行政权力排除、限制竞争行为设专章予以规制。2019 年我才听当时担任法制办负责领衔起草工作的张穹主任透露，温家宝总理看了初稿问：为什么没有禁止行政性垄断行为，立法中应该有这样的内容。

2006 年 6 月 24 日《反垄断法（草案）》八章五十六条正式由国务院提请全国人大常委会审议。并于 2007 年 8 月 30 日第十届全国人民代表大会常务委员会第二十九次会议通过。

2007 年我国《反垄断法》的出台标志着我国禁止滥用行政权力排除、限制竞争行为制度进入了新的历史阶段。我国《反垄断法》关于滥用行政权力排除、限制竞争行为虽然基本沿袭《反不正当竞争法》的立法模式，但也有亮点和突破点：一是有效禁止了地区封锁和部门条块封锁；二是对具体行政行为和抽象垄断行政行为均予以有效规制；三是对行政性垄断行为也有相应的法律责任规定。

二、《反垄断法》第五章的实施

（一）《反垄断法》第五章实施典型案例

《反垄断法》实施 12 年以来，在纠正行政性垄断方面，行政执法和司法都形成了一些经典的案例。各级反垄断行政执法机关已经发布了近百起滥用行政权力排除、限制竞争的案件，而进入司法程序的案件大约有 30 起。

在禁止政府限制竞争司法诉讼中，著名的深圳市斯维尔科技股份有限公司和广东省教育厅、广联达软件股份有限公司之间的诉讼案是其中之一。在这个案件中，斯维尔公司称广东省教育厅在全国职业院校技能大赛中以《工程造价基本技能赛项规程》为由，滥用行政权力限定或变相限定参赛者购买、使用其指定的广联达公司独家软件和相应设备，从而违反了《反垄断法》第五章的规定。案件经过两审。二审维持了一审判决，认定原审被告广东省教育厅滥用行政权力，排除、限制了竞争。特别值得关注的是，二审法院根据《反垄断法》第三十二条的规定，总结了行政机关滥用行政权力排除、限制竞争的三个要件：一是主体是行政主体，即行政机关和法律、法规授权的具有管理公共事务职能的组织；二是行政机关及相关组织有限定或者变相限定单位或者个人经营、购买、使用其指定的经营者提供商品的行为；三是行政机关及相关组织在实施上述行为过程中滥用行政权力，并且产生了排除、限制竞争的效果，损害市场公平竞争秩序。除了这个案件，还有福建省泉州海丝船舶评估咨询有限公司诉福鼎市海洋与渔业局滥用行政权力限制竞争案，重庆市垫江县东渝燃气有限公司诉垫江县经济和信息化委员会滥用行政权力排除、限制竞争案，江苏省南京发尔士新能源有限公司诉南京市江宁区人民政府侵犯经营自主权案等几个案件，行政机关的行为被认定为违犯《反垄断法》。

相较司法诉讼而言，反垄断法主管部门的行政执法对政府限制竞争的违法行为进行查处的案件数量较多一些。这些案件中不乏一些全国性的案件。例如，2010 年以来山西、辽宁、河北、黑龙江、甘肃、重庆、吉林、贵州、江西、天津、广西、青海 12 个省区市政府滥用行政权力，指定供电企业统一建设新建居民住宅小区供配电设施，统一制定设施建设费标准。2013—2017 年，经过国家发改委提出执法建议后，以上 12 个省区市政府先后废止、停止执行或修改了相关文件，通过清理“统一建设、统一收费”的有关政策，恢复了相关市场公平竞争秩序，大大降低了设施建设费水平。也有一些案件，虽然是地方性的，但影响较大。例如山东省交通运输厅发布文件要求全省“两客一危”车辆必须直接接入省技术服务平台，重型载货汽车和半挂牵引车必须直接接入省北斗货运动态信息平台，而上述两平台的技术支持单位均为山东九通物联网科技有限公司；同时，要求进入山东省市场的车载卫星定位终端，必须通过省技术服务平台（即山东九通物联网科技有限公司）的统一调试，并公布2012年交通运输部北斗示范工程招标中标价格作为终端最高限价。国家发改委指出该行为违反了《反垄断法》的规定，并提出了整改建议。

除了被反垄断执法部门最终查处的案件以外，也有一部分行政机关和法律、法规授权的具有管理公共事务职能的组织根据《反垄断法》第五章对自己的行为主动进行了纠正。例如，作为法律、法规授权的具有管理公共事务职能的组织，中国证券业协会在组织证券业从业人员资格考试的过程中，指定网银在线（北京）科技有限公司运营的“京东支付”平台作为其唯一的考试费收取平台。考生报名该考试必须通过该平台缴纳考试费。且通过该平台缴费，必须先注册，填写个人信息并绑定银行卡，成为该支付平台的用户。北京市发改委对此进行了调查。2017年，中国证券业协会主动做出了整改：采用第三方支付综合平台服务，综合平台包含支付宝、微信、银联等多种支付渠道，供考生选择；在有条件的地区增加现场报名方式，供考生现场报名、缴费。

（二）贯彻第五章的积极效果

随着我国市场化改革的不断深入，行政机关和相关授权组织对市场主体经济活动的干预也需要更加规则化和法治化。《反垄断法》第五章的适用，有效地倡导了市场竞争的价值，明确了政府对经济的干预必须顺应市场规律，不可滥用行政权力，排除和限制竞争。

《反垄断法》对政府限制竞争行为规定的一大特点是，全面列举了我国目前政府限制竞争行为的主要表现形式，旗帜鲜明地宣示了该章所规定的行为是不合法的，有效地向行政机关和得到授权的相关组织传递了法律的界限。

《反垄断法》第五章极具中国特色，反映了我国现实的经济状况，也体现了我国法治化和市场化过程中面临的独特问题和法律应对。政府对市场竞争的不当干预在我国可能长期存在，这是由我国独特的市场发展历史和经济背景决定的，对政府限制竞争行为的科学规制，是我国的现实需要。从我国政府干预经济的权力体系结构看，“促进竞争”的权力体系和“限制竞争”的权力体系都是存在的，也都是必要的，但政府对市场的干预、对竞争的限制是否适度、其界限在哪里，一方面需要政府机关根据行政法进行自我约束，另一方面则需要通过《反垄断法》进行协调和规范。《反垄断法》对政府限制竞争行为的规定，有效地完善了我国市场经济法律体系。

（三）《反垄断法》第五章实施的难点和不足

《反垄断法》对政府限制竞争行为的相关规定，主要涉及事后的监督和救济，而事前的防御和控制均缺乏明确规定。

根据司法程序很难对这些内容进行纠正。按照我国现行《行政诉讼法》的规定，直接针对“行政法规、规章或者行政机关制定、发布的具有普遍拘束力的决定、命令”等抽象行政行为的起诉，仍然被排除在受案范围之外。

根据《反垄断法》第五十一条的规定，行政机关和法律、法规授权的具有管理公共事务职能的组织滥用行政权力，实施排除、限制竞争行为的，由上级机关责令改正；对直接负责的主管人员和其他直接责任人员依法给予处分；法律、行政法规对行政机关和法律、法规授权的具有管理公共事务职能的组织滥用行政权力实施排除、限制竞争行为的处理另有规定的，依照其规定。这意味着，该条也主要针对“实施排除、限制竞争”的行为，并且纠正的方法主要依靠行为人自身所在的权力系统。这同样不足以规制政府规范性文件中排除、限制竞争的内容。

此外，《反垄断法》对政府限制竞争行为的“滥用行政权力”要求，也对判定政府限制竞争行为的合法性带来一定的困扰。此外，“滥用行政权力”只是行政违法的一种形式。除了“滥用行政权力”，还存在其他行政违法的形式，如超越职权，违反法律规定等，这些形式的行政违法导致的排除、限制竞争，则很难为“滥用行政权力”所囊括。

三、公平竞争审查制度的建立和发展

国务院于2016年6月发布了《关于在市场体系建设中建立公平竞争审查制度的意见》（下称《意见》）。该《意见》明确指出，公平竞争是市场经济的基本原则，是市场机制高效运行的重要基础。建立公平竞争审查制度的目的，正是为了规范政府行为，防止出台排除、限制竞争的政策措施，逐步清理废除妨碍全国统一市场和公平竞争的规定和做法。2017年10月，国家发改委、财政部、商务部、工商总局和国务院法制办还联合发布了《公平竞争审查制度实施细则（暂行）》，进一步详细规定了“审查标准”和“例外规定”，细化了公平竞争审查的机制、程序和标准。2019年2月，国家市场监管总局研究制定并发布了《公平竞争审查第三方评估实施指南》，鼓励支持政策制定机关在公平竞争审查工作中引入第三方评估。

由于历史原因和体制原因，政府限制竞争行为在我国仍然可能长期存在。通过《反垄断法》规范政府行为、防止地方保护主义、推动市场竞争、促进政企分开极为重要。而公平竞争审查制度是对我国《反垄断法》的有效补充和重大发展。其有效规范了政府行为，顺应了国际经贸规则的新趋势，促进了我国市场经济的法治化，也有助于在我国早日形成开放、统一的市场，健康、有序的竞争机制。

《反垄断法》对中国经济体制改革的回应与支撑

黄勇

中国是转型经济国家，并在市场经济尚未完善的时候出台和实施了《反垄断法》，这一特定的历史背景，赋予中国《反垄断法》创造竞争、限制公权力侵蚀竞争机制、推动经济体制改革的特殊使命。12 年来，《反垄断法》和竞争政策的实施既印证了中国《反垄断法》对初心使命的践行，也为中国的市场经济带来了更多期许。

一、立法记忆：在争论和博弈中埋下伏笔

1993 年《宪法》修改在我国确立社会主义市场经济之后，《反垄断法》才有了生存发展的土壤。经济转型之初，整个国家的思维、理念、体制、政府职能等都还在计划经济的桎梏中，政治体制改革的配套、国有企业改革的艰巨、价格调控的重要地位、产业政策的独占鳌头……这些因素都决定了竞争政策尤其是反垄断的议题所处的弱势地位。反垄断立法既是我国市场经济的补课，也是对我国各界市场经济理念的大考。

中国《反垄断法》正式提上立法日程，引发国际上的高度关注，

* 黄勇，对外经济贸易大学竞争法中心主任、法学院教授。

成熟市场经济体的反垄断经验不断涌向中国，我和我的研究团队也经常和国际同行讨论。2006 年，我与时任亚行驻北京代表处的负责人进行了一次深入的讨论，我们的共识是：转型国家和成熟市场经济国家的官方主导经济政策存在很大差异。在成熟的市场经济国家，竞争政策是与货币政策、财政政策和贸易政策并驾齐驱的经济政策，竞争政策的基础地位是不言而喻的，而与此同时，包括中国在内的转型经济国家的官方文件更重视产业政策，很少提到甚至完全没有提到过竞争政策。由此，我开始思考竞争政策在转型经济国家现状的成因，以及竞争政策和当时的《反垄断法》之间的关系。

追溯成熟市场经济国家和地区反垄断立法史不难发现，19 世纪末和 20 世纪初既是反垄断成文法兴起的时期，也是资本主义从自由竞争走向垄断竞争的时期。也就是说，在发达国家和地区拥有反垄断成文法以前，竞争政策和竞争机制已经在深入地发挥作用了，通过竞争，市场经济体制自下而上地自发建立起来。与之形成对比的是，中国经济体制的建立与发展是靠自上而下的探索与引导，国家公权力不断向市场让渡，使得市场自发调节机制逐渐形成。基于截然不同的经济、社会、历史和国际背景，中国需要的是一部与西方国家“形似而神不似”的《反垄断法》。

但在当时，推崇产业政策还是主流的观念，对竞争政策和产业政策关系的认识不统一，在立法过程中引发了许多激烈的争论。《反垄断法》草案提交到全国人大以后，全国人大举行机关内部座谈会，会上有立法官员推崇日本和韩国的产业政策的重要性和成就，坚持将“加强和完善宏观调控”的表述写入《反垄断法》条文中。而在与经济学界的交流中，我们专家小组的感受是：经济学家倾向于将日本和韩国的经济发展史，总结为从重视产业政策到承认产业政策的失败，尔后回归竞争政策的过程，无论是从历史的角度还是从经济实效的角度，都是批评产业政策的声音居多。由于“加强和完善宏观调控”，更多的是强调具有计划色彩的产业政策，我们建议在条款中删除这类表述，为此，在香山饭店举办的一次讨论会上，双方直接激烈地“开杠”。由于我们丝毫不肯让步，现在的《反垄断法》第四条表述中，已经没有了“加强和”三个字，而是表述为“完善宏观调控”。

基于中国的国情，《反垄断法》不能过度强调产业政策，更不能没有竞争政策。最终，竞争政策依然没能形成单独的条文，而是成了国务院反垄断委员会职责中的一个法律概念。为中国市场创造竞争的任务，从当时来看就落到了“滥用行政权力排除、限制竞争”的一章上，这一章也是几经争论才得以保留下来的。但是，如何让“竞争政策”的伏笔日后发酵，当时还没有太多的人思考过。

二、实施回顾：反垄断法与竞争政策珠联璧合

2008 年是《反垄断法》实施的开局之年，更是全球陷入金融危机，各国纷纷开展救市措施、动用产业政策的一年，中国“4 万亿”的救市产业政策，使得人们开始担忧《反垄断法》的立法博弈成果付诸东流。加之，当时中国竞争文化严重缺失，不仅很多经营者对竞争毫无认识，甚至是行业协会还堂而皇之地引导价格协调与串通；一些政府部门对竞争观念的无知，喜欢站到市场的最前沿，满怀好意地指挥企业定价。类似啼笑皆非的行为在当时的中国比比皆是——“生不逢时”和“怀才不遇”使得中国《反垄断法》在实施之初便面临巨大挑战。

执法常态化是《反垄断法》家喻户晓的重要推动力。从可口可乐收购汇源到“茅台五粮液”“3Q 大战”，再到后来的电信垄断调查、高通案、利乐案……随着“三驾马车”轮番发力，《反垄断法》的曝光率和关注度与日俱增。然而，行政垄断案件却始终为数不多，其中既有反垄断执法机构在行政垄断方面执法能力不足的因素，但更深层

次的是中国虽然已经实行了市场经济制度，产业政策依旧一家独大，系实际的主导经济政策，不公平不合理的准入限制、点名补贴和重点扶持比比皆是，竞争政策难以与之争锋。

2013 年，竞争政策开始发酵的契机不经意之间到来了，国家发改委发布了“产业政策与竞争政策关系”的研究项目，众所周知，国家发改委是我国最主要的产业政策机关，而产业政策主导机关开始重视竞争政策的研究，释放了一个重要的信号：竞争政策将可能在我国经济政策体系中发挥更重要的作用。最终，我和我的研究团队完成了十余万字的报告，从竞争法的角度质疑日本和韩国的产业政策经验，并建议在我国确立竞争政策的基础性地位，以及建立竞争政策与产业政策协调的体制机制。

2015 年开始，中央文件先后要求“促进产业政策和竞争政策有效协调”“加快建立竞争政策与产业、投资等政策的协调制度”“探索实施公平竞争审查制度”“逐步确立竞争政策的基础性地位”“加快出台公平竞争审查制度”，同年，中央财经领导小组第十一次会议研究了供给侧结构性改革的议题，为公平竞争审查制度的出台实施和竞争政策培育了优渥的政治土壤。2016 年 6 月，国务院发布《关于在市场体系建设中建立公平竞争审查制度的意见》，公平竞争审查制度正式建立，并成为我国落实竞争政策的关键路径。

与此同时，原国家工商总局也在部署“十三五”市场监管规划的酝酿和研究，我们的团队在研究报告中建议“实行竞争中立制度”，该建议被原工商总局采纳。2017 年 1 月，国务院印发“十三五”市场监管规划，规划中采用了研究报告中的表述原文，明确要求“实行竞争中立制度”。2019 年，“竞争中性原则”的表述被写入政府工作报告，党的十九届四中全会《决定》明确提出“强化竞争政策基础地位”，我国竞争政策地位逐步提高，体系日趋完善。

随着《反垄断法》中“竞争政策”这一概念的发酵，一系列文件表述和制度表明，竞争政策在我国正从幕后走向前台，在经济运行中扮演更加重要的角色，产业政策也在逐步完善改进和更好发挥作用。

三、发展前瞻：中国市场经济的诸多期许

市场越成熟、法治越完善，《反垄断法》能够发挥的作用就越大，在市场和法治的前提都不够完备的情况下，中国《反垄断法》肩负起了市场化的重任。《反垄断法》实施之初，有过低谷和阻碍，但作为市场经济中规律性的制度，《反垄断法》发挥更大的作用是历史和经济规律的大势所趋。尤其是随着反垄断执法和竞争政策的不断深入，政府和社会各界对竞争的认识在逐步提高，未来国家经济政策体系中，竞争政策的顶层设计和相应的制度拓展，还有许多方面值得继续期待。

一是规则的继续完善。《反垄断法》立法过程中，囿于当时立法和行政机关对市场观念的理解、对竞争政策的认识都还不够深入，致使条文上趋于保守，也有人基于当时中国《反垄断法》在某些关键问题上的妥协，悲观地认为《反垄断法》的宣示效果大于实际意义。然而，法律的实施、指南和规章的颁布、竞争政策的发展和公平竞争审查制度的出现，有力地驳斥了这个观点。而今，《反垄断法》修订已经进入本届人大的立法规划，2020 年初，我们也看到了国家市场监管总局公布的修订草案征求意见稿，其中“国家强化竞争政策基础地位”“国家建立和实施公平竞争审查制度”都表明《反垄断法》的修订，可能为中国的市场竞争规则带来许多重大的突破。

二是体制的更加优化。《反垄断法》立法之时，为了兼顾“维持有关部门分别执法的现有格局”和“为今后机构改革和职能调整留有余地”，我国最初由国家发改委、商务部和原工商总局分头负责反垄

断执法，2018 年国家机构改革，国家市场监管总局反垄断局统一行使反垄断执法职能。而从全球发达国家和新兴发展中国家的经验来看，竞争政策的有效实施，需要实施机构具备独立性、专业性、权威性三个特点，如欧盟、韩国、澳大利亚和巴西等。目前我国的竞争机构与全球一些发达国家和新兴发展中国家，还存在差异和差距。反垄断委员会有较高的级别，但它仅属于议事协调机构；市场监管总局反垄断局实际承担反垄断执法职能，虽然反垄断局分别设置处室负责行政垄断执法和公平竞争审查，但是当针对其他行政机关尤其是上级行政机关开展行政性垄断的执法沟通和对抗时，话语权难免不足。“打破行政性垄断，防止市场垄断”是党的十九大报告对贯彻新发展理念、建设现代化经济体系做出的重要部署。“预防市场垄断”是各国竞争机构的共同职责，而“打破行政性垄断”则是我国《反垄断法》承担的特殊使命。特别是对我国而言，无论是反垄断执法机构针对行政性垄断开展的执法，还是公平竞争审查制度对政府任意干预经济的制约，实际上都是政府部门之间的对抗，如果竞争机构没有足够的权威性与资源，难以保障建设现代化经济体系的现实需求。今后，还需要提升竞争机构的级别，增加人员的编制，以适应强化竞争政策基础地位的需要。

三是优势的真正发挥。在本文写作的同时，新冠疫情正在全球肆虐，使得原本就面临着改革阵痛、中美摩擦、经济下行压力加大的中国经济雪上加霜，也使得人们重新担忧起中国是否会重拾大规模的救市产业政策，这看上去可能似乎会开启一个周期的轮回。然而，与当初不同的是，各界不仅对竞争政策有了观念上的认识，同时也有了行政垄断执法的经验和公平竞争审查制度的落实，这是《反垄断法》实施 12 年为中国市场经济法治打下的良好基础。要发挥优势应对新挑战，实际上就是继续提高观念的认识、完善并落实竞争政策的顶层设计。我对中国竞争政策、反垄断法和市场经济法治的未来满怀期待。

第二篇

12位机构及实务界人士谈

在不确定性中坚持理性

反垄断实践的探索与思考

丁文联

如果要找一个词形容反垄断法律实践的特点，我给出的词是“不确定性”，如果用一句话来归纳反垄断执法者与司法者的责任，我想说：在不确定性中坚持理性，这是我由反垄断法学习和实践得来的体会。

一、缘起

我和反垄断结缘很早，1993 年以“企业集团架构”为题撰写本科毕业论文时第一次认识到国外对于企业并购存在反垄断规制问题，1994 年起师从华东政法大学徐士英教授，系统学习反垄断法，1997 年以“企业合并的反垄断规制”为题撰写硕士毕业论文。早期的反垄断法学习，出于对法经济学的喜爱和反垄断跨学科研究的浓厚兴趣，并不确定未来是否从事这一方面的实践，只是觉得这一在国内崭新的学科未来会迎来勃勃生机，也深信中国未来一定有反垄断立法，反垄断法也一定会在我国经济生活中起到非常关键的作用。此外，于我个人而言，在我内心深处，则是被这一学术领域中各种不确定性问题带来的挑战深深吸引，比如，市场结构到底是集中好还是分散好，定价

* 丁文联，金杜律师事务所高级顾问。

高、定价低到底有什么评价标准又或者应不应该进行法律评价，捆绑交易、限定交易、拒绝交易到底促进竞争还是限制竞争，专利权垄断到底促进竞争还是限制竞争，反垄断法的目标到底是消费者福利最大化一元目标还是兼顾其他社会目标，等等。

1997 年我选择从事法官职业，这本来是一个以理性追求确定性的职业，但也许源于内心对不确定性的好奇，2006 年我由已从事多年的商事审判领域转岗到问题、规则相对更具有不确定性的知识产权审判领域。因缘际会，在最高人民法院孔祥俊庭长的主导推动下，反垄断民事诉讼的审判工作职能归于知识产权审判庭，我得以将学生时代的反垄断法学习研究转化为司法实践，也非常幸运，2013 年二审审结中国首例纵向垄断协议纠纷案——强生公司纵向垄断协议纠纷案，2018 年一审审结韩泰公司纵向垄断协议与滥用市场支配地位案，2013 年至 2018 年还审理了一些其他反垄断案件。2018 年底，我加入金杜律师事务所，目前正主导或参与几起重大反垄断诉讼案件的代理工作。

亲历反垄断法律实践以后，学生时代那些让我日思夜想的问题仍萦绕于心，那些问题答案的不确定性也始终存在，但那些不确定性中的确定性逻辑似乎慢慢在心中形成。

二、不确定性与确定性

进入 20 世纪，人们越来越认识到，无论自然界或是人类社会，不确定性作为常态普遍存在。代表物理学晚近最大进步的量子力学，完全建立在量子运动的不确定性基础之上。人类经济生活中，各种投资需要解决的就是如何在不确定性中排除风险而获得确定的收益。新冠疫情暴发，人们意识到一个国家乃至全世界都多么需要能有效应对各种灾害、事故、疫情的不确定性社会风险管理，人们还同样意识到国际政治怎样充满不确定性。

不确定性来源于客观世界的不确定性和人类认识的不确定性。客观世界的不确定性来源于特定系统中的偶发性，系统越复杂，偶发性越多，不确定性就越大。人类认识的不确定性来源于人类理性的有限性，而理性的有限性一方面归因于信息的有限性，另一方面归因于人类自身难以克服的心理误区和错误的认知习惯，譬如将小样本中某事件的概率分布看成是总体分布（小数法则）、出于恐惧而矫枉过正（过度补偿）、愿意相信阴谋（故事心理）、过多重视被给予的初始信息（锚定效应）……但客观世界毕竟具有充足的确定性，否则我们可能早已被一个无序的世界所淘汰，不确定性是确定性框架之内的不确定性，在不确定性世界中寻求确定性，在于充分利用信息与理性认识客观世界的规律，在于克服心理误区与偏见。

反垄断实践的不确定性主要来源于市场的不确定性和人们对市场认知的局限性。在市场这一头，市场经济依赖于市场机制这只“看不见的手”来调配供需、配置资源，与计划经济相比，无计划、不确定正是市场的本质；自发形成的市场系统不同于计划构建的经济系统，其复杂精微超过任何一台人类制造的机器，也超过任何一台超级计算机的运算能力。在司法者的认知这一头，认定垄断或不认定垄断、干预或者不干预争议行为，其实是若干解决方案的比选，其实是对未来的预测，甚至是一种不得不做的“思想实验”，实际依赖于靠不住的“先见之明”。

在克服上述反垄断实践不确定性的过程中，我们可以看到，从欧美到中国，人们在充分认识市场系统复杂性与不确定性的同时，也逐渐认识到市场系统的确定性，并且由通识凝聚为司法裁判规则甚至是反垄断立法。譬如，反垄断实践由早期关注市场结构转向关注企业的市场行为，高度集中的市场结构、大的企业未必一定产生垄断效果，关键看大企业实施的行为是否损害竞争；对于企业市场力量的判断因素，由主要关注市场份额逐渐扩展到综合考量上下游控制度、财力与技术条件、其他经营者对其依赖度、潜在竞争者进入门槛等因素，在与传统经济差异极大的互联网领域还特别考虑经营模式、用户数量、网络效应、锁定效应、技术特性、市场创新、数据控制力等复杂因素；对市场力量与竞争效果的关系也逐渐突破固有的认知，在具体市场环境中可以直接观测行为的竞争效果而未必依赖于市场力量的测度，从而在一些滥用市场支配地位案件中省去相关市场界定、市场地位认定等步骤；对于市场竞争范围与竞争程度、市场竞争效果、损害归因、损害计算等仅凭逻辑推理说不清道不明的问题，经济学上发展出假定垄断者测试、有效竞争者测试、牺牲性测试、消费者损害测试等一系列经济学工具来辅助裁判者相对减少裁判中的不确定性，相对增加反垄断执法与司法实践的确定性。

三、理性与非理性

作为一直参与司法活动的法律人，我们深知，司法的本质属性就是理性，就是以理性而不是非理性的方式解决矛盾争议。因此，司法程序被设计成基于证据的诉辩对抗与居中裁判规则体系，这套规则体系尽量保障诉讼活动参与者在有限时空里最大程度地发挥理性。而法官、律师这样一类每天接受司法训练的人员，也成为最具司法理性的群体。当然我们也深知，囿于时空和能力限制，每一个案件的审理都不可能建立在完全信息的基础之上，囿于不同天赋、成长经历、生活环境、教育背景与职业经历，每一位法官、律师对事物有不同情感与认知，都或多或少存在一些偏见，这两方面构成了司法非理性的来源。

在长期的反垄断司法实践中，人们积累了很多用于解决反垄断问题的理性：将垄断行为区分为垄断协议、滥用市场支配地位和经营者集中，分别确立法律上的构成要件和裁判上的分析框架；在三大类行为的基础上进一步细分具体行为类型，再分别确立构成要件与分析框架，并在实践中不断修正分析框架；在经济学工具上，不断完善分析工具，同时发现与解决认识谬误，譬如在假定垄断者测试中发展出“临界损失分析法”，另外还发现和解决“玻璃纸谬误”。

但是，我们也在中外反垄断实践的长期发展历程中看到，人们对于反垄断也存在不少非理性的认识误区：出于对超大规模企业的恐惧和“大即是坏”的认知，出于过度补偿心理，反垄断早期实践动辄采取解散大企业的外科手术，改变市场结构而不是规制具体行为；出于保护竞争者而不是保护竞争的错误认识，反垄断沦为竞争企业围猎优秀企业的工具，比如，多米尼克·阿尔门塔诺在经典著作《反托拉斯与垄断》中分析美国 55 个著名反垄断案件，结论是每一个案件中被处罚的企业都在创新产品、降低价格、增加供应而造福消费者，损害了低效的酸葡萄竞争对手但没有损害竞争；出于法律万能、反垄断万能的幻想，甚至杂糅一点民粹主义的情绪，认为高价格、差别待遇等一切消费者体验不好、竞争者竞争受阻的情形都是垄断问题，一切这些问题都依赖用反垄断手段来解决，结果发现虽然被举报、被诉行为在处罚或判决后停止，却依然解决不了社会公众或执法、司法机构原本期待解决的问题。

四、在不确定性中坚持理性

面对市场系统的复杂与不确定，如何在反垄断实践中避免和减少不确定性，显然只能依靠坚持和增加所有反垄断实践参与者的理性。这固然可以通过完善反垄断执法与司法程序、提高参与者认知能力与专业水平、完善法律与经济分析方法来改进，但我认为，从根本上还需要解决反垄断执法、司法活动的“三观”问题，需要正确回答在反垄断实践中如何对待反垄断目标、如何看待市场、如何看待竞争这三大问题。

(1) **反垄断的目标观**。反垄断以增进消费者福利（理论上消费者福利最大化也可以保证社会整体福利最大化）为一元目标，还是需要兼顾产业政策、社会公平、公共安全等多重目标。经验表明，如果目标多元会损及反垄断法核心目标的实现，也会破坏反垄断与民法、消费者保护法、行政管理法律等不同部门法律之间的分工与协调关系。理性地看待反垄断法的价值目标和应有功能，就应该破除反垄断万能的执念，将反垄断所要解决的问题集中于纠正损害市场竞争行为、促进市场竞争和消费者福利，在具体案件中避免引入产业政策、社会公平、公共安全等方面因素，将这些因素交给其他行政或法律程序评价。当然，类似隐私保护这种基本人权是否可以作为消费者福利的一部分纳入反垄断分析，还是可以持开放的态度，允许一些谨慎的探索。

(2) **反垄断的市场观**。事实上，反垄断实践的参与者对于市场会有不同的感受与价值取向，有的亲市场，有的厌恶市场，有的则对市场非喜非恶，是很自然的存在。反垄断执法者、裁判者对于市场应该持什么态度？执法者、裁判者虽然做不到完全摒弃但需要尽量克制个人情感与偏见，需要形成一些共识：市场机制与政府机制都可以作为配置资源的手段，但市场机制发挥更为基础的作用，其效率远远超过政府机制，对市场机制的功效与自我修复机能需要保持足够的信心与耐性；在反垄断实践中，受制于信息有限和小数法则、补偿心理、锚定效应等心理习惯的影响，发生将非垄断行为认定为垄断行为的假阳性错误概率，一般会高于将垄断行为认定为非垄断行为的假阴性错误，假阳性错误事后难以补正，而假阴性错误事后可以补正。抛开行政垄断不谈，也许可以套用一句话，在中国既要防左又要防右但主要是防左，在反垄断问题上既要防止假阳性错误又要防止假阴性错误但主要是防假阳性错误。

（3）**反垄断的竞争观**。对于市场的理解和对于竞争的理解其实无法分割，认识到市场的复杂性就会认识到竞争的复杂性。我们需要看到价格竞争是市场竞争的基本方式与路径，但在每个具体市场环境中还要看到价格竞争与非价格竞争的同时存在与不同功效，需要在中国各行业低水平重复投资和价格竞争激烈的环境下，在涉及定价行为的反垄断案件中反思和研究是促进价格竞争还是促进非价格竞争更能提高中国市场的竞争效率；我们需要改变静态的竞争观，更关注互联网环境下越来越强的动态竞争趋势，对抗与协作同时存在、彼此融合渗透又彼此竞争的新趋势；我们最终还需要正视市场竞争的复杂与不确定性，正视人类理性的有限性，追求一个理想的完美竞争世界，但在具体案件中更现实更谨慎地保障实现一个次优结果。

在不确定性中坚持理性，一如时时仰望天空中的星宿，找到正确的方向，时时提醒，避免我们的反垄断实践迷航迷路！

反垄断之路：栉风沐雨，砥砺前行

宁宣凤

《反垄断法》自2008年8月起施行，至今已有12年光景，作为中国最早一批涉外商业律师，我与诸多同侪凭着志趣，心怀憧憬，亲历了中国反垄断事业的奠基与发展。我的个人经历也与这部反垄断法结下不解之缘。如今回想，中国反垄断法一路走来，经历了一段从无到有、日趋成熟的发展历程，殊为不易地迎来了今天立法、司法、执法的全面繁荣。大凡一部国家大法在短短十几年能够有如此发展势头，绝非出于偶然，其中一定具备它的合理性，顺应着中国社会、经济演进的大格局。

此篇文章有两个目的：一是通过一名职业律师的亲身经历，从一件件案例、一个个闪光瞬间来回顾这段中国反垄断法的发展历程，以小窥大，做一些规律性的总结，力求温故而知新；二是记录一名法律人耳闻目见的感悟，以纪念这一段虽然辛苦，但颇有情怀的日子，并借以向为中国反垄断法发展做出了卓越贡献的前辈和同侪致敬。

一、"法"前记忆

自1995年留学归国后，我加入金杜律师事务所，当时从事国际

* 宁宣凤，金杜律师事务所合伙人。

贸易业务，也办理了许多反倾销案件。投身案件中，能够深刻感觉到改革开放初期，我国对外贸易的蓬勃发展，中国市场经济迸发出前所未有的活力。但在当时，中国企业在国际贸易大环境中尚处于发展初期，与西方企业大多还构不成竞争关系。由此，中国涉外律师在具体交易中也多是辅助性的角色。与此同时，中国与西方接触日益频繁，而作为维护西方市场经济秩序的法律，也被称为“自由企业大宪章”的反垄断法也进入中国法律界的视野。中国市场经济的稳定运行，恰恰需要这样一部反垄断法。从那时起，一些学者开始了反垄断法的相关研究课题，我也对这部管理经济的大法产生了浓厚兴趣。

2003 年，我带领团队开始代理反垄断申报业务。当时，我国《反垄断法》还未出台，经营者集中相关法律法规尚处于空白状态，也还未设立专门的反垄断执法机构。我们遵循商务部《外国投资者并购境内企业暂行规定》，代表联邦快递向商务部递交了联邦快递收购金考快印的经营者集中申报。当时的申报审查还未形成固定的审理流程，也缺少可以遵循的先例。我们摸着石头过河，与办案官员就申报应提交材料的范围、交易的内容和目的等进行沟通，从交易方市场份额、相关产品和业务在中国市场的经营情况等方面入手，分析交易对市场可能的影响，最终成功协助客户获得了经营者集中审批。联邦金考快印公司就是收购后的成果，这也是中国经营者集中申报的第一案。

联邦快递收购金考快印案给了团队很大的鼓舞，与此同时，这一案也引起了我们更多的思考。欧美等市场经济发展较早，竞争法发展较为成熟的司法辖区建立了比较全面的执法体系。而在我国，我们仍在做符合国情的探索。究竟是遵循欧盟以行政机构为主导的执法思路，还是追随美国强调诉讼的执法模式？在具体操作中，经营者集中申报需递交哪些文件，审批需经过哪些流程，怎样进行相关市场界定和竞争分析以衡量一项交易对市场的影响？我们在实践中遇到了许许多多的问题，尽管这些问题在当时并没有统一、完整的答案，但在中国法律工作者的共同努力下，大家开始推动强有力的立法，逐步建立起我国反垄断法规制体系。

我国《反垄断法》立法工作迅速启动。我也有幸加入《反垄断法》及其配套的法律法规和指南的立法咨询工作中。在此过程中，我可以明显感受到这部法的独特魅力：这部经济大法往往沿袭其所属国的法律传统特点，又跨学科与经济、政治紧密相连，其中包含深厚的法律理论分析，但又不晦涩。在实操中，运用竞争法理论又要兼顾具体行业的特点、每个交易的细节，从而变得生动、有趣。由此，中国反垄断法领域汇聚了一批中国涉外法律精英投入其中。

如今回想，《反垄断法》的面世凝聚了无数专家、学者和法律执业者的心血和努力，正是大家的辛苦付出奠定了中国反垄断法的基石。

二、渐趋成熟

2008 年，《反垄断法》开始施行，经营者集中申报作为反垄断执法的“排头兵”率先如火如荼地开展起来。在《反垄断法》实施之前，经营者集中申报已具雏形，但主要涉及外资并购境内企业的情形。申报标准也是依据 2006 年修订的《关于外国投资者并购境内企业的规定》中采取的“市场占有率”，即一方当事人及其关联企业在中国的市场占有率超过 20%，并且并购完成后境外当事人及其关联企业在华市场占有率达到 25%。

我们团队在 2008 年《反垄断法》颁布之前就帮助外资客户向商务部进行经营者集中申报。而让我们切身体会到反垄断法渐趋成熟的，是一个对我们团队而言有里程碑意义的案件，即辉瑞收购惠氏案，这也是中国第一个附加限制性条件批准的经营者集中案件。辉瑞收购惠氏是 680 亿美元的大规模收购交易，在美国、加拿大等多个司法辖区同时申报，我们代表辉瑞向中国商务部反垄断局提交了经营者集中申报。记得在准备申报材料时，因交易双方在全球医药行业屈指可数，我们意识到此次收购势必对相关市场产生竞争关注，是个比较复杂的申报案。在申报初期，我们已开始和客户及其他法域律师沟通，准备多种可行的救济方案。在申报提交后，除提交书面交易文件外，我们与反垄断局进行了充分的沟通。针对反垄断局提出的交易可能引发部分相关市场竞争关注的担忧，我们主动提出了剥离部分业务的建议。这一建议对辉瑞的不利影响较小，且可以有效降低交易带来的竞争关注，最终获得了反垄断局的认可。在剥离业务买家的选择上，我们也从价格和业务剥离后存活可能性等多方面考虑，最终协助辉瑞确定了反垄断局认可的买家。

代理辉瑞收购惠氏案使我们明显感受到中国反垄断法的迅速发展。相比联邦快递收购金考快印案，国家设立了专业的反垄断执法机构，出台了经营者集中申报标准和申报办法、审查办法，案件审理过程中，律师开始熟练运用竞争法理论，协助申报方对相关市场进行界定，会从市场份额、市场集中度、市场进入等关键角度分析交易的竞争影响。

随着经营者集中领域执法影响力的逐渐扩大，我们团队也逐渐参与涉及垄断协议、滥用市场支配地位行为的案件，以及涉及反垄断的司法诉讼。从此，反垄断执法在上述领域“势不可当”，全面展开。

三、闪光时刻

随着中国反垄断执法机构执法的成熟和深入，作为反垄断律师，我们也迎来了职业生涯的高光时刻。许多“大案”“要案”闪现在我的脑海，这些精彩纷呈而影响重大的案件彰显了反垄断法的特有魅力和价值。

“3Q 大战”，即 360（北京奇虎科技有限公司）诉腾讯科技（深圳）有限公司滥用市场支配地位纠纷案，是中国反垄断诉讼值得铭记的一案。这是一个令《反垄断法》“火出圈”的案子。由于两家公司起纠纷的是各自的明星产品“360 软件”和“QQ”，这两款明星产品均拥有庞大的用户群，且纠纷非常激烈。案件审理前后，媒体对两家公司的纠纷进行了全方位报道，很多媒体报道采用对立观点，引起了社会各界的广泛关注。我们团队直接参与本案一方的代理，并切实体会到《反垄断法》在司法诉讼领域的价值和重要性。案件中，相关市场如何界定以及相关市场的范围成为争议的焦点，我们首次聘请了英国经济学家在庭审中运用经济分析来支撑我们对相关市场范围的论证。“3Q 大战”后来成为我国很多重要反垄断研究问题的滥觞，如双边市场理论、动态竞争理论以及平台反垄断问题等，这些问题在今天看来已经有了较为成熟的理论研究，但在当时还是令人耳目一新的争议焦点。我们亲身经历了我国反垄断法从理论中来—到实践中去—实践反哺理论这一循环往复的过程。随着这个过程的循环往复，反垄断司法界、执法界、律师和学界对反垄断法的理论和原理逐步吃透，在实践中运用更加成熟得当，随之又根据我国的市场经济发展特点和具体国情逐步发展出适应我国的反垄断法体系。投身这一滔滔浪潮之中，我们是何其幸运！

另一个让我们印象深刻的案件是当时负责查处价格垄断行为的发改委价格监督与反垄断局负责的 8 家滚装货物国际海运企业串通投标案。这个案件是涉及串通投标的垄断协议案，8 家国际海运企业通过串通投标来达成并实施价格垄断协议。在《反垄断法》出台前，串通投标行为通常在《招标投标法》《反不正当竞争法》《政府采购法》等法律下规制，涉及犯罪的，还利用《刑法》规制。《反垄断法》出台后，对串通投标行为按垄断协议进行查处。这对于部分串通投标行为有明显的震慑作用，因为《反垄断法》对于垄断协议的处罚力度是上一年度销售额 1%～10% 的罚款，这使得企业必须慎重审视串通投标行为的法律风险。在 8 家滚装货物国际海运企业串通投标案中，8 家滚装货物国际海运企业在往返于中国与其他国家和地区的滚装货物（包括汽车、卡车以及工程机械等）海运服务市场上，存在互不侵犯既有业务以维持或抬高运费水平的共识，并针对滚装货物制造商发出的进出口中国的海运业务招标、询价等事项，通过电话、会议、聚餐、电子邮件、专程拜访等方式频繁进行双边或多边沟通，交换敏感信息、进行价格协商、商讨投标意向、分配客户及航线，多次达成报高价或不报价的协议并予以实施。我们代理的客户有一些明显不利因素，如“达成并实施垄断协议持续时间长、涉及品牌多、涉案事件多，情节严重”，但我们积极应对，协助客户主动报告了汽车等滚装货物国际海运市场达成垄断协议的有关情况并提供了重要证据，为客户争取到了适用宽大制度的机会，最终免除了全部处罚。同时，我们为客户提供全方位的反垄断合规服务，包括反垄断合规制度的建设，协助拟写反垄断合规指南，并提供反垄断合规培训。我们通过这个案件体认到一个反垄断律师的职业价值，即帮助客户，并致力于维护市场公平竞争体系。

四、结语

近几年，反垄断法的发展步入了一个新阶段。2018 年，反垄断执法机构由三家分立走向了三家合一，发改委、工商总局和商务部负责反垄断的部门合并，由新成立的国家市场监督管理总局统一承担反垄断执法职责，反垄断执法力量得到整合并进一步增强。2020 年伊始，国家市场监督管理总局发布了《〈反垄断法〉修订草案公开征求意见稿》，该征求意见稿强调了国家强化竞争政策的基础地位，同时为公平竞争审查制度提供了强有力的法律依据，行政垄断行为受到严格规制。

与此同时，作为一名涉外律师，我们帮助很多中国企业走出去，从过去几十年的基层经验看，在涉外商务交往中，反垄断法领域具有一种独特的对外“沟通”功能。反垄断法特有的“法言法语”使得不同法域的竞争法从业者无论在讨论大的格局趋势，还是跨国反垄断案件的技术细节时，能够互通有无，毫无不同文化和立场的隔膜。在这个领域，中西方的逻辑很大程度上是相通的，由此联想，若以反垄断法为契机，与西方高层进行高质量的“沟通”是否也可以变得容易很多，以助于化解西方对中国现行经济政策的诸多误解。

与《反垄断法》共同成长

任勇

我国《反垄断法》自 2008 年 8 月 1 日正式实施以来，已然走过了 12 年。当初酝酿 10 年才磨此一剑的《反垄断法》，这 12 年的实施成效显著，它的有效实施又更好地推动了相关法律规范的形成，至此，我国已形成较为完备的反垄断法规范体系，反垄断法及其相关配套法规已对我国市场经济秩序起到重要的调节作用。

12 年的时间，对于我个人而言不可谓不漫长，但对于一部国家法律而言，却还只是一段相对短暂的时间。在如此短的时间内，《反垄断法》迅速成长、成熟，并且得到了全球范围内主要司法辖区反垄断执法机构的普遍认可。评论者们认为，中国已经在极短的时间内迅速成长为仅次于美国和欧盟的世界第三大反垄断司法辖区。能取得这样瞩目的成绩，和立法者的高屋建瓴、执法团队的高效专业、反垄断法学者以及法律实践者的深度钻研探索密不可分。

跟随《反垄断法》一起成长的这 12 年，作为最早开展反垄断法律业务的律师，我有幸见证了《反垄断法》酝酿 10 年得以诞生、经历 12 年得以成长和成熟这一完整过程。值此《反垄断法》实施 12 年之际，谨希望通过我个人的回忆和一个个鲜活的案例，回顾激动人心的过去，把握机遇与挑战并存的现在，展望充满希望的未来。

---

* 任勇，北京市天地和律师事务所创始人、主任合伙人。

一、万众瞩目：《反垄断法》的诞生

自从2003年开始，我创立的天地和律师事务所新设立了反垄断团队，开始从事反垄断法的相关研究工作。彼时，来自政府、高校和海外的专家以对外经济贸易大学和天地和一起搭建的平台为基础，开展了近30次研讨会，旨在全方位讨论这部长久以来一直在酝酿的法律。

为了更好地承继已有理论和实践，又能够切实符合中国实际，实现高水平《反垄断法》的诞生，2003年至2008年8月1日，一年四次大型国际会议以及多次小型国内会议的频率可以说是空前绝后。彼时，参与研讨的中方著名专家包括来自经济法专业和经济学专业的资深教授，如对外经济贸易大学竞争法中心主任黄勇教授、中国社科院法学研究所经济法室主任王晓晔教授、北京大学经济法研究所主任盛杰民教授、中国政法大学竞争法研究中心主任时建中教授、中国人民大学吴汉洪教授等。参与研讨的官员包括原商务部反垄断局第一任局长尚明先生，现任国家市场监督管理总局反垄断局局长吴振国先生，时任国家发改委价监司副司长罗泽衡先生、时任国家发改委法规司处长韦大乐先生，当时国家工商行政管理总局公平交易局反垄断处的桑林先生，时任最高人民法院民事审判庭第三庭副庭长孔祥俊先生，最高人民法院知识产权审判庭朱理法官，以及时任国务院法制办工交司司长赵晓光先生、时任全国人大财经委钟真真副司长、全国人大法工委经济法室副主任袁杰女士等。此外，来自欧美等成熟司法辖区的反垄断法专家和执法机构的官员也对中国反垄断法的立法工作十分重视。这段时间，在国际反垄断业界举足轻重的海外专业人士也频繁往来于中外之间，甚至自付机票，只是为中国反垄断法的制定提供帮助，一时盛况空前。当时，来自美国司法部（如美国司法部副部长助理 Gerald Masoudi 先生），美国联邦贸易委员会（如美国联邦贸易委员会前主席 William E. Kovacic 教授，美国联邦贸易委员会总顾问 William Blumenthal 先生，美国联邦贸易委员会委员 Maureen Ohlhausen 女士、Joshua D. Wright 先生），美国联邦法院（如美国哥伦比亚特区上诉巡回法院高级法官 Douglas H. Ginsburg 先生），欧盟委员会［如欧盟委员会竞争总司司长尼莉·克洛斯（Neelie Kroes）女士、欧盟委员会竞争总司执行主管 Wolfgang Mederer 先生］，日本公平贸易委员会（如日本公平贸易委员会国际司司长南部利之先生），韩国公平贸易委员会（如韩国公平贸易委员会副处长 Seungbin Kang 先生）的高阶官员纷纷来到天地和律师事务所北京办公室，和我国负责反垄断法立法的官员、专家和律师一道，就反垄断法立法过程中的种种理论问题和实践细节进行了充分、热切的讨论和切磋。令我印象最深的是，当时的欧盟委员会竞争总司司长尼莉·克洛斯女士在北京开会期间，亲自到访天地和，参与反垄断法立法工作的讨论。而在此之前，她正在处理英特尔滥用市场支配地位案和微软滥用市场支配地位案等蜚声国际的反垄断大案、要案。

此外，我对反垄断法立法期间各方研讨的开放性也印象深刻。例如，对于《反垄断法》第七条、第二十二条和行政垄断部分的内容及《反垄断法》第五章涉及滥用行政权力排除、限制竞争的内容，在欧美等司法辖区的反垄断法中并没有相应的规定。因此，与会各方对是否采用上述条款存在不同意见。《反垄断法》第七条和第二十二条被认为是对国有经济占控制地位的关系国民经济命脉和国家安全的企业的保护。尽管现行生效的《反垄断法》仍然保留了这两个条款，但当时经过了充分的讨论。同样，《反垄断法》用了整整一章的内容规定行政垄断。这并非传统《反垄断法》的内容。然而考虑到中国的特殊市场环境，经过充分讨论，在现行《反垄断法》中依然保留了关于规制行政垄断的内容。

我有幸参与了反垄断法立法激动人心的整个过程。在这个过程中，我不但切身体会到作为经济宪法的《反垄断法》的重要地位，也对反垄断法的国际化、专业化有了更深刻的理解。如今回想，《反垄断法》的面世凝聚了当时国外顶尖反垄断法专家、学者和法律执业者以及我国立法者和专家、学者的心血和努力，正是大家的辛苦付出奠定了中国反垄断法的稳固基石。

二、不断完善：《反垄断法》的实践

2008 年 8 月 1 日，《反垄断法》开始实施。商务部反垄断局主管的经营者集中申报业务正式开展起来，此前相关交易的审查申报工作还只是经由商务部和国家工商总局共同备案审查。经营者集中申报业务逐步增加，于我而言，第一个在当时颇有影响的大案是我所反垄断团队代理的三菱丽阳公司（下称“三菱丽阳”）拟收购璐彩特国际公司（下称“璐彩特”）案。我们于 2008 年 12 月 22 日代表三菱丽阳向商务部反垄断局提交了申报材料，本案于 2009 年 1 月 20 日正式立案。因交易双方都是化学品市场巨头，特别是在其具有横向重叠的甲基丙烯酸甲酯产品市场的合并市场份额达到 64%，商务部反垄断局对该市场提出了强烈的竞争关注。因此，我们与反垄断局进行了多轮相当充分的沟通。三菱丽阳对本案更是非常重视，公司 CEO 亲自来到我所和我们一起讨论救济措施，也亲自参加了和反垄断局的商谈过程。针对反垄断局提出的交易可能引发部分相关市场排除、限制竞争影响的担忧，公司及我们律师团队颇具创设性地主动提出了剥离部分产能的建议。在本案之前，中国还没有任何一部附条件批准的案件提出过“产能剥离”的条件。一般都是业务剥离。最终，经过测试和考量，商务部反垄断局接受了产能剥离这一条件并最终批准了该案。这一结果对于整个交易和市场各方而言都较为满意，于公司而言，更是非常满意，因为相比于剥离整个业务，能在反垄断审查中仅就部分产能进行剥离，对公司的影响已大大降低，相应的成本也更低。

在反垄断法律业务的经营者集中申报领域，给我留下深刻印象的第二件大事是2014 年设立的经营者集中简易案件审查程序。在此之前，每一项经营者集中——无论其案件事实是否复杂，无论其是否可能引发竞争关注——从递交申报到批准均需要花费 5 ~ 6 个月的时间。这对于企业而言是非常沉重的时间和经济负担，也给商务部反垄断局的审查小组增添了相当不必要的工作量。为此，在各种研讨会议上，我们和其他专业人士多次向商务部反垄断局建议建立简易案件申报审查程序，以减轻企业的申报负担，节约国家行政资源。在时任反垄断局局长尚明先生的带领下，中国成功建立起行之有效的反垄断简易案件审查程序，我们也积极参与相关配套法规的起草和出台工作的意见征求。现在，一项符合条件的简易案件，从递交申报到获得批准的时间仅为一个月或两个月，与原来所需的时间相比，大大地节约了企业的时间、机会和人力成本，相应也大大减轻了审查小组对简单案件的工作负担，从而能把精力更好地投入那些对市场竞争、行业发展有潜在影响的大案件中。

在经营者集中申报业务领域我们处理过很多大案、要案。例如陶氏杜邦合并案、拜耳收购孟山都案、微软收购诺基亚案、沃尔玛收购 1 号店案等。这些案件都各有特点。例如陶氏杜邦合并案和拜耳收购孟山都案都涉及农产品，十分敏感。微软收购诺基亚案涉及对标准必要专利以及事实标准必要专利的认定。沃尔玛收购 1 号店案涉及反垄断局对“可变利益实体”（VIE）的态度等敏感问题。然而，给我个人印象最深的要数高通收购恩智浦案。高通收购恩智浦案是高通公司为涉足物联网、自动驾驶等尖端领域的重要战略步骤。因此公司上下都十分重视。高通公司于2017 年1 月底向中国竞争主管机关递交了申报文件。在代理本案时，反垄断局在第一个法定审查期限即将结束时向我们披露了竞争关注。为解决反垄断局的竞争关注，我们提出了能够有效解决该关注的救济措施。然而，随着审查的进行，高通收购恩智浦的最后期限日（long stop date）最终确定为2018年7月25日，且不能再延续。高通方面最终宣布放弃该交易，并撤回了对本案的申报。交易双方和律师将近两年的努力付诸东流，我内心很沮丧。高通公司为此还需支付给恩智浦价格不菲的分手费。此后，我们收拾心情、总结教训、重新出发，又成功代理了一系列与半导体行业相关的重要案件，如高意收购菲尼萨案、英飞凌收购赛普拉斯案、英伟达收购迈络思案等。

除了经营者集中申报这项相对常态的业务以外，反垄断执法还体现在对涉嫌违法的企业进行反垄断调查，给我印象很深的是自2013年开始的反垄断执法"风暴"。当时，负责查处价格垄断行为的发改委价格监督检查与反垄断局为增加反垄断执法力度，获得了新的人员编制并成立了反垄断调查一处和反垄断调查二处。自2013年开始，反垄断调查大案频出。如国际奶粉供应商纵向价格垄断案、国际轮胎公司纵向价格垄断案、日本汽车轴承和零部件横向卡特尔案、日本滚装货船横向卡特尔案、高通公司滥用市场支配地位案等。这些重要的反垄断调查案件让企业、专业人士和消费者都认识到《反垄断法》对市场经济秩序的调节和企业日常经营的巨大影响力，对《反垄断法》在市场中的基础性地位有了更深的理解。我们的反垄断团队对上述案件均有深度参与。例如，在日本汽车轴承和零部件横向卡特尔案、日本滚装货船横向卡特尔案和利乐滥用市场支配地位案中，我们代理客户积极配合执法当局从大量的文件材料和数据中寻求相关证据，与涉案公司及相关人士进行多轮深入的沟通，起草了相当篇幅的报告来论述事实及企业的相关情况，并根据《反垄断法》及其法理和反垄断局充分讨论，以期在配合执法当局调查工作的同时实现对企业的最大保护，最终都取得了令人满意的结果。

历经这一个个鲜活的案例，我切实感受到企业对反垄断法融入企业经营活动中的改变，对我们这些反垄断法律工作者的认可，对中国反垄断法实施的尊重。同时，身为反垄断法律师，我们不仅仅要通过具体的案例为客户提供优质的服务，更要通过这些具体的案例去帮助落实反垄断法的精神，从而推动公平竞争、强调法治、充满活力的市场环境。

三、继往开来：《反垄断法》的未来

经过 12 年的发展，我国反垄断法无论在理论还是实践层面都已日趋成熟。然而，创新的脚步不会停歇。在执法机构层面，2018 年 3 月，原国家发改委价格监督检查与反垄断局、国家工商总局反垄断与反不正当竞争执法局和商务部反垄断局合并成为统一的国家市场监督管理总局反垄断局，从而统一了执法职权，整合了反垄断执法力量，使得《反垄断法》执法能够更加高效和更具确定性。在立法层面，进入第 12 个年头的《反垄断法》亦面临修订。2020 年初，国家市场监督管理总局发布了《〈反垄断法〉修订草案公开征求意见稿》。在该修订草案中，不但凸显竞争政策作为国家基础性政策的地位，强调公平竞争审查制度对行政行为的规制作用，而且涉及互联网平台与反垄断、数据与反垄断等具体的反垄断领域前沿问题。这些变革说明《反垄断法》仍在不断发展、完善，以适应新的市场情况。这给我们以信心。

中国《反垄断法》继往开来，未来可期！

反垄断司法 12 年：回顾与展望

朱理

反垄断法实施 12 年以来，我国反垄断司法从幼稚到逐渐成熟，初步建立起了具有中国特色的反垄断司法制度，并成为我国反垄断法实施不可缺少的重要组成部分。人民法院审理了一批具有影响力的垄断案件，及时制止垄断行为，向受害人提供赔偿救济，为维护统一开放、竞争有序的市场体系做出了重要贡献。笔者有幸参与和见证了人民法院反垄断司法历程，特借此机会总结我国反垄断司法的特点，梳理和反思存在的问题，并对未来需要努力的方向做简要介绍。

一、我国反垄断司法的三个阶段

人民法院深度参与了反垄断法的制定，高度重视反垄断司法。自反垄断法实施以来，人民法院在反不正当竞争司法经验的基础上，迅速建立起了反垄断司法制度，为推进反垄断法的实施发挥了重要作用。我国反垄断司法经历了三个阶段。

蹒跚起步（2008—2011 年）：人民法院在这一时期的主要工作是开展反垄断法宣传和教育，及时受理和审理反垄断案件，启动反垄断民事诉讼司法解释起草工作。早在 2008 年 4 月 1 日，最高人民法院

---

* 朱理，最高人民法院知识产权法庭副庭长。

《民事案件案由规定》将垄断纠纷与各种不正当竞争纠纷集中规定，统一纳入了知识产权纠纷范围，由各级人民法院负责知识产权案件审判业务的审判庭审理。2008 年 7 月 28 日，最高人民法院发布了《关于认真学习和贯彻〈中华人民共和国反垄断法〉的通知》（下称“《通知》”），要求充分认识反垄断法实施的重大意义，正确领会反垄断法的立法意图，认真学习和贯彻执行反垄断法，充分发挥审判职能作用，依法审理好各类反垄断案件；考虑到反垄断案件高度疑难复杂，经济与法律问题相互交织，专业性很强，《通知》还要求加强调查研究工作，认真总结反垄断审判经验。最高人民法院行政庭负责人以答记者问的形式，就关于第一审反垄断行政案件管辖、适格被告、司法审查内容和标准等发表了意见。同时，最高人民法院正式启动反垄断民事诉讼司法解释起草工作，并在多个会议上进行研究探讨。最高人民法院还与美国司法部及联邦贸易委员会合作，举办了多次反垄断法研讨会，提高了法官对反垄断法的认识和理解，为反垄断司法奠定了良好基础。这一时期，人民法院受理案件的突出特点是，相当一部分案件是法律从业人士提起的探索性、尝试性案件，其目的在于澄清反垄断法适用规则，要求法院表明态度；和解撤诉案件比例较大，被告往往主动和解，自愿纠正相关行为。

制度成形（2012—2018 年）：这一时期，最高人民法院出台了反垄断法民事诉讼司法解释，大大推进了反垄断司法进程，人民法院受理的案件数量逐步增多，社会公众对反垄断法更加熟悉，运用法律维护自身权益的积极性和信心显著增强。2012 年 5 月，最高人民法院发布《关于审理因垄断行为引发的民事纠纷案件应用法律若干问题的规定》，这是反垄断审判领域的第一部司法解释。该司法解释在《反垄断法》第五十条的基础上，根据垄断民事诉讼规律和特点，总结和借鉴有关国家和地区较为成熟的反垄断民事司法经验并进行适当创新，确立了我国反垄断民事诉讼的基本框架和制度规则。该司法解释实施后，人民法院受理的反垄断民事案件逐步增加（见图1），案件影响力和社会关注度日益提高。这一时期，人民法院审理了锐邦公司诉强生公司纵向垄断协议案、唐山市人人信息服务有限公司诉北京百度网讯科技有限公司垄断纠纷案、奇虎公司诉腾讯公司垄断纠纷案、华为公司诉美国IDC公司滥用市场支配地位案等多起具有重要影响的案件，不仅有效制止了相关垄断行为，还明确了反垄断法实体条文的含义和垄断行为分析方法，确立了相关领域的竞争规则和行为标准，推进了反垄断法的正确实施。上述垄断民事案件显示出如下特点：（1）所涉行业或者领域比较广泛，既涉及传统领域，又涉及现代新技术领域，且有逐步扩大的趋势，涵盖交通、保险、医药、食品、家用电器、供电、信息网络等领域。尤其值得关注的是，互联网领域的垄断纠纷案件频频出现，显示我国互联网领域企业规模逐步增大，中小互联网企业的创新发展空间受到一定限制。（2）案件类型呈现多样化，滥用市场支配地位案件和垄断协议案件并存，其中以滥用市场支配地位案件居多，占全部垄断民事案件的90%以上。（3）案件的影响力和社会关注度很高，奇虎公司诉腾讯公司垄断纠纷案、华为公司诉美国IDC公司滥用市场支配地位案等成为业界关注的焦点，甚至成为国际热议的话题。（4）原告胜诉案件虽有增加，但是总体胜诉率依然很低。几乎所有原告败诉的案件均与证据不足有关，这也反映了反垄断民事诉讼的最大困难所在。与之相对的是，人民法院受理的反垄断行政案件数量很少，特别是经营者集中案件迄今为止尚未实现零的突破。

发展完善（2019年至今）：2019年1月1日，最高人民法院知识产权法庭正式挂牌办公。知识产权法庭的成立，改变了反垄断民事和行政案件的管辖和上诉机制，发展和完善了具有中国特色的反垄断司法制度。根据《全国人民代表大会常务委员会关于专利等知识产权案件诉讼程序若干问题的决定》及《最高人民法院关于知识产权法庭若

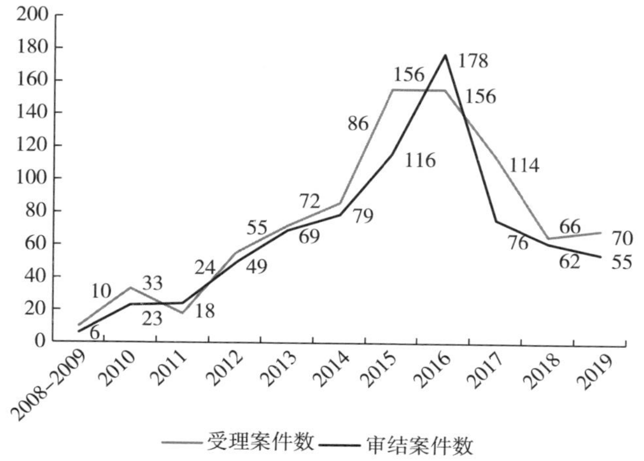

图 1 《反垄断法》实施以来人民法院受理和审结的民事诉讼案件数量

干问题的规定》，知识产权法庭审理不服高级人民法院、知识产权法院、中级人民法院做出的第一审反垄断民事和行政案件判决、裁定而提起上诉的案件。上述规定使得具有中国特色的垄断案件飞跃上诉。这一制度的特点是：实现垄断民事案件和行政案件上诉审理“二合一”，对于下级人民法院审理的第一审反垄断民事和行政案件提起上诉的案件，均由最高人民法院知识产权法庭审理；将垄断案件纳入知识产权案件范畴，无论垄断案件本身是否涉及知识产权，均属最高人民法院知识产权法庭的上诉管辖范围。

二、我国反垄断司法的特点

与国际上的其他法域相比，我国的反垄断司法具有三个主要特点。

独具特色的反垄断民事诉讼制度。我国反垄断法明确了公共执行和私人执行双轨并行的执法体制，反垄断民事诉讼始终是反垄断法实施的重要渠道。人民法院在建立和完善反垄断民事诉讼制度时，比较借鉴了有关国家和地区较为成熟的反垄断民事司法经验，在此基础上根据我国的立法和国情进行了适当创新，形成了自己的特色。(1) 反垄断民事诉讼的独立性。这种独立性首先体现在诉讼方式上，反垄断民事诉讼不以反垄断行政机关的行政处理为前置条件。垄断行为受害人既可以直接向人民法院起诉，也可以等待行政执法机关做出认定构成垄断行为的决定后起诉。[①] 反垄断民事诉讼的独立性还表现在事实认定上，反垄断行政执法机关的行政处理决定认定的事实对于审理民事案件的法院没有法定约束力，仅仅是法院认定事实的证据之一，如有相反证据足以推翻的，人民法院可以重新认定事实。对于行政机关未做认定的事实，法院可以结合案件具体证据和事实独立做出认定。(2) 原告资格的开放性。在我国反垄断民事诉讼体制下，无论是直接还是间接受到垄断行为侵害的经营者和消费者，均具有原告资格。赋予间接受害人尤其是消费者以原告资格，是我国反垄断民事诉讼的重要特色。这一制度设计不仅提高了垄断行为被发现和揭露的可能性，同时也使真正的受害人能够最终获得赔偿救济，防止垄断行为人不当获利。(3) 责任方式的多样性。原告通过反垄断民事诉讼，不仅可以请求就其因垄断行为受到的损失获得赔偿，还可以请求获得禁令救济以及确认与垄断行为有关的法律行为无效。

相对滞后的反垄断行政审判。反垄断法实施以来，人民法院受理的行政案件数量较少，仅有广东省深圳市斯维尔科技有限公司诉广东省教育厅行政垄断案、海南裕泰科技饲料公司诉海南省物价局行政处罚案、上海海基业高科技有限公司诉安徽省工商局垄断协议行政处罚案等引起关注。尽管难以从有限案件中总结出确定的结论和规律，但是可以显示出反垄断行政审判的一些特点。(1) 虽然人民法院依法对

---

① 在欧盟法域，许多国家只允许垄断行为受害人在行政执法机关查处垄断行为后提起民事诉讼，不允许直接向法院起诉。

行政机关的执法活动实行全面审查，即不仅审查适用法律法规是否正确，还要审查认定事实是否清楚，但是在案件审理中，审理法院通常对反垄断行政执法决定表现出相当的尊重，从而制约了司法审查的深度和强度。（2）反垄断民事司法积累的经验对于行政审判影响甚微，个别法院甚至在行政审判和民事审判中对于同一法律条文采取不同解释。（3）涉及经营者集中的案件至今未提起行政诉讼，人民法院对于该类案件的审理缺乏实践经验。

集中和专业化的审判模式。对于反垄断案件，人民法院始终采取相对集中和专业化的审判模式。对于第一审反垄断民事案件，由省、自治区、直辖市人民政府所在地的市、计划单列市中级人民法院以及最高人民法院指定的中级人民法院管辖。近年来，经最高人民法院批准，多个地方成立了跨区域管辖具有较强技术性知识产权和垄断案件的专门知识产权法院或法庭，统一审理垄断民事和行政案件，强化了第一审垄断案件的集中审理。最高人民法院知识产权法庭成立后，进一步实现了垄断民事和行政案件上诉审理的集中统一。这种集中和专业化的审判模式有助于提高垄断案件审理水平，促进反垄断法的正确实施。

三、反垄断司法反映出的问题

反垄断司法在取得较大进步的同时，也反映和暴露出了一些问题，值得深入研究和解决。

取证难和证明难仍是制约反垄断民事诉讼的重要瓶颈。由于证明垄断行为的证据大多由被诉垄断行为人持有，在现行民事诉讼法律“谁主张谁举证”框架下，原告的较高败诉率几乎不可避免。如何合理分配证明责任，适当降低原告证明难度，充分发挥原告发现和制止垄断行为的积极性，成为未来需要研究解决的重要课题。

将非垄断纠纷以垄断纠纷的名义起诉的现象值得关注。在人民法院审理的垄断案件中，有相当比例的纠纷明显不涉及排除或者限制竞争行为，本质上并非垄断纠纷，不应提起反垄断民事诉讼。例如，环洲公司等诉广东省第二人民医院滥用市场支配地位纠纷案[②]，该案所涉纠纷内容完全属于政府采购合同的签订和履行问题，所诉行为与市场竞争明显缺乏关联性。发生由合同纠纷错误导向垄断纠纷的原因有多个，包括当事人对反垄断法的错误理解、试图利用反垄断法制止合同相对人滥用相对优势地位的行为、意在利用垄断纠纷阻碍合同履行或者获得不当利益等。这种错误导向模糊了垄断纠纷和一般合同纠纷的界限，耗费了大量司法资源，值得思考。

反垄断法实体规则的含义及部分垄断行为的分析框架需要进一步细化。例如，对于纵向垄断协议的分析方法、垄断协议的豁免条件、搭售以及超高定价等的分析框架，实践中仍存在许多模糊甚至对立的认识，有待统一和明确。特别是，对于纵向垄断协议行为是否要求具有排除或限制竞争效果及其证明责任负担等问题，还存在较大争议，需要进一步深入研究。

反垄断行政审判能力需要进一步提升。正确厘定行政审判的司法审查强度与深度，适度尊重行政机关的首次判断权，既避免因片面尊重而“制衡不足”，又避免因越俎代庖而“干预过度”，是未来行政审判的重点和难点。特别是，反垄断法与反垄断纠纷所具有的原则性与抽象性特点，合理性审查成为反垄断司法审查中必不可少的原则和标准。因此，需要深入研究如何在行政审判中正确实施合理性审查，在保护竞争秩序、维护消费者福利与防止过度管制之间找到平衡点。

---

② 广州知识产权法院（2015）粤知法商民初字第45号。

四、反垄断司法的未来展望

反垄断审判实践的发展进一步暴露了我国反垄断民事诉讼制度的薄弱环节，也为反垄断司法的未来发展提出了新的课题和指明了努力的方向。

完善民事诉讼程序和证明规则，切实减轻垄断纠纷原告的举证负担。根据民事诉讼法的一般规定和反垄断审判的特殊需求，完善诉讼程序和证据规则，防止简单适用“谁主张谁举证”证明责任分配规则，切实减轻原告的举证负担。正确适用事实推定规则，妥善转移举证责任。原告已尽合理努力穷尽其举证能力仍无法取得证明垄断行为成立的全部证据，在已有证据的基础上，结合经济学基本经验和常识，可以推断出某一行为具有排除、限制竞争效果的可能性很大的，可以推定该行为具有排除、限制竞争效果，不再苛求原告提供进一步的证据，而将举证责任适时转移给被告，由被告提供其行为不具有排除、限制竞争效果的反证。推进诉讼诚信建设，提倡和鼓励当事人积极提供其掌握的全部证据，尽力查明案件客观事实。只有切实减轻原告的举证负担，才能有效提高原告胜诉的可能性。

强化经济分析方法的运用。加强对专家意见、经济分析报告的程序和实体审查，充分发挥其辅助认定专业事实的功能。专家意见、经济分析或者市场调查报告对于垄断案件的审理至关重要。法官通常不是经济专家，但是可以通过诉讼程序的设置，通过有效利用专家证人，查明案件专业事实。强化专家证人以及经济分析或者市场调查报告撰写人的出庭义务，接受对方当事人的质询和法官的询问。引导双方的专家证人进行交叉询问，通过交叉询问和辩论来澄清疑点、发现问题和查明事实。法官也应及时补充经济学基础知识，提高对专家意见、经济分析或者市场调查报告的实体审查能力。要加强释明，引导当事人强化对相关市场界定、市场支配地位认定以及损害赔偿的经济分析，提高经济分析的合理性和科学性。在认定市场支配地位时，要充分认识到市场份额仅仅是认定市场支配地位的方法之一，而不是唯一方法，要更加注重运用认定市场支配地位的其他方法，防止对市场份额的过度依赖。在确定损害赔偿时，要强化垄断行为与损害事实的因果关系分析，引导当事人合理计算赔偿数额。

加强对反垄断法实体条款的适用研究，适时统一裁判标准。要结合司法实践需求，加强对重点实体问题的分析研究，例如纵向垄断协议的分析方法、知识产权滥用行为的反垄断法规制、网络环境中双边或者多边市场的分析框架、反垄断分析与反不正当竞争的关系、损害赔偿的计算等。启动反垄断民事诉讼司法解释（二）的起草工作，聚焦反垄断法实体条款的细化，明确和统一裁判规则。

以竞争政策为主导，完善社会主义市场经济体制机制

张汉东

党的十九大报告从党和国家事业发展的全局高度和长远角度，对新时代中国特色社会主义发展做出了战略部署，要求决胜全面建成小康社会，实现第一个百年奋斗目标，并乘势而上开启全面建设社会主义现代化国家新征程，向第二个百年奋斗目标进军，强调指出“坚持社会主义市场经济改革方向，加快完善社会主义市场经济体制”。明确“经济体制改革必须以完善产权制度和要素市场化配置为重点，实现产权有效激励、要素自由流动、价格反应灵活、竞争公平有序、企业优胜劣汰”。清理废除妨碍统一市场和公平竞争的各种规定和做法，营造公平竞争的市场环境。打破行政性垄断，防止市场垄断。

改革开放四十多年来，我国经济取得了举世瞩目的巨大成就。人民生活极大改善，我国已经成为世界第二大经济体。总结四十多年来改革发展的经验，很重要的一条是坚持市场化的方向不动摇。随着社会主义市场经济的不断完善，作为竞争政策的两大工具，《反垄断法》和公平竞争审查制度的作用正在逐步显现，竞争政策的基础性地位正在逐步确立。

习总书记指出，“全面深化改革必须着眼创造更加公平正义的社会环境，不断克服各种有违公平正义的现象”。“改革是一场革命，改

---

* 张汉东，原国家发改委价监与反垄断局局长。

的是体制机制，动的是既得利益，不真刀真枪干是不行的”，“改革是破和立的有机统一，改革的过程同时是利益优化调整和体制机制重构的过程”。

计划经济向市场经济的转换意味着经济政策、管理方式、管理体制机制必须做出重大调整。改革是一个渐进的过程，也是思想认识逐步提高和统一的过程。我国社会主义市场经济体制机制的建立和完善需要竞争政策作为主导经济政策，这是由市场经济的内在规律决定的。我国竞争政策的实施伴随着社会主义市场经济体制机制逐步走向成熟。竞争政策的实施依托的是具体手段。能否实现高质量发展是我国未来发展的关键。因此，进一步完善社会主义市场经济体制机制对于我国经济的持续、健康发展具有重大的现实和历史意义。

十一届三中全会召开，以经济建设为中心，开启了中国经济改革开放的大幕。1980 年《国务院关于开展和保护社会主义竞争的暂行规定》首次提出了反垄断，第一次就竞争做出了规定。1984 年党的十二届三中全会通过《中共中央关于经济体制改革的决定》，建立自觉运用价值规律的计划体制，发展社会主义商品经济，第一次提出了价值规律和商品经济。1992 年党的十四大确立我国经济体制目标是建立社会主义市场经济体制，第一次明确提出了我国改革的目标是建立社会主义市场经济体制。1993 年党的十四届三中全会《中共中央关于建立社会主义市场经济体制若干问题的决定》指出，发挥市场机制在资源配置中的基础性作用，必须培育和发展市场体系，创造平等竞争的环境，形成统一、开放、竞争、有序的市场并提出经济体制从传统计划经济体制向社会主义市场经济体制转变。2007 年，全国人大审议通过并颁布了《反垄断法》，在职责中第一次提出了竞争政策的概念，并从法律上予以明确。《反垄断法》作为市场经济的宪法，在保护和促进市场竞争方面具有崇高的地位。2013 年 11 月，党的十八届三中全会通过《中共中央关于全面深化改革若干重大问题的决定》，明确经济体制改革的核心问题是处理好政府和市场的关系，使市场在资源配置中起决定性作用和更好发挥政府作用。“建设统一开放、竞争有序的市场体系”，“清理和废除妨碍全国统一市场和公平竞争的各种规定和做法，严禁和惩处各类违法实行优惠政策的行为，反对地方保护，反对垄断和不正当竞争”。2014 年 10 月，党的十八届四中全会通过《中共中央关于全面推进依法治国若干重大问题的决定》，明确社会主义市场经济本质上是法治经济，使市场在资源配置中起决定性作用和更好发挥政府作用；必须以保护产权、维护契约、统一市场、平等交换、公平竞争、有效监督为基本导向，完善社会主义市场经济法律制度。2015 年 3 月，国务院印发《中共中央国务院关于深化体制机制改革加快实施创新驱动发展战略的若干意见》提出，要探索实施公平竞争审查制度。同年 5 月，国务院批转国家发改委《关于 2015 年深化经济体制改革重点工作的意见》，将“促进产业政策和竞争政策的有效协调、建立和规范产业政策的公平竞争和审查机制”作为改革的重点。同年 6 月，国务院印发《关于大力推进大众创业万众创新若干政策措施的意见》，要求“加快出台公平竞争审查制度，建立统一透明有序规范的市场环境”，明确国家发改委、国务院法制办牵头制定公平竞争审查制度。同年 10 月，《中共中央国务院关于推进价格机制改革的若干意见》提出，“逐步确立竞争政策的基础性地位”，再次强调“加快建立竞争政策与产业、投资等政策的协调机制，实施公平竞争审查制度，促进统一开放、竞争有序的市场体系建设”。2016 年 4 月 18 日，中共中央全面深化改革领导小组审议并通过了公平竞争审查制度。会议提出，建立公平竞争审查制度，要从维护全国统一市场和公平竞争的角度明确审查对象和方式，按照市场准入和退出标准、商品和要素自由流动标准、影响生产经营成本标准等对有关政策措施进行审查，从源头上防止和排除或限制市场竞争。要建立健全公平竞争审查保障机制，把自我审查和外部监督结合起来，加强社会监督，对涉嫌违反公平竞争审查标准的，依法查实后做出严肃处理。2016 年 6 月 14 日，国务院正式下发了《关于在市场体系建设中建立公平竞争审查制度的意见》，要求从 2016 年 7 月 1 日起，政策制定机关出台涉及市场经济活动的政策措施必须进行公平竞争审查。

通过梳理，我们可以清晰地看到：

1. 计划经济体制向市场经济体制的转型是一个渐进的过程，也是思想统一和认识提高的过程

十四大明确指出，建立社会主义市场经济体制到体制完善，需要一个较为漫长的过程。过程是渐进的，但方向是明确的。从“一大二公”和“割资本主义尾巴”到计划为主、市场为辅的社会主义商品经济提出，从指令性计划到指导计划的转变，进一步到社会主义市场经济的提出，最后到市场在资源配置中起决定性作用。

2. 经济体制改革经历了两次大的理论突破

第一次是十二届三中全会提出了发展社会主义商品经济的概念。1978 年 5 月，真理标准问题大讨论，打破了教条式的理论禁锢，恢复了实事求是马克思主义思想路线，改变了传统计划经济体制，改变了封闭半封闭状况，为我国发展进步提供了不竭的思想理论活力源泉，为社会主义市场经济体制的建立奠定了理论基础；第二次是十八届三中全会提出市场在资源配置中起决定性作用。这在中国改革开放和市场经济发展历史中具有里程碑意义，是我党对中国特色社会主义建设规律的重大突破。习总书记指出，从党的十四大以来的二十多年间，我国社会主义市场经济体制逐步确立，对政府和市场关系，我们一直在根据实践拓展和认识深化，寻找新的科学定位。可以看出，我们对政府和市场关系的认识也在不断深化，中央认为这个问题从理论上做出新的表述，条件已经成熟，应该把市场在资源配置中的“基础性作用”修改为“决定性作用”。习总书记的重要讲话指明了我国经济改革的市场化方向，在机制方面需要延续改革开放四十多年的内在逻辑。改革开放四十多年来，市场作为资源配置手段，地位不断提升。十五大提出使市场在国家宏观调控下对资源配置起基础性作用；十六大提出在更大程度上发挥市场在资源配置中的基础性作用；十七大提出从制度上更好地发挥市场在资源配置中的基础性作用。随着社会主义市场经济体制的建立和发展，十八届三中全会提出的“决定性作用”为社会主义市场经济体制的完善提供了理论保障。

3. 处理好政府和市场关系是经济体制改革的核心问题

我国经济体制改革始终围绕着资源配置在展开。市场经济逐步确立并不断完善，市场的力量从无到有，从弱小到壮大。中国改革开放的进程，实际就是从计划作为配置资源的主要手段，逐渐过渡到市场成为配置资源的主要方式。我国改革开放四十多年是政府不断向市场让渡权力的历程，以更好地发挥市场的作用。计划经济曾经禁锢了经济发展，随着市场经济的逐步引入，释放了巨大的市场潜力。我国走过了一条由国家垄断经济向市场经济转型的道路，由于制度的惯性和转型的惰性导致了我国市场不完善，竞争不充分，表现为政府深度参与微观经济，不当干预市场竞争，相信权力不相信市场。政府替代市场进行决策，资源由政府配置，优胜者由政府选定而不是在市场竞争中胜出。优胜劣汰的市场机制被扭曲，选择性产业政策导致资源错配和效率低下，抑制了市场主体的创新和经济发展的活力。实现高质量发展，切实转变职能，政府需从微观经济领域解放出来，尊重市场作用和经济规律，核心是消除对市场主体的羁绊，破除生产要素合理流动和有效配置的障碍，放管结合，把该放给市场的权力归还市场。我们衡量政府能否更好地发挥作用的一个重要标准，是看市场能否更好地发挥作用。政府职能转变的方向，是创造良好的市场环境，提供优质的公共服务，维护社会公平正义，让各种所有制经济公平参与市场竞争。

4. 社会主义市场经济遵循的是经济规律，两大特征是竞争经济和法治经济

竞争是市场经济的内在要素和基本机制，竞争在有效配置资源、促进创新和保护消费者利益等经济乃至社会和政治方面具有不可替代的积极作用。改革开放四十多年来，我国经济实现了规模迅速扩张和持续高速增长，已经进入工业化中后期，经济总量稳居世界第二，目前正处在转变发展方式、优化经济结构、转换增长动力的攻关期，以结构性改革为主线，推动经济发展质量变革、效率变革、动力变革。实现高质量发展的前提是创新，创新的基础是市场，动力是竞争，充分发挥竞争政策的作用，才能激发市场活力。回顾世界经济史，第一次工业革命和第二次工业革命促进了全球经济的跨越式发展，其背后的支撑是蒸汽机的发明和电气时代的到来。科技创新解放了生产力。因此，营造好公平竞争环境是我国未来经济发展的关键所在。

市场经济是法治经济，党的十五大把依法治国、建设社会主义法治国家作为党领导人民治理国家的基本方略。党的十八大进一步强调，依法治国是党领导人民治理国家的基本方略，法治是治国理政的基本方式，要更加注重发挥法治在国家治理和社会管理中的作用，全面推进依法治国，加快建设社会主义法治国家。法治是现代市场经济的有机组成部分，市场主体的微观交易行为无不需要法治的规范，市场交易遵循成熟的法律制度，纠纷主体就会产生稳定的预期，就会大大降低交易成本，市场经济的活力就会进一步释放。党的十八届四中全会通过了《中共中央关于全面推进依法治国若干重大问题的决定》，对全面推进依法治国做出重大部署：市场就是人与人交换的一个平台，在这个平台上，人与人的关系是一种平等交换的关系，抛开市场经济的运动轨迹，市场静态的基础就是不同产权的主体之间的平等关系，因为分属不同产权，因而有交易的需要。因此，必须坚守市场经济主体平等的理念，以保证各种所有制经济依法使用生产要素，公平参与市场竞争，同等受到法律保护。

5. **经济政策的调整是社会主义市场经济体制机制完善的重点**

《中共中央国务院关于推进价格机制改革的若干意见》中提出逐步确立竞争政策的基础性地位，强调加快建立竞争政策与产业、投资等政策的协调机制。建设现代化经济体系的核心任务是建立统一开放、竞争有序的市场体系，而市场体系则是以经济政策体系为前提的。建立并完善与现代化经济体系相匹配的经济政策体系，实现各种经济政策的目标，需要协调好各项经济政策之间的关系，包括产业政策、贸易政策、财政政策、货币政策。各种经济政策的制定和实施都要以维护市场公平竞争，不排除和妨碍公平竞争为前提。过去很长一段时间，我国以产业政策为主导，毋庸置疑的是，产业政策在我国经济发展中发挥过重大的促进作用。产业政策在许多国家经济发展进程中都扮演过重要角色。例如德国和日本，在发展初期，为了保护本国传统产业免受发达国家威胁或者为了促进国内幼稚产业发展，都曾实施过积极的产业政策。当经济发展到一定阶段或经济发展的国际环境发生较大变化，产业政策对竞争的抑制作用和负面影响就会逐步显现。产业政策与竞争政策的矛盾逐步凸显，产业政策逐步弱化，竞争政策不断强化，统领协调各项经济政策。

我国在计划经济时期，经济政策体系以指令性计划为核心；在有计划的商品经济时期，以产业政策为核心，统领协调各项经济政策；而在社会主义市场经济条件下则需要确立竞争政策在经济政策体系中的基础性地位，用竞争政策统领和协调其他各项经济政策及法律法规。我国经济四十多年的快速发展，产业政策一直发挥着重大作用，使我国实现了从小到大的历史转变。我国经济大而不强的问题突出，经济结构不合理，发展方式粗放，发展动力不足，表现为经济放缓、产能过剩、民营经济信心不足等现实问题。根本原因在于创新和竞争不足。经济由大到强，需要调整经济政策。竞争政策和产业政策不是非此即彼的对立关系，二者统一于促进经济发展的政策体系。产业政策体现政府主导经济发展，竞争政策重点体现在市场竞争中政府更好地营造公平竞争环境。在经济政策体系中，两种政策的地位和作用因经济发展阶段不同而有所不同。经济赶超需要产业政策，各项经济政策围绕产业政策制定；经济变强依赖竞争政策，其他经济政策要接受竞争政策的审视，政府干预经济的各项政策依然发挥作用，但将逐步弱化。因此，要尽快完善科学规范、运行有效的竞争政策体系，并确立竞争政策的基础性地位，它是建立现代化经济体系，实现十九大总体战略部署的迫切要求。

6. 竞争政策的基础性地位正在逐步确立，作用正在逐步显现

《反垄断法》已经颁布十多年，通过反垄断执法机构的努力，反垄断法已从纸上的法变为现实生活中的法。我国已经成为国际公认的反垄断三大司法辖区之一。公平竞争审查制度的建立已有三年多时间，审查机制初步建立，竞争理念正在深入人心，全国统一大市场正在形成。从宏观层面看，反垄断法的颁布和公平竞争审查制度的建立已经确立了竞争政策的基础性地位，构成了在中国特色社会主义市场经济条件下事前、事中、事后监管的完备体系。但从微观执行层面看，由于反垄断实现常态化、精细化还需时间，公平竞争审查制度的落实工作刚刚起步，真正落到实处还需时日。从这个角度说，我国竞争政策基础性地位还处在逐步确定过程中。

作为竞争政策的两大工具，反垄断法和公平竞争审查制度的不断推进，表明我国经济将进入由产业政策为主向竞争政策为主转变的历史阶段，预示着我国经济管理方式将由政府直接干预向政府维护公平竞争的市场秩序逐步转型，这必将有力地促进我国社会主义市场经济体制的完善。

综上所述，我国经济已经进入一个新的历史发展时期。实践证明，在我国经济发展中竞争政策发挥着越来越重要的作用。高质量发展是我国未来经济发展的现实和必然，政府转变职能为其营造公平公正的市场环境，已经成为迫切要求。中国特色社会主义市场经济体制机制亟待完善，这就要求尽快确立竞争政策的基础性地位，其他经济政策都要接受竞争政策的审视。在社会主义法治环境中，最大限度地营造公平公正的发展环境，实现有序竞争，从而促进我国经济持续健康发展。

亲历与见证：《反垄断法》的第一个 12 年

李青

2019 年 3 月，退休。静下来之后，一直想回顾自己 30 年的公务员生涯，给自己写个总结，也带有自娱自乐的成分。一位年轻才俊给我提议，干脆邀请《反垄断法》立法和实施的亲历者、见证者，一起回顾 12 年的历程，编辑成书。念头一起，风云即来，好友三四，齐心协力，竟也有板有眼。我也借此机会，用文字记录自己与《反垄断法》有关的点点滴滴，是回忆，更是为了忘却的记忆。

"一碗方便面"对《反垄断法》的贡献

2006 年我在国家发改委价格监督检查司担任处长，负责价格检查系统执法队伍建设和市场价格行为（即非政府定价）监管。根据方便面市场价格变动和媒体报道，我负责调集执法人员，组成若干执法小组，对方便面中国分会以及康师傅、统一、今麦郎、日清、农心等十余家企业同时开展执法调查。我自己带队去了方便面中国分会调查。

经调查，国家发改委认定：方便面中国分会多次组织、策划、协调有关企业共同商量方便面价格上调幅度、步骤、时间等；会议纪要

* 李青，原国家发改委价监与反垄断局副局长、国家市场监管总局价监竞争局副局长。

在《中国面制品》杂志刊发，向全行业传递龙头企业上调价格的信息；通过媒体发布方便面涨价信息，导致部分地区发生排队抢购；方便面中国分会牵头组织行业内企业实施价格串通行为，形成并实施价格联盟，严重扰乱了市场价格秩序，阻碍了经营者之间的竞争。国家发改委依据《价格法》对此案进行了处理。

案件于 2007 年 8 月 16 日向社会公布，我本人接受了中央电视台采访。据《中国青年报》报道：8 月 29 日十届全国人大常委会第二十九次会议第三次全体会议审议《反垄断法（草案第三次审议稿）》；在分组审议中，前一段媒体广为报道的方便面价格串通案，引起全国人大常委会委员们的高度关注，部分委员表示，草案三审稿规定“行业协会等组织实施的排除、限制竞争的行为，适用本法”，但对行业协会违反法律规定进行行业垄断，没有制裁规定，建议应追究行业协会的法律责任，这一意见被吸收进了建议表决稿；在三审稿基础上形成的建议表决稿，明确禁止行业协会组织本行业的经营者从事垄断行为，并对这种行为予以重罚。

十几年过去了，自己经手调查处理的方便面价格串通案，对《反垄断法》有如此巨大的贡献，想起来常常感到自豪。“一碗方便面”，一起个案，出现在《反垄断法（草案）》三读之际，四两拨千斤，在《反垄断法》里增加了一条法律责任，白纸黑字的记录，在我的眼里，却是那么璀璨夺目。

电信联通案件——执法对商业模式优化的范例

谈到反垄断执法案件的影响力，没有一个案件比得上电信联通案件。这是《反垄断法》实施以后，反垄断执法机构调查的第一起滥用市场支配地位案件，是央视、《人民日报》、新华社各方媒体开展大讨论的第一个案件，是第一次对央企开展的反垄断调查，是第一次适用承诺、中止、终止程序的案件，等等。

调查发现，中国电信涉嫌滥用市场支配地位，以过高价格变相拒绝与中国铁通交易；中国电信和中国联通涉嫌滥用市场支配地位，对互联网服务提供商在交易价格上实行差别待遇；中国电信和中国联通之间没有实现充分的互联互通，是相关市场缺乏竞争的根源。案件在央视公布后，引发了全社会的大讨论。这个案件让全社会看见并知晓了《反垄断法》。不过，在官方公布的《反垄断法》实施十周年最有影响力的案件名单中，没有这个案子，我觉得不符合实际。

这个案子最大的特点是，经过《反垄断法》的承诺、中止、终止程序，在国家发改委、工信部的指导下，两家公司进行了网间扩容，提高了中国互联网互通质量；中国电信与中国铁通进行扩容并参照市场价格结算；规范互联网专线接入资费管理；提高消费者上网速度等。国家发改委在委托国务院反垄断委员会专家咨询组对企业落实承诺方案的情况进行专业评估后，做出了终止决定。事实证明，这个案件对我国互联网的快速发展和运行质量大幅提高发挥了非常重要的作用，更为我国 2012 年以后互联网经济的高速发展打下了基础。

总之，我个人认为，这个案件以恰如其分的行政执法促进了商业模式的优化、激发了行业竞争，整个行业因此得到了健康发展，是执法效果最好的案件。在我心中，这个案件是中国《反垄断法》实施以来最有影响力的案件，它占据了多个第一，2013 年前后，有人质疑中国实施《反垄断法》只针对外国公司同时偏袒国企时，这个案子和国家发改委查处的浙江省新车保险垄断协议案，有力地回应了各种批评和指责。相信多年以后，它会在众多案子中凸显出来，成为最有意义的案子。

原料药案件——控制原料药模式能否改变

2011 年 11 月，国家发改委价格监督检查与反垄断局向社会公布，对山东潍坊顺通医药有限公司、山东潍坊华新医药贸易有限公司做出行政处罚，没收违法所得并处罚款 687 万元和 15 万元。媒体评价此案为国内首个垄断重罚案，实际上，这个案子的重要性远不限于此，直到现在依然如此。

这个案子是 2008 年《反垄断法》实施后，全国范围内首个对医药贸易公司买断包销原料药、实施垄断行为开出罚单的案件。该案结案后，我们在总结案件时感觉担忧。当时这种模式开始蔓延，部分医药贸易公司用少量投资，通过包销方式很容易就控制了价值不高的原料药，以此为筹码向成品药企业要高价，甚至把成品药企业当成自己的加工车间。反垄断执法能否根治这种商业模式，我们并没有信心。我们寄希望于有关部门能调整政策，从根源上压缩这种商业模式的生存空间。

后来的事实显示，原料药生产厂家看到了巨大的利益，逐步代替医药贸易公司，以自己直接控制原料药销售模式代替了医药贸易公司买断包销模式，然后以不公平的高价或者其他苛刻条件销售原料药，或者自己垄断成品药的生产。2016 年我负责查处的艾司唑仑原料药垄断案就是例证。

艾司唑仑案件后，我组织同事从公开资料查询了我国化学药品里原料药企业与成品药企业的对应关系及其对市场竞争的影响，发现二者数量的比例严重失衡，基本上是 2 ~ 3 家原料药企业对应十多家甚至更多成品药企业，这是导致原料药企业控制原料药进而谋取巨大利益的重要条件，没有这种市场结构，控制无法实现。据此，我们起草上报了改进审批机制、构建更具竞争性的化学药品（包括原料药和成品药）市场结构的建议。这个建议由有关领导批转给相关部门。我们提出的企业数量比例与竞争的观点，得到了反垄断领域各方的认同，被各种版本的原料药反垄断监管文件、指南引用。

不过，时至今日，控制原料药谋取巨大利益仍然是很多原料药企业的选择，查而不绝。2020 年国家市场监管总局查处的原料药垄断案件，仔细一看，经营者套路依旧。希望对这个模式，能够早日有治本之策。

禁止滥用行政权力排除限制竞争——孜孜以求得硕果

《反垄断法》刚刚实施的时候，如果有人说某个行政机关的行为违犯《反垄断法》，估计相信的人不多。确实，《反垄断法》是做了规定，但要把这个规定和具体行政机关的行为直接挂钩，说这是违法行为，还是很有挑战性的。国家发改委按照三定职能履行反垄断行政执法职能，最开始只有一个处，协议、滥用、经营者集中（几乎所有的案子商务部都会征求国家发改委的意见）、行政垄断、国际合作都由一个处负责。累是累，但大家都得到了锻炼，个个都是多面手。后来经过多方努力，中编办为发改委反垄断工作增加了 25 个编制，在发改委反垄断局增设了两个反垄断处。

在人力资源增加的情况下，我们开始安排更多的人力，放到规范行政机关排除限制竞争的行为上。从 2010 年开始到退休，我和同事先后调查过几十起行政机关滥用行政权力排除限制竞争案件，涉及新闻出版署、广电总局电影局、河北省交通厅、山东省交通厅、上海市交通委、深圳市教育局、深圳市卫计委、安徽蚌埠卫计委、四川省卫计委、浙江省卫计委、云南省通信管理局、内蒙古公安厅、北京市交管局、北京市住建委、成都市国资委，此外，还纠正了重庆、贵州、山西、辽宁、吉林、河北、黑龙江、甘肃、江西、天津、青海、广西共 12 个省、自治区、直辖市政府或相关部门以及有关地市级政府或部门关于新建商品房住宅小区电力设施配套建设费政策。除了直接调查处理上述行政垄断案件外，我们还指导省级反垄断机构调查处理了若干行政垄断案件。

我清晰地记得，当我们准备材料向社会公布有关案件情况时，作为执法机构的我们和涉及的行政机关都承受着巨大的压力。我们需要反复耐心地向它们讲清楚道理，请它们理解《反垄断法》的相关规定和执法机构的立场；它们能够理解法律规定，但在感情上无法接受作为一个行政机关被认定存在违法行为，这种困难在《反垄断法》实施的早期，更是突出。它们承受的挑战和压力，有时会让我觉得煎熬和动摇，但我们还是坚守了立场。希望在第二个 12 年之中，不再有巨大的压力和情绪的冲突，代之以机构间基于专业的深入沟通和彼此理解，代之以竞争政策为基础的各类政策。

这些案件的成就和荣誉，属于中国的反垄断执法机构。作为曾经的亲历者，我为这些硕果倾注了那么多的心血和热情，我为自己点赞，为自己骄傲，因为我不曾辜负我的机遇和内心的追求。

公平竞争审查制度——市场经济制度的呐喊

调查很多起滥用行政权力排除限制竞争案件后，我和同事开始思考，如何认识和把握竞争政策与产业政策的关系。为此，我们与多所大学、研究机构合作，梳理竞争政策与产业政策的发展历程、相互关系，并于 2013 年向国务院提出了“逐步确立竞争政策的基础性地位”的政策建议。此后，国家发改委反垄断局下了很大功夫，一方面调查了多起行政机关滥用行政权力排除限制竞争的案件，从中发现规律、总结经验，另一方面与欧盟、日本、韩国、澳大利亚以及 OECD 国家和机构等交流如何构建竞争政策与其他政策的协调机制，如何给行政机关指引和参考，让它们在制定政策时能够主动避免排除限制竞争问题的出现。

我们的努力没有白费。当积累丰满了，机遇到来时，我们抓住了它。2015 年 6 月《关于大力推进大众创业万众创新若干政策措施的意见》（国发〔2015〕32 号）提出要“加快出台公平竞争审查制度，建立统一透明、有序规范的市场环境”，明确要求国家发改委、国务院法制办牵头起草《意见（送审稿）》。我记得特别清楚，我当时安排了两位同事，让他们放下手上的所有工作，住到国家发改委顺义培训中心，集中精力，仅仅花了三天不到的时间，就顺利完成了初稿和起草说明。经过多次征求意见和修改，正式文件保留了初稿的核心内容和基本框架。这就是国发〔2016〕34 号文件《关于在市场体系建设中建立公平竞争审查制度的意见》。

公平竞争审查制度建立在多起行政机关滥用行政权力排除限制竞争行为被纠正的基础上，出台于十八届三中全会决议提出的处理好政府与市场关系的大背景之下。这个制度的建立是中央提出的深化经济体制改革的重要任务，更是市场经济制度的根本要求和机制体制不断完善的结果。我把它称为市场经济制度的呐喊，希望它惊醒梦中人。

回顾《反垄断法》的第一个 12 年，我必须更加精准。严格讲我在反垄断领域工作不够完整的 12 年。2018 年机构改革后，我从 8 月起在国家市场监管总局价格监督检查与反不正当竞争局工作，我分管反不正当竞争处和公平竞争审查处，直到 2019 年 3 月退休。从进入反垄断行政执法领域到退休，我自己有付出，更有所获，我调查了很多第一例案子，包括经营者垄断行为和行政机关排除限制竞争行为；我亲历了竞争政策与反垄断领域中国与多国、多方的国际合作；我参加了不计其数的竞争专业研讨会；我参与了公平竞争审查制度起草和实施的全过程；我结识了很多学者和实务专家，其中有很多人专业和人品都非常杰出，我现在还记得他们给我的帮助和指点，我发自内心地敬重他们、感谢他们。这段时间的工作经历，让我更有人生的成就感，虽然我自己并没有什么杰出的成就。

我在 2019 年退休，挥手告别了公务员职业生涯。退休让我更加深切地体会到，工作只是人生的一部分，绝非全部。只要你愿意去发现和体会，它会异常丰富，甚至会给你惊艳。我和朋友们编辑本书，纪念《反垄断法》的第一个 12 年，也是挥手，但没有告别。希望我和我的朋友们一样，继续我们更加美好的人生，也祝愿中国的反垄断事业有更加美好的未来。

招投标市场中相关市场的界定

芮松艳

《反垄断法》自2008年实施以来，无论是行政机关还是法院均积累了大量经验。其中，法院受理的案件主要涉及滥用市场支配地位这一案由，而在此类案件中，决定案件结论的最关键问题之一在于相关市场的界定。但现有的法律对相关市场的规定较为抽象，因此，如何针对案件具体情形对相关市场做出科学合理的界定非常值得研究，在一些涉及特殊市场的案件中更是如此。

笔者曾审理过一起招投标市场的滥用市场支配地位案件，涉及城市地铁专网通信设备。该案中，无论是案件本身引发的法律问题，抑或是双方当事人的法律观点，均会启发对垄断案件中相关市场问题的思考，因此，下文将结合上述内容进行分析并得出结论。

一、相关市场在垄断案件中的作用

对于何为相关市场，《反垄断法》第十二条规定，“本法所称相关市场，是指经营者在一定时期内就特定商品或者服务（以下统称商品）进行竞争的商品范围和地域范围”。对于相关市场的作用，该法第十七条第二款的规定在一定程度上进行了说明，“本法所称市场支

---

* 芮松艳，北京知识产权法院法官、审判委员会委员。

配地位，是指经营者在相关市场内具有能够控制商品价格、数量或者其他交易条件，或者能够阻碍、影响其他经营者进入相关市场能力的市场地位”。由该规定可知，相关市场的作用在于确定一个竞争评估的范围，在该范围内经营者会受到有效的竞争约束。因竞争范围通常具有商品及地域两个维度，故相关市场通常被分为商品市场及地域市场，亦即相关市场判断的是在哪些地域内的哪些商品的经营者之间具有有效的竞争约束。

虽然上述规定中将相关市场划分为商品市场与地域市场，但商品因素及地域因素是否在任何竞争中均会对竞争范围产生实质影响，则需要结合涉案市场的具体情况而定，并不能一概而论。此外，在商品及地域市场确定的过程中，哪些因素需要考量，以及从哪些角度进行考量，虽有一定之规，但亦需要结合具体案件情形而定，对上述问题的不同考量角度很可能影响具体案件中的相关市场界定，进而影响案件结论。

通常而言，对于相关市场的判断，不能脱离竞争约束这一角度。因相关市场这一概念是从竞争约束角度进行的界定，故尽管不同的商品及地域具有不同的特性，但只有会对竞争产生直接或间接影响的商品特性或地域特性在相关商品市场及地域市场的界定中才有考虑的价值。与竞争无关的特性，无须考虑。

因用于竞争评估的市场由经营者与消费者两类主体构成，其中经营者通过经营行为提供商品及服务，而消费者通过购买商品及服务使经营者获得利润，因此，何种因素影响竞争取决于哪些因素可能影响经营者的经营行为及消费者的购买行为，只有对经营行为和购买行为可能产生影响的因素才可能对经营者产生竞争约束。此亦为相关市场的界定通常考虑消费者的需求替代及经营者的供给替代两个角度的原因。

基于此，在具体案件中分析双方当事人有关地域市场的不同观点需要着眼于双方各自强调的因素中，哪些可能影响经营行为或购买行为，进而产生竞争约束。

二、是否应以特定城市作为招投标市场中的地域市场

原告主张应以招标的特定城市作为地域市场，其部分考虑因素为资金专属性、地域专属性及需求牵连性。资金专属性是指地铁项目是由各地政府财政拨款且专款专用。地域专属性是指地铁的建造地只能是当地。需求牵连性是指该地铁设备需要与其他地铁设备一并招标及运行，其必然只能发生在当地。

在原告的上述观点中，因无论资金来源于何处，该案商品的性质及成本等影响交易的相关特性均不会因此而有所变化，同时消费者亦不会因为资金来源的不同而对其欲购买的商品做出不同的选择，因此，资金来源这一因素完全不会对经营行为及购买行为产生任何影响，相应地，该因素与消费者及经营者之间的交易亦毫无关联。基于同样的理由，地铁建造地这一因素及所谓的需求牵连性因素与交易无关，不会对地域市场的界定产生影响。

原告认为应考虑的另一因素是地铁招标方有关设备互联互通功能的要求。这一要求虽然可能导致不同经营者之间的商品存在差异，从而对交易产生影响，但该要求属于技术要求，而是否符合该技术要求，并不会受地域因素影响。因此，该要求同样不会影响地域市场的界定。当然，这并非意味着该因素不会影响竞争，而只是其对竞争产生的影响并非从地域角度发挥作用，该因素与地域因素从不同角度对竞争产生影响，但二者各自发挥作用，并无因果关系。

此外，原告主张，在相关市场的界定中，应该主要从需求者角度进行需求替代分析，当供给替代对经营者产生的竞争约束类似于需求替代时，才应考虑供给替代。但该案中供给替代并不会产生类似于需

求替代的竞争约束，因此，无须考虑供给替代。原告这一理由的基本逻辑为，在相关市场的判断中需要先划分供给替代与需求替代，然后首先适用需求替代，而供给替代则只在符合条件的情况下才有适用的必要。

在对原告这一主张进行分析之前，首先需要清楚需求替代及供给替代在整个案件分析框架中的作用。需求替代与供给替代通常被用在相关市场的界定问题上，其从经营者与消费者两个角度，对可能影响相关市场界定的各种因素进行了归纳。但因无论是需求替代还是供给替代，发挥实质作用的仍是各个具体因素（比如产品用途的可替代性，相关商品经营者转产的可能性等），因此，在整个分析过程中，从经营者及消费者角度对各具体因素进行分析即可，并不需要首先将每个因素进行需求替代及供给替代的划分，并基于此确定其适用的优先顺序。实际上，如果在具体案件中严格适用原告提出这一逻辑，则有可能的结果是，一些需求替代的因素在划分中被错误地归为供给替代，或虽然不存在错误划分情形，但在适用上被错误地认为供给替代不应考虑，使得本该考虑的一些因素无法纳入考虑范畴，从而影响竞争范围结论的合理性。由此可见，原告前述观点的基本逻辑并不成立，该主张并不成立。

三、是否应以全国市场作为招投标市场中的地域市场

被告认为该案地域市场为全国市场，其理由之一是对于涉案设备而言，投标中间商（总包商和集成商）的存在使得竞争信息相对透明，各地供应商不太可能对于不同城市的最终用户进行差别定价，因此，各经营者在全国范围内竞争。被告这一观点的核心在于各地经营者不具有定高价的能力。但经营者是否有能力定高价是反垄断法判断经营者是否具有支配地位时需要考虑的问题。而界定相关市场的目的

在于帮助判断被诉经营者是否具有支配地位（即是否具有定高价的能力），相关市场仅是支配地位的判断因素之一。被告这一理由是在确定经营者是否具有支配地位的情况下，反过来以此确定地域市场。这一做法混淆了支配地位与相关市场之间的逻辑关系。实际上，如果中间商的存在确实可以使得经营者不可能具有定高价的能力，则直接以此为由证明经营者是否具有支配地位即可，而无须再将其纳入地域市场的界定中。此外，被告在其分析中认为因为经营者不会定高价，故经营者是在全国范围内竞争。但某一经营者是否有定高价的能力与该商品经营者是否在全国竞争并无必然关系，否则在任何被诉经营者被认定具有支配地位的案件中，其对应的相关地域市场均不可能是全国市场。

被告的另一理由为用户在招标时不限地域，不要求本地中标业绩，在全国采购商品，故应以参与竞争的供应商的来源地来界定相关地域市场。但基于前文同样的理由，供应商来源有无限制与地域市场的界定亦不具有必然联系。招标方在招标时对于地域不加限制，既可能是由于地域因素不会影响商品交易，亦可能是因为地域因素导致的交易条件的不同会体现在报价中，从而无须单独设置招标条件。但不同地域在运输成本上的差别会导致距离远的经营者客观上难以在正常报价的情况下中标，地域因素实际上对竞争产生了实质性约束。因此，不能仅因招标文件中未限制经营者地域而想当然地认为其应为全国市场，仍需要判断是否存在与地域相关且可能影响交易的因素。

四、招投标市场中相关市场的界定

前文已指出，在具体案件中如何界定相关市场，仍需要围绕相关市场在垄断案件中的作用这一核心内容，并结合案件具体情形进行个案分析，商品市场及地域市场的界定并非在任何案件中均有必要。

在垄断案件中，界定相关市场的作用在于确定竞争评估的范围，通常情况下该范围内的经营者之间相互具有竞争约束。之所以一般均会将相关市场界定为商品市场及地域市场，主要原因在于具有竞争约束的经营者的范围主要由商品及地域因素决定，因此相关市场通常确定的是哪些地域的哪些商品的经营者之间具有竞争约束。

尽管如此，商品及地域因素仍然仅是用以界定相关市场的因素而已，因界定相关市场的目的在于确定被诉经营者的竞争约束范围，故如果在具体案件中被诉经营者的竞争约束并非直接由商品及地域因素决定，而是由其他因素限定，此种情况下则需要从其他角度对相关市场进行界定，否则将难以对竞争约束做出合理判断。

该案所涉设备的交易通过招投标进行。招投标市场的重要特点之一在于招标文件会对投标资质及商品质量特性等进行明确规定。经营者是否有资格投标以及是否有可能中标等均需要依据招标文件中的具体要求进行判断。在此类市场上，招标要求对于参与竞争的经营者范围具有实质影响，而通常情况下会对竞争约束产生影响的地域或商品因素，如果在招标文件中未直接或间接涉及，则很难在该次投标中产生竞争约束。以该案为例，虽然双方均认可该案商品市场不仅包括涉案设备，亦包括另一设备，但在涉案全部线路和招标文件均仅针对涉案设备的情况下，另一设备在该案招投标市场中不会产生竞争约束。同理，虽然通常情况下地域因素不会对涉案设备的交易产生影响，但如果招标文件明确限定只针对具体地域的经营者，则其他地域的经营者同样不会对该地域的经营者产生竞争约束。可见，在招投标市场中，商品及地域因素如何对竞争约束产生影响，取决于招标文件中的具体规定。

基于此，在招投标市场中，招标文件决定了参与竞争的经营者范围，因每一次招标事件均会有相应的招标文件，故每一次单独的招投标事件构成一个单独的相关市场。

我国反垄断司法实践基本观察

宋健

2020年是我国反垄断法实施12周年。在历史长河中，12年也就是弹指一挥间，但对于我国反垄断法实施意义重大。经过十多年的历练，我国反垄断执法已经走过了初创期，司法与行政执法水平均有长足进步，国际影响力日益提升，我国已经与美国、欧盟并列成为全球三大反垄断司法辖区。笔者亦是亲历了我国反垄断司法的发展历程，感悟很多，但限于篇幅，笔者重点谈谈对我国反垄断司法实践的基本观察。

一、垄断民事案件数量逐渐上升

根据最高法院2018年11月公布的数据，截至2017年底，全国法院新收垄断一审民事案件700件，审结630件，案件涉及交通、保险、医药、食品、家用电器、供电、信息网络等多个行业领域，其中滥用市场支配地位案件和垄断协议案件并存，以滥用市场支配地位案件居多，占全部垄断民事案件的90%以上①；另据最高法院公布的2018年

---

* 宋健，江苏省高级人民法院二级高级法官、审判委员会委员。

① “最高法院发布反垄断民事案件数据，2008—2018年全国受理一审案件700件”，“反垄断实务评论”，2018年11月19日，https：//mp. weixin. qq. com/s/jIBDkkI1og617ZdmDDzerA。

数据，2018 年全国法院新收垄断民事案件为 66 件，② 此外法院还受理了针对不服反垄断执法机关行政处罚决定提起的行政诉讼案件。③ 而截至 2017 年底，全国反垄断行政执法机关共查处“滚装货物国际海运企业垄断协议案”“日本 12 家汽车零部件企业垄断协议案”等垄断协议案件 163 件，高通案、利乐案等滥用市场支配地位案件 54 件，累计罚款金额超过 110 亿元人民币；查处了 12 省份“新居配”案等滥用行政权力排除、限制竞争案件 183 件；审结经营者集中案件 2 283 件，审结交易总金额超过 40 万亿元人民币，依法禁止可口可乐收购汇源，马士基与达飞、地中海航运设立网络中心两案，附条件批准“微软收购诺基亚”“陶氏化学和杜邦合并”案件等 36 件，查处未依法申报案件 22 件。④ 2018 年度全国反垄断行政执法机关共立案调查涉嫌垄断协议和滥用市场支配地位案件 32 件，结案 15 件。⑤

相较而言，从案件数量上看，自我国反垄断法施行以来，除经营者集中案件外，法院受理的垄断民事案件数量略高于垄断行政执法案件，但低于反垄断法颁布初期的司法预测。事实上，早期阶段法院受理的反垄断案件的确很少，但随着反垄断法影响力的扩大，近年来垄断案件数量逐渐增多，据悉，近十年来垄断民事案件年均增长率达到 35.61%，⑥ 这说明反垄断司法对于促进市场公平竞争、维护市场正常竞争秩序正在发挥日益重要的作用。

---

② 《中国法院知识产权司法保护状况（2018 年）》，http：//www.iprdaily.cn/article 1_21514 _20190423.html。

③ “2018 年度回顾：中国反垄断执法及诉讼案件综述”，“反垄断实务评论”，2019 年 2 月 3 日，https：//mp.weixin.qq.com/s/lnQgsnGTfD8i2OnIYcHEhQ。

④ “反垄断法实施十周年执法案件数据汇总”，“反垄断实务评论”，2018 年 8 月 10 日，https：//mp.weixin.qq.com/s/Ej6CbbnaGV5JoFd6tkou0g。

⑤ “2018 年度回顾：中国反垄断执法及诉讼案件综述”，“反垄断实务评论”，2019 年 2 月 3 日，https：//mp.weixin.qq.com/s/lnQgsnGTfD8i2OnIYcHEhQ。

⑥ “最高法院发布反垄断民事案件数据，2008—2018 年全国受理一审案件 700 件”，“反垄断实务评论”，2018 年 11 月 19 日，https：//mp.weixin.qq.com/s/jIBDkkI1og617ZdmDDzerA。

二、司法认定构成垄断极为审慎

由于未见全国法院认定构成垄断案件的公开数据，笔者仅对江苏法院受理的垄断案件进行分析，以此管中窥豹。据初步统计，自2011年至2019年，江苏法院受理一审垄断民事案件17件，其中撤诉6件，判决结案11件，除南京中院一审就原料药垄断案做出认定构成垄断的判决外，[⑦] 其他判决结案的案件均认定原告所诉垄断行为不成立。从上述统计年度始于2011年可见，自《反垄断法》2008年8月1日起施行至2011年，江苏法院并未受理垄断案件。而这一阶段，针对垄断案件审判，江苏法院的主要任务是进行反垄断法的学习启蒙。记得2010年，江苏高院专门邀请了中国社科院法学所王晓晔教授进行反垄断法培训，王晓晔教授侃侃而谈、充满激情，至今令人记忆犹新。再就是，2012年春天，江苏高院还特别邀请国务院反垄断委员会专家咨询组副组长、对外经济贸易大学竞争法中心主任黄勇教授在全省法院条线法官培训班上进行了一整天的专题讲授，据说这是黄勇教授多年给法官培训中绝对超负荷的教学工作量，而黄勇教授长期组织全国法官参加垄断培训，对中国反垄断司法实践发展做出的贡献也都有目共睹。

2011年，江苏法院受理了全省首例垄断纠纷案件，即无锡市保城

---

⑦ 扬子江药业集团广州海瑞药业有限公司、扬子江药业集团有限公司诉合肥医工医药股份有限公司、合肥恩瑞特药业有限公司、南京海辰药业股份有限公司滥用市场支配地位垄断纠纷案，南京中院于2020年3月18日做出（2019）苏01民初1271号民事判决，法院认定被诉行为构成垄断行为，目前该案正在上诉中。详见“赔偿近7 000万，南京中院就原料药垄断侵权首案做出一审判决”，“竞争法视界”，2020年4月9日，https：//mp. weixin. qq. com/s/K22Cpsy6FbbKSvBNN9SBug。

气瓶检验有限公司诉无锡华润车用气有限公司拒绝交易纠纷案。[⑧] 该案中，保城公司系从事车用压缩天然气气瓶检验、安装的企业，而华润车用气公司系无锡地区唯一从事天然气汽车加气业务的企业。经查，华润车用气公司在2010年七八月份拒绝为保城公司进行车用天然气瓶安装的两辆出租车办理IC加气卡，直到2011年1月4日华润车用气公司才发放了IC加气卡。保城公司以华润车用气公司实施了拒绝交易的垄断行为为由诉至法院。经审理，法院认为，一般而言，市场经营主体享有合同自由，包括有选择交易对象和交易条件、内容和方式的自由，而认定垄断行为则必须严格把握法定要件，即只有在被诉行为导致排除或限制市场竞争的效果时，才需要考虑进行反垄断法的评价。因此，要注意划清合同法上的迟延交易行为与反垄断法上的拒绝交易行为的法律界限，占市场支配地位的企业未能按照购买者的要求及时提供商品或者服务，并不一定构成拒绝交易；只有在该行为导致了市场竞争受到排除或限制时，才构成反垄断法规制的拒绝交易行为。最终，法院判决驳回保城公司的诉讼请求。该案作为江苏法院受理的首例垄断案件，虽然案件不大且社会影响力也不大，但其中体现的对垄断行为进行法律评价必须坚持衡量是否具有排除或限制竞争效果的司法理念，对于之后江苏法院准确把握垄断案件裁判尺度具有指引意义，该案入选了最高法院2018年公布的反垄断民事诉讼十大案件。

笔者认为，垄断行为的认定，既涉及市场竞争秩序，更涉及消费者福祉，法院在认定构成垄断行为时应当秉持审慎的司法态度，以防止过宽的裁判尺度影响企业的正常经营和发展，因此，目前从总体上

---

⑧ 无锡市保城气瓶检验有限公司诉无锡华润车用气有限公司拒绝交易纠纷案，一审：无锡中院（2011）锡知民初第0031号民事判决书；二审：江苏高院（2012）苏知民终字第0004号民事判决书。详见“迟延交易？拒绝交易？”，“知产视野”，2015年8月7日，https：//mp. weixin. qq. com/s/－rvMrdTadEhk6hT5Dfw8Qg。

看，法院在垄断案件审判中体现了积极而审慎的司法政策。

三、垄断案件审判实践影响深远

如上所述，十多年来，尽管全国法院受理的垄断民事案件绝对数量不多，且绝大多数案件最终裁判认定不构成垄断行为，例如2018 年全国法院新收竞争类案件 4 146 件，而垄断纠纷案件仅 66 件，占比 1.59%，但是，法院受理的重要垄断案件均引发社会极大关注，对于市场竞争秩序具有重要的反垄断法规制意义。在 2018 年最高法院公布的垄断民事诉讼十大案件中，最具影响力的案件当属 3Q 大战案[⑨]、华为诉 IDC 案[⑩]、强生公司转售价格维持案[⑪]。值得一提的是，这些案件均集中在 2011 年前后起诉，至 2013—2014 年二审终审，形成了我国反垄断民事审判史上值得称道的阶段性高峰。

在 3Q 大战案中，最高法院认为，并非在任何滥用市场支配地位的案件中均必须明确而清楚地界定相关市场；即使不明确界定相关市场，也可以通过排除或者限制竞争的直接证据对被诉经营者的市场地位及被诉垄断行为可能的市场影响进行评估。作为界定相关市场的一种分析思路，假定垄断者测试具有普遍的适用性，但是选择何种方式进行假定垄断者测试，需要根据案件具体情况而定；在产品差异化非

---

⑨ 北京奇虎科技有限公司诉腾讯科技（深圳）有限公司、深圳市腾讯计算机系统有限公司滥用市场支配地位纠纷案，一审：广东高院（2011）粤高法民三初字第 2 号民事判决书；二审：最高法院（2013）民三终字第 4 号民事判决书。

⑩ 华为技术有限公司诉交互数字技术公司、交互数字通信有限公司、交互数字公司滥用市场支配地位案，一审：深圳中院（2011）深中法知民初字第 858 号民事判决书；二审：广东高院（2013）粤高法民三终字第 306 号民事判决书。

⑪ 北京锐邦涌和科贸有限公司诉强生（上海）医疗器材有限公司、强生（中国）医疗器材有限公司纵向垄断协议纠纷案，一审：上海一中院（2010）沪一中民五（知）初字第 169 号民事判决书；二审：上海高院（2013）沪高民三（知）终字第 63 号民事判决书。

常明显且质量、服务、创新、消费者体验等非价格竞争成为重要竞争形式的领域，采用数量不大但有意义且并非短暂的价格上涨的方法则存在较大困难；此时可以采取该方法的变通形式，例如基于质量下降的假定垄断者测试。市场份额只是判断市场支配地位一项比较粗糙且可能具有误导性的指标，其在界定市场支配力方面的地位和作用必须根据案件具体情况确定。最终，最高法院做出的二审民事判决书洋洋洒洒八万多字，其中对互联网环境中涉案争议相关商品市场与相关地域市场所做的堪称教科书级别的分析阐释，展示了高超的司法水平。3Q大战案确立的裁判思路，对于互联网领域的竞争生态具有重要影响。据坊间传闻，腾讯公司的掌门人曾阅读该案二审判决书许多遍，如果这个传闻属实，则说明企业不仅高度关注个案输赢，更关注法院通过裁判所确定的行业竞争边界。十年前，3Q大战始于平台之间竞争的“二选一”，而3Q大战案判决之后，互联网平台之间的“二选一”争端仍然不断出现，例如，最近引发广泛关注的京东诉阿里“二选一”垄断案，⑫ 涉及电商平台之间竞争的“二选一”纷争，那么此次法院是会延续3Q大战案的裁判思路，还是会另外给出裁判尺度，值得期待。

在华为诉IDC案中，法院认为，标准必要专利权人在每个标准专利许可市场上均具有市场支配地位。标准必要专利权人违背公平、合理、无歧视的许可承诺，无视实施者在许可谈判过程中的诚意和善意，以诉讼手段威胁强迫实施者接受过高的专利许可条件，逼迫实施者就必要专利之外的因素支付相应对价，构成滥用市场支配地位。尽

⑫ 北京京东世纪贸易有限公司、北京京东叁佰陆拾度电子商务有限公司诉浙江天猫网络有限公司、浙江天猫技术有限公司、阿里巴巴集团控股有限公司滥用市场支配地位纠纷管辖权异议案，一审：北京高院（2017）京民初152号民事裁定书；二审：最高法院（2019）最高民辖终130号民事裁定书。详见“阿里回应京东诉‘二选一’垄断案：是正常商业规则”，“电子商务研究中心”，2019年10月14日，https：//mp. weixin. qq. com/s/aNvhBWMJ6taieS-_z4s1nw。

管对于每一个标准必要专利许可是否都构成市场支配地位存在不同看法，但广东两级法院通过该案以及另一关联案件即华为公司诉 IDC 公司标准必要专利使用费纠纷案的判决，[13] 从某种意义上看，是协同确定了华为公司与 IDC 公司之间的标准必要专利许可费率，在全球各司法辖区首开通过判决确定标准必要专利权人与实施者之间许可费率的司法先河，从而为之后各司法辖区当事人通过诉讼确定标准必要专利许可费率提供了最初的司法经验。

在强生公司转售价格维持案中，法院认为：强生公司实施的限制最低转售价格行为，导致中国大陆地区医用手术缝线市场的产品价格长期维持在一个较高水平，限制了市场竞争，而没有产生其他促进竞争的效果。因此，案涉限制最低转售价格协议属于反垄断法禁止的垄断协议，强生公司制定、实施该协议并按该协议处罚锐邦公司的行为属违法行为。在该案中，对于强生公司的转售价格维持是否构成反垄断法禁止的纵向垄断协议，法院坚持了合理性审查标准，即对于纵向协议仍须审查是否具有排除、限制竞争的效果。2018 年 7 月 27 日，上海知识产权法院一审审结武汉市汉阳光明贸易有限责任公司诉上海韩泰轮胎销售有限公司纵向垄断协议、滥用市场支配地位纠纷案，认定被诉行为不构成垄断协议和垄断行为。在所涉纵向垄断协议认定问题上，上海知识产权法院再次重申了应当采取合理性审查的审理原则与分析方法，即限制最低转售价格协议构成垄断协议必须以具有排除、限制竞争效果为要件，限制最低转售价格协议的经济效果可以从相关市场竞争是否充分、被告是否具有很强的市场地位、被告实施最低转售价格限制的动机、限制最低转售价格的竞争效果四个方面进行

[13] 华为技术有限公司诉交互数字技术公司、交互数字通信有限公司、交互数字公司标准必要专利使用费纠纷案，一审：深圳中院（2011）深中法知民初字第 857 号民事判决书；二审：广东高院（2013）粤高法民三终字第 305 号民事判决书。

分析判定。[14] 而广东高院在 2018 年 7 月 19 日对全省首例纵向垄断协议纠纷案做出的终审判决中，同样坚持了合理性审查标准，认为该案中三方协议约定的限制最低转售价格条款不具有排除、限制竞争效果，不属于反垄断法禁止的垄断协议，被诉行为不构成纵向垄断行为。[15] 值得关注的是，近年来，在海南裕泰科技饲料有限公司诉海南省物价局行政处罚案中，[16] 对于"转售价格维持"究竟实行合理性审查标准还是本身违法标准，一、二审法院明显存在分歧，而最高法院在申请再审审查中认为，"固定转售价格和限制转售最低价格协议一般本身就属于垄断协议"，主要理由是"在当前的市场体制环境和反垄断执法处于初期阶段的情况下，如果要求反垄断执法机构在实践中对纵向垄断协议都进行全面调查和复杂的经济分析，以确定其对竞争秩序的影响，将极大增加执法成本，降低执法效率，不能满足当前我国反垄断执法工作的需要"。在该案中，最高法院对纵向垄断协议行政处罚案采取了"一般本身就属于垄断协议"的司法审查标准，那么该标准是否属于纵向垄断协议民事案件的裁判标准，仍需进一步讨论。

---

⑭ 武汉市汉阳光明贸易有限责任公司诉上海韩泰轮胎销售有限公司纵向垄断协议、滥用市场支配地位纠纷案，一审：上海知产法院（2016）沪 73 民初 866 号民事判决书，目前该案正在上诉中。详见"上海知产法院对全国首例纵向垄断协议和滥用市场支配行为纠纷案做出一审判决"，"知产力现场"，2018 年 7 月 27 日，https：//mp. weixin. qq. com/s/jAX－4tnufMLtOs5AkwIzkg。

⑮ 东莞市横沥国昌电器商店诉东莞市晟世欣兴格力贸易有限公司、东莞市合时电器有限公司纵向垄断协议纠纷案，一审：广州知识产权法院（2015）粤知法商民初字第 33 号民事判决书；二审：广东高院（2016）粤民终 1771 号民事判决书。详见"限制低价销售是否构成垄断?"，"竞争法与商业战略"，2018 年 8 月 17 日，https：//mp. weixin. qq. com/s/Akxw5CtEAVxbpz3N－1mKFA。

⑯ 海南裕泰科技饲料有限公司诉海南省物价局行政处罚案，一审：海口中院（2017）琼 01 行初 681 号行政判决书；二审：海南高院（2017）琼行终 1180 号行政判决书；申请再审：最高法院（2018）最高法行申 4675 号行政裁定书。详见"最高法院：固定转售价格和限制转售最低价格协议一般本身就属于垄断协议"，"璞琳说法"，2019 年 7 月 4 日，https：//mp. weixin. qq. com/s/KhLUoup2XRba0FPZ－Nc_pw。

以上内容，系笔者以一个地方高级法院法官的视角，对我国反垄断司法实践发展所做的基本观察，由于资料所限，难免不够全面。总体结论是，我国《反垄断法》施行12年来，反垄断司法实践可圈可点，取得了令人鼓舞的裁判效果和司法经验。值得关注的是，近年来，我国法院审理的垄断民事案件和垄断行政诉讼案件涉及更多领域，包括家用电器、原料药等行业，以及银行、驾校等服务业，“微信表情包案”⑰ “密码器案”⑱ “贵州驾校案”⑲ 等为我国反垄断司法实践增添了新色彩，我们有理由相信，未来反垄断司法将更值得期待！

---

⑰ 徐书青诉深圳市腾讯计算机系统有限公司、腾讯科技（深圳）有限公司滥用市场支配地位纠纷案，一审：深圳中院（2016）粤03民初182号民事判决书；二审：广东高院（2016）粤民终1938号民事判决书。详见“微信表情包滥用市场支配地位的相关市场不应界定为全球”，“IP控控”，2018年3月22日，https：//mp. weixin. qq. com/s/Nb2kCi2mwF9xMAyXE57DEQ。

⑱ 上海海基业高科技有限公司诉安徽省工商行政管理局行政处罚决定以及中华人民共和国国家工商行政管理总局行政复议决定案，一审：北京西城区法院（2017）京0102行初432号行政判决书；二审：北京二中院（2018）京02行终82号行政判决书。详见“北京市二中院密码器案二审判决：协同行为认定的五个步骤”，“反垄断实务评论”，2018年6月20日，https：//mp. weixin. qq. com/s/pCAfXqqMxXPv0bVenRP2oA。

⑲ 黔东南州贵龙汽车驾驶技能培训学校有限公司诉贵州省市场监督管理局物价行政处罚案，一审：贵阳中院（2018）黔01行初814号行政判决书；二审：贵州高院（2019）黔行终534号行政判决书。详见“贵州高院维持原判：黔东南州驾校及行业协会协调定价，反垄断处罚决定并无不当”，“反垄断实务评论”，2020年3月3日，https：//mp. weixin. qq. com/s/Nb2kCi2mwF9xMAyXE57DEQ。

反垄断理论与实践的中国色彩

尚明

反垄断法算是一个舶来品，在传统的市场经济国家已经有一百多年的历史，其重要性常被形容为市场经济大宪章。我国反垄断法自2008年实施以来，刚刚走过了12年的历程，即便相对于我国其他的经济法律，反垄断法也是后来者。如何利用他山之石服务于我国市场经济的健康发展，怎样运用这部法律及其影响维护我国乃至全球愈发重要的市场竞争秩序，我国的立法者和执法者从拓荒到成长走出了坚实的步伐，其立法和执法实践不断受到国际社会的广泛关注，反垄断执法机构已经成为国际上最重要的执法机构之一。

一、竞争政策后来居上

作为反垄断法，说起12年最重要的变化，莫过于这部法律地位的快速变化，这种变化使得竞争政策的推行和反垄断法的执法有了根本性保障。

反垄断法颁布实施以前，我国没有专门意义上的竞争法，竞争秩序主要靠相对弱化的反不正当竞争法和部门法等调整，对于市场垄断等影响公平竞争秩序的情况，往往束手无策。彼时，区域政策、产业

* 尚明，原商务部反垄断局局长。

政策等处于相对主导地位，竞争政策处于从属位置，当然，这种情况的存在也与当时我国的市场经济发展阶段相关。

在《反垄断法》颁布实施初期，竞争法在市场经济法律中也处于比较尴尬的境地，与各种其他经济政策和法律的执行相比处于平行或次要的位置，这个问题在反垄断法立法时已经有过广泛讨论，以至于在立法中没有提及和处理竞争法与其他法律的关系。随着我国社会主义市场经济发展特别是新经济的促动，竞争政策和法律悄然走向前台并逐步确立了应有的地位。在党中央和国务院的大力支持下，反垄断作为竞争政策的工具，从无到有、从市场秩序的参与者到市场秩序的守护者，在我国具有中国特色社会主义市场经济发展中起着越来越重要的作用。2016 年 6 月 14 日，国务院发布了《关于在市场体系建设中建立公平竞争审查制度的意见》，要求各级政府确保其出台的各种产业和投资政策，都要以不损害公平竞争为前提，更加触动了政府的管理行为向维护竞争转变，从而形成了从政府到企业和消费者的多维度维护竞争的格局。特别重要的是，2020 年 5 月 11 日，中共中央、国务院发布了《关于新时代加快完善社会主义市场经济体制的意见》，充分肯定了市场在资源配置中的决定性作用，提出要全面落实公平竞争审查制度，强化竞争政策基础性地位，强调做好竞争政策与产业政策的协同，修订《反垄断法》。党中央、国务院对竞争政策在资源配置中重要作用的不断肯定和强化，为竞争政策强势进入经济和市场管理奠定了坚实的基础。在这种大背景下，《反垄断法》的修订也正式进入了议程，据国家市场监管总局发放的对反垄断法修订征求意见稿反映，公平竞争审查制度将正式以法律的形式固定下来，这是我国关于社会主义市场经济立法的重大原则性突破，也标志着我国市场经济发展进入以调节竞争秩序为主要手段的阶段。短短 12 年，法律意识和观念的变化使市场资源配置的基础性作用得以实锤落地。

二、反垄断法体系渐成

我国《反垄断法》的起草可以追溯至 1994 年，经过十余年的反复修改，不断调整，2007 年 8 月 30 日，第十届全国人民代表大会常务委员会第二十九次会议通过了《反垄断法》，观其条文规定仅仅五十七条，在整个经济法体系中几乎是体格最小的。在《反垄断法》颁布以后，对此曾有一些质疑的声音，认为《反垄断法》内容过于原则笼统，不具有实际操作性，只是象征性的法律文件。12 年过去了，这种声音随着中国《反垄断法》执法实践逐渐淡去甚至消失了。原因主要有二：一是中国的《反垄断法》纵然简单，却具有很强的可执行性，立法宗旨和法律原则明确，对其他市场经济国家规制的主要垄断行为——垄断协议、滥用市场支配地位和企业并购均有所规定，同时对国际上鲜有规定的滥用行政权力排除和限制竞争也进行了规制，立法虽短但覆盖的全面性毋庸置疑，这些所谓笼统的规定为反垄断执法打下了坚实的法理基础；二是国务院及其反垄断委员会和三个反垄断执法机构订立了大量配套的法规、指南和规章。就商务部而言，几年中就颁布了 12 项部门规章及一些指引，从经营者集中的申报条件、简易案件的适用、审查因素、竞争影响的评估、救济措施的决定、未依法申报的处理等实体规定，到申报程序和资料要求、申报表格等程序性规则均有较为详细的规定。在其法律授权的范围内，尽量做到使行政相对人应知尽知，保证了行政审查的透明度和可操作性。社会上普遍认为，我国执法机构对《反垄断法》的配套立法，有力地诠释了《反垄断法》的条文。通过立法者和执法者的不懈努力，中国的反垄断立法体系建设，与世界上其他司法辖区同类立法相比并不逊色，同时也体现了中国的国情特点，具有很鲜明的后发优势特色。当然，作为一部法律，进一步提高其可预测性和可执行性，并紧密结合经济发展的需要进行完善是必要的。目前，根据12年来中国的执法实践和经济发展水平，正在酝酿修订《反垄断法》，不管修订情况如何，第一版《反垄断法》对市场竞争依法规制产生的作用值得充分肯定。

三、反垄断执法的中国道路

纵观反垄断执法世界史，各种理论、流派和案例数不胜数，但是作为一部具有生命力的法律，应切实不断反映所规制市场的特点和需求，中国的执法借鉴国外的经验自不待言，但也根据中国具体国情发出了中国声音。

（一）执法机制的创立和完善

《反垄断法》实施以后，我国根据当时的国情，确立了由发改委、商务部和国家工商总局作为反垄断执法机构，其中经营者集中由商务部负责。

经营者集中反垄断审查虽然是行政许可事项，但具有准司法的特点，甚至在一些司法辖区就是司法管辖的事项，具有一定的强制性。对于应该申报的经营者集中，不经审查机关的同意，集中不得进行。鉴于这个特点，审查制度的设置既要体现出较严格的技术含量要求，又要防止行政权力的滥用。在执法过程中，商务部借鉴其他司法辖区的经验，立足中国国情，建立和不断完善了经营者集中反垄断审查制度。比起其他司法辖区，我国的审查资源相对有限，不但经验相对欠缺，审查人员也只是同等经济规模国家或地区审查机构的几分之一。在有限的人力资源条件下，压缩层级和扁平化管理，设立了包括立案、审查和监督的全程办案系统，每个环节环环相扣，互相配合互相监督。在不断总结经验的基础上，商务部不断改善审查方式和方法，提高审查效率和审查水平，比如事前商谈制度、简易案件和非简易案件分类审查制度、救济措施商谈制度，建立申报表格电子化体系等；对于可能造成排除或限制竞争损害后果的垄断的经济分析和市场测试，充分利用可以使用的外部资源协助调查和听取意见，聘用经济学家和行业专家提供专业性评估意见等。在案件数量不断提升的情况下，在年均高于 300 件案件的基础上，依靠现有资源，保证了审查的质量和效率。基本保证了占全部案件 70% 以上的简易案件，可以在 30 天内完成审查。作为一个新的和规模较小的机构，面对一个巨大规模的国际和国内市场，我国反垄断执法机构创建了既符合国际规范又契合国情特点的审查制度。2010 年，根据改革的需要，我国对三家反垄断执法机构进行了整合，原商务部反垄断执法创建的制度，为整合后的反垄断执法机构进行经营者集中审查提供了有益的经验。12 年，作为中国反垄断执法机构，在执法中学习、探索、创新和完善，使中国的反垄断执法机构获得了国际和国内的广泛认可。

（二）中国规制案例之影响

经营者集中反垄断审查，相当于维护市场竞争秩序的安全阀，这个阀门要紧密结合市场调节的需要松弛有度，既不会对正常的经营者集中产生不利影响，也不会对损害竞争的经营者集中放任不管，从而有力保证市场竞争的良性运转。

12 年来，我国的经营者集中反垄断审查决定在国内外产生了较大影响，特别是根据当时国际和国内市场状况，合理使用经济学分析方法和审查工具，在借鉴其他司法辖区审查经验的基础上不断推出中国概念，为国际反垄断理论和实践提供有益的处理范式。

2009 年，也就是《反垄断法》颁布实施的次年，商务部通过反垄断审查否决了可口可乐并购中国著名果汁品牌“汇源”。审查中，对于当时不受国际竞争审查部门关注的产品相邻市场引发的竞争问题，进行了细致的市场调查和定量的经济分析，认为可口可乐巨大的市场力量可以传导至果汁饮料市场，从而产生损害竞争的后果，所以依照《反垄断法》没有批准此项并购。虽然这个案件发生在十余年前，但是至今仍为业界讨论和引用，现在回过头来看，特别是在对并购进行损害分析时运用的经济学上的市场传导理论，这个理论当时在反垄断经济学界鲜有使用，甚至还有不少质疑。十几年过去了，我们看到，目前这个理论在判断相邻市场上的竞争损害时使用频率有所增加，不但后续的中国反垄断案件审查时仍有使用，国外有些司法辖区的反垄断审查机构和经济学家也认可该理论在相邻市场竞争分析时的合理性。

我国第二例禁止经营者集中的案例也有一定的代表性。当时发生的世界最大三家船运公司协议协调营运案件，美欧等反垄断机构基本放任其行为的发生，放在事后监管，而我国执法机构认为这种紧密型联营，具有《反垄断法》第二十条第三款类似的情形，应当视为一种集中，因而行使了对经营者集中审查的管辖权。经过调查，认为这种以成立准实体并协调运营事务目的签订的联营协议，事实上造成了经营者集中垄断市场的可能，将产生排除、限制竞争的后果，依法采取了禁止的措施。我国的审查决定使可能产生的巨大海运联盟垄断行为得到了及时阻止，不仅对维护国际海运市场规则的公平性做出了贡献，而且也对海运市场的类似行为进行预警式规范。

作为反垄断执法机构，中国虽然是后来者，但是对于可能影响竞争的案件采取限制性措施，没有采取简单的拿来主义，而是根据案件的具体特点依法采取可行措施，既包括了国际其他司法辖区普遍推崇的结构性救济，也摸索出一些有别于此的行为性救济方式，以避免非否即肯的过于刚性的审查，同时留给企业和市场一定的自我约束和市场监督空间。在尽量减少行政力量对市场干预的基础上，调动市场的监督功能，做到双赢。在我国附条件批准集中的数十个案件中，行为性救济占有一定的比重。

特别值得一提的是，在西部数据并购日立存储的案件中，审查机关经过必要的市场测试，虽同意了两个企业的集中，但要求在企业集中后的一段时间内两个企业竞争性业务及其相关联系完全分持，保持两个企业的相互竞争性和用户的选择权。同时，审查机关在监督期满后有权对竞争状况的变化进行评估，并可以维持这种措施的连续性。实践证明，这种有条件的批准，不但对排除或限制市场竞争情形进行了最大限度的约束，而且为并购方及其上下游企业提供了一种满足市场要求的解决方案。这种依据反垄断法精神，立足本国国情的附条件批准集中的解决方案，受到了其他司法辖区的关注和相关市场企业的欢迎，这种解决方案也被称为“业务分持”，此后除了我国外，其他司法辖区也有学习研究和使用者。

12 年弹指一挥间，《反垄断法》作为社会主义市场经济一部重要的法律，在规制市场秩序方面仅仅迈出了一小步，但是这一步走得稳定和自信，在得到国际其他司法辖区尊重的同时，也展现了中国执法者对全球和国内竞争市场秩序维护的探索和贡献，作为曾经参与反垄断立法和执法的一员，回顾起来甚感欣慰。今后，在落实党中央提出的建立统一开放、竞争有序市场体系的要求方面，反垄断立法和执法者，将要承担更重要的使命，对此充满了期待。

开创竞争政策基础地位的反垄断立法

赵晓光

2020年3月下旬的一天，我收到国家市场监督管理总局发来的几份文件，分别是关于就《反垄断法》修订草案提供意见建议的函、关于《反垄断法》修订草案向社会公众征求意见的情况、《反垄断法》修订草案完善对照表。真是巧了，2019年的这一天，我和十几位对反垄断法颇有研究并在反垄断领域有一定影响的各路专家聚集在国家市场监督管理总局的大会议室里，颇有仪式感地接受国务院反垄断委员会的聘任，成为该委员会专家咨询组成员并担任副组长。这两个重合的日子让我生出些感慨。我刚刚退休，离开国家邮政局的工作岗位，居然又能为国家的法治建设做点事情，内心的高兴可想而知。

在我长达43年的职业生涯中，最值得回忆的就是在国务院法制办工作的12年。这期间，我作为一名法律工作者，在工交商事司司长任上直接主持完成了五十多部法律、行政法规的审查修改工作，其中最让我引以为豪的是两大基本制度：一个是2008年5月1日起施行的事关国家政治建设和社会进步的《政府信息公开条例》，其意义之深远、作用之大不言而喻；另一个是2008年8月1日起施行的为经济建设服务的《反垄断法》，其重要性今天看来，仍如当年国务院法制办向全国人大常委会做的说明所言，“反垄断法是保护市场竞争，维

---

* 赵晓光，原国务院法制办工交商事司司长、国家邮政局副局长。

护市场竞争秩序，充分发挥市场配置资源基础性作用的重要法律制度。素有‘经济宪法’之称。同时，反垄断法也是市场经济国家调控经济的重要政策工具。特别是在经济全球化的条件下，世界各国普遍重视利用反垄断法律制度，防止和制止来自国内国外的垄断行为，维护经营者和消费者合法权益，促进技术创新和技术进步，提高企业竞争力，保证国民经济健康、持续、协调发展。”十几年过去了，这些认识自然需要进一步深化，但是不能不说还是比较符合现在的实际，与当前国家强化竞争政策基础地位的精神和努力也是切合的。

《反垄断法》已施行了 12 年。回想起来，国务院法制办为研究起草《反垄断法》草案所动员的部门之多，所做的组织协调工作之细，所投入的精力之充足，都是与《反垄断法》的重要性相称的，都是未曾有过的。

兴师动众

我记得大约是在 2004 年初春，好像是 2 月份，刚刚成立不到一年的商务部就向国务院报送了《中华人民共和国反垄断法（送审稿）》。其实，早在 20 世纪 90 年代初，制定反垄断法就连续列入第八届、第九届、第十届全国人大常委会的立法计划。当时的国家经贸委和国家工商总局为此成立了反垄断立法联合工作小组，做了大量广泛、深入、细致的研究论证工作，为反垄断法的制定做了比较扎实的准备和深厚的积累。2003 年国务院机构改革，不再保留国家经济贸易委员会和对外贸易经济合作部，相关职能并入新组建的商务部，由商务部承担研究拟定规范市场运行和流通秩序的政策法规，促进市场体系的建立和完善等职责。不知道出于什么考虑，新成立的商务部没有和国家工商总局会签，就单独向国务院报送了《反垄断法（送审稿）》。显然，这个稿子不可能离开原国家经贸委和国家工商总局联合工作小组的工作基础。对此国家工商总局很有意见。实际上，这不光是哪个部门报送或者以谁为主的问题，更主要的还涉及未来反垄断执法机构怎么设置的问题。因为国家工商总局是明确、公认的市场监管部门，拥有网格化的行政执法力量。还有，当时的价格监管职责在国家发改委，而典型、普遍的垄断行为又主要是价格行为。对于国务院法制办来说，必须协调这三个部门共同参与研究，取得一致。否则，任何一方持不同意见，都形不成提交国务院常务会议的反垄断法草案，更不要说提交全国人大常委会审议了。

商务部组建伊始就把《反垄断法（送审稿）》报过来，确实反映了建立反垄断制度是市场经济发展的必然，也说明制定反垄断法的条件基本具备了。当时，我们参加的各种会议，接触的各种文件，提到最多的就是建立统一开放、公平竞争、规范有序的市场体系。

那个时候市场化进展很快，早先撤销的十几个独立的行业管理部门，降格后并入了国家经贸委。随着国家经贸委的撤销，原来还有点行业管理痕迹的内设行业局也不存在了，企业已经成为独立的市场主体。在改革过程中，市场经济体制逐步建立和完善，体现在资源配置上，市场机制发挥越来越明显的作用。同时，经济生活中开始出现各种形式的垄断行为，而且有增多之势。一些经营者之间达成固定价格、划分市场、限制产量、联合抵制交易等各式各样的垄断协议；有的取得市场支配地位的经营者滥用其支配地位，实施垄断价格、掠夺性定价、独家交易、搭售和附加不合理交易条件等行为，直接危害市场竞争，损害消费者和其他经营者的合法权益，不同程度地造成市场分割、恶性竞争、秩序混乱的现象和局面，在有些地方、有的行业甚至比较严重。企业间日趋活跃的并购行为，在提高产业集中度和企业竞争力，促进规模经济发展的同时，也有可能导致市场结构的变化，产生或者加强相关企业的市场支配地位，给市场竞争带来潜在威胁。此外，当时我国行政机关，尤其地方行政部门和法律法规授权具有管理公共事务职能的组织滥用行政权力排除、限制竞争的现象，即人们通常所说的“行政垄断”，也屡见不鲜。市场主体对有些地方歧视外地企业、限制非本地商品流通、指定购买等做法反应强烈。在国务院强力推进建立统一、公平、规范市场体系的工作中，国务院各有关部门和理论界、学术界普遍感到，虽然现行的反不正当竞争法、价格法、招标投标法、电信条例等相关法律、行政法规有一些防止和制止垄断行为的规定，但不够系统、全面，也失之明确，没有形成独立、完整的制度，满足不了现实和长远的需要。在这种情况下，制定反垄断法就显得异常紧迫。如何集中各方力量，采取最权威最有效的方式，能够最快地向全国人大常委会提交反垄断法草案，就成了首先要解决同时也最为关键的问题。

经过沟通、协调，商务部和国家工商总局达成谅解，同意法制办提出的将《反垄断法（送审稿）》视为两个部门共同报送的建议。应该说，在这个问题上，国家工商总局的姿态是高的。本来国家工商总局对商务部独自上报送审稿意见很大，据说曾指派专人到商务部表示不满。经协调，国家工商总局以大局为重，不再计较，商务部确实有些“理亏”，也就不再坚持自己的做法。最有意思的是国家发改委，其承担价格监督管理职责所依据的《价格法》和几个行政法规，主要目的是维护价格管理秩序，稳定市场价格总水平，保护消费者和经营者的合法权益，并没有十分清晰、明确的维护市场竞争的宗旨，所要制止的违法行为少有反垄断意义上的垄断行为。所以，我们不清楚当时发改委在价格监管中有多少以及多强的反垄断意识和理念。实际情况是，直到 2008 年政府机构改革，在国家发改委的职责中才明确依法查处价格违法行为和“价格垄断行为”（《国务院关于机构设置的通知》国发〔2008〕11 号）。当时，我们考虑到发改委拥有完整的价格监管体系，最熟悉价格事务，完善市场经济条件下的价格监管必然要以制止垄断协议为主要取向，因此，法制办在开始正式研究审议

《反垄断法（送审稿）》之前，做的第二件事情就是邀请国家发改委作为与反垄断法直接有关的部门，和商务部、国家工商总局一起参与工作。至此，法制办的审查修改工作再没有什么工作机制方面的障碍了，并且为以后的工作打下了坚实的基础。发改委职能虽经多次调整，但长期积累下来的掌握情况、研究问题、主动积极、注重效果的风格一直延续。它们很快就熟悉了情况，进入了角色。

2005 年，全国人大常委会和国务院都把制定反垄断法列为当年立法工作计划的一档项目。这年初，法制办正式启动了《反垄断法（送审稿）》的审查修改工作。基于反垄断法天然具有的全局性、宏观性和复杂性，加之当时各个方面对反垄断法已有的了解和研究都不是很深入，法制办对审查修改工作做了精心部署和周密安排。一是由国务院法制办牵头，邀请全国人大财经委、全国人大常委会法工委、最高人民法院、国家发改委、商务部、国家工商总局、国务院发展研究中心和中国社会科学院有关负责人参加，组成《反垄断法（送审稿）》审查修改领导小组，我记得大约有 12 个人。在此后一年多的时间里开了四五次会议，研究确定反垄断立法的指导思想，听取《反垄断法（送审稿）》的审查修改工作进展情况汇报，对重大问题及时做出决策。二是为了及时充分反映和吸收各方意见，既快又好地完成草案，我们做了一次可贵的尝试，由领导小组成员单位派员组成工作班子共同审查修改《反垄断法（送审稿）》。这种工作方式不像以往那样，由法制办对各个单位，形成一稿征求一圈意见，再形成一稿再征求一圈意见，而是让每个单位的意见都能在草案形成过程中就摆出来，大家地位平等，参与机会均等，所有遇到的问题都经过充分讨论，或取得共识，或达成谅解，先法意后法条，任何达不成一致或者谅解的条文文字都不能落到纸上，每一稿都是共同完成的。这种工作方式摆脱了过去那种一遍遍修改、一遍遍征求意见的程式化做法，不但提高了工作效率，而且成功避免了因部门意见严重分歧而陷入僵局的问题。

三是考虑到反垄断法具有很强的专业性和技术性，我们还专门成立了专家组。我的印象很深刻，当时不像现在，无论经济界和经济学界，还是法律界和法学界，掌握反垄断理论和实务的人可以说非常少，专著和论文自然也不多。我们还真是费了点劲，从北京大学、中国人民大学、中国政法大学、安徽大学等大学和中国社会科学院、上海社会科学院请到了十几位专家。他们的作用，比我工作中经历的任何一部法律法规草案起草中专家所发挥的作用都大。说实话，十几年前，相较而言，反垄断法是我们最不熟悉的领域之一，谁都知之不多，都很谦虚，很好合作，记得我们还请中国社会科学院法学所的王晓晔研究员来法制办专门做了一次国外反垄断立法的讲座。在反垄断法草案的审查起草过程中，无论领导小组成员，还是审查起草班子的工作人员，抑或专家学者，都是在学习中立法，在立法中学习。

在反垄断法审查修改动手之前，我们收集整理了大量反垄断立法的有关资料，做了分析和比较研究，并对有关国家的反垄断立法和执法情况做了专项考察。在 2005 年 5 月，我们会同商务部和国家工商总局联合召开了反垄断法国际研讨会。这是法制办专门为立法召开的规模最大的一次国际研讨会，有来自美国、欧盟、德国、日本、俄罗斯、联合国等二十多个国家和国际组织的反垄断执法机构负责人、专家学者、律师，甚至还有德国议会的副议长参加。会上，我们坦诚地向与会人员提供了《反垄断法（草案征求意见稿）》，中外人士就我国反垄断立法的有关情况和问题进行了热烈、深入的交流，盛况空前，被国外有关人士誉为“立法透明度的典范”，足见中国反垄断立法对世界的影响和国际社会的高度关注。确实，那个时候反垄断立法已经成为我国加入 WTO 后进一步完善市场经济体制的显著标志。

重在认识

今天，我国的市场经济仍在完善，比十几年前成熟多了。我国的产业结构和规模、企业数量和规模，特别是我国在国际分工和国际贸易中的地位和作用，都不能与2005年同日而语。那个时候，我国应当制定一部什么样的反垄断法，完全取决于我们对反垄断法性质、地位、特点和反垄断立法指导思想的认识与坚持。现在看来，我们当时的认识也许会有偏颇之处，不一定十分准确、深刻，但毕竟是我们认识反垄断法的起点，而且依照当时的这些认识所完成的反垄断法总体上经受住了实践的检验，发挥了保护竞争、维护市场秩序的作用。

当时我们认为，反垄断法与其他法律相比，具有四个明显的特点。

一是反垄断法具有很强的专业性、技术性。这主要体现在反垄断法与经济学的密切关系上，以往很少有这样的法律。可以说，经济学是反垄断法的理论支撑，美国反垄断制度就是在几个经济学派的左右或者影响下不断发展变化的。反垄断法律制度的合理性，需要通过经济分析，甚至用经济模型来判断、验证。因此，无论反垄断立法还是反垄断执法都不能没有专家、学者的参与，特别是经济学专家、学者。所以在我们的专家小组里就有来自中国社会科学院、中国人民大学、国务院发展研究中心的经济学专家。经营者集中的申报标准，就是根据中国社科院计量经济研究所建立的分析模型的测算结果最终确定的。

二是反垄断法是政府干预经济、进行宏观调控的重要法律依据。反垄断法主要着眼于从宏观层面维护基本的市场结构和总体竞争秩序，在此意义上反垄断法具有国家调节经济活动政策工具的属性。正因为如此，各国反垄断法无论在立法层面还是在执法层面，普遍具有这样的特点：从立法上看，反垄断法本身的制度、规范一般都较为原则，实施中需要大量的细则、指引或者判例作为补充；反垄断法的不少规范都不是“非此即彼”，对某种行为一般不做简单的“是”与“非”的判断，也很少具有道德色彩，而是从宏观上进行利弊的价值分析。在对垄断行为的具体规制上，有的条文体现了“本身违法原则”，有的则体现了“合理分析原则”。从执法上看，各国反垄断执法的宽严程度与其市场竞争状况关系极为密切，执法中对垄断行为的认定、处罚一般都综合考量各方面因素；相对于一般行政执法机构，反垄断执法机构往往被赋予更高的权威性和更大的自由裁量权。

三是反垄断法的作用具有两面性。一方面，反垄断法有利于建立统一的市场体系，维护市场竞争秩序，促进企业提高效益，增强竞争能力和创新能力；另一方面，反垄断立法和执法中，如果把握不准“度”，失之过宽或过严，也可能影响、限制甚至阻碍经济发展。因此，反垄断法是一把双刃剑，制定反垄断法必须趋其利，避其害，制度、规范的设计必须宽严适度，留有余地。

四是反垄断法既有较强的国际趋同性，又有明显的国别差异性。反垄断法是市场经济的基本法律制度，直接反映和体现市场竞争的客观规律。因此，各国反垄断立法在立法理念、总体框架、基本概念和范畴乃至主要规范等方面大体上是一致的。同时，由于经济发展水平、市场结构和体量、市场竞争状况等方面的情况不同，各国反垄断法在框架体例、制度安排、执法机构及其职责权限上又有所不同。因此，我国反垄断立法要在坚持立足国情的前提下，积极学习吸收、参考借鉴其他国家比较成熟的经验、做法，尽量少走或者不走弯路。

基于反垄断法的性质、地位、作用和特点，从我国的实际出发，兼顾各方面的意见，我们为反垄断立法明确了四个方面的指导思想，体现我们对反垄断立法采取的审慎、求是的态度。

一是反垄断法律制度既要符合国际惯例，更要符合我国的实际国情。反垄断法首先是在市场经济比较发达的国家确立和发展起来的。经过一百多年的演进，反垄断法的总体框架和主要制度已近成熟。同时，反垄断法律制度在很大程度上是市场竞争客观规律的反映，具有较强的国际趋同性。有鉴于此，我们对国际上反垄断立法的有益经验可以大胆借鉴，对那些典型的、世界各国已经形成普遍共识的严重限制、排除竞争的垄断行为同样要严格禁止，不能含糊。同时需要注意，由于具体国情不同，各国反垄断立法都有各自的特点，都从本国实际出发，与本国经济发展水平、企业规模以及竞争状况等相适应，并且根据各自的经济结构、国内流通和对外贸易的需要，在不同的历史时期有不同的反垄断重点，适时对反垄断法进行修改。我国反垄断立法一定要充分考虑我国经济的发展阶段、发展水平，特别是市场竞争的程度和存在的突出问题；要适应我国社会主义市场经济的特点和新旧经济体制转轨时期的国情。反垄断立法尤其要针对我国企业作为市场主体尚不够成熟，市场一些领域还存在竞争不充分、不适度的情况，以及各类企业发展不平衡、竞争能力亟待提高的客观现实，在制度安排上要力求清晰明确、宽严适度、便于掌握和运用，有助于培养企业依法自主、自律、自强的能力，能够促进企业改进技术，提高产品（服务）质量，有利于保护消费者权益。要制定一部国际经验与中国现实相结合，符合国际通行做法，能够起到助力社会主义市场经济体制不断完善的反垄断法。

二是反垄断法律制度既要有利于保护市场竞争，创造和维护良好的市场竞争环境，更要有利于企业做大做强和规模经济的发展。反垄断法是一把“双刃剑”，运用好了，可以创造良好的市场竞争环境，增强经济活力，成为我国经济发展的“助推器”。但是，如果把握不好，也可能限制企业的经营活动，成为经济发展的“紧箍咒”，束缚自己的手脚。所以反垄断法必须把握好“度”。当时，我国企业规模总体上偏小的问题比较突出，产业集中度不高，竞争力不强。国家实行鼓励企业通过兼并、重组等多种方式做大做强，形成一定的规模，进而提升竞争力的产业政策。因此，反垄断法的作用主要不是保护企业，而应重在发挥防止垄断的约束功能和提高国家整体竞争能力的导向作用，使之成为制止垄断、鼓励竞争、提高引进外资质量、促进经济结构调整和规模经济发展的有力政策工具。

三是反垄断法律制度必须起到维护国家经济健康有序运行的作用。这是世界各国特别是发达国家制定反垄断法普遍奉行的原则。一方面，制定反垄断法应当鼓励有利于经济发展、有利于市场竞争、有利于提升消费者福祉的企业并购，同时也要坚决保护关系国家利益、关系国计民生的产品市场竞争格局，特别是要坚决制止以获取垄断利益为目的的恶意并购。通过反垄断法的制定和实施，要能够及时发现并有效制止排除和限制竞争，甚至损害国家经济运行安全的并购行为，为维护国家经济健康有序运行构筑一道坚固的防线。

四是反垄断法律制度既要明确具体、便于操作，又要在具体条文表述上有一定弹性，留有余地。首先，反垄断法是市场主体的行为规范。作为市场经济国家，需要通过建立并实施较为完备的反垄断法律制度，为市场主体提供公开、透明、可预期的行为准则，规范市场经济秩序。因此，反垄断法相关内容的规定要界限清晰、概念明确、言简意赅，便于理解和操作执行。其次，经济生活具有多样性、多变性、复杂性的特点，和发达市场经济国家相比，我国在反垄断方面的实践经验明显不足。当前在反垄断立法中最实际的是要把反垄断的基本原则、基本制度确立下来，经过一段时间的实践、积累经验后，再及时加以修改和完善，或者通过制定具体的指南、规定，推动反垄断法的有效实施。世界各国反垄断立法和执法的经验表明，不同国家在不同时期，都会对反垄断立法的内容和执法重点、执法尺度进行调整。德国《反限制竞争法》自 1947 年颁布至 2005 年已经修订了 7 次，美国、日本等国家以及欧盟的反垄断法也已经历了多次修改。

未必不妥

反垄断机构的设置及其职能，对所有确立反垄断法律制度的国家，都是一个极为重要的问题，在我国尤其如此。如果不对反垄断机构做出合理安排或者不在各部门之间达成一致，反垄断法草案就无法顺利形成，出台了也难以顺畅有效地实施。为了慎重解决好这个问题，我们研究了国外反垄断机构设置的不同模式，大约有三种。

单机构模式，就是由一个行政机关作为反垄断的行政执法机构，统一行使反垄断的行政执法权。采取这种模式的国家较多。有日本的公正交易委员会，依据1947年《禁止私人垄断及确保公正交易法》设立，作为独立行使反垄断执法权的行政机关，不受任何其他人干预，隶属内阁总理大臣，设有五个地方派出机构。韩国公平交易委员会，根据1980年《限制垄断和公平交易法》设立，是总理领导下的正部级行政机关并具有准司法性质，独立行使反垄断职权，不受其他部门干预和监督，设有四个地区办公室。实行单机构模式的还有加拿大、俄罗斯、印度、波兰等。

双机构模式，即由两个以上相互独立的行政机关共同执行反垄断的各种法律制度，有美国、法国、英国等。美国的反垄断行政执法在联邦层面，由国会设立的联邦贸易委员会和设在司法部的反托拉斯局行使，前者是具有准司法性质的行政机构，负责制止商业和贸易领域限制竞争的行为，并兼有保护消费者权益的职责，主要工作是调查企业兼并是否影响竞争，调查垄断案件和不正当竞争案件并提起民事诉讼；后者负责对构成犯罪的垄断案件以检察官的身份进行调查并向法院提起诉讼，对不构成犯罪的垄断案件进行调查后，可依民事诉讼程序起诉。两个机构在反垄断执法中有相互合作的关系，并都在全美设有若干个派出机构。法国的反垄断执法机构，包括竞争委员会和经济财政工业部竞争、消费者事务与反欺诈总局。法国的竞争委员会是介于政府和法院之间的一个相对独立的机构，由来自法院的人员、专家和工商业人士共 17 位委员组成，负责裁决及处罚卡特尔等限制竞争行为，包括自身查处的案件和竞争总局调查终结后提交的案件；还对企业兼并案件的审查及兼并行为的考核处置向经济部长提供审查意见。法国的竞争、消费者事务与反欺诈总局隶属财政经济工业部，负责促进自由竞争，实施兼并控制；确定损害竞争行为；保障公平交易等，在全国有多达 100 多个派出机构。

执法机构加咨询机构模式，即在行政执法机构之外另设一个竞争政策执行的评估机构，对执法机构执行法律的情况进行定期测评，以监督执法机构的执法活动。实行这种模式的国家主要是德国和澳大利亚。

德国的反垄断行政执法机构，包括经济部长、联邦或州的卡特尔局和反垄断委员会。德国经济部长有两大权力：一是可以批准特殊的卡特尔；二是可以批准特定的兼并，即批准申请特许的有利于整体经济和社会公共利益的兼并，卡特尔局对此无权推翻，但经济部长必须尊重卡特尔局的意见并考虑整个国家的经济状况及公共利益。德国卡特尔局的职责就是执行《反限制竞争法》，监督企业兼并，处理跨州的兼并行为，制止各类垄断行为，制止被禁止的滥用市场支配地位的行为等。德国反垄断委员会是独立的咨询机构，成立于 1974 年，由五位分别是经济学家、法学家及资深的工商业人士组成，经联邦政府提议由总统任命，任期四年，可以连任。值得一提的是，为保证委员会的独立性和中立性，其五位成员不得任职于政府机构或立法机构，也不得作为公共法人的公职人员。委员会每两年出一份报告，对企业集中化的现状和预期发展做出评估，对有关合并监控的法律规定的适用做出评价并对其他竞争政策方面的现实问题发表意见，对卡特尔局的执法过程和效果进行监督和评价，还对竞争法的修改提供咨询和建议，并对特殊领域进行调研，对一些特殊措施发表意见。

澳大利亚的反垄断机构包括行使执法权的竞争和消费者委员会以及提供竞争政策咨询的国家竞争理事会。前者是一个独立的法定机构，负责实施 1974 年《贸易行为法》和 1983 年《价格法》，其职权有：收集市场信息；受理并调查经营者、消费者的投诉；审查企业购并申报并做出决定；审查经营者对其限制竞争行为的豁免申请并做出决定；向联邦法院起诉从事违反规定限制竞争行为的经营者，诉请法院给予处罚。后者作为竞争政策咨询机构，也是根据《贸易行为法》设立的，理事长和理事由财政经济部征得联邦各州同意后提名，由总督任命。主要职责是：就行业准入、自然垄断行业放松管制、价格监控等向政府提供建议。

这些国家不同的做法让我们感到，反垄断机构设置模式并没有一定之规，各有特点，难分伯仲，没有必要也不可能照搬，完全可以从本国实际出发，综合考虑自己的行政管理体制、机构设置情况以及经济发展水平和竞争文化的特点等多方面因素决定。由此我们对如何建立中国的反垄断机构心里踏实多了。当时，我国虽然没有反垄断法，但有的法律法规规定了相关的反垄断制度，相应的就造成了铁路警察各管一段多头执法格局。商务部依据《对外贸易法》有禁止对外贸易活动中实施垄断行为的职责；工商部门依据《反不正当竞争法》有禁止独家交易、差别待遇、搭售等滥用市场支配地位行为和滥用行政权力排除、限制竞争行为的职责；国家发改委依据《价格法》有禁止协议固定价格、掠夺性定价和垄断价格的职责；信息产业部依据《电信条例》有权禁止差别待遇和拒绝进入网络的滥用优势地位的行为；交通部依据《国际海运条例》有权查处以低于正常合理水平运价提供服务或者滥用优势地位以歧视性价格或者其他限制性条件给交易对方造成损害的行为。此外，中国民航局、银监会等，在其行业监管职责中也部分涉及了一些反垄断事务。这就是我们面临的实际。怎么办？听取各方面意见，有的直接，有的委婉，其实归纳起来，不外乎三种模式。

第一种，在国务院序列里专门设置一个独立的反垄断机构，统一负责反垄断法的实施，持这种意见的主要是研究机构和专家学者。这种模式，一般被认为有利于保证反垄断执法的一致性、整体性、专业性和权威性，也有利于反垄断政策统一制定和适用，最为理想。但是，我们感觉这种模式与当时的实际相差太大。新设机构需要对现有多个部门的职能进行重新分配、调整，牵涉广、动作大，难以协调；不利于发挥现有部门的作用，又增加行政成本，不符合精简机构的精神。尽管对这种模式专家学者的呼吁非常强烈，可当时无论从认识上看，还是从可行性上讲，都没有可能被采纳。

第二种，在现有机构中，明确一个部门作为反垄断机构统一负责反垄断执法。与第一种模式不同，这种模式的机构不是专门的反垄断机构，只是将其他部门的反垄断执法职责集中到一个部门而已，其可取之处在于，既不涉及新设机构，又有利于反垄断制度的统一实施。可是，实践上，这种模式更难实现。可以想象，在或多或少有反垄断职责的部门当中，如果一个部门获得反垄断的"全业务"，而其他部门都失去了反垄断的"业务"，这得有多难？恐怕在政府部门工作过的人都会理解这一点。有个小插曲可以说明我们这么想是对的。

商务部、工商总局和发改委作为与反垄断法关系最大的三个部门，随着大家对反垄断法意义和作用的认识越来越深刻，看到反垄断法草案逐渐成形，对谁来担纲反垄断执法机构，都跃跃欲试，在一些场合明显表现出当仁不让的姿态。大约是2006年春天，人们刚刚脱去冬装，我请了商务部、工商总局和发改委三家法规司的领导来法制办，商议国务院向全国人大常委会做反垄断法草案说明的事情。我记得那是周末的一个下午，大家对法制办按照国务院常务会议要求做出的草案修改稿和说明稿经过一番讨论，顺利达成了一致。在商讨接近结束的时候，我按照当时的惯例提出，是否由商务部部长代表国务院向全国人大常委会做反垄断法草案的说明，商务部的司长当即表示没有意见，工商总局和发改委的两位司长就不表态了，会场上顿时沉默下来。我看出来这事不那么简单，商量不了，不适合在一起讨论。在离下班时间近一个小时的时候，我提议请三位司长分别向自己的领导报告请示后，尽快反馈意见给我们，因为下周一我们要向国务院报签正式文件。大约散会不到半个小时，就传来了工商总局司长的电话，明确表示不同意由商务部部长做反垄断法草案的说明。接着在下班前几分钟，我又接到发改委司长的电话，表达了和工商总局同样的意见。我估计两位司长一位在回单位的路上就请示了领导，一位到了单位马上请示了领导。两家单位都在三里河，这么快就回复了意见，而且斩钉截铁，我心想也许他们的意见早就有了，只不过是不好意思当面表态而已。这种情况下，由三家单位的任何一家去做说明都难以“服众”。我们对这件事非常慎重，后来报请国务院批准，由时任法制办主任曹康泰代表国务院向全国人大常委会做了反垄断法草案的说明。在我的观念里，这个小插曲更加印证了，当时反垄断执法机构离开商务部、工商总局和国家发改委单独设立，或者设在其中的任何一家，几乎都不可能。三家分工、各管一段，并由一家为主，也很难。在最近这次政府机构改革中，比较大的一个变化，就是设立国家市场监管总局，不再保留国家工商总局，同时将国家发改委和商务部的反垄断职责合并到了市场监管总局，实现了反垄断执法职责由一个部门统一行使，真的让我感慨万千。在 2019 年专家咨询组第一次会议上，我深有感触地说：在这次机构改革中，国家市场监管总局一家承担起过去由三家分别承担的反垄断执法职责，确实属于党的十九大报告所说的，解决了许多长期想解决而没有解决的难题，办成了许多过去想办而没有办成的大事。

第三种，即维持当时国务院机构设置和各部门职能分工的格局，不做大的调整。这种模式恰好能够将反垄断法的四大领域（垄断协议、滥用市场支配地位、经营者集中、行政垄断）与商务部、国家工商总局、国家发改委的相关职责对应、衔接起来。这个模式最大的好处是难度小、容易协调、好通过，而且能够最大程度利用好已有的行政资源、人才资源和三个部门积累下来的宝贵经验，有利于反垄断法颁布后较快较好地顺利实施。当时，摆在我们面前的三种模式，只有这种模式虽不是最理想的，却是最现实可行、最有效、最好操作的，因此我们考虑以这个模式为基础，确立三个部门分别执法的框架。但是，在制度设计上有两个问题必须解决。一个是要有前瞻性，不能固化任何一种模式，为以后的机构改革和职能调整留有余地；再一个就是，要尽可能在不增加机构的前提下从机制上解决分散执法的弊端，尽最大可能保证反垄断执法的统一性、公正性和权威性。为此，我们绞尽脑汁提出来一个比较周全的建议，经过积极争取，得到了中央编办的支持。由于我们的建议充分照顾到了既有的反垄断工作格局，我记得，工商总局和发改委都赞成，商务部有点勉强但也同意了。

我们的建议是，在草案里只明确反垄断机构承担哪些职责及其工作程序，不具体指明哪个部门、什么样的机构承担反垄断执法职责，留待国务院通过部门“三定”方案予以明确。同时，设立国务院反垄断委员会。这可以说是一个创举，我们将反垄断委员会定位于非实体性、具有部际联席会议形态的法定机构，但与一般为完成涉及多部门的特定事项或者某方面工作而临时设立的部际联席会议不同。反垄断委员会及其职责由反垄断法直接规定，属于法定机构，与反垄断执法机构共同构成我国的反垄断机构。

关于反垄断委员会的地位，即与反垄断执法机构的关系，由于我们提出设立反垄断委员会的初衷是为了弥补反垄断执法职责多家分别承担的缺陷，自然就将反垄断委员会定位于反垄断执法机构的领导者。在我们提交的草案中规定：“国务院设立反垄断委员会。国务院反垄断委员会负责领导、组织、协调反垄断工作。”到了全国人大常委会给改了两个字，把“领导”改成了“指导”。我们认为，意思差不多，只是防止把反垄断委员会当成国务院和承担反垄断执法职责部门之间的一个层级，否则就叠床架屋了。反垄断委员会还是决定反垄断重大事项并对反垄断执法机构起领导作用的机构，这从赋予它的职责中可以看出来。我们提交的草案规定：“国务院反垄断委员会履行下列职责：研究拟定有关竞争政策；组织调查、评估市场总体竞争状况，并发布评估报告；监督、协调国务院反垄断执法机构、国务院有关部门和监管机构的反垄断执法工作；协调重大反垄断案件的处理；国务院规定的其他职责。”

正式颁布实施的《反垄断法》基本维持了草案的上述内容。只删去草案中“监督”“国务院有关部门和监管机构”“协调重大反垄断案件的处理”的表述，以避免反垄断委员会介入具体案件的处理，同时将反垄断指南的制定、发布权从反垄断执法机构上调给了反垄断委员会，让反垄断委员会的作用集中在决定反垄断重大和重点问题以及关系全局的事项上来，我们当然赞成。反垄断指南是指导、规范反垄断执法以及相关反垄断工作的规范性文件的总称，内容广泛，既有实体性规定，也有程序性规定，并且要适时根据市场的发展变化和反垄断执法的需要进行修订。反垄断指南不仅直接规范反垄断执法机构的执法活动，而且也是国家竞争政策的集中反映。所以，这一调整更增强了反垄断委员会的权威性。

第一届反垄断委员会成员来自国务院的 14 家单位，有综合部门、行业部门和监管部门，都是各部门的负责人，国务院一位相关领导担任主任，商务部、发改委、工商总局的主要负责人和国务院一位副秘书长担任副主任。当时我们还曾建议吸收部分在反垄断领域学术水平高、影响力大的经济学和法学专家参加，后来可能考虑到反垄断委员会毕竟是一个行政性机构就没有这么做。不过，对于专家的作用，国务院反垄断委员会给予了相当的重视。在反垄断委员会下面成立了专家咨询组，主要就研究拟定有关竞争政策、反垄断指南、市场竞争状况评估报告和反垄断重大事项提供咨询意见，并随时完成反垄断委员会交办的工作，为国务院反垄断委员会及反垄断执法机构履行职责提供支撑。我参与了第一届反垄断委员会及其专家咨询组的组建。

现在回想起来，我国反垄断机构的设想，就我个人来说，当时就是为了不影响反垄断法尽快出台，照顾当时反垄断执法分割于不同部门的现实，以解决执法统一的问题提出来的。今天看来，这是一个富有远见的设想。现在反垄断执法统一了，可反垄断委员会仍有存在的必要，反垄断法赋予的职责，除了协调反垄断行政执法工作这一项外，其他都要更加强化。我想，虽然反垄断行政执法不需要协调了，但是，反垄断行政执法工作更需要反垄断委员会进行研究。今天乃至以后我们所处的环境，经济全球化即竞争全球化和区域经济合作及自由贸易的程度不是十几年前可比的，而且变化会更加快速和剧烈。因而，反垄断遇到的挑战不是一个反垄断执法机构能够应对的，特别是竞争政策的研究、实施和不断强化，更需要发挥反垄断委员会的作用，就这一点来讲，当时我们创造了未来。

最后，我想说，希望这几段文字能让读者感受到，亲身参与反垄断立法确实是一次值得回味和自豪的经历，我在这里还必须特别提到我的领导和当时的工作团队。时任国务院法制办副主任张穹以他的专业、睿智、大气和定力，给予我们有力的领导，反垄断法草案形成过程中每个重大决策都是张穹副主任拍的板；同时也给了我们勇气，让我们有限的聪明才智得到淋漓尽致的发挥。当时在法制办集中办公的工作团队，包括法制办工交司的董超洁、张要波、姜杉、张剑辉、刘健、万欣，商务部的崔书锋、蒋涛，国家工商总局的杨洁，国家发改委的韦大乐等，每个人都对反垄断立法充满激情、全身心投入，既展示出了才华、做出了贡献，也在这一重大任务中得到了历练和提高。

我们给国务院和全国人大常委会起草的反垄断法草案说明，以充分的论证、极强的逻辑和清新的文风完整地展现了我们的工作成果，令人信服，成为法制办此类公文的典范之一，这里有张要波的特别贡献。我还要郑重地表达，反垄断立法的成功是建立在商务部以及此前国家经贸委和国家工商总局扎实工作基础之上的，我们和三家单位以及其他部门的同行们合作得非常愉快而且卓有成效。参与反垄断立法的专家们做出的贡献，也体现在反垄断法的各项制度中。全国人大常委会法工委各位同仁高超的专业水准和严谨的工作作风，让我们深为敬佩。他们的巨大努力和付出，使反垄断法草案更加成熟完善，并最终顺利出台。

见证中国反垄断事业的12年

韩亮

中国的时间秩序以12年为一纪，在过去的12年里，中国改革的巨轮浩浩汤汤，全面依法治国方略持续深入推进，法治化进程达到了前所未有的深度和广度，而其中成长速度最快、最为耀眼的，当属有"经济宪法"之称的反垄断法。中国反垄断法从"纸面上的法"转化为"有生命的法"，从效仿欧美到成为全球独树一帜的法律体系，仅仅用了12年。纵观全球反垄断发展的生命周期，这一"中国速度"足以令世界惊叹。

我从2004年起在一家国际律师事务所从事反垄断法律服务，弹指一挥已16年。作为最早一批投身中国反垄断事业的亲历者，这份朝夕相伴的事业给我带来的自豪感历久而弥新。这种自豪来源于丰富生动的中国实践，来源于这片孕育无限可能的土壤带给每个参与者的欣喜。

一、从无到有的中国反垄断实践

2006年，我在一家外资律师事务所的美国华盛顿分所工作，当时我们国家还在《反垄断法》的立法过程中，并不知道中国的《反垄断

* 韩亮，方达律师事务所管委会主任、反垄断业务主管合伙人。

法》是否最终能出台。2007 年 8 月，《反垄断法》正式颁布，这一期待已久的消息对于包括我在内的每一个有志于从事反垄断业务的中国律师而言都是振奋的，因为这项事业终于“名正言顺”了。但在我向外国同事介绍中国的这部新法律时，他们还是充满疑惑：反垄断在中国有市场吗？2008 年，随着《反垄断法》的正式实施，拥有反垄断业务的律所在当时都呈现门庭若市的景象，业务量爆炸式增长，打消了所有人的疑虑，这项新兴的业务自一出现便行驶在了快车道上。2014 年我来到了方达，再次回顾这份事业，它已然成为中国法律服务行业中蔚然成势的一股中坚力量，为每个如我一样的执业律师带来百倍信心。反垄断法律服务行业在中国的迅速起步与成长，得益于全社会对竞争法逐渐形成的重视与尊重，得益于从立法、司法到执法环节广大法律工作者的不懈努力。

我国《反垄断法》起步较晚，但发展迅速。中国在 12 年间已经跻身和欧美比肩的全球三大司法辖区之一，法律规范的体系化已基本完成，反垄断法治化水平不断提高。纵观全球，任何一个国家的竞争法从成文到实践的转化都需要经历一系列重大立法改革和典型案件积淀，法律工作者需要不断反刍和摸索经验。欧美等发达国家的这一过程经历了百余年之久，在经济学理论与竞争政策的交织更替中逐渐成形。中国竞争法成文化较晚，理论与实践都相对匮乏，只有取他山之石以筑高墙。但无论起点如何，法律如果能得到尊重就能得到有效落实。在过去 12 年里，法律工作者在不断探索中开辟出了一条中国路径，使反垄断法不仅为中国市场经济的平稳健康运行做出巨大贡献，更赢得了全社会的尊重。

在立法方面，在我从业的十余年间，有幸目睹了中国反垄断法律体系从雏形到成熟的过程，法律的确定性得以不断彰显，为实务工作带来了可操作性和可预测性。在执业初期，我偶尔会为外国客户的很多细节性法律问题感到压力，比如中国执法机构如何看待竞争影响的具体评估标准与审查因素，这些客户通常会以他们成熟的法律体系对标中国问题，而《反垄断法》高度概括性的法律条文与实践的相对稀缺着实给很多细节的解释带来一定困难。如今，在《反垄断法》实施12年来，我国逐步形成了以《反垄断法》为核心，多部配套法规与大量部门规章共同构建的反垄断法律体系，有力地诠释和充实了法律条文，使实务工作终于可以有的放矢。尤其在2018年反垄断三家执法机构合而为一成立国家市场监督管理总局后，“三驾马车”变成了一列高速行驶的“动车”，立法进程进一步加速推进，出台了一系列包括三部《暂行规定》在内的配套规章，解决了不同执法机构法律解释协调性的问题。而在2020年初，现行《反垄断法》在实施迈入第12年后首次迎来大修，站在新的国家治理方略、宏观经济形势与国际局势的历史节点，其意义更是不言而喻。

在执法方面，12年反垄断执法给人最直观的感受是，中国反垄断执法机构经过多年历练，其行政执法与司法水平均有了很大程度的提升。反垄断执法蕴含着高超的技术性，我们看到越来越多的经济学分析在中国反垄断执法与司法裁决中得以运用，无论是赛默飞世尔/立菲技术附条件并购案中对计量经济学的深入分析、利乐案中对忠诚折扣的类型化比较，还是“3Q大战”中对互联网市场极具前瞻性的论断，无不闪烁着法律工作者跨学科的办案思维。中国反垄断执法机构在面对国际复杂疑难案件时，愈加展现出非凡的自信与果断，在诸如高通收购恩智浦案等涉及跨国企业的重大案件中并不受国际贸易关系的干扰，保持着独立谨慎的执法姿态。每一个反垄断一线的工作人员都在为捍卫法律的权威性做出努力，使中国年轻的反垄断法散发着旺盛的生命力。

二、中国特色的反垄断价值取向

如果仅仅将反垄断法看作一个调节市场经济的工具，中国已然通过12年的努力将其工具性发挥得十分出色。但是工具本身可以为人所用，也可能被束之高阁。这种工具性取向短期内能够解决实践中出现的问题，但长期会使法律的权威性和稳定性大打折损。中国反垄断最大的特色之一则是将反垄断法的工具性进一步上升到价值性层面，我们可以从一系列带有中国特色的反垄断制度和办案方法中感受到这种价值取向。

在复杂的经营者集中案件中，中国独树一帜的行为性救济措施在附条件案件中运用得愈发熟练，体现了灵活的办案思维和对消费者利益的保护。中国执法机构创新性地采用了保持业务独立、FRAND 承诺、禁止搭售或捆绑承诺等十余种行为性救济措施，赋予当事人和执法机构广阔的空间灵活创设符合实际需要的救济措施，最低限度干预商业行为，不仅能够实际解决不同利害关系方的竞争关注，而且能够最大程度地保证消费者利益免受并购交易的侵害。

在反垄断调查案件中，维护市场公平竞争秩序、保护消费者利益是执法工作不可逾越的红线，无论对待国有企业、民营企业，还是内资企业、外资企业，均一视同仁，并不存在选择性执法问题。以原工商总局查办垄断案件为例，国有企业被调查处罚的案件最多，占到41%，外资企业只占10.7%，反垄断法对国有企业不是一只“没有牙齿的老虎”；而面对高通、利乐等跨国巨头的垄断行为时，中国反垄断执法机构同样勇于“亮剑”。

中国特色的反垄断价值序列并非一成不变，而是随着经济发展与社会进步不断更新。近年来，关注国计民生成为中国反垄断执法的核心聚焦。执法机构在近年来对公共事业、原料药、建材、消费品等各领域开展了一系列密集执法，关系经济发展和老百姓的切身利益；面对新经济领域的竞争问题，中国执法机构坚持包容审慎原则，努力为互联网新业态、新模式营造宽松、包容的发展环境。

这些带有中国特色的价值取向立足于中国反垄断的语境，使我们欣喜地看到，作为“舶来品”的反垄断法并非只是借鉴和模仿西方，而是在中国培植出独特的价值。

三、公平竞争审查为营商环境保驾护航

作为和《反垄断法》同样重要的竞争政策手段，公平竞争审查制度是中国反垄断事业中立法智慧的闪光点。自公平竞争审查制度于2016 年诞生以来，清废了一系列限制竞争的规范性文件与政策措施“库存”，对于未来政策措施的“增量”也防微杜渐，要求其在出台前必须经过审查程序，成为将行政权力不当干预市场行为关进笼子的重要手段，也成为依法平等保护各类市场主体公平竞争权的坚实盾牌。

公平竞争审查制度与每个市场主体都息息相关，政府通过对法规、规章和规范性文件等政策措施开展多层次、全覆盖、高标准的“体检”，审核妨碍市场准入与退出、影响生产经营成本与商品要素流动、为民生领域和企业施加负担以及实施歧视性优惠政策等问题，将我国长期以来尤其在地方层面追求政策倾斜的“洼地”打造成公平营商环境的“高地”。运用公平竞争审查制度构建市场化、法治化的营商环境已成为当前阶段经济发展的必然趋势，有助于我国尽早建立统一开放、竞争有序的市场体系，我们也期待这项顺应中国经济客观需求的制度能够走得愈加坚实。

四、竞争文化深植于各个市场主体

在 2008 年之前，中国由于没有专门的竞争法，企业对于维护市

场竞争的意识比较淡薄，长期以来以产业政策作为主导的市场经济也积累了诸多行业垄断与不规范的营商行为，竞争文化更是无从谈起。在《反垄断法》颁布实施后，尤其是近几年来，我们关注到对企业竞争文化的培育不再是被动姿态，而是转向了主动宣传与倡导。在 2019 年 11 月，国家市场监督管理总局发布了一份关于企业应如何遵守反垄断法的《经营者反垄断合规指南》，并面向社会公开征求意见，第一次从国家层面通过建章立制来鼓励企业建立反垄断合规体系。随后，上海市、河南省等地先后在地方层面予以呼应。竞争文化通过过去 12 年的沉淀已在中国生根发芽，春风化雨般滋养中国市场的良田沃土。

从我个人从事法律服务行业的切身感受来说，越来越多的国内外客户在近些年来找我们为他们做企业内部的合规审查，邀请我们给高管和营销人员做反垄断培训，帮助客户建立维护公司反垄断合规体系架构。经过 12 年与中国反垄断法的共同成长，反垄断合规成为反垄断法律服务中一项不可或缺的业务单元，这得益于竞争政策的基础性地位在中国不断强化，公平竞争与公正监管的信号不断释放，以及强有力的反垄断执法带来的威慑力。而作为亲历中国反垄断实践的律师，通过帮助一家家企业培育独具特色的反垄断合规文化参与到竞争文化的宣传与普及和反垄断法治化构建中，我们同样倍感荣幸。

中国反垄断法的实施迈向第 13 年，面对发展中的新问题与风云变幻的国际局势，机遇与挑战并存，对于每个法律工作者都依然任重道远。但中国已经向世界发出信号，有决心继续通过全面深化改革和不断强化中国市场竞争秩序，为全球的竞争格局带来崭新气象，也有信心承担更加重要的历史使命。百舸争流，奋楫者先，中国反垄断事业在新的历史阶段将更加值得期待。

12 年反垄断求索之路

魏士廪

初识反垄断

2007 年 8 月 30 日，《反垄断法》由第十届全国人民代表大会常务委员会第二十九次会议通过，并公布自 2008 年 8 月 1 日起施行。该法公布时，我正在美国上学，当时看到肯特法学院的老师到处联系中国学生就中国新通过的《反垄断法》写些文章，美国对该法的重视程度非同一般，他们已充分预估到该法对美国企业未来的影响，后来的很多案例也证明了这种重视程度的原因所在。让我第一次意识到该法的重要性。

组建反垄断团队和开办反垄断网站

2008 年 8 月，我回国后进入北京市国枫律师事务所，又恰好赶上反垄断法正式施行的日子，国内的部分律师已看到反垄断是律师业务的蓝海，是值得拓展和深挖的业务领域。为我开启反垄断业务之门并一直钟情于美国《谢尔曼法》的刘胜利律师希望我牵头组建一个反垄断团队，开办反垄断专业网站，开拓反垄断业务。根据刘律师的安

---

* 魏士廪，北京大成律师事务所高级合伙人。

排，我们很快组建了五个律师的反垄断团队，全部为海外毕业回国人员，并开办了当初为数不多的反垄断专业网站。后来，在 2010 年因业务发展需要，转入北京大成律师事务所。

积极参与反垄断司法解释

《反垄断法》通过后约三年，最高人民法院已着手组织草拟与反垄断诉讼有关的司法解释，并在北京、上海、南京等全国数个法院分别负责的专题基础上草拟了讨论稿，讨论稿涉及的范围很广，包括管辖、原告主体资格、转嫁损失、被告主体资格、集团诉讼、诉讼代表人、垄断协议和滥用市场支配地位的举证规则、排除限制竞争的效果要件、专家证人、垄断损失与惩罚性赔偿等。北京市律师协会竞争与反垄断法律专业委员会组织了专业律师对讨论稿进行了充分的研究和讨论，本人作为执笔人对讨论稿提出了务实的修改意见，重点解决原告举证难问题，在不改变法定举证原则的基础上，充分利用举证责任转移规则，合理分配举证责任，充分利用被告此前披露的信息以及可信源的公开信息倒逼被告进一步积极举证，解决中国法域下关于相关市场、市场支配地位、滥用行为中的“正当理由”、垄断协议中的排除限制竞争效果等举证难题。首次明确采用“初步证据”规则合理转移举证责任。“初步证据”规则在后来公开的反垄断司法解释中被采纳，遗憾的是采纳范围有限，尤其是我们根据反垄断法的立法逻辑认为垄断协议本身已包括排除限制竞争内容，无须要求原告在举证证明符合法定的转售价格控制特征后再承担反竞争效果的举证责任，该责任应由被告予以承担，通过反证来免除自己的责任。但最终公开的司法解释没有采纳，该焦点问题也成了《反垄断法》实施 12 年来争议最大的热点之一。如果反垄断法的立法逻辑不改变，司法解释应当顺应立法机关的立法逻辑厘清法院与立法机关的权限，对司法解释做出相应调整。

积极推动反垄断执法以及相关信息的公开

反垄断法公布三年后，反垄断执法机关一直没有公开的行政处罚案件，笔者向当时的反垄断执法机关国家发改委和工商总局提出了反垄断执法政府信息公开申请。工商总局很快给予了书面回复，并把已调查处罚的部分案件向笔者进行了公开。国家发改委在笔者提出政府信息公开后不久，很快向社会公布了电信联通的调查案件以及山东两医药公司被反垄断处罚的案件信息。随后，奶粉案、黄金案、眼镜镜片案、茅台五粮液案等数个涉及各类分销行业的大案逐步曝光。北京市律师协会竞争与反垄断法律专业委员会也积极与执法机构互动，到国家发改委座谈液晶面板、茅台五粮液等重大案件，当时的国家发改委价格监督检查与反垄断局局长许昆林先生也组织反垄断执法团队到北京市律师协会进行专题授课与反垄断实务交流。这期间，笔者也代理了数起反垄断行政执法案例。

积极组织团队编写年度反垄断报告和行业反垄断报告

随着反垄断执法的深入开展，反垄断法的相关配套规定以及大量的执法案例、诉讼案例越来越多，有必要对其进行梳理形成年度报告，为反垄断专业研究提供基础资料。笔者以北京市律师协会竞争与反垄断法律专业委员会为平台，积极组织专业律师分别以执法机关为单位编写反垄断报告，前几年主要编写了国家发改委负责的价格反垄断执法报告、工商总局负责的非价格反垄断行政执法报告、商务部负责的经营者集中审查报告以及法院系统的反垄断诉讼实务报告。后来，逐渐改成以垄断行为为标准划分编写反垄断报告，分别就经营者集中篇、垄断协议篇、滥用市场支配地位行为篇、公平竞争审查与反行政垄断篇、反垄断诉讼篇以及国外反垄断经典案例篇编写反垄断报告。2013—2018年连续六年组织编写《反垄断法年度报告》。其间，还针对垄断行为比较严重和突出的领域进行调研和编写行业反垄断报告，组织编写2016年《中国汽车行业竞争法报告》、2017年《中国汽车经销服务业政策法律分析报告》和2018年《中国医药卫生体制改革与竞争法报告》。2013年，还与同行一起编写了《反垄断与反不正当竞争法律实务精解》（合著）。

通过代表性案例推动反行政垄断和公平竞争审查

不少学者认为，中国最难最根深蒂固也是最应该反的是行政垄断，行政垄断在中国有着数千年的文化以及制度基础与惯例，笔者切身的实务案例体会颇为赞同上述观点。为推动中国的反行政垄断，2014年开始，机缘巧合，恰巧碰到系列经典案例。第一个案例是，教育部在其组织的全国职业院校技能大赛“工程造价基本技能”赛项中指定独家使用广联达公司的软件，全国多数省份也沿袭了这一做法，尤其是广东省教育厅做法最为明显。针对上述行为，笔者作为代理律师向客户深圳斯维尔科技有限公司提出建议，针对教育部的做法，向教育部提起行政垄断复议，针对省级的做法选择广东省教育厅作为典型，进行反行政垄断诉讼，行政垄断复议在一个多月内解决了问题，反行政垄断诉讼历经数年，最终经过一审、二审判决广东省教育厅败诉，该案是首例具有重大影响的行政垄断诉讼案。第二个案例是，针对江西省住建厅与造价局在工程造价软件企业进入江西省市场方面提出的政策措施，不论软件在技术上能否满足定额要求，仅以排序准入的方式确定前五名经营者进入江西省市场，违反公平竞争审查，限制其他经营者合法进入江西省市场。针对上述行为，从公平竞争审查的角度，律师建议客户，向江西省住建厅和造价局提起侵犯公平竞争权反垄断诉讼，该案最终以和解结案，斯维尔公司很快进入江西省市场。该案是国内第一次从公平竞争审查诉讼的角度探索行政诉讼作为公平竞争审查外部监督方式的可能性和有效性。第三个案例是，内蒙古自治区公安厅出台文件指定自治区公安系统印章软件使用某独家企业的印章软件。鉴于公安厅的强势权力部门背景，通过诉讼很难解决，笔者建议客户向国家发改委价监局进行举报，通过反行政垄断执法进行查处和纠正，该案历经两年的千辛万苦，最终国家市场监督管理总局公开披露该案并要求内蒙古自治区人民政府督促公安厅整改。

推动反垄断后继赔偿诉讼

短短12年内，中国反垄断执法机构开出了很多高额反垄断罚单，但遗憾的是，中国的消费者和垄断行为的受害者并没有从行政处罚中直接受益，中国的反垄断后继赔偿诉讼一直死气沉沉，至今尚无一例胜诉的后继赔偿案例，没有消费者因为反垄断执法机构处罚相关垄断行为实施者在后继诉讼中得到赔偿。这不得不让人反思这一结果产生的原因。除了消费者心理、诉讼文化外，目前的诉讼制度也是扼杀后继赔偿诉讼胜诉的主要原因。为推动后继赔偿诉讼，让消费者从后继诉讼中得到赔偿，笔者团队花费大量精力，寻找愿意作为原告的车主，并尽最大努力搜集证据，研究后继赔偿诉讼中的专业法律问题，律师自费聘请专家并承担诉讼所有支出，对上汽通用汽车销售有限公司以及相应的4S店提起后继赔偿诉讼。本案中涉及诸多前沿法律问题，例如，消费者后继赔偿民事诉讼中纵向垄断协议的实施标准法律适用、消费者后继赔偿民事诉讼中纵向垄断协议实施举证责任转移、纵向垄断协议中对交易相对人拘束力的认定标准、纵向垄断协议后继赔偿损失范围与因果关系的认定等。上海知识产权法院一审判原告败诉，目前该案在最高人民法院知识产权庭二审中。我们期待最高人民法院能就后继赔偿诉讼中涉及的前沿法律问题做出有说服力的阐明，并能起到促进中国反垄断后继赔偿诉讼的效果，让消费者从反垄断执法中直接受益。

积极参与竞争法相关内容的修法，推动汽车行业反垄断立法

我们团队曾为原国家工商总局《反不正当竞争法》修法课题组提交《关于限制竞争的课题报告和修法建议报告》，修法建议中厘清反垄断法与反不正当竞争法的基本界限，删除了反不正当竞争法中的限制竞争内容，限制竞争的相关内容在以后的反垄断法修法中予以进一步补充和完善。

汽车行业在中国作为比较特殊的4S店管理模式的行业，品牌纵向管理严格，品牌内的限制竞争现象比较严重。作为项目反垄断法律专业核心牵头人员，与汽车行业商会以及部分经济学专家，共同承办原国家工商总局反垄断与反不正当竞争执法局《汽车行业禁止垄断协议实施办法》立法项目，进行立法调研，草拟立法建议稿和立法报告，积极推进汽车行业的反垄断立法。

第三篇

12件法治建设及国际交流合作大事

反垄断法颁布是我国的一次思想大解放

王晓晔

中国反垄断立法正式始于 1994 年，因为这一年反垄断法被列入第八届全国人大常委会的立法规划，反垄断立法工作正式启动。这一年我从德国留学回来，接受了当时负责这项立法工作的张德霖先生的邀请，有幸成为法学界最早参与这个立法的学者，并且从始至终参与了三个阶段的反垄断立法工作，有机会了解反垄断立法中各种观点的碰撞和不同思想的交锋，切身感受到反垄断立法在中国是一次思想大解放。我国反垄断立法经过三个阶段：一是国家相关部委起草法律草案；二是国务院法制办审议送审稿；三是全国人大常委会审议国务院提交的法律草案。

一、国家部委起草反垄断法

根据国务院安排，国家经贸委和国家工商总局于 1994 年 5 月共同组建了“反垄断法起草小组”，具体负责这项工作的是国家经贸委的张德霖先生和国家工商总局的王学政先生。我于 1994 年 8 月留学归国，作为反垄断法起草小组成员，向这个小组提交过自己起草的法律草案。

反垄断法起草小组于 1997 年 7 月完成了《反垄断法（草案大

* 王晓晔，深圳大学特聘教授，中国社会科学院法学研究所研究员。

纲)》第一稿，1998 年 11 月完成了第二稿。由于反垄断法是市场经济国家的法律制度，我国反垄断立法一定程度上是移植和借鉴外国法的过程，因此除像我这样在西方国家做过反垄断法研究的学者直接参与起草工作外，起草小组还采取“走出去”和“请进来”的方式，即一方面，参与起草的官员出访过欧洲、美国、澳大利亚、日本等竞争法发达的国家和地区，考察过反垄断立法和执法情况；另一方面，立法小组起草的反垄断法草案征求过很多外国专家和官员的意见。我记得起草小组曾于 1998 年 11 月和 1999 年 12 月举办过两次国际研讨会，听取 OECD 的竞争法专家们对我国反垄断法草案的意见和建议。我在 1998 年上海召开的国际研讨会上认识了澳大利亚（竞争和消费者委员会）前主席艾伦·菲尔斯（Allan Fels）教授，菲尔斯教授至今与中国学界和政府还保持着密切联系。2000 年 6 月，反垄断法起草小组首次将《反垄断法（征求意见稿)》分送有关部门征求意见。2001 年底我国加入世界贸易组织后，反垄断立法步伐明显加快了。2005 年 5 月我应邀为第九届全国人大常委会做了第 27 次讲座，题目是《反垄断法律制度》。2002 年 7 月 25 日我国反垄断立法小组完成的《反垄断法(征求意见稿)》，它的结构和内容已具备了我国反垄断法的雏形。

我国反垄断立法从一开始就有两个显著特点。一是德国法的色彩比较浓厚，例如市场支配地位的概念、市场支配地位的推断以及 2002 年草案中垄断协议豁免的规定等，都是来自德国法。二是重视行政垄断，这一方面是出于国情，即行政性限制竞争是我国市场经济发展的很大阻力，另一方面是学者包括我自己大力呼吁的结果。也许受导师恩斯特·梅斯特梅克（Ernst - J. Mestmäcker）教授的影响，我非常重视国有企业和行政垄断问题，并在国内最早发表了这方面的学术论文，如《规范公用企业的市场行为需要反垄断法》《依法规范行政性限制竞争行为》《欧共体竞争法中的国有企业》等。如果没有学者的呼吁，如果没有政府官员对行政垄断危害的深刻认识，我国反垄断法也许没有禁止行政垄断的内容。

2003 年两会后，国务院的机构改革撤销了国家对外经济贸易合作部和国家经贸委，增设了商务部，随之我国反垄断立法成为商务部的重要任务。商务部条法司在 2003 年 10 月组织过一次规模较大的反垄断法草案研讨会，商务部部长还主持过几次反垄断立法研讨会。2006 年，我受马秀红副部长的邀请，为商务部几百名官员宣讲了反垄断法。商务部 2004 年 3 月向国务院提交了《反垄断法（送审稿）》，并附上国家工商总局对送审稿的意见。后者除对送审稿个别条款提出修改意见外，还提出应明确由国家工商总局作为反垄断主管机关。

二、国务院法制办审议《反垄断法（送审稿）》

2004 年下半年，国务院法制办开始审议商务部提交的《反垄断法（送审稿）》。受张穹副主任的邀请，我在国务院法制办做了一次反垄断法讲座，并接受委托推荐过由法学家和经济学家组成的 10 人专家顾问组名单。参与《反垄断法（送审稿）》讨论的除了商务部、国家工商总局和国家发改委三个政府机构法规司的官员外，国务院法制办还向社会广泛征求意见，包括国务院各部委、部分地方人民政府、大型国有企业以及微软、英特尔等跨国公司的意见。国务院法制办还邀请过电信、电力、邮政、铁路等垄断性企业的领导参加会议，有些企业负责人提出反垄断法应对垄断行业予以豁免，但这个意见未被采纳。法制办还邀请过国内民商法学者参与反垄断立法的研讨，但他们普遍对反垄断立法不太感兴趣。他们不太支持反垄断立法的主要理由是，我国刚刚通过合同法引入了合同自由原则，反垄断法可能会损害这个原则。

国务院法制办在反垄断立法中还非常重视国际社会的意见。2005 年初，法制办要我提出一个外国专家名单，以便征求他们对我国反垄断立法的意见。我推荐的专家主要来自德国和美国，也推荐过与中国有着相同文化背景的日本和韩国的专家，此外，考虑到我国经济体制的转型，我还推荐过俄罗斯专家。法制办于 2005 年 5 月 23—24 日召开了中国反垄断法草案外国专家研讨会，事先将《反垄断法（征求意见稿)》翻译为英文发给他们。这些专家非常认真，很多人逐条对草案进行了书面评论，我本人还收到德国马普学会外国与国际私法研究所所长于格尔·巴泽多（Jügen Basedow）教授、OECD 竞争局局长伯纳德·菲利普斯（Bernard J. Philips）和国际律师协会乔治·梅塔克斯（George Metaxas）先生给我的书面评论。

国务院法制办审议反垄断法草案中的国际交流对我国反垄断立法产生了比较大的影响，我印象深刻的是关于“核心设施”的讨论。2005 年 4 月 8 日的征求意见稿规定：“如果经营者不进入具有市场支配地位的经营者拥有的网络或者其他核心设施，就不可能与其开展竞争的，具有市场支配地位的经营者不得拒绝其他经营者以合理的价格条件进入其拥有的网络或者其他核心设施。但是，具有市场支配地位的经营者能够证明，由于技术、安全或者其他合理原因，进入该网络或者其他核心设施是不可能或者不合理的情形除外。”这个条款是我的努力结果。“核心设施”理论源于美国联邦最高法院 1912 年的一个案例。德国 1998 年第四次修订后的《反限制竞争法》也有类似规定。但在国务院法制办举办的这次国际研讨会上，美国专家对这个条款提出了强烈的反对意见。他们的理由是，反垄断法引入“核心设施”理论会妨碍经营者的投资和创新。这个条款随之被取消。

外国专家还关注草案中关于知识产权的规定。2005 年 4 月 8 日的征求意见稿第五十条规定：“经营者依照专利法、商标法、著作权法规定行使权利的正当行为，不适用本法；但是，滥用知识产权的行为违反本法规定的，依照本法处理。”我至今记得两位美国专家和我的讨论，他们特别希望取消这个规定。他们的担心是，跨国公司在中国市场的竞争优势相当程度上源于知识产权，因为反垄断法草案没有规定什么是滥用知识产权行为，跨国公司正当行使知识产权的行为可能被视为滥用知识产权。我理解外国专家的担忧，但坚持中国反垄断法应当禁止滥用知识产权限制竞争行为：一是欧洲和美国出现了滥用知识产权限制竞争的案件，如欧共体法院关于 Magill 案和 IMS 案的判决，这些案件说明滥用知识产权限制竞争不是空穴来风，这样的立法具有合理性；二是中国反垄断法如果没有禁止滥用知识产权限制竞争的规定，执法机构可能没有法律依据处理这种案件，这将给中国反垄断执法带来不利的影响。

国务院法制办审议反垄断法草案期间，一个广泛关注和激烈争论的问题是我国反垄断法要不要禁止行政垄断。2005 年 11 月的征求意见稿删除了禁止“滥用行政权力排除、限制竞争”的规定。当时我正在美国做富布莱特访问学者，听到这个消息非常震惊，深感我国反垄断立法的不易和艰辛。国务院法制办 2006 年向全国人大常委会提交的反垄断法草案恢复了关于行政垄断的禁止性规定，这真是令人百感交集！反垄断立法中关于行政垄断规制的反反复复，一方面说明了立法机关内部对行政垄断的规制存在激烈的争议；另一方面也说明，尽管存在争议，反行政垄断的理念在我国政府部门、企业界和学术界还是占主导地位。

在国务院法制办审议《反垄断法（送审稿）》期间，第十届全国人大常委会于 2005 年 10 月组织了第 17 次法制讲座。作为主讲人我再次荣幸地为全国最高立法机构宣讲了反垄断法律制度，题目是《反垄断法是维护社会主义市场经济秩序的基本法律制度》。

三、全国人大常委会审议《反垄断法（草案）》

2006 年 6 月，国务院法制办向全国人大常委会提交了反垄断法草案。作为这部法律的立法顾问，我间接参与了全国人大常委会法制工作委员会组织的《反垄断法（草案）》审议工作。2007 年 6—8 月

《反垄断法（草案）》在全国人大常委会进行“二读”和“三读”期间，我正在德国汉堡马普所做访问学者。我经常收到全国人大法工委就反垄断立法进行咨询的邮件，并利用马普所图书馆，及时回答了界定相关市场的决定性因素、反垄断承诺制度、承诺与宽恕的关系、承诺的法律后果、处罚行业协会与处罚企业的关系等很多问题。

国务院法制办向全国人大常委会提交的《反垄断法（草案）》在第十届全国人大常委会进行过三次审议，这个程序被称为“三读”。现行《反垄断法》第十一条、第十六条和第四十六条第（三）款都是“三读”期间增加的。2007 年 6 月正值世界拉面协会中国分会通过《中国面制品》杂志向全行业传递龙头企业上调价格的信息，方便面涨价的消息在市场上沸沸扬扬。因此，参加审议《反垄断法（草案）》的人大常委会委员一致要求反垄断法明确禁止行业协会限制竞争的行为。这个草案的“三读”也取消了一些重要规定，如草案第四十四条规定：“对本法规定的垄断行为，有关法律、行政法规规定应当由有关部门或者监管机构调查处理的，依照其规定。有关部门或者监管机构应当将调查处理结果通报国务院反垄断委员会。有关部门或者监管机构对本法规定的垄断行为未调查处理的，反垄断执法机构可以调查处理。反垄断执法机构调查处理时，应当征求有关部门或者监管机构的意见。”有些人大常委会委员认为，这个规定大大限制了反垄断执法机构的管辖权，有损反垄断法的效力和权威，因此建议删除了这条规定。

《反垄断法》最具中国特色的几个条款也是人大常委会对草案“三读”过程中加上的，这包括现行法的第四条、第五条、第七条和第三十一条。我对上述几个条款均表示过反对，并向全国人大法工委负责立法的官员阐述了自己的观点。我认为，“加强和完善宏观调控”“经营者可依法实施集中，扩大经营规模”等条款在内容上均没有错，但它们不应放在反垄断法中，因为反垄断法不是宏观调控法，不是产业政策法，而是体现国家的竞争政策。我还针对草案中关于国有企业的规定指出，国有企业应平等适用反垄断法，反垄断法对关系国计民生和实行垄断专营的国有企业不应予以特殊保护。我还建议“垄断协议”一章增加总则性规定，取消“国务院反垄断执法机构认定的其他垄断协议”的措辞，因为这种规定的透明度较差。我还建议取消草案中第十五条为“保障对外贸易和对外经济合作中的正当利益”而予以豁免的规定，理由是这个条款实践中不可能产生效力，因为我国出口企业在美国已经遭遇了反托拉斯诉讼。我还认为，鉴于中国的广阔市场，一个企业占二分之一、两个企业占三分之二和三个企业占四分之三的市场份额作为市场支配地位的推定标准在实践中可能过度宽松，这不利于维护市场竞争。

我的一些建议或观点没有被立法者采纳，这不是因为它们不正确，而是因为国家立法一定程度上是不同观点相互妥协和协调的结果。有些人大常委会委员认为，反垄断法应体现我国社会主义初级阶段和社会发展的特色，国家竞争政策应与社会主义市场经济相适应。因此，从现阶段我国经济发展的实际情况出发，反垄断法既要防止经营者过度集中形成垄断，也要有利于企业通过兼并做大做强，发展规模经济，提高竞争力。这些观点是正确的。的确，反垄断法作为我国经济体制改革的里程碑，它不能不反映我国经济体制改革中的问题，我国反垄断法不可能是美国反托拉斯法或欧盟竞争法的翻版，它应当有中国元素，应当与中国当前所处的时代相适应。我很高兴有机会亲历反垄断法的起草，很幸运自己直接参与了这部法律的制定，并荣幸地为全国人大常委会做过两次反垄断法制讲座，深切体会到反垄断法的制定和颁布是我国社会各界一次思想大解放，是我国经济体制改革的里程碑！

国务院反垄断委员会与专家组

王先林

一、国务院反垄断委员会建立的背景和依据

“徒法不能以自行。”自由、公平的竞争秩序的确立与维护仅有反垄断法实体规范本身是不够的，还需要有相应的执法机构保证这些规范的有效执行。建立完善的执法体制对于反垄断法的有效实施至关重要。而在制定和实施了反垄断法的国家和地区，其所建立的反垄断执法体制是不完全一致的，各国的不同做法是在各自特定的历史条件下由多种因素决定的决策者政策选择的结果。建立什么样的反垄断执法体制一直是我国制定反垄断法过程中的重点和难点问题，深受各方关注。《反垄断法》第九条和第十条共同确立了反垄断委员会与反垄断执法机构共存的“二元模式”，或者说建立了所谓的“双层次多机构”的执法体制。中国反垄断法在确立反垄断法的机构设置和管理体制时既要考虑现实可行性，维持有关部门分别执法的现有格局，保证反垄断法颁布后的顺利实施，又要具有一定的前瞻性，为今后机构改革和职能调整留有余地。基于此，反垄断机构的设置可分为两个层面：第一个层面是设立国务院反垄断委员会，负责组织、协调、指导反垄断工作；第二个层面是设立反垄断执法机构，负责相关的反垄断

* 王先林，上海交通大学特聘教授、竞争法律与政策研究中心主任。

执法工作。这种“反垄断委员会 + 反垄断执法机构”的双层架构模式比较符合现阶段中国的实际情况，既吸收借鉴了国外的先进做法，又具有中国特色。

就反垄断委员会来说，其设立的直接依据是《反垄断法》第九条，即“国务院设立反垄断委员会，负责组织、协调、指导反垄断工作，履行下列职责：（一）研究拟定有关竞争政策；（二）组织调查、评估市场总体竞争状况，发布评估报告；（三）制定、发布反垄断指南；（四）协调反垄断行政执法工作；（五）国务院规定的其他职责”。“国务院反垄断委员会的组成和工作规则由国务院规定。”反垄断执法机构的设立依据是《反垄断法》第十条，即“国务院规定的承担反垄断执法职责的机构（以下统称国务院反垄断执法机构）依照本法规定，负责反垄断执法工作”。“国务院反垄断执法机构根据工作需要，可以授权省、自治区、直辖市人民政府相应的机构，依照本法规定负责有关反垄断执法工作。”根据 2008 年 7 月和 8 月先后公布的国务院有关机构的“三定”方案，国家工商总局、发改委和商务部分别负责相关的反垄断执法工作。其中，国家工商总局负责垄断协议、滥用市场支配地位、滥用行政权力排除、限制竞争的反垄断执法（价格垄断行为除外）等方面的工作；[①] 国家发改委依法查处价格垄断行为；商务部依法对经营者集中行为进行反垄断审查。[②]

《反垄断法》确立的这一架构是基于当时的实际情况经过多方协调的结果，但是按照这样的架构，国务院反垄断委员会是一个协调性的机构，本身不负责具体的执法工作，具体的反垄断执法工作又由原有的多家机构承担，这会影响反垄断执法工作的集中统一进行，例如价格垄断行为和非价格垄断行为有时就很难截然分开，因此相互之间

---

① 同时还负责依法查处不正当竞争、商业贿赂、走私贩私等经济违法行为。

② 同时还负责指导企业在国外的反垄断应诉工作，开展多边、双边竞争政策交流与合作。此外，还承担《反垄断法》规定的国务院反垄断委员会的具体工作。

的衔接协调就显得很重要。虽然国务院反垄断委员会难以发挥执行反垄断法的实质性作用，但是在存在多家执法机构的情况下，该委员会的协调作用也是很重要的，特别是它为今后的改革预留了空间。

在《反垄断法》实施10年之际，我国反垄断执法体制终于迎来了重大的改革。根据2018年3月十三届全国人大一次会议通过的《国务院机构改革方案》，“将国家工商行政管理总局的职责，国家质量监督检验检疫总局的职责，国家食品药品监督管理总局的职责，国家发展和改革委员会的价格监督检查与反垄断执法职责，商务部的经营者集中反垄断执法以及国务院反垄断委员会办公室等职责整合，组建国家市场监督管理总局，作为国务院直属机构”。同时，国务院反垄断委员会的具体工作由国家市场监督管理总局承担。

二、国务院反垄断委员会的性质和组成

根据《反垄断法》第九条的规定，国务院反垄断委员会在性质上属于议事协调机构，是履行“组织、协调、指导”反垄断工作职能的议事协调机构，并不行使行政权力、做出行政决定。

国务院议事协调机构是国务院行政机构根据职能划分的一种机构类型，承担跨国务院行政机构的重要业务工作的组织协调任务。《国务院行政机构设置和编制管理条例》第六条规定：“国务院行政机构根据职能分为国务院办公厅、国务院组成部门、国务院直属机构、国务院办事机构、国务院组成部门管理的国家行政机构和国务院议事协调机构。”“国务院议事协调机构承担跨国务院行政机构的重要业务工作的组织协调任务。国务院议事协调机构议定的事项，经国务院同意，由有关的行政机构按照各自的职责负责办理。在特殊或者紧急的情况下，经国务院同意，国务院议事机构可以规定临时性的行政管理措施。”国务院议事协调机构的设立、撤销或者合并，由国务院机构

编制管理机关提出方案，报国务院决定。国务院议事协调机构根据工作的需要，分为长期性议事协调机构和暂时性议事协调机构，其中，暂时性议事协调机构在工作任务完成后就会适时撤销。议事协调机构的配置规格都是比较高的，一般由国务院分管领导担任议事协调机构负责人，有关国务院部办委局或者中央军委所属机关单位负责人担任领导成员。

根据 2008 年 7 月 28 日《国务院办公厅关于国务院反垄断委员会主要职责和组成人员的通知》（国办发〔2008〕104 号），国务院反垄断委员会于 2008 年 8 月正式成立。作为国务院的一个议事协调机构，反垄断委员会具有联席会议的性质。主任由国务院分管领导（副总理或者国务委员）担任，副主任在 2018 年以前由商务部部长、发改委主任、工商总局局长、国务院分管副秘书长担任，2018 年以后由市场监管总局局长和国务院副秘书长担任。委员会委员在 2018 年以前由发改委、工信部、监察部、财政部、交通运输部、商务部、国资委、工商总局、知识产权局、国务院法制办、银监会、证监会、保监会、电监会、中国人民银行、国家统计局这 16 家单位的主管负责人担任，2018 年以后根据机构改革的情况由发改委、工信部、司法部、财政部、交通运输部、商务部、中国人民银行、国资委、市场监管总局、统计局、银保监会、证监会、能源局、知识产权局这 14 家单位分管负责人担任。国务院反垄断委员会具体工作在 2018 年以前由商务部承担，2018 年以后由国家市场监管总局承担，主管领导兼任委员会秘书长，反垄断局局长兼任委员会办公室主任。

根据《国务院反垄断委员会工作规则》，国务院反垄断委员会主要通过召开委员会全体会议、主任会议和专题会议履行职责，不替代成员单位和有关部门依法行政。

三、国务院反垄断委员会的职责

根据《反垄断法》第九条的规定，国务院反垄断委员会的职责包括如下几个方面：

第一，研究拟定有关竞争政策。竞争政策是指市场经济国家为了保护和促进市场竞争而实施的经济政策，对竞争立法和执法具有根本性的指导意义，决定着竞争立法和执法的基本取向。一个国家的竞争政策与该国的经济发展阶段、经济体制、市场竞争状况、产业政策以及其他社会公共政策密切相关，拟定竞争政策，是一项关系经济生活全局，涉及面广、专业性强的重要工作。国家通过制定和实施竞争政策，确保竞争机制在市场中发挥作用，达到提高生产效率、优化资源配置的目的。竞争政策是制定反垄断法的依据之一，反垄断法是竞争政策的法律表现形式。反垄断法明确由国务院反垄断委员会负责研究拟定有关竞争政策，使竞争政策的研究拟定有一个法定的、明确的机制，这对于保证及时提出并适时调整有关竞争政策，保证竞争政策的科学性、统一性和权威性，具有非常重要的意义。

第二，组织调查、评估市场总体竞争状况，发布评估报告。市场总体竞争状况的调查、评估是市场体系建设的一项重要基础性工作，对于反垄断法规定的垄断行为，在具体定性上要看其是否排除、限制市场竞争。市场竞争状况是反垄断执法的重要依据，比如在认定经营者是否具有市场支配地位以及对经营者集中进行审查时，都需要考虑市场竞争状况。另外，市场总体竞争状况的调查、评估，将来也可以作为从总体上评价、检验反垄断法实施效果的重要依据，并在很大程度上反映一国的总体投资环境。因此，国务院反垄断委员会作为中国反垄断工作的最高管理机构，应更多地从宏观角度出发，研究市场总体竞争状况，深层次研究市场经济竞争中存在的问题，形成报告并提出建议，供国务院决策部门参考，并为反垄断执法部门提供指导。

第三，制定、发布反垄断指南。反垄断指南是指由国务院反垄断委员会制定、公布的实施反垄断的规范性文件，指引竞争政策的方向，指导具体反垄断执法机构的行动。反垄断执法工作是一项专业性很强的工作，对经营者的市场行为是否排除、限制竞争，构成垄断行为，需要根据实际的市场竞争状况，运用经济学的分析方法等许多手段进行判断。反垄断指南对于保证反垄断法的顺利实施以及反垄断执法的统一性、公平性和权威性，促进各项反垄断工作的开展，具有重要作用。

第四，协调反垄断行政执法工作。为保证反垄断执法的统一性，反垄断法专门规定由国务院反垄断委员会负责协调反垄断行政执法工作，促使各部门按照统一的执法原则、执法程序、执法尺度去执行反垄断法。同时，由于反垄断执法具有很强的政策性，对于重大反垄断案件的处理，不仅要考虑反垄断法以及其他有关法律的规定，还要综合考虑国家产业政策、案件处理后的社会效果以及国家利益、社会公共利益和消费者利益等多种因素。如果部门之间的意见出现分歧，为保证重大反垄断案件的妥善处理，国务院反垄断委员会有必要对其进行协调。

此外，国务院反垄断委员会还要承担国务院规定的其他职责。

四、国务院反垄断委员会专家咨询组

根据《国务院反垄断委员会工作规则》，反垄断委员会下设专家咨询组，聘请法律、经济等方面的专家和有关人员组成，为委员会重大问题的研究提供科学咨询。成立专家咨询组是做好反垄断工作的重要举措，对于提高反垄断执法工作水平、推动反垄断法的深入实施具有重要意义。

按照《反垄断法》以及《专家咨询组工作规则》，反垄断委员会专家咨询组的主要职责是根据国务院反垄断委员会委托和委员单位需求，为竞争政策、反垄断指南和规章、市场竞争状况评估报告、反垄断重大议题和重大事项、国内外反垄断重点热点问题等提供咨询意见。在实际工作中，专家咨询组重点开展以下几方面的工作：一是对竞争政策、反垄断配套立法、市场竞争状况评估报告以及反垄断重大事项等方面提供咨询意见；二是积极参与反垄断重大议题专项调研，主动跟踪研究国内外反垄断重点热点问题，并及时向国务院反垄断委员会及成员单位报送相关信息；三是积极为委员会及成员单位开展的各项宣传培训活动提供协助和专业支持。此外，还每年主办一次大型国际性会议“中国竞争政策论坛”。

国务院反垄断委员会专家咨询组每届任期三年，根据需要可以连任。专家咨询组第一届由 21 名专家组成，第二届由 12 名专家组成，第三届由 17 名专家组成，都来自法学界、经济学界和相关行业领域。

公平竞争审查制度

李青*

公平竞争审查制度从2016年出台至今，已经5个年头了。从34号文发布到公平竞争审查工作部际联席会议成立，从陆续制定出台实施细则、第三方评估办法等，到多次开展督查抽查工作，再到2020年5月国家市场监管总局、发改委、财政部、商务部制定下发《关于进一步推进公平竞争审查工作的通知》，公平竞争审查制度不断完善，发挥着越来越重要的作用。现在回头一看，这个制度的出台有其必然性，也历经了千辛万苦。这里面凝聚了各方面领导、反垄断执法机构同仁、专家学者及国际同行的共识和心血。我全程参与了前期理论研究、文稿起草和初期的落地推进工作，作为亲历者，我觉得自己是幸运的。

一、制度出台的背景

公平竞争审查制度文稿的起草始于2015年6月，但对相关问题的研究却可以追溯到2008年《反垄断法》实施后不久。《反垄断法》实施后，反垄断执法机构开始执法。当时的情形是，部分行政机关及各类协会主导的各类协议（包括横向的限产保价、划分市场、约定最低

---

* 李青，原国家发改委价监与反垄断局副局长、国家市场监管总局价监竞争局副局长。

保本价等）较为普遍。如果没有《反垄断法》的实施，这些带有行政色彩的协议并没有法律风险，有关行政机关的行为也不会受到质疑。这些行政机关没有意识到，《反垄断法》会约束它们的上述做法。尤其是2009年后，几起涉嫌滥用行政权力排除、限制竞争的事件，把如何在事前防范政府制定政策措施排除、限制竞争的问题摆在了执法机构的面前，其中包括中国出版工作者协会、中国书刊发行协会、中国新华书店协会三协会共同起草的《图书公平交易规则（草案）》中的新书不打折条款，河北省高速公路对本地长途汽车收费减半规定，地方行业协会组织有关企业限产，等等。在逐一解决这些问题的同时，国家发改委开始着手研究建立事前防范机制，希望通过建立制度来保证政府行为不违反《反垄断法》第五条“滥用行政权力排除、限制竞争”的规定。因此，追本溯源，对竞争政策与其他经济政策协调机制的研究应该源于这个时期对滥用行政权力排除、限制竞争行为的执法活动。

从2010年起，国家发改委反垄断局积极探索竞争政策与其他经济政策的协调机制，希望能在制度上实现对滥用行政权力排除、限制竞争行为的事前防范。一是在查处行政垄断案件的过程中不断积累经验，基于实际的案子开展研究，收集和提炼滥用行政权力排除、限制竞争行为的类型、产生原因、对市场竞争的损害等。二是委托反垄断领域的法学专家和经济学家开展课题研究，梳理借鉴成熟市场经济国家的做法和经验，结合中国国情，提出制度设计的建议。我们与对外经济贸易大学、山东大学、东北财经大学、中国人民大学、中国政法大学、浙江理工大学、暨南大学、国家发改委宏观研究院市场与价格研究所等机构开展合作，对竞争政策与产业政策的关系及协调机制、竞争政策在中国的实施路径等进行了专门的课题研究。三是利用反垄断国际合作的各个平台，开展竞争政策方面的合作交流。先后与欧盟竞争总司、韩国公平交易委员会、日本公平交易委员会等多次联合举办了国家援助控制制度、竞争政策咨询协调制度、产业政策发展历程和调整机制等专题研讨班，学习借鉴有关国家在这方面的成功经验和做法。四是向美国、新加坡、澳大利亚、英国等国家竞争执法机构了解对方国家竞争政策的地位和作用，竞争执法机构与行业监管部门的协调机制等。五是积极开展竞争倡导工作。在大量的文件会签中，从预防行政机关的政策措施排除、限制相关市场的竞争这一角度出发，提出会签意见，并主动加强与对方的沟通，争取对方的理解和对意见的采纳。

这些努力取得了丰硕的成果。国家发改委于 2013 年向国务院上报了“我国应逐步确立竞争政策的基础性地位”的建议。同年 9 月，时任国家发改委反垄断局局长许昆林在参加中新社举办的“中国经济形势分析会”上发表了题为“逐步确立竞争政策基础性地位”的演讲，并在《价格理论与实践》杂志 2013 年第 10 期署名发表了该文章。

2013 年《关于全面深化改革若干重大问题的决定》发布后，对竞争政策的重视开始提速。从 2013 年提出“市场在配置资源中起决定性作用和更好发挥政府作用”到 2014 年《关于全面推进依法治国若干重大问题的决定》提出“促进合理竞争，维护公平竞争的市场秩序”，再到 2015 年《中共中央国务院关于深化体制机制改革加快实施创新驱动发展战略的若干意见》提出“探索实施公平竞争审查制度”、《关于 2015 年深化经济体制改革重点工作的意见》提出“建立和规范产业政策的公平性、竞争性审查机制”、《关于大力推进大众创业万众创新若干政策措施的意见》要求“加快出台公平竞争审查制度”，并明确由国家发改委、国务院法制办牵头制定公平竞争审查制度。可以看出，高层领导对竞争政策定位的准确把握、社会各方对竞争政策作用机制达成共识、竞争执法机构对竞争政策认识不断深化，有着非常清晰的发展脉络。所以，2016 年我国出台公平竞争审查制度是水到渠成的结果。

二、建立公平竞争审查制度对中国的特殊意义

其实，市场经济国家都面临其他经济政策与竞争政策如何协调的问题。要发挥市场机制的作用，就需要保证其他经济政策不会限制、排除市场竞争，需要有相应的制度安排。按照这个逻辑，建立公平竞争审查制度，对其他经济政策开展公平竞争审查也应该是符合情理的制度安排。然而，通过对美国、欧盟成员国、日本、韩国、新加坡等国经济家政策制定程序和各职能部门划分的观察，可以发现，这些成熟的市场经济国家并没有设立专门的公平竞争审查制度，但这些国家的经济政策总体上不会排除、限制市场竞争。究其原因，我认为这是完善的市场经济制度长期发展的结果。在成熟完善的市场经济制度下，各种经济政策的出台，自然而然基于市场制度，本身就是各方力量在市场规则下博弈的结果，总体而言，对市场机制的尊重会放在首位（当然，这些国家也有自己的例外原则，也会基于国家安全、救灾救助、支持贫困落后区域发展等目标，设定例外条款）。

与完善成熟的市场经济制度不同的是，中国的市场经济制度，是从计划经济体制转变而来的，目前还处于市场经济制度进一步完善的过程当中。因此，对各类经济政策进行专门的公平竞争审查不仅必要，而且任务很重。

一是中国确立了社会主义市场经济体制，确立了市场在资源配置中起决定性作用和更好发挥政府作用的原则。这种体制安排和思想认识，毫无疑问是中国改革开放四十余年取得的巨大成就。但是，仅有这种体制安排和思想认识是不够的。如何确保市场经济制度的规则、机制发挥作用，如何把市场在资源配置中起决定性作用和更好发挥政府作用落到实处，在执行层面还需要有相应的制度建设，必须确立竞争政策占有足够分量的政策协调机制。这是建立公平竞争审查制度在

体制建设上的定位。

二是现实经济生活中，一些地方政府或者部门特别是基层政府或者部门，习惯于用行政手段或者计划工具而不是法律手段或者市场工具来实现管理目标，自觉或不自觉地介入微观经济活动，对市场进行不当干预。其后果是较大数量的政策措施扭曲、限制、排除了市场竞争，干扰了市场机制发挥作用，如地方保护、区域封锁、行业壁垒、企业垄断、违法给予优惠等。这些问题的存在，限制了企业的创新和活力，降低了整个市场的效率。如果没有专门的审查制度予以规范，这些问题难以在制度层面尽快得到解决。因此，建立专门的公平竞争审查制度，预防政策制定机关产生新的限制、排除竞争的政策增量，同时清理妨碍统一市场和公平竞争的政策存量，是现阶段我国市场经济制度建设的当务之急。

作为部分成熟市场经济国家联盟的欧盟，为什么又专门建立了对成员国国家援助的控制制度呢？我个人的理解是，欧盟要在联盟内建立统一、开放的大市场，就必须提供公平竞争的制度保障，要在联盟的层面上限制各个成员国对统一市场、公平竞争的破坏和限制。成员国国内的竞争只要不外溢出去，就由成员国自己负责，联盟内成员国之间大市场的竞争问题，则是欧盟需要负责的事项。因此，欧盟竞争总司的一项重要职能就是控制各个成员国利用其国家资源给予特定对象的援助，以防止这种援助损害统一市场的公平竞争。

三、公平竞争审查制度的内容框架和一些思考

公平竞争审查制度主要包括：（1）建立公平竞争审查制度的重要性和紧迫性；（2）建立公平竞争审查制度的总体要求和基本原则；（3）公平竞争审查制度的内容，即审查对象、审查方式、审查标准、例外规定；（4）组织实施；（5）保障措施。制度实施已经 5 年了，公

平竞争审查制度已经出现在各类重要文件中，领导讲话中也常常提及。因此，制度的具体内容我不在此逐一论述，只介绍起草过程中的一些思考。

（一）审查对象的确定

在起草过程中，曾经有一个考虑，如果制度是中共中央发文，就把法律也作为审查对象。后来制度以国务院文件形式发布，审查对象就明确为除了法律的其他所有文件，也基本实现了审查对象的全覆盖。

（二）审查方式的选择

一般而言，对不同审查方式的选择，需要考虑法律制度、行政管理体制、社会对竞争的认同程度等多种因素。欧盟对成员国的国家援助采取审查审批控制制度；韩国、日本、新加坡等国原则上由政策制定机关自我评估政策措施对竞争的影响，必要时反垄断执法机构提供专业意见。

在文稿起草过程中，审查方式确实经历了激烈的讨论。最后确定了政策制定机关依照必要程序和标准进行自我审查的模式。主要考虑了以下几个因素：

（1）从法律制度看，依据我国《反垄断法》的规定，对于滥用行政权力排除、限制竞争的行为，反垄断执法机构调查后可以向政策制定机关的上级机关提出处理建议，由上级机关予以纠正。在事后纠正已有排除、限制竞争的政策措施时，反垄断执法机构依法仅具有建议权，并不是直接予以纠正。作为一种预防性制度安排，公平竞争审查制度不宜超过《反垄断法》的赋权力度，不宜授予反垄断执法机构大于建议权的权力。反垄断执法机构可以就一项政策措施的安排提出建议，但不宜直接审查政策制定机关准备出台的政策。

（2）从行政管理体制看，政策制定机关和反垄断执法机构各有优势和不足。政策制定机关具有相关领域或者行业的专业知识，对制定政策措施的背景、目的、内容更为了解，但缺乏竞争政策方面的专业知识和专业人才。反垄断执法机构熟悉《反垄断法》，具有竞争政策的专业知识，但缺乏相关领域或者行业的专业知识，有可能出现“专业知识陷阱”。与反垄断执法机构理解所有行业的专业技术知识相比，政策制定机关理解尊重竞争规则更容易做到，前者几乎没有可行性。如果反垄断执法机构在审查中没有发现问题，但在政策执行中又出现了排除、限制竞争的情形，将非常被动。

（3）与第（2）点相关的责任问题。经过反垄断执法机构审查的文件，如果出现排除限制竞争的情况，谁承担责任？反垄断执法机构依据《反垄断法》进行自我纠正？这显然不现实。

（4）从现阶段社会对竞争的认知程度看，包括政策制定机关在内，还需要很长时间的竞争倡导，不断增强竞争意识，才能树立全方位的竞争理念。

所以文稿最后确立了由政策制定机关对照标准自我审查的方式，同时明确加强社会监督，反垄断执法机构依据《反垄断法》强化事后监督。在这种审查方式下，政策制定机关和反垄断执法机构可以发挥各自的专业优势，相互配合，能够保证审查效果。既有利于现阶段尽快建立并实施公平竞争审查制度，也有利于政策制定机关不断树立公平竞争意识，使维护公平竞争成为政府部门的自觉行动。

（三）关于自我审查模式下的保障措施

为了保证审查效果，文稿设计了保障措施。一是社会监督。政策制定机关进行自我审查时，要征求利害关系人或全社会的意见，审查后出台的政策措施要向社会公开，主动接受社会监督；二是执法监督。反垄断执法机构要加大查处滥用行政权力排除、限制竞争行为的力度，及时公布案件情况，倒逼政策制定机关认真开展公平竞争审查。

（四）关于责任追究

《意见》明确规定，未进行公平竞争审查，或者违反审查标准出台政策措施的，要严格追究责任。对失职渎职行为，移送纪检监察机关追究有关人员党纪政纪责任。在起草这一部分内容时，我和同事到监察部汇报了责任追究的一些考虑，希望得到他们的指导。文稿关于责任追究的表述，是在监察部有关同志的指导下完成的。

四、公平竞争审查制度的历史价值

毫无疑问，建立并实施公平竞争审查制度，逐步确立竞争政策的基础性地位，从顶层制度设计上把维护公平竞争放在前所未有的高度，对完善中国社会主义市场经济制度，全面深化改革，促进经济持续健康发展具有重大而深远的意义。正是有了公平竞争审查制度，才能提出竞争政策的基础性地位，并逐步明确竞争政策的基础性地位。我们有理由乐观地相信，随着《反垄断法》、公平竞争审查制度的实施，竞争政策将在中国经济发展中发挥越来越重要的作用。与市场在资源配置中起决定性作用相适应，竞争政策将很快实现其基础性地位，并作为经济政策体系中的优先政策，引领中国经济健康持续发展。

中国经营者集中申报标准面临的挑战及修订展望

《国务院关于经营者集中申报标准的规定》评析

钱晓强

2008年8月1日，《反垄断法》正式开始实施，两日后，即2008年8月3日，国务院发布了《国务院关于经营者集中申报标准的规定》（下称“《规定》”），对经营者集中的申报标准做出了具体的规定，这是《反垄断法》的第一个配套法规，也是目前我国反垄断法体系内唯一一部效力级别为行政法规的法律文件。

一、经营者集中申报标准的立法探索和现状

从广义上看，经营者集中申报标准包含两层含义，即申报行为标准和申报规模标准，前者决定哪些行为构成反垄断法意义上的“经营者集中”，后者用于确定达到何种规模的集中行为需要进行申报，也即狭义的申报标准。① 如上所述，《反垄断法》颁布后，国务院通过《规定》确立了我国经营者集中的申报标准，其中第二条列出了属于经营者集中的具体情形，即划定了申报行为

---

*　钱晓强，金诚同达律师事务所合伙人。

①　方小敏，《经营者集中申报标准研究》，《法商研究》，2008年第3期，第79—80页。

标准，第三条进一步规定了触发申报义务的营业额门槛，即确定了申报规模标准。

根据《规定》第二条，经营者集中是指以下情形：（一）经营者合并；（二）经营者通过取得股权或者资产的方式取得对其他经营者的控制权；（三）经营者通过合同等方式取得对其他经营者的控制权或者能够对其他经营者施加决定性影响。根据上述规定，除采取合并形式的交易外，判断是否构成经营者集中的关键在于是否存在控制权的取得，对此，《关于经营者集中申报的指导意见》第三条做出了进一步规定，但是，该条仅原则性地规定了控制权的判断取决于大量的法律和事实因素，而未给出任何可量化的标准，因而适用起来仍有一定难度。事实上，《国务院关于经营者集中申报的规定（征求意见稿）》② 和《经营者集中申报暂行办法（征求意见稿）》③ 曾试图对"取得对其他经营者的控制权"的认定提供量化性的指导，例如取得50%以上有表决权的股份或者资产、成为第一大有表决权的股份或者资产的持有者、能够决定其他经营者董事会半数以上成员的选任等，然而这些具体的量化标准最终未被采纳，对于控制权的判断仍需依据

② 国务院法制办于2008年3月27日公布的《国务院关于经营者集中申报的规定（征求意见稿）》第二条第二款规定："前款所称取得对其他经营者的控制权，包括取得其他经营者50%以上有表决权的股份或者资产、成为其他经营者第一大有表决权的股份或者资产的持有者、可以实际支配其他经营者的多数表决权、能够决定其他经营者董事会半数以上成员的选任，以及国务院反垄断执法机构认定的其他情形；能够对其他经营者施加决定性影响，是指能够对其他经营者的生产、经营决策施加决定性影响。"

③ 商务部于2009年1月20日公布的《经营者集中申报暂行办法（征求意见稿）》第三条"控制权"规定："《反垄断法》第二十条第二、三款所称'取得对其他经营者的控制权'包括：（一）取得其他经营者50%以上有表决权的股份或资产；（二）虽未取得其他经营者50%以上有表决权的股份或资产，但通过取得股权或资产以及通过合同等方式，能够决定其他经营者一名及以上董事会成员和核心管理人员的任命、财务预算、经营销售、价格制定、重大投资或其他重要的管理和经营决策等。两个或两个以上经营者共同设立一个新的企业，构成《反垄断法》第二十条所称的经营者集中。"

《关于经营者集中申报的指导意见》第三条进行综合性评估。

在认定一项交易构成经营者集中后，判断其是否需要进行申报还需进一步评估其是否达到了申报规模标准。根据《规定》第三条，如果满足以下两项标准之一，则有义务在中国进行反垄断申报：（一）参与集中的所有经营者上一会计年度在全球范围内的营业额合计超过 100 亿元人民币，并且其中至少两个经营者上一会计年度在中国境内的营业额均超过 4 亿元人民币；（二）参与集中的所有经营者上一会计年度在中国境内的营业额合计超过 20 亿元人民币，并且其中至少两个经营者上一会计年度在中国境内的营业额均超过 4 亿元人民币。从上述规定可以看出，目前我国针对经营者集中申报采用的是单一的"营业额"标准，然而，在现行《反垄断法》实施以前，我国立法曾就申报的规模标准有过多种不同的尝试，例如 2003 年《外国投资者并购境内企业暂行规定》在确立外国投资者并购境内企业的申报制度时即采用了多项标准，包括营业额、被并购企业的数量和市场占有率，④《反垄断法》在制定过程中也曾有过采用交易额及资产额标准的讨论，⑤《规定》的征求意见稿中还曾出现过市场占有

④ 《外国投资者并购境内企业暂行规定》（对外贸易经济合作部、国家税务总局、国家工商总局、国家外汇管理局令 2003 年第 3 号）第十九条第一款规定："外国投资者并购境内企业有下列情形之一的，投资者应就所涉情形向外经贸部和国家工商行政管理总局报告：（1）并购一方当事人当年在中国市场营业额超过 15 亿元人民币；（2）一年内并购国内关联行业的企业累计超过 10 个；（3）并购一方当事人在中国的市场占有率已经达到百分之二十；（4）并购导致并购一方当事人在中国的市场占有率达到百分之二十五。"

⑤ 国务院法制办曾在 2005 年 11 月的《反垄断法（草案）》中提出了交易额和资产额/销售总额的双重标准，其中第十七条规定："经营者集中达到下列标准之一的，参与集中的经营者应当事先向国务院反垄断执法机构申报：（一）集中的交易额超过 4 亿元人民币，参与集中的一方经营者在中国境内市场的资产总额或者上一年度销售总额超过 15 亿元人民币，并且其他任何一方经营者在中国境内的资产总额或者上一年度销售总额超过 5 亿元人民币的；（二）在中国境内的集中的交易额超过 15 亿元人民币的；（三）经营者集中没有交易额的，或者集中的交易额未达到第（一）项，第（二）项规定的数额的，参与集中的所有的经营者在中国境内市场的资产总额或者上一年度销售总额超过 50 亿元人民币的。"

率标准，[⑥] 但是，最终只有营业额标准成为法定的申报标准。

二、经营者集中申报标准在实践中面临的挑战

（一）“控制权”的判断具有主观性和不确定性

我国以“控制权”为基础的申报行为标准在很大程度上借鉴了欧盟的做法，《欧盟理事会关于经营者集中控制的第139/2004号条例》（下称“《欧盟并购条例》”）第3条第1款明确规定，经营者集中是指因合并或取得对其他经营者的控制权而“引起控制权发生永久变化”的行为。[⑦] 虽然控制权标准能够更为准确地筛选出可能导致市场竞争结构改变进而引发竞争关注的交易，但是，控制权的认定非常复杂，《欧盟委员会关于第139/2004号理事会条例项下经营者集中控制管辖汇总的通告》使用了将近20页的篇幅来阐述“控制权”（control）的概念，[⑧] 因此，对于一般经营者而言，要求其评估相关交易是否构成反垄断法意义上的经营者集中具有较大难度。并且，在缺乏量化标准的

⑥ 《国务院关于经营者集中申报的规定（征求意见稿）》第三条第一款规定：“经营者集中达到下列标准之一的，经营者应当事先向国务院反垄断执法机构申报，未申报的不得实施集中：（一）参与集中的所有经营者上一会计年度在全球范围内的营业额超过90亿元人民币，并且其中至少两个经营者上一会计年度在中国境内的营业额均超过3亿元人民币；（二）参与集中的所有经营者上一会计年度在中国境内的营业额超过17亿元人民币，并且其中至少两个经营者上一会计年度在中国境内的营业额均超过3亿元人民币；（三）集中将导致参与集中的经营者在中国境内相关市场的占有率超过25%。”

⑦ Council Regulation（EC）No 139/2004 of 20 January 2004 on the control of concentrations between undertakings（the EC Merger Regulation），https://eur-lex.europa.eu/legal-content/EN/TXT/PDF/?uri=CELEX:32004R0139，2020年3月19日访问。

⑧ Commission Consolidated Jurisdictional Notice under Council Regulation（EC）No 139/2004 on the control of concentrations between undertakings，https://eur-lex.europa.eu/LexUriServ/LexUriServ.do?uri=OJ:C:2008:095:0001:0048:EN:PDF，2020年4月1日访问。

情况下，判断是否存在控制权的取得还存在较强的主观性和不确定性，经营者也将因此面临较大的风险，特别是在收购的股比小于 50%的情况下，相关交易是否构成反垄断法意义上的经营者集中可能存在一定争议。

为了抵消申报标准带来的不确定性，欧盟委员会创设了申报前商谈机制，鼓励经营者通过商谈机制来判断相关交易是否需要申报，“欧盟委员会竞争总司拥有数量众多、素质较高、经验丰富的执法人员，且被赋予较大的裁量权限，可以在商谈环节自行确定拟议交易是否引发控制和关联关系变化，以及是否构成需要申报的经营者集中”，⑨ 这一制度在很大程度上降低了经营者面临的风险。同样，我国也引入了申报前商谈制度，然而，我国反垄断执法机构在申报前商谈的过程中往往仅就规则的解释提供指导或提供不具有法律约束力的一般性建议，最后仍需由经营者自己判断相关交易是否构成经营者集中，因此，如何提高申报义务的确定性和可预期性是我国《反垄断法》修订亟待解决的一个问题。

（二）营业额标准在数字经济中存在实施困境

如前所述，我国目前适用的是单一的营业额门槛，因营业额指标客观明确，相对容易获得和计算，并且能够在很大程度上反映经营者的市场势力，因而世界上多数国家和地区的申报标准都纳入了这一指标。⑩ 对于我国而言，采用营业额标准还有其历史背景，《规定》发布时我国《反垄断法》刚开始实施，经营者集中申报制度也刚刚建立，无论是执法机构还是市场主体均缺乏相应经验，因此，客观明确、易于执行的申报标准更适合我国当时的国情。

⑨ 叶军，《经营者集中法律界定模式研究》，《中国法学》，2015 年第 5 期，第 237 页。

⑩ 欧盟是采取单一的销售额标准的典型地区（《欧盟理事会关于经营者集中控制的第 139/2004 号条例》第一条第三款）。

但是，自2008年申报标准制定以来，我国国民经济已取得迅速发展，新兴产业也不断出现，现行申报标准与我国现阶段的经济发展实际可能已经不匹配，特别是在新兴的“互联网+”[11] 数字经济形态中，单一的销售额标准面临很大的实施困境：“互联网+”企业初创期间为抢占市场份额经常采用的补贴性经营策略容易导致企业营业额较低，即使是行业内的龙头企业之间的合并可能也无法达到申报标准。例如，2015年“滴滴”和“快的”宣布合并，后被其竞争对手“易到用车”举报至商务部，称该交易未依法进行经营者集中申报。对此，“滴滴”和“快的”回应，由于双方企业均未达到有关经营者集中申报的门槛，因此不需要向有关政府部门进行经营者集中申报。继“滴滴”/“快的”案后，2016年“滴滴”又与另一网约车平台“优步”合并，该交易同样未向反垄断执法机构进行申报，国家市场监管总局反垄断局曾于2018年11月表示正在依据反垄断法及有关规定对此合并案进行调查，[12] 但是至今我们也未看到调查进展或调查结果的发布。

事实上，近年来我国互联网领域内的并购案件大多未进行经营者集中申报，而这些交易主体所占市场份额又相当可观。[13] 如在上述“滴滴”/“快的”案中，根据媒体报道，截至2014年12月底，滴滴打

---

[11] “互联网+”是把互联网的创新成果与经济社会各领域深度融合，推动技术进步、效率提升和组织变革，提升实体经济创新力和生产力，形成更广泛的以互联网为基础设施和创新要素的经济社会发展新形态（《国务院关于积极推进“互联网”行动的指导意见》国发〔2015〕40号）。

[12] 国家市场监管总局：依据反垄断法及有关规定对滴滴收购优步案件进行调查，http：//www.samr.gov.cn/xw/xwfbt/201811/t20181116_278119.html，2020年4月1日访问。

[13] “从监管维度进行分析，21起并购案中，仅两起案件触发行政审查：一起为商务部附条件批准沃尔玛收购一号店；另一起为国家市场监管总局对滴滴合并优步中国进行反垄断调查”；“40个案例涉及互联网企业的市场规模也相当可观。搜集公开数据分析显示，有20个案例涉及的互联网企业，所占市场份额达到30%以上，占整体样本案例的一半。”（南方都市报：南都发布《中国互联网行业竞争与垄断观察报告》，2018年12月26日，http：//news.southcn.com/nfdsb/content/2018-12/26/content_184597496.htm，2020年4月1日访问）。

车市场份额占比为 56.5%，快的打车占比 43.3%，两者加起来高达 99.8%。[14] 固然，准确的市场份额或市场集中度还需深入的调查才能予以认定，但是，此种规模的交易能够轻易绕过经营者集中审查制度，说明我国现行申报标准的适用已经存在疏漏，有必要做出相应调整。

三、经营者集中申报标准修订展望

2020 年 1 月 2 日，市场监管总局发布了《〈反垄断法〉修订草案（公开征求意见稿）》（下称“《草案》”），这是《反垄断法》实施十余年来的首次修订。可以预见的是，《反垄断法》完成修订之后，反垄断执法机构[15]也将重新审视并修改现行申报标准，我们期待新的申报标准能够为“控制权”的认定提供更为明确的指导，同时在申报规模标准中引入更多的考察指标，解决现行申报标准适用于数字经济时面临的挑战。

（一）提高申报标准的确定性和可预期性

如前所述，我国现行申报标准对“控制权”的界定只做了原则性的规定，为提高法律的确定性和可预期性，有必要在申报标准中加入量化的推定标准，即收购的股比超过一定比例的，直接推定相关交易构成经营者集中，应当进行反垄断申报。这种推定模式在多个国家及地区的反垄断法中已有体现。例如，德国《反限制竞争法》第 37 条即明确将收购另一经营者 50% 以上股权或 25% 以上有表决权的股权的

---

⑭ 王林、韩跃飞、李松涛，滴滴快的合并是否涉嫌垄断，《中国青年报》，2015 年 02 月 15 日 04 版，http：//zqb.cyol.com/html/2015-02/15/nw.D110000zgqnb_20150215_1-04.htm，2020 年 4 月 1 日访问。

⑮ 根据《草案》第二十四条，有权制定和修改申报标准的主体不再是国务院，而是国务院反垄断执法机构。

行为界定为经营者集中；[16] 根据英国《企业法》，取得 25% 以上股权即被推定为存在“实质性影响”；[17] 根据加拿大《并购实施指南》，在收购交易中，取得私人公司 35% 以上股权或取得公众公司 20% 以上股权并且超过申报门槛的，属于应当申报的交易；[18] 在我国台湾地区，“公平交易法”规定具有申报义务的事业“结合”共五种情形，其中包括“持有或取得他事业之股份或出资额，达到他事业有表决权股份总数或资本总额三分之一以上”。[19]

从各个国家和地区的法律看，推定构成经营者集中的收购股权下限基本在 20%~35%。实践中，如果收购的股份低于这一比例，通常不足以对目标企业施加决定影响，因此，在这一比例范围内探寻推定标准是比较适宜的。在此基础上，还应进一步考虑我国公司法、证券法中与“控制权”相关的法律制度，例如，我国《公司法》规定修改公司章程、增加或者减少注册资本、合并、分立、解散或者变更公司形式等需经出席会议的股东所持表决权的三分之二以上通过，据此，持有公司三分之一以上的股份即能够阻止公司重大决议的通过，对公司的影响可达到“决定性”程度；另

---

[16] Act against Restraints of Competition (Competition Act - GWB), https://www.bundeskartellamt.de/SharedDocs/Publikation/EN/Others/GWB.pdf?__blob=publicationFile&v=6, 2020 年 4 月 2 日访问。

[17] 根据英国《企业法》(Enterprise Act 2002)，两家企业的所有权或控制权被同一人取得将需要申报，对于“控制权”，《企业法》第 26 条规定其包括三种情形：能够施加实质性影响、取得事实控制和拥有控股权，其中“实质性影响”的控制程度最弱，控股权（即拥有 50% 以上有表决权的股份）的程度最高。对于“实质性影响”，由于在英国法下拥有 25% 的股权即能阻止特别决议的通过，因此，这一比例也被推定认为能够对企业施加实质性影响，因而取得 25% 以上股权的交易通常都需要申报（Mergers: Guidance on the CMA's jurisdiction and procedure, https://assets.publishing.service.gov.uk/government/uploads/system/uploads/attachment_data/file/384055/CMA2__Mergers__Guidance.pdf，2020 年 4 月 2 日访问）。

[18] Paragraph 1.7 and 1.10 of the Merger Enforcement Guidelines, https://www.competitionbureau.gc.ca/eic/site/cb-bc.nsf/vwapj/cb-meg-2011-e.pdf/$FILE/cb-meg-2011-e.pdf，2020 年 4 月 2 日访问。

[19] 我国台湾地区 2017 年修订的“公平交易法”第 10 条，https://www.ftc.gov.tw/internet/main/doc/docDetail.aspx?uid=1396&docid=167，2020 年 3 月 19 日访问。

外，我国关于上市公司的控制权还有特殊的规定，根据《上市公司收购管理办法》，持有上市公司 50% 以上的股份或者可以实际支配上市公司股份表决权超过 30% 即对上市公司拥有“控制权”。我们认为，反垄断申报制度应尽量与上述相关法律相协调，避免不同部门法中关于“控制权”的规定在适用时出现冲突，从而尽可能维护法律的统一性。

再者，在设定推定标准的基础上，建议将明显不会导致控制关系变更的交易明确排除在“经营者集中”范围之外，建立“安全港”规则。首先，在现代公司治理中，对公司的控制和管理通常都通过股权赋予的投票权进行，如果获得的股份比例极低，并且不存在任何其他特殊安排，则难以对公司施加控制或决定性影响，因此，将此类交易明确排除在申报范围之外符合效率原则。例如，加拿大《并购实施指南》规定，如不存在其他关系，取得 10% 以下的投票权通常不构成拥有“重大权益”（significant interest），不会触发申报义务。[20] 其次，对于财务性投资者，其收购股权一般都以获得短期财务价值为目的，主要通过溢价退出来实现资本增值，因此通常不会介入目标公司的实际经营管理，对于这类交易，如果投资者承诺交易后不对目标企业行使投票权，即使其收购的股份超过了推定标准，也可视为其未取得控制权，从而无须申报，如《欧盟并购条例》第 3.5（a）条即有类似规定。[21] 由于财务性投资者通常以投资为主营业务，需要经常性地买入卖出股权，如果其并不从事目标公司的经营管理，只为获取溢价，

---

⑳ 见脚注⑱。

㉑ “5. 以下情况不被视作企业集中：（a）信贷机构或其他金融机构或保险公司的正常活动，包括在为本机构或其他机构在证券市场进行交易，在临时性基础上持有一企业的证券但目的是转售，只要这些机构不以决定该企业的竞争行为为目的行使这些证券的表决权，或者他们行使这种表决权只是为了准备处置该企业或其资产的全部或部分，或处置所拥有的证券，并且任何这种处置发生在获得之日起一年内；如果这些机构或公司能够表明一年的期限确实不够，可做出延期请求，委员会可据此对期限进行延长。”［《世界主要国家和地区反垄断法律汇编》（上册），中华人民共和国商务部反垄断局编，中国商务出版社 2003 年版，第 516 页］。

尽管表面上投资者可能取得了目标公司的较多股份，但这些交易并不反映“经营者集中”的实质，要求经营者对所有此类交易进行申报负担过重，并且对于执法机构来说也将造成资源的浪费，因此，建立和完善“安全港”制度具有较大的现实意义。

我们认为，在推定标准和“安全港”制度确立后，判断申报义务的难度将大幅降低，可为参与并购的经营者带来更明确的指引。

（二）考虑采用综合性的申报规模标准

如前所述，《规定》中的申报规模标准采取的是单一的营业额标准，对于数字经济时代的“互联网+”企业之间的并购存在实施障碍，导致部分明显对市场竞争可能产生影响的交易成为“漏网之鱼”，因此，对于这些交易，有必要研究适用其他标准的可行性。

从世界各国和地区采取的标准来看，除营业额标准外，主要还有资产额标准、市场份额标准和交易额标准几类，而且诸多国家和地区都选择同时使用两种或两种以上的综合性标准。在上述标准中，资产额标准容易计算，但是，“资产包括债权、股权投资和负债等，因而企业资产可能是不能够兑现甚至是负的。再者，资产良好的企业的经营成绩并不一定优秀，所以资产并不能完全代表企业在相关市场上的支配力”，[22] 因而现在单独使用资产额标准的情况已不常见，使用这一标准的国家如加拿大也是同时采用了资产额和销售额标准；[23] 日本曾以资产额作为经营者集中申报的唯一考量指标，2009 年其修改了反垄

[22] 于连超，《我国经营者集中申报标准的改进》，《经营与管理》，2009 年 08 期。

[23] 根据加拿大《竞争法》第 109 条，需要申报的交易首先应当满足以下标准：（1）所有交易方及其关联公司在加拿大的总资产额超过 4 亿加元，或者（2）在加拿大境内、对加拿大出口或从加拿大对外出口的年度销售总额超过 4 亿加元；在此基础上，第 110 条对资产收购和股份收购等不同类型的并购交易设置了进一步申报门槛，但均选择性地适用总资产额或年度销售额标准（PART IX Notifiable Transactions of the Competition Act，https：//laws - lois. justice. gc. ca/eng/acts/C - 34/page - 28. html # h - 90077，2020 年 3 月 19 日访问）。

断法并放弃了资产额标准，从 2010 年起改为采用销售额标准。[24] 与其他几类标准相比，市场份额标准能够更为直接地反映企业在相关市场上的竞争力，因而被许多学者推崇，这也是我国台湾地区采取的申报标准之一。[25] 但是，计算市场份额之前需要先界定相关市场，这是一个非常复杂的过程，特别是对于“互联网 +”企业而言，其产品或服务往往横跨多个领域，要界定相关市场更是障碍重重，而且市场份额数据本身的获取也具有相当难度，因此，以市场份额作为申报标准对于企业而言负担过重。并且，“互联网 +”领域具有高度动态化的特点，市场份额短期内即可能发生剧烈变化，而申报标准通常考察的又是上一年度的数据，此时以市场份额来筛选需要申报的交易可能与市场实际情况发生很大的偏差。因此，我们认为，申报标准仅仅是对可能存在竞争关注的交易的初步筛选，此时设置简单明确的申报标准更符合效率原则，对市场份额的评估宜在后续审查阶段再行开展。

交易额标准与销售额标准一样清楚明确，有利于经营者判断其交易是否触发申报义务，美国是采取交易额标准的典型国家。[26] 通常而

㉔ Chapter IV Shareholdings, Interlocking Officers, Mergers, Splits, Share Transfers and Acceptance of Assignments of Business of the Antimonopoly Act, https://www.jftc.go.jp/en/legislation_gls/amended_ama09/amended_ama15_04.html，2020 年 3 月 20 日访问。

㉕ 根据我国台湾地区 2017 年修订的“公平交易法”第 11 条，事业结合时，有下列情形之一者，应先向主管机关提出申报：（1）事业因结合而使其市场占有率达三分之一；（2）参与结合之一事业，其市场占有率达四分之一；（3）参与结合之事业，其上一会计年度销售金额，超过主管机关所公告之金额。

㉖ 根据美国《哈特—斯科特—罗迪诺反托拉斯改进法》（HRS 法案），确定一项交易是否需要申报时需要先考察该交易是否满足“交易额测试”，只有交易额超过 9 400 万美元以上的交易才需要考虑反垄断申报，在此基础上，再进行“当事人规模测试”，如果一方的总资产或年度净销售额大于或等于 1.88 亿美元，且另一方的总资产或年度净销售额大于或等于 1 880 万美元，则需要向美国反垄断机构进行并购前申报；但是，如果交易额超过了 3.76 亿美元的话，则无须考虑当事人规模而必须进行申报。值得注意的是，美国申报标准中的数值每年都会根据国民生产总值进行调整，上述标准即为美国联邦贸易委员会（FTC）于 2020 年 1 月 28 日公布的最新标准（Revised Jurisdictional Thresholds for Section 7A of the Clayton Act（2020），https://www.govinfo.gov/content/pkg/FR-2020-01-28/pdf/2020-01423.pdf，2020 年 3 月 20 日访问）。

言，交易的规模越大，越容易对市场竞争格局产生影响，因此，通过交易规模来界定需要申报的交易具有很大的合理性，特别是在数字经济领域，交易额标准能够解决“互联网+”企业适用销售额标准时存在的障碍。虽然理论上存在当事人故意压低交易额来规避申报义务的可能，但是操纵交易额还有可能产生税务责任，仅仅为了规避申报义务而承担税务风险对经营者而言似乎并不“划算”，特别是如今的并购交易尤其是大型交易的对价通常都以独立第三方的估价作为基础，如果交易额显著低于市场评估价格将很容易引起质疑。因此，交易额被人为扭曲的情形实际发生的概率并不大，即使发生，也很容易被市场纠错。

值得注意的是，使用交易额标准来解决营业额标准在数字经济领域内的适用困境已有先例，德国在 2017 年第九次修订《反限制竞争法》时增加了“交易额条款”，其修法的重要动力之一是 2014 年脸书（Facebook）收购 WhatsApp（瓦次普）一案。根据德国原申报标准，经营者集中同时满足以下三项条件才会触发申报义务：（1）参与集中的所有经营者上一会计年度在全球范围的营业额合计超过 5 亿欧元，（2）参与集中的一个经营者上一会计年度在（德国）境内的营业额超过 2 500 万欧元，（3）参与集中的另一个经营者上一会计年度在（德国）境内的营业额超过 500 万欧元。㉗ 在 WhatsApp 案中，“脸书以约 190 亿欧元收购营业额很少的 WhatsApp，该交易额与 WhatsApp 的营业额严重不成比例，反映后者有非常重要的竞争意义。因为 WhatsApp 的营业额非常少，没有达到欧盟和德国反垄断法规定的营业额申报标准，所以该交易无须在欧盟委员会和德国进行经营者集中申报。”㉘ 这种情况在德国《反限制竞争法》修订后得到了解决，根据

㉗ 德国《反限制竞争法》第 35（1）条。

㉘ 周万里，《德国〈反限制竞争法〉的第九次修订》，《德国研究》，2018 年 04 期，第 82 页。

新法第 35（1a）条，即使目标企业在德国境内的营业额未达到 500 万欧元的标准，只要收购对价（consideration）超过 4 亿欧元而且目标企业在德国境内有重大营业活动也需要进行经营者集中申报。[29] 此外，新法第 38（4a）条还就“对价”的含义和计算做出了具体规定，减少了交易额标准在实际适用过程中可能产生的争议。[30] 继德国之后，奥地利也修订了其《卡特尔法》并加入了“交易额条款”。[31]

综上所述，德国和奥地利的做法值得参考，特别是针对现在数字经济领域动辄数十亿甚至数百亿元人民币的收购，[32] 使用交易额标准能够有效地解决“互联网 +”企业营业额偏低无法反映其市场势力的困境。为了维护法律的连续性和稳定性，我们不应轻易放弃已经实施多年并且实际可行、易于监督的营业额标准，同时，我们也期待国务院反垄断执法机构在修订申报标准时能够更加积极地探讨增加其他标准，特别是交易额标准的可能性和可行性。

---

[29] 德国《反限制竞争法》第 35（1a）条。

[30] 德国《反限制竞争法》第 38（4a）条。

[31] § 9.（4），Kartell – und Wettbewerbsrechts – Änderungsgesetz 2017（KaWeRÄG 2017），https：//www. parlament. gv. at/PAKT/VHG/XXV/I/I _01522/fname _618923. pdf，2020 年 4 月 6 日访问。

[32] 例如滴滴收购优步一案中，优步中国价格接近 70 亿美元（财新网：滴滴换股收购优步中国标的估值近 70 亿美元，http：//companies. caixin. com/2016 – 08 – 01/100972917. html，2020 年 4 月 6 日访问）。

国务院反垄断委员会指南

王先林

一、反垄断指南的功能、性质和特点

反垄断法实施是一个非常复杂的问题，因为反垄断法条文的原则性和规则的不确定性是各国反垄断法的普遍特征。现实中的竞争问题充满复杂性，往往需要执法机构根据每一个案件的具体情况进行具体分析，而不能依靠立法机构制定出普遍适用、又能在适用中确保正当性的具有操作性的法律规范。另一方面，立法条文往往只能反映各个利益团体之间博弈的结果，因而立法机构“既缺乏智慧、又缺乏能力和必要的一致，制定出能够解决现实竞争问题的具体条文”。① 在美国、欧盟和日本等国家和地区，一方面依靠执法机构和法院在具体的执法案例中，通过法律适用来明确和统一执法的尺度，另一方面执法机构也在总结实践经验的基础上，针对不同领域的情况，制定具有法律性质的规章或具有指导性文件性质的指南，来为执法机构的执法和经营者的市场竞争行为提供指引。例如，针对知识产权领域的反垄断执法，很多国家和地区在总结经验的基础上制定了相应的反垄断指南，比如美国司法部与联邦贸易委员会 1995 年发布了《知识产权许

---

* 王先林，上海交通大学特聘教授、竞争法律与政策研究中心主任。

① ［美］菲利普·阿瑞达、路易斯·卡普洛，《反垄断法精析：难点与案例》，中信出版社 2003 年版，第 5 页。

可的反托拉斯指南》（2017 年修订），2007 年发布了《反托拉斯执法与知识产权：促进创新和竞争》报告；欧共体委员会 2004 年发布了新的《772/2004 号规章》，并同时发布了《关于技术转让协议的指南》；日本公正交易委员会 2007 年发布了新的《知识产权利用的反垄断法指南》；加拿大竞争局 2000 年发布了《知识产权领域竞争执法指南》；我国台湾地区“行政院公平交易委员会”2001 年发布了《对于技术授权协议案件之处理原则》，并经过多次修订；新加坡竞争委员会也于 2007 年发布了《知识产权的对待》的执法指南。在其他领域也有类似的情况。

反垄断法实施的专业性和复杂性在我国同样存在，而且我国《反垄断法》出台的时间比较晚，条文在总体上规定得更为原则，许多问题更需要通过反垄断指南加以明确、细化，为反垄断执法提供有效的指导。《反垄断法》第九条也明确规定国务院反垄断委员会的职责之一就是“制定、发布反垄断指南”。国务院反垄断委员会通过制定、公布反垄断指南来指引竞争政策的方向，指导具体反垄断执法机构的行动。这项工作的开展对于保证反垄断法的顺利实施以及反垄断法执法的统一性、公平性和权威性，促进各项反垄断工作的开展，都具有重要的意义。

反垄断指南的功能可以从两个层面看：在反垄断执法机构的内部层面，反垄断指南具有建构、保障、规范反垄断执法裁量体系和反垄断执法程序的功能；在社会公众的外部层面，反垄断指南具有增强公众合法预期、指引公众合规行为，同时促进反垄断法公众认同的功能。在我国现今的反垄断体制下，反垄断指南还具有协调、整合国务院反垄断执法机构反垄断执法政策的特别功能。② 制定反垄断指南是一项长期任务，国务院反垄断委员会按照法律的规定，根据我国的市

② 参见郝俊淇、刘维俊，《反垄断指南的功能探讨》，《中国价格监管与反垄断》，2015 年第 9 期。

场竞争状况和经济发展状况，适时地制定、修改有关的反垄断指南，以保证反垄断法在实践中得到更好的贯彻实施。

我国《反垄断法》虽授权国务院反垄断委员会制定发布反垄断指南，但并未明确反垄断指南的法律地位。反垄断指南不属于《立法法》规定的任何一种法律规范形式，在我国其他法律规范中也鲜少出现。很显然，反垄断指南既不属于行政法规，也不属于部门规章，其与一些法律法规尤其是部门规章的关系不清，法律效力不明，其性质和法律地位比较模糊，有待厘清。产生这一问题的原因，除了我国现有的法律规范体系本身缺少指南这一类规范性文件的法律渊源之外，也与我国反垄断指南与国外相关指南制定主体的差异有关。在其他国家和地区，反垄断指南都是由反垄断执法机构制定的规范性文件，而我国《反垄断法》将反垄断指南制定、发布的权力授予国务院反垄断委员会，但该委员会又不负责执法，这样就产生了反垄断执法的制定主体和适用主体的分离。这样的制度设计有其特定的背景和目的，因为我国原来存在三个反垄断执法机构，这就难免会产生执法标准不一致的问题，通过更高层级的、具有协调性质的国务院反垄断委员会制定和发布反垄断指南有利于解决执法标准统一的问题。即使在经过国务院反垄断执法机构的“三合一”改革，现在由国家市场监管总局统一进行反垄断执法的背景下，反垄断法的实施仍然面临着反垄断执法和行业监管的协调、竞争政策与产业政策的协调等问题，因此由跨部门机构组成、具有协调议事性质的国务院反垄断委员会制定和发布反垄断指南仍然具有现实意义。

从制定主体的地位和实际作用看，我国的反垄断指南虽然不在《立法法》规定的法律规范性文件之中，但是其实际上具有低于国务院行政法规但高于部门行政规章的地位。也就是说，在国务院反垄断委员会和国务院反垄断执法机构没有完全整合为一个机构之前，国务院反垄断执法机构出台的部门规章和其他规范性文件不应与国务院反垄断委员会的反垄断指南相冲突。同时，国务院其他部门制定的涉及竞争政策和反垄断方面的规章和其他规范性文件也不应与国务院反垄断委员会的反垄断指南相冲突，否则，应通过公平竞争审查机制加以纠正。

当然，反垄断指南在行文体例和规范内容等方面具有不同于行政法规、行政规章的特点。反垄断指南一般不采取行政法规和行政规章那样直接规定行为人具体权利义务的方式（多为禁止性规范），而是着重阐明对于相关行为的态度，对其进行反垄断分析的原则和方法等。有的还在这样的指南中提供假设性的案例，用以例示说明在何种情况下某种行为被视为合法或者非法，以给经营者对相关行为更好的法律预期。例如，美国司法部与美国联邦贸易委员会联合发布的《知识产权许可的反托拉斯指南》中就提供了 10 个相关的具有典型意义的假设性案例。在制定我国反垄断指南时，需要注意其在行文体例上与行政法规和行政规章等正式立法文件的不同，而应采取相对柔性的、灵活性比较大的行文方式，着重阐述反垄断执法机构在涉及特定领域或者问题上的反垄断执法的基本态度，进行相关分析的原则和方法，包括对一些典型行为的比较系统和专门的分析意见。

二、我国反垄断指南的制定情况

由于反垄断执法工作是一项专业性很强的工作，对经营者的市场行为是否排除、限制竞争，构成垄断行为，需要根据实际的市场竞争状况，运用经济学的分析方法等许多手段进行判断，因此制定和公布反垄断指南一方面有利于提高国务院反垄断执法机构执法工作的透明度，另一方面有利于增强经营者对其市场竞争行为合法性的预期。我国《反垄断法》实施以来，各方面对反垄断指南有着迫切的需求，国务院反垄断委员会也进行了这方面的初步探索。在实际操作中，反垄断指南往往由一个反垄断执法机构牵头起草，然后由反垄断委员会进行协调，各方面意见达成一致后按照规定程序通过和公布。

早在2009年5月24日，国务院反垄断委员会就发布了第一个反垄断指南，即《关于相关市场界定的指南》。该指南由商务部牵头起草，分为“总则”“界定相关市场的基本依据”“界定相关市场的一般方法”“关于假定垄断者测试分析思路的说明”四章共十一条。其中，第一条即明确了其制定目的是给相关市场界定提供指导，提高国务院反垄断执法机构执法工作的透明度。由于本指南涉及的相关市场界定是反垄断法实施中的一个基础性问题，在很多案件中往往还是一个关键性问题，因此其对我国反垄断法的实施意义重大。

此后，国务院反垄断委员会和国务院反垄断执法机构继续推动反垄断指南的制定工作。以知识产权领域的反垄断指南为例。早在2009年3月国家工商总局就受反垄断委员会委托组织研究起草《关于知识产权领域反垄断执法的指南》。[③] 但后来考虑到中国反垄断法实施的时间不长，在知识产权领域实施反垄断法的实践经验更是有限，此时出台一部符合中国实践、内容全面、体系完备的知识产权领域反垄断执法指南的条件还不成熟，而实践中存在的涉嫌滥用知识产权排除、限制竞争行为又需要予以规制，为此，国家工商总局在继续研究制定《指南》的同时，立足自身职责，启动了部门规章的制定工作，对滥用知识产权排除、限制竞争行为进行规制。2015年4月7日，国家工商总局公布了《关于禁止滥用知识产权排除、限制竞争行为的规定》，自2015年8月1日起施行。此后，国务院反垄断委员会启动了关于滥用知识产权反垄断指南的起草工作，并且确定先由三家反垄断执法机

③ 该指南的“起草修订第四稿”流传较广，全文收录在王先林主编：《中国反垄断法实施热点问题研究》（附录），法律出版社2011年版，第378—388页。

构和国家知识产权局根据各自的职责，分别起草文本，然后由该委员会进行整合、修改并发布。2015 年下半年，四部门已经起草了各自的版本，并通过不同方式征求各方面的意见。根据国务院反垄断委员会的安排，2016 年初，以上四个机构分别提交各自的指南草案。从 2016 年 6 月起，国务院反垄断委员会办公室组织国务院反垄断委员会专家咨询组部分专家对以上四个建议稿进行了整合和修改。2017 年 3 月 23 日，《国务院反垄断委员会关于滥用知识产权的反垄断指南（公开征求意见稿）》在网上发布，公开征求各方面的意见。此外，国家发改委从 2015 年起也牵头组织了其他几个反垄断指南的起草工作，包括汽车业反垄断指南、宽大制度指南、经营者承诺指南、违法所得和罚款计算指南、垄断协议豁免程序指南。

2018 年新的统一的反垄断执法机构国家市场监管总局成立后，国务院反垄断委员会继续推动相关反垄断指南的制定工作。在前期工作的基础上，四部反垄断指南于 2018 年 11 月在新一届国务院反垄断委员会上进行了审议，并在 2019 年 1 月 4 日最终通过。这四部反垄断指南具体包括《关于汽车业的反垄断指南》《横向垄断协议案件宽大制度适用指南》《垄断案件经营者承诺指南》《关于知识产权领域的反垄断指南》。这四部反垄断指南全文载于国家市场监督管理总局反垄断局编、中国工商出版社 2020 年 6 月出版的《2019 年反垄断规章和指南汇编》中。国家市场监督管理总局反垄断局网站也在 2020 年 9 月底全文发布了这四部反垄断指南。

此外，国务院反垄断委员会于 2020 年 9 月 11 日印发了《经营者反垄断合规指南》。2020 年 10 月 13 日，国家市场监管总局还发布了《关于原料药领域的反垄断指南（征求意见稿）》，向社会公开征求意见。可以预计，该指南将来正式发布仍然是以国务院反垄断委员会的名义进行。

国务院机构改革与反垄断执法机构的统一

魏颖　祁欢

一、国务院机构改革与国家市场监督管理总局的组建

2018年的国务院机构改革，是一场系统性重构的深刻变革，意义重大。在2018年3月中共中央印发的《深化党和国家机构改革方案》中，有着非常完整的阐述。其一，着眼于转变政府职能，坚决破除制约使市场在资源配置中起决定性作用、更好发挥政府作用的体制机制弊端。其二，着力推进重点领域、关键环节的机构职能优化和调整，构建起职责明确、依法行政的政府治理体系。其三，加强和完善政府经济调节、市场监管、社会管理、公共服务、生态环境保护职能，围绕推动高质量发展，建设现代化经济体系。正是在这样的前提下，2018年国务院机构职能进行了多达24项调整，包括经济、政治、文化、社会、生态文明五个方面，以期形成一个各部门职责明确、彼此协调的整体政府。其中包括整合组建市场监管、生态环境保护、文化市场、交通运输、农业五支综合执法队伍，实施综合治理。

依据《深化党和国家机构改革方案》，2018年3月21日，新组建的国家市场监督管理总局正式成立。其将国家工商行政管理总局的职

*　魏颖，中国社会科学院国际法所竞争法基地研究员；祁欢，中国政法大学国际法学院副院长、教授。

责、国家质量监督检验检疫总局的职责、国家食品药品监督管理总局的职责、国家发改委的价格监督检查与反垄断执法职责、商务部的经营者集中反垄断执法以及国务院反垄断委员会办公室等职责整合而成，作为国务院直属机构。其主要职责是，负责市场综合监督管理，统一登记市场主体并建立信息公示和共享机制，组织市场监管综合执法工作，承担反垄断统一执法，规范和维护市场秩序，组织实施质量强国战略，负责工业产品质量安全、食品安全、特种设备安全监管，统一管理计量标准、检验检测、认证认可工作等。

事实上，如果仅用两个词来评说 2018 年的国务院机构改革，一个是“政府职能转变”，另一个就是“市场监管”。而正是这两个关键词，内含着组建国家市场监督管理总局的发展逻辑及发展方向。我们知道，在这之前，自 1982 年开始，已经进行了七轮行政体制改革，基本实现了从计划经济条件下的政府职能向社会主义市场经济条件下的政府职能的重大转变。但是，政府职能转变不彻底的问题，仍然存在。比如政府部门职责配置不完善等。这是历史问题的延续。回顾行政体制改革的历史，1988 年首次提出了“转变政府职能是机构改革的关键”这一重大命题，距 2018 年已有 30 年；开始关注市场监管与社会管理，是 2003 年，距 2018 年也已有 15 年之久。而统一的市场监管体系，始终是建立统一开放、竞争有序的现代市场体系的重大缺失环节。从这一简省的时间脉络，也不难得出结论，即国家市场监督管理总局的组建，不仅是行政体制改革的必然结果，更是改革开放 40 年的标志性成果之一。完善的市场监管体制，推动实施质量强国战略，营造诚实守信、公平竞争的市场环境，进一步推进市场监管综合执法、加强产品质量安全监管，是市场经济发展的重中之重。所有相关的诸多方面，怎么强调都不过分。

二、反垄断执法机构的统一

《反垄断法》2008 年 8 月 1 日实施时，反垄断执法机构有三：商务部、国家工商总局及国家发改委的反垄断部门；三个机构各有分工。商务部主要负责经营者集中行为的反垄断审查；工商总局主要负责非价格行为的反垄断执法；发改委主要负责与价格相关行为的反垄断执法。《反垄断法》所规范的各项职责分别由三个机构专属管辖。这是由当时行政体制下不同部门的相关职责决定的，也是一种不得已的选择。国务院设立反垄断委员会，负责组织、协调、指导反垄断工作。这种反垄断三家执法的构架，一直受到很多非议，诸如不同机构之间信息沟通不畅、案件有交叉时效率受阻、不同机构处理案件的程序不一等。

尽管如此，《反垄断法》走到 10 年时，反垄断执法在艰难中尝试探索，取得的成绩有目共睹。有数据显示，截至 2018 年 10 月底，共查处垄断协议案 165 件，滥用市场支配地位案 55 件，累计罚款金额超过 110 亿元人民币。审结经营者集中案 2 437 件，审结交易总金额超过 40 万亿元人民币。查处滥用行政权力排除、限制竞争案 193 件，建立并组织实施了公平竞争审查制度。

2018 年 3 月 21 日，国家市场监督管理总局的成立标志着整合三家反垄断执法机构职责，形成统一执法模式，统一行使反垄断执法权。保留国务院反垄断委员会，具体工作由国家市场监督管理总局承担。国家市场监督管理总局下设反垄断局。反垄断局的官网上，其具体职责如下："拟订反垄断制度措施和指南，组织实施反垄断执法工作，承担指导企业在国外的反垄断应诉工作；组织指导公平竞争审查工作；承担反垄断执法国际合作与交流工作；承办国务院反垄断委员会日常工作。"反垄断执法机构的统一，解决了原三家机构执法可能存在的职责缺位、职责分散及职责交叉等问题，开启了一个全新的反垄断执法阶段。这是中国反垄断发展史上具有里程碑意义的事件。而 2018 年，刚好又是《反垄断法》实施 10 周年。看似巧合的日子，平添了更多的纪念意义。在中国反垄断法实施 10 周年的时候，能够迎来三家反垄断执法机构的整合统一，这在反垄断法实施之初，是怎么也想不到的。这至少说明两个问题：一是中国市场经济发展的规模与速度超出我们的想象，市场力量在增强。二是最高决策层对转变政府职能、优化调整机构职能，构建有效政府治理体系的决心与愿力，也在同步增强。

三、反垄断执法可能面临的挑战

整合后的反垄断执法机构，相继颁布了若干新规，并集中批量修改部门规章。2019 年 7 月，颁布了“三部反垄断新规”，包括《禁止垄断协议暂行规定》《禁止滥用市场支配地位行为暂行规定》《制止滥用行政权力排除、限制竞争行为暂行规定》。2020 年 9 月，国家市场监督管理总局反垄断局官网全文发布了四部反垄断指南，包括《关于汽车业的反垄断指南》《横向垄断协议案件宽大制度适用指南》《垄断案件经营者承诺指南》《关于知识产权领域的反垄断指南》。特别值得关注的是，2020 年初，国家市场监督管理总局官网正式发布了《反垄断法》修订草案的公开征求意见稿。实施了 12 年的《反垄断法》，开始进入首次修订时期。如果能实现预期修订目标，公平竞争审查制度入法，竞争政策基础地位入法，将代表着中国反垄断立法得到进一步提升，同时也为整合后的反垄断执法机构提供更有力的法律支撑。

在反垄断执法机构整合的过程中，有很多同行也在问一个问题：整合后的反垄断执法机构，仅作为国务院的直属机构，有没有可能会在无形中弱化执法力量？从最高决策层深化国务院机构改革的力度，从全社会对市场监管体系寄予的厚望，从《反垄断法》在维护市场公平竞争中应起到的核心作用等方面，希望看到中国反垄断执法力量日渐强大。经过两年的发展，这个问题已被部分回答；更多的答案，还应该到正运行着的反垄断执法实践中去验证。理论上讲，在一个统一开放、竞争有序的现代市场体系中，国家市场监督管理总局这样的执行机构，应该也是一种“市场信号”：它所发布的措施指南，它所受理的案件，它所参与的国际合作与交流等，都是观察市场发展强弱与方向的有效指引。但愿我们是朝着这个目标在走。

在未来的发展中，中国的反垄断执法至少要面对两个方面的问题。其一，从国内的状况看，相对于垄断协议、滥用市场支配地位及经营者集中来说，甚至相对于反垄断法应对数字经济的挑战来说，行政性垄断仍然是个难题。行政性垄断问题，大多还留有我们计划经济时代的痕迹。这涉及政府与市场之间的关系界定，是建立统一开放、竞争有序的现代市场体系的最大阻碍之一。行政性垄断的执法难度也大。不能很好地解决这一问题，公平竞争的市场环境将会大打折扣。其二，从反垄断法域外适用看，不确定性因素增多，也将可能面对越来越复杂的情况。不论是国内域外，也不论是随处蔓延的数字经济，都对反垄断执法能力及专业性的要求越来越高。

浅谈 2019 年“三部反垄断新规”

胡铁

2019 年 7 月，国家市场监督管理总局集中颁布了《禁止垄断协议暂行规定》《禁止滥用市场支配地位行为暂行规定》《制止滥用行政权力排除、限制竞争行为暂行规定》（下称“三部反垄断新规”或“新规”），作为《反垄断法》配套规章制度，三部反垄断新规均自 2019 年 9 月 1 日起正式实施。

这三部反垄断新规的制定和实施，标志着我国反垄断法的立法和执法工作均已取得了长足的进展。随着反垄断执法机构的合并工作顺利进行，我国反垄断法也必将迈上一个新的台阶。

本文将对三部反垄断新规的出台背景、一致性的制度安排以及各自重大方面的发展，进行简要的介绍和讨论。

一、三部反垄断新规的出台背景

《反垄断法》自 2008 年 8 月 1 日开始生效并实施，彼时反垄断行政执法工作分别由商务部、国家发改委、原工商总局下属的反垄断执法部门负责。商务部反垄断局负责经营者集中的审查工作，国家发改委负责与价格垄断有关的执法工作，而工商总局对其他反垄断案件进行执法。

---

* 胡铁，北京德恒律师事务所合伙人。

三家执法机构均制定了各自的执法规定。比如，商务部制定了《关于经营者集中申报的指导意见》；发改委制定了《反价格垄断规定》《反价格垄断行政执法程序规定》；工商总局制定了《工商行政管理机关禁止垄断协议行为的规定》《工商行政管理机关禁止滥用市场支配地位行为的规定》《工商行政管理机关制止滥用行政权力排除、限制竞争行为的规定》《工商行政管理机关查处垄断协议、滥用市场支配地位案件程序规定》《工商行政管理机关制止滥用行政权力排除、限制竞争行为程序规定》等。

由于各部门的执法权限、执法标准和执法程序不尽相同，在实务中对执法机关以及企业都造成了一些困扰。比如在有些案件中，价格垄断行为和非价格垄断行为交织在一起，事实上很难对两者进行区分，对于这种案件应当由发改委还是工商总局负责查处就成了一个现实问题。这种职能上的交叉和管辖权上的冲突，迫切需要将三家机构加以整合，消除反垄断执法工作中的障碍，提高反垄断执法效率。

随着中共中央《深化党和国家机构改革方案》的实施，在《国务院机构改革方案（2018）》中，国家工商总局的职责，国家质量监督检验检疫总局的职责，国家食品药品监督管理总局的职责，国家发改委的价格监督检查与反垄断执法职责，商务部的经营者集中反垄断执法以及国务院反垄断委员会办公室等职责整合，组建国家市场监督管理总局，作为国务院直属机构。

至此，我国反垄断执法工作中的“三驾马车”现象将不复存在，从而掀开了反垄断执法工作的崭新篇章。而此次出台的三部反垄断新规，就是在总结了过往工商总局和发改委实践经验并广泛征求社会各方意见基础上，为了适应新的市场监管体系和反垄断执法体系的改革需要制定的，这为日后更为统一高效的反垄断执法提供了明确和具体的法治保障。

二、三部反垄断新规一致性的制度安排

（一）对实体性规定和程序性规定进行了统一

如前文所述，机构改革前反垄断执法领域的配套规章中，实体性规定和程序性规定大多分别予以制定，显得较为散乱。而三部反垄断新规则均将实体性规定和程序性规定进行了整合。这种制定方法减少了相关规章的数目，从体系上而言显得更加全面、完整；同时也使得社会各界更容易查找相关规定。

（二）确定了反垄断执法的普遍授权原则

《反垄断法》第十条规定，国务院反垄断执法机构负责反垄断执法工作，省、自治区、直辖市人民政府相应的机构在上述执法机构根据工作需要的情况下，可以取得对具体案件的执法权。也就是说，反垄断执法具有中央事权属性，省级市场监督管理部门不具有主动执法权。在新规颁布前，国家发改委和工商总局对于授权的规定不太一致。国家发改委采取了普遍授权，而工商总局则采取了个案授权的方式。

三部反垄断新规则在此问题上则统一为普遍授权原则。即各省、自治区、直辖市市场监督管理部门（下称“省级执法机构”）负责本行政区域内反垄断执法工作；而国家市场监管总局则主要负责查处跨省、自治区、直辖市的，案情较为复杂或在全国有重大影响的，以及其认为有必要直接查处的案件。

根据过往的反垄断执法实践，囿于编制的原因，各反垄断执法机关的人手均较为紧张。而组建国家市场监管总局后，编制也并未显著增多。因此可以预见的是，案多人少的矛盾仍然会较为突出。鉴于这种情况在可预见的将来很可能会一直存在，将执法权通过个案的形式

授权给省级执法机构的做法，无疑增加了中央和省两级执法机构不必要的程序上的烦琐。考虑到社会经济的发展以及反垄断法的日益深入人心，垄断案件数量无疑会越来越多。因此通过对省级执法机构授予普遍执法权的做法，将有助于解决这个问题，而且还有助于调动省级执法机构的积极性，更为有效地加强地方反垄断执法，也更有利于维护地方的竞争秩序。

（三）加强了执法监督机制

三部反垄断新规一方面对省级执法机构进行了普遍授权，另一方面也需要统一执法标准，有必要对省级执法机构进行必要的领导和监督，因此三部反垄断新规进一步明确了报告、备案和监督制度。具体表现为：（1）各省级市场监管部门根据授权开展反垄断执法工作时，发现不属于本部门查处范围，或者虽属于本部门查处范围，但有必要由市场监管总局查处的，应当及时向市场监管总局报告；（2）省级市场监管部门应当自立案之日起7个工作日内向市场监管总局备案；（3）省级市场监管部门做出中止调查决定、终止调查决定或者行政处罚告知前，应当向市场监管总局报告；（4）省级市场监管部门向被调查经营者送达中止调查决定书、终止调查决定书、行政处罚决定书后，应当在7个工作日内向市场监管总局备案；（5）市场监管总局应当加强对省级市场监管部门查处案件的指导和监督，统一执法标准，省级市场监管部门应当严格按照市场监管总局相关规定查处各类案件。

三、三部反垄断新规其他方面的重大发展

（一）调整后的中止调查制度设置更为合理

《反垄断法》第四十五条规定了中止调查制度。中止调查制度的

优点在于，在违法者做出相关承诺后，如果执法机关认为该等承诺已经达到了纠正违法行为的效果，那么事实上等同于达到了执法目的，因此可以予以中止调查，从而节省了相应的执法成本。在实践中，反垄断执法机关确实较多地使用了该制度。

《禁止垄断协议暂行规定》《禁止滥用市场支配地位行为暂行规定》均对该制度加以细化，从而对被调查的经营者申请中止调查时提供了更为明确的指引。首先，《禁止垄断协议暂行规定》明确了固定价格、限制数量以及划分市场三类核心卡特尔行为不适用中止调查制度。[①] 鉴于核心卡特尔行为对社会经济造成的损害较为严重，而且理论和实务界对此均无异议，因此，规定此类行为不适用中止调查制度有助于增加反垄断法的威慑力，避免中止调查制度被违法者用作逃避相应法律责任的漏洞。

其次，《禁止垄断协议暂行规定》《禁止滥用市场支配地位行为暂行规定》均规定了，如果反垄断执法机构对垄断行为调查核实后，认为构成垄断行为的，则应当做出处理决定，而不再接受中止调查申请。[②] 也就是说，涉嫌垄断的经营者并不能把中止调查制度等同于逃避法律制裁的护身符，不能认为实施违法行为后，只要申请中止调查就能万事大吉。可以说，如果反垄断局对于某个涉嫌垄断行为排除、限制竞争效果的认定有较大的把握，那么很可能就不会同意中止调查的申请。

（二）统一和完善了宽大制度的处理办法

《反垄断法》第四十六条第二款规定了宽大制度，即“经营者主动向反垄断执法机构报告达成垄断协议的有关情况并提供重要证据

---

① 《禁止垄断协议暂行规定》第二十二条。

② 《禁止垄断协议暂行规定》第二十一条和《禁止滥用市场支配地位行为暂行规定》第二十九条。

的，反垄断执法机构可以酌情减轻或者免除对该经营者的处罚”。对于在具体案件中如何进行酌情减轻或免除处罚，《反垄断法》并未规定得特别具体。因此，在原工商总局《禁止垄断协议行为的规定》、国家发改委《横向垄断协议案件宽大制度适用指南（征求意见稿）》及《反价格垄断行政执法程序规定》中对宽大制度提供了更加细化的操作规则。但是，原工商总局和国家发改委两者的规定不尽相同，比如原工商总局《禁止垄断协议行为的规定》对于第一个报告者必须给予宽大处理，③ 而国家发改委的《反价格垄断行政执法程序规定》则是“可以”给予宽大处理。④ 而且，《反价格垄断行政执法程序规定》中关于不同顺序的申请者的宽大待遇要比《禁止垄断协议行为的规定》更为细化。

此次《禁止垄断协议暂行规定》在总结过往执法实践的基础上，对宽大制度进行了统一和完善。首先，新规明确了执法机关给予宽大处理需要经营者提出申请，也就是说，执法机关不会主动给经营者宽大处理的待遇。⑤

其次，新规中统一了执法机关并非对申请者必须给予宽大待遇，而是“可以”给予宽大待遇。比如，删除了对于第一个申请者直接免于处罚的规定，而是规定“对于第一个申请者，反垄断执法机构可以免除处罚或者按照不低于 80% 的幅度减轻罚款”。此处的“可以”，从字面上即可看出并非按照“应当”理解，也就是说，有理由相信，对于第一个申请者，一般情况下执法机关会按照免除处罚或者按照不低于 80% 的幅度减轻罚款，但是不排除在特殊情形下，执法机关并不适用免于处罚或该幅度的减轻处罚。这样的修改事实上加强了《反垄

③ 《禁止垄断协议行为的规定》第十二条。
④ 《反价格垄断行政执法程序规定》第十四条。
⑤ 《禁止垄断协议暂行规定》第三十三条。

断法》的相关规定。[⑥]

第三，新规中对于不同顺序申请者的宽大待遇要低于《反价格垄断行政执法程序规定》。如前文所述，原规定对于第一个申请者的宽大待遇均为免于处罚，而新规则在免于处罚之外，又规定了不低于 80% 的幅度减轻罚款。而对于第二个和第三个申请者而言，宽大待遇分别从"不低于 50% 的幅度减轻处罚"和"不高于 50% 的幅度减轻处罚"降低到了"可以按照 30% 至 50% 的幅度减轻罚款"和"可以按照 20% 至 30% 的幅度减轻罚款"。[⑦] 总的来说，宽大待遇有所下降，尤其对于第二个申请者而言更是如此。但是，这样的规定，在现实中可能有助于充分利用"囚徒困境"的原理，给违法者下决心进行"自首"以更大的激励。

（三）对于滥用市场支配地位的规定更为细致和全面

首先，新规特别增加了在涉及互联网和知识产权案件中如何认定市场支配地位的内容。近年来，出现了不少涉及互联网和知识产权领域的滥用市场支配地位的案件，而且一般都是热点和难点案件，因此受到了社会各界的广泛关注。在这种背景下，执法机关确实有必要在总结过往案例的基础上，提炼归纳相关规则，形成正式的部门规章。对于互联网等新经济业态经营者而言，根据新规，认定具有市场支配地位时需要考虑的因素，可以包括"相关行业竞争特点、经营模式、用户数量、网络效应、锁定效应、技术特性、市场创新、掌握和处理相关数据的能力及经营者在关联市场的市场力量等因素"。[⑧] 而对于涉及知识产权的滥用市场支配地位的案件而言，则可以考虑"知识产权的替代性、下游市场对利用知识产权所提供商品的依赖程度、交易相

⑥ 《禁止垄断协议暂行规定》第三十四条。
⑦ 同上。
⑧ 《禁止滥用市场支配地位行为暂行规定》第十一条。

对人对经营者的制衡能力等因素”。[9]

其次，细化了滥用市场支配地位行为中的“正当理由”。此前国家发改委在《反价格垄断规定》中对这一含义做出过相关规定。新规在此基础上进行了进一步完善，对于掠夺性定价、拒绝交易、限定交易、搭售或附加不合理交易条件、差别对待等不同滥用市场支配地位行为可能具有的正当理由进行列举。[10] 同时，新规还额外加入了认定“正当理由”应当考虑的其他因素：包括有关行为（1）是否为法律、法规所规定，（2）对社会公共利益的影响，（3）对经济运行效率、经济发展的影响，（4）是否为经营者正常经营及实现正常效益所必须，（5）对经营者业务发展、未来投资、创新方面的影响，（6）是否能够使交易相对人或者消费者获益等。[11]

另外，值得一提的是，新规还细化了掠夺性定价的判断标准。《反垄断法》和《反价格垄断规定》均规定了不得低于“成本”进行销售，但是“成本”在经济学和财务会计上又可以细化为更多具有不同含义的概念，比如固定成本、可变成本、短期成本、长期成本，对此《反垄断法》和《反价格垄断规定》并未予以明确。而新规则规定了，此处的“成本”应当重点考虑“平均可变成本”，平均可变成本是指随着生产的商品数量变化而变动的每单位成本。[12] 而且，新规还特别规定了针对涉及互联网等新经济业态中的免费模式，应当综合考虑“经营者提供的免费商品以及相关收费商品等情况”。[13] 这相当于承认了互联网平台经济具有双边或多边平台的特性，即使一边是免费的，也不能简单地就认为构成掠夺性定价。

---

⑨ 《禁止滥用市场支配地位行为暂行规定》第十二条。
⑩ 同上，第十五至第十九条。
⑪ 同上，第二十条。
⑫ 同上，第十五条。
⑬ 同上。

（四）滥用行政权力排除、限制竞争行为的规定更具操作性

从《反垄断法》制定以来，如何对滥用行政权力排除、限制竞争行为进行规制就一直是社会各界关注的焦点。《反垄断法》实施后，也查处了不少行政垄断案件。由于反垄断执法机关与处理以及被处理的部门均为行政机关，因此如何在反垄断执法过程中协调这几个行政部门的关系，成为规制滥用行政权力实施排除、限制竞争行为的难点。近几年，党中央国务院对于竞争政策也日益重视，比如在党的十九届四中全会中提出，要“强化竞争政策基础地位，落实公平竞争审查制度，加强和改进反垄断和反不正当竞争执法”。此处的竞争政策与对滥用行政权力排除、限制竞争行为的规制息息相关。在新规中，竞争政策的一些内容也得以体现。另外，新规在诸多方面进行了细化，使得规定更具操作性。

首先，相对于《反垄断法》和《工商行政管理机关制止滥用行政权力排除、限制竞争行为程序规定》而言，新规大大提高了滥用行政权力排除、限制竞争行为表现形式的细化程度。《反垄断法》第五章规定的六种滥用行政权力排除、限制竞争行为，即限定交易、妨碍商品自由流通、招投标中的不当限制、投资或设立分支机构限制、强制经营者从事垄断行为及制定含有排除、限制竞争内容的规定等滥用行政权力排除、限制竞争行为，新规均进行了细化，而且还与时俱进地加入了“不予接入平台或者网络”“通过软件或互联网设置屏蔽”等新型滥用行政权力的内容。

其次，明确了对滥用行政权力排除、限制竞争行为的执法程序。新规增加了案件的举报、受理、立案、调查、处理等程序性规定，赋予被调查单位和个人陈述意见的权利。并且对最终被认定为构成滥用行政权力排除、限制竞争行为的，要依法向社会公布，此举将进一步提升执法工作的透明度。

再次，对于滥用行政权力排除、限制竞争行为的处理结果，也更为细化。比如，对于当事人在立案前的调查期间已采取措施停止相关行为，消除相关后果的，可以不予立案；经调查，认为构成滥用行政权力排除、限制竞争行为的，可以向有关上级机关提出依法处理的建议；调查期间，当事人主动采取措施停止相关行为，消除相关后果的，可以结束调查；经调查，认为不构成滥用行政权力排除、限制竞争行为的，应当结束调查。

四、结语

可以看出，三部反垄断新规作为《反垄断法》的配套规章，吸收了过去的执法经验，考虑了一些社会发展出现的新情况，厘清了一些法律问题，因此相比旧规而言，在各方面都更为细化和完善。这标志着我国反垄断立法和执法工作均取得了较为突出的成就，为作为“经济宪法”的《反垄断法》在今后更好地实施，维护我国市场竞争秩序，提供了强有力的保障。

反垄断法律规则体系建设

解琳*

经过12年的发展，中国的反垄断法律规则体系已基本形成，包括反垄断执法机构出台的相关法律法规、规范性文件和指导意见以及关于确定竞争政策基础地位的规范性文件等，形成完整的一套关于规范市场竞争秩序的法律体系。

一、反垄断执法机构出台的相关法律法规

2008年《反垄断法》实施以来，中国反垄断执法机构围绕推进执法制度化和规范化，不断完善反垄断配套法律规则体系，构建执法长效机制，提高执法效率和透明度。12年来，反垄断执法机构推动出台1件行政法规和1件国务院反垄断委员会指南，制定13件部门规章、3件规范性文件、15件办事指南和指导意见，基本形成了反垄断法律规则体系（详见表1）。

表1　《反垄断法》实施以来配套法律规则

行政法规	《国务院关于经营者集中申报标准的规定》	2008年
国务院反垄断委员会指南	《关于相关市场界定的指南》	2009年

*　解琳，中国社会科学院国际法所竞争法基地研究员。

（续表）

部门规章	《金融业经营者集中申报营业额计算办法》	2009 年
	《经营者集中申报办法》	2009 年 2020 年废止
	《经营者集中审查办法》	2009 年 2020 年废止
	《制止滥用行政权力排除、限制竞争行为程序规定》	2009 年
	《查处垄断协议、滥用市场支配地位案件程序规定》	2009 年
	《反价格垄断规定》	2010 年
	《反价格垄断行政执法程序规定》	2010 年
	《未依法申报经营者集中调查处理暂行办法》	2011 年 2020 年废止
	《关于禁止滥用知识产权排除、限制竞争行为的规定》	2015 年
	《禁止垄断协议暂行规定》	2019 年
	《禁止滥用市场支配地位行为暂行规定》	2019 年
	《制止滥用行政权力排除、限制竞争行为暂行规定》	2019 年
	《经营者集中审查暂行规定》	2020 年
规范性文件	《关于评估经营者集中竞争影响的暂行规定》	2011 年 2020 年废止
	《关于经营者集中简易案件适用标准的暂行规定》	2012 年 2020 年废止
	《关于经营者集中附加限制性条件的规定》	2014 年 2020 年废止
办事指南和指导意见	《关于经营者集中申报的指导意见》	2009 年 2014 年修订
	《关于经营者集中申报文件资料的指导意见》	2009 年
	《经营者集中反垄断审查申报表》	2009 年 2012 年修订
	《经营者集中反垄断审查办事指南》	2010 年
	《关于经营者集中简易案件申报的指导意见（试行）》	2014 年 2018 年修订
	《监督受托人委托协议（示范文本）》	2015 年
	《关于规范经营者集中案件申报名称的指导意见》	2017 年
	《行业协会价格行为指南》	2017 年

（续表）

办事指南和指导意见	《短缺药品和原料药经营者价格行为指南》	2017年
	《商业银行收费行为执法指南》	2017年
	《经营者反垄断合规指南》	2020年
	《国务院反垄断委员会关于汽车业的反垄断指南》	2020年
	《国务院反垄断委员会关于知识产权领域的反垄断指南》	2020年
	《国务院反垄断委员会横向垄断协议案件宽大制度适用指南》	2020年
	《国务院反垄断委员会垄断案件经营者承诺指南》	2020年

二、确立竞争政策基础性地位，充分发挥市场机制作用

《反垄断法》的制定和实施是实施竞争政策最重要的核心工具，并从法律层面对保护和促进市场竞争做出规定，是中国竞争政策得以确立和发挥作用的标志，为确立竞争政策基础性地位奠定了法律基础。

2013年11月，党的十八届三中全会通过的《中共中央关于全面深化改革若干重大问题的决定》指出，“建设统一开放、竞争有序的市场体系，是使市场在资源配置中起决定性作用的基础”，要求竞争政策在市场经济体制改革中发挥更大作用。2015年10月，中共中央、国务院印发《关于推进价格机制改革的若干意见》，明确提出要“逐步确立竞争政策的基础性地位”。

推动确立竞争政策的基础性地位需要建立有效的竞争政策与产业政策等经济政策的协调机制。反垄断执法机构推动竞争政策与产业政策形成合力，使竞争政策在中国经济发展中发挥更大的作用，促进经济的转型升级和健康持续发展。2016年6月，国务院发布《关于在市场体系中建立公平竞争审查制度的意见》，要求政府部门防止出台排除、限制竞争的政策措施，逐步清理废除妨碍全国统一市场和公平竞争的规定和做法，为协调竞争政策和产业政策提供了制度性安排。

党的十九大要求“推进依法行政，严格规范公正文明执法”“打破行政性垄断，防止市场垄断”，党的十九届四中全会提出健全反垄断审查制度，对做好经营者集中反垄断审查工作提出了更高的要求。2018年起，按照《深化党和国家机构改革方案》要求，市场监管总局承担反垄断统一执法职责。为贯彻落实党的十九大精神和十九届二中、三中、四中全会要求，适应市场监管体制改革需要，市场监管总局在充分调研的基础上，借鉴国际上的成熟做法，构建更加科学系统完备的反垄断法律体系。

三、规范案件办理程序，提高执法工作效率

规范执法程序、提高执法效率是反垄断执法机构过去12年的工作重点之一。为规范查办垄断协议及滥用市场支配地位案件程序，反垄断执法机构2009年6月制定了《查处垄断协议、滥用市场支配地位案件程序规定》，2010年12月制定了《反价格垄断行政执法程序规定》，对执法程序做了明确规定，有效规范和约束了执法机构的执法行为，给被调查对象明确的预期，保护当事人合法权益。在执法实践中，反垄断执法机构严格按照规定开展线索排查、调查取证、案件分析和处理等执法工作，注重保障当事人权益，充分听取当事人和其他利益相关方意见。在案件调查过程中，充分发挥系统整体职能作用，纵向联合、横向协作，通过采取集中力量办案和省级执法机构联合办案等方式，推进案件办理，提升办案效率。

《反垄断法》实施以来，经营者集中案件数量逐年增长。反垄断执法机构制定发布了《金融业经营者集中申报营业额计算办法》《经营者集中申报办法》《经营者集中审查办法》《未依法申报经营者集中调查处理暂行办法》四部部门规章，《关于评估经营者集中竞争影响的暂行规定》《关于经营者集中简易案件适用标准的暂行规定》

《关于经营者集中附加限制性条件的规定》三部规范性文件，《关于经营者集中申报的指导意见》等七部指导性文件或办事指南，规范了申报和审查程序，建立了简易案件申报制度，简化了审查环节，案件审查效率明显提高，减轻了企业负担。

2020 年，为适应机构改革实现反垄断统一执法的需要，市场监管总局整合了《经营者集中申报办法》《经营者集中审查办法》《未依法申报经营者集中调查处理暂行办法》《关于经营者集中附加限制性条件的规定（试行）》等多部部门规章及《关于评估经营者集中竞争影响的暂行规定》《关于经营者集中简易案件适用标准的暂行规定》等规范性文件，出台了统一的《经营者集中审查暂行规定》。改变了经营者集中申报、审查、限制性条件的监督和实施、违法实施经营者集中调查等不同环节和流程由不同的规章或规范性文件予以规定，较为分散，不便于查询和执行的情况。2020 年《规定》在原四部部门规章和两部规范性文件的基础上，梳理、整合经营者集中审查的实体和程序规定，对经营者集中申报、审查、限制性条件的监督和实施、违法实施经营者集中调查等全流程内容分章做出规定，并整合各流程共性内容，增加总则、法律责任和附则三章，共有七章 65 条，建立了统一完备的经营者集中审查制度。

四、推行案件信息公开，为企业合规提供指引

12 年来，反垄断执法机构不断加大案件信息公开力度，并通过发布指导性意见和办事指南，提高执法透明度。在垄断协议，滥用市场支配地位，滥用行政权力排除、限制竞争等垄断行为调查方面，执法机构及时关注涉嫌垄断行为，形成初步认定垄断行为的意见后告知被调查对象，认真听取被调查对象意见。所有案件的处罚决定书、中止（终止）调查决定书等执法文书均全文向社会公布。在经营者集中审

查方面，禁止或附加限制性条件批准经营者集中反垄断审查决定、未依法申报案件处罚决定、违反附条件公告义务案件处罚决定、解除或变更经营者集中限制性条件决定等，均第一时间在政府网站向社会公布，并说明事实和法律依据；简易案件信息全部上网公示，无条件批准案件基本信息按季度公布。推行案件信息公开，提高执法透明度，在接受社会监督评判的同时，以案释法，给市场主体明确指引，提高全社会竞争法律意识，有效预防垄断行为。

2019 年 12 月，为进一步完善反垄断法律制度体系，鼓励经营者合规经营，根据国务院反垄断委员会工作部署，市场监管总局起草了《经营者反垄断合规指南（公开征求意见稿）》，2020 年 9 月予以发布。《合规指南》以企业为出发点，以预防和降低反垄断领域合规风险为目的，提出包括制度制定、风险识别、风险应对、考核评价、合规培训等管理活动建议。在此基础上，各省市纷纷出台竞争合规指引，2020 年，山东、上海、浙江、江西、吉林已出台企业反垄断合规指引，为企业更好地进行反垄断合规提供了明确指引。

《反垄断法》的修订

韩伟

2020年1月2日，国家市场监督管理总局（下称“总局”）在其官网正式发布《〈反垄断法〉修订草案（公开征求意见稿）》，[①] 中国《反垄断法》在2008年实施后的首次修订工作迈出了实质性的一步。随着竞争政策在中国地位的不断提升，《反垄断法》在中国经济建设中的作用也将越来越突出。如何对这部法律进行修订，引发了各界的关注。

一、总局修订草案

总局2020年1月发布的草案对现行《反垄断法》的修订幅度不大，整体框架也未发生变化，下文简要梳理该草案的若干要点。

“总则”部分，草案对立法宗旨进行了扩展，即新增了“鼓励创新”（第一条），强调了“国家强化竞争政策基础性地位”（第四条）。草案正式引入了“公平竞争审查制度”（第九条），此外还明确国务院反垄断执法机构根据工作需要可以设立派出机构（第十一条）。

“垄断协议”部分，草案完善了垄断协议的定义（第十四条），

---

* 韩伟，中国社会科学院大学竞争法研究中心执行主任、副教授。

① http：//www. samr. gov. cn/hd/zjdc/202001/t20200102 _310120. html。

增加了禁止经营者组织、帮助其他经营者达成垄断协议（第十七条），并对垄断协议豁免情形的适用要件进行了完善（第十八条）。“滥用市场支配地位”部分，草案增加了“网络效应”等对于互联网领域经营者市场支配地位认定的额外考量因素（第二十一条）。“经营者集中”部分，草案明确了经营者集中控制权的定义（第二十三条），确定了反垄断执法机构可以根据经济发展水平、行业规模等修改申报标准，以及执法部门对特定未达申报标准交易的调查权限（第二十四条）。此外，草案还引入了审查时限的“停表”制度（第三十条）。“滥用行政权力排除、限制竞争”部分，明确了行政机关和法律、法规授权的具有管理公共事务职能的组织，在制定涉及市场主体经济活动的规定时，应当按照国家有关规定进行公平竞争审查（第四十二条）。

“对涉嫌违法行为的调查”部分，明确执法机构调查涉嫌垄断行为，必要时可以依法寻求公安机关的协助（第四十四条）。此外，草案还进一步完善了承诺制度的适用（第五十条）。“法律责任”部分，草案整体提升了处罚力度，比如明确应报未报集中的罚款限额为上一年度销售额百分之十以下（第五十五条）。针对阻碍反垄断调查的行为，对单位和个人的罚款限额也大幅提升（第五十九条）。

二、需关注的问题

基于意见反馈，市场监管总局会进一步完善《反垄断法》修订草案。在此基础上，《反垄断法》的修订还需经过司法部、全国人大等环节。下文简要梳理此次《反垄断法》修订过程中需要进一步关注的若干问题。

（一）立法宗旨

此次修订的一个热点问题是《反垄断法》的立法宗旨是否需要完

善，这方面有几个问题值得关注：第一，是否需要纳入新的宗旨，特别是创新？我们需要研究创新能否被“经济运行效率”“社会公共利益”等现行法中的既有宗旨吸收。第二，多元宗旨如何调和？现行法已确立了多个宗旨，不同宗旨之间存在冲突的可能性，再引入新的宗旨如何应对冲突问题？多元宗旨之间是否存在核心宗旨，比如“保护市场公平竞争”或者“维护消费者利益”？第三，宗旨如何影响具体规则？以创新为例，创新在反垄断法中的定位大体可从立法宗旨、损害理论以及抗辩理由三个角度进行梳理。[②] 如果将“鼓励或保护创新”定位成非宣誓性功能的立法宗旨之一，则规则层面至少可以体现为创新为基础的抗辩规则（可体现为豁免规则），以及创新为基础的损害规则。

（二）规则体系

1. 整体框架

近年全球围绕反垄断法律制度展开的探讨，包括部分辖区的实质性修法（比如德国），主要是回应数字经济的发展。从目前的情况看，全球经济的发展并未对反垄断法的整体框架带来影响，以“垄断协议”“滥用市场支配地位”“经营者集中”“滥用行政权力排除、限制竞争”为核心的我国现行法框架仍然有效。不过值得注意的是，公平竞争审查制度的纳入，会在多大程度上影响现行法律的整体框架，仍具有可探讨的空间。

2. 规则构成

下文从五个角度拆解《反垄断法》的规则逻辑，并从每个角度分析《反垄断法》修订时需要关注的问题。

（1）认定、抗辩与救济

从反竞争效果的认定、抗辩与救济这三大环节来理解反垄断法具

---

② 韩伟，《创新在反垄断法中的定位分析》，《中国物价》，2019 年第 8 期。

有积极的意义，三个环节是具体反垄断规则的搭建主线。整体而言，新的经济环境下，非价格竞争维度日益重要，结构性因素与方法在反竞争效果认定过程中的重要性可能会逐步降低，动态效率可能成为重要的抗辩理由，而行为救济则可能会在更多的环境下发挥作用。③

（2）事前与事后

相对于垄断协议与滥用市场支配地位规则，经营者集中规则属于事前规则，相应的竞争评估往往具有预测性，属于“向前看”的分析思路。垄断协议与滥用市场支配地位规则属于事后规则，分析思路主要是“向后看”。《反垄断法》修订过程中需要进一步厘清事前规则与事后规则在运用中的一些差异，比如针对企业合营行为，如何区分垄断协议与经营者集中规则的适用？垄断协议与滥用市场支配地位这类“向后看”的规则，能否将潜在市场进入、动态效率等这些带有“向前看”属性的因素纳入分析框架？

（3）公正与效率

反垄断法具有典型的负面清单属性，由于特定行为的市场影响往往利弊兼具，确立负面清单规则时需要平衡公正与效率的关系。一方面，基于法律实施（特别是行政执法）的成本考量，应重视推定规则与安全港规则的设计，比如针对特定纵向协议类型的规则设计。另一方面，考虑到反垄断规则在适用上的不确定性，规则设计上还应重视程序正义的实现机制，比如涉及调查程序的部分规则设计。

（4）守成与革新

如何应对数字经济发展带来的挑战，成为此次修法的重要背景之一。企业的平台化趋势，数据与算法作为竞争要素地位的提升，以及隐私与创新方面的非价格竞争维度和损害理论的拓展，是我国《反垄

---

③ 韩伟，《技术革新与可持续竞争》，《中国物价》，2013 年第 8 期。

断法》修订与完善过程中需要重点关注的问题。[4] 实际上，近年部分国家已经通过修法以及执法对传统反垄断法律规则进行局部革新，比如针对数字经济环境下传统滥用市场支配地位规则的完善问题，德国最新修法研讨中强调了“中介力量”（intermediation power）的概念，[5] 而法国竞争执法部门则提出了“结构化数字平台”（structuring digital platforms）的概念。[6] 在修法过程中，我们需要考虑规则守成与革新之间的关系，比如反垄断法的适用范围是否需要拓展，是否需要通过明确剥削性滥用规则为数据隐私等非价格竞争维度提供更多的适用空间？

（5）国内与国际

反垄断法律规则的国际共通性很强，这主要源自核心规则背后的共同经济原理。尽管如此，挖掘反垄断法的“地方性知识”特性仍是我国理论与实务界面临的重大课题。考虑到不同国家反垄断立法宗旨的差异、经济发展阶段的区别，以及当前复杂国际情势下各国竞争政策与产业政策关系的微妙变化，《反垄断法》修订过程中我们需要深入思考国际经验的借鉴程度。修法过程中应加强国际交流，除了美、欧等核心辖区，还应关注 OECD、ICN 等国际组织竞争政策的进展。

（三）规则层级

“宜粗不宜细”仍是我国现阶段立法的特点，此次修法即使选择大修，最终的条文也不会太细。因此，修法过程中还需要考虑哪些问题需要法律层面予以解决，哪些问题可通过下位规则或其他形式的机

---

④ 韩伟，《数字经济时代中国〈反垄断法〉的修订与完善》，《竞争政策研究》，2018 年第 4 期。

⑤ Monopolkommission, 10th amendment to the Competition Act—meeting challenges in digital and regional markets!, Policy Brief, January 2020.

⑥ https: //www. autoritedelaconcurrence. fr/en/press - release/autorite - publishes - its - contribution - debate - competition - policy - and - challenges - raised.

制去处理，从而协调好法律的稳定性与适应性之间的关系。

1. **硬法与软法**

修法过程中需要协调好硬法与软法的关系。部分核心规则的确立需要在法律层面提供依据，比如是否确立不涉及排他性反竞争效果的剥削性滥用规则，是否确立垄断协议与滥用市场支配地位相关的结构救济与行为救济规则。另一方面，修法过程中也要认识到，一些具体的问题可借助指南、合规指引等软法的作用。比如标准必要专利、平台、数据、隐私保护等相关问题，标准化组织、行业协会、消费者协会、平台经营者等不同主体可以通过不同形式的规则设计，多元共治，在问题的解决方面发挥作用。

2. **行政与司法**

基于行政执法与司法的原理差异，《反垄断法》在两套系统中的实施机理可以存在一定差异，比如特定案件中行政执法部门与诉讼中的原告在反竞争效果认定方面所应承担的证明责任的差异便具有合理性。为落实《反垄断法》，行政系统与司法系统会出台配套规则，法律修订过程中需要注意，法律层面的制度设计要为行政与司法系统配套规则的设计预留空间。比如特定案件举证责任倒置，行政执法决定对后继诉讼的约束与影响等问题，可以留给司法解释处理。

（四）特殊领域

反垄断法律规则的设计是行为导向，除了行政垄断行为，市场垄断行为最核心的行为区分主线是垄断协议、滥用市场支配地位以及经营者集中。尽管如此，对反竞争行为的认识仍存在其他维度，比如行为所涉的不同权利类型、不同行业等，实际上现行《反垄断法》已经体现了这方面的内容。因此，修法中还需要处理好特殊领域的反垄断规则如何安排的问题。

1. **特定权利**

在反垄断规则的设计与适用上，一些权利类型往往会予以特殊关注，比如针对知识产权便有不少国家的执法部门出台了特殊的反垄断指南。现行法第五十五条便针对知识产权的反垄断法适用问题进行了单独说明，不过该条措辞的歧义导致一定程度放大了知识产权在反垄断领域的特殊性，造成了误解，法律层面是否有必要保留仍值得探讨。此外，近年国际反垄断理论与实务界针对数据、算法等问题展开了密集探讨（算力问题未来可能也会被关注），这些特殊领域的问题是否有必要在修法中予以回应也值得研究。

2. **特定行业**

由于不同行业在产品属性、发展阶段、市场环境、竞争格局等方面存在差异，较之其他法律部门，行业特征对反垄断法律制度的适用往往影响更为明显。修法中可以从以下几个角度把握法律层面是否有必要针对特定行业进行反垄断规则设计：第一，适用除外行业。需要分析哪些行业具有《反垄断法》适用除外属性（不一定全行业，可能是行业中的某些环节适用除外）。现行法第五十六条便针对农业的特定行为明确了适用除外属性，这方面是否在修法中有调整的空间便值得研究。第二，管制行业。随着对部分传统管制行业竞争机制的深入认识（比如认识到一些自然垄断行业的部分环节可以引入竞争机制），管制与竞争的关系日趋复杂。修法过程中需要考虑的问题是，是否有必要在法律层面明确反垄断执法部门与行业监管部门的关系，从而避免执法过程中出现法律适用理解上的分歧（比如针对金融等强监管行业的反垄断法适用问题）。第三，其他特殊行业。在反垄断规则设计方面予以关注的其他特殊行业，一方面源于行业特点使得反垄断规则的适用存在特殊性，比如汽车、航空等行业在垄断协议豁免规则适用方面的特性；另一方面源于部分行业的反垄断问题突出引起设置特殊规则回应社会关切的呼声，比如针对互联网行业的关注。值得注意的是，原则上讲，除了适用除外，法律层面应尽量避免体现具体行业的规则设计，相关规则如果确有必要可通过更下位的规则形式予以体现。

三、结语

要实现我国经济由高速增长转向高质量发展，需要强化《反垄断法》在我国市场经济法律体系中的地位，《反垄断法》的必要完善则是重要前提，这也是新时代我国政府与市场和谐共生机制的重要保障。繁荣源自竞争，但需要思考的是：我们需要何种繁荣？我国《反垄断法》的修订应以经济高质量发展为目标，规则设计也不应脱离特殊国情下的价值取舍。

中美反垄断交流与合作

张炜

自2008年中国《反垄断法》实施以来，年轻的中国反垄断执法机构以开放、积极的心态，迅速与美国、欧盟、日本等国家和地区的反垄断执法机构建立起联系。随着双多边交流的日益深化，中国很快成为具有重要国际影响力的反垄断执法力量。中美反垄断交流的标志性事件是2011年建立中美反垄断对话机制。以对话机制为依托，中美双方在反垄断领域的交流内容不断深化，双边合作持续加强，有力促进了中美双方的互信与理解。

一、中美反垄断对话机制的建立

在中美反垄断执法机构的共同努力下，经过双方工作层面的多次沟通协商，2011年7月27日，中国三家反垄断执法机构国家发改委、商务部和国家工商总局与美国反托拉斯执法机构司法部、联邦贸易委员会在北京共同签署了《中美反托拉斯和反垄断合作谅解备忘录》（下称“《备忘录》”）。

《备忘录》约定，双方反垄断执法机构在以下方面加强合作：一是相互及时通报各自竞争政策及反垄断执法方面的重要动态。二是通

* 张炜，就职于国家市场监督管理总局反垄断局。

过开展竞争政策和法律方面的活动，加强双方的能力建设。三是根据实际需要，双方进行反垄断执法经验交流。四是就反垄断法律和相关配套立法文件的修改提出评论意见。五是就多边竞争法律和政策交换意见。六是在提高企业、其他政府机构以及社会公平竞争政策和法律意识方面交流经验。

在对话机制框架下，中美双方于2012年、2014年、2016年和2018年，在北京和华盛顿轮流开展了四次高层对话。相互介绍反垄断立法和执法的最新进展，并就各自关心的问题深入交换意见。在对话内容方面，除了定期通报各自在反垄断立法、案件执法、国际合作等方面的进展外，还围绕“反垄断与知识产权关系”“竞争政策促进经济增长、技术创新和国家治理”“加强竞争倡导”等议题交换了意见。

中方反复强调，中国高度重视竞争政策对发展、创新和国家治理的推动作用。中国改革开放40周年的伟大历程，40年经济高速增长取得的伟大成就，市场机制发挥作用是最为关键的因素之一。未来推动经济高质量发展仍然要坚持发挥市场在资源配置中的决定性作用。鼓励竞争，反对垄断，着力构建市场机制有效、微观主体有活力、宏观调控有度的经济体制，是中国经济转变发展方式、优化经济结构、转换增长动力、实现高质量发展的必然要求，也是中国实现创新驱动发展战略，在2035年跻身创新型国家前列的重要推动力。同时，竞争政策基础性地位的确立，也为完善中国现代化市场经济体系，改善国家治理结构，提升国家治理能力现代化水平，打造共建共治共享的社会治理格局，提供了制度保障。中国经济发展的新常态下，深化供给侧结构性改革、实施“一带一路”倡议、构建开放型经济新体制、培育新动能和新增长点，都要求营造更加公平开放的市场环境，在更大程度上发挥竞争政策的作用。中方期待进一步加强与美方的合作，提升合作水平，增进相互理解，为维护两国公平竞争的市场秩序共同努力，进而推动经济繁荣和创新创业，优化双边投资和贸易环境，造福两国的企业和民众。

依托对话机制，中美反垄断执法机构在技术层面的互访非常频繁。在学界、律所、协会、企业等各个层面，中美双方也开展了频繁的互动交流与合作。比如，双方学者经常受邀参加反垄断领域有关研讨会，如中国竞争政策年会、美国律师协会反垄断年会等。美国乔治·梅森大学举办国际反垄断研讨会，多次邀请中国反垄断执法机构派员参加。美国企业、律所等代表，多次访问中国反垄断执法机构，开展业务咨询与交流。美中贸易全国委员会等组织了大量交流研讨活动。

二、中美反垄断对话机制取得的成果

充分发挥对话机制作用，维护中美关系健康发展大局。根据 2011 年签署的《备忘录》，中美两国反垄断执法机构在北京和华盛顿轮流举行部级领导高层对话。对话机制建立以来，议题内容不断深化，双边合作持续加强，推动两国反垄断执法机构形成持续深化合作的一致意见，有力促进了中美双方的互信与理解。通过对话，不断强化两国在反垄断领域的良好合作关系，就一系列共同关心的问题达成了广泛共识。中方就推动中美经贸关系健康发展表明了积极态度和立场，美方也表示赞同，愿意为此积极努力。

宣传公平竞争审查制度，深化美方对中方完善社会主义市场经济体制的理解。对话交流中，中方着重向美方介绍了中国建立并深入推进实施公平竞争审查制度的有关情况。强调这项制度专门规制政府行为，是中国继 2007 年颁布《反垄断法》后，就竞争政策做出的又一项制度安排，是处理好政府与市场关系的重要举措。中国各级政府部门出台的政策文件，都必须经过公平竞争审查，确保政府行为不会妨碍和限制市场的公平竞争。美方对公平竞争审查制度高度认同，认为这一制度将为包括美国企业在内的所有在华企业营造公平竞争的良好环境。

开展执法业务交流，增进中美反垄断执法机构的相互了解。作为全球位居第一、第二的两大经济体，中美双方在竞争政策和反垄断领域具有广阔的合作前景。在《备忘录》的框架基础上，双方认真落实各项常态化交流机制，定期举行部级高层对话，进一步提高交流频次，拓展交流渠道，深化合作领域。在研究法律修订、反垄断指南等工作过程中，中方积极听取美方的意见建议。围绕知识产权保护、互联网领域监管等双方共同关注的课题，互学互鉴、深化合作，有效提升了我国在全球反垄断执法领域的话语权和影响力。

三、中美反垄断交流的体会

反垄断领域的良好交流，是加深中美互信理解的重要平台。竞争政策是市场经济的“通用语言”。反垄断领域偏重技术层面交流。关于对国有企业反垄断执法的关切，关于反垄断执法一视同仁，保护公平竞争的原则，关于保护知识产权，实施创新驱动战略，成为中美反垄断执法机构的共同关注点，也易于达成共识。

美方重视与中方开展反垄断合作，密切关注竞争政策对促进经济增长、技术创新的影响。中美贸易额已超 5 000 亿美元，两国企业在对方投资规模不断扩大。公平有序的竞争环境对两国企业发展意义重大。美方对中方竞争政策和反垄断执法领域动向高度重视。高层对话美方执法机构的主要负责人亲自参加，也非常重视与中方反垄断执法机构开展技术层面交流。

进一步深化与美执法机构交流，有助于提高我国反垄断执法水平。美国作为历史最悠久，影响力最大的反垄断执法辖区，积累了丰富的执法经验。在新经济快速发展，新技术、新业态、新模式不断出现的大背景下，对相关领域的理论研究和执法探索也走在世界前列。加强双边交流，有利于提升我国反垄断执法水平，也有利于加强对我国企业在美经营活动的指导，维护我国企业在美权益。

经济全球化背景下，反垄断国际执法合作成为应对国际垄断行为的重要举措。当前国内国际市场深度融合，中国反垄断执法机构在经营者集中案件中，经常与美国司法部、联邦贸易委员会就案件审查思路进行沟通交流，对有效应对跨国并购可能对我市场竞争和出口的不利影响发挥了重要作用。在研究反垄断指南和案件调查中，也积极吸取了美方提供的经验和建议。

以竞争政策周为代表的中欧竞争政策合作

张昕

一、概述

转眼间，《反垄断法》已经实施12年，中国已成为世界反垄断执法最重要的三个法域之一，许多案例都产生了重大国际影响，竞争政策也成了中国的基本经济政策，如此成就用举世瞩目来形容应不为过。我们都知道《反垄断法》是国内法，但竞争规则无疑具有国际性。纵观中国《反垄断法》12年来的发展历程，国际合作为之做出了巨大贡献，而作为国际合作项目代表的中国欧盟竞争政策合作项目（EU - China Competition Cooperation），也留下了浓墨重彩的一笔。

中欧竞争政策合作项目，是中国和欧盟竞争政策领域国家级的合作项目，包括中欧高层政策对话、中欧竞争政策周、欧盟竞争法暑期培训以及中国机构派遣官员参加欧盟竞争执法机构实习项目等内容，涵盖了中欧竞争政策和反垄断执法的各个方面，亲历了《反垄断法》立法初期到现在的发展历程，从某种程度上说，是中国竞争政策的同行者，亲历了竞争政策在中国从无到有的全过程。

这其中，最知名的合作项目就是一年两届的中欧竞争政策周，迄

---

* 张昕，对外经济贸易大学商学院博士后、竞争法中心研究员。

今为止，竞争政策周已经成功举办了十九届，如果不是疫情的原因，2020 年春天就该举办第二十届竞争政策周。笔者有幸曾在竞争政策周举办的初期以项目材料翻译的身份提供支持，后来作为中欧竞争政策周项目的竞争法专家，更加深入地参与到项目中来，也因此更深切地体会到竞争政策周对于中国和欧盟的重要意义。

二、从学习欧盟经验到介绍中国模式

中欧竞争政策的讨论从《反垄断法》的立法阶段就开始了，但真正意义上的第一次中欧竞争政策周还要追溯到 2011 年，在项目初期，中欧竞争政策周一个很重要的目的就是通过这样的交流，让中国“可以学习和借鉴欧美国家的丰富经验，尤其是吸取它们的教训”。[①] 所以从议题的设置中可以发现，最初几年的中欧竞争政策周，主要是欧盟及其成员国的执法官员，就反垄断执法的一些重要议题，包括违法行为的识别，调查的程序和方法，典型的反垄断案例和分析路径等内容，向与会的中方同事进行介绍，可以说是一套系统又细致的竞争执法培训。当然，这也和《反垄断法》出台的最初几年，中国竞争执法机构相关案例和执法经验的积累尚不充分有关，竞争政策周更多地扮演了一个培训学校的角色，通过这个平台，中国竞争执法机构可以学习到欧盟的经验，培训自身的执法能力。

很快，到了 2013 年第七届中欧竞争政策周，议题的设置发生了质的变化，从最初主要是对欧盟经验的学习转变为中欧双方的交流，当时负责会议材料翻译校对的我对内容的变化有一个直观的感受，翻译工作从绝大部分的英译中变成了中英互译，议程中的中方代表也从

---

① 参见中欧竞争政策周介绍：http：//www. euchinacomp. org/index. php/zh/% E4% B8% BB% E9% A1% B5/45 – % E4% B8% BB% E9% A1% B5/115 – % E7% AB% 9E% E4% BA% 89% E6% 94% BF% E7% AD% 96% E4% BB% 8B% E7% BB% 8D。

之前参与讨论人和评议人的角色转变为主讲人，向欧盟同事介绍中国竞争执法的经验。至此，竞争政策周真正成为中欧双方竞争执法机构互相学习的平台，很多双方承办的经典案例都在这个平台上进行了充分的讨论，而在这种不同制度的碰撞之中，彼此借鉴，取长补短，推动双方竞争政策的实施和反垄断的执法。随着中国竞争执法经验不断积累，在中欧竞争政策周的会议上，双方的讨论也越来越具体，评议越来越细节，复杂并购案件的相关市场界定、涉及知识产权的反垄断问题、销售中折扣的反垄断分析等技术问题都成为竞争政策周的议题，甚至出现了某些中方感兴趣的话题，欧方没有太多具体经验的情况。可以说，从学习欧盟经验到介绍中国模式的竞争政策周，不仅见证了中国竞争政策和反垄断执法的飞速发展，也为双方积淀了宝贵的执法财富。

三、国家援助和公平竞争审查：从借鉴到超越

从 2013 年开始，竞争政策周开始设置关于欧盟国家援助制度的专门议题，由此开始，国家援助制度几乎成了竞争政策周的必选科目，有关国家援助制度的设立初衷、立法沿革、程序和实体规定、豁免制度以及各个行业的适用都在竞争政策周上进行了深入探讨。在认真学习国家援助制度和其他法域的竞争政策实施工具的同时，中国的竞争执法机构也在紧锣密鼓地研究适合中国国情、能解决中国市场问题的机制。2016 年 6 月 1 日，《国务院关于在市场体系建设中建立公平竞争审查制度的意见》颁布，标志着中国公平竞争审查制度的正式确立。[②] 从某种程度上讲，公平竞争审查制度也很大程度上从欧盟的

---

② 参见国务院 2016 年 34 号文，http：//www. gov. cn/zhengce/content/2016 – 06/14/content _5082066. htm。

国家援助制度中汲取了营养。

公平竞争审查制度是中国政府为了创建全国统一大市场和公平竞争的营商环境采取的一项积极举措，与国家援助制度有很多相似之处；同时，公平竞争审查制度又和国家援助有着显著的区别，单从审查范围上讲，就突破了欧盟国家援助制度只针对补贴等措施进行审查的限制，而是可以针对一切排除、限制竞争，妨碍全国统一市场和公平竞争的政策、措施，能够更大程度上保障竞争政策的实施，实可谓“青出于蓝”。这一制度的出台也让欧方倍感振奋，欧盟与中国将公平竞争审查制度和国家援助制度作为一个独立内容，加入中欧竞争政策对话中，成为中欧新对话机制的一部分。[③] 我们讲，《反垄断法》的出台顺应了我国市场经济的内在需求，是市场经济国家政府发挥作用的重要政策工具。那公平竞争审查制度的确立则为市场经济的长远发展提供了政策性保障，时至今日，每一届中欧竞争政策周必定要谈论的话题就是公平竞争审查，这个平台很大程度上助推了公平竞争审查制度的出台，为中国竞争政策的实施推进做出了重要贡献。

四、前沿问题的研究和执法能力的建设

竞争执法机构的能力很大程度上体现在对复杂案件的处理上，经济全球化的今天，越来越多的执法难题成为全球竞争执法机构共同面对的挑战。中欧竞争政策周提供了一个绝佳的平台，让中国和欧盟竞争执法机构可以将执法中遇到的前沿问题一起研究，共同探讨，从双方的解决路径中取长补短，提升自身的执法能力。标准必要专利领域的反垄断法问题、数字经济领域中的竞争关注、大数据和反垄断执法、创新型并购救济的研究、未达申报标准却可能产生竞争问题的并

③　参见 http：//www. mofcom. gov. cn/article/i/jyjl/m/201711/20171102674109. shtml。

购交易的监管思路探讨，这一系列执法前沿问题，都成为竞争政策周讨论的话题。[④] 帮助机构更加全面地了解相关因素，在对此问题的应对中积累更多的经验。

执法能力的另外一个重要体现就是执法人员对于反垄断法的理解及其专业性。竞争政策周从第一届开始，在中国反垄断执法的最初期，就系统性地介绍了欧盟反垄断法的体系、执法框架和调查手段，并就协议、滥用、经营者集中各自的具体问题进行了分类阐述，同时，也对反垄断执法中的不同程序进行了详细的说明，这种成体系的介绍帮助中方执法官员在缺乏执法经验的初期建立了良好的知识储备。[⑤] 每一届竞争政策周，都会有中央和地方机构的官员参与讨论，一年两届的竞争政策周也成为《反垄断法》执法初期竞争执法机构能力建设的重要平台，协助中国竞争执法机构培育了相当的执法力量。

五、为世界树立竞争执法国际合作的典范

中欧竞争政策周的议题范围之广，几乎涵盖了《反垄断法》领域所有的立法和执法问题，很多双方感兴趣的案件或者某一项制度，都会成为竞争政策周的讨论对象。在中国反垄断法律体系不断完善的过程中，很多制度都借鉴了欧美等法域的相关经验，竞争政策周则为这种经验的借鉴提供了一个更加便捷的渠道。同时，对于欧方的一些政策文件或者法律法规，也会在中欧竞争政策周的平台上进行探讨，比如欧盟《纵向限制指南》《集体豁免条例》《合并管辖通知》等诸多立法都被多次讨论，竞争政策周为双方在立法层面上提供了充分的交流空间。

---

④ 参见中欧竞争政策周网站中的每一届竞争政策周议程：http：//www. euchinacomp. org/index. php/zh/%E7%AB%9E%E4%BA%89%E6%94%BF%E7%AD%96%E5%91%A8。

⑤ 同上。

除了立法议题，竞争政策周对于重要的案件和重大理论问题也有诸多涉猎。这种交流机制为中欧双方执法官员搭建了一个互信的平台，从根本上说，竞争执法机构之间的合作也是人与人之间的合作。当双方的执法官员有了良好的互信基础，这种合作会变得更加顺畅，竞争政策周就为中欧竞争执法机构之间的合作起到了这种增加个体互信的作用。现如今，很多竞争执法案件都需要国际合作，中欧也在相应的领域签订了《合作谅解备忘录》，在国际卡特尔案件、多法域并购案件的审查等案件中展开了国际合作，取得了丰硕的成果。这些国际合作对于提高案件审查质量、避免相冲突的审查结果、维护国际市场公平竞争发挥了重要作用。

竞争政策周作为一个国家竞争执法机构之间的对话平台，为双方执法官员的交流提供了便利的渠道，也为双方的合作奠定了良好基础，竞争政策周的会议机制为双方的合作打下了坚实的互信基础，而双方合作的实例又丰富了竞争政策周的研讨内容，真正做到了通过交流促进合作，基于合作反哺交流，为竞争执法的国际合作树立了典范。

六、新冠疫情下的竞争政策周：初心未改、负重前行

2020 年伊始，一场突如其来的疫情迅速席卷全球，人们的生命安全遇到巨大威胁的同时，经济生活也遭受重大冲击。社交距离成为生活的关键词，航班停飞、签证停办，给中欧竞争政策周的举办带来了前所未有的挑战。幸而，久经考验的竞争执法机构迅速在疫情中展现了战斗力，国家市场监督管理总局疫情下不停工，经营者集中的申报

材料从线下递交改为线上填报，[6] 通过这种变通的方式摸索出一条新冠时期的工作路径，并出台《市场监管总局关于支持疫情防控和复工复产反垄断执法的公告》，营造公平竞争的市场环境，支持疫情防控和复工复产。[7]

虽然庚子之春的竞争政策周没有如约举行，但这个持续了 10 年的合作机制并没有因此止步，很快，中欧双方决定通过线上会议的模式举办新冠疫情下的新一届中欧竞争政策周，这也是竞争政策周有史以来第一次通过视频会议而非现场的形式举行。受益于现代科技带来的技术便利，能够让漂洋过海的交流通过线上的形式呈现。而疫情之下竞争政策周的持续发力，不仅是中欧竞争政策周项目的延续，也彰显了双方在国际合作领域继续探索的决心，在国际大环境愈发复杂的当下，这种国际合作的坚持更显弥足珍贵。

中欧竞争政策合作项目一路见证了中国《反垄断法》实施 12 年的全部历程，而竞争政策周作为其中的一项重要内容，与中国反垄断执法共同成长、进步，也为中欧竞争政策领域的合作打下了良好的基础。12 年是中国文化中很重要的一个单位，古人称之为“一纪”，现代人多称为“一轮”，这 12 年里，中国竞争执法机构取得的诸多成就中，应有中欧竞争政策合作的成果，而更令人欣慰的是，我们无比确信，这一合作项目，包括我们的竞争政策周，还会继续下去，带着我们的期待，走向下一个 12 年。

---

⑥ 参见《市场监管总局关于调整疫情防控期间接待等工作方式的公告》，http://www.gov.cn/zhengce/zhengceku/2020-03/02/content_5485708.htm。

⑦ 参见《市场监管总局关于支持疫情防控和复工复产反垄断执法的公告》，http://gkml.samr.gov.cn/nsjg/fldj/202004/t20200405_313859.html。

与金砖五国及其他国家的交流合作

赵亦勤

一、与金砖五国的交流合作

中国竞争执法机构与金砖国家的交流合作由来已久。早在1996年4月，国家工商总局就代表中国竞争主管机关与俄罗斯反垄断执法机构正式签署了两国政府关于反不正当竞争与反垄断领域合作交流协定。此后双方每两年签署一次部门间合作谅解备忘录，并通过高层互访、信息交流、互邀参加研讨会、开展边境竞争执法合作等方式，不断深化在竞争执法领域的交流合作。在国家工商总局和俄罗斯联邦反垄断局的指导下，我国黑龙江省、吉林省工商局也分别与俄罗斯联邦反垄断局边境机构签署了交流合作纲要。[①]

随着经济、政治、人文等领域合作机制的不断完善，金砖国家在竞争领域的交流也进一步深化。2008年，俄罗斯联邦反垄断局致函工商总局，建议金砖四国竞争执法机构联合举办国际竞争大会，工商总局回函表示支持。举办竞争大会的倡议也得到了巴西和印度竞争执法机构的积极反馈。

在金砖国家竞争执法机构的共同努力下，金砖国家国际竞争大会

---

*　赵亦勤，曾就职于国家工商行政管理总局反垄断与反不正当竞争执法局。

①　http：//www. gov. cn/gzdt/2009 －09/03/content _1408054. htm.

机制建立并不断完善，成为金砖国家竞争领域交流合作的重要平台。大会由各国竞争执法机构轮流承办，每两年举办一次，以金砖国家竞争执法共同面临的重要问题为主题进行讨论。大会作为金砖国家领导人会晤框架下重要的务实活动，受到金砖国家政府高度重视。会议期间各国竞争执法机构负责人密集开展双边、多边会谈，介绍工作最新进展，就具体合作方式深入磋商，签署双边及多边协议。会议同时为发达国家和发展中国家竞争执法机构执法官员、专家学者、企业代表搭建了重要的交流平台。

2009 年 9 月 1 日，第一届金砖国家国际竞争大会在俄罗斯联邦鞑靼斯坦共和国首府喀山市召开。这是继当年 6 月金砖四国第一届领导人叶卡捷琳堡峰会后，四国竞争执法机构召开的首个专业性会议。大会由中国国家工商总局与俄罗斯联邦反垄断局、巴西竞争局、印度竞争委员会共同举办，主题为“金砖四国竞争政策发展面临的挑战”。俄罗斯第一副总理出席并代梅德韦杰夫总统致辞，四十多个国家和国际组织的近 500 名代表参会。会上中国国务院反垄断委员会副主任、国家工商总局局长周伯华做了主旨演讲，介绍了中国反垄断法、反垄断执法机构设置及其职责以及反垄断执法相关工作。会议期间四国竞争执法机构负责人共同签署了《巴西联邦共和国、俄罗斯联邦、印度共和国和中华人民共和国竞争执法机构负责人金砖四国国际竞争大会联合公报》,② 强调在经济全球化背景下，金砖四国应拓宽合作领域，坚决有效地实施竞争法，并尽可能协调各自在执行国内竞争政策方面的行动。四国竞争执法机构负责人表达了加强双边和多边对话及在国际场合就竞争政策及其实施发展等各个方面进一步交换看法的强烈愿望。③

② http：//en. fas. gov. ru/international – cooperation/brics/brics – conferences/.

③ http：//www. gov. cn/gzdt/2009 –09/03/content _1408054. htm.

2011年9月21日，第二届金砖国家国际竞争大会在北京举办，由国家工商总局承办。作为新加入金砖国家合作机制成员国的竞争主管部门，南非经济发展部加入大会共同主办方。中国政府高度重视本次大会，时任国务院副总理、国务院反垄断委员会主任出席开幕式并做重要讲话，强调金砖国家作为世界经济的一支重要力量，要认真落实《三亚宣言》及行动计划，充分运用金砖国家国际竞争大会这一平台，密切沟通，进一步加强与世界各国和国际组织在竞争执法领域的合作。本次大会的主题是“经济全球化背景下的竞争执法”，四十多个国家、地区和国际组织的代表出席大会。大会期间金砖五国竞争执法机构负责人签署了《北京共识》，明确金砖国家竞争大会是五国竞争执法机构开展竞争政策对话与合作的重要平台，提出应对国际金融危机冲击、促进经济长期平稳较快发展是金砖国家共同面临的任务。④

第三届大会于2013年11月20日在印度首都新德里举办，主题为“金砖国家竞争执法：问题与挑战”。印度总理曼莫汉·辛格出席本次大会开幕式并致辞。会上五国竞争执法机构负责人共同签署的《德里协议》重申了金砖国家国际竞争大会召开的必要性及其积极影响，进一步明确了金砖国家加强合作的决心和意愿。⑤

第四届大会于2015年11月11日在南非德班举办，由南非竞争委员会（CCSA）承办，以“竞争与包容性增长”为主题。大会发表的《德班联合声明》表达了五国竞争执法机构在经验分享、能力建设、执法协助等方面加强交流合作的意愿。⑥

第五届大会于2017年11月9日在巴西首都巴西利亚举行。本届大会以“迈向成功合作的第二个十年”为主题，会议期间五个国家的竞争执法机构负责人共同签署了《巴西利亚联合声明》，一致同意进

---

④　http：//www.gov.cn/ldhd/2011－09/21/content_1953086.htm.

⑤　http：//www.cicn.com.cn/zggsb/2015－01/21/cms34929article.shtml.

⑥　http：//www.gov.cn/guowuyuan/2015－11/18/content_2967456.htm.

一步加强金砖五国竞争执法机构多边合作框架机制建设。[⑦]

第六届大会是金砖国家国际竞争大会第二轮的开始，于 2019 年 9 月17 日在俄罗斯莫斯科举办。会议主题是“金砖国家竞争执法机构成功合作的十年纪念：成就与展望”。开幕式上，俄罗斯第一副总理代表普京总统表示祝贺。中国市场监管总局副局长甘霖代表中国反竞争执法机构出席会议。大会发表的《莫斯科宣言》表达了五国竞争执法机构致力于以竞争促进经济包容性增长，在执法和研究领域进一步加强合作的意愿。[⑧]

第七届大会将于 2021 年再次在中国举办。[⑨]

金砖国家竞争执法机构多边合作的框架性文件形成于 2016 年 5 月。在第六届圣彼得堡国际法律论坛活动期间，金砖五国竞争执法机构负责人共同签署了《巴西联邦共和国、俄罗斯联邦、印度共和国、中华人民共和国、南非共和国竞争执法机构竞争法律与政策领域合作谅解备忘录》[⑩]（下称《备忘录》），有效期至 2020 年。2019 年第六届金砖国家国际竞争大会上，五国竞争执法机构达成共识，将于 2020 年启动《备忘录》延期程序。《备忘录》明确了五国竞争执法机构之间的伙伴关系及具体合作方式，包括交流竞争政策及相关立法执法情况，就竞争问题开展联合研究，邀请成员机构参加本国承办的竞争领域国际会议、研讨等活动，以及在可能情况下为成员机构开展的竞争案件调查提供帮助。根据《备忘录》，成员机构将通过成立联络委员会、专题工作组等工作机制，就具有重要社会影响的经济领域竞争问题开展研究。《备忘录》的签署是竞争领域落实《金砖国家领导

---

⑦ http：//www. xinhuanet. com/fortune/2017 – 11/14/c _ 129740277. htm. http：//qiankeming. mofcom. gov. cn/article/activities/201711/20171102671895. shtml.

⑧ http：//www. samr. gov. cn/fldj/sjdt/gzdt/201909/t20190924 _306992. html.

⑨ http：//www. samr. gov. cn/fldj/sjdt/tpxw/201903/t20190324 _292285. html.

⑩ http：//en. fas. gov. ru/international – cooperation/brics/concluding – documents/.

人第七次会晤乌法宣言》[11] 的必要举措，为金砖五国竞争执法机构交流与合作提供了多边合作框架，是金砖国家竞争领域合作的一个重要里程碑。

根据《备忘录》，金砖国家反垄断政策协调委员会成立。委员会成员由五国成员机构负责人担任，日常工作主要体现在研究工作层面，由金砖国家竞争法律与政策中心（the BRICS Competition Law and Policy Center）[12] 承担。2019 年第六届金砖国家国际竞争大会发表的《莫斯科宣言》中，专门强调了该中心在促进金砖国家政府部门和研究机构开展竞争法律和政策研究方面合作的重要平台地位。大会期间，该中心发布了专题研究报告《数字时代的竞争：金砖国家的视角（1. 0 版）》［Digital Era Competition：BRICS View（1. 0 Version）］。[13] 该报告由该中心组织包括中国在内多个国家的二十多个机构数十位专家学者共同撰写，全面梳理了金砖国家数字市场的发展以及反垄断规制经验。[14]

二、与其他国家的交流合作

《反垄断法》实施以来，中国竞争执法机构积极开展国际交流合作，与三十多个司法辖区的竞争执法机构签署了五十多个反垄断法国际合作文件，还经常派员参加亚太经合组织、经合组织、亚洲开发银行、联合国贸发会、美国律师协会、日本国际协力机构等组织的国际会议，介绍中国反垄断执法工作情况。[15]

---

⑪ http：//www. xinhuanet. com/world/2015 －07/11/c _1115889581. htm.

⑫ http：//bricscompetition. org/.

⑬ http：//bricscompetition. org/materials/news/digital －era －competition －brics －report/.

⑭ https：//cclp. sjtu. edu. cn/Show. aspx？ info _lb =671&info _id =4557&flag =647.

⑮ http：//www. gov. cn/xinwen/2017 －10/10/content _5230475. htm.

广泛的国际合作促进了中国反垄断执法能力提升。如商务部在数十起平行审查的重大跨国并购案件中，与相关国家执法机构开展了执法合作，增强了并购交易的确定性，扩大了我国跨国并购审查的国际影响力；工商总局和国家发改委在查办滥用市场支配地位行为案件和国际卡特尔案件调查中，也在立足我国法律规定和案情实际的基础上，积极借鉴国际同行办案经验，案件查办工作的专业性得到了普遍认可。

市场监管总局成立以来，在反垄断领域进一步深化国际交流合作。2018 年 4 月以来，总局副局长甘霖先后率团访问韩国、日本、菲律宾、塞尔维亚、摩洛哥、葡萄牙、尼泊尔、印度和印度尼西亚、俄罗斯、白俄罗斯等十几个国家，宣传中国反垄断机构改革进展和工作成效，并与韩国、日本、塞尔维亚、摩洛哥、俄罗斯、白俄罗斯等十多个国家的竞争执法机构签署了双边反垄断合作备忘录。总局积极探索建立中、韩、日三方反垄断合作机制，就加入国际竞争网络和竞争执法程序合作框架开展研究，深化亚洲和全球竞争政策与反垄断执法领域合作，进一步提升中国在全球竞争治理舞台上的地位和作用；在参与中日韩、中秘、中挪、中以等多双边自贸协定谈判过程中，推动设立竞争有关章节和条款，为保护投资和贸易自由化成果提供竞争规则保障；在《反垄断法》等重要法律法规修订过程中，通过不同途径听取其他国家和地区的执法机构、企业、协会以及律师、专家的意见和建议，展示中国反垄断执法机构国际化、法治化、专业化形象。[16]

---

⑯ http：//www. samr. gov. cn/jg/zjld/gl/zyhd/. http：//www. cicn. com. cn/zggsb/2020 – 03/20/cms125011article. shtml.

第四篇

12个并购案

可口可乐收购汇源案

冯瑶*

一、案件介绍

美国可口可乐公司（下称“可口可乐”）于2008年9月宣布旗下子公司将以约24亿美元的价格全面收购中国汇源果汁集团有限公司（下称“汇源”）。汇源拟通过本次收购出售其销售渠道，随后集中发展上游产业链活动。根据当时刚生效不久的《反垄断法》，该交易需经过原中国商务部反垄断局（下称“反垄断局”）的反垄断审查。反垄断局最终于2009年3月18日发布了《中华人民共和国商务部公告〔2009年〕第22号》（下称“公告”）禁止了本项经营者集中。

在公告中，反垄断局表示，此项经营者集中具有排除、限制竞争效果，将对中国果汁饮料市场有效竞争和果汁产业健康发展产生不利影响。① 鉴于参与集中的经营者没有提供充足的证据证明集中对竞争产生的有利影响明显大于不利影响或者符合社会公共利益，在规定的

---

* 冯瑶，在办理本案时供职于世泽律师事务所，并于2019年作为国际贸易与竞争团队的创始人及香港办公室的负责人加入尚伦律师事务所。

① 商务部认定的不利影响包括：（1）集中完成后，可口可乐有能力将其在碳酸软饮料市场上的支配地位传导到果汁饮料市场，对现有果汁饮料企业产生排除、限制竞争效果，进而损害饮料消费者的合法权益。（2）品牌是影响饮料市场有效竞争的关键因素，集中完成后，可口可乐通过控制“美汁源”和“汇源”两个知名果汁品牌，对果汁市场控制力将明显增强，加之其在碳酸饮料市场已有的支配地位以及相应的传导效应，集中将使潜在竞争对手进入果汁饮料市场的障碍明显提高。（3）集中挤压了国内中小型果汁企业生存空间，抑制了国内企业在果汁饮料市场参与竞争和自主创新的能力，给中国果汁饮料市场有效竞争格局造成不良影响，不利于中国果汁行业的持续健康发展。

时间内，可口可乐也没有提出可行的减少不利影响的解决方案，因此，决定禁止此项经营者集中。

本案是当年涉及外资并购金额最大、影响最大的案子，[②] 同时也是我国《反垄断法》实施以来首个被禁止实施的经营者集中，曾引起高度关注和广泛讨论。

二、本案审查程序方面的亮点

反垄断局对本案的审查时间进展如下：

本案自提交申报至公告发布共计持续 6 个月，自立案至公告发布共计持续 4 个月，经历了两个审查阶段。今天来看，对于本案这样在行业内外广受关注、影响较大的案件，其审查时长是很短的——就反垄断局 2018 年至 2019 年附条件批准的案件来说，平均审查时长超过 12 个月。其中，审查时长最短的是高意股份有限公司收购菲尼萨股份有限公司股权案，审查时长 7 个月；最长的是浙江花园生物高科股份有限公司与皇家帝斯曼有限公司新设合营企业案，审查时长长达 18 个月。近年来附条件批准的案件在审查过程中也经常涉及撤回重报的情况。尽管如此，在《反垄断法》实施初期的 2008 年至 2009 年，本案 4 个月的审查时长已经相对较长。

表 1 中列出了 2008 年至 2009 年及 2018 年至 2019 年所有附条件批准案件[③]的审查时间及期限，十年前后的审查时长差异对比明显。

---

② 参见《可口可乐汇源案法律研讨会》，https：//www. wenku365. com/p－17473795. html。

③ 以公告发布时间为准。

表 1　附条件案件审查时间对比表

序号	交易方	申报提交时间④	立案时间⑤	公告发布时间	时长⑥
2008 年至 2009 年					
1	英博/AB 公司	2008. 9. 10	2008. 10. 27	2008. 11. 18	1 个月
2	三菱丽阳/璐彩特	2008. 12. 22	2009. 1. 20	2009. 4. 24	3 个月
3	通用汽车/德尔福	2009. 8. 18	2009. 8. 31	2009. 9. 28	1 个月
4	辉瑞/惠氏	2009. 6. 9	2009. 6. 15	2009. 9. 29	4 个月
5	松下/三洋	2009. 1. 21	2009. 5. 4	2009. 10. 30	6 个月⑦
平均时长					3 个月
2018 年至 2019 年					
1	拜耳股份/孟山都	2016. 12. 5	2017. 2. 24	2018. 3. 13	13 个月
2	依视路/陆逊梯卡	2017. 5. 23	2017. 8. 17	2018. 7. 25	12 个月
3	林德集团/普莱克斯	2017. 8. 14	2017. 9. 29	2018. 9. 30	12 个月
4	联合技术/罗克韦尔柯林斯	2017. 11. 16	2017. 12. 13	2018. 11. 23	12 个月
5	科天/奥宝科技	2018. 4. 28	2018. 6. 26	2019. 2. 13	8 个月
6	卡哥特科/德瑞斯	2018. 6. 15	2018. 7. 26	2019. 7. 5	12 个月
7	高意股份/菲尼萨	2018. 12. 29	2019. 2. 20	2019. 9. 18	7 个月
8	浙江花园生物/皇家帝斯曼	2018. 4. 12	2018. 5. 2	2019. 10. 16	18 个月
9	诺贝丽斯/爱励	2018. 8. 31	2018. 9. 30	2019. 12. 20	15 个月
平均时长					12 个月

虽然彼时还未出台关于撤回重新申报的规定，但客观来说，即使当年申报时已经有了明确的关于撤回申报的规定，本案也需要交易双方延长收购要约期限（2009 年 3 月 23 日是可口可乐和汇源敲定的收

④　以第一次提交申报时间为准。

⑤　以第一次立案时间为准。

⑥　自立案时间起至公告发布时间，取近似值。

⑦　松下公司收购三洋公司案是首个进入第三审查阶段的案件。

购要约期限[8]）。虽然延长要约期限在当今已很常见，但即使通过撤回申报获得更多的审查时间，本案是否会有不同的审查结果也不得而知。

三、本案审查实体方面的问题

公告内容简略

回顾本案公告以及反垄断局于2008年及2009年做出的附条件批准决定公告，不难发现早期的公告内容单薄，说明及分析不足。举例来说，在“审查内容”这一部分，本案公告仅是简单罗列了《反垄断法》第二十七条的内容，没有详细的分析。

公告过于简略，公布的细节不足，这会在一定程度上引起人们对审查合理性的怀疑，以及对审查背后影响因素的猜测。对此，反垄断局曾回应其“严格依法独立办案，既没有受与竞争法无关因素的干扰，也没有受一些外媒所谓民族情绪的影响，完全是依照反垄断法做出了客观的裁决”。笔者认为，如果反垄断局能在遵守《反垄断法》下保密义务[9]的同时，尽可能详细地在公告中载明具体的分析及所依赖的事实和数据而非仅提供高度概括的一般性描述，那么针对本案决定的质疑或许会少一些。[10]

相关市场的界定

本案的相关市场为中国果汁饮料市场，但本案公告中缺少单独、具体的市场界定。公告发布之后，有人对相关市场界定的方法提出了

---

⑧ 参见《商务部根据反垄断法审核可口可乐收购汇源案》，http：//news. szhk. com/2009/03/11/282711657586600. html。

⑨ 《反垄断法》第四十一条。反垄断执法机构及其工作人员对执法过程中知悉的商业秘密负有保密义务。

⑩ 参见《商务部新闻发言人姚坚就可口可乐收购汇源公司反垄断审查决定答记者问》，http：//www. mofcom. gov. cn/aarticle/zhengcejd/bj/200903/20090306124140. html。

疑问，有专家指出，反垄断局没有公布足够的细节，因此无法判断其对相关市场是如何界定的。⑪

反垄断局后来在 2009 年 3 月 25 日的答记者问中对市场界定问题做出了解答——反垄断局高度注重经济学分析，对 100% 纯果汁、浓度为 26%~99% 的混合果汁、浓度在 25% 以下的果汁饮料之间的可替代性进行了深入分析。根据市场调查和证据，反垄断局认定果汁类饮料和碳酸类饮料之间替代性较低，且三种不同浓度果汁饮料之间存在很高的需求替代性和供给替代性，因此将相关市场界定为果汁类饮料市场。⑫

反垄断局对本案做出决定之前，《国务院反垄断委员会关于相关市场界定的指南》（下称《指南》）尚未发布。⑬ 但商务部发言人的解释中有多处与《指南》规定高度相似的内容，例如，发言人关于替代性的分析⑭与《指南》第四条⑮的内容基本一致。可见反垄断局在审查本案时，很可能已经遵循了《指南》中的相关规定。

除反垄断局的界定外，法律界也有评论认同三种浓度果汁可替代性较大，应将其归于一类相关市场。⑯ "果汁饮料市场"这一界定后来又再次适用在漳州伊莱福食品有限公司收购江门顶津食品有限公司

---

⑪ 参见《可口可乐汇源案法律研讨会》，https：//www. wenku365. com/p – 17473795. html。

⑫ 参见《商务部新闻发言人姚坚就可口可乐收购汇源公司反垄断审查决定答记者问》，http：//www. mofcom. gov. cn/aarticle/zhengcejd/bj/200903/20090306124140. html。

⑬ 《指南》于 2009 年 5 月 24 日发布。

⑭ "在反垄断执法实践中，相关市场范围大小往往取决于对紧密替代商品范围的认定。被需求者视为紧密替代商品的存在，对经营者行为构成最直接、最有效的竞争约束，因此，界定相关市场主要考虑需求替代。供给替代对经营者行为产生的竞争约束类似于需求替代时，也可同时考虑供给替代。"

⑮ 《指南》第四条：替代性分析。在反垄断执法实践中，相关市场范围的大小主要取决于商品（地域）的可替代程度。在市场竞争中对经营者行为构成直接和有效竞争约束的，是市场里存在需求者认为具有较强替代关系的商品或能够提供这些商品的地域，因此，界定相关市场主要从需求者角度进行需求替代分析。当供给替代对经营者行为产生的竞争约束类似于需求替代时，也应考虑供给替代。

⑯ 参见《可口可乐与汇源并购案再现立法滞后》，http：//www. grandall. com. cn/grandall – research – institute/legal – study/grandall – forum/9483. htm。

等五家公司股权案（2017 年）中。⑰

四、本案被禁止的原因

竞争因素

如上文所述，本案公告仅根据《反垄断法》第二十七条罗列了审查内容，随后以较为概括的语言描述了竞争可能产生的不利影响，但缺少具体的竞争分析。反垄断局评估确认集中将产生两个传导效应和一个挤压效应，即从碳酸饮料到果汁饮料的市场地位传导效应，可乐的品牌传导效应，以及对中小企业的挤压效应。⑱

就传导效应而言，可口可乐在碳酸软饮料市场占有市场支配地位，而碳酸饮料市场和果汁饮料市场属于紧密相邻的市场。通过收购，可口可乐公司在果汁饮料市场的竞争优势和影响力将增强，并且，有能力在并购后将果汁饮料与碳酸饮料搭售、捆绑销售或附加排他性交易条件，将其在碳酸饮料市场上的支配地位传导至果汁饮料市场，削弱其他果汁类饮料生产商与其形成竞争的能力，最终使消费者被迫接受更高价格、更少种类的产品。⑲

就挤压效应而言，中小果汁企业无法对可口可乐施加有效竞争约束。在我国，果汁饮料市场的进入成本较低，市场中存在大量中小企业，但考虑到可口可乐的规模和财力、品牌影响力、消费群体及销售

---

⑰ 此外，反垄断局公示的简易案件中，涉及果汁的案例也包括 PAI 合伙人简易股份公司与不列颠哥伦比亚投资管理公司收购雷夫雷斯科集团公众公司案（2018 年），相关产品市场包括碳酸软饮料市场、瓶装水市场、果汁饮料市场、即饮茶市场、速溶茶及茶浓缩液市场和固体饮料市场；以及华宝国际控股有限公司收购嘉豪食品有限公司股权案（2018 年），相关产品市场为浓缩果汁市场。

⑱ 参见《可口可乐汇源案法律研讨会》，https：//www. wenku365. com/p－17473795. html。

⑲ 参见《商务部根据反垄断法审核可口可乐收购汇源案》，http：//news. szhk. com/2009/03/11/282711657586600. html。

网络，我国中小型企业并不能同交易后的可口可乐开展有效竞争。此外，搭售、捆绑等排他性交易可使可口可乐节约成本，变相提高中小果汁企业的生产成本，并排除这些企业的竞争。[20]

非竞争因素

反垄断局曾表示其系依法审核可口可乐收购汇源案，不会受任何外部因素的影响。[21] 然而，公告发布之后，仍出现了许多对禁止决定背后的非竞争因素的猜测与讨论，涉及的观点包括：（1）国内果汁生产商及舆论带来的压力；（2）2008 年《国家知识产权战略纲要》关于形成拥有知名品牌优势企业的目标；[22]（3）金融危机导致交易标价过高，可口可乐内部出现异议；[23]（4）反垄断执法机构确立过晚，执法工作没有充分的前期准备等。[24]

五、后续影响及启发

交易被禁止后，汇源经历了股价大跌、市值缩水、债台高筑等负面影响，至今未能恢复元气。汇源 2019 年 4 月曾宣布计划与天地壹号成立合资公司，但这一自救计划最终也宣告终止。[25] 相较而言，可口

---

[20] 参见肖小梅，《传导、杠杆与企业合并的反垄断分析——以商务部禁止可口可乐集中一案为例》，《湖南社会科学》，2012 年第 6 期。

[21] 参见《商务部根据反垄断法审核可口可乐收购汇源案》，http：//news. szhk. com/2009/03/11/282711657586600. html。

[22] 参见 EUROPEAN CHAMBER：THE COCA COLA – HUIYUAN CASE HAS A NEGATIVE IMPACT：https：//www. europeanchamber. com. cn/en/national – news/201/european _ chamber _ the _ coca _ cola _ huiyuan _ case _ has _ a _ negative _ impact。

[23] 参见《可口可乐收购汇源：失败后的深思》，http：//www. knowledgeatwharton. com. cn/article/1999/。

[24] 参见侯利阳，《〈反垄断法〉不能承受之重——我国反垄断执法五周年回顾与展望》，《交大法学》，2013 年第 2 期。

[25] 参见《“国民果汁”汇源负债百亿资产已被冻结或将退市》，https：//www. 360kuai. com/pc/9f3936bffaf7fd113？cota = 3&kuai _ so = 1&sign = 360 _ 57c3bbd1&refer _ scene = so _ 1。

可乐遭受的影响似乎较小，其近年仍在不断对其他类型饮料加大投资，例如，2014 年收购美国绿山咖啡股权，[26] 2015 年收购厦门粗粮王[27]（涉足植物基饮料），2018 年收购咖世家[28]等。

截至目前，原商务部反垄断局及之后的国家市场监督管理总局反垄断局仅禁止了两项交易。[29] 从这个角度看，《反垄断法》的目的还是预防和制止垄断行为，以维护公平竞争环境。近年来，合规指引也成为反垄断法实施的一大趋势，[30] 公司在经营和计划交易时应予以重视。公司在计划交易阶段即应考虑并全面估计经营者集中审查可能引发的不予批准或附条件的风险，相应地对前期准备做出合理安排，避免前期投入较大但最终无法收回前期准备费用的结果。此外，如果交易涉及经营者集中申报，公司在约定收购要约期限时，也应充分考虑经营者集中申报的审查期限及延长审查期限的情形，尤其是对市场竞争格局影响较大、容易引发竞争关注的领域/交易，最好预留足够的时间以防需要撤回申报。

---

[26] 参见《避开星巴克（Starbucks）“天罗地网”美国（United States）绿山咖啡（Keurig Green Mountain）开辟新天地引领 K 杯市场》，http：//www. bigorangemedia. com/12221。

[27] 参见《有内味儿了！可口可乐在中国“低调”卖起了原味豆奶》，https：//finance. sina. cn/stock/relnews/us/2020 – 04 – 10/detail – iircuyvh6871301. d. html？vt = 4&wm = 2272 _6904。

[28] 参见《可口可乐 51 亿美元收购咖世家，未来深入热饮市场》：http：//news. sina. com. cn/c/2018 – 08 – 31/doc – ihinpmnq7547683. shtml。

[29] 关于另一项被禁止的交易，请参见《商务部公告 2014 年第 46 号商务部关于禁止马士基、地中海航运、达飞设立网络中心经营者集中反垄断审查决定的公告》，http：//fldj. mofcom. gov. cn/article/ztxx/201406/20140600628586. shtml。

[30] 参见喻玲，《从威慑到合规指引 反垄断法实施的新趋势》，《中外法学》，2013 年 06 期。

西部数据收购日立存储案

任勇　张枫宜

一、案件介绍

2011年3月，西部数据科技公司（下称“西部数据”）宣布，西部数据、西部数据爱尔兰公司（西部数据的全资子公司）、日立公司和Viviti Technologies Ltd.（日立公司的全资子公司，下称“Viviti公司”）签署了《股权购买协议》，西部数据将收购Viviti公司全部股权。

西部数据和日立存储均为世界知名的硬盘生产商，所生产产品涉及个人电脑等与民众生活息息相关的方面。西部数据是从事硬盘等数字存储产品的生产和销售企业。Viviti公司作为控股公司直接持有日立环球存储科技荷兰（Hitachi Global Storage Technologies Netherlands B.V.）公司，并通过该公司间接持有日立环球存储科技新加坡（Hitachi Global Storage Technologies Singapore Pte. Ltd.）等公司从事硬盘业务。

同年4月，原商务部反垄断局（下称“反垄断局”）收到前述交易的经营者集中申报，并于2012年3月2日附加限制性条件批准此项

* 任勇，北京市天地和律师事务所创始人、主任合伙人；张枫宜，北京市天地和律师事务所高级律师。

经营者集中。之后于2015年10月19日变更此项集中限制性条件，于2017年10月底限制性条件自动终止，并于2019年4月结束了关于附加限制性条件履行情况的全部审核。

西部数据收购日立存储案是一个集原始申报附条件批准、违反限制性条件受到处罚、限制性条件变更以及限制性条件解除于一体的高度复杂的案件，在此过程中存在大量开创性和值得借鉴的内容。

二、本案审查程序方面的亮点

申报审查阶段

2011年4月2日，西部数据收购日立存储的经营者集中申报递交至反垄断局。2012年3月12日，反垄断局网站公布《商务部公告2012年第9号 关于附加限制性条件批准西部数据收购日立存储经营者集中反垄断审查决定的公告》（下称“《批准公告》”）。[①] 西部数据收购日立存储案的审批过程涉及一次撤回重报，最终经过接近一年的审批程序获得附条件批准。

违反限制性条件处罚阶段

然而，在2014年12月4日，商务部发布了《关于经营者集中附加限制性条件的规定（试行）》。其中，根据第29条，参与集中的经营者如果违反审查决定，商务部应责令限期改正。在上述规定发布前，反垄断局于2014年12月2日对西部数据的如下两个行为分别做

---

① 参见《商务部公告2012年第9号 关于附加限制性条件批准西部数据收购日立存储经营者集中反垄断审查决定的公告》，http：//fldj. mofcom. gov. cn/article/ztxx/201203/20120307993758. shtml。

出了行政处罚[②]：

1. 未经批准将 Viviti 公司的美国子公司 HGST 转成西部数据的全资子公司。

2. 2013 年 1 月撤销了 Viviti/HGST 公司发展部门，并将其有关员工转移至西部数据任职。

反垄断局认为西部数据的这两个行为违反了《批准公告》第四部分第（一）项要求“维持 Viviti 公司交易前的状态，确保 Viviti 公司维持独立的法人地位并独立开展业务”。对于这两个行为分别处以 30 万元的行政罚款，并且依据《行政处罚法》第 23 条，要求它在行政处罚做出 45 天内，采取其承诺的措施改正违规行为。2014 年 3 月 6 日和 5 月 12 日，西部数据公司分别向反垄断局递交了《关于解决 Viviti/HGST 美国实体税务安排问题的提议》和《关于解决 WDC 公司发展部门问题的提议》，承诺采取相关措施改正违法行为。

修改限制性条件阶段

2014 年 3 月，西部数据第一次提出解除原公告第（一）项和第（二）项义务的申请。经过公司和律师的共同努力，2015 年 10 月 19 日，继西部数据收购日立存储案限制性批准后三年多，反垄断局网站公布了《商务部公告 2015 年第 41 号关于变更西部数据收购日立存储经营者集中限制性条件的公告》（下称“《变更公告》”），[③] 其中对批准时附加条件的履行情况进行了逐项评估。

反垄断局总体上认为西部数据“除了在履行第（一）项义务过程

---

② 参见《商务部行政处罚决定书（商法函［2014］86 号）》，http：//fldj. mofcom. gov. cn/ article/ztxx/201509/20150901124992. shtml，及《商务部行政处罚决定书（商法函［2014］787 号）》，http：//fldj. mofcom. gov. cn/article/ztxx/201509/20150901124994. shtml。

③ 参见《商务部公告 2015 年第 41 号 关于变更西部数据收购日立存储经营者集中限制性条件的公告》，http：//fldj. mofcom. gov. cn/article/ztxx/201510/20151001139040. shtml。

中出现两项违反公告行为外，按照2012年第9号公告要求履行了各项义务”。通过相关竞争分析和评估以及多轮商谈，反垄断局最终决定“解除生产、研发等方面的保持独立义务，继续保持西部数据和HGST品牌和销售独立”，并决定“上述义务自公告发布之日起两年终止”。

解除限制性条件阶段

2017年至2018年，由于收到多轮举报，反垄断局指示监督受托人对西部数据公司对限制性条件的履行进行多轮调查和解释。通过公司与律师的共同努力，最终在2019年4月结束了关于附加限制性条件履行情况的全部审核。

三、本案审查实体方面的亮点

变更限制性条件中的相关市场界定

在西部数据公司被反垄断局行政处罚后，经过分析和与客户沟通，在原审查决定中，反垄断局审查团队认定：

硬盘是以磁存储技术为基础的存储设备，通常作为计算器和其他消费电子产品中最重要的辅助存储介质使用。硬盘与固态硬盘、闪存等其他辅助存储设备在容量、价格、用途等方面差异明显，硬盘市场构成单独的相关商品市场（见下图）。

传统硬盘示意图

固态硬盘示意图

闪存示意图

按终端应用不同，硬盘市场可以分为企业级应用、台式电脑应用、便携式电脑应用和消费电子产品应用等细分的相关商品市场。如下图：

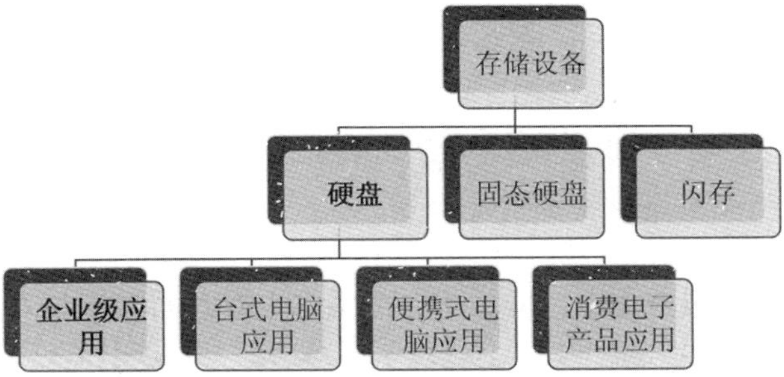

由此可知，在《批准公告》中，反垄断局将传统硬盘和固态硬盘分为不同的相关产品市场。而随着时间的推移，客户通过产业实践表示，随着时间的推移和科技的发展，固态硬盘技术不断发展，成本不断降低，已经开始持续不断地挤占传统硬盘的生存空间。

因此，西部数据撰写了相应的报告，向反垄断局提交了重新考虑保持独立规定的申请。在此过程中，将第一步重点放在扩充并说服反垄断局接受新的相关产品市场界定上，包括如下几个重点：

1. 传统硬盘需求出人意料地出现了大幅度和持续性下滑，包括个人电脑需求量下降；相比本地存储，云存储技术的出现提高了硬盘的使用效率；固态硬盘不断取代传统硬盘。

2. 固态硬盘已经成为传统硬盘的替代品，存储速度快、尺寸和重量上更易携带，特别是提供了每 GB（吉字节）的价格横向对比，可知传统硬盘每 GB 的价格和固态硬盘每 GB 的价格不相上下。

3. 东芝在业务上比较全面，已经成为一个强劲竞争对手。

对于这些市场变化因素，西部数据提供了大量来自国家数据公司（IDC）和高德纳的数据，并且提供了大量行业分析内容和引用，包括国内外各种研究机构和分析机构的报告。在遵循反垄断局决定中细分市场界定的前提下，就每个细分市场中的份额变化、每 GB 价格变化等内容做了直观的比较。

最终，西部数据基本成功将固态硬盘放入整体的市场竞争体系中。虽然在变更限制性条件中反垄断局仍然对高性能企业级细分领域存在少量竞争担忧，但是对其他细分市场的竞争担忧已基本不再存在。

变更限制性条件中的竞争分析

在原始申报审查中，反垄断局在决定中提及“硬盘市场特点包括集中度极高”。当时，硬盘市场上仅存希捷、西部数据、日立存储、东芝和三星五家生产商，“2010 年，上述五家生产商在全球的市场份额分别为33%、29%、18%、10%和10%，在中国市场的份额类似”。可以称之为“硬盘市场五变三”的一项典型集中，会导致重要竞争者的减少，削弱采购过程中硬盘生产商之间的竞争压力。

而当时市场中的采购情况主要使用不公开竞标的方式，按季度进行谈判，将需求按照价格在几家硬盘供应商中分配。

因此，本集中对市场竞争和集中后的客户采购产生实质性影响：“调查发现，在其他条件未见明显变化的情况下，个人电脑的销售价格相应上涨，电脑生产商将硬盘价格上涨转嫁给了最终消费者。”

通过对上述反垄断局竞争分析重点的分析和理解，律师协助西部数据就这几项重点开始对市场变化情形进行总结和整理。

第一，从竞争理论的角度明确向反垄断局解释西部数据和日立两家公司的结合不会导致反竞争效应，原因在于市场上留存的竞争者数量将产生具有竞争力的定价（引入了“伯特兰德”竞争模式，价格在三家竞争买家间竞争），创新激励因素仍然强劲，而协同不可行。此外，也递交了多次行业报告。

第二，对于新竞争者东芝的情形，除了感性描述东芝的竞争力，还尽力整理了西部数据、HGST、东芝和希捷之间生产线的比较数据。

可以直观看出东芝和希捷的生产线更加完美。

第三，对于西部数据本身的情况，分析整理了自反垄断局限制性条件附加后到当时的财务数据，以体现西部数据和日立无法在价格方面进行有力竞争。限制性条件的继续执行实际上“会削弱市场竞争”，并最终损害消费者利益。而与此相对的，通过经济学家的分析，存在现实的压力要求解除限制性条件，才能够降低西部数据和日立的生产成本，节省间接成本和合规成本。

从 2014 年初至 2015 年中，在递交了总计 11 轮的证明材料、公司高管多次赴北京与反垄断局相关人员进行面对面会议并解释相关技术问题、及时应对反垄断局的各种进一步问题后，最终说服反垄断局接受修改限制性条件的提议，并正式进入了修改限制性条件的磋商阶段。

所附限制性条件和变更后限制性条件特点分析

《批准公告》中的限制性条件

原始审查中的限制性条件是典型的“业务分持”，即要求在相关市场上维持 Viviti 公司作为一个独立的竞争者存在，范围“包括但不限于研发、生产、采购、营销、售后、行政、财务、投资、人事任命等方面”。特别在第（二）项中列明对独立销售提出了独立生产线、独立生产团队、独立销售团队和独立品牌的要求，④ 以维持市场上两家独立硬盘厂商的竞争。此外，对西部数据在 Viviti 公司中履行的“有限股东权利”进行了前置限定。

除此以外，《批准公告》中的限制性条件也对维持创新研发、合理确

④ “Viviti 公司应当继续使用既有的生产线和相关生产团队生产硬盘产品，并由原销售团队以 HGST 生产商的名义（交易完成后，Viviti 公司直接持有的 Hitachi Global Storage Technologies Netherlands B. V. 公司及项下的关联公司中的 Hitachi Global Storage Technologies 或日立环球存储科技将改为 HGST），以交易前使用的 TRAVELSTAR 和 ULTRASTAR 品牌，以独立和合理的定价机制继续独立销售硬盘产品。”

定产能产量、保持集中前商业模式已经剥离3.5英寸硬盘资产做了限定。

《变更公告》中的限制性条件

变更后的限制性条件中，反垄断局与西部数据达成一致，仅继续保持品牌和销售独立，并对品牌和销售独立的内容做了进一步细化，包括如下内容：

1. 保持双方销售团队，仅销售各自现有或者将来品牌项下的硬盘及存储产品；

2. 公司生产可进行整合，双方销售团队可销售包括台式电脑、便携式应用、高容量企业级和高性能企业级解决方案所需的产品；

3. 程序方面，双方设立防火墙，不得在同一地理位置，各自设置销售副总裁、分别接触客户、独立竞标和决定产品等；

4. 仍然保持原有商业模式和维持研发创新。

所附限制性条件的解除

2017年，在变更限制性条件即将到期时，反垄断局多次接到市场第三方举报，投诉西部数据销售团队和HGST团队协同降低部分硬盘产品的供应量、提高销售价格，并已经开始整合经销商，并且要求公司提供大客户名单，以进一步与其他客户核实。

由于西部数据无法明确得知举报内容和举报依据，只能着手准备反垄断局及监督受托人所要求的各项信息，包括列表方式整理的所有销售数量和销售价格，西部数据和HGST团队相关时期内的所有邮件往来，配合监督受托人的多次访谈和对公司情况的了解。

西部数据也透过监督受托人的间接方式或者直接与反垄断局直接沟通的方式，表达公司“自证清白”任务的严苛和难度，多次恳请核实举报人提供信息的真实性、准确性，并要求举报人提供相关信息的来源和“指控”的依据。

另一方面，通过与执法机构和监督受托人的密切沟通和不断努力，进一步侧面了解、定位举报所称行为发生的时间段和面对的主要客户。从而在提供信息和资料的过程中有的放矢，减轻公司负担。

四、后续影响及启发

保持与竞争执法机构良好的沟通和可信的声誉

这是反垄断局首次依据附条件批准的经营者集中决定做出的处罚。在面对多方指责和担忧的前提下，帮助公司深入理解、严格履行限制性条件，另一方面仍然满怀信心地准备尽快开始申请解除限制性条件，未雨绸缪，是一个相当有远见的决策。

面对与集中决定相比有较大改变的市场情形，相关的证明需要多方面、多维度和长期的努力

在开始向反垄断局证明市场情形有较大改变时，除了与反垄断局办案人员解释外，也通过行业会议、行业客户等各方面努力力图向执法机构传递来自行业的信息。

面对限制性条件履行过程中的问题，耐心、细致地与竞争执法机构和监督受托人沟通

在后期核实“保持独立”条件是否被违反时，准备海量材料回答监督受托人问题的过程中，公司法务部成员与受托律师进行了紧密的沟通，及时传达了准备海量信息和数据的困难。而受托律所也尽力通过与执法机构的沟通和对反垄断调查相关法律法规的理解，协助客户精准定位相关问题涉及的时间段和内容，尽力减轻客户负担。

最终，经过从 2012 年到 2019 年长达六七年的努力，反垄断局解除了限制性条件。

希捷科技收购三星硬盘驱动器业务案

冯瑶

一、案件介绍

2011年4月19日，希捷科技公司（下称“希捷”）宣布以约13.75亿美元收购三星电子的硬盘业务。[①] 根据相关法律规定，此收购案经过了欧盟、日本、美国、澳大利亚、韩国和中国的反垄断审查。

2011年5月19日，交易双方向商务部反垄断局（下称“反垄断局”）提交申报。2011年12月12日，反垄断局决定附加限制性条件批准此项经营者集中。本案是中国第一起采用保持独立的限制性条件的案例，对此后众多存在横向竞争问题的案例有深远的指引作用。

除中国以外，本案在其他司法辖区均取得了无条件批准。[②] 2011年12月19日，希捷宣布完成对三星电子硬盘业务的收购。

---

* 冯瑶，在办理本案时供职于世泽律师事务所，并于2019年作为国际贸易与竞争团队的创始人及香港办公室的负责人加入尚伦律师事务所。

① 参见“希捷和三星共同宣布进行广泛的战略调整”，希捷中文官方网站，https://www.seagate.com/cn/zh/news/news-archive/samsung-seagate-alignment-announce-pr/?paramChannelName=newsroom。

② 参见欧盟委员会案件号COMP/M/6214，希捷收购三星硬盘业务案，https://ec.europa.eu/competition/mergers/cases/decisions/m6214_3520_2.pdf；以及《联邦贸易委员会维护个人台式电脑硬盘市场竞争》，美国联邦贸易委员会，2012年3月5日，https://www.ftc.gov/news-events/press-releases/2012/03/ftc-action-preserves-competition-market-desktop-hard-disk。

2013 年 5 月，希捷提出解除第（一）（二）项义务的申请。反垄断局对该申请进行了审查分析后于 2015 年 10 月 19 日公告解除了第（一）（二）项义务，使得希捷成为首个获得完全解除保持独立限制性条件的公司。

二、本案审查程序方面的亮点

反垄断局于 2011 年 5 月 19 日收到经营者集中申报，并于 12 月 12 日批准本交易，历时不足 7 个月；本案于审查第三阶段内获得反垄断局批准。

反垄断局对本案的审查时间表如下：

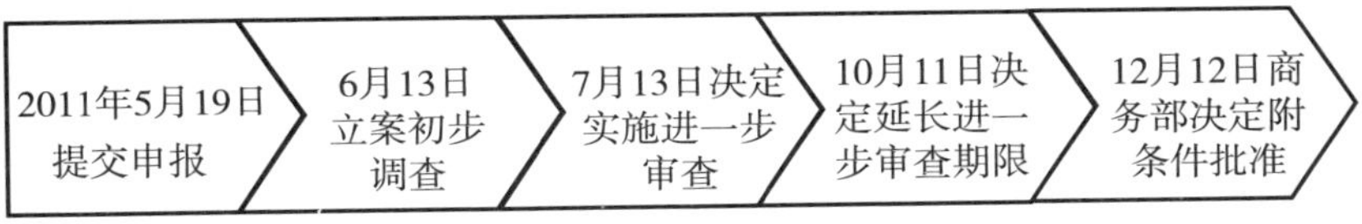

反垄断局主要针对进一步加强市场集中度问题、议价能力问题、产能利用问题以及保持创新等对希捷附加了维持三星硬盘作为独立竞争者而存在于市场、不得实质改变现有商业模式、维持和扩大三星产品产能、保持研发投入等限制性条件。

除中国之外，本案在欧盟、日本和美国也分别经历了第二阶段审查，本案在其他司法辖区的审查时间表如下：

欧盟：2011 年 4 月 19 日提交申报，2011 年 5 月 30 日进入第二阶段审查，2011 年 10 月 19 日取得无条件批准。③

日本：2011 年 5 月 19 日提交申报，2011 年 6 月 17 日进入第二阶

③ 参见欧盟委员会案件号 COMP/M/6214，希捷收购三星硬盘业务案，https：//ec. europa. eu/competition/mergers/cases/decisions/m6214 _3520 _2. pdf。

段审查，2011 年 12 月 15 日取得无条件批准。④

美国：2011 年 4 月 19 日提交申报，2011 年 5 月 20 日进入第二阶段审查，2011 年 12 月 8 日取得无条件批准。

澳大利亚：2011 年 7 月 15 日提交申报，2011 年 12 月 13 日取得无条件批准。⑤

韩国：2011 年 11 月 30 日取得无条件批准。⑥

三、本案审查实体方面的亮点

希捷是一家从事硬盘等数字存储产品生产和销售的企业。根据希捷和三星电子签署的《资产购买协议》，希捷仅收购三星电子的硬盘业务相关资产，即三星专门用于硬盘研发、生产和销售的所有厂房、设备和其他资产。因此，双方在同一市场开展直接竞争，本交易将减少一个重要的竞争者。

相关市场界定

硬盘是以磁存储技术为基础的存储设备，通常作为计算机和其他消费电子产品中最重要的辅助存储介质使用。硬盘与固态硬盘、闪存等其他辅助存储设备在容量、价格、用途等方面差异明显，硬盘市场构成单独的相关商品市场。硬盘的采购和供应在全球市场范围内展

---

④ 请参见“日本公平贸易委员会完成对两项硬盘行业拟议并购交易的审查”，日本公平贸易委员会网站，https：//www. jftc. go. jp/en/pressreleases/yearly – 2011/dec/individual – 000460. html。

⑤ 请参见“希捷科技公司拟收购三星电子硬盘业务案”，澳大利亚竞争与消费者委员会网站，https：//www. accc. gov. au/public – registers/mergers – registers/public – informal – merger – reviews/seagate – technology – plc – proposed – acquisition – of – the – hard – disk – drive – business – of – samsung – electronics – co – ltd。

⑥ 请参见 Parr，希捷收购三星硬盘业务案，https：//app. parr – global. com/deals/view/775491。

开，本项集中的相关地域市场为全球市场。本案的相关产品市场被界定为硬盘市场。反垄断局的分析认为，硬盘与固态硬盘、闪存等其他辅助存储设备差异明显，硬盘市场构成单独的相关商品市场。

而在地域市场界定上，由于硬盘的采购和供应在全球市场范围内展开，本案的相关地域市场被界定为全球市场。鉴于中国是全球最大的个人电脑消费国之一，此项交易将对中国消费者产生重要影响，因此反垄断局在审查中除考虑全球市场的竞争状况外，同时也对中国市场的具体情况予以考量。

本案对相关领域的经营者集中案件产生了一定影响，其后有多起计算机硬件领域的经营者集中案的界定沿用了本案的界定思路。[⑦]

竞争分析

近 20 年来，硬盘市场集中度不断提高。在本交易前，硬盘市场便已经高度集中，硬盘市场上仅存希捷、西部数据、日立存储、东芝和三星五家生产商。本交易将消灭一家生产商，而本交易与西部数据收购日立存储进一步将硬盘市场上的竞争者从五个减少为三个，其中希捷与西部数据分别高达43%和47%的市场份额。硬盘市场透明度较高。产品同质化明显，竞争者对相互之间的技术、成本、生产和销售状况等均比较了解。行业内竞争者数量骤减，使得各竞争者更加容易了解各自的定价等竞争信息，从而有利于竞争者相互协同。

硬盘市场进入难度很大。知识产权及其他专有知识，以及规模经济在相关市场中相当重要，新进入者需要高额的前期知识投入，同时无法达到一定的生产和销售量则无法生存。在审查时反垄断局注意到近十年来，没有新的竞争者进入相关市场。创新对硬盘行业影响重

⑦　例如 2015 年合力泰科技股份有限公司收购深圳业际光电股份有限公司股权案和 2018 年日本电产株式会社收购超众科技股份有限公司股权案等。

大。硬盘生产商需要通过不断创新降低成本，硬盘市场的竞争是维持产品创新的重要前提，排除或限制竞争行为将显著降低硬盘生产商的创新意愿和创新速度。

硬盘产品最主要的客户是大型电脑生产商，为保证供应的连续性和安全性，大型电脑生产商最终将总需求按照价格等因素在多家硬盘生产商之间按一定比例分配。这种采购模式促使硬盘生产商为了获得订单和更大的订单份额而竞争。因此，维持大型电脑生产商目前的采购模式对保持硬盘市场的竞争非常重要。

此外，硬盘厂商主导下游分销商的销售价格，分销商对硬盘厂商不具有抵消性的购买力量，大型电脑生产商有能力通过提高电脑产品的价格，可以轻易将价格提升转嫁给最终消费者；而最终消费者因为高度分散，对硬盘和电脑价格的上涨也没有议价能力。

综上，反垄断局认为，本交易后，此项集中增加了剩余硬盘制造商同时获得订单的可能性，削弱了前述采购模式对硬盘生产商的竞争压力；同时也进一步增加了市场竞争者通过协调从事排除、限制竞争行为的可能性。此项集中将对中国消费者利益造成不利影响。⑧

为了保持硬盘市场的竞争力，从而降低本交易将产生的排除、限制竞争效果，反垄断局要求在硬盘市场保持三星硬盘作为一个独立竞争者而存在，包括但不限于生产独立、销售独立、定价独立、品牌独立、研发独立等，从而维持三星硬盘在市场上的独立性、存活性和竞争性。

此外，希捷继续维持和扩大三星产品产能，须根据市场需求合理确定三星产品的产能和产量。希捷不得实质性改变当前的商业模式，强制或变相强制客户排他性地采购希捷硬盘产品。希捷不得迫使东电化（中国）投资有限公司排他性地向希捷或其关联公司供应硬盘磁

⑧ 参见《商务部公告 2011 年第 90 号 关于附条件批准希捷科技公司收购三星电子有限公司硬盘驱动器业务反垄断审查决定的公告》。

头，或限制东电化向其竞争者供应磁头的数量。希捷继续在创新领域投入研发资金，以确保给客户带来更多创新性产品和解决方案。

所附条件特点分析

本案是中国《反垄断法》颁布后采用保持独立限制性条件的首个案例。保持独立条件的本质是要求通过经营者集中已经实现法律一体化的不同经济力量，在特定期限内仍各自保持经济上的独立，作为独立的竞争力量在市场中运营。为实现上述独立目的，禁止交流竞争性敏感信息非常关键。⑨

在本案之前，对于显著存在横向竞争问题的交易，反垄断局几乎都采用了结构性剥离的限制条件。根据资产剥离制度的目的，被剥离的资产应当全面包括会对排除或限制竞争产生影响的资产或业务。⑩然而由于希捷收购三星硬盘业务本身就是为了强化自身的硬盘业务，传统的剥离条件将与交易的动机本身相悖。因此，反垄断局采取了保持独立的限制性条件。正如反垄断局曾于 2014 年指出的，采用保持独立限制性条件首先是为了满足对审查中无法进行结构性剥离，一般的行为性条件又解决不了竞争关注的案件附加限制性条件的需要。⑪因为保持独立限制性条件的这一特点，有观点认为其属于一种“准结构性条件”：保持独立限制性条件使得合并后的企业与执法部门之间建立了特定的持续性联系，但同时又超越了一般行为性条件对交易后企业特定行为的约束，直接对交易后的市场结构进行了持续性的实质干涉。⑫ 此外，“竞争敏感信息”“防火墙”等现在保持独立条件中的

⑨ 参见韩伟，《中国经营者集中附条件案中的长期分持》，《经济法研究》（第 18 卷），2017 年第 1 期。

⑩ 参见叶瑞意，《反垄断法资产剥离制度之剥离对象研究》，2014 年。

⑪ 参见《法制日报》，2014 年 5 月 28 日。

⑫ 参见《中国经营者集中附条件案中的长期分持》。

常用概念也自此案开创。

本案对保持独立限制性条件的配套义务描述具有一定的开放性，即在具体义务的表述时设置了“包括但不限于以下内容”这一限定用语，并未穷尽交易各方落实限制性条件的所有义务。

保持独立限制性条件的实际持续时间较长，通常超过三年。因此保持独立条件又称“长期分持”。在本案中，保持独立条件的期限为案件决定实施（即 2011 年 12 月 12 日）起至少 12 个月，其后希捷可以向反垄断局提出解除。然而，在实际操作中，2013 年 5 月，希捷提出解除保持独立的请求，而正式解除已经是两年之后的 2015 年 10 月 19 日。从决定实施之日开始，希捷案的保持独立条件持续了近 4 年。

除保持独立限制性条件外，反垄断局还设置了其他限制性条件，例如希捷应在审查决定做出后 6 个月内继续维持和扩大三星产品产能，并在之后根据市场需求状况合理确定三星产品的产能和产量。可见，反垄断局认为保持独立条件并不足以消除本案的竞争关注，还需要其他条件才能有效减少交易对市场竞争造成的不利影响。[13]

值得注意的是，本案只在中国附加了限制性条件。如上所述，虽然本案的相关地域市场被界定为全球市场，但中国市场的具体情况和发展也必须纳入竞争评估的考量中。这充分体现在反垄断局的具体竞争分析中，与欧盟委员会的思路和决定有所差异——反垄断局认为本交易增加了市场竞争者在中国通过协同行为排除、限制竞争的可能性。[14]

有观点认为，反垄断局在本案中采用了保持独立条件而非剥离的结构性救济措施，也是对全球其他司法辖区并未对此交易附加条件的

---

⑬ 参见《中国经营者集中附条件案中的长期分持》。

⑭ 欧盟委员会认为，交易完成后硬盘市场中的制造商减少为四家。并不一定意味着相关市场中存在本次交易导致的协同风险。参见欧盟委员会案件号 COMP/M/6214，希捷收购三星硬盘业务案，第（548）段，https：//ec. europa. eu/competition/mergers/cases/decisions/m6214 _3520 _2. pdf。

考量。[15] 无论如何，在本案中突破性地采用这种创新的限制性条件充分反映了反垄断局在执法中的灵活性和务实态度。[16]

四、启发与影响

保持独立限制性条件的应用发展

本案是我国“保持独立”限制性条件的首创案例，是我国反垄断领域的一大创举。保持独立条件同时具有结构性和行为性条件的特征，有效地弥补了两类限制性条件之间的空缺。在本案之后，保持独立条件已经被用于七起附条件批准案例中，其中 2019 年共有四起附条件批准应用了保持独立条件，为历年之最，这或许预示着保持独立条件将在未来被更为广泛地利用。[17]

本交易对希捷的影响和市场发展、演变

本交易对于希捷和三星都有重要意义。希捷获得了三星业务中最适合希捷的硬盘业务；而三星则切割了其竞争力相对较低的业务，从而可以更加专注于其更为领先的固态硬盘等业务。[18] 与此同时，希捷

---

⑮ 这一观点认为，商务部并不希望在其他司法辖区无条件批准的情况下过度干涉本交易。参见 Jones Day，《反垄断警告：中国附条件批准希捷收购三星硬盘业务案》，见 https：//www. jonesday. com/en/insights/2012/01/antitrust – alert – china – conditionally – approves – seagate – acquisition – of – samsung – hard – drive – business。

⑯ 参见 Tingting Weinreich-Zhao，《中国并购控制法规：中国反垄断政策评估》，2014 年，第 336 页。

⑰ 除西部数据案外还有丸红公司收购高鸿公司 100% 股权案（2013）、联发科技股份有限公司吸收合并开曼晨星半导体公司案（2013）、日月光半导体制造股份有限公司收购矽品精密工业股份有限公司股权案（2017）、卡哥特科集团收购德瑞斯集团部分业务案（2019）、高意股份有限公司收购菲尼萨股份有限公司股权案（2019）和浙江花园生物高科股份有限公司与皇家帝斯曼有限公司新设合营企业案（2019）。

⑱ 参见《希捷整合三星硬盘业务，集中度提升有利行业健康》，《IT 时代周刊》，2011 年 5 月 5 日。

也希望通过这一交易与固态硬盘领域领先的三星加深合作。对希捷而言，收购三星电子硬盘驱动器业务使硬盘市场正式变为希捷和西部数据两强之争。这一竞争格局一直延续至今。⑲

然而，近年来传统硬盘逐渐被固态硬盘所取代，仅在2011—2015年，固态硬盘出货量增长接近700%；而传统硬盘出货量却下降了近25%。⑳ 作为传统硬盘大厂，希捷遭受了严重的冲击。希捷2016年先后裁员8 100人。2017年1月10日，希捷位于中国苏州的前最大传统硬盘组装工厂也正式解散。㉑ 而在固态硬盘方面，虽然希捷于2014年收购了Avago（安华高科技）旗下LSI两个部门，正式进入固态硬盘市场布局，但其市场份额至今仍然很低：截至2019年第二季度，希捷的SSD出货量全球市场份额仅为0.2%，远低于三星（29.6%）和西部数据/闪迪（17.1%）。㉒ 而就三星而言，切割硬盘业务使其能够更加专注于其占优势的固态硬盘业务。三星一直被认为是固态硬盘领域的领先者，其近年市场份额一直保持在30%左右。㉓

就市场整体而言，虽然传统硬盘的地位正在遭到固态硬盘冲击，但传统硬盘在大容量存储市场仍有优势。据希捷预计，传统硬盘在大容量存储市场的优势约能持续到2028年。㉔ 传统硬盘市场三足鼎立的态势也将继续。而固态硬盘市场则包含诸多具有强大竞争力的知名竞争者。除三星之外，西部数据/闪迪、英特尔、东芝、美光、海力士、

---

⑲ 截至2019年第一季度，西部数据的全球市场份额为45.8%，希捷为40.9%，均高于市场第三名东芝数倍。请参见Chris Mellor，《希捷份额下降，东芝份额提升——2019年第一季度传统硬盘市场份额》，https://blocksandfiles.com/2019/05/13/seagate-down-toshiba-up-in-q1-2019-hdd-market-share/。

⑳ 参见《大裁员后终倒下：风雨十余载，再见，希捷苏州》，国际电子商情，https://mp.weixin.qq.com/s/AozIm7UdEqWBa-77LCR5Aw。

㉑ 同上。

㉒ 参见Statista统计数据，http://kuaibao.qq.com/s/20171219A0K1DD00。

㉓ 同上。

㉔ 《数据存储之争：固态硬盘vs.机械硬盘》，存储D1net，2018年12月26日，https://www.sohu.com/a/284639305_281945。

金士顿在市场上都保有较高份额。[25] 目前，由于固态硬盘的体积和性能优势，固态硬盘已经占据了笔记本电脑原始设计制造商产量的50%以上。而在更加注重存储容量的企业级市场，固态硬盘的竞争力也在逐渐增强。[26]

市场竞争状况的变化是解除相关限制性条件的考量因素

随着固态硬盘的发展，在便携式应用领域，固态硬盘对传统硬盘的竞争约束明显增强；传统硬盘市场过剩产能提高，降低了竞争者单独或共同限制竞争的可能性；希捷和三星硬盘重叠有限，三星硬盘市场实力较弱，反垄断局于2015年10月19日解除了“保持独立性”和“保持产能”两项限制性条件。[27]

㉕ 参见Statista统计数据。

㉖ 参见Stephen Buckler,《传统硬盘对比固态硬盘，维修费用与性能的权衡：2018年3月库存简述》，Horizon Technology，2018年4月4日，https：//www. horizontechnology. com/ horizon – march – 2018 – storage – market – brief/。

㉗ 同上。

谷歌收购摩托罗拉移动案

冯瑶

一、案件介绍

2011 年 8 月 15 日，全球互联网产业巨头谷歌公司（Google Inc.，下称“谷歌”）宣布其将以每股 40 美元现金、总价 125 亿美元的价格收购摩托罗拉移动公司（Motorola Mobility Holdings Inc.，下称“摩托罗拉移动”），[①] 成为当时近十年来无线移动业务领域的最大单笔收购案。根据该协议，谷歌将收购摩托罗拉移动的全部股份，收购完成后摩托罗拉移动将成为谷歌的全资子公司。该收购案也是谷歌自 2004 年上市以来最大的收购，其总额超过了谷歌之前所有收购的总和。根据相关法律规定，此收购案经过了包括中国、美国及欧盟在内的数十个国家和地区的反垄断审查。

在中国，交易双方于 2011 年 9 月 30 日向商务部反垄断局（下称“反垄断局”）提交了经营者集中申报，并于 2012 年 5 月 19 日获得反垄断局附条件批准。随后，鉴于联想已收购谷歌持有的摩托罗拉移动 100% 股权，经谷歌申请，反垄断局于 2015 年批准解除了谷歌收购摩

---

* 冯瑶，在办理本案时供职于世泽律师事务所，并于 2019 年作为国际贸易与竞争团队的创始人及香港办公室的负责人加入尚伦律师事务所。

① 《谷歌宣布 125 亿美元收购摩托罗拉移动》，http：//tech.163.com/11/0815/19/7BH8H3EM000915BF.html。

托罗拉案附加的第二项义务（即谷歌应当在安卓平台方面以非歧视的方式对待所有原始设备制造商）。[2]

二、本案审查程序方面的亮点

如上所述，交易双方于 2011 年 9 月 30 日向反垄断局提交了经营者集中申报，历时不到 8 个月。具体审查时间表如下：

反垄断局主要针对安卓系统的免费开源问题、谷歌公平对待终端制造商问题、摩托罗拉移动专利许可等问题对谷歌附加了继续保持安卓开源性、在安卓平台方面以非歧视的方式对待所有原始设备制造商以及继续遵守摩托罗拉移动在专利方面的公平、合理和非歧视（FRAND）义务等限制性条件。

域外方面，此收购案于 2011 年 11 月 25 日向欧盟委员会进行了申报，[3] 并于 2012 年 2 月 13 日获得了欧盟委员会[4]的无条件批准。欧盟委员会对该收购案的反垄断审查重点集中于谷歌寻求收购摩托罗拉移动的动机上，认为谷歌收购摩托罗拉移动有利于谷歌拓展业务。另外，相较于安卓阵营的三星、HTC，摩托罗拉移动所占欧盟国家的智能手机市场份额并不占优势。因此通过该收购案不会给欧盟境内的移

---

② 《商务部公告 2015 年第 2 号 关于解除谷歌收购摩托罗拉案部分义务的公告》，http：//www. mofcom. gov. cn/article/b/c/201501/20150100862383. shtml。

③ 欧盟委员会关于谷歌/摩托罗拉移动案的决定，第 139/2004 号，https：//ec. europa. eu/competition/mergers/cases/decisions/m6381 _20120213 _20310 _2277480 _EN. pdf。

④ 欧盟委员会关于谷歌/摩托罗拉移动案的决定，第 139/2004 号，https：//ec. europa. eu/competition/mergers/cases/decisions/m6381 _20120213 _20310 _2277480 _EN. pdf。

动智能终端市场竞争造成损害。[⑤]

此收购案也于2012年2月13日获得了美国司法部[⑥]的无条件批准。在芝加哥学派的影响下、[⑦] 之前无条件通过Rockstar Bidco LP集团收购北电网络、苹果收购网威旗下的CPTN公司[⑧]以及谷歌已做出不可撤销的、具有法律约束力的承诺的基础上，美国司法部认定该交易并不会持续减少无线通信行业的竞争，因此也对此收购案放行通过。[⑨]

三、本案审查实体方面的亮点

谷歌和摩托罗拉移动作为知名跨国企业，在全球销售的产品种类繁多。虽然两者在产品上鲜有重合，但是移动智能终端操作系统是管理移动智能终端硬件与软件资源的程序，摩托罗拉移动的移动智能设备可使用谷歌的安卓操作系统。移动智能终端市场集中度相对分散、竞争激烈，市场不断推陈出新，更新换代频繁；而操作系统市场却是一个高度集中的市场，呈现出不同的竞争状况。

相关市场界定

本案存在两个相关市场：一是包括智能手机、平板电脑及智能电

---

⑤ 汪勇专，《谷歌收购摩托罗拉移动一案的反垄断审查研究》，2013年。

⑥ 美国司法部关于谷歌/摩托罗拉移动案的决定，https：//www. justice. gov/opa/pr/statement – department – justice – s – antitrust – division – its – decision – close – its – investigations。

⑦ 任剑新，《美国反垄断思想的新发展——芝加哥学派与后芝加哥学派的比较》，《环球法律评论》，2004年夏季号，第234页。

⑧ 晁晖，《美国司法部调查北电网络专利竞购交易》，https：//tech. qq. com/a/20110730/000116. htm，访问时间：2020年4月12日。

⑨ 美国司法部关于谷歌/摩托罗拉移动案的决定，https：//www. justice. gov/opa/pr/statement – department – justice – s – antitrust – division – its – decision – close – its – investigations。

视等在内的移动智能终端市场，[⑩] 二是与电脑操作系统等其他产品差异明显的、管理移动智能终端硬件与软件资源的程序的移动智能终端操作系统市场。[⑪] 基于移动智能终端及其操作系统市场具有全球市场的特征，反垄断局在审查中以全球市场的竞争状况为基础，同时重点考虑了中国市场的具体情况。[⑫]

竞争分析

上述两个市场的竞争情况十分不同：移动智能终端市场集中度较低且竞争非常激烈，来自各个竞争者的产品更新换代频繁，各制造商均面临较大的竞争压力。由于谷歌在当时并未开始生产自己品牌的手机[⑬]，反垄断局的调查结果也显示，在移动智能终端方面，摩托罗拉移动相对于苹果、三星及其他竞争者并不具备明显优势。[⑭]

但是，移动智能终端操作系统市场显著有别于移动智能终端市场，前者是一个高度集中的市场。[⑮] 根据我国《反垄断法》第十九条规定，鉴于安卓系统超过 50% 的市场占有率，推定谷歌的安卓系统具有市场支配地位。况且移动智能终端操作系统市场的用户黏性非常高，由于其开发成本及技术瓶颈甚高，进入市场的壁垒也非常高。虽然诺基亚于 2011 年转投了微软的 Windows Phone 操作系统，但是鉴于微软在此市场的发展状况，及苹果 iOS 操作系统对其移动智能终端的

---

⑩ 《商务部公告 2012 年第 25 号 关于附加限制性条件批准谷歌收购摩托罗拉移动经营者集中反垄断审查决定的公告》，http：//www. mofcom. gov. cn/aarticle/b/c/201205/20120508134325. html。

⑪ 同上。

⑫ 同上。

⑬ 谷歌旗下的第一款 pixel 手机于 2016 年推出。

⑭ 《商务部公告 2012 年第 25 号 关于附加限制性条件批准谷歌收购摩托罗拉移动经营者集中反垄断审查决定的公告》，http：//www. mofcom. gov. cn/aarticle/b/c/201205/20120508134325. html。

⑮ 同上。

专属性且与使用安卓系统的设备之间较大的价格差异，安卓系统将在一定时间内继续保持其市场支配地位。由于应用软件研发以移动智能终端操作系统为基础，且移动智能终端制造商对于硬件的开发和升级换代也需要与操作系统相适应，很多时候更换操作系统就意味着硬件设计的变更。[16] 因此，安卓系统在移动智能终端操作系统市场的支配地位很可能对我国移动智能终端市场造成巨大影响，为防止谷歌在集中完成后滥用其市场支配地位，反垄断局附加前述三项条件。

此外，本案备受关注的另一方面为摩托罗拉移动的专利问题。在这一收购所在的时间阶段，苹果、微软及谷歌为了遏制竞争对手的发展，纷纷利用手中的专利权向彼此发起专利大战。在移动智能设备软硬件领域，苹果、三星、HTC、LG、摩托罗拉移动、甲骨文、微软及谷歌等巨头展开了大规模的专利诉讼。且在这一收购前夕，北电网络与 Rockstar（苹果、微软、索尼、黑莓、爱立信等企业组建的合资公司）以 45 亿美元的价格打败谷歌此前的出价，达成了收购协议，打破了谷歌的专利战略布局。[17] 摩托罗拉移动作为通信领域昔日的龙头企业，在移动互联网领域拥有超过 17 000 项专利技术，而获得这些专利从而在与苹果和微软的专利大战中增强自身的钳制能力是本次收购的主要目的之一。[18]

在这一收购涉及的专利转让问题中，移动互联网领域的标准必要专利是一大侧重点。这也是反垄断局在反垄断合并案件审批中关注到标准必要专利的第一个案件。欧盟、美国及韩国的反垄断主管机构对这一收购予以无条件通过的主要原因之一是，他们认为专利权滥用的

---

⑯ 方南，《微软智能手机操作系统 WP8 发布 误伤诺基亚》，https://tech.ifeng.com/telecom/detail_2012_06/27/15584392_0.shtml。

⑰ 肖丽、王向红，《浅析谷歌如何以专利运营应对诉讼风险》，《中国发明与专利》，2017 年第 8 期。

⑱ 郭宇，《谷歌吃下摩托移动意在何为?》，《软件和信息服务》，2011 年 11 月社评。

问题并非本案独有，且鉴于几大竞争者之间专利相互牵制的胶着情况，谷歌因这一交易而改变其在专利方面策略的可能性不大。[19] 况且，谷歌在宣布这一收购后向多个国际标准组织做出了不可撤销的、有法律约束力的承诺，表示在收购后也会继续遵守摩托罗拉移动现有对核心专利授权的承诺及 FRAND 的义务。

所附条件特点分析

不同于欧盟和美国，就中国的实际情况来说，我国当时的产业处于整个市场产业链的中下游，缺少关键技术、市场占有率也很有限。虽然摩托罗拉移动在中国注册的专利数量有限，但是鉴于谷歌的收购动机及其在移动智能终端操作系统市场的支配地位，谷歌在日后的专利许可过程中施加不合理条件的动机和能力依然存在。

为了减轻对相关市场竞争的影响，保护我国当时相对弱势的相关产业以及广大消费者的利益，反垄断局对本收购案附加以下条件：条件一为与目前的商业做法保持一致，谷歌将在免费和开放的基础上许可安卓平台；条件二为谷歌应当在安卓平台方面以非歧视的方式对待所有原始设备制造商；条件三为谷歌在交易完成后应当继续遵守摩托罗拉移动在专利方面现有的公平、合理和非歧视义务。[20] 在联想完成对摩托罗拉移动的收购后（即谷歌出售摩托罗拉移动 100% 股权后），谷歌不再生产智能移动设备，但保留摩托罗拉移动的通信技术专利，因此，反垄断局于 2015 年 1 月 6 日仅解除了谷歌的第二项义务。[21]

---

⑲ 苏华，《为何附条件批准谷歌收购摩托罗拉移动》，《经济参考报》，2012 年 5 月 23 日第 006 版“思想 · 法眼”。

⑳ 《商务部公告 2012 年第 25 号 关于附加限制性条件批准谷歌收购摩托罗拉移动经营者集中反垄断审查决定的公告》，http：//www.mofcom.gov.cn/aarticle/b/c/201205/20120508134325.html。

㉑ 《商务部公告 2015 年第 2 号 关于解除谷歌收购摩托罗拉案部分义务的公告》，http：//www.mofcom.gov.cn/article/b/c/201501/20150100862383.shtml。

对于条件一和条件二而言，在当时，由于没有相应的防火墙制度设计，摩托罗拉移动作为移动智能终端市场重要的竞争者之一，在收购完成后是否会受到来自谷歌的青眼相待并享受安卓系统对其作为移动智能终端制造商的差别待遇是一个值得考虑的问题。虽然谷歌方面一再表示公司会继续执行开放战略，但业界和市场也普遍担心谷歌是否会在安卓系统方面厚此薄彼。而反垄断局方面也重点考虑了这一方面，认为免费开放源代码帮助其迅速取得市场支配地位，在相当一段时间内维持免费开放源代码对保护相关方的合理预期和正当利益至关重要。[22]

正如欧盟委员会在决定书中表达的，这一收购造成的真正封锁效应只会影响下游市场中规模较小的制造商，[23] 区别于三星、苹果、LG等规模较大的、有选择及议价能力的竞争者，当时华为、小米、中兴、联想等竞争者在移动智能终端市场的目标客户群体集中在中低端，符合欧盟委员会提到的规模较小的制造商条件，对安卓系统的依赖性较大。[24] 因此，为保证该交易完成后安卓系统将在中国市场上继续保证免费、开源并公平对待原设备制造商，反垄断局对本案附加条件一和条件二。此外，从实施效果的角度而言，国内的下游原始设备制造商借助谷歌的免费系统，在此期间蓬勃发展，在企业规模和市场份额上均有较大增长。但是从谷歌停止与华为部分合作开始，安卓系统的开源性及以非歧视方式对待原始设备制造商的重要性也凸显出来。[25]

当时，相较于欧美，我国反垄断监管尚处于发展阶段，尤其在知

---

[22] 索冬冬，《谷歌收购摩托罗拉获批 国产手机厂商喜笑颜开》，http：//www.cneip.org.cn/html/8/1504.html。

[23] 同上。

[24] 苏华，《为何附条件批准谷歌收购摩托罗拉移动》，《经济参考报》，2012年5月23日第006版“思想·法眼”。

[25] 《华为失去安卓授权，如何应对未来市场》，https：//www.sohu.com/a/315289154_354896。

识产权与反垄断结合、交叉方面的配套法律法规以及执法经验较少。考虑到中国在相关领域缺乏核心专利及标准必要专利的实际情况、专利权授权对行业创新及发展重要性以及事后潜在的违规可能性，反垄断局将遵守 FRAND 义务作为第三项条件是可以理解的，为中国争取到了执法的主动权。[26]

四、后续影响及启发

作为反垄断局在反垄断审查中考量标准必要专利的第一个案件，谷歌收购摩托罗拉移动案中关于 FRAND 原则的条件值得思考，也对后续案件有借鉴意义。FRAND 原则作为适用于技术标准中核心专利的原则，并不要求专利权人对每位被授权人设置同样的许可条款，据该原则确定或评估“合理的”许可费和许可条款并非清晰明了。[27] 过低补偿可能会使专利权人无法获得专利的商业化市场价值，挫伤创新激励机制；而过度补偿则可能会使被授权人背负沉重的专利许可费成本，打击进一步创新，最终导致消费者支付高价格。[28] 这对反垄断局后续监督谷歌履行 FRAND 义务增加了一定的难度。

这一收购完成后，由谷歌、苹果和微软三者相互制衡的专利池逐渐形成。在此局面下，后进入者的壁垒极高。在安卓平台已经占据新增市场出货量 50% 以上的状况下，如果谷歌利用安卓对其上层应用和软件进行耦合将影响互联网应用市场公平，监管部门、产业相关参与者将高度关注，操作系统和应用捆绑将成为下一步移动互联网发展和

---

[26] 《华为失去安卓授权，如何应对未来市场》，https：//www. sohu. com/a/315289154 _354896。

[27] 苏华，《高通案：反垄断与知识产权的博弈》，http：//finance. china. com. cn/roll/20150211/2956909. shtml。

[28] 《为何附条件批准谷歌收购摩托罗拉移动》，https：//world. huanqiu. com/article/9CaKrnJvwnp。

竞争的焦点。[29] 从2017年至今的移动智能终端操作系统市场的占有率看，安卓系统的份额维持在85%以上，苹果iOS系统为13%左右，其他操作系统已经消失。[30] 鉴于移动通信市场发展速度快、变化无常的特点，对于任何一个交易的否定都会对之后的市场情况带来巨大的影响。近年来，谷歌、苹果等通信市场巨头屡屡遭到各国反垄断主管机构的审查及处罚，这既是反垄断机构重视及自身能力提高的表现，也反映了在此领域对各国反垄断主管机构监管能力及对市场竞争情况的挑战。

㉙ 《谷歌收购摩托罗拉：三足鼎立格局已定》，http：//news. sciencenet. cn/sbhtmlnews/2012/5/258766. shtm？ id =258766。

㉚ https：//www. idc. com/promo/smartphone - market - share/os。

沃尔玛公司收购1号店案

任勇　王文睿

一、案件介绍

沃尔玛公司（下称“沃尔玛”）收购纽海控股33.6%股权（下称“纽海控股”）案（下称“沃尔玛收购1号店案”）由北京市天地和律师事务所代理沃尔玛进行经营者集中反垄断申报。本案涉及复杂且敏感的可变利益实体（Variable Interest Entity，下称“VIE”）问题和增值电信（Value-added telecommunications，下称“VAT”）业务问题，原商务部反垄断局（下称“反垄断局”）于2012年8月附加限制性条件批准此项经营者集中，并于2016年5月将“无期限”的附加限制性条件予以完全解除。

2011年11月，沃尔玛与相关方签署购股协议，根据协议沃尔玛将通过其全资子公司对纽海控股的持股比例从17.7%增加至51.3%，纽海控股将持有网上购物平台1号店的网上直销业务。交易完成后，沃尔玛将成为纽海控股的控股股东，并通过纽海控股取得对1号店网上直销业务的控制权。

经审查，反垄断局认为沃尔玛通过收购纽海控股33.6%股权，取

---

*　任勇，北京市天地和律师事务所创始人、主任合伙人；王文睿，北京市天地和律师事务所合伙人。

得对1号店网上直销业务的控制权可能具有排除、限制竞争效果，决定附加行为救济限制性条件批准此项集中（“2012年第49号公告”），要求沃尔玛履行如下义务：第一，沃尔玛间接控股的纽海信息技术（上海）有限公司（下称“纽海上海”）对上海益实多电子商务有限公司（下称“益实多”）持有的1号店网上购物平台的收购，仅限于利用自身网络平台直接从事商品销售的部分；第二，在未获得增值电信业务许可的情况下，纽海上海在此次收购后不得利用自身网络平台为其他交易方提供网络服务；第三，本次交易完成后，沃尔玛不得通过VIE架构从事之前由益实多运营的增值电信业务。

2015年7月，沃尔玛提出解除所附加的限制性条件的申请。反垄断局依据《反垄断法》《关于经营者集中附加限制性条件的规定（试行)》和2012年第49号公告的要求，重点评估了解除限制性条件对市场竞争状况的影响。经过评估，认为相关市场竞争状况已发生实质性变化，解除2012年第49号公告附加的限制性条件难以对相关市场的竞争产生排除、限制影响，于2016年5月30日发布公告，决定解除此前所有的附加限制性条件。

二、本案审查程序方面的亮点

申报审查阶段

2011年12月，沃尔玛就本案向反垄断局递交经营者集中申报材料，历经近八个月的审查，2012年8月，反垄断局最终以附加限制性条件的形式对该项经营者集中予以了批准。在多年来我国互联网领域发生的数百起企业并购案例中，沃尔玛收购1号店案是迄今为止极少的获得反垄断局批准的经营者集中。

审查过程中，反垄断局广泛征求相关政府部门、行业协会和相关企业的意见，并进行过多轮沟通，对相关市场界定、行业特征及未来发展趋势等方面信息有了充分的了解。本项交易是线上线下零售业务整合新兴业态的尝试之举，集中双方分别为历年蝉联世界 500 强榜首的巨头沃尔玛与当时中国最大的网上超市 1 号店，还涉及了复杂且敏感的 VIE 问题和 VAT 问题，社会关注度高，相关部门也较为重视。反垄断局在审查工作中采取了多种审查方式，充分听取和协调各方意见，对案件中的竞争问题和国家相关产业政策进行了谨慎评估从而得出审查决定，切实维护市场竞争秩序，并对集中方相关权益予以了充分的尊重和保护。

与此同时，沃尔玛公司及其律师密切配合，对执法机构提出的所有问题与关切都能够做出迅速且正确的应对，并与相关政府部门和行业协会保持顺畅沟通。公司对律师的无条件信任，律师对总体格局的把控能力、对整体事态走向的精准评估和策略设计，以及解决问题的能力，这些因素对本案的走向和最终结局都是至关重要的。

附加限制性条件的实施阶段

在附加限制性条件实施阶段，反垄断局未委任监督受托人，直接对沃尔玛履行相关义务的情况自行进行监督检查和评估。在执行期间，沃尔玛成立了特别委员会，对公司运营情况进行合规性监督和审查，定期向反垄断局提交书面报告，说明履行义务情况。

“无期限”限制性条件的解除阶段

2014 年以来，中国增值电信业务市场准入门槛不断降低，有利于新竞争者进入，相关市场竞争状况也发生了实质性变化。

经过沃尔玛公司及其律师持续地努力与推进，反垄断局于 2016 年 5 月发布公告，将此前所附“无期限”的附加限制性条件予以完全解除。

三、本案审查实体方面的亮点

相关市场界定

沃尔玛是全球和中国连锁超级市场的主要竞争者，业务主要为实体超市，在采购、仓储、产品线、门店网络、服务和物流以及品牌等方面存在竞争优势。1 号店是规模较大的网上超市，拥有上千个供应商，数百个品牌合作商。销售商品涉及食品饮料、美容护理、厨卫清洁、电器等十大类，共计 10 万多种商品。1 号店业务范围包括网上直销业务和增值电信业务。

根据双方经营范围、经营模式及特点、需求和供给替代等方面因素，B2C（商家对用户的电子商务模式，Business to Customer）网上零售市场被认定为相关产品市场。同时，考虑到消费习惯、运输、关税等因素，相关地域市场为中国市场。

电子商务不同于实体销售市场，其主要模式如下：

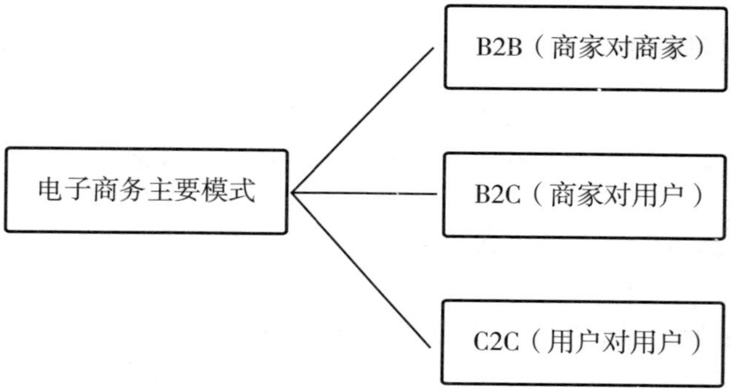

B2C 是范围颇广的增值电信业务市场的一个细分市场。将 B2C 网上零售市场定义为相关产品市场是行业内普遍认同的惯例。B2C 不同于 B2B 和 C2C，B2C 是商家直接面向消费者销售产品和服务的一种电子商务模式。

B2C 电子商务模式对中国电子商务市场的发展有巨大的促进作用。B2C 电子商务增长的原因之一是企业卖家有着很强的销售能力，其商品品质更让消费者放心，并且能提供更为优质的售后服务，因此吸引了更多的消费者。此外，企业卖家能筹集并投入大量的资金于 B2C 电子商务行业，尤其是在网上支付技术、产品储存、物流和产品交付等方面。

B2C 网上零售可以细分为“平台式”B2C 网上零售模式和“独立式”B2C 网上零售模式。这两种 B2C 网上零售模式的差异主要是业务模式方面。在采用直销业务模式的独立式 B2C 网上零售网站上，网站经营者倾向于拥有并控制物流和货物交付方面的事宜，而平台式 B2C 卖场网站经营者通常需要与供应商进行协调来完成该等事宜。然而，在这两种模式中，网站经营者均提供辅助性服务来协助交易，如支付和某些金融产品及服务。

例如，天猫属于平台式 B2C 网上零售商。在平台式 B2C 业务模式下，天猫主要是一个网上卖场的提供者，其利润来源于佣金。交易发生在天猫网上卖场商家与个体消费者之间。当当、亚马逊和京东在很大程度上则均属于独立式 B2C 业务经营者。在独立式 B2C 业务模式下，公司有它们自己的网上卖场并直接与其客户进行交易，向客户开具发票。它们的利润来自商品成本与商品售价的差价。

平台式 B2C 网上零售商和独立式 B2C 网上零售商在市场上进行紧密的竞争。因此，这两种模式的 B2C 网上零售应被界定为同一相关产品市场的组成部分。

从用户的角度而言，消费者不会区分以平台为基础的 B2C 网上零售商和独立的 B2C 网上零售商。当消费者在网上购物时，他们登录相关网站搜索需要的产品，然后比较质量、价格和交货。消费者并不关心他们登录的网站是以平台为基础的 B2C 网站还是独立的 B2C 网站。

电子商务行业是一个充满活力的动态化市场，其商业模式的发展和变化尤为迅速。行业中一个新趋势是传统的独立 B2C 网站开始提供以平台为基础的 B2C 服务。因此，这两个可能的细分市场之间的界限已不是那么清晰。例如，尽管京东的经营始于独立式 B2C 网上零售商，但其已开始提供平台式 B2C 服务。

平台 B2C 经营者和独立 B2C 经营者都是在同一个 B2C 网上零售相关市场上的直接紧密竞争者，平台 B2C 网上零售和独立 B2C 网上零售应该被界定为同一相关产品市场。

此外，从反垄断法的角度而言，竞争者的主要经营范围亦不应作为将 B2C 相关产品市场进行进一步细分的标准。对于现有的 B2C 在线零售商来说，在其产品类别之内或之外扩展产品类别的规模并不存在有意义的障碍，并且这样的扩展已经成为在线 B2C 行业发展的一个标志。

竞争分析

沃尔玛与 1 号店之间并不存在横向、纵向的显著问题。沃尔玛在中国实体零售市场具备成熟的仓储配送系统、广泛的供货渠道和较高的品牌知名度。鉴于此，反垄断局认为，交易完成后沃尔玛有可能将其在实体市场的竞争优势传导至 1 号店的网上零售业务。集中产生的综合效应亦有可能实质性增强并购后实体在网上零售行业的竞争实力。此外，并购后实体如通过 1 号店进入增值电信业务市场，将有能力依托现有实体零售市场与网上零售业务的综合竞争优势迅速扩展业务，在增值电信业务市场取得优势地位，实质性增强其对网络平台用户的议价权，从而在中国增值电信业务市场可能具有排除或限制竞争的效果。

值得注意的是，这是继可口可乐收购汇源案之后，反垄断局第二次提及传导效应。

从理论上说，传导行为实际上是利用收购方原产品的市场支配地位来影响新产品市场的竞争，不能仅仅凭借其在相关市场的支配性市场地位，还需要具备消费者被锁定等特定市场条件，以及相关市场之间必不可少的关联性。

本案相关产品市场是 B2C 网上零售市场，与沃尔玛的实体零售市场分属不同相关市场。线下实体零售业务的运营模式和 B2C 网上零售业务的运营模式在本质上是不同的，具有不同的客户体验、产品库存、成本、利润及与每种模式相关的定价考虑。线下实体零售商店和 B2C 网上零售的运营模式反过来需要完全不同的供应链（仓储、物流和配送）系统和能力。鉴于这些差别，支持线下实体店零售和 B2C 网上零售运营的技术和 IT 系统需要不同的设计配置和功能，并且不容易整合。

由于不同的商业模式、消费模式、地域市场等因素及导致的运营挑战，沃尔玛的实体零售市场竞争力并不等同于或可导致其在电子商务领域也具备相当地位，因此本交易是否会对中国网上零售市场的市场格局产生可预估的不利于竞争的影响，值得商榷。

所附条件特点分析

如前所述，沃尔玛与 1 号店之间并不存在横向、纵向的显著问题，但是反垄断局认为沃尔玛有能力将其在实体市场的竞争优势传导至 1 号店的网上零售业务，并且集中产生的综合效应亦有可能实质性增强并购后实体在网上零售行业的竞争实力。此外，本交易还涉及可变利益实体和增值电信业务方面的问题。

附加限制性条件

针对综合效应：纽海上海此次收购，仅限于利用自身网络平台直接从事商品销售的部分；

针对传导效应：在未获得增值电信业务许可的情况下，纽海上海在此次收购后不得利用自身网络平台为其他交易方提供网络服务；

针对 VIE 和 VAT 问题：本次交易完成后，沃尔玛公司不得通过 VIE 架构从事目前由益实多运营的增值电信业务。

“无期限”限制性条件的解除

自反垄断局附加限制性条件批准本案以来，一方面沃尔玛公司及其律师严格履行各项相关义务，另一方面也对相关市场的发展态势和竞争状况、国家最新政策予以密切关注。

我们注意到2014 年以来，中国增值电信业务市场准入门槛不断降低，有利于新竞争者进入。2015 年 6 月 19 日，工信部发布《关于放开在线数据处理与交易处理业务（经营类电子商务）外资股比限制的通告》，规定在全国范围内放开在线数据处理与交易处理业务（经营类电子商务）的外资股比限制，外资持股比例可至 100%。该政策有利于更多竞争者进入增值电信业务市场。

电子商务行业是一个充满活力的动态化市场，其商业模式的发展和变化尤为迅速。中国 B2C 网上零售市场是一个高度竞争的市场，存在大量有能力的竞争对手，相互间差异性很小，且在品类、产品/服务范围和定价方面的激烈竞争。

在附加限制性条件实施期间，中国网上零售行业市场规模不断扩大，保持了较快增长速度。相关市场内的主要竞争者发展较快，并建立了服务于网上零售的仓储配送系统和供货渠道，市场影响和竞争力进一步增强；部分竞争者已全面开展网上超市业务，在商品品类、配送地域、供应链管理等方面获得了较大提升，与 1 号店业务进一步同质化，相关市场竞争更加激烈。在 2012 年之前，1 号店在超市品类的电商领域发展速度较快，但是在附加限制性条件实施期间，1 号店的优势逐渐消失，销售额增长趋势逐渐放缓，市场份额无实质增长，其发展速度落后于主要竞争者，相关市场竞争状况已发生实质性变化。

自沃尔玛公司申请解除限制性条件以来，反垄断局依法积极推进，有力地保障了当事方正当权益。反垄断局根据《反垄断法》相关规定，从市场竞争格局的变化与现状、市场控制力、市场集中度、市场进入、集中对消费者和其他相关经营者的影响等方面进行了审查，在全面评估各种影响的基础上做出评估。反垄断局进行了大量调查，采取各种方式征求和听取了相关方面的意见和建议，并将其作为做出客观决定的考量因素。

基于多方共同努力，反垄断局最终于 2016 年 5 月发布公告，将此前所附“无期限”的附加限制性条件予以完全解除。

四、后续影响及启发

本项交易是线上线下零售业务整合新兴业态的尝试之举，集中双方分别为历年蝉联世界 500 强榜首的巨头沃尔玛公司与当时中国最大的网上超市 1 号店，还涉及了复杂且敏感的 VIE 问题和 VAT 问题，社会关注度较高，也相当棘手。

在反垄断局附条件批准公告发出当日，前商务部反垄断局局长表示，在审查过程中，对该经营者集中进行过反复讨论。然而最终，经过各方不懈努力，我们获得了批准且所附条件仅仅只是行为性救济方案。交易能够顺利交割，公司利益也得到了最大限度的维护。在整个准备申报、审查、限制性条件谈判、实施和成功解除的过程中，沃尔玛公司及其律师密切配合，对总体格局的把控能力，以及对整体事态走向的精准评估和策略设计，这些因素对本案的走向和最终的结局都是至关重要的。国家政策在调整，相关市场在变化，反垄断也需要与时俱进。

赛默飞世尔科技公司收购立菲技术公司案

许蓉蓉　巩明芳

一、案件介绍

赛默飞世尔科技公司（下称“赛默飞世尔”）是一家多元化的全球性生产公司，其主要业务为生产和销售生物科学分析仪器、耗材、试剂，以及为生物科学研究、分析和诊断提供服务和软件。立菲技术公司（下称“立菲”）是一家全球性的生物技术公司，供应范围广泛的生物技术产品和服务。

2013 年 4 月 14 日，交易双方签署《合并协议》。根据协议，赛默飞世尔以现金收购立菲全部股份，同时承担立菲截至交易交割时的净债务。

2014 年 1 月 14 日，原商务部反垄断局发布《关于附加限制性条件批准赛默飞世尔科技公司收购立菲技术公司案经营者集中反垄断审查决定的公告》（下称《公告》），附加限制性条件批准了此项经营者集中。

* 许蓉蓉，北京市君合律师事务所合伙人；巩明芳，北京市君合律师事务所合伙人。

二、本案审查程序方面的亮点

审查时间相对较短

该项经营者集中于 2013 年 7 月 3 日向反垄断局提交申报，并于 2013 年 8 月 27 日获得正式立案，最终于 2014 年 1 月 14 日（进一步审查期限的延长阶段截止日前一个月）获得附条件批准，审查时间共计 6 个月 10 天。

与反垄断局审查的其他经营者集中案件纵向比较来看，与此前 2013 年 1 月至 12 月被附条件批准的 4 个案件所花费的审查时间相比，本案的审查时间相对较短。其中，联发科技股份有限公司吸收合并开曼晨星半导体公司经营者集中案的审查时间为 11 个月，丸红公司收购高鸿公司 100% 股权经营者集中案的审查时间为 10 个月，美国百特国际有限公司收购瑞典金宝公司经营者集中案的审查时间为 8 个月，而嘉能可国际公司收购斯特拉塔公司经营者集中的审查时间则达到了 12 个月。

另外，值得注意的是，与 2014 年附条件批准的其他若干案件来看，本案作为 2014 年的首个附条件批准案件，其审查时间也在一定程度上反映出反垄断局自 2014 年初开始的审查效率提升趋势。①

与本案在其他主要司法辖区的审查时间横向比较来看，本案在中国的审查时间也较为迅速。除中国外，本案在另外两大司法辖区欧盟和美国也需要获得反垄断审查批准。本案中，中国的批准比美国的批准早一个月。因此，就本点而言，反垄断局并未机械等待其他主要司

① 包括默克公司收购安智电子材料公司案（审查时间 3 个多月）、微软收购诺基亚设备和服务业务案（审查时间 6 个多月）、科力远/丰田中国/PEVE/新中源/丰田通商设立合营企业案（审查时间 6 个多月），在审查时间上相对 2013 年案件均有所缩短。

法辖区的审查结果，而是基于其独立的审查节奏，把控审查进展，这也一定程度上彰显出中国反垄断执法机构的审查独立性和自信。

涉及深入的反垄断执法机构之间国际合作和救济条件的协调

本案也是反垄断执法机构之间国际合作和救济条件协调的一个典型案件。本案在欧盟、美国和中国均被附加限制性条件予以批准，但是三个司法辖区提出的竞争关注的相关产品市场既有共同性、也有差异性。

在审查过程中，我们注意到反垄断局与欧盟、美国保持着密切的沟通。这些合作的内容既包括协调案件审查进程、就审查中的难点和疑点问题进行沟通，交流相关市场界定和竞争分析思路，也包括确定和协调救济方案的相关事宜。我们理解，就平行审查的经营者集中案件进行执法合作历来是中国反垄断执法机构反垄断国际合作的重点。对于申报方来说，如果交易涉及多法域的反垄断审查，并且可能涉及限制性条件，则充分、及时的反垄断国际合作无疑是交易顺利实施的最有利保证。只有这样，才能有助于协调整体审查进程，避免相互冲突的审查结论和相互冲突的救济条件。

例如，在结构性救济案件中，各国执法机构可能都会要求当事方在一定时间内完成资产剥离，这就需要执法机构协调审查进程、剥离的方式等，否则就会出现一个执法机构要求当事方在某个时间点前完成剥离，而另一个执法机构甚至在此时间前尚未完成审查等情况，致使企业处于两难境地，国际合作会有效避免这种情况的发生。对于同一竞争关注下的救济方案要求剥离的资产，通过执法合作，也会有效避免不同执法机构要求当事方剥离不同资产的情况等。②

---

② 反垄断局处长徐乐夫在第六届“中国竞争政策论坛”上的发言，https：//tech.qq.com/a/20170918/037624.htm。

三、本案审查实体方面的亮点

重叠产品市场多，产品市场界定狭窄

本案实体方面的一大亮点即是重叠产品市场多且窄。反垄断局认为，交易双方在生物科技行业的分子生物学、蛋白质生物学、细胞培养技术等领域的 59 种产品具有横向重叠，展开直接竞争。从需求替代和供给替代的角度分析，该 59 种产品之间不存在相互替代性，各自构成本案独立的相关商品市场。因此，反垄断局对总计 59 种相关商品市场进行了审查。

在本案之前，从来没有一个经营者集中案件涉及如此多的产品市场，案件公告之后也引起了业内较大关注。如此多且窄的产品，本质上与交易双方所在的生命科学行业的独有特点有关。

生命科学体系是指生物学及其有关的广泛领域。作为自然科学的重要基础学科，生物学又是农学和医学的基础。许多生物学上的发现和研究成果，都可以在农学或医学中得到广泛的应用，比如，农作物产量和质量的提高、病虫害的防治、人类肿瘤的预防和治疗、免疫能力的提高等。可以说，工、医、农、牧、渔业的生产实践，人类的衣食住行，社会的过去、现在和未来，都离不开生物学的发展。围绕着生物学展开的生命科学科技活动，则相应具有了丰富的产品外延。

本案涉及的 59 种重叠产品既涵盖生命科学的仪器，又涵盖相关的耗材产品，均有其专门的用途和应用领域。同时，即使就相同类别产品，比如细胞培养产品，同时还涉及不同领域的用户（研究领域用户和产业领域用户），而这些产品所具有的需求和供给不可替代性，最终使得本案的相关产品市场达到 59 个。

与之类似，2020 年 2 月 28 日，市场监管总局附加限制性条件批准了另一个生命科学领域的并购案“丹纳赫公司收购通用电气医疗生命科学生物制药业务案”。在该案中，市场监管总局反垄断局认定交易双方在25个相关产品市场存在重叠，并最终针对10个产品市场提出了竞争关注、附加了限制性条件。这也进一步反映了生命科学领域并购交易在经营者集中审查中相关产品市场较窄从而可能导致重叠市场较多的显著特点。

经济学定量分析和市场调查实证手段的分层次、交叉使用

本案中，反垄断局利用市场集中度分析、价格上涨预测工具等经济学方法及市场调查等实证方法，分层次、交叉研究了此次集中对59种相关商品市场竞争状况的影响。

首先，利用市场集中度分析，按照赫芬达尔—赫希曼指数（HHI）对59种相关商品市场进行梳理，发现13种相关商品市场集中后HHI值大于1 500且由集中引起的HHI变动值大于100，说明该13种市场集中度较高且由集中引起的集中度变量较大，需做进一步调查。

其次，利用相关商品的销售价格、利润率等信息进行量化分析（利润率—HHI回归分析和说明性价格上涨测试），对上述13种市场集中度较高且由集中引起的集中度变量较大产品的价格上涨幅度进行预测，并筛选出集中后价格上涨幅度将超过5%的12种产品。

最后，再重点对上述12种预测价格上涨幅度超过5%的产品进行深入市场调查，包括相关方发放调查问卷，召开座谈会，进行实地调研等实证方式。调查结果进一步表明，其中8种产品可能具有排除、限制竞争的效果，其余4种产品虽然交易双方市场份额较高，但相关市场竞争者众多，产能无限制，市场技术壁垒不高，因此此次集中难以在该4个相关商品市场产生排除、限制竞争的影响。

值得注意的是，在本案之前，仅有三个附条件批准的案件[③]提及执法机构“委托专家/第三方咨询机构对此项集中的竞争影响进行了分析评估”，但是分析评估方式以及评估结果并未在附条件公告中予以详细阐述。[④] 而在本案中，反垄断局不仅将经济学定量分析作为确定竞争关注的主要工具，更是在公告中详细公布了其经济学定量分析方法和结果，这一点确实是对以往案件的突破。

然而，稍微令人遗憾的是，在后续附条件批准的、显示出“聘请独立第三方咨询机构对集中的竞争问题进行经济学分析或进行了分析评估”的 5 个案件中，[⑤] 均未再见有如此详细的信息披露。

竞争分析

反垄断局重点对 12 种预测价格上涨幅度超过 5% 的产品进行了深入调查。调查结果进一步表明，其中 3 类共计 8 种产品可能具有排除、限制竞争的效果，其余 4 种产品难以产生排除、限制竞争的效果。对 8 种产品的竞争调查结论主要基于双方的市场份额数据、下游客户更换供应商的倾向性以及难易程度、市场进入难度、市场控制力、竞争者数量、双方产品的市场认知度、下游客户的产品依赖性等多个方面原因。

---

③ 2011 年 12 月 12 日批准的希捷科技公司收购三星电子有限公司硬盘驱动器业务案、2012 年 3 月 2 日批准的西部数据收购日立存储案、2013 年 8 月 26 日批准的联发科技股份有限公司吸收合并开曼晨星半导体公司案。

④ 在 2013 年 8 月 26 日批准的联发科技股份有限公司吸收合并开曼晨星半导体公司案，公告也仅提及“中国大陆液晶电视主控芯片市场的集中度指数（HHI）为 4 533，市场集中度很高；交易后 HHI 指数为 6 500，增量值（ΔHHI）为 1 962”的概述，并未包含第三方专家的详细分析方法和评估结论。

⑤ 2014 年 4 月 30 日批准的默克公司收购安智电子材料公司案、2017 年 11 月 24 日批准的日月光半导体制造股份有限公司收购矽品精密工业股份有限公司股权案、2018 年 7 月 25 日批准的依视路国际与陆逊梯卡集团合并案、2018 年 11 月 23 日批准的联合技术公司收购罗克韦尔柯林斯公司合并案、2019 年 9 月 18 日批准的高意股份有限公司收购菲尼萨股份有限公司股权案。

值得注意的是，反垄断局在本案的审查中，并未一味根据市场份额来判断集中是否会产生排除、限制竞争的效果。在其对活性染料、逆转录酶、热循环仪和转染试剂4个商品市场的调查中，其查明虽然交易双方市场份额较高，但相关市场竞争者众多，产能无限制，市场技术壁垒不高，因此分析此次集中难以在该4个相关商品市场产生排除、限制竞争的影响。

除上述12种产品外，反垄断局还对基因调整产品中的siRNA试剂进行了深入调查。该产品涉及美国麻省理工学院（MIT）Tuschl专利，截至附条件批准决定做出时，MIT在全球仅授权4家公司进行生产，而本案交易双方是其中较大的两家。双方虽在中国市场份额较低，但在全球市场合计份额高达80%~90%，因此认定此次交易实施后将加强集中后实体的市场支配地位。

综上，经综合评估，本次交易被认定在细胞培养产品、SSP试剂盒、SDS-PAGE蛋白质标准品和siRNA试剂市场可能产生排除、限制竞争的效果。

所附条件特点分析

针对本交易的限制性条件包括三项结构性救济条件和两项行为性救济条件。

• 结构性救济条件包括：（1）剥离赛默飞世尔全球细胞培养业务；（2）出售赛默飞世尔所持有的位于中国境内的兰州民海生物工程有限公司51%股权（该公司从事细胞培养业务）；（3）剥离赛默飞世尔全球基因调整业务。

• 行为性救济条件包括：（1）未来10年中以每年1%的幅度降低SSP试剂盒和SDS-PAGE蛋白质标准品的中国市场目录价，同时不降低给予中国经销商的折扣；（2）未来10年中依据第三方的选择以代工协议（OEM）方式向第三方供应SSP试剂盒和SDS-PAGE蛋白质标准品或给予第三方有关 SSP 试剂盒和 SDS-PAGE 蛋白质标准品的永久非排他性技术许可。

就上述结构性救济条件而言，其大致保持了与其他司法辖区（主要是欧盟）相同的限制性条件，确保了救济方式和救济条件的一致性，从而使得在剥离业务的买方批准和确定方面具有一致性。其中，由于赛默飞世尔在中国拥有的一家合资公司也从事细胞培养业务，因此第（2）项救济条件虽然是中国反垄断执法机构的额外要求，但是可以理解其是作为第（1）项条件的自然延伸而予以附加。就第（3）项条件而言，虽然在中国市场，反垄断局仅在一种基因调整产品（siRNA 试剂）市场上表达了竞争关注，但是鉴于赛默飞世尔在其他司法辖区提出剥离其全部基因调整业务，该部分则相应附加了相同的条件，以免产生冲突。

就上述行为性救济条件而言，申报方额外针对 SSP 和蛋白质标准品产品市场的竞争关注而单独做出。从承诺内容而言，我们理解该等条件主要是为了解决反垄断局对“集中可能导致较大幅度的价格上涨”和“交易将会减少下游用户的选择空间”两个方面的竞争关注。需要注意的是，该等价格承诺实际上考虑了生命科学产品领域的行业特点，即一般来说生产商按照统一“产品目录价”、在提供销售折扣的基础上，通过经销商对外销售产品。这也使得生产商可能通过这种比较直接的“封顶价格和最低折扣”的承诺方式消除对涨价的关注。同时，OEM/对外许可承诺，则在既有市场进入有限的情况下，为未来增加新的市场供应提供可能性。

四、后续影响及启发

本案涉及的生命科学领域的特点是有很多动态特征，由此使得其具有高度竞争性。这也意味着，市场上的供应商若不能在技术创新、现有产品开发、客户关系维护等方面积极竞争，就无法持续保持其竞争地位。

生命科学领域的动态特征的一个显著特点就是这一行业领域内非常高的产品研发水平和速度导致了竞争环境不可预见的变化。就每一种新技术而言，生产力与成本比例以指数方式增加，因此现有产品可能处于被快速取代的风险中。

考虑到上述行业特点，我们认为针对相关集中案件的限制性条件也需要具备一定的特殊考量。比如，就本案所附的行为性条件而言，其比较显著的一点是所附加的承诺期限较长（10 年）。我们理解就该点而言，反垄断局可能考虑到了相关市场进入的难度。但是，另一方面，我们也注意到，对于生命科学行业而言，10 年的时间也可能足以使市场结构发生根本性变化，比如产生了其他替代性技术。因此，对于该等承诺期较长的限制性条件，也需要充分考虑其后续执行的现实难度。

美国应用材料公司收购日本毅力科创株式会社案

刘俊升

一、案件介绍

2015年4月28日，中国商务部在其官方网站发布了一篇题为“美国应用材料公司和日本毅力科创株式会社因未能解决我反垄断审查竞争关注，宣布放弃合并计划”的新闻稿，不足600字的内容揭开了一起半导体行业反垄断申报大案的一角。在该案耗时一年零三个月的审查过程中，当时的商务部反垄断局深入研究了半导体制造领域极其复杂的工艺流程和业内生态，与申报方、中外下游企业等利益相关方广泛沟通，并且与其他司法辖区审查机关保持密切联系。由于案件最终为申报方主动撤回，反垄断局没有做出正式的审查决定，短短的新闻稿浓缩了整个审查的繁复与艰辛。

美国应用材料公司（下称“应用材料”）和日本毅力科创株式会社（下称“毅力科创”）均为全球半导体制造设备行业重要竞争者。从在当时整个行业中的规模来看，应用材料位居第一，毅力科创则位于第三或第四位。两家公司都具有丰富的产品线和竞争力强的产品。

---

* 刘俊升，华润（集团）有限公司法律合规部高级法律顾问。本案发生时，供职于北京市天地和律师事务所。

经历了业内的几度整合之后，在行业规模上能与两家匹敌的竞争对手已寥寥无几。

2013 年 9 月，应用材料和毅力科创宣布合并计划，并在之后向多个司法辖区提交了反垄断申报。据报道，交易双方曾一度看好合并案的审查通过，他们认为各自产品线上的业务重叠并不多。但此次合并遭到了众多下游客户的反对，认为合并将严重削弱半导体制造设备行业的竞争，最终会阻碍整个半导体行业发展，损害消费者利益。中国商务部及美国、韩国等司法辖区的审查机构也同样提出了竞争关注，并认为交易双方提出的救济措施无法解决这些关注。最终，在2015 年 4 月 26 日，交易双方宣布终止合并计划，并于次日向中国商务部递交了放弃交易的函件。

二、本案审查程序方面的亮点

申报审查时间长

根据商务部的新闻稿，应用材料和毅力科创于 2013 年 11 月 19 日向商务部反垄断局提交了合并交易的经营者集中申报，申报于2014 年 1 月 26 日得到正式立案。“由于案件非常复杂，限于审查时限的要求，合并双方曾分别于 2014 年 7 月 21 日、2015 年 2 月 3 日两次主动撤回案件，并重新申报。”最终，交易双方于 2015 年 4 月 27 日向商务部递交正式函件，宣布放弃合并交易。新闻稿特别提道：“从立案至两公司放弃合并，审查工作已持续了一年零三个月。”

少见的两次撤回重新申报，案件的复杂程度可见一斑。在漫长的审查过程中，反垄断局的调查人员密切联系国内外各利益相关方，为了解交易所涉的产品和市场，以及各方的关注和诉求做了大量工作。新闻稿中提道：“在审查过程中，商务部多次会见合并双方及其代理律师，就相关商品市场界定、竞争关注、救济措施等问题进行了认真交流讨论，并通过召开座谈会、发放调查问卷、赴企业现场调查等方式，广泛征求意见和听取建议。”

审查中紧密的国际合作

除中国外，应用材料和毅力科创的合并交易还需获得德国、以色列、日本、韩国、新加坡、台湾地区和美国的反垄断审查批准。各个司法辖区的审查机关，尤其是对交易存在较大疑虑的中、美、韩三国，针对这项复杂交易的反垄断审查进行了大量沟通协作。中国商务部新闻稿中提道：“审查期间，商务部与美国司法部、韩国公平交易委员会等保持了密切的联系和沟通。”频繁的沟通合作保证了各方的信息和关切得到充分交流，促成了在推进审查进度、评估救济措施等方面的协调行动。案件结束后，美国司法部等司法辖区的审查官员曾多次赞扬中国商务部在协调推动审查过程中的积极作用，并认为此案是在反垄断审查方面国际合作的典范。

三、本案审查实体方面的亮点

相关市场界定

应用材料和毅力科创主要从事半导体制造设备的研发和生产。半导体制造是当今世界最令人惊叹的尖端科技之一，尤其是在晶圆制造阶段，通过数百道光刻、掺杂、氧化、沉积、刻蚀和清洗等工序，以纳米级的制程工艺在指甲大小的硅晶片上建造出数十亿个晶体管，再通过测试、封装等流程制成芯片。应用材料和毅力科创均提供非光刻晶圆制造设备，在细分领域既存在相互重叠也存在互补的情况。

关于相关产品市场界定，简单而言，用于不同工序的设备之间通常不具有可替代性，用于同一工序的设备也会由于实现的功能不同或采取的工艺、技术不同，甚至是用户应用场景的不同而缺乏相互替代性，需要进一步细分。

由于中国商务部没有对此案做出正式的审查决定，因此没有正式认定本案的相关产品市场。从其他司法辖区的申报来看，交易双方将其认为相互存在重叠的 7 个领域界定为相关产品市场，包括焊料凸点流程中的溅射设备、电化学沉积或电镀（包括硅穿孔）、焊料凸点流程中的电化学沉积设备、硅刻蚀（包括硅穿孔）、电介质刻蚀设备（包括用于焊料凸点流程）、清洗设备和等离子氮化设备。德国联邦卡特尔局则界定了 38 个相关产品市场，并发现交易双方在 9 个市场中存在横向重叠，在另外 29 个市场中有一方存在业务。各方均认为半导体制造设备的相关地域市场为全球。

本案的相关市场界定已然十分复杂，但仅按照通常的市场力量分析方法，以静态的眼光分别考察交易方既有业务所在的各个相关市场仍不足以评估半导体制造设备市场的竞争全貌。一方面，半导体制造技术更新速度快，交易双方也都投入大量资源从事新技术、新产品的研发，已可预见双方在今后某些新产品上会取得领先地位，这些未来可能产生的新的产品市场也需纳入考察范围。另一方面，分开评估各个相关市场也会忽略交易双方丰富的产品线带来的竞争优势。由于掌握多种工艺技术，应用材料和毅力科创可以在自身设备平台上搭载实现不同工艺的装置（腔室），从而提供相较实现单一工艺的设备更具竞争力的产品。此外，如果产品线广泛，企业可以将其在一个领域上的专长技术与经验应用于另一领域，能够相对容易地在新领域研发出具有竞争力的产品，实现其优势地位的跨领域拓展。因此，在分析交易双方的市场力量时，除考察各个现有的相关市场外，还需以动态、全局性的视角评估交易方在整个半导体制造设备行业中的角色，包括在可预见的未来的角色。

竞争分析

关于交易对竞争的影响，商务部新闻稿中指出："交易双方均为芯片设备生产企业，在芯片设备制造领域具有较高的市场份额，合并将严重改变相关市场结构，对市场竞争产生重大影响。中国是全球最大的芯片消费国，设备市场竞争格局的改变将严重影响中国芯片消费者的利益。"

由于没有正式的审查决定，反垄断局没有具体阐述该案对竞争影响的分析。结合其他司法辖区的信息，各个审查机构除关注交易双方的横向重叠外，还考察了双方丰富的产品线带来的混合效应，并着重评估了合并对创新的影响。这种分析方法充分考虑了半导体制造设备的行业特点和交易双方在整个行业中的地位。

具体而言，首先在横向重叠方面，虽然交易双方认为它们当时存在直接竞争的产品市场并不多，但它们在多数这样的市场中的合并市场份额均较高，且市场上其他竞争者很少，合并交易将会减少一个重要的竞争者，很可能导致相关产品价格的上升或客户服务质量的下降。而且，在一些新技术的研发领域应用材料和毅力科创是两个重要的直接竞争者，合并交易将消除这些竞争，并可能在未来新兴的相关产品市场上制造一个具有支配地位的经营者。另外，即便两家公司的横向重叠不多，这些重叠产生的竞争问题也难以通过剥离等救济措施解决，这一点将在下一部分具体介绍。

其次，由于应用材料和毅力科创是行业内为数不多的拥有丰富产品线的竞争者，合并后的实体将在产品线涉及的多数市场拥有优势地位，因此也有必要考虑合并带来的混合效应，例如合并后实体是否能够通过捆绑、搭售等商业手段，或者通过设置技术障碍等技术手段排挤其他竞争者。

最后，技术创新是半导体制造设备行业的主旋律，也是推动整个半导体产业链进步的动力，对于消费者福利至关重要。交易双方作为市场上的领先企业，在新产品研发上都具有很强的实力，双方也都投入了大量资本和人力在新产品和新技术的开发上。合并交易对这种在创新上的竞争会产生何种影响，是该案竞争分析中必须讨论的问题。审查机构和下游客户担心合并将消除交易双方在相同领域创新研发方面的直接竞争，使双方减少在研发上的投入，这将延缓下一代半导体制造设备的推出。另外，合并前应用材料和毅力科创会与具有互补性技术优势的小规模竞争者开展研发合作，但合并后实体与第三方开展此类技术合作的动机将被削弱，其反而可能会自行设立行业标准，对其他竞争者的技术创新造成阻碍，小规模竞争者未来生存将会更加艰难。

四、放弃交易的原因

在应用材料和毅力科创放弃合并之前，该交易陆续获得了新加坡、德国和以色列的批准，这些司法辖区的反垄断机构认为交易对本国的市场竞争影响有限。但中国商务部、美国司法部和韩国公平贸易委员会持续向交易方表达竞争关注。中国商务部最后的新闻稿中提道："由于交易双方提出的救济措施没有解决商务部以及其他相关司法辖区的竞争关注，交易双方宣布放弃合并计划。"

在结构性救济方面，业务剥离通常被认为是减少集中对竞争影响最有效的方式。但对于产品专业性强、研发投入大的半导体制造设备行业来说，企业具体的产品或业务都只是最后的"果实"，其背后的"根基"则是企业的研发能力、专业人员、专有技术等，后者难以明确归属到剥离业务或非剥离业务。从另一角度看，审查机关对合并的一个重要担忧正是其消除了在技术创新上的竞争，而业务剥离的措施难以弥补这一影响。

在行为性救济方面，本案交易双方产品线的高度专业性、复杂性使得监督人事实上在监督交易方是否遵守了行为性承诺方面存在客观困难，行为性救济措施可能无法发挥作用。

五、后续影响

2015 年 4 月，中国商务部和其他司法辖区的竞争关注最终阻止了应用材料和毅力科创的合并。回顾交易放弃后至今的五年时间，消费者对更快速、更小巧、更智能的电子产品的需求继续推动着半导体行业的快速发展，中国国内的半导体产业占全球比重也在逐渐提升。应用材料和毅力科创依然是半导体制造设备领域重要的竞争者，毅力科创更是在 2017 财年收获了史上最高的利润率水平。中国反垄断审查机关对这宗合并案的审查工作经得起时间考验。

在审查过程中，反垄断局执法官员通过与相关方的深入沟通，仔细钻研了行业内各种复杂技术知识和市场供需结构，啃下了半导体制造设备行业这块硬骨头。相信反垄断审查机构处理本案的经验为之后审查泛林收购科天、科天收购奥宝科技等一系列同行业案件打下了坚实基础。

同时，中国商务部与其他司法辖区协力配合，共同面对这一高度复杂的案件，强化了反垄断审查机构之间的沟通合作机制，也进一步巩固了我国反垄断机构在国际上的重要地位。

百威英博收购南非米勒案

韩亮　黄菁　董昀　梁笑冬

一、案件简介

2016 年 7 月 29 日，原商务部反垄断局附条件批准了百威英博啤酒集团（Anheuser-Busch InBev，下称“百威英博”）收购英国南非米勒酿酒公司（SAB Miller，下称“南非米勒”）股权案（下称“本次交易”或“本案”），① 标志着这宗涉及世界第一与第二大啤酒商之间、标的额达 1 060 亿美元的并购交易已获得欧盟、南非、美国和中国等主要司法辖区的反垄断批准，全球最大的啤酒商即将诞生。反垄断局的附条件批准决定对本案的交易进程具有里程碑意义。

本案的收购方百威英博与被收购方南非米勒（下称“交易双方”）均为全球啤酒行业中的主要竞争者。百威英博拥有业内公认的最快捷、通达的啤酒分销网络，主攻欧洲、北美、亚洲及拉丁美洲北部市场；南非米勒紧随其后，主要市场分布在南美洲和非洲。2015 年 11 月 11 日，交易双方达成《收购协议》，由百威英博收购南非米勒全

---

* 韩亮，方达律师事务所管委会主任、反垄断业务主管合伙人；黄菁，方达律师事务所北京办公室反垄断业务合伙人；董昀，方达律师事务所律师；梁笑冬，方达律师事务所律师。

① 见商务部公告 2016 年第 38 号。

部股权。

百威英博进入中国反垄断监管视野已非首次。早在 2008 年，反垄断局公布的第一起附条件批准经营者集中案件就是“英博集团公司收购 AB 公司”。[②] 在该案中，反垄断局明确限制英博未经反垄断局批准不得参与中国本土啤酒市场主要竞争者的投资收购，即“不得寻求持有华润雪花啤酒（中国）有限公司和北京燕京啤酒有限公司的股份”。而南非米勒早在 1994 年进入中国市场时，就与华润啤酒（控股）有限公司（下称“华润啤酒”）成立合资公司华润雪花啤酒有限公司（下称“华润雪花”），并持有华润雪花 49% 的股权。

百威英博如果收购南非米勒，就会进而持有华润雪花的股份，对南非米勒持有的华润雪花 49% 的股权如何处置，成为摆在交易双方面前的关键问题。

二、本案审查程序

交易双方最初于 2016 年 3 月 8 日向反垄断局递交了经营者集中申报。3 月 14 日，百威英博向反垄断局提交了对本案限制性条件建议及其与华润啤酒签订的《收购协议》。根据《收购协议》规定，百威英博与南非米勒交易完成后，百威英博将促使南非米勒将其持有的华润雪花 49% 股权出售给华润啤酒。反垄断局于 3 月 29 日对此项经营者集中申报予以立案。4 月 27 日，反垄断局决定对此项经营者集中实施进一步审查。7 月 29 日，反垄断局附条件批准了此项经营者集中。本案的反垄断审查流程从申报到批准总共历经 143 天。为了加速反垄断审查进程，交易双方对各司法辖区的申报工作进行了跨区域协调，在

② 见商务部公告 2008 年第 95 号。

各个主要司法辖区均提出了行之有效的救济方案，这也是本案能够在相对较短的时间内获得批准的重要原因。

本次交易在中国、美国、欧盟、南非、澳大利亚、加拿大、印度等全球23个司法辖区进行了反垄断申报，在中国、美国、欧盟、南非与厄瓜多尔获得了附条件批准，中国是最后一个做出附条件批准决定的司法辖区。[③] 反垄断局在对本案的审查过程中与欧盟、美国等主要司法辖区开展了较为密切的国际合作。[④]

值得注意的是，南非米勒将其持有的华润雪花49%股权出售给华润啤酒的交易作为本案的剥离方案达到了中国的经营者集中申报标准，也向反垄断局进行了经营者集中申报，并于2016年7月29日获得无条件批准（与本案的附条件批准决定公布时间为同一天），交易双方需在主交易交割后24小时内完成该项资产的剥离。[⑤]

此外，本案也是反垄断局首次在附条件经营者集中决定中提及“申报前商谈”程序。作为早期引入我国并广泛应用于并购审查实践的程序性规则，[⑥] 申报前商谈制度在附条件经营者集中案件中较少运用，主要原因在于附条件经营者集中案件较为复杂，反垄断局需要花费大量时间熟悉案情、展开深入审查并征询业内相关方对交易的意见，因而多在审查后期阶段而非申报前或立案伊始发现这些案件具有排除、限制竞争的效果。本案中应用申报前商谈主要与反垄断局在

---

③ 美国、欧盟、南非与厄瓜多尔分别于2016年7月20日、5月24日、6月30日和6月30日附条件批准了该交易。

④ 见美国司法部公告：https：//www. justice. gov/opa/pr/justice – department – requires – anheuser – busch – inbev – divest – stake – millercoors – and – alter – beer。

⑤ 见《百威英博和南非米勒向商务部提交的限制性条件最终方案》第3条。

⑥ 相关立法包括：2007年《外国投资者并购境内企业反垄断申报指南》第五部分、2009年1月《关于经营者集中的申报指导意见》第1条、2009年11月《经营者集中申报办法》第8条、2011年《商务部实施外国投资者并购境内企业安全审查制度有关事项的暂行规定》第3条。

“英博集团公司收购 AB 公司”附条件决定中对百威英博施加的附条件限制有关，处理南非米勒持有的华润雪花 49% 股权成为本案不可回避的首要问题。

三、相关市场界定与竞争分析

相关市场界定

在反垄断局的决定中，反垄断局在界定相关产品市场时将啤酒市场按照口感、销售渠道、消费群体、行业习惯等差异，以每 500 毫升销售价格 5 元作为分界点，进一步细分为大众化啤酒和中高档啤酒；在界定相关地域市场时认为啤酒生产商通常根据省份布局生产厂并安排分销，不同啤酒品牌主要在省级区域内展开竞争，因此将相关地域市场界定为中国各省级行政区域。反垄断局重点考察了交易双方存在横向重叠的 24 个省级行政区域，同时考虑到基础设施的进一步完善，交通工具的便利性有所提高，啤酒销售的地域范围有进一步扩大的趋势，也对全国范围的啤酒市场一并进行了考察。

反垄断局在本案中的相关市场界定与欧盟、美国等主要司法辖区的相关市场界定存在一定差别（见下表）：

司法辖区	相关产品市场	相关地域市场
中国	以 5 元/500 毫升作为分界点，将啤酒进一步细分为： 大众化啤酒； 中高档啤酒。	中国各省级行政区域。 重点考察存在横向重叠的 24 个省级行政区域，同时对全国范围的啤酒市场进行考察。

续表

司法辖区	相关产品市场	相关地域市场
美国	啤酒市场； 美国司法部讨论了一种可能性，即啤酒生产商通常按照啤酒价格将啤酒分为低档、中档和高档三种，但是三种产品在某些情况下可以互相竞争。⑦	全国市场与各大都市统计区市场； 考察其在美国合并市场份额在37%～94%的58个大都市统计区。⑧
欧盟	啤酒市场； 以往案例中基于产品定位将啤酒细分为即时消费类和零售类，但这并非全球通用的分类标准，互相之间具有一定的可替代性。因此，可以将这种细分作为一种参考。⑨	国别市场； 主要基于以往案例、不同国家消费习惯差异、分销网络的国别分布以及法规不同。⑩

欧盟委员会与美国司法部都采取了相对宽泛的相关市场界定，但同时也讨论了啤酒市场细分的可能性；而反垄断局则直接界定了相对细分的相关产品市场，明确地按照啤酒的价格与定位细分为大众化啤酒和中高档啤酒两类，将相关地域市场界定为省级市场，并根据这一相关市场界定方法计算了交易双方的合并市场份额。值得注意的是，这种明确细分的市场界定方法也被反垄断局在其他附条件案件中广泛采纳。

竞争分析

反垄断局从相关市场的集中度、参与集中的经营者的市场份额及市场控制力、市场进入的难易程度、对消费者和其他有关经营者的影响等因素，深入分析了此项经营者集中对市场竞争的影响，认为此项集中对相关市场具有排除、限制竞争的效果。

（1）增强市场控制力：本次交易后，百威英博将取代南非米勒成

⑦ 参见 U. S. v. ANHEUSER－BUSCH InBEV SA/NV，Competitive Impact Statement，第6页。
⑧ 参见 U. S. v. ANHEUSER－BUSCH InBEV SA/NV，Complaint，第2页。
⑨ 参见欧盟委员会关于百威英博/南非米勒案的审查决定（案号 M. 7881），第15－－29段。
⑩ 同上，第30—37段。

为华润雪花的股东，持有华润雪花 49% 的股权，百威英博与华润雪花无论在中国大众化啤酒市场还是中高档啤酒市场，均为市场份额排名前二的竞争者，在部分省市合计市场份额超过 70% 。

（2）减少紧密竞争者之间的竞争：百威英博和华润雪花一直是最紧密的竞争者，双方具有相近的产品客户群和相似的销售渠道，在啤酒品牌、分销商和消费者等方面展开激烈竞争，互相制约。交易将减少相关市场最领先的两个紧密竞争者之间的竞争。

（3）提高市场进入壁垒：交易完成后，百威英博和华润啤酒有动机和能力对双方在中国的销售渠道和客户关系等重要资源进行整合，控制啤酒销售渠道，从而排挤其他竞争者的啤酒产品，提高啤酒销售渠道的进入壁垒，使其他经营者进入相关市场更加困难。

（4）损害下游经销商利益：相关市场上大多数啤酒经销商规模较小、经销范围有限，对啤酒生产商的议价能力不强，依赖程度较高。交易完成后，由于百威英博和华润雪花之间的竞争减少，经销商在代理啤酒销售时的谈判地位更弱，可能获得的销售激励减少，经销商利益将受到损害。

相较于反垄断局的竞争分析，美国司法部重点分析了本次交易提高了百威英博和米勒康胜（MillerCoors，南非米勒持股 58%）在全美与各大都市统计区的市场集中度、消除紧密竞争者竞争、限制竞争者分销渠道从而导致消费者选择减少、限制新竞争者进入市场等反竞争效果，与反垄断局的分析路径基本相似。[11] 作为在美国第一和第二大竞争者，百威英博和米勒康胜在超过 15 个大都市统计区的合并市场份额超过 70%；欧盟委员会则综合比较了本次交易产生的协调效应和非协调效应，认为本次交易将导致南非米勒从事业务的欧盟国家的啤

---

⑪ 参见 U. S. v. ANHEUSER - BUSCH InBEV SA/NV, Copetitive Impact Statement，第 7—13 页。

酒价格上涨，增加竞争者之间默示共谋的可能性。⑫

限制性条件分析

为了解决本次交易可能引发的竞争关注，反垄断局要求百威英博和南非米勒履行如下义务：

（1）剥离南非米勒持有的华润雪花49%的股权。

（2）严格按照百威英博向反垄断局提交的《买卖协议》向华润啤酒出售华润雪花49%的股权。

（3）确保剥离于百威英博收购南非米勒股权交易完成后24小时内完成。自公告之日起至剥离完成，严格遵守反垄断局《关于经营者集中附加限制性条件的规定（试行）》第二十条规定，确保剥离股权的存续性、竞争性和可销售性。

反垄断局在本案中所附限制性条件与欧盟、美国等主要司法辖区也存在差别，详见下表。

	中国	美国	欧盟
救济类型	结构性救济	结构性救济＋行为性救济⑬	结构性救济
剥离的资产	南非米勒持有的华润雪花49%股权。	南非米勒通过持有米勒康胜股权而在美国的几乎全部业务。	南非米勒在欧盟的几乎全部相关业务，包括：（1）位于法国、意大利、荷兰和英国的全部业务；（2）捷克、匈牙利、波兰、罗马尼亚和斯洛伐克的业务。⑭

⑫ 参见欧美委员会关于附条件批准百威英博/南非米勒案的新闻稿，https：//ec. europa. eu/commission/presscorner/detail/en/IP _16 _1900 。

⑬ 除剥离资产外，美国司法部还对百威英博施加了分销限制、收购限制等行为性救济条件。参见 U. S. v. ANHEUSER – BUSCH InBEV SA/NV，Copetitive Impact Statement，第2—4页。

⑭ 参见欧美委员会关于附条件批准百威英博/南非米勒案的新闻稿，https：//ec. europa. eu/commission/presscorner/detail/en/IP _16 _1900 。

续表

	中国	美国	欧盟
剥离程序	先行修正（Fix - it - first）： 在与反垄断局商谈后立案前，百威英博向反垄断局提交了救济措施及其与华润啤酒签订的《买卖协议》；反垄断局认为百威英博提出的救济措施能够解决竞争关注并以此为条件批准了本次交易。2016 年 10 月 11 日，剥离交易在主交易交割后 24 小时内完成交割。	买方先行（Up - front buyer）： 美国司法部批准该交易交割的前提是将南非米勒在美国持有的米勒康胜全部出售给米勒康胜另外一个合营方摩森康胜（MolsonCoors）。2016 年 10 月 11 日，在主交易交割翌日，剥离交易也完成了交割。⑮	先行修正 + 补充剥离： 在初步调查阶段百威英博提出救济方案，将南非米勒位于法国、意大利、荷兰和英国的全部业务出售给日本啤酒商朝日啤酒（Asahi，"PGM 剥离"），并与朝日啤酒签订了协议。欧盟委员会在批准主交易的决定中认定朝日啤酒是 PGM 剥离资产的适格买方，并将百威英博向朝日啤酒出售 PGM 剥离资产作为批准本次交易的条件之一。2016 年 10 月 10 日，PGM 剥离交易于主交易交割的当天也完成了交割。⑯
剥离程序			欧盟委员会在调查过程中提出了不涉及 PGM 剥离方案的额外竞争关注，为此，百威英博向欧盟委员会提出补充剥离南非米勒位于捷克、匈牙利等国的业务（"CEE 剥离"），至此剥离了南非米勒在欧洲的几乎全部资产。欧盟委员会认为 CEE 剥离方案能够解决其额外的竞争关注，并将 CEE 剥离方案作为批准本次交易的条件之一。欧盟委员会在批准主交易之后另行对朝日啤酒作为 CEE 剥离资产买方的适格性进行了审查，并于 2017 年 3 月 8 日正式批准朝日啤酒作为 CEE 剥离资产的买方。
批准时间	2016 年 7 月 29 日，晚于欧盟和美国。	2016 年 7 月 20 日批准，晚于欧盟。	2016 年 5 月 24 日最先获批。

⑮ 参见 https：//ir. molsoncoors. com/news/press - release - details/2016/Molson - Coors - Completes - Acquisition - of - Full - Ownership - of - MillerCoors - and - Global - Miller - Brand - Portfolio/default. aspx。

⑯ 参见欧盟委员会批准朝日啤酒作为 CEE 剥离资产买方的决定（案号 M. 7881），https：//ec. europa. eu/competition/mergers/cases/decisions/m 7881_3285 _3. pdf。

反垄断局在剥离方案中运用了先行修正规则。先行修正和买方先行是欧美经营者集中并购控制中针对结构性救济的常用规则，我国虽无明文规定，但在实践中已经采取了类似做法。中国的先行修正与买方先行实践与欧盟较为相似，具体而言，先行修正规则是指在经营者集中案件审查过程中，申报方在反垄断执法机构做出决定之前先行对集中交易的内容进行修正，包括确定剥离范围、找到剥离买方、与剥离买方签署资产或业务出售协议，之后将其作为一整套剥离方案提交给执法机构，以消除执法机构的竞争关注。执法机构若认为申报方先行提出的剥离方案能够有效解决竞争关注，则一般会以该剥离方案作为批准集中交易的限制性条件，同时会要求申报方在主交易交割后较短的时间内完成剥离。买方先行规则要求申报方在主交易批准之后、交割之前找到适格的剥离买方，签署资产或业务出售协议并取得反垄断执法机构关于剥离买方与剥离协议的批准。

以本案为例，在先行修正程序下，百威英博在反垄断局附条件批准主交易之前（甚至早在正式立案之前）就已经决定剥离南非米勒持有的华润雪花 49% 股权、确定华润啤酒作为剥离买方并与之签署《买卖协议》，通过该救济方案剥离了交易双方在中国的全部横向重叠。反垄断局经评估审查后认为该救济方案能够有效解决竞争关注，并最终以该救济方案为条件批准了主交易，同时要求交易双方在主交易交割后 24 小时内完成向华润啤酒的剥离。

值得注意的是，中国采取的先行修正规则与欧盟的先行修正规则存在一定区别，例如，申报方按照先行修正规则向欧盟委员会提出剥离方案时，欧盟委员会一般不会对剥离交易单独进行经营者集中审查，而是在审查剥离买方的适格性时一并评估剥离交易是否会引起竞争问题；而本案中，剥离交易因为达到了中国的经营者集中申报标准也向反垄断局进行了申报，反垄断局在审查主交易的同时也在审查剥离交易。因此，本案中百威英博在中国还面临着额外的挑战，需要协调主交易与剥离交易的审查流程与时间表，以确保剥离交易的审查流程不会影响主交易的批准时间。

四、后续影响及启发

本案作为轰动全球的啤酒巨头合并案，涉及二十余个司法辖区的经营者集中申报，覆盖交易双方在全球近 400 个啤酒品牌。反垄断局在短短 143 天内做出附条件批准决定，体现了其在处理国际重大复杂案件时高效的办案风格。且反垄断局着眼于中国市场的特殊问题提出独有的限制性条件，也凸显了中国反垄断执法机构在注重全球执法合作的同时，更加自如地使用不同类型的救济措施，有能力和自信对交易做出独立的审查与判断。

对反垄断界人士及相关企业而言，这起附加限制性条件批准案件有以下几点值得注意：

第一，交易前进行反垄断风险评估的重要性。本案最为突出的特点是，交易双方在进行交易前已经评估了主要的反垄断风险，采取主动提出救济方案的思路解决各司法辖区的竞争关注。在重大交易前进行反垄断评估对于保证交易顺利获批具有至关重要的作用，不仅有利于在面对执法机构审查时掌握主动性，更有利于交易的全球协调。

第二，反垄断律师应尽早参与交易筹划。因为本案涉及全球多司法辖区的经营者集中申报，反垄断律师较早参与到交易中，对于推进整体交易进度发挥了一定作用。在跨国并购案件日益活跃的当前，企业应尽早使反垄断律师在交易中扮演“协调者”的角色，协助企业进行反垄断风险把控，灵活运用申报前商谈制度等，将反垄断风险降至最低。

第三，运用灵活的救济措施。本案是反垄断局或国家市场监督管理总局反垄断局至今在附结构性条件的案件中运用先行修正规则的三起案件之一。[17] 因为交易双方在进行主交易的经营者集中申报时就已经提出妥善的救济措施，适用先行修正规则极大提高了本案的审查效率。先行修正规则解决问题的方式更加灵活，能最大限度地降低行政干预，为交易方提供更符合其商业逻辑和更加灵活的自行寻求解决方案的机会。

⑰ 另外两起见《商务部公告 2015 年第 64 号 关于附加限制性条件批准恩智浦收购飞思卡尔全部股权案经营者集中反垄断审查决定的公告》和《商务部公告 2016 年第 88 号 关于附加限制性条件批准雅培公司收购圣犹达医疗公司股权案经营者集中反垄断审查决定的公告》。

佳能收购东芝医疗系统未依法申报调查案

任勇　王智宁

一、案件介绍

根据公开信息，2016年3月，佳能株式会社（下称“佳能”）与株式会社东芝（下称“东芝”）正式对外宣布，佳能以6 655亿日元（约合59亿美元）的总价收购东芝旗下的东芝医疗系统株式会社（下称“东芝医疗”），这也创下了佳能收购价格的历史新高。

佳能作为买方，于1937年在日本设立，于1949年、2000年分别在日本和美国上市。佳能主要从事办公产品、影像系统产品和工业设备的开发、生产、销售及服务等业务。佳能在中国拥有16家子公司，主要从事办公产品、影像系统产品和工业设备的开发、生产、销售及服务等业务。

东芝医疗作为被收购方，于1948年在日本设立，主要从事医疗用器械与系统的研发、生产、销售和维修服务业务。东芝医疗在中国主要从事医学影像诊断设备的进口贸易、销售和服务。

东芝作为出让方，于1904年在日本设立，1949年在日本上市。在本交易实施前，东芝持有东芝医疗100%的股权。东芝主要业务涉

* 任勇，北京市天地和律师事务所创始人、主任合伙人；王智宁，北京市天地和律师事务所高级律师。

及电力和基础设施、社区解决方案、医疗健康、电子元器件、生活产品及其他业务 6 个部门。

根据公开信息，东芝为解决财务困境，欲出售其持有的东芝医疗 100% 的股权。交易采取招投标形式并吸引了多方买家。因为东芝面临时间压力，因此对完成这项交易的时间有所要求。客观上这也成为导致该交易未依法申报就已经实施的原因之一。2016 年 3 月 9 日，佳能获得此交易的排他谈判权。相关当事方做了如下交易前准备工作：2016 年 3 月 8 日，三位自然人成立特殊目的公司 MS 控股公司（MS Holding，下称 M 公司）。3 月 15 日，东芝将东芝医疗全部已发行的普通股转化成三类股权：（1）有投票权的 20 股（A 类股）；（2）无投票权的 1 股（B 类股）；（3）100 份认股权证（有权购买普通股）。2016 年 3 月 17 日，M 公司与东芝签署协议，购买东芝医疗有投票权的 20 股 A 类股；佳能与东芝签署《股份等转让合同》，购买东芝医疗无投票权的 1 股 B 类股和 100 份认股权证。当日，上述协议即履行完毕（以下称步骤一，申报时已经实施完毕）。

根据《股份等转让合同》的约定，在获得包括中国在内的各司法辖区的反垄断批准后，佳能行使新股预约权（支付对价为 100 日元，约合人民币 5.76 元），将认股权证转化为有表决权的普通股；东芝医疗将从 M 公司和佳能分别回购 A 类和 B 类股并予注销。至此，佳能将完成收购东芝医疗 100% 的股权（以下称步骤二，申报时尚未实施）。

2017 年 1 月 4 日，原商务部反垄断局公布了行政处罚决定书（下称“处罚决定书”），① 认定佳能收购东芝医疗全部股权分两步实施，其中，步骤一在向反垄断局申报前已经实施完毕，构成未依法申报实施集中。考虑到当事方故意规避以推迟履行申报义务，反垄断局决定

① 《商务部行政处罚决定书》（商法函〔2016〕965 号），http://fldj.mofcom.gov.cn/article/ztxx/201701/20170102495433.shtml。

对佳能处以 30 万元的罚款。

二、本案审查程序方面的亮点

处罚决定书显示，根据《反垄断法》《未依法申报经营者集中调查处理暂行办法》和举报，反垄断局于 2016 年 10 月 21 日依法对本案涉嫌未依法申报案立案调查。调查期间，反垄断局多次约谈佳能，要求提交相关文件资料，充分听取了佳能的意见。

反垄断局充分听取了佳能意见，保障佳能合法权益

在反垄断局开启对本案的调查之后，佳能应反垄断局的要求，与反垄断局多次面谈，并且提交了多轮答复材料。通过这些渠道，反垄断局得以充分听取佳能对本案的意见，并和佳能就本案是否构成“抢跑”行为进行了充分沟通。通过反垄断局的工作，佳能对本案的意见已被充分听取，同时，佳能也充分了解了反垄断局对本案的认定、态度和背后的理由。这些细致的工作体现了反垄断局对当事人利益最大限度的尊重和维护。

审查机构充分了解了全球其他主要司法辖区对本案的态度

值得注意的是，由于本交易涉及多个司法辖区的反垄断申报业务，利益相关方众多，所以，在反垄断局启动对本案的调查时，需要同其他司法辖区的反垄断审查机关沟通协调。例如，就本案在其他司法辖区是否构成“抢跑”、是否违反相应申报义务以及应给予何种处罚等问题，反垄断局通过各种途径了解了全球主要司法辖区对上述问题的态度，如美国、欧盟等。这一做法不但反映了反垄断局对本案的审慎态度，更加体现出反垄断局对国际主要司法辖区意见的尊重。事实上，本案在美国、欧盟和日本均被认为违反了反垄断法申报义务从

而遭受了处罚。反垄断局的做法和国际实践一致。

三、本案审查实体方面的亮点

判断本案构成未依法申报违法实施的经营者集中的关键：实施集中

根据《反垄断法》第二十条，经营者集中是指下列情形：

1. 经营者合并；

2. 经营者通过取得股权或者资产的方式取得对其他经营者的控制权；

3. 经营者通过合同等方式取得对其他经营者的控制权或者能够对其他经营者施加决定性影响。

根据《反垄断法》第二十一条，经营者集中达到国务院规定的申报标准的，经营者应当事先向国务院反垄断执法机构申报，未申报的不得实施集中。

由此可见，在本案作为一项经营者集中并达到国务院规定的申报标准的前提下，要判断是否构成“未依法申报违法实施的经营者集中”，其关键在于本案在“实施集中”之前是否向国务院反垄断执法机构进行了申报。因此，确定“实施集中”的时间至关重要。

由于《反垄断法》及其相关法规并未对“实施集中”进行清晰界定，反垄断执法机构在认定时具有一定的自由裁量权。具体到本案而言，可以分为三个阶段。

1. 交易准备阶段

（1）三位自然人成立特殊目的公司 M；

（2）东芝将东芝医疗全部已发行的普通股转化成三类股权：有投票权的 20 股（A 类股）、无投票权的 1 股（B 类股），以及 100 份认股权证（有权购买普通股）。

2. 步骤一（申报前已实施）

（1）特殊目的公司 M 与东芝签署协议，购买东芝医疗有投票权的 20 股 A 类股；

（2）佳能与东芝签署《股份等转让合同》，购买东芝医疗无投票权的 1 股 B 类股和 100 份认股权证。

3. 步骤二（尚未实施）

（1）根据《股份等转让合同》佳能行使新股预约权，将认股权证转化为有表决权的普通股；

（2）东芝医疗将从特殊目的公司回购 A 类股，从佳能回购 B 类股并予注销。至此，佳能将完成收购东芝医疗 100% 股权。

在交易双方对本案进行申报及被调查时，交易准备阶段和步骤一均已完成。根据处罚决定，执法机构认为步骤一的完成意味着交易双方已经“实施集中”。我们理解执法机构做出该认定的主要理由是：

（1）本交易虽然分为两个步骤实施，但两个步骤紧密关联，均是佳能取得东芝医疗全部股权不可分割的组成部分；

（2）2016 年 3 月 17 日，步骤一已实施完毕，即东芝医疗的全部股份和新股预约权均已转移完毕，与之对应的全部价款也已支付完毕。而此时交易双方并未进行申报。

因此，我们理解，在认定一项经营者集中是否已经实施时，需要根据个案的实际情况进行具体分析。值得注意的是，人为将一项交易区分步骤以规避反垄断审查的做法是不可取的。事实上，《经营者集中审查办法（修订草案征求意见稿）》② 第八条明确规定，相同经营者通过多个交易同时或连续取得一个或多个经营者的控制权或者能够

② 参见 http://tfs.mofcom.gov.cn/article/as/201709/20170902640565.shtml。意见反馈截止日期为 2017 年 10 月 9 日。

施加决定性影响，相关交易在法律或事实上互为条件的，应当视为一个集中。其次，如果一项交易中目标业务的全部甚至部分股份或资产已经转移至买方或已经发生转移，则很可能被执法机构认为已经或正在实施该集中，从而需要在从事该等安排之前进行申报。再次，在判定交易方是否实施集中时，并不以买方取得目标业务控制权为考量因素。换言之，即便买方仅取得了目标业务的部分控制权或尚未取得控制权，都可能被执法机构认为已经实施集中。例如，在本案中，在步骤一完成时，佳能只是取得了东芝医疗无投票权的1股B类股和100份认股权证而尚未取得任何控制权。然而，执法机构并未因此认为该项集中尚未实施。

在实践中，交易方一般都希望尽快完成交易，而反垄断审查却需要花费较长的时间。因此，交易方要求的及时性与反垄断审查本身具有的长期性、复杂性之间存在矛盾。有从业者提出可以通过设计各种交易架构来规避《反垄断法》的审查，例如分步骤实施交易、通过第三方获得控制权等方式来规避反垄断审查。这些力图规避反垄断审查的做法立法者在制定法律时已经充分考虑到了。因此，希望通过交易架构的设计规避《反垄断法》对经营者集中的审查是不可取的。

本案不具有排除、限制竞争的效果

根据处罚决定书，执法机构对本案对市场竞争的影响进行了评估，并且认为该经营者集中不会产生排除、限制竞争的影响。这说明在调查期间，执法机构会按照经营者集中反垄断审查的程序，对相关市场界定及其竞争状况进行实质性分析。对本案而言，执法机构的结论是本案不具有排除、限制竞争的效果。可以推测，如果某项未依法申报的经营者集中的确具有排除、限制竞争的效果，执法机构有权责令被调查的经营者采取以下措施恢复到集中前的状态。包括：（1）停止实施集中；（2）限期处分股份或者资产；（3）限期转让营业；

(4) 其他必要措施。这些措施可能严重影响交易进程。事实上，即便一项未依法申报的经营者集中的确不具有排除、限制竞争的效果，在接受执法机构调查期间，该交易也必须暂停，等待执法机构的结论。

因此，作为交易方及其代理律师而言，应特别注意“抢跑”（即在未通过执法机构反垄断审查前就实施集中）对交易进程可能带来的巨大风险。

行政处罚及其考量的因素

根据处罚决定书，根据《反垄断法》第四十八条、第四十九条和《暂行办法》第十三条规定，执法机构决定对佳能处以30万元罚款的行政处罚。在做出该处罚决定时，执法机构考虑了以下因素：第一，本案系举报案件，但佳能和东芝约定在实施步骤二前应取得包括中国在内的司法辖区执法机构的批准，且事后确实进行了申报；第二，当事方分步骤实施交易的直接目的是使东芝尽快拿到全部价款以渡过财务危机；第三，本案经营者集中虽已开始实施，但尚未最终实施完成。

由上可见，执法机构在考虑行政处罚的方式时，充分考虑了本案对相关市场竞争的影响、交易双方的现实处境和配合调查的态度，对其予以从轻处罚。[③] 作为对比，交易双方在中国遭受的处罚明显轻于其在全球主要反垄断司法辖区。例如，因违反申报义务，佳能和东芝在美国分别被处以高达250万美元的罚款，[④] 其整体数额达中国执法机构罚款数额的约118倍。交易双方被欧盟处以2 800万欧元（约3 200万美元）的高额罚款。我们认为，美国、欧盟反垄断法对未依

③ 根据《未依法申报经营者集中调查处理暂行办法》（商务部令2011年第6号），经调查认定被调查的经营者未依法申报而实施集中的，商务部可以对被调查的经营者处50万元以下的罚款，并可责令被调查的经营者采取以下措施恢复到集中前的状态。

④ 请见腾讯新闻，2019年6月11日，https://xw.qq.com/cmsid/20190611A0N82600。

法申报的严厉处罚态度能够显著提升违法成本，从而有效阻遏交易方规避申报义务的动机。

四、 后续影响及启发

佳能株式会社收购东芝医疗系统株式会社股权未依法申报调查案作为一起典型的因未依法申报而遭受处罚的案件，具有非常重要的意义。在程序层面，执法机构严格按照程序，保障调查方的合法权利，不但多次听取了佳能的意见，而且充分参考了欧美的相关法律法规和实践，为该处罚决定打下了坚实的技术基础。

在实体层面，本案表明，如果一项达到申报标准的经营者集中在获得执法机构批准之前已经“实施集中”，则会违反法定的申报义务。换言之，违反法定申报义务并不以取得目标业务控制权为必要条件。由于相关法律、法规对何为“实施集中”缺乏清晰定义，执法机构拥有较大的自由裁量权。在认定一项经营者集中是否已经“实施”时应进行个案分析，以具体评估一项交易在获得执法机构批准前是否已经部分实施。具体到本案而言，执法机构认定佳能在进行申报之前已经实施了集中，理由是：（1）为本交易设立的特殊目的公司已与东芝签署协议，购买东芝医疗有投票权的 20 股 A 类股；（2）佳能已与东芝签署《股份等转让合同》，购买东芝医疗无投票权的 1 股 B 类股和 100 份认股权证。其次，如果一项经营者集中分多个步骤完成，但这些步骤紧密联系、互为条件，共同构成同一项交易，那么执法机构得将多个步骤视为同一个集中。换言之，人为将一项交易分割为多个步骤以规避反垄断审查的做法是不可取的。总之，在实践中，执法机构可能会考虑股份或其代表的表决权是否开始转移、价款或部分价款是否已经支付、高级管理人员是否已经发生变动、已发生的交易行为是否可逆等因素，来认定是否构成“实施集中”。企业法务和外部律师在制订一项交易计划时，应充分考虑经营者集中反垄断审查这一重要因素，尽管企业的商业目的和对交易紧迫性的要求理应予以充分理解，但企业法务和外部律师也不能给出违反法律规定的意见。

值得注意的是，和其他主要司法辖区相比，中国执法机构对本案的处罚力度是比较轻微的，甚至可能较难发挥《反垄断法》阻遏违法行为的作用。然而，可以预期的是，在正在进行的对《反垄断法》修订的过程中，可能会加大对经营者集中未依法申报的惩处力度。根据国家市场监督管理总局于 2020 年 1 月 2 日发布的《反垄断法》修订草案（公开征求意见稿），[⑤] 应当申报而未申报即实施集中的或申报后未经批准实施集中的经营者集中，由反垄断执法机构处上一年度销售额 10% 以下的罚款。我们认为《反垄断法》修订草案中对未依法申报的处罚力度才能够大大增加违法成本，有效发挥反垄断法的威慑作用，从而消除实践中很多企业想要铤而走险的侥幸心理，以对达到法定申报标准的经营者集中进行全面审查，维护市场竞争和消费者利益。

⑤　参见 http://www.samr.gov.cn/hd/zjdc/202001/t20200102_310120.html。

拜耳收购孟山都股权案

马辰　仕达　杜波

一、案件介绍

2018 年 3 月 13 日，原商务部反垄断局发布附加限制性条件批准德国拜耳股份公司（下称“拜耳”）收购美国孟山都公司（下称“孟山都”）股权案的决定（商务部公告 2018 年第 31 号），为各方历时一年多的申报和审查工作画上了句号。本案是反垄断局并入国家市场监督管理总局前审结的最后一起附加限制性条件批准的经营者集中案件，金额巨大，涉及产业敏感，备受瞩目。

如下文所述，无论从实体还是程序上看，本案都亮点颇多，值得认真回味和深思。举例来说，本案交易双方在众多司法辖区从事业务，相关市场纷繁复杂。尽管如此，在中国、美国、欧盟这三个全球最重要的司法辖区，反垄断局是首个就本案做出审查决定的审查机构。反垄断局在批准决定中所附加的限制条件既有结构性限制条件又有行为性限制条件。结构性限制条件和其他司法辖区基本一致，行为性限制条件则独具中国特色，仅适用于中国。以下我们将详细论述。

根据交易双方于 2016 年 9 月 14 日签订的交易协议，拜耳以每股

---

*　马辰，北京市汉坤律师事务所合伙人；仕达，北京市汉坤律师事务所顾问；杜波，北京市汉坤律师事务所资深律师。

128 美元收购孟山都全部股权，交易对价合计约 660 亿美元（下称“本交易”）。收购方拜耳于 1863 年在德国设立，在德国和西班牙多地上市，主要业务领域包括药品、消费者健康和农作物科学等。被收购方孟山都于 2000 年在美国设立，其前身成立时间最早可追溯至 1901 年，主要业务包括生产和销售种子、转基因性状、作物保护产品等。本交易主要涉及农业和农化行业。

在本交易宣布之时，在相关领域还有另外两个类似规模的交易在同时进行，而且这两个交易也向相关反垄断审查机构进行了经营者集中申报，它们是美国陶氏化学与美国杜邦合并案以及在这之前的中国化工集团收购瑞士先正达案。三个交易同时接受反垄断审查，审查团队也是相同的，每一个交易的审批必然会影响尚未获批的其他交易。

2017 年 6 月，中国化工集团公司率先宣布完成对先正达的收购，历时近两年。此后不久，杜邦和陶氏的合并于 2017 年 8 月底进行了交割。彼时，反垄断局就拜耳收购孟山都的交易开展的反垄断审查仍在进行当中。一旦本交易获批，原本掌管全球农化行业格局的六大巨头（拜耳、孟山都、先正达、陶氏、杜邦和巴斯夫）将被新的四大巨头取代，行业集中度必然进一步提升，这一大的行业背景给本交易的批准创设了无形的障碍，对本交易的双方极为不利。尽管如此，在各方聘请的外部律师的协助下，交易双方积极与反垄断局就如何减少本交易对竞争可能产生的不利影响进行了多轮商谈，并提出了可以有效减少此等不利影响的限制性条件建议，最终案件获得了反垄断局的附条件批准。

根据反垄断局的批准决定，交易双方作为共同申报人，最初于 2016 年底向反垄断局递交了本交易的经营者集中反垄断申报。申报人后因更换代理人而撤回申报，并于 2017 年 2 月初重新申报。2017 年 9 月初，本案进一步审查延长阶段届满时，申报人再次撤回申报并立即重新申报。2017 年 9 月 19 日，反垄断局对申报人的再次申报予以立案审查。2018 年 3 月 13 日，反垄断局附条件批准本案。彼时，本案正处于进一步审查延长阶段。从最初提交申报材料到得到反垄断局附条件批准，本案历时 463 天。

二、本案审查程序方面的亮点

审查机构广泛征求多方意见，与其他司法辖区密切合作

由于交易双方的业务涉及多个司法辖区，利益相关方众多，所以，在本案审查过程中，在案件审查的不同阶段，反垄断局结合案件审查需求同其他司法辖区的反垄断审查机关、中国的其他政府部门、行业协会等第三方就案件的一些程序性或实体性问题进行了频繁沟通。在与第三方就案件进行沟通前，审案官员主动征得交易双方同意，寻求免除审案机关的保密义务，交易双方为此出具了专门的弃权文件。这一做法既贯彻了依法行政的理念，又实现了与国际通行做法的接轨。

审查机构充分尊重和维护当事人的利益，做到了依法行政、合理执法

案件附条件批准后，拜耳向反垄断局提议了三家国际监督受托人候选人。彼时，三家候选人中的一家已被欧盟委员会批准和委派，作为在欧盟的监督受托人，审查并监督交易双方及合并后实体履行欧盟对本交易附加的限制性条件。得知这一情况后，反垄断局经过综合考量和评估，委派了同一监督受托人，审查并监督交易双方及合并后实体执行中国批准本交易附加的限制性条件。这一细节体现了反垄断审查机构对效率的追求和对当事人利益最大限度的尊重和维护。

三、本案审查实体方面的亮点

相关市场界定

反垄断局在本案中界定了如下多个相关商品市场：（1）非选择性除草剂（构成单独相关商品市场）；（2）蔬菜种子［可按作物种类细分，如甘蓝种子、黄瓜种子、辣椒种子等，不同作物的种子分别构成单独相关商品市场。同时，部分蔬菜种子（如胡萝卜种子、洋葱种子和番茄种子）还可按种植环境、产品特性等进一步细分］；（3）玉米种子杀菌包衣剂（构成单独相关商品市场）；（4）玉米种子杀虫包衣剂（构成单独相关商品市场）；（5）杂交玉米种子（构成单独相关商品市场）；（6）性状（可按作物种类细分，如大豆性状、玉米性状、棉花性状等，不同作物性状分别构成单独相关商品市场）；（7）数字农业。非选择性除草剂、蔬菜种子、玉米种子杀菌包衣剂、玉米种子杀虫包衣剂和杂交玉米种子的相关地域市场为中国，而性状和数字农业的相关地域市场为全球市场。

其中，对于数字农业市场，反垄断局相关商品市场的界定方式彰显执法智慧。众所周知，在反垄断审查实践中，不同于欧美审查机构，反垄断局更倾向于精确界定相关市场，而不是进行模糊或开放的市场界定。从本案的审查决定中可以看出，反垄断局对本交易涉及的非选择性除草剂等市场做出了明确界定，同时还进一步指出该等市场是否需要进一步细分。但是，值得一提的是，对数字农业是否构成单独相关商品市场以及是否需要进一步细分，审查决定没有明确说明。但反垄断局也没有明确说明数字农业市场应该开放定义。我们理解，这一做法背后最主要的原因在于数字农业这一领域属于新生事物，处于快速发展与变化之中，反垄断局没有严格要求明确界定此业务涉及的相关商品市场，为今后进一步准确界定相关市场预留了一定的弹性和空间。

竞争分析

经过审慎的分析和调查，反垄断局认定，拜耳和孟山都在非选择性除草剂、甘蓝种子、黄瓜种子、辣椒种子、经切削加工销售胡萝卜种子、长日照洋葱种子、大果番茄种子、玉米性状、大豆性状、棉花性状、油菜性状、数字农业 12 个商品市场存在横向重叠。在玉米种子杀菌包衣剂、玉米种子杀虫包衣剂和杂交玉米种子 3 个商品市场存在纵向关系。

反垄断局从相关市场的市场集中度、参与集中的经营者在相关市场的市场份额及对市场的控制力、对市场进入和技术进步的影响、对消费者和其他有关经营者的影响等方面，深入分析了本交易对市场竞争的影响，认为本交易对中国非选择性除草剂市场，中国长日照洋葱种子、经切削加工销售胡萝卜种子、大果番茄种子等蔬菜种子市场，全球玉米、大豆、棉花、油菜性状市场及数字农业市场，具有或可能具有排除、限制竞争的效果。反垄断局的分析方式中规中矩，也比较全面。

需要指出的是，审查机构对数字农业市场竞争影响的分析思路给人启发。本案审查过程中，审案人员向当事人提出其在数字农业领域的竞争关注后，当事人多次阐述，还聘用第三方经济学家出具专门的经济学分析报告协助论证本交易不会对全球和中国数字农业市场的竞争产生负面影响。尽管交易双方提出从全球范围看交易双方当前开展的数字农业业务不存在产品和地域重叠，且交易双方目前在中国从事数字农业业务存在实际困难和政策壁垒，审案人员仍认定本案在全球数字农业市场可能具有排除、限制竞争的效果，并就集中后实体未来在中国开展数字农业业务施加行为性限制条件。从反垄断局做出这一认定的分析思路可以看出，对于特定市场尤其是新兴市场而言，审查机构极为注重对动态竞争和创新竞争的分析，即便一项集中带来的市场叠加有限，如果其可能增加当事人通过捆绑/搭售排挤其他竞争者的风险或可能对研发和创新带来不利影响，也可能引发竞争关注。另外，中国的数字农业下游用户提出的竞争关注是反垄断局附加限制性条件的另一个重要原因。

所附条件分析

为了解决本交易可能引发的竞争关注，反垄断局要求拜耳、孟山都及集中后实体履行如下义务：

（1）在全球范围内剥离拜耳的蔬菜种子业务，剥离内容包括相关设施、人员、知识产权（包括专利、专有技术及商标）及其他有形与无形资产。

（2）在全球范围内剥离拜耳的非选择性除草剂业务（草铵膦业务），剥离内容包括相关设施、人员、知识产权（包括专利、专有技术及商标）及其他有形与无形资产。

（3）在全球范围内剥离拜耳的玉米、大豆、棉花、油菜性状业务，剥离内容包括相关设施、人员、知识产权（包括专利、专有技术及商标）及其他有形与无形资产。

（4）在拜耳、孟山都及集中后实体的商业化数字农业产品进入中国市场之日起 5 年内，基于公平、合理、无歧视条款，允许中国所有农业软件应用程序开发者将其数字农业软件应用程序连接到拜耳、孟山都及集中后实体在中国应用的数字农业平台，允许中国所有用户注册使用拜耳、孟山都及集中后实体的数字农业产品或应用程序。

本案再次印证了中国反垄断审查机构对行为性救济措施持比较开放包容的态度。本交易中，反垄断局附加的限制条件既有结构性限制条件又有行为性限制条件。其中，三个结构性限制条件均涉及全球范围内特定资产的剥离，唯一一个行为性救济条件是反垄断局针对数字农业的竞争关注提出的，仅适用于中国。结合本案办案经历以及反垄断局附条件批准的其他案件中公开披露的信息，我们的感受是，反垄断局在确定案件应当附加的限制条件时，除了尽量与其他司法辖区保持一致外，也会兼顾我国的市场环境和企业的实际情况，附加有中国特色的限制条件。例如，在数字农业领域，反垄断局附加的“FRAND”使用条件并未如欧盟（技术许可）和美国（剥离）一般严苛，就是因为充分考虑到了相关产品尚未进入中国、国内存在众多创新企业以及市场尚处在萌芽阶段存在高度不确定性的事实。此外，在确定应当附加何种限制条件时，反垄断局较为灵活变通，对行为性救济措施持比较开放的态度。如果当事人提出的行为性救济措施能够有效消除反垄断局提出的竞争关注，反垄断局一般不会强制要求当事人采取剥离这种对当事人利益可能造成不可逆性损害的措施。与之对比的是，本案中，美国司法部就要求拜耳彻底剥离了其数字农业业务。

此外，值得一提的是，审查过程中，反垄断局在评估交易双方提交的附加限制性条件建议时采取的市场调查手段十分丰富，除书面征求意见等惯常手段外，还开展了实地调查，执法的审慎性可见一斑。

四、其他观察

中国经营者集中反垄断审查机构执法水平与信心逐步提升，完全可能先于其他主要司法辖区的审查机关做出审查决定。

除中国外，本交易在欧盟、美国、巴西、俄罗斯、印度等在内的30个国家和地区进行经营者集中申报并获得批准。值得一提的是，在反垄断审查实践的早期，受执法资源和执法经验不足等因素的影响，对于类似本案这种需要在多个司法辖区进行申报的案件，为防止与其他审查机构得出不一致甚至相冲突的结论，反垄断局经常晚于美国和欧盟等国家和地区的审查机构做出审查决定。但是就本案而言，在中国、美国、欧盟这三个全球最重要的司法辖区中，反垄断局是首个做出审查决定的审查机构。在本交易涉及的许多问题波及全球这一背景下，反垄断局先于其他主要司法辖区做出审查决定的举动展示了执法水平和信心。

企业开展全球交易时应注意防范和化解反垄断审查领域的潜在国际冲突

本交易中，中国、美国、欧盟这三个主要司法辖区的审查机构均对数字农业这一领域表达了竞争关注，在中国和欧盟就本案做出附条件批准决定时（批准日期分别是 2018 年 3 月 13 日和 2018 年 3 月 21 日），拜耳并没有计划剥离数字农业资产。因此，中国和欧盟的审查机构均就数字农业领域施加了行为性限制条件。中国要求拜耳做出开放数字农业平台、数字农业产品及应用程序的承诺，欧盟则要求拜耳将其数字农业软件产品的白标副本许可给巴斯夫。在此之后不久，应美国司法部的要求，拜耳不得不做出剥离数字农业业务这一决定。三个司法辖区的审查机构针对数字农业做出的不同审查决定一定程度上影射了在企业合并反垄断审查领域有可能广泛存在的国际冲突。从最终结果倒推来看，如果剥离数字农业业务这一决定做出时间更早一些的话，拜耳和欧盟、中国等司法辖区审查机构就数字农业相关限制性条件进行磋商所耗费的时间和精力无疑会大幅节省，且相关审查机构可能不会对本案施加额外的行为性限制条件。这一细节问题提醒广大企业在开展全球交易时应尽早就是否考虑剥离多个审查机构均存在突出竞争关注的业务和资产做出统一筹划和安排，不同司法辖区的审查机构也应该进一步加强执法阶段的沟通和协调，在最大程度上避免就同一个案件做出相互冲突的决定。

五、后续影响及启发

风雨兼程路，矢志不渝心。《反垄断法》颁布实施 12 年来，由反垄断执法人员、学者、律师和企业法务等组成的反垄断共同体勠力同心、锐意进取，使我国迅速跻身全球最重要的三大实施反垄断法的国家和地区之列。我们坚信，在各方的精诚合作下，反垄断领域尤其是经营者集中控制领域的科学立法、严格执法、全民守法前景可待、未来可期！

高通公司收购恩智浦半导体公司股权案

任勇　柳洁

一、案件介绍

美国高通公司（下称“高通”）收购荷兰恩智浦半导体公司（下称“恩智浦”）一案，在递交申报的一年半后，高通于2018年7月25日宣布放弃本交易并撤回了申报。2018年7月27日，国家市场监督管理总局发布新闻，对高通放弃交易表示了遗憾和尊重，同时称赞了高通在审查过程中与执法机构的“良好沟通和积极配合”。

诚然，在本案的审查过程中，无论是交易双方还是执法机构，都为本案的申报和审查工作付出了极大的精力，尽管结果不尽如人意，本案在程序和实体上仍然颇具亮点，值得反思和总结。

2016年10月27日，高通和恩智浦宣布了一项由高通收购恩智浦的最终协议。根据协议，高通将收购恩智浦所有已发行的普通股。该交易代表恩智浦总计约470亿美元的企业价值。

高通是全球领先的高科技通信企业以及全球最大的移动芯片供应商，恩智浦则是全球最大的汽车芯片供应商，该交易在宣布时成为芯片史上最大的并购案，刷新了2015年5月安华高370亿美元并购博通

---

*　任勇，北京市天地和律师事务所创始人、主任合伙人；柳洁，北京市天地和律师事务所律师。

的纪录。

本案一经公布便在全球备受瞩目。有些行业评论人士认为，这笔并购交易将增强高通在5G技术领域的领导力，推动高通业务多元化，减轻对智能手机的依赖，以进军汽车、物联网等领域。

在本案公布前，高通曾在中国进行过多起经营者集中申报，也曾因滥用市场支配地位被中国反垄断执法机构处以罚款。考虑到这一背景，高通及其外部律师高度重视本案在中国的申报，为此制订了详细、周全的计划，并做好了承诺救济措施的准备。

二、本案审查程序方面的亮点

收购恩智浦的交易宣布后，高通于2017年1月底向中国竞争主管机关（递交申报时为商务部反垄断局，2018年4月机构改革后为国家市场监督管理总局反垄断局，下称“反垄断局”）递交了对该交易的申报。本案经营者集中历经了立案前审查、180天的法定审查期限（包括第一阶段、第二阶段和第三阶段）、撤回重新申报、又一个180天的法定审查期限并再次撤回重新申报的阶段。最终，由于购买恩智浦的协议于2018年7月25日（纽约时间）终结时失效且不再延续，高通撤回了对本案的申报。

在第一个180天的法定审查期限内，反垄断局的审查专注于对本案的竞争分析，并为此下发了多达12份补充问卷。最终，在第一个法定审查期限即将结束时，反垄断局向交易双方披露了对本案的竞争关注。

在第二个180天的法定审查期限内，交易双方针对反垄断局提出的竞争关注递交了救济方案草稿，并根据反垄断局的反馈陆续递交了10轮以上的修改稿。在此过程中，交易双方陆续收到了除中国以外所有其他司法辖区的批准，并向反垄断局递交了交易双方向欧盟、日本、韩国和德国竞争主管机关做出的承诺。

随着审查的进行，高通收购恩智浦的最后期限日（long stop date）最终确定为 2018 年 7 月 25 日，且不再延续。高通最终宣布放弃该交易，并撤回了对本案的申报。

三、本案审查实体方面的亮点

本交易涉及半导体行业，并大致可分为三个领域，即汽车应用的半导体、物联网应用的半导体，以及用于移动设备的半导体，尤其包括基带芯片组、NFC 和 SE 技术，以及移动音频产品（语音增强软件和智能放大芯片）。

相关市场界定

本案中界定了多个相关商品市场。其中，恩智浦和高通的强势产品所在的市场受到了重点关注。

就地域市场而言，反垄断局将本案所有相关产品的地域市场界定为全球，同时考虑本交易对中国市场的影响。

在界定相关市场的过程中，反垄断局也审查了本案在其他司法辖区的市场界定方式，最终界定的相关市场与其他司法辖区大体一致。

竞争分析

在仔细审查了交易双方之间的横向重叠后，反垄断局逐渐将审查的重心集中在具有相邻关系的产品上，包括评估交易双方是否存在市场支配地位，以及分析本交易是否会产生竞争封锁效应，例如通过捆绑搭售、降低互操作性等方式；此外，反垄断局还审查了交易双方各自的业务模式，以及交易后高通将其业务模式适用于恩智浦产品的可能性。

根据欧盟委员会公布的决定，高通对欧盟委员会做出下列承诺：

（1）不收购恩智浦的 NFC 系统层面专利及 NFC 标准必要专利。

高通将承诺不收购恩智浦的 NFC 系统层面专利及 NFC 标准必要专利。高通还将承诺，自交割之日起 10 年内，其将不会寻求收购这些专利。

（2）不主张恩智浦的 NFC 芯片层面专利及 NFC 安全专利。

高通将承诺，如果其拥有恩智浦的 NFC 芯片层面专利及 NFC 安全专利，其将不会向任何手机原始设备制造商及基带芯片组、NFC、SE 和/或 NFC/SE 芯片供应商，针对其生产、使用、销售、供售、进口或以其他方式处置 NFC、SE、NFC/SE 和/或手机，主张这些专利，除非是出于防卫目的。

（3）互操作性承诺。

高通将承诺，自交割之日起 5 年内，其将确保（i）高通的基带芯片组与第三方的 NFC、SE 或 NFC/SE 芯片之间；以及（ii）在市场上可买到的恩智浦 NFC 和 NFC/SE 芯片与第三方的基带芯片组之间，具有同等程度的互操作性。高通向欧盟委员会提交了一份有关这一互操作性承诺在实践中将如何运作的详细解释。

（4）MIFARE 许可。

高通在中国做出的承诺大体上涵盖了上述内容。除此之外，高通还针对反垄断局提出的有关捆绑搭售、芯片供应政策和业务模式的关注做出了相应的承诺。

四、撤回申报的原因

由于本案的交易双方在各自的领域均处于领先地位，且本交易涉及半导体这一行业，反垄断局对本案的审查十分谨慎，不仅下发了多达 12 次补充问卷，还广泛征求了其他政府机构、行业协会和市场参与者对本案的意见。在完成这些审查工作后，反垄断局在第一次法定审查期限即将结束前向交易双方披露了竞争关注。此后，交易双方撤回了第一次申报后重新申报。随着第二次申报审查的进行，高通收购恩智浦的最后期限日最终确定为 2018 年 7 月 25 日，且不能再延续。高通方面最终宣布放弃该交易，并撤回了对本案的申报。

五、后续影响及启发

综合以上的分析，通过本案，我们将相关经验总结如下。

第一，就本案而言，中国的反垄断审查耗时较长，尤其是涉及半导体这样可能受到高度关注的敏感行业时。因此，在制定交易时间表并规划申报方案时应考虑到这一点，重点关注在中国的申报。

第二，对于可能存在竞争关注的交易，反垄断局的审查会十分谨慎，并可能会要求提供大量的数据和信息。对此，申报方应尽最大努力及时提供反馈，并严格按照要求准备相关材料，以避免由此造成的延误。

第三，在此类案件中，反垄断局会广泛征求其他政府机构、行业协会和市场参与者的意见，无论是在初始审查还是在附加限制性条件的谈判中。因此，有必要在申报之初便制定策略并设计全面的方案，与第三方保持密切沟通，以发现并针对性地解决问题。

第四，对于存在竞争问题的交易，与反垄断局就附加限制性条件进行谈判往往会是一个漫长的过程，需要申报方在迅速获得批准与限制条件范围上做出平衡。

第五，随着全球地缘环境不确定性因素的增多，除反垄断审查本身外，把控整体格局、预判事态走向并据此制定策略的能力也将变得越来越重要。

马士基航运公司收购汉堡南美船务集团股权案

谢冠斌　焦姗　吴旭婷

一、案件介绍

2017 年 3 月 14 日，马士基集团旗下全资子公司马士基航运和奥古斯特·欧特克公司签订《买卖协议》，马士基航运将收购欧特克公司全资子公司汉堡南美 100% 的股权。根据该协议，交易完成后，汉堡南美将成为马士基航运内部的一个业务部门，该业务部门将以汉堡南美品牌运营。

本次交易的收购方马士基航运于 2013 年在丹麦注册成立，最早可追溯到 1928 年，是全球最大的集装箱班轮运输公司。马士基航运及其关联企业在全球范围内从事集装箱班轮运输、物流及集装箱码头运营、石油开采及油轮运输等业务。被收购方汉堡南美于 1950 年在德国注册成立，是全球第九大集装箱班轮运输公司，在全球范围内从事集装箱班轮运输与散货运输业务。

马士基航运和汉堡南美两家公司在全球主要航线都存在一定的竞争，因此本次交易需要获得包括欧盟、美国、韩国、日本、巴基斯

---

*　谢冠斌，立方律师事务所高级合伙人；焦姗，立方律师事务所合伙人；吴旭婷，立方律师事务所资深律师。

坦、澳大利亚以及中国等 20 多个国家或地区反垄断监管机构的审查批准。2017 年 4 月 27 日，当时商务部反垄断局（下称“反垄断局”）在确认经补充的申报文件、资料符合《反垄断法》第二十三条规定之后，对此项经营者集中申报予以立案并开始初步审查。经过为期半年左右的审查，反垄断局认为此项经营者集中可能对远东—南美西海岸航线、远东—南美东海岸航线的普通集装箱运输市场和冷藏集装箱运输市场产生排除、限制竞争效果。2017 年 11 月 8 日，反垄断局发布公告，以附加限制性条件的方式批准了本次交易。

二、本案审查程序方面的亮点

申报审查阶段：延长审查期限

本案审查过程中，2017 年 8 月 23 日，经申报方同意，反垄断局决定延长进一步审查期限。进一步审查延长期届满时，申报方申请撤回案件并得到反垄断局同意。10 月 24 日，反垄断局对申报方的重新申报予以立案审查。

根据《反垄断法》第二十五、二十六条规定，经营者集中案件的审查期限最长不能超过立案后 180 天，如果反垄断执法机构逾期未做出决定的，经营者可以实施集中。但是在实践中，由于附条件的案件往往比较复杂，审理时间较长，可能遇到审查期限即将到期但案件还没有审结的情况。面对这种情况，在法律没有明确延长审查期限的情况下，实践中的惯常处理方式是在审查期限临近届满时，由申报人向反垄断局申请撤回重报，然后再予以重新立案。仅 2017 年附条件批准的七起案件中，就有五起案件是采用这种方式延长审查期限的。

造成附条件案件审查时间过长的原因有很多，比如交易结构复杂、行业特殊从而界定相关市场困难、如何解决竞争关注的问题需要多方会谈等。在本案中，首先，交易涉及的行业和竞争方式比较特殊，涉及通过参与船舶共享协议加强对相关市场的控制，需要对大量的数据和文件进行分析；其次，该交易涉及全球多个司法辖区，反垄断局多次询问本案在其他司法辖区的进展，并要对其进行说明。同时由于该案在全球相关市场将产生重大影响，反垄断局也需要和其他司法辖区的竞争主管机构进行沟通、交流，因此消耗了很多时间，需要延长审查期限。

监督受托阶段：现场检查

反垄断局最终批准本案所附条件之一是要求马士基航运削减远东—南美西海岸航线上冷藏集装箱运输的运力，使其运力市场份额降至34%~39%，并且在交割后三年内维持这个数字。根据马士基航运提交的附加限制性条件建议方案，其主要是拟通过削减在上述航线中集装箱船舶中冷藏插座数量的方式实现该承诺。

马士基航运承诺将每12个月向反垄断局提交一次执行报告，以确保冷藏插座的削减。在后续具体的操作方案中，除了监督受托人可通过轮机日志的记录监督冷藏插座切断情况外，还进一步提出在承诺有效期间，马士基航运将向反垄断局开放特定的相关船舶，供其在中国港口每年进行1~2次随机现场检查。随后在实际执行救济方案时，反垄断局的审查人员确实通过去港口登船现场检查的方式对冷藏运力削减情况进行了监督。

通常在附条件的案件中主管部门审查监督救济方案执行情况的方式是定期审阅申报方提交的执行报告。本案中由于涉及一种特殊的行为性救济，经申报方和反垄断局讨论，采取这样一种现场检查的方式进行监督更加直观、有效，且发现问题也能更有针对性地反馈和解决。

三、本案审查实体方面的亮点

相关市场界定

马士基航运和汉堡南美根据其从事的相关业务的分析得出，双方可能存在横向重叠的业务为：集装箱班轮运输服务和成品油轮服务（具体而言为载重 25 000 吨级以上液体散装船服务市场）。此外，马士基集团还从事以下可能与汉堡南美的集装箱班轮运输服务存在纵向关系的业务：（1）集装箱码头服务（通过其子公司 APMT）；（2）货运代理服务（通过其子公司丹马士以及持有少数权益的铁路货运代理公司 TMT 运营）；（3）集装箱生产业务（通过其子公司 MCI 运营）。

申报方经过详细的需求替代分析后将上述业务市场界定为相关产品市场。反垄断局经过审查，最后认定了五个相关商品市场：普通集装箱班轮运输服务市场、冷藏集装箱班轮运输服务市场、油轮运输服务市场、集装箱市场和海运货物运输代理服务市场。由此可以看到，反垄断局最终决定将集装箱班轮运输服务市场进一步细分为普通集装箱班轮运输服务市场和冷藏集装箱班轮运输服务市场，这也是本案相关市场界定的焦点问题。

起初，申报方认为，冷藏集装箱货运不构成区别于非冷藏集装箱（干货集装箱）货运的另一单独产品市场。主要理由为：就需求角度而言，冷藏集装箱能够（必要时也的确）用于运输非冷藏货物。申报方认为干货集装箱与冷藏集装箱之间具有可替代性。如果有多余的冷藏集装箱运力，航运企业往往将冷藏集装箱用于运输非冷藏货物；就供给角度而言，集装箱班轮运输企业能够非常容易地从运输干货集装箱转而运输冷藏集装箱，为船舶配备冷藏集装箱所需设备的成本相对较低。

同时，申报方了解到反垄断局曾考虑过冷藏货物运输是否构成一个单独的相关产品市场，因此还提供了欧盟关于这一问题的先例作为参考。在早年一些欧盟委员会的审查决定中，对于单个航向上冷藏集装箱运量在该航向集装箱总运量中占比高于10%的航线，欧盟委员会倾向于将冷藏集装箱与干货集装箱区别开来，单独进行竞争分析。[①]但是，在近年来的一些审查决定中，欧盟委员会认为无须将冷藏货物运输区别于干货运输进行单独评估。[②]

然而，反垄断局从服务的内容、特性、价格等角度分析，最终还是认为集装箱班轮运输可以按照普通和冷藏进一步细分。反垄断局认为，对于需要在运输过程中维持低温冷藏环境的货物（如肉类、水果、蔬菜、海鲜等），货主只能选择冷藏集装箱运输。运输价格上，冷藏集装箱运输的价格通常高出普通集装箱一倍以上。另外，冷藏集装箱需要有隔温层并连接船舶的电力插座，每条船舶配备的电力插座数量有限，增加插座会大幅提高成本。因此，普通箱和冷藏箱之间不具有可替代性，需要将冷藏集装箱班轮运输市场单独作为一个相关市场进行分析。

同样是涉及航运企业的并购案件，反垄断局2014年在禁止马士基、地中海航运、达飞设立网络中心经营者集中一案（下称“P3联盟案”）中，[③] 界定相关商品市场时并没有将国际集装箱班轮运输服务市场做进一步细分。笔者认为，出现这种差别主要可能由于反垄断局考虑了基于不同航线运输货物的特殊性。本案中，反垄断局主要关注的是远东—南美西海岸航线和远东—南美东海岸航线的情况，而这

---

① 参见欧盟委员会第M.7268号决定（智利南美轮船公司/HGV/德迅海事/赫伯罗特股份公司案），第15段及以下；欧盟委员会第M.3829号决定（马士基/铁行渣华案），第10段；欧盟委员会第M.3863号决定（TUI/CP Ships案），第8段。

② 参见欧盟委员会第M.7523号决定（达飞海运/OPDR案），第46段及注释43。

③ 参见《商务部公告2014年第46号 商务部关于禁止马士基、地中海航运、达飞设立网络中心经营者集中反垄断审查决定的公告》。

两个航线是冷藏箱货物运输比较集中的航线，冷藏箱占航线总运量和总收入的比例都较大。在 P3 联盟案中，主要的竞争关注在亚洲—欧洲航线和跨太平洋航线，由于中欧之间主要运输的产品为机电产品、运输设备和化工产品等，大部分使用普通箱运输。因此，反垄断局在本案中会更加关注冷藏箱班轮运输服务这个细分市场。

竞争分析

反垄断局经过调查表明，在全球油轮运输服务市场、全球集装箱市场和中国海运货物运输代理服务市场中，双方的合计市场份额都非常小，不会在相关市场上产生排除、限制竞争的效果。而在双方存在横向重叠的 11 条普通集装箱班轮运输服务和冷藏集装箱班轮运输服务航线上，除远东—南美西海岸航线、远东—南美东海岸航线外，在其他 9 条航线的往返航向上集中导致的市场份额增量和双方合并市场份额均较小，也难以对上述市场产生排除、限制竞争的效果。经调查，本案的主要竞争关注是在远东—南美西海岸航线、远东—南美东海岸航线的普通和冷藏集装箱运输市场上可能产生的排除、限制竞争的影响。

在进行竞争分析时，反垄断局着重分析了双方在上述两条航线上参加的船舶共享协议（Vessel Sharing Agreement）对普通和冷藏集装箱班轮运输市场竞争的影响。船舶共享协议是一种航运企业之间进行合作的方式，具有行业的特殊性。它是由几家班轮公司共同派船来提供一条航线上的定期班轮服务，各家公司共享舱位、共同决定运力等，但是其参与船只的成本和运营由各自单独负责。

反垄断局是从航运联盟的层面考虑集中后的市场份额，即以双方与各航运联盟合作伙伴在特定航线上的总运量除以航线总运量得到双方与船舶共享协议各方在该航线上的合计市场份额。值得注意的是，反垄断局在考虑上述市场份额的影响时，除了从各个司法辖区普遍考虑的实际运量（Volume）这个维度对双方的市场份额进行合并计算外，同时还考虑了以运力（Capacity）计算的市场份额数据，可能是考虑到运力数据与冷藏集装箱有更大关联。从这两个维度计算的市场份额数据看，反垄断局均认为马士基航运将通过船舶共享协议增强其在相关市场的控制力。

此外，反垄断局还担忧本项集中会增强马士基对远东—南美西海岸冷藏集装箱班轮运输服务市场的单独控制力，可能会实施单独提价或其他有损竞争的行为。首先，会增加市场集中度，集中之前市场集中度指数（HHI）是1 604，集中之后是2 652，增量为1 048。其次，通过测算综合涨价压力指数（GUPPI）显示，远东—南美西航线上马士基航运和汉堡南美是较强的竞争对手，集中后马士基航运有较强的涨价动机，其他竞争者难以约束。同时，并购模拟也表明，交易后马士基航运在该航线冷藏集装箱班轮运输服务市场上的涨价幅度将超过10%，因此，很可能在上述市场上产生排除、限制竞争的效果。

所附条件分析

由于本次交易可能在相关市场内产生排除、限制竞争的影响，反垄断局要求马士基航运履行四项义务，包括要求汉堡南美退出在远东—南美西海岸航线和远东—南美东海岸航线上加入的船舶共享协议，马士基航运和汉堡南美在上述航线上五年内都不能与主要竞争者重新达成船舶共享协议或加入航运联盟，以及要求马士基航运削减远东—南美西海岸航线上冷藏集装箱运力，降低市场份额。

反垄断局采取的上述救济措施主要是行为性救济措施，整体上与欧盟、韩国、南非等其他司法辖区保持一致，都是要求退出相关航线的航运联盟和船舶共享协议。与此同时，反垄断局还重点关注了对冷藏集装箱班轮运输服务市场的竞争影响，要求申报方采取一些针对性措施，例如削减在远东—南美西海岸航线上的冷藏集装箱运力。相比于剥离资产或业务这种常见的结构性救济措施，上述行为性救济措施是在个案中认真分析相关市场及行业特殊性，采用市场集中度指数、综合涨价压力指数等经济学分析市场数据并与申报方进行多轮会谈之后制定的个性化、灵活的救济方案。

四、后续影响及启发

本案从申报方于 2017 年 3 月 29 日正式提交申报材料到反垄断局最终做出审查决定，历时 224 天，但是这在反垄断局处理的附条件案件中并不算时间特别久的，有很多案件需要一年甚至更久才结案。这提示我们在处理类似交易金额巨大、涉及全球多个司法辖区、对相关行业产生重大影响的反垄断申报案件时，要做好充分的准备工作。至少包括以下几个方面：

第一，尽早开始准备申报。本案最早于 2017 年 1 月 13 日向反垄断局提交了一次预申报。原因是双方需要遵守其签署的《具有约束力的条款清单》中关于双方应于 2017 年 1 月 13 日之前进行申报的要求，但当时双方交易文件还没有正式签署，因此跟反垄断局沟通先进行预申报，也获得了批准。其实，即便没有双方内部约定的申报时间要求，鉴于反垄断局的经营者集中案件审批所需的时间，申报方也应该尽早启动在中国的申报程序。

第二，对可能出现的问题提前做好应对。如前所述，本案中关于相关商品市场的界定，申报方起初认为不需要对集装箱班轮运输服务市场进行进一步细分。同时，申报方提前就考虑到反垄断局可能会认为需要进一步细分市场，因此，在双方第一次正式提交申报材料的时候，虽然在相关市场界定的时候没有进行细分，但是在竞争分析时已经提供了相关航线中冷藏集装箱服务的运量与市场份额数据。这为后面的审查工作节约了很多时间。

第三，充分重视数据问题。由于市场份额（及相关的）数据是反垄断申报案件中进行竞争分析的重要基础，所以在审查案件时，反垄断局对于数据的权威性、真实性和准确性要求都比较高。本案中申报方最初是以集装箱航运数据提供商（CTS）的运量数据为基础进行竞争分析，后来根据反垄断局的要求，再提供 Alphaliner 的运力数据测算市场份额。在整个案件审查过程中，仅关于数据问题的说明和更新就提交过四五次材料，也是会谈的重点内容。因此，在提交申报材料之前，有必要重视数据问题，准备一套完整、充分的市场数据，以及相应的测算依据。

第五篇

12个协议或滥用行为案

锐邦诉强生纵向垄断协议纠纷案

岑兆琦

一、案情介绍

北京锐邦涌和科贸有限公司（下称“锐邦公司”）是强生（中国）医疗器材有限公司和强生（上海）医疗器材有限公司（以下合称“强生公司”）在北京地区从事吻合器及缝线产品销售业务的经销商，双方之间有着长达15年的合作，经销合同每年一签，有效期为一年。2008年1月2日签订的《2008年经销合同》（下称“《经销合同》”）规定，锐邦公司应在强生公司指定的经销区域销售产品，不得销售其他品牌的同类产品，且不得以低于强生公司规定的产品价格进行销售。2008年7月1日，强生公司致函锐邦公司，以锐邦公司于2008年3月在人民医院的竞标中私自降低销售价格、获取非授权区域的缝线经销权为由，扣除锐邦公司保证金2万元，并取消锐邦公司在中国医学科学院阜外心血管医院、北京整形医院的经销权。2008年8月15日，锐邦公司向强生公司发出订货要求，强生公司在锐邦公司并不拖欠货款的情形下拒绝供货，此后未就锐邦公司缝线产品新的订单供货。2008年9月11日以后，强生公司停止了向锐邦公司进行吻合器产品供货。

锐邦公司认为，强生公司在《经销合同》中约定转售价格限制条

---

* 岑兆琦，中伦律师事务所合伙人。

款以及依据该条款对锐邦公司进行处罚直至终止《经销合同》的行为，构成《反垄断法》第十四条第一款第（二）项所列“限定向第三人转售商品的最低价格”之违法行为，诉请判令强生公司赔偿锐邦公司因上述违法行为而导致的经济损失人民币 1 439.93 万元，并承担全部诉讼费用。

2012 年 5 月，上海市第一中级人民法院（下称“上海一中院”）基于锐邦公司举证不足，驳回了锐邦公司的全部诉讼请求。锐邦公司不服一审判决，向上海市高级人民法院（下称“上海高院”）提起上诉。上海高院于 2013 年 8 月 1 日做出终审判决，认定强生公司在 2008 年《经销合同》及附件中制定的限制最低转售价格条款在本案相关市场产生了排除、限制竞争的效果，同时并不存在明显、足够的促进竞争的效果，构成《反垄断法》第十四条规定的垄断协议。强生公司对锐邦公司违反限制最低转售价格协议行为所做处罚以及之后停止缝线产品供货的一系列行为，属于《反垄断法》禁止的垄断行为，应当对其垄断行为造成锐邦公司的经济损失承担赔偿责任，但其赔偿范围应限于锐邦公司 2008 年因缝线产品销售额降低而减少的正常利润，其他损失主张则缺乏事实与法律依据。上海高院遂判决撤销上海一中院民事判决，并判令强生公司赔偿锐邦公司经济损失人民币 53 万元，同时驳回锐邦公司的其余诉讼请求。

二、案件焦点问题

本案中，法院主要对以下焦点问题进行了讨论。

（一）锐邦公司作为限制最低转售价格条款的签订者与执行者，是否是本案反垄断诉讼的适格原告

上海高院认为，垄断协议的当事人既可能是垄断行为的参与者、

实施者，又可能是垄断协议的受害者。锐邦公司因《经销合同》内容是否违犯《反垄断法》与强生公司存在争议而提起诉讼，属于本案适格原告。

（二）《反垄断法》第十四条规定限制最低转售价格的垄断协议是否以具有排除、限制竞争效果为构成要件

上海一中院认为，对于《反垄断法》第十四条规定的垄断协议的认定，不能仅以经营者与交易相对人是否达成了固定或者限定转售价格协议为准，而需要进一步考察此等协议是否具有排除、限制竞争的效果。

上海高院对此持相关观点，认为《反垄断法》第十三条对垄断协议“排除、限制竞争”的定义适用于第十四条对纵向垄断协议的规定。此外，上海高院认为，根据《最高人民法院关于审理因垄断行为引发的民事纠纷案件应用法律若干问题的规定》（下称“《最高人民法院垄断纠纷审理规定》”）第七条，“被诉垄断行为属于《反垄断法》第十三条第一款第（一）项至第（五）项规定的垄断协议的，被告应对该协议不具有排除、限制竞争的效果承担举证责任”，认定《反垄断法》第十三条规定横向协议构成垄断协议，应以该协议具有排除、限制竞争效果为前提，举重以明轻，反竞争效果相对较弱的纵向协议更应以具有排除、限制竞争效果为必要条件。

（三）锐邦公司、强生公司何者承担涉案协议具有排除、限制竞争效果的举证责任

上海一中院根据《最高人民法院关于民事诉讼证据的若干规定》第二条之规定，认为当事人对自己提出的诉讼请求所依据的事实有责任提供证据加以证明，也即认为锐邦公司应当承担涉案协议具有排除、限制竞争效果的举证责任。

上海高院对此持相同观点。虽然《最高人民法院垄断纠纷审理规定》在一审判决后生效，上海高院认为，《最高人民法院垄断纠纷审理规定》第七条对涉及横向协议纠纷举证责任的规定不能类推适用于本案纵向协议；由于现行法律没有规定在涉及《反垄断法》第十四条规定协议的反垄断民事诉讼中，应由被告来证明涉案协议不具有排除、限制竞争的效果，本案仍应当遵循民事诉讼“谁主张、谁举证”的原则，由锐邦公司对本案限制最低转售价格协议具有排除、限制竞争效果承担举证责任。

（四）本案限制最低转售价格协议是否构成垄断协议

上海高院认为，基于强生公司在竞争不够充分的相关市场具有很强的市场地位，强生公司限制最低转售价格行为不仅排除了品牌内价格竞争，还降低了品牌间的价格竞争。而本案现有证据尚不能证明本案限制最低转售价格协议存在促进产品质量提升、促进新产品或新品牌进入市场方面的明显必要和效果，防止经销商“搭便车”行为的明显必要和效果，以及其他在经济学上可以说明的必要和效果。两相比较，本案限制最低转售价格协议促进竞争的效果不明显或者说非常有限，远远抵不上其排除、限制竞争的效果。因此，本案《经销合同》中限制最低转售价格条款属于《反垄断法》禁止的垄断协议，强生公司制定该协议和按照该协议处罚锐邦公司的行为属违法行为。

（五）锐邦公司在本案中的损失赔偿主张是否应予支持

就此问题，上海一中院认为，因为垄断行为遭受的损害，主要应该为排除、限制竞争所带来的损害。但锐邦公司在本案中所主张的损害，如2008年绩效达标返利，2008年、2009年合同的履行利益等，在性质上而言，是双方在购销合同纠纷中得以主张的损害，与价格限制条款本身并无直接关联，不属于反垄断法意义上的损害。

而上海高院则认为，锐邦公司主张的 2008 年缝线产品利润损失赔偿在反垄断法上具有请求依据，因为其与本案中强生公司执行限制最低转售价格垄断协议的行为存在直接因果关系。同时，上海高院参照相关市场的正常利润水平而非锐邦公司履行垄断协议的可得利润水平，并考虑锐邦公司应依法负担的税负后，酌定赔偿金额为53 万元。

三、案件评述

（一）案件意义及亮点

本案是我国首例纵向垄断协议纠纷案件，也是首例终审判决原告胜诉的垄断纠纷案件，在我国反垄断案件审判进程中具有重大影响。本案判决探索和研究了涉及限制最低转售价格协议的一系列重大问题，包括原告的诉讼主体资格、行为违法认定的原则、排除限制竞争的举证责任和排除限制竞争的考量因素等，其分析方法和结论对推进我国《反垄断法》的实施具有重要意义。

具体而言，本案确认了司法审判对限制最低转售价格行为的分析思路，也即限制最低转售价格的纵向垄断协议需要以排除、限制竞争为构成要件，并且应由原告承担证明协议排除、限制竞争的举证责任。在本案中，上海高院将需要原告举证的内容细化为 22 条，包括强生公司的营销方式、定价行为、涉案产品、相关市场、市场地位、品牌间竞争等。再进一步，法院考虑到限制最低转售价格行为既可能促进竞争又可能限制竞争，认为只有在实际产生难以克服又难以被其促进竞争效果抵消的限制竞争效果时，限制转售价格协议才应被认定为垄断协议。在对限制最低转售价格行为性质的分析判断中，法院提出了需要重点考察的四个因素，包括相关市场竞争是否充分、被告市场地位是否强大、被告实施限制最低转售价格的动机和限制最低转售价格的竞争效果，并认为只有在认定相关市场缺乏充分竞争且实施限制转售价格的企业具有很强的市场地位时，才需要进一步判断涉嫌垄断协议的反竞争效果。

另外，反垄断司法案件中专家辅助人的引入在本案中也得到了充分体现。在二审中，锐邦公司和强生公司分别委托了经济学教授作为专家辅助人向法庭提供专业意见，这也是锐邦公司在二审中取得胜诉的重要原因。反垄断法的特点决定了其对经济分析和法律分析的依赖。应当说，专家辅助人的引入对于上海高院在二审中分析评价相关行为的竞争效果进而进行法律适用起到了至关重要的作用。

（二）关于限制最低转售价格行为认定思路的思考

如上所述，对于限制最低转售价格的认定，上海高院采用了类似美国“合理原则”的分析方法，即由锐邦公司举证证明限制最低转售价格行为的限制竞争和促进竞争效果，再对两者进行比较和综合分析。值得注意的是，强生案确立的限制最低转售价格案件的司法分析思路同我国竞争执法机构在行政执法过程中对该问题的认定思路有二元分化。从执法机构查处的系列相关案件来看，其处罚决定通常主要围绕证明垄断协议的存在展开，没有证明行为排除、限制竞争的相关内容，或仅对排除、限制竞争的效果进行抽象列举，实际相当于只要证明存在限制最低转售价格的行为，即推定其排除、限制了竞争。也就是说，一旦认定限制最低转售价格行为存在，此时便转由被调查涉案企业根据《反垄断法》第十五条进行抗辩，这与强生案确立的应当由原告对协议限制竞争和促进竞争效果进行举证，进而对两者进行比较分析的思路有较大不同。

在本案的审判过程中，锐邦公司亦对该问题提出了自己的看法。首先，锐邦公司主张，强生公司的行为具有限制转售价格案件的典型特点，包括强生公司以直接限制竞争为目的，在与锐邦公司签订的经销合同中以合同条款限定锐邦公司向第三人的最低转售价格；强生公司依据遵守指定价格水平的情况对锐邦公司采取警告、中止或者终止合同等间接方法，胁迫和威胁锐邦公司维持最低转售价格；强生公司还采用“腾龙计划”进一步实施价格监督制度，以达到更有效实施限定最低转售价格行为的目的。同时，锐邦公司提出，限制最低转售价格协议虽属于排除、限制竞争的协议，但考虑其固有的排除、限制竞争的属性和《反垄断法》的条文逻辑、文义，锐邦公司在证明了限制转售价格行为的存在之后，应无须额外证明行为的排除、限制竞争效果。虽然以上主张没有被法院最终采纳，但亦不失为一种根据限制最低转售价格行为的竞争属性和《反垄断法》条文设计的有益探讨。同时，从举证责任的角度，这一分析思路亦有助于缓解原告过重的举证责任负担。

（三）小结

即便存在上述争论，不可否认的是，上海高院审理锐邦诉强生纵向垄断协议纠纷案四万余字的判决书，条理清楚、论证充分，充分展现了中国法院审理反垄断民事诉讼案件的专业能力，对于明确限制最低转售价格案件的司法审判思路，推进我国反垄断审判实践具有重要意义。

奇虎360诉腾讯滥用市场支配地位纠纷案

互联网领域相关市场界定及滥用市场支配地位行为的分析方法

朱理

一、基本案情与裁判要点

北京奇虎科技有限公司（下称“奇虎公司”）诉腾讯科技（深圳）有限公司、深圳市腾讯计算机系统有限公司（下称“腾讯公司”）滥用市场支配地位纠纷案中，奇虎公司诉至广东省高级人民法院，指控腾讯公司滥用其在即时通信软件及服务相关市场的市场支配地位。2010年11月3日，腾讯公司发布《致广大QQ用户的一封信》，在装有360软件的电脑上停止运行QQ软件。11月4日，360安全中心宣布，在国家有关部门的强力干预下，目前QQ和360软件已经实现了完全兼容。2010年9月，腾讯QQ即时通信软件与QQ软件管理一起打包安装，安装过程中并未提示用户将同时安装QQ软件管理。2010年9月21日，腾讯发出公告称，正在使用的QQ软件管理和QQ医生将自动升级为QQ电脑管家。奇虎公司主张，腾讯公司拒绝向安装有360软件的用户提供相关的软件服务，强制用户在腾讯QQ和奇虎360之间“二选一”，构成反垄断法所禁止的限制交易；腾讯公司将QQ软件管家与即时通信软件相捆绑，以升级QQ软件管家的名

---

* 朱理，最高人民法院知识产权法庭副庭长。

义安装 QQ 医生，构成反垄断法所禁止的捆绑销售。

广东省高级人民法院一审认为：（1）关于相关市场界定。奇虎公司关于综合性即时通信服务构成一个独立的相关商品市场以及本案相关地域市场应为中国大陆市场的主张不能成立。本案相关商品市场远远超出综合性即时通信服务市场，相关地域市场应为全球市场。但是，该院并未明确界定本案相关商品市场的范围。2. 关于市场支配地位认定。由于奇虎公司对本案相关商品市场界定错误，其所提供的证据不足以证明腾讯公司在相关商品市场上具有垄断地位。奇虎公司的诉讼请求缺乏事实和法律依据，不能成立。遂判决驳回奇虎公司的全部诉讼请求。

奇虎公司不服，提出上诉。其主要上诉理由为：（1）一审判决对本案相关商品市场未做认定，属于案件基本事实认定不清。（2）一审判决在分析相关商品市场时基本方法错误，对于本案的免费产品不应直接适用假定垄断者测试（“SSNIP 测试”）界定相关市场，且其运用 SSNIP 价格增长测试也是错误的。本案相关商品市场应界定为综合了文字、语音、视频的个人电脑端即时通信软件和服务。（3）一审判决对相关地域市场的认定明显错误，本案中相关地域市场应为中国大陆地区。（4）一审判决认定腾讯公司在相关市场不具有支配地位是错误的。腾讯公司在相关市场的市场份额均超过二分之一，应当推定其具有市场支配地位。（5）腾讯公司实施了滥用市场支配地位的行为，依法应当承担法律责任。

最高人民法院针对该上诉理由，将争议焦点归纳为五个方面共计 22 个具体争议问题，并对每一争议问题逐一进行了分析。特别是，对于相关市场界定的作用、目的、方法等，最高人民法院在判决中根据互联网领域的独特特点，对于传统反垄断法的分析方法进行了创新和发展，在全球领域内首次对互联网领域相关市场的界定方法给出了创造性的答案。例如，在相关市场界定是否是滥用市场支配地位垄断纠纷的必经步骤这一问题上，业界普遍认为，准确界定相关市场是认定市场支配地位的前提。[①] 此谓传统的“相关市场—市场支配力—竞争效应范式”（R－M－C）。最高人民法院的判决在回溯相关市场的目的与作用的基础上，结合互联网领域的特点，雄辩地说明了相关市场界定的工具性，并提出了不以相关市场界定为前提的“市场支配力—竞争效应范式”（M－C）和“行为—竞争效应范式”（C－C）。判决做出后，国内外专家学者、社会公众均给予高度评价，国外有关大学和机构专门召开研讨会研讨该判决，被有关学者认为是中国法院首次在国际上创设规则、引领规则的案件，充分实现了法律效果和社会效果的高度统一。

最高人民法院将本案确立为指导性案例，并明确了如下裁判要点：（1）在反垄断案件的审理中，界定相关市场通常是重要的分析步骤。但是，能否明确界定相关市场取决于案件具体情况。在滥用市场支配地位的案件中，界定相关市场是评估经营者市场力量及被诉垄断行为对竞争影响的工具，其本身并非目的。如果通过排除或者妨碍竞争的直接证据，能够对经营者市场地位及被诉垄断行为的市场影响进行评估，则不需要在每一个滥用市场支配地位的案件中，都明确而清楚地界定相关市场。（2）假定垄断者测试（HMT）是普遍适用的界定相关市场的分析思路。在实际运用时，假定垄断者测试可以通过价格上涨（SSNIP）或质量下降（SSNDQ）等方法进行。互联网即时通信服务的免费特征使用户具有较高的价格敏感度，采用价格上涨的测试方法将导致相关市场界定过宽，应当采用质量下降的假定垄断者测试进行定性分析。（3）基于互联网即时通信服务低成本、高覆盖的特

① 美欧法院相关判例无不重视相关市场界定的作用。例如，United States v. Aluminum Co. of America，148，F. 2d 416（2nd Cir.），1945. 以及欧盟的 Case 6/72 Continental Can v. Commission［1973］ECR 215、Case 27/76 United Brands v. Commission［1978］ECR 207 等，均强调相关市场界定及市场份额对于认定垄断力量的重要性。

点，在界定其相关地域市场时，应当根据多数需求者选择商品的实际区域、法律法规的规定、境外竞争者的现状及进入相关地域市场的及时性等因素，进行综合评估。（4）在互联网领域，市场份额只是判断市场支配地位的一项比较粗糙且可能具有误导性的指标，其在认定市场支配力方面的地位和作用必须根据案件具体情况而定。

现围绕与该裁判要点相关的问题，做如下分析和说明。

二、滥用市场支配地位案件的分析方法及相关市场界定是否属于必经步骤

前已述及，在本案终审判决之前，欧美法院在类似滥用市场支配地位案件中主导性的分析范式是“相关市场—市场支配力—竞争效应范式 ”。在这种分析范式中，相关市场界定是传统反垄断分析不可逾越的起点。这一思路具有一定合理性。因为，竞争行为都是在一定的市场范围内发生和展开的，界定相关市场可以明确经营者之间竞争的市场范围及其面对的竞争约束。在滥用市场支配的案件中，合理界定相关市场，对于正确认定经营者市场地位、分析经营者的行为对市场竞争的影响、判断经营者行为是否违法以及在违法情况下需承担的法律责任等关键问题，具有重要意义。因此，在反垄断案件的审理中，界定相关市场通常是重要的分析步骤。但是，基于理论与实践发展两大理由，最高人民法院最终没有接受界定相关市场是滥用市场支配地位案件的必经步骤的意见。首先，从理论溯源上看，在滥用市场支配地位案件的审理中，界定相关市场的目的在于评估经营者的市场力量及被诉垄断行为对竞争的影响。为实现这一目的，除了通过相关市场这一工具进行间接评估外，还可以通过排除或者妨碍竞争的实际证据对被诉经营者的市场地位及被诉垄断行为可能的市场影响进行直接评估。因此，界定相关市场只是评估经营者的市场力量及被诉垄断行为

对竞争的影响效果的途径之一，并非唯一途径。其次，从实践看，能否明确界定相关市场，取决于案件具体情况，尤其是案件证据、相关数据的可得性、相关领域竞争的复杂性等多种因素。特别是，在网络环境下，由于注意力竞争、平台竞争及跨界竞争导致相关市场的边界更加模糊，界定相关市场不仅变得更加困难，还更易发生界定错误。[②]因此，我们不得不对“相关市场—市场支配力—竞争效应范式”保持必要警惕，转而注重运用直接证据评估经营者的市场支配力。

因此，本案判决提出“即使不明确界定相关市场，也可以通过排除或者妨碍竞争的直接证据对被诉经营者的市场地位及被诉垄断行为可能的市场影响进行评估”。这一表述实质上提出了两种新的分析范式：一是，通过直接证据评估经营者的市场支配力，进而评估经营者的被诉行为对市场竞争的影响。这种方法可以称为“市场支配力—竞争效应范式”。二是，通过直接证据评估经营者行为对市场竞争的实际或者潜在效果。这种方法可以称为“行为—竞争效应范式”。这种注重用直接证据对竞争效果进行评估的方法进一步丰富和发展了滥用市场支配地位的分析进路。这是本案判决的重要贡献之一。

有心的读者可以发现，虽然本案判决对相关市场界定以及市场支配力认定进行详细分析并得出腾讯公司不具有市场支配地位的结论，但是判决并未就此止步，而是进一步运用直接证据综合评估了被诉垄断行为对市场竞争实际或者潜在的效果，并在此基础上做出最终判断。这实际上是对“市场支配力—竞争效应范式”和“行为—竞争效应范式”的具体运用。

本案判决在滥用市场支配地位案件传统的“相关市场—市场支配力—竞争效应”分析方法基础上，进一步发展并运用了“市场支配

② 朱理，《互联网领域竞争行为的法律边界：挑战与司法回应》，《竞争政策研究》，2015 年第 1 期，第 1—12 页。

力—竞争效应”以及“行为—竞争效应”两种分析方法，因而形成了滥用市场支配地位案件较为完善的分析方法体系。这三种分析方法对于滥用市场支配地位案件具有普适性。但是，在将本案体现的司法导向和可以普遍适用的裁判规则运用到类似案件时，必须注意正确区分普遍规则和个案因素，善于根据个案灵活运用普遍规则，避免机械援用。在具体适用时，三种分析范式可以个案情况灵活选择运用；在相关市场界定较为困难时，可以选择“市场支配力—竞争效应范式”或者“行为—竞争效应范式”，不对相关市场进行清晰界定；即使选择了“相关市场—市场支配力—竞争效应范式”，界定了相关市场和市场份额，也要基于网络竞争的特点对市场份额的指标作用保持谨慎，并重点关注个案中相应市场领域的市场进入、市场行为及经济效果等证据。

三、假定垄断者测试在互联网领域中的变通性适用

假定垄断者测试（HMT）是各国和地区普遍采用的一种界定相关市场的分析思路。依据这种思路，借助经济学工具分析所获取的相关数据，我们可以确定假定垄断者将价格维持在高于竞争价格水平的最小商品集合和地域范围，从而界定相关市场。假定垄断者测试一般先界定相关商品市场，其具体思路是：首先从垄断案件关注的经营者提供的商品（目标商品）开始考虑，假设该经营者是以利润最大化为经营目标的垄断者（假定垄断者），那么在其他商品的销售条件保持不变的情况下，假定垄断者能否持久地（一般为 1 年）小幅（一般为 5% ~10%）提高目标商品的价格（所谓的数量不大但有意义且并非短暂的价格上涨，简称“SSNIP 测试”）。目标商品的涨价会导致需求者转向购买具有紧密替代关系的其他商品，从而引起假定垄断者销售量下降。如果目标商品涨价后，即使假定垄断者销售量下降，但其仍

然有利可图，则目标商品就构成相关商品市场。[③] 这种传统的测试方法在本案判决之前一直居于主导性地位。一审法院在本案中即采用这种方法来界定相关商品市场。

这种基于价格上涨的假定垄断者测试在互联网领域遇到了难题。运用基于价格上涨的假定垄断者测试时，所隐含的前提条件是相关市场领域的商品同质化特征比较明显，价格竞争是较为重要的竞争形式。但是，如果在产品差异化非常明显且质量、服务、创新、消费者体验等非价格竞争成为重要竞争形式的领域，采用数量不大但有意义且并非短暂的价格上涨（SSNIP）的方法存在较大困难。特别是，当特定领域商品的市场均衡价格为零时，运用 SSNIP 尤为困难。这是因为，在运用 SSNIP 方法时，需要以充分竞争的市场价格为基准价格，进行 5% ~10% 幅度的价格上涨，然后确定需求者的反应。在基准价格为零的情况下，如果进行 5% ~10% 幅度的价格增长，增长后其价格仍为零；如果将价格从零提升到一个较小的正价格，则相当于价格增长幅度的无限增大，意味着商品特性或者经营模式发生较大变化，因而难以进行 SSNIP 测试。互联网服务提供商在互联网领域的竞争中更加注重质量、服务、创新等方面的竞争而不是价格竞争，其经营模式通常是利用免费的基础服务吸引和凝聚大量用户，利用巨大的用户资源经营增值业务和广告以实现盈利，然后以增值业务和广告的盈利支撑免费服务的生存和发展。因此，基于相对价格上涨的假定垄断者测试不宜在本案中适用。

在纠正一审法院直接运用基于价格上涨的假定垄断者测试的错误后，最高人民法院进一步发展了假定垄断者测试的分析方法，阐明了假定垄断者测试在互联网领域的变通性适用方法。本案判决指出，实践中，假定垄断者测试的分析方法有多种，既可以通过数量不大但有

③ 参见国务院反垄断委员会关于相关市场界定的指南（2009 年 5 月 24 日），第十条。

意义且并非短暂的价格上涨（SSNIP）的方法进行，又可以通过数量不大但有意义且并非短暂的质量下降（SSNDQ）的方法进行。同时，作为一种分析思路或者思考方法，假定垄断者测试在实际运用时既可以通过定性分析的方法进行，又可以在条件允许的情况下通过定量分析的方法进行。虽然基于相对价格上涨的假定垄断者测试难以在本案中适用，但是可以采取该方法的变通形式，例如基于质量下降的假定垄断者测试。由于质量下降程度比较难以评估以及相关数据难以获得，可以采用质量下降的假定垄断者测试进行定性分析而不是定量分析。这是对假定垄断者测试方法的重要推进。

四、互联网领域相关地域市场的界定方法

相关地域市场的界定，同样遵循相关市场界定的一般方法。通常认为，在假定垄断者测试的框架下，相关地域市场界定需要考虑的主要因素是：在价格、质量等竞争因素发生变化的情况下，其他地区经营者对目标区域的假定垄断者是否会构成有效的竞争约束。从需求替代的角度，主要考虑需求者因商品价格或者其他竞争因素的变化而转向或考虑转向其他地域购买商品的证据、商品的运输成本和运输特征、多数需求者选择商品的实际区域和主要经营者商品的销售分布、地域间的贸易壁垒、特定区域需求者偏好等因素。从供给替代的角度，则主要考虑其他地域的经营者对商品价格等竞争因素的变化做出反应的证据、其他地域的经营者供应或销售相关商品的及时性和可行性等因素。

本案中，一审法院以境外经营者可向中国大陆地区用户提供即时通信服务、被上诉人也向世界各地用户提供服务、有一定数量的境外用户在使用被上诉人提供的即时通信服务等作为重要论据，认定本案相关地域市场应为全球市场。这一分析方法实际上背离了上述分析方

法，在考虑互联网的全球性、低成本等特点的同时，忽视了地域间的法律障碍、特定需求者的偏好等制约因素。最高人民法院在判决中指出，基于互联网的即时通信服务可以低成本、低代价到达或者覆盖全球，并无额外的、值得关注的运输成本、价格成本或者技术障碍，在界定相关地域市场时，可以主要考虑多数需求者选择商品的实际区域、法律法规的规定、境外竞争者的现状及其进入的及时性等因素。由于每一个因素均不是决定性的，故应该根据上述因素进行综合评估。由于中国大陆地区境内绝大多数用户均选择使用中国大陆地区范围内的经营者提供的即时通信服务，而我国有关互联网的行政法规规章等对经营即时通信服务规定了明确的要求和条件，对即时通信等增值电信业务实行行政许可制度，外国经营者通常不能直接进入我国大陆境内经营，需要以中外合资经营企业的方式进入并取得相应的行政许可，且境外即时通信服务经营者在较短的时间内（例如一年）及时进入中国大陆地区并发展到足以制约境内经营者的规模存在较大困难，故本案相关地域市场应为中国大陆地区市场。这种相关地域市场的界定方法，既考虑了互联网领域的特点，又考虑了法律、消费者习惯等对互联网服务市场的现实制约，对于互联网领域相关地域市场的界定具有重要指导意义。

五、网络环境下经营者市场份额对其市场支配力认定的作用

在传统领域，经营者的市场份额与其市场支配力之间有比较强的正相关关系：市场份额越大，其具有较强市场支配力的可能性越大。长期以来，传统反垄断法均将市场份额作为市场支配力认定的最重要指标。我国反垄断法基于市场份额与市场支配力之间的这种关联关

系，规定了通过市场份额推定市场支配力的方法。[④]

由于互联网领域的特点，市场份额与市场支配力之间的这种关联关系被削弱了。首先，互联网领域市场边界的模糊性导致市场份额对市场支配力的标指作用减弱。互联网领域的差异化竞争比传统领域更加明显，即使产品的功能和用途相同，消费者体验也有很大差异，这种差异化使得相关市场边界的模糊性增强。同时，互联网领域的平台竞争进一步加剧了市场边界的模糊性。由于互联网的核心在于用户注意力，即使用途或性能差异很大的平台，往往也存在某种程度的竞争。与传统领域相比，互联网领域市场边界的不清晰导致网络环境下市场份额的确定具有某种随意性，其对市场支配力的标指作用受到一定影响。其次，互联网领域的创新竞争也削弱了市场份额与市场支配力之间的关联关系。市场份额与市场支配力可以通过很多原因来获得和维持，企业可能通过持续的竞争和持续的创新来维持自己非常高的市场份额。例如，虽然谷歌公司在全球搜索引擎市场上有较大的市场份额，但谷歌每时每刻都在创新，这种由于不断创新获得的市场份额，并不意味着有很强的市场力量。这就削弱了市场份额作为市场支配力指标的作用。最后，即使在较高市场份额的情况下，判断经营者是否实质上具有市场支配力，仍需要综合考虑多种因素，例如竞争对手或者客户对提价（或者降低质量）的反应，相关市场进入的难易程度等。正因如此，本案判决指出：在互联网领域，市场份额只是判断市场支配地位一项比较粗糙且可能具有误导性的指标，其在认定市场支配力方面的地位和作用必须根据案件具体情况确定。

---

④ 反垄断法第十九条规定：有下列情形之一的，可以推定经营者具有市场支配地位：（一）一个经营者在相关市场的市场份额达到二分之一的；（二）两个经营者在相关市场的市场份额合计达到三分之二的；（三）三个经营者在相关市场的市场份额合计达到四分之三的。有前款第二项、第三项规定的情形，其中有的经营者市场份额不足十分之一的，不应当推定该经营者具有市场支配地位。被推定具有市场支配地位的经营者，有证据证明不具有市场支配地位的，不应当认定其具有市场支配地位。

六、启示与思考

作为互联网领域垄断市场支配地位的首个案例，本案为我们带来了诸多启示与思考。

首先，执法者和司法者应善于运用经济学思维。经济学是理解复杂经济问题的利器，能够为反垄断执法提供有效的分析工具。既需要善于运用广为接受的经济理论，又要对新的经济理论保持开放，不能将思维限于某一种经济理论，而要始终保持开放学习的态度。需要对网络经济中的网络效应、路径依赖、临界容量、平台竞争等规律和特点进行细致分析，进而发展出与这些规律和特点相适应的经济分析工具和方法。

其次，需要倡导效果导向的理念。市场不是抽象的，市场是由无数个具体企业、个人和消费者组成的，他们之间相互联系，有竞争又有合作。对任何竞争行为的反垄断分析，必须回归市场现实与经济理性，把行为置于具体竞争环境下和具体市场当中进行考察，准确识别行为对竞争的影响，着重分析其是否对健康的市场竞争机制造成损害。在网络经济领域，在考察行为对竞争的综合效果时，应注意将创新和动态竞争纳入分析过程，避免机械适用传统垄断行为分析方法。

最后，需要提倡包容审慎的理念。在网络经济下创新竞争特点愈加明显、"高速的技术进步可能在很短时间内消除一切由垄断导致的资源配置效率损失"，[⑤] 对于新型竞争行为的反垄断分析应该适当尊重经营者在自由公平竞争的市场环境下自发形成的内生性规则。在审视其合理性和正当性的基础上，使司法裁判确立的反垄断法律规则与市

⑤ ［美］罗比特·皮托夫斯基等著，《超越芝加哥学派——保守经济分析对美国反托拉斯的影响》，林平等译，经济科学出版社 2013 年版，第 32 页。

场的内生性规则兼容。在对不同规则的选择难以取舍时，优先选择对各方主体利益有最大容忍度和包容度的规则，既保障创新利益和提供创新动力，又尽量减少对他人经营行为或者商业模式的损害，尽量避免对健康市场竞争机制造成妨碍或者扭曲，进而兼顾多方利益。对于看不准、弄不明、有市场、受欢迎的新技术、新产品、新商业模式，在具体适用反垄断法时，尤其需要以有利于促进创新、有利于自由公平竞争、有利于消费者的长远利益为指引，慎重对待、审慎处理。

华为诉交互数字案

祁放

一、案情介绍

美国交互数字公司，旗下有交互数字通信有限公司、交互数字技术公司、交互数字专利控股公司和IPR许可公司等多个关联公司（下称“IDC公司”）。该公司参与了全球各类无线通信国际标准的制定，拥有一系列无线通信基本技术相关的专利。

华为公司作为全球电信设备的巨头之一，与IDC公司之间就IDC公司无线通信标准必要专利的许可谈判持续了多年，但未达成协议。2011年7月，IDC公司将华为公司起诉至美国特拉华州法院和美国国际贸易委员会，称华为公司涉嫌侵犯其在美国享有的七项标准必要专利，请求责令华为公司停止被控侵权行为。2011年12月，作为反制措施，华为公司在深圳市中级人民法院针对IDC公司提起两个诉讼。一个是指控IDC公司在谈判过程中违反中国《反垄断法》的反垄断之诉，另一个是要求法院确认公平、合理、无歧视（FRAND）许可条件的确认之诉。本文仅对反垄断之诉做出评述。

在反垄断之诉中，华为公司声称，IDC公司通过参与各类无线通信国际标准的制定，将其直接或间接拥有的专利纳入无线通信领域的

* 祁放，方达律师事务所合伙人。

国际标准，并以此形成了对相关市场的支配。华为公司主张，本案相关产品市场为相关无线通信标准下 IDC 公司为专利权人的必要专利的许可市场，相关地域市场为全球相关无线通信标准必要专利许可市场中的中国市场和美国市场。IDC 公司在相关产品和地域市场处于垄断地位，并无视其在加入标准组织时的承诺，滥用其市场支配地位，损害了竞争秩序，也给华为公司造成严重损失。具体来说，华为公司主张 IDC 公司就其无线通信标准专利许可对华为公司的报价过高，对华为公司和与华为公司条件相似的其他被许可人提供不同的歧视性许可条件，在对华为公司的报价中附加不合理的条件，在许可谈判过程中搭售标准和非标准专利以及不同地域的标准专利，通过在美国国际贸易委员会和美国联邦法院的诉讼拒绝与华为公司进行许可交易。

根据上述理由，华为公司请求深圳市中级人民法院判令 IDC 公司立即停止垄断民事侵权行为，赔偿华为公司经济损失人民币 2 000 万元，并承担维权相关的合理开支。

针对滥用市场支配地位的指控，IDC 公司辩称：（1）IDC 公司不认可华为公司主张的相关产品和地域市场的划分。仅凭 IDC 公司的无线通信标准必要专利涵盖的技术不能满足任何终端产品的需要。本案中相关地域市场应该是全球市场，而不是华为公司指定的中国和美国市场的集合。（2）IDC 公司在相关市场中不具有市场支配地位，以及排除或限制竞争的能力。（3）IDC 公司没有实施任何排除、限制竞争的行为。（4）被控侵权行为没有给华为公司造成任何实际损害。

此后，深圳市中级人民法院对本案做出一审判决，认定 IDC 公司的被控行为违反了反垄断法下禁止不公平过高定价和搭售的规定，判令 IDC 公司停止侵权行为，并赔偿华为公司经济损失人民币 2 000 万元。之后双方当事人不服，均向广东高院提起上诉。2013 年 10 月，广东省高级人民法院做出终审判决，驳回上诉，维持原判。

二、案件焦点问题及分析

本案涉及的焦点问题包括相关市场的界定，市场支配地位的评估，以及被控行为是否构成滥用市场支配地位等。

（一）相关市场的界定

该案中，深圳市中级人民法院认定每一个无线通信标准必要专利的许可都构成一个独立的产品市场。该划分方式与欧盟在“谷歌和摩托罗拉并购案”“关于摩托罗拉滥用市场支配地位案”“三星滥用市场支配地位案”中的认定相近。基于法院的认定，本案涉及的是多个独立相关产品市场的集合，其中每一个相关产品市场为IDC公司的一个无线通信标准必要专利的许可，而集合的整体为IDC公司拥有的所有无线通信标准必要专利的许可。

针对地域市场，深圳市中级人民法院认可了华为公司关于相关地域市场为中国市场和美国市场的主张。深圳市中级人民法院认为，IDC公司在每个国家获取的相关无线通信标准必要专利、技术方案的内容即使一致，相关的权利却是相互独立的，其存在的基础以及行使的范围均不相同，因此彼此之间并不构成竞争关系或者替代关系。同时深圳市中级人民法院认为，不能仅以华为公司产品出口范围来主张相关地域市场范围为全球范围。IDC公司对中国无线通信标准必要专利的授权许可经营行为，相关权利的行使和行为的发生均在中国境内，但同时IDC公司对其美国无线通信标准必要专利的授权许可经营行为，可对华为公司在中国境内的生产活动、出口机会以及出口贸易产生重大影响。法院并没有考虑IDC公司和华为公司的谈判同时也涉及除中国和美国之外的其他国家和地区的专利许可。

（二）市场支配地位的评估

针对市场支配地位，深圳市中级人民法院认为，IDC 公司作为涉案无线通信标准必要专利许可唯一的供给方，其在每一个涉案无线通信标准必要专利许可市场都具有完全的份额。而且，由于 IDC 公司仅以专利授权许可作为其经营模式，不需依赖或者受制于其他专利权人的交叉许可，故其市场支配力不会受到有效制约。在此情况下，深圳市中级人民法院判定 IDC 公司在涉案无线通信标准必要专利许可市场具有市场支配地位。

（三）被控行为是否构成滥用市场支配地位

针对华为公司关于 IDC 公司滥用市场支配地位的指控，深圳市中级人民法院认定了两种滥用市场支配地位的行为，一种是不公平过高定价，另一种是搭售。对于 IDC 公司的许可报价是否构成不公平过高定价，法院主要考虑了 IDC 公司就其无线通信标准必要专利和苹果与三星达成的许可条件。根据对公开信息的分析，法院认为 IDC 公司向苹果和三星收取的许可费远低于向华为索要的许可费。另外，IDC 公司对无线通信标准必要专利和非必要专利一揽子打包许可的行为构成反垄断法禁止的捆绑搭售。但 IDC 公司对其全球范围内无线通信标准必要专利进行打包许可符合效率原则，不构成滥用市场支配地位。

三、案件点评

本案为无线通信标准必要专利许可谈判背景下的垄断纠纷。因此，分析本案中相关问题需要首先了解技术标准化条件下的必要专利。技术标准是指对一个或多个生产技术设立的必须符合的条件以及能达到此条件的实施技术。专利与技术标准结合以后，在实施标准时必然要被实施的专利技术，通常被称为标准必要专利。在本案中，深圳市中级人民法院认为，因为其不可替代性，每一个标准必要专利许可市场都构成一个独立的产品市场，而相关标准必要专利的专利权人在此市场中占据支配地位。

本案的核心争议焦点之一是如何判断专利权人的许可报价是否构成不公平过高定价。在本案和后续类似案件中，多国司法机关的判决在一定程度上为许可双方在谈判过程中的规范提供了指引。本案作为全球范围内最早的几个标准必要专利许可诉讼之一，深圳市中级人民法院和广东省高级人民法院做了积极的探索。但由于种种原因，本案判决对这个核心问题的分析还是有一些不足之处。

对于专利权人的许可报价合理性的分析，实践中有自上而下法、自下而上法和可比协议法几种，其中可比协议法使用较普遍。顾名思义，可比协议法是把涉案的许可报价与权利人和其他处于与涉案相对方相似地位的被许可人达成的协议（可比协议）进行比较的方法，从而得到涉案报价是否构成不公平过高定价的结论。在本案中，深圳市中级人民法院和广东省高级人民法院对这个问题的分析主要使用的方法亦为可比协议法。

可比协议法有两个重要环节，一是可比协议的选择，二是可比协议与涉案许可报价的比较。就可比协议的选择来说，由于处于不同市场竞争位置的被许可人推出的产品和面对的消费者群体存在差异，这些被许可人所能接受的许可条件之间的可比性有限。所以，可比协议法要求选择的可比协议中的被许可人与涉案的相对方有类似的市场地位和竞争关系。在本案中，深圳市中级人民法院根据华为公司指控，选取了 IDC 公司和苹果公司、IDC 公司和三星公司之间的许可协议进行比较。

对于可比协议和涉案许可报价的比较，国内外的司法实践认识到复杂的商业合同之间不能仅进行简单数字的比较，还要看许可范围和内容、许可条件以及双方对许可过程中市场变化的预估。但可惜的是，本案判决中对相关问题并没有进行深入的分析。

比如，本案判决中没有充分考虑不同许可费支付方式对协议可比性的影响。简单来说，在专利许可费支付的安排上，双方可以选择多种方式，包括由被许可人支付固定的费用（双方在签署前即约定许可期间的总许可费），也可以由被许可人按照其许可期限内实际销售产品利润的某比例支付。即使假定被许可人在许可期间获得相同的产品利润，且协议双方对此都有相同的了解，两种方式下被许可人支付的总许可费仍然是明显不同的。这是由于固定许可费预先支付的部分会在许可期间产生时间价值。此外，在两种方式下双方的交易风险也是不同的。

又如，本案判决没有充分考虑交易双方在许可谈判过程中是不可能了解到许可期间被许可人的实际销售情况的。事实上，在谈判过程中，双方只能在各自对许可期间被许可人的销售情况做出最佳预估的情况下进行沟通并达成协议。相对于诉讼争议而言，可比协议往往是在诉讼开始前即签署并履行的。因此，审理案件的法院会掌握权利人进入该可比协议时无法掌握的大量协议履行过程中的信息。法院在考虑这样的可比协议时，需要避免受到事后诸葛亮的影响，应只利用该协议签订之前谈判双方获得的信息进行分析。

总的说来，深圳市中级人民法院和广东省高级人民法院在华为诉交换数字案件中做出了有益的探索。在本案之后，国内外的多个法院也审理了多个涉及类似争议的诉讼。到目前为止，关于无线通信标准必要专利许可的纠纷还是一个非常受关注的领域，多个民事诉讼也都还在进行当中。法律法规的变化和更多司法判例的出现无疑会为权利人和被许可人提供行为指导，推动这个领域的进一步发展。

浙江保险行业协会及23家财险公司垄断协议案

万江

一、案情介绍

2013年初，国家发改委价监局接到举报后，组织人员对浙江省保险行业协会及浙江省内各财产保险公司涉嫌达成、实施横向价格垄断协议的行为进行调查。经过半年的调查，2013年9月，执法机关向浙江省保险行业协会以及23家省级财产保险公司分别下发了《行政处罚事先告知书》，并于2013年底正式向各单位下发《行政处罚决定书》，对浙江省保险行业协会以及当地23家财产保险公司达成、实施固定商业车险保费和代理手续费的横向价格垄断协议的行为，总计处以1.1亿元罚款。

经查实，2009年以来，浙江省保险行业协会多次召集会议，组织省内各财产保险公司达成、修订《浙江省机动车辆保险行业自律公约》《补充约定》《实施细则》，共同商定新车折扣系数不低于0.95；上年有赔款的9座以下客车，车价在50万~100万的不低于0.9，100万及以上的不低于1。协会还组织各财产保险公司按彼此市场份额不同，从7%~12%分四档划定了商业车险代理手续费率，排除限

*　万江，环球律师事务所合伙人。

制了竞争。

本案调查过程中，执法机关充分发挥了反垄断法自首宽大制度的作用。人保、国寿和平安三家财险公司先后向执法机关提交了关键性证据，分别获得 100%、90% 和 45% 的罚款减免。执法机关以此为突破口，掌握了所有涉案企业的具体违法事实。浙江省保险行业协会在价格垄断协议达成、实施过程中起了策划、主导和重要推动作用，被处以 50 万元顶格罚款。同时考虑到浙江省各财产保险公司在达成、实施垄断协议过程中居于被动、从属地位，国家发改委按照《反垄断法》规定的 1% 下限，对涉案各财产保险公司予以从轻处罚。

各单位收到《行政处罚事先告知书》后，在承认存在执法机关查明的违法事实同时，提出了以下意见：（1）各财产保险公司就新车、高档车保险费率达成的协议，在 2011 年浙江省物价局进行检查后就已经整改停止；（2）本案涉及的固定或变更手续费率的协议，是为了保护中小保险公司，增强中小保险公司竞争力，且手续费的支付不涉及损害消费者利益，符合《反垄断法》第十五条第一款第（三）项“为了提高中小经营者经营效率，增强中小经营者竞争力的”规定，且所达成的自律协议没有严重限制相关市场竞争，能够使消费者分享由此产生的利益，应不适用《反垄断法》第十三条的规定。

执法机关认为：（1）浙江省各财产保险公司 2011 年后仍在执行新车、高档车的保险费率标准，而且无论上述价格垄断协议是否停止执行，都不能改变各财产保险公司达成价格垄断协议的违法性质。（2）在自由公平竞争的市场上，各公司作为独立经营者，具有衡量自身经营成本、确定采购价格的经济人“理性”，优胜劣汰是市场竞争的必然结果。各财产保险公司设定不同的商业车险手续费率上限标准，削弱了各公司通过吸引优质代理人拓展市场的竞争，使市场份额相对固化，实际上是保护低效率企业，不仅无助于提高中小经营者竞争力，而且减弱了全行业经营者提升服务、创新产品的动力，消费者不仅不能从中获益，反而因市场竞争受到削弱而难以获得优质低价的商品和服务。因此，各单位达成固定或变更商业车险手续费的协议不符合《反垄断法》第十五条规定的“不适用”条件。

自2002年我国《保险法》首次修订后，保险费率的价格管制被取消，保险行业逐步走向市场化。但部分从业人员仍然强调行业保护、协作共生，在行业内推行价格联盟、划定份额等非市场化的做法。浙江保险垄断案的查处，不仅保护了广大投保人的利益，维护了区域市场竞争秩序，还借此建立起针对全行业的长效机制，真正推动竞争政策在保险行业具体落实，让市场机制在保险领域发挥决定性作用。

二、案件焦点及分析

（一）本案涉及的相关市场

本案涉及的相关地域市场为浙江省。本案涉及的相关产品市场为商业车险市场。首先，具有竞争关系的财产保险公司达成、实施横向协议，固定新车及高档车保险费率标准，直接限制了新车及高档车商业车险市场的价格竞争。其次，各公司固定商业车险手续费，限制了整个商业车险的市场竞争。商业车险手续费是保险公司支付给保险代理人的佣金，通常是从成交保单的保费中按比例抵扣。保险公司主要依赖保险代理人销售产品。各公司通过向保险代理人支付更高的手续费，吸引更多代理人接受其委托，代理销售公司的商业车险产品。一旦商业车险手续费被固定，意味着各保险公司无法通过吸引更多更高品质的保险代理人为其销售商业车险产品，抑制了商业车险的市场竞争。

（二）本案涉案主体

本案涉案主体包括浙江省保险行业协会以及浙江省内各财产保险公司。其中人保、平安、太保、国寿、中华联、阳光、大地、天安、大众、安邦、永安、永诚、太平、天平、长安、安诚、都邦、华安、华泰、民安、安信、中银、渤海 23 家涉及本案。另有 9 家财险公司 2010 年之后成立或正式开展业务，不涉及本案。

（三）具体违法行为和事实

本案认定的具体违法行为和事实主要有两项：

1. 固定新车和高档车保险折扣系数。2009 年 7 月 22 日，在杭州市中财发展大厦 15 楼会议室，协会召集各公司开会讨论车险保费充足率问题，并达成关于车险折扣系数的相关共识，直至调查期间仍在浙江省保险行业中普遍执行，而且部分保险公司将上述共识内化到各自的承保政策中。

2. 固定商业车险代理手续费率。2009 年 5 月 8 日，协会组织各公司总经理高峰会议，约定 2008 年车险市场份额超过 4% 的公司商业险手续费不超过 15%，市场份额低于 4% 的公司不超过 16%，天平公司不超过 18%，先在杭州地区实行自律。会后，协会下发了《关于印发<浙江省机动车辆保险行业自律公约>补充约定的通知》。2009 年 6 月，各公司在协会组织下申报形成了新的商业险手续费自律方案，将各公司分为四个档次，手续费率从 7% 到 12% 不等，并将实行范围扩大到浙江全省。2010 年 5 月及 2011 年，该手续费自律方案又进行了两次调整，并一直执行至本案调查期间。

（四）部分公司配合调查，提供关键证据获得减免

在执法机关调查过程中，浙江人保作为第一家公司主动承认在协

会组织下，浙江省各公司就相关车险保险费率及手续费率进行了商讨，并采取了基本一致的费率标准。随后，浙江人保向执法机关提交了历次车险会议的情况说明，以及2009年5月以来历次集中商议车险手续费的详细情况，率先提供了关键证据。最终得以免于处罚。浙江国寿作为第二家公司主动向执法机关提交了《浙江国寿财险参会情况》，详细列明国寿参加历次会议的情况，为查明2009年7月22日讨论保费充足率的情况提供了关键证据，对新车及高档车适用限定保险费率的情况做出了完整描述。最终得以减免90%罚款的处罚。浙江平安作为第三家承认违法行为的单位，向执法机关提交了《关于车险行业自律有关情况的报告》等，承认参与达成了上述垄断协议，并向执法机关提供了一些新情况，最终得以减免45%罚款的处罚。

（五）行为定性

协会和浙江省部分财险公司达成固定或变更保险费率及手续费率的行为，是《反垄断法》严格禁止的横向价格垄断行为，对市场竞争造成严重影响。此前，执法机关先后对新疆及湖南娄底保险公司涉及车险的类似价格垄断行为做出了处罚，此后也有部分省市针对保险行业开展相关的执法活动，本案成为反垄断执法机关对保险行业处罚单位最多、罚款金额最大且充分利用宽大制度的代表案件。

三、案例点评

本案查明的主要违法行为发生在2009年至2011年期间，相关垄断协议持续实施。在调查过程中，执法人员收集调取了大量证据资料，并做了大量询问笔录。但由于人员流动、时隔多年，很多证据与当事人的证词多有出入，包括召开会议的时间、地点、参与人以及内容等都需要反复核对、验证。后经过反复确认以及部分公司主动提交证据，执法人员认定有充分证据证明的主要违法事实分为两个部分，一是固定新车和高档车车险折扣系数，二是固定车险代理手续费率。具体到案件的分析处理，从当时的执法经历看，还有以下一些特殊的考虑：

（一）关于固定车险代理手续费的违法性

在本案调查期间，各被调查单位普遍认为车险代理手续费是保险行业内的特殊安排，协调车险手续费是为了避免行业内市场定价混乱，维护市场竞争秩序。而且，车险代理手续费是保险公司给予保险代理人的佣金，并不是针对消费者的收费，固定代理手续费不会损害消费者的利益。执法人员经过反复研究认为，由于保险行业的特殊性，代理手续费实际上已经演变为车险保费的折扣，本质上构成了车险保费的一部分，固定代理手续费会影响最终实质的车险费率。如果允许各公司固定协调代理手续费，即便禁止固定车险折扣系数，最终的实际车险费率仍然可能受到人为的协调控制，市场竞争仍将被限制。因此，执法人员最终认定各单位协调固定车险代理手续费率的行为构成违法。

（二）关于罚款基数的讨论

关于如何确定对各保险公司罚款基数的讨论集中于两点，一是罚款基数是否覆盖全部商业车险保费收入，二是可否以商业车险保费总收入作为罚款基数。

当时，大部分案件的罚款基数是以上一年度违法行为涉及的相关产品营业额为计算标准。各保险公司固定车险折扣系数的行为主要涉及新车和高档车，故而各单位曾提出以新车和高档车的保费收入作为计算基数的意见。执法人员研究认为，各公司固定代理手续费的行为直接影响了全部商业车险的市场竞争，本案查明的价格垄断行为影响的相关产品市场应该为全部商业车险。另外，在协会组织达成的自律公约中，统一“新车购置价”、限定使用“无赔优待系数”等条款的约定，也会影响所有商业车险的保险费率。而且，各公司的商业车险总收入数据相对更加透明可信，而所谓新车及高档车保费收入计算缺乏客观标准，难以保证数据可靠性。因此，本案的罚款基数最终以各涉案单位上一年度的全部商业车险收入计算。

关于第二个问题，鉴于保险业的金融属性，保费收入很大一部分并不是保险公司的实际收入，财险企业收取的保费中用于覆盖赔付成本的部分占据了较大比例。根据相关单位提交的经验数据，当时浙江省车险行业平均综合赔付率大约为65%。因此有意见认为应当扣除保险企业的赔付成本计算罚款基数。执法人员研究后认为，赔付成本是保险企业的正常成本，与其他行业没有本质区别。此外，欧盟在《欧洲经济区（EEA）协议》中也明确规定保险企业“销售额”是指扣税后的所有保险合同保费收入，且不扣除再保险的支出费用。综合考虑，执法机关认定本案的罚款基数为各保险公司的全部商业车险收入，不做扣减。同时，考虑到如果以扣除赔付成本后的保费收入作为保险企业的实际销售收入，则对保险企业按全部保费收入1%的罚款相当于对于其他制造业企业处以近3%的罚款，因此对保险公司处以1%的罚款也属于比较重的处罚了。

（三）关于多人参与的卡特尔案件处罚方案的再思考

本案涉及20余家单位，除去组织达成垄断协议的浙江省保险行业协会外，参与卡特尔的保险公司共计23家，本案中全部按1%的比例进行处罚，从行政执法的威慑性、阻遏性和公平性角度看，还有不足之处。

在一项多个竞争者共同参与的卡特尔中，由于竞争者的市场力量各有不同，它们参与的动机和诉求也是有差异的，有的是牵头组织者，有的是积极参与者，还有一些则是被动跟随者和被裹挟者。那些在市场中处于追赶状态的竞争者大都希望通过低价竞争获取更多的市场份额，固定产品价格反而限制了其竞争力，其很难提高市场份额，这些竞争者就属于被裹挟者。它们不仅没有得利，反而可能是在不断丧失市场竞争力。对于这类参与者，执法机关应当考虑上述情况从轻处罚。另外，从阻遏违法行为的角度考虑，对于没有从卡特尔中获益的经营者，如果其处罚比例和处罚金额与核心或主导企业、紧密跟随获利型经营者维持一致，也容易诱发道德风险。其他卡特尔案件中的那些跟随、被裹挟的经营者在这种负面激励的示范下，考虑到最终可能受到的处罚与主导型企业差别不大，将必然会更积极地参与违法行为，以期从中牟取更大利益，同时也不会积极配合执法机关的调查，更不会主动提交有助于执法机关认定事实的证据。

总之，有大量成员参与的卡特尔，往往结构松散，监督机制缺乏刚性，实际执行效果有限。执法机关应当区别参与者的违法行为性质、情节、程度以及持续时间等做出轻重程度不同的处罚。实际上，在此后的很多类似案件中，执法机关已经注意到了这个问题。

中国电信和中国联通滥用市场支配地位案

只升敏

一、基本案情

根据举报，2011 年 4 月，国家发改委对中国电信和中国联通涉嫌滥用市场支配地位行为展开调查。调查发现，中国电信涉嫌滥用市场支配地位，以过高价格变相拒绝与中国铁通交易；中国电信和中国联通涉嫌滥用市场支配地位，对互联网服务提供商在交易价格上实行差别待遇。调查同时发现，中国电信和中国联通之间没有实现充分互联互通，是相关市场缺乏竞争的根源。国家发改委认为，两公司的涉嫌垄断行为，破坏了公平竞争的市场秩序，损害了消费者合法权益。

2011 年 11 月，中国电信和中国联通分别向国家发改委提交中止调查申请，承诺进行整改。整改措施主要包括：中国电信降低与中国铁通的直联价格并进行扩容；中国电信与中国联通之间实现充分互联互通；加强专线接入资费管理，解决对互联网服务提供商的价格歧视问题；提升消费者上网速率，降低资费水平，三年内单位带宽价格下降 20% 。经审查，国家发改委认为如上述整改措施完全落实到位，基本能够消除相关涉嫌垄断行为的后果。根据《反垄断法》第四十五条第一款“对反垄断执法机构调查的涉嫌垄断行为，被调查的经营者承

* 只升敏，原国家发改委价监与反垄断局副巡视员。

诺在反垄断执法机构认可的期限内采取具体措施消除该行为后果的，反垄断执法机构可以决定中止调查”的相关规定，国家发改委依法中止对两公司的反垄断调查。

中止调查以来，中国电信和中国联通按照国家发改委的要求进行了整改。

一是进行网间扩容，提高互联互通质量。2011 年以来，两公司共扩容带宽 480G，由 277G 增加至 757G，增长 173%，互联互通质量得到较大提升。工信部电信研究院的监测数据显示，2013 年 12 月电信至联通的忙时网间时延 63. 55 毫秒，较 2011 年 10 月下降 49%；丢包率 0. 23%，下降 92%。联通至电信的时延 85. 36 毫秒，下降 34%；丢包率 3. 3%，下降 20%。同时，中国电信和中国联通自 2013 年 1 月 1 日起开始实施对等互联、互不结算，扫除了两公司进行扩容的机制性障碍，建立了有利于实现充分互联互通的良性机制。

二是中国电信与中国铁通进行扩容并调低结算价格。2011 年底，中国电信与中国铁通将网间直联带宽扩容 2. 5G，并将结算价格由 110 万元/G/月下调至 80 万元/G/月。

三是规范互联网专线接入资费管理。中国电信和中国联通根据不同的客户和接入类型等因素，分别制定了互联网专线接入资费标准和价格管理办法，并在公司网站上予以公布。同时，按照客户自愿和就低不就高的原则，对新老协议进行过渡。

四是提高消费者上网速率，降低单位带宽价格。据两公司统计，截至 2013 年底，中国电信和中国联通公众互联网宽带用户平均速率分别为 6M 和 5. 1M，较 2011 年提升 100% 和 71%；平均单位带宽价格分别为 9 元/M/月和 8. 2 元/M/月，较 2011 年下降 53% 和 45%。

国家发改委委托国务院反垄断委员会专家咨询组，对中国电信和中国联通的整改措施是否能够消除其涉嫌垄断行为的后果，独立进行了专业评估。经征询法律、经济和有关行业专家的意见，专家咨询组认为，目前反垄断执法已经取得明显效果，两公司的互联互通质量得到较大改善，基本解决了中国电信与中国铁通拒绝交易、中国电信和中国联通对互联网服务提供商在交易价格上实行差别待遇等问题，提高了消费者上网速率，降低了上网价格水平。专家咨询组同时认为，由于我国电信行业体制问题影响，两公司的互联互通质量还有进一步改进的空间。

考虑两公司的整改情况和相关市场竞争格局的变化，国家发改委认为两公司履行了相关承诺，整改措施在一定程度上消除了中国电信和中国联通排除、限制竞争给宽带市场带来的不良影响，改善了互联互通效果。根据《反垄断法》第四十五条第二款“经营者履行承诺的，反垄断执法机构可以决定终止调查”的相关规定，国家发改委于2014 年12 月，决定对中国电信和中国联通涉嫌滥用市场支配地位案终止调查。

二、案件焦点及分析

该案历时 3 年 8 个月，其间执法人员在对当事人进行调查的同时，也对有关单位进行调查取证；在案件的认定分析，以及做出决定前，多次召开专家论证会，并咨询了有关技术专家，确保案件的事实认定、法律分析以及相关技术问题准确无误。

（一）本案的相关市场

本案的相关市场界定为全国范围内中国电信、中国联通和中国铁通三家互联网骨干网运营单位向 ISP 提供的有线专线接入服务（包括互联网骨干网运营单位之间的互联）。主要理由：一是从需求替代的角度看，教育网、科技网、长城网、经贸网均为公益性专用网络；中国移动为无线网络（中国铁通虽已并入中国移动，但业务相对独立）。

以上五家骨干网运营商均无法向市场提供能够与中国电信、中国联通和中国铁通相互竞争的产品。二是从供给替代的角度看，在充分互联互通的情况下，中国电信、中国联通和中国铁通向市场提供的有线专线接入服务即可实现完全替代。据调查，三家公司之间实现充分互联互通没有技术障碍，难度不大。三是互联网服务提供商可以从任何地点接入互联网，不同地域之间的互联网也很难设置壁垒，阻止其他地域互联网服务提供商的接入。因此，相关地域市场界定为全国。

相关市场及其下游市场的市场结构主要情况如下：一是中国电信、中国联通和 ISP 的关系。ISP 的主要经营模式是从中国电信、中国联通等骨干网运营商购买专线接入服务（以下称租用带宽），再为消费者提供互联网接入服务。因此，在相关市场上中国电信、中国联通和 ISP 之间为批发与零售的关系。而在其下游市场即最终市场上，中国电信、中国联通和 ISP 均面向一般企事业单位、居民等消费者提供互联网接入服务，相互之间为竞争关系。二是中国电信和中国联通的关系。由于中国电信和中国联通目前尚未实现充分互联互通，ISP 如果仅租用其中一家带宽，将不能顺畅地通过该网络访问另一家，从而无法进行正常运营。执法人员调查的 ISP 均表示，需要同时租用两家公司的带宽。因此，中国电信和中国联通在批发环节并未形成真正竞争。三是中国铁通的具体情况。虽然具有骨干网运营商资质，但由于缺乏必要的网络资源，也必须从中国电信和中国联通租用带宽，才能为消费者提供互联网接入服务。因此，中国铁通与 ISP 的运营模式基本相同。

（二）中国电信和中国联通具有市场支配地位

一是在相关市场上，两公司占有绝大多数的市场份额。以营业额计算，中国电信和中国联通合计占有 98.8% 的市场份额。其中中国电信为 51.2%，中国联通为 47.6%。二是两公司拥有绝大多数的网络资源。在反映国际互联能力的国际出口方面，中国电信和中国联通拥有95.4%的国际出口带宽，其中中国电信为61.9%，中国联通为33.1%。在国内互联网内容服务商方面，两公司也占有绝大多数的市场份额。因此，依据《反垄断法》第十九条第一款第（二）项“两个经营者在相关市场的市场份额合计达到三分之二的”规定，可以推定中国电信和中国联通在带宽接入业务市场上具有市场支配地位。

同时，两公司之间未实现充分互联互通，进一步强化了两公司在相关市场的垄断地位。据工信部统计，目前中国电信和中国联通之间直联带宽为261.5G，仅占两公司拥有1 078G国际出口带宽（其中中国电信679G，中国联通399G）的24.3%。从互联质量看，两公司2011年1月到9月骨干网互联时延为87.7～131.3ms，丢包率为0.2%～1.9%，均不符合原信息产业部《互联网骨干网间互联服务暂行规定》时延不得高于85ms、丢包率不得超过1%的要求。中国电信和中国联通未实现充分互联互通，导致两公司在批发环节的出租带宽业务没有形成真正竞争，进一步强化了两公司在相关市场的垄断地位，也使其在与互联网服务提供商谈判过程中拥有更强的议价能力。

（三）中国电信涉嫌通过设定过高的销售价格，变相拒绝与中国铁通进行交易

按照中国电信集团公司2007年的相关规定，只允许中国铁通在京、沪、穗骨干网核心节点或其他经许可的节点直联，或通过国家互联网交换中心实现与ChinaNet的互通，不允许其从其他地点或以其他方式接入。2010年下半年，中国电信对其他运营商和互联单位通过除骨干核心正常互联互通点之外的网络节点进行穿透接入的行为进行了专项清理。

调查显示，ISP从中国电信和中国联通租用带宽成本占其总成本的20%～30%。中国铁通如果全部按照中国电信要求，以110万元/

G/月的价格从骨干网接入计算，2010 年 1 月到 2011 年 6 月，平均每月租用带宽的成本将占其相关业务成本的 76.1%。与此同时，中国电信往往以各种原因，拒绝中国铁通的接入。2011 年 5 月，中国铁通向中国电信提出扩容申请。经多次协商，8 月中旬，中国电信同意为中国铁通扩容，但仍未达到其需求。

由于价格原因，中国铁通从中国电信骨干网互联的带宽很少，只能暗地里通过其他一些 ISP 进行转接。2011 年 6 月，其转接带宽占从电信租用总带宽的 91.3%。因此，中国电信高价向中国铁通出租带宽，实质上限制了中国铁通的接入，属于《反垄断法》第十七条第一款第（三）项和《反价格垄断规定》第十三条第一款所列“通过设定过高的销售价格或者过低的购买价格，变相拒绝与交易相对人进行交易”的行为。

（四）中国电信和中国联通涉嫌对 ISP 在交易价格上实行差别待遇

据调查，中国电信和中国联通向不同 ISP 出租带宽的交易条件基本相同。主要表现在：一是交易成本和产品质量基本相同。有关技术方面的专家均表示，中国电信和中国联通从不同地域、以不同方式接入等技术因素虽然对其运营成本有影响，但影响很小。二是在调查过程中，已经充分考虑了相关因素带来的价格差异。对于进行比较的价格，均是采取同一种接入方式（动态接入方式或者静态接入方式），接入层级均为城域网。同时，执法人员也注意到不同服务保障带来的区别。例如在北京市场上，中国联通北京分公司将产品区分为紫金、黄金和白金产品，对应不同的服务保障级别。执法人员选取的相关 ISP 均为黄金产品用户。因此，中国电信和中国联通对交易条件相同的 ISP，在出租带宽的价格上存在较大差异，属于《反垄断法》第十七条第一款第（六）项和《反价格垄断规定》第十六条“对条件相同的交易相对人在交易价格上实行差别待遇”的行为。

（五）对市场竞争的影响

根据产业组织理论中的市场封锁、提高竞争对手成本和价格歧视理论，以及反垄断案件调查和分析认定中经常使用的关键设施原则和杠杆作用原理，中国电信和中国联通作为具有市场支配地位并拥有关键设施的经营者，对部分下游厂商实行较高价格的行为，一定程度提高了竞争对手成本，将本公司在相关市场的垄断地位进一步向下游市场延伸，扭曲了下游市场其他经营者之间的公平竞争，维持了较高的最终市场价格，损害了消费者合法权益。

第一，将公司在中间市场上的垄断地位进一步向下游市场延伸。中国电信和中国联通对中国铁通等 ISP 在交易价格上实行差别待遇，特别是对部分市场份额较大、具有竞争潜力的 ISP 实行高价，不公平地增加了其运营成本，削弱了其在最终市场上的竞争力，进一步巩固了自身在下游市场的垄断地位。例如，按照中国电信向中国铁通出租带宽的价格，仅租用带宽的成本，即占中国铁通相关成本的 70% 以上。即使中国铁通与中国电信具有同样的经营效率，其在最终市场上的有关业务也不可能盈利并与中国电信展开公平竞争。在中国电信具有优势的上海市场上，其实行高价的公司均为上海规模较大的企业；实行低价的企业则规模较小，或者其主营业务与中国电信没有很强的竞争。在中国联通具有优势的北京市场上，其实行高价的北京电信通市场占有率约有 10%，仅次于中国联通。

第二，扭曲了 ISP 之间的公平竞争，降低了经济运行效率。中国电信和中国联通对 ISP 在价格上实行差别待遇，使得 ISP 在相关市场上的发展，在很大程度上并不取决于自身效率的提高，而是取决于与中国电信和中国联通的议价能力，从而严重扭曲了市场上的公平竞争，导致通过市场引导资源配置实现优胜劣汰的基础性功能无从发挥，降低了市场的运行效率。据调查，接入成本在 ISP 总成本中所占的比重一般在 20%~30%。因此，在接入成本上的差距，将对 ISP 的运营总成本有较大影响。以执法人员在北京市场调查的两家公司为例，A 公司从中国联通北京分公司以 BGP 方式租用 500M 带宽，价格为 75 万元/月；B 公司以 BGP 方式租用 600M 带宽，价格为 60 万元/月。按两公司均租用 500M 带宽计算，两公司每月仅在以 BGP 方式租用带宽方面的成本差距即为 25 万元，每年达 300 万元。

第三，维持了下游市场的较高价格，损害了消费者利益。由于中国电信和中国联通通过对部分 ISP 实行较高价格，减少了这些 ISP 对相关商品的需求量，并不公平地增加了其运营成本，导致下游市场上的产品产出减少，维持了下游市场的较高价格，损害了消费者的合法权益。从两公司的定价看，在各自占优势的地域市场，两公司均实行较高价格。从总体看，我国宽带上网速率和相关产品价格也不相适应。国家信息化专家咨询委员会发布的 2011 年蓝皮书《中国信息化形势分析与预测》显示，截至 2010 年，我国宽带上网平均速率为 1.8Mbps，排名全球第 71 位，不及 OECD 平均水平的 1/10，而平均每 1Mbps 的接入费用则是发达国家平均水平的 3~4 倍。

高通公司滥用市场支配地位案

FRAND原则下标准必要专利许可费问题

张占江

一、案情介绍

2015年2月9日，国家发改委公布《行政处罚决定书（发改办价监处罚〔2015〕1号）》（下称《处罚书》），对美国高通公司滥用市场支配地位的行为进行处罚（下称“该案”）。《处罚书》遵循了对滥用市场支配地位行为认定的一般模式：首先，认定当事人在无线标准必要专利许可市场和基带芯片市场具有市场支配地位；其次，认定当事人滥用了该市场支配地位，包括收取不公平的高价专利许可费、没有正当理由搭售和附加不合理条件等。基于此，《处罚书》责令高通公司停止滥用市场支配地位的违法行为，包括：（1）向中国境内无线通信终端制造商提供专利清单，不得对过期专利收取许可费。（2）不得要求中国境内的无线通信终端制造商将持有的非无线标准必要专利反向许可；不得强迫后者将持有的相关专利向当事人反向许可而不支付合理的对价。（3）不得以整机批发净售价作为计算无线标准必要专利许可费的基础。（4）不得没有正当理由搭售非无线标准必要专利许可。（5）不得以接受过期专利收费、专利免费反向许可、没有正当理

*　张占江，上海财经大学法学院教授。

由搭售非无线标准必要专利许可等不合理条件为前提；不得将不挑战专利许可协议作为供应基带芯片的条件。同时对其处以 2013 年度在中国境内销售额 8% 的罚款，共计 60.88 亿元。高通接受了该处罚，既没有申请行政复议，也没有提起行政诉讼。

该案之所以广受关注，不仅仅是因为它包含了迄今为止我国反垄断执法机构开具的数额最高的罚单，更是因为在该案中，执法机构与当事人双方前后长达 28 次沟通反映出的案件的复杂性，特别是执法机构为改变高通实行了数十年的专利收费模式方面所做的努力。

二、案件的焦点问题及分析

（一）以终端产品价值作为专利许可费基准的问题

对于上述第（3）项专利许可费基准的处罚决定，高通公司承诺，将对在我国境内使用而销售的手机，按整机批发净售价的 65% 为基础收取专利许可费。这是在世界范围内查处高通公司经营模式的巨大进步。其实，在此之前，高通作为世界上极其重要的无线通信标准必要专利权人及无线通信终端基带芯片组及软件技术供应商，也曾受到欧盟、日本、韩国等的反垄断调查。2005 年，欧盟委员会根据诺基亚、爱立信等六家公司的申诉，针对高通的滥用市场支配地位行为展开调查，但最后却与高通公司达成和解。2009 年，日本公平贸易委员会要求高通公司改正其迫使日本公司签署交叉许可协议的垄断行为。同年，韩国公平贸易委员会对高通公司对三星、LG 等企业以是否使用高通产品为条件收取歧视性许可费的滥用市场支配地位行为处以 2.08 亿美元的罚款。但这些举措均没有涉及“专利许可费的基础”的问题。《处罚书》明确提出这一问题，认为“以整机批发净售价作为计算无线标准必要专利许可费的基础”是错误的，理由是，“当事人对外许可的专利组合中包含了具有核心价值的无线标准必要专利和对被许可人价值并不确定的非无线标准必要专利。对于被迫接受当事人一揽子专利许可的被许可人，当事人在坚持较高许可费率的同时，以超出当事人持有的无线标准必要专利覆盖范围的整机批发净售价作为计费基础，显失公平，导致专利许可费过高”。这触动了高通惯行的商业模式，对我国乃至其他国家和地区的标准必要专利反垄断执法和司法都将提供重要参考。

不过在该案中，高通公司做出的“按整机批发净售价的65%收取专利许可费”的整改承诺更像是双方妥协和博弈的结果：由于没有更加精确、合理的专利费率计算方式，执法机关只是要求高通“不得以整机批发净售价作为计算无线标准必要专利许可费的基础”；出于尽可能保住该商业模式的目的，高通也做出了一定程度的让步，以便在表面上接受处罚的同时，还能继续收取高额的专利授权许可费用。但是这一结果终究没有彻底改变高通的专利计费方式和盈利模式。以整机批发零售价为基础计算专利许可费的做法依然存在，只是在此基础上打了折扣。在“IDC公司与华为公司标准必要专利使用费纠纷”案中，法院考虑标准必要专利数量、质量、价值，业内相关许可情况以及被告中国标准必要专利在被告全部标准必要专利中所占份额等因素，认为华为应支付的许可费率不超过0.019%，也是以相关产品实际销售价格计算的。① 这种专利计费模式很难改变，与目前还没有国家和地区对标准必要专利许可费的确定原则和计算方法进行明确规定有很大关系。

即便如此，这种计费方式也受到越来越大的挑战，在2012年的“Laser Dynamics公司诉广达电脑有限公司”案中，美国联邦巡回上诉

---

① 参见深圳市中级人民法院民事判决书（2011）深中法知民初字第857号，广东省高级人民法院民事判决书（2013）粤高法民三终字第305号。

法院认为：当一个由许多部件组成的产品中的某些小部件被控侵犯他人的专利权时，不应当允许专利权人以整个终端产品的价值作为计算被控侵权专利许可费的基准，唯一例外的情形是该被控侵权专利技术特征是促使消费者购买该终端产品的唯一原因。在“微软公司诉摩托罗拉公司”案中，法院也认为以终端产品的价格为基准来计算 FRAND 承诺下的专利许可费不合理。[②]

（二）FRAND 原则下专利许可费率的确定原则

根据标准化组织（SSOs）和电气与电子工程师协会（IEEE）、欧洲电信标准化协会（ETSI）等多个标准化协会的知识产权许可政策，标准必要专利权人在标准必要专利许可过程中，必须遵守“公平、合理、无歧视”的义务，即 FRAND（Fair，Reasonable，and Non-discriminatory）原则。但是他们并没有对 FRAND 原则的具体内涵做出进一步解释。我国《国家标准涉及专利的管理规定（暂行）》也没有就“公平、合理、无歧视”原则下标准必要专利的许可费率计算问题做出规定。在缺乏具体的法律规定和解释时，FRAND 原则对标准必要专利许可人的约束力非常有限。

从其他国家法院的类似案件的判决看，法院越来越倾向于以“最小专利可销售单元”作为计价基础，考虑许可人标准必要技术的占比情况。[③] 有论者认为，它是在确定适当许可费计费基数方面具有普适性的实体标准。[④] 它反对以整机价值为计费基础造成的显失公平问题，排除了整机产品中不涉及其专利的部分的费用。它以标准必要专利涉

---

② 杨东勤，《确定 FRAND 承诺下标准必要专利许可费费率的原则和方法——基于美国法院的几个经典案例》，《知识产权》，2016 年第 2 期，第 106 页。

③ 王尔德，《中国反垄断第一大案：高通认罚 60 亿》，《21 世纪经济报道》，2015 年 2 月 11 日，第 2 版。

④ ［美］David J. Kappos，Paul R. Michel，《最小可销售专利实施单元的起源、沿革及走向》，《竞争政策研究》，2017 年第 2 期，第 87 页。

及的最小组件价值为依据，反映的是专利技术的真实价值，具有更大的合理性。以“最小专利可销售单元”作为计价基础的可行办法之一，就是让标准必要专利权人（例如高通公司）向生产“最小专利可销售单元”的厂商（例如芯片厂商）收取专利许可费，后者把芯片出售给终端产品制造商（例如手机厂商），而手机厂商不再向高通支付专利许可费。在这种情况下，芯片厂商对专利清单的核准和评估会更加方便和精确。这也是该案中执法机构希望的最理想方式，但是高通没有接受这种方式，因为芯片的价值远远低于终端整机的价值，这将大大降低高通的专利费所得。参与该案行政处罚决定书审阅把关过程的专家王晓晔表示，早期处罚书版本是按照最小专利可销售单元（零部件）来收费的，但公布的《处罚书》并没有将“不得以整机批发净售价作为计算无线标准必要专利许可费的基础”作为一个专门的问题列出并给出解决方式。因此她担心，由于没有给定初始费率，虽然分母变成了原有的65%，如果高通将基准费率从5%大幅提到20%甚至更高，便可以轻易绕开监管。⑤ 可见，这一方案并不能满足“公平、合理、无歧视”的要求。对于FRAND原则如何体现在标准必要专利许可费的计算方法上，还需要进一步研究和确定。

三、案件点评

标准必要专利因该专利被纳入标准化体系而起到类似于“基础设施”的作用。一般认为，其自身便是一个相关市场，即在相关市场的份额为100%，具有不可替代性。尤其是在无线通信设备对消费者起到越来越重要作用的情况下，权利人很容易实施高价许可、搭售等滥

⑤ 郭丽琴，《高通反垄断未了局　企业烦恼重新开始》，《第一财经日报》，2015年6月12日，第A01版。

用市场支配地位的行为。高通公司收取不公平的高价专利许可费、搭售和附加不合理条件等滥用标准必要专利权的行为损害了交易厂商的利益、阻碍了市场竞争、抑制了技术创新，最终也损害了消费者利益。

知识产权的目的是通过保障权利人的专有权，进而鼓励技术创新，但是并不意味着它会纵容权利人的所有行为，它必然反对利用知识产权阻碍技术进步的权利实施方式。反垄断法旨在维护市场自由和公平的竞争秩序，从而提高经济运行效率，维护消费者利益和社会公共利益。两者的最终目标是一致的。高通公司对标准必要专利权的滥用既触犯了知识产权保护的初衷，也是反垄断法规制的滥用市场支配地位的行为。对于其现行的许可费收费模式的规制，需要知识产权法和反垄断法双方共同的细化和实施，才能最终真正达到“公平、合理、无歧视”的要求。

奔驰汽车价格垄断案

鞠汉方

一、基本案情

北京梅赛德斯—奔驰销售服务有限公司（下称“北京奔驰销售公司”），北京奔驰销售公司在上海设有华东地区管理办公室（下称“东区”），负责上海、江苏、浙江、安徽等地相关业务。经江苏省物价局调查，北京奔驰销售公司存在以下违法事实：

（1）限定江苏省内经销商销售奔驰 E 级、S 级整车的最低价格。2013 年 1 月至 2014 年 7 月，北京奔驰销售公司工作人员通过电话、口头通知或者召开经销商会议的形式，对江苏省不同区域内 E 级、S 级整车的最低销售价格进行限定，达成限定整车最低销售价格的垄断协议。

（2）限定江苏省内经销商配件销售的最低价格。自 2010 年起，北京奔驰销售公司就对江苏省内经销商销售奔驰汽车相关配件的最低价格进行限定，根据事故车（保险公司理赔）、停产车型（保修期外）、在产车型（保修期内）等不同情况，分别实行不得低于 7 折、8 折、9 折的限价政策，达成了限定配件最低销售价格的垄断协议。

---

*　鞠汉方，江苏省市场监督管理局反垄断处处长。

（3）北京奔驰销售公司实施了限定 E 级、S 级整车和配件销售价格的垄断协议。通过多项管理措施实施纵向价格控制，要求经销商对超出限价要求的必须说明原因；对低价销售的经销商，加大考核力度和频率；对违反限价政策的经销商，减少政策支持力度；对经销商相关责任人员进行约谈；对情节严重者，要求经销商将其辞退出奔驰经销系统。在厂家压力下经销商实施了北京奔驰销售公司的限价要求。

（4）组织南京、无锡、苏州等地的经销商达成并实施了售后服务价格垄断协议。南京、无锡、苏州等地经销商达成的售后服务方面的价格协议，均是在北京奔驰销售公司组织下形成的，其主要内容是落实北京奔驰销售公司的限价要求，经核实，上述三地经销商都执行了相关价格协议。

北京奔驰销售公司限定经销商转售商品最低价格的行为，排除、限制了奔驰整车和售后服务市场的价格竞争，违反了《反垄断法》第十四条第（二）款规定，属于“限定向第三人转售商品的最低价格”的违法行为。依据《反垄断法》第四十六条规定，江苏省物价局对北京奔驰销售公司处以 2013 年度江苏市场 E 级、S 级汽车和配件销售额（合计 50 亿元）7% 的罚款，即 3.5 亿元。南京、无锡、苏州三地经销商达成并实施售后服务价格垄断协议行为，违反了《反垄断法》第十三条第（一）款第（1）项规定，属于“固定或者变更商品价格”的违法行为，处以 2013 年度售后销售额 1% 的罚款，共787 万元。

二、案件的焦点问题及分析

（一）案件的焦点问题

本案是原江苏省物价局办理的第一起纵向价格垄断案件，办案中得到了国家发改委价监局的全程指导，执法人员对遇到的新问题也进行了认真的分析研讨，主要有以下几方面。

（1）维持整车的最低转售价格是奔驰公司单方面行为还是奔驰公司与经销商间的合意行为，是否构成价格垄断协议？《反垄断法》规定，垄断协议是指排除、限制竞争的协议、决定或者其他协同行为。一般而言，协议应当是两个或者两个以上的经营者协商一致决定而订立的契约。认定汽车经销中的转售价格维持是否成立，要先确认协议是否存在，这种协议可以是书面的、口头的，甚至还可以是一种默契。但是在案件调查中，不少经销商认为最低转售价格是汽车厂家单方面强加给他们的，他们本身没有要限制最低价格的意思，而且也没有按厂家的要求实施，也希望经销商之间能够自由公平竞争。特别是在调查的最初一个月，因没有直接的证据表明厂家与经销商间存在价格垄断协议，经销商又矢口否认，使案件陷入僵局，但是种种迹象和调查人员的感觉表明一定存在这样的协议，必须从法律上证明它的成立。

（2）如何确认垄断协议的实施？按照《反垄断法》规定，达成并实施垄断协议的处上一年度销售额1%～10%的罚款。可能为了避免遭受巨额罚款，同时也受到来自厂家的压力，在执法机构论证了维持最低转售价格协议成立后，经销商普遍提出厂家确定的最低转售价格他们也只是作为一个建议，从不同的成交价格上也可以看出，他们完全是在根据市场行情的变化自行定价。对售后服务价格协议的实施，有的经销商提供了没有执行限价的各种证据。执法人员之间也产生了分歧，有的认为经销商没有执行的，按照没有实施协议处罚，有的认为可以参照部分行为全部责任的规则按照实施了协议进行处罚。

（3）如何认定竞争损害？本案中存在两种垄断行为，一个是纵向垄断协议，即对整车的最低转售价格维持；另一个是约定最低售后服务（含零配件）价格的轴辐协议，即奔驰公司组织并主导的奔驰汽车经销商之间达成的零配件价格和售后服务工时费标准的最低价格。汽车的售后服务市场是基本锁定的市场，不涉及奔驰品牌以外的汽车，奔驰汽车经销商以外的服务商也很少。在售后市场的轴辐协议中，无论是组织方奔驰公司，还是各汽车经销商，其控制价格的意图明显，在形式上签订了横向价格垄断协议，而且实施了该协议，产生了消除售后服务市场价格竞争的效果，损害了消费者利益。但是在纵向协议对竞争的损害上，执法人员看法不一，而且事后的行政处罚决定书中也没有明确的分析表述，仅有“当事人达成并实施限定经销商转售商品最低价格的垄断协议行为，破坏了奔驰整车和售后服务市场的正常竞争秩序”寥寥数十字，看不出有多大的竞争损害，似乎处罚的理由不足。

（二）案件焦点问题分析

解决好案件中的三个焦点问题，是认定奔驰汽车厂家以及经销商之间的行为是否违犯《反垄断法》并应当受到行政处罚的关键，无论是形式上还是内容上都要有《反垄断法》的依据。

（1）奔驰汽车纵向价格垄断行为是合意与协同并存的行为。一般而言协议是两个或者两个以上的经营者就经营中的某些事项通过协商形成的契约，是双方或者多方共同达成一致的行为。在最初的调查中，奔驰汽车厂家区域经理表示所谓的最低转售价格只是建议价格，让经销商不要低于成本销售，如果经销商亏本最终对厂家不利。经销商也表示最低转售价格是厂家要求的，是厂家的单方面行为，虽然有时一起开会提要求，但经销商没有同意，有时还会提出反对意见，不存在达成协议的行为，也没有默认。从最初的证据看，确实可以确定为单方行为。对单方行为的认定，美国联邦最高院确立了“高露洁原则”，即厂家单方面要求维持最低转售价格的行为不构成纵向垄断协议。由于其存在鼓励供应商不合理地规避维持最低转售价格的缺陷，对“高露洁原则”做了修正，如果供应商为实施维持转售价格而对经销商实施监视、威胁、强制，则推定垄断行为成立。后续证据表明奔驰汽车公司曾要求经销商每周将 E 级、S 级车辆销售发票上传销售激励管理系统，并跟踪经销商销售流程，对低价销售的经销商施加压力，对违反限价政策的经销商，停止热销车型供货、停止批准新店项目，这些手段符合修正的“高露洁原则”，可以参照该案认定奔驰公司与经销商纵向价格垄断协议成立。讨论时有观点认为，根据《反垄断法》第四十六条可以推出，反垄断法是把“达成”和“实施”分为两个阶段的行为，如果没有达成也就没有实施，单方意思不能简单认定协议成立。没有证据证明经销商达成了合意，就不能认定达成了垄断协议。这一问题可以通过协同行为的认定解决。《反垄断法》第十三条规定，垄断协议包括其他协同行为，第十四条规定的纵向协议也应当包含协同行为［有观点认为，第十三条规定不适用第十四条，我们认为国家发改委制定的《反价格垄断规定》第五条、第六条对价格垄断协议和协同行为分别做了具体规定，并放在了横向垄断协议和纵向垄断协议条文之前，应当是认为纵向垄断协议也适用第十三条第（二）款规定］，欧盟也将一致行为作为垄断行为进行规制，如果能够证明协同行为，纵向垄断协议自然成立。只要经销商在销售奔驰汽车过程中，实际执行了厂商提出的最低转售价格要求，在执行的那一刻，即默认了厂商的条件并立刻实施，在协议的达成与实施上同时成就，形成协同行为，不必区分达成和实施两个阶段。因此，凡是迫于奔驰汽车压力而将维持最低转售价格要求传达到销售人员的，毫无疑问达成了协议。由于存在着意思联络，即使没有证据证明经销商与厂商达成了合意，只要实际执行了规定的价格，即构成协同行为。但是如果厂商和经销商就价格达成协议具有商业上的合理性，符合商业惯例，那么只有当价格协议损害竞争时，才确定构成《反垄断法》意义上的纵向价格垄断协议（后文论述）。

（2）垄断协议的实施能够体现出协议的意图即可，无须完全一致。不仅在调查中奔驰公司和经销商反复强调协议并没有得到实施，奔驰汽车公司在自查报告中也强调“某些违法行为或者垄断协议在实践中并未得到实施”。他们的理由是，在纵向协议中经销商并没有完全按照厂家规定的幅度执行，有不少突破了厂家的优惠幅度；在横向协议中，有的经销商完全没有执行最低的零售价格和工时费率，不应当按照实施了垄断协议处罚，而应当按照没有实施认定。根据《反垄断法》第十三条第二款规定，判断垄断协议是否实施，主要看垄断协议下的执行是否产生了排除、限制竞争的效果；只要排除、限制了竞争，就应当认定协议得到了执行，即使执行的程度没有达到协议的约定，也不管是否每个经营者都执行了，即使只有部分经营者执行了，也应当认定为协议得到执行。有观点认为，根据合同的相对性原理，协议约束的是签订协议的各方，如果签订协议的任何一方没有执行，那么协议就没有执行。这个观点是站不住脚的，反垄断执法不是判断合同当事人之间是否信守承诺履行合同确定的义务，而是判断协议有没有产生排除、限制竞争的效果。即使有协议方没有按照协议的规定执行，但是排除、限制竞争的效果已经产生，那么协议就得到了执行，协议的任何一方，都对协议的执行做出了贡献，都应当受到行政处罚。在本案纵向协议中，奔驰公司还通过各种手段，强制推进最低转售价格的实施，虽然仍然有汽车价格低于最低转售价格，但是大多数汽车销售价格都遵循了最低转售价格规定。在横向协议中有个别 4S 店没有按照协议价格执行，突破了协议限制的最低价格，形式上好像没有执行，但是其签订协议行为促成了协议的形成，也为其他经营者基于诚信实施了协议，产生了排除限制竞争的效果。由于该店价格低于协议价格，也从其他执行协议的经销商处吸引了部分客户，获得了协议实施的经济利益，与其他实施者在最终目的上实现了一致，应当认为实施了协议。

（3）奔驰汽车纵向价格垄断协议损害了竞争。无论适用本身违法原则还是合理原则，只要是应当受到行政处罚的垄断协议都具有损害竞争的效果。本案也不例外，横向价格垄断协议自不必说，纵向价格垄断协议也对竞争产生了较大损害，不仅损害了品牌内的价格竞争，也损害了品牌间的价格竞争，而公认的纵向协议的积极作用在本案中也比较小，不能抵消垄断协议对竞争的损害。一般认为纵向价格垄断协议能够产生效率，特别是供应商设定转售价格维持时，其效率主要体现在有利于分销商推销产品和防止“搭便车”的行为。由于当时我国实行的汽车品牌经营管理模式，所有的经销商销售汽车都必须取得厂家的特许，按照厂家统一的门店设计、产品布展、售前服务的规范开设，一家店只经营一个品牌的汽车，经销商必须按照规定做好售前服务、努力推销产品，否则就无法生存，也几乎不存在经销商“搭便车”的现象（仅有少量非中规平行进口汽车，以及有非许可经销从4S 店转售的少量长库龄的车，可以忽略不计）。该行为对竞争的损害远大于效率，不但影响品牌内的价格竞争，而且损害品牌间的竞争，不利于效率的提升。据从奔驰东区办公室取得的资料，以奔驰 E 级、宝马 5 系、奥迪 A6L 为例，在 2013 年 3—8 月，由于价格竞争，上述汽车的优惠力度分别由约 14%、8%、7.5% 提高到 18%、11%、13%，每辆都多了几万元的优惠额，2013 年 8 月限价后，三个品牌车的优惠幅度减少，9 月奔驰汽车将优惠幅度一下子缩小到约 7%，带动其他两个品牌价格上涨，到 2014 年 3 月优惠额分别为 11.3%、8.3%、10.8%，奔驰汽车纵向价格控制对品牌间价格竞争的损害明显，减损了效率，损害了消费者利益。

三、案件点评

奔驰汽车案是原江苏省物价局办理的第一起纵向价格垄断案，缺乏经验，在摸索中前进，通过这个案子，有两点体会比较深刻：

一是要善于用好宽大政策。接到案件举报后，办案人员信心很足，学习专业知识，开展行业调查，拟定调查方案，做了非常充分的准备，组成了多个调查组同时进点，想一举突破。但是在苏南调查了一个月，几乎没有取得任何有效的证据。后来在国家的支持下，调整了方案，选好对象后反复宣传反垄断法律，宣传宽大政策，终于取得了关键证据材料，顺利突破案件。二是纵向垄断协议应当考虑市场力量。纵向价格协议有其合理的方面，上下游企业相互间的合作协议，必然要涉及价格，甚至有最低转售价格要求，但是否违反《反垄断法》值得思考。如果相关产品或者经营者没有一定的市场影响，这种纵向价格协议对竞争的影响几乎可以忽略不计。我们认为在遵循禁止加豁免原则时，也应当考虑市场力量或者品牌的市场影响。如果奔驰车换成另一小品牌，我们认为对市场竞争不会有太多的影响，相反可能通过最低转售价格限制可以更好地扩大产品市场，增强市场竞争力。在实践中，我们对一般非知名品牌的产品，参照《反垄断法》第十九条第二款规定，市场占有率不足 10% 的商品的纵向价格协议，不作为垄断行为立案调查，仅作竞争合规提醒。

重庆青阳药业有限公司滥用市场支配地位案

胡健禾

一、案情简介

当事人：重庆青阳药业有限公司（下称“青阳药业”）

办案机关：重庆市工商行政管理局

处罚时间：2015 年 10 月 28 日

处理结果：（1）责令停止违法行为；（2）处以 2013 年度销售收入 3% 即 439 308.53 元的罚款。

案件来源：2014 年 10 月，青阳药业到重庆市工商行政管理局咨询，称其与湖南湘百合医药公司（下称“湘百合”）于 2013 年 9 月签订的《别嘌醇原料经销协议》（下称《协议》）涉嫌违反《反垄断法》的相关规定，请求重庆市工商局对其《协议》涉及的经营活动是否违法进行确认。2014 年 12 月，国家工商行政管理总局授权重庆市工商局对青阳药业立案启动反垄断调查。重庆市工商局于 2015 年 10 月 28 日做出行政处罚决定。

（一）相关市场界定

别嘌醇制剂从治疗痛风病症的药理性、价格接受度、是否纳入医

* 胡健禾，重庆市市场监管综合行政执法总队副处长。

保等角度均有别于其他治疗药物的特征，再加之别嘌醇原料药与别嘌醇制剂间系单方制作以及国家药品管理法律、法规，别嘌醇原料药生产资质认证范围等均做了严格而细致的认定，因此确定本案的相关市场为全国范围内的别嘌醇原料药市场。

（二）相关市场具有支配地位的认定

一是市场份额的认定。经调查，在 2012 年 7 月至 2014 年 6 月，我国境内取得别嘌醇原料药药品生产许可证、药品注册批文和 GMP 认证持有者，在生产的仅有青阳药业一家，故青阳药业在此期间拥有全国别嘌醇原料药 100% 的市场份额。

二是控制销售市场能力的分析，2013 年至 2014 年，别嘌醇原料药在价格大幅上涨的同时，数量也同比大幅上涨，青阳药业对价格的控制能力很强，而客户的议价能力很弱。青阳药业供货与否受市场供需调节的约束较小，具有决定供应与否的能力。

三是其他经营者进入市场难易程度的分析。别嘌醇原料药生产须具有环保测评、安全生产认证、消防验收评定、药品生产相关认证以及对应大量资金的投入、人员培训等条件，其他经营者 1 ~ 2 年内无法进入。

四是其他经营者对青阳药业依赖性的分析。经查，自 2013 年 1 月以来共有 7 家别嘌醇制剂生产企业因青阳药业拒绝供货，被迫停产、转产或蒙受损失，青阳药业对其他别嘌醇制剂生产企业的生产经营规模、经营利润等具有决定性影响，别嘌醇制剂生产企业对青阳药业有很强的依赖性。

综上所述，本案中青阳药业在全国别嘌醇原料药市场具有市场支配地位。

（三）青阳药业的具体违法行为

经查，2013 年 9 月 25 日，青阳药业与湘百合签订了《协议》，其中约定：（1）2013 年 10 月至 12 月，停止别嘌醇原料药的对外销售业务；（2）协议期内青阳药业不得将别嘌醇原料药销售给未经湘百合授权的其他国内任何客户，否则视为违约。同日，青阳药业又与湘百合签订了别嘌醇制剂全国销售的经销协议，经销期限为 2014 年 1 月 1 日至 2019 年 12 月 31 日，其中约定：湘百合在协议期内前两年的销售目标任务必须在上年度原料使用量基础上保持 20% 的增长。

青阳药业依照合同约定自 2013 年 10 月开始，停止了别嘌醇原料药的对外销售。在 2013 年 12 月至 2014 年 3 月，又因与湘百合的《协议》纠纷继续拒绝对外销售别嘌醇原料，直到 2014 年 4 月以后才恢复。

青阳药业拒绝向其他制剂生产企业供货后，其别嘌醇制剂销售量发生巨大变化，2014 年较上年度增长 4.53 倍。2012 年 7 月到 2013 年 8 月，青阳药业别嘌醇原料自用量仅占别嘌醇原料药市场的 11.07%，2014 年 1 月到 2014 年 12 月，青阳药业别嘌醇原料药自用量占别嘌醇原料药市场的 58.09%。按别嘌醇原料药市场推算，青阳药业在拒绝供货行为发生后的近一年时间里，其别嘌醇制剂市场占有率提高了 47 个百分点。

（四）案件定性

办案人员认为，青阳药业与湘百合签订《协议》的主观目的是利用合同滥用其别嘌醇原料药市场支配地位，排除其他别嘌醇制剂生产企业的竞争，提高自产别嘌醇制剂市场占有量。青阳药业与湘百合在 2013 年 9 月 25 日签订的《协议》和别嘌醇制剂全国经销协议有非常紧密的联系。《协议》中约定的“缓冲期”条款是实现别嘌醇制剂全国经销协议中约定销售目标的基础，只有先履行“缓冲期”约定，拒绝向市场供应原料，才能消耗完市场上的别嘌醇原料药和别嘌醇制剂的存货，再通过控制别嘌醇原料药的销售，控制其他制剂生产企业的制剂产量，同时提高自产别嘌醇制剂的销售量，从而达到在别嘌醇制剂全国经销协议中约定的销售目标。

综上所述，执法机构认为青阳药业签订《协议》，约定“缓冲期”条款，拒绝供货是其排除竞争，实现垄断利润的经营模式，其行为违反了《反垄断法》第十七条第（一）款第（五）项“禁止具有市场支配地位的经营者从事下列滥用市场支配地位的行为（3）没有正当理由，拒绝与交易相对人进行交易”的规定。

二、案件的焦点问题

（一）相关市场的认定

本案中，对相关市场的认定曾一度争议不断，一方认为，别嘌醇原料药对于别嘌醇制剂而言，属单方制剂，是其不可替代的核心材料与重要成分，且就供给替代而言，进入门槛，供给渠道等在 1 ~ 2 年期限内只有青阳药业一家，因此将相关市场直接划定为全国别嘌醇原料药市场，顺理成章。另一方认为，反垄断案件的处理具有市场示范效应，如果将本案的相关市场简单地划定为全国别嘌醇原料药市场会让相关市场范围太小，不利于今后的示范效应。因此，执法人员在征询了专家的意见之后在确定全国别嘌醇原料药相关市场中加入了治疗高尿酸血症即“痛风”药物替代性的分析内容，同时在合理性分析中加入了消费者福利损失等相关内容，故从面上扩大了本案相关市场涵盖的范围，使得本案的相关市场更具合理性。

（二）独家代理行为是否构成违法行为的认定

本案中，青阳药业与湘百合签订了《协议》。其有效期限自 2013 年 12 月 1 日起至 2018 年 11 月 30 日止。《协议》中约定“协议期内不得将产品销售给未经乙方授权的其他国内任何客户，否则视为违约”。因此，青阳药业一度提出抗辩，称其拒绝供货的理由系独家代理协议，之后的拒绝供货也是由于与湘百合（乙方）之间就协议内容的合同纠纷，不属于反垄断法规制的范畴。本案调查过程中，执法人员也有两种不同的意见，一种是独家代理协议在现代经营方式中极为常见，是企业为了节约与压缩运营成本，提高企业经营效率采取的一种经营模式，如果在本案中对独家代理模式予以否定，此示范效应是否会对企业的正常经营理念造成冲击。第二种观念是独家代理模式本身没有问题，但问题的关键是实施者是否具有市场支配地位，以及此模式带来的对竞争格局、产能经济以及消费者福利的影响与效率本身的评价。在反复权衡与咨询专家意见之后，执法人员采用了第二种观念，避开了对独家代理模式的正面评价，着重对实施独家代理模式的青阳药业本身进行了市场支配地位的认定以及合理性分析。

（三）对本案违法主体的认定

在本案中，对违法主体的认定一度有不同意见，第一种意见是青阳药业与湘百合签订了《协议》之后共同对外拒绝供货，系二者合谋所致，故在本案中应将青阳药业与湘百合定为共同违法主体。而第二种意见是虽然拒绝供货是青阳药业与湘百合的共同行为，但与青阳药业所不同的是，湘百合仅是一个销售商，并不具备原料药市场中的支配地位，而且，独家代理合同签订的初衷是为了扩大青阳药业别嘌醇原料药与别嘌醇制剂的市场销售额与占有率，湘百合在本案中仅是青阳药业达成目的的手段与渠道，因合同纠纷尚未成为青阳药业的同谋

（在回顾中会提到），因此，在本案中仅把青阳药业作为本案的唯一违法主体。

三、案件点评

（一）案件的背景与特殊性

2016 年以来廉价药难寻踪迹。一项对全国 12 个城市 40 余家三甲医院临床用药情况的抽样调查显示，国家和地方增补的基本药有 500 多种，短缺的已高达 342 种。自 2016 年以来，两会上人大代表年年反映原料药价格猛涨：北京医药行业协会和部分药企负责人表示，目前国内的部分原料药价格在不到两年内上涨了约 31 倍，而在这个惊人数字的背后，一些普通原料药的垄断经营已成为行业内公开的“秘密”，更是药价虚高的一大推手，导致成品药短时间价格暴涨，本案正是在这一大背景下查办的一例涉及原料药垄断经营的案例，从相关市场的界定、市场支配地位的分析、垄断经营的模式及延伸、产生的后果、造成的影响等方面做了较为详尽的阐述，揭开了原料药行业垄断经营、牟取暴利的面纱一角。2016 年以来查办的多起原料药反垄断案件的身上都能或多或少看到本案的影子。

（二）案件的回顾

青阳药业反垄断案件查办至今已过去了近 5 年时间，结合这 5 年来全国原料药市场反垄断案件的查办情况，再对本案进行回顾，我们会发现当年青阳药业反垄断案件中涉及的疑惑细节一一浮出水面。

本案中青阳药业具有在全国别嘌醇原料药市场中的支配地位，湘百合是具有多年别嘌醇原料药、制剂销售经验的销售商，拥有销售渠道方面的优势与经验，青阳药业急于扩大销售规模，湘百合急于掌控销售渠道，故垄断经营就成了双方的不二选择，基于共同的目的，二者于2013年初就进行了具体的接触，最初设计是这样的：

一是双方签订别嘌醇原料药独家代理协议，由青阳药业以此为由停止对下游别嘌醇制剂厂商销售别嘌醇原料药三个月，消耗完现有下游厂家别嘌醇原料药及社会上别嘌醇制剂的库存，使下游厂家无原料生产而陷入生产困境，同时使社会上别嘌醇制剂的需求陡增，形成一种恐慌局面，为接下来的操作埋好伏笔。

二是在此基础上，由湘百合出面，要求别嘌醇制剂生产厂家按湘百合提出的条件进行限时限量生产，生产出来的别嘌醇制剂由湘百合以低价全部收购，否则青阳药业就切断其别嘌醇原料药的供应。迫于无奈，下游生产厂商只能接受此条件，这样一来就形成了由青阳药业与湘百合把控全国别嘌醇制剂生产与销售的垄断局面。

三是由青阳药业与湘百合利用其别嘌醇原料药与制剂生产与销售的支配地位将全国进行区域划分，按不同区域具体情况招聘代理商，统一提高别嘌醇制剂的销售价格，从而获取超额利润。

经查，青阳药业在2012年9月到2013年9月平均每月外销别嘌醇原料药4 484.62公斤，别嘌醇原料药的销售均价从240元/公斤上涨到535元/公斤，价格上涨每月带来的利润为132万元，然而，每公斤别嘌醇原料药能生产别嘌醇片98瓶，2013年9月前别嘌醇片市场销售均价为5.49元/瓶，2014年4月后上涨为25.5元/瓶，同等数量别嘌醇原料药生产出的别嘌醇片带来的利润为879万元，是原料药利润的6.65倍。

由此可见，控制别嘌醇原料药只是手段，真正的目的在于最终控制别嘌醇制剂的销售市场，最终获取超额的垄断利润。然而，在本案中，上述三个步骤只进行了第一步，就由于青阳药业想废除与湘百合签订的《协议》，踢开湘百合进行单干，才有了后来与湘百合的合同纠纷，并想借助行政执法机关对原料药独家代理协议的违法认定废除此协议。故青阳药业滥用市场支配地位的反垄断案在整个经营计划中仅仅进行了一半，就由于双方的内讧暂停了。后面两步的主角由湘百合换成了青阳药业。

（三）点评与观点

一是案件受关注度高。涉及专业性强，查办难度大。

首先是受关注度高。自 2008 年 8 月 1 日《反垄断法》施行以来，本案是第一件对外公布的自然竞争状态下滥用市场支配地位的反垄断案件，而且是发生在社会关注、老百姓关心的医药行业，具体涉及原料药合同纠纷、药品销售模式、药品价格等问题，加之反垄断案件的行业示范效应使得本案备受关注，在案件查办期间，总局领导、业界学者、行业部门多次电话关注案件进展。

其次是本案涉及专业性强、查办难度大。本案涉及原料药、成品药行业的生产、经营模式，同时也涉及我国医疗制度改革的相关问题，是以前从未涉足的领域。在案件查办期间，执法人员先后走访了国家食药监总局、重庆市食药监局、重庆市环保局、重庆市卫健委、重庆市安监局等主管部门，重庆市食品药品研究所等科研机构，重庆市医科大学附属第一医院等药品临床机构，就别嘌醇原料药、别嘌醇制剂生产销售的资质、门槛、药理、药效、价格、医保等方面做了详尽的调查、了解，同时，执法人员先后赴北京、上海，邀请了对外经济贸易大学、上海交通大学、华东政法大学等大学反垄断领域的专家教授、上海市中级人民法院多名法官、知名律师事务所律师从本案的相关市场、市场支配地位、实施行为的合理性分析等方面召开了多起案件论证会，充分听取和吸收专家的意见，为本案的顺利查办打下了良好的基础。

二是在本案中首次引入了数学模型的概念，将青阳药业违法行为造成的后果进行量化。

在本案中，青阳药业在2012年9月到2013年9月平均每月外销别嘌醇原料药4 484.62公斤，每公斤别嘌醇原料药能生产别嘌醇片98瓶，别嘌醇片市场销售均价为5.49元/瓶。若以别嘌醇原料药销售量推定，其他别嘌醇制剂生产企业每月别嘌醇制剂的产能为439 493瓶，货币价值约为241万/月。因此，在青阳药业拒绝供货的6个月期间，全国别嘌醇制剂行业产能损失的经济价值约为1 446.81万元。

违法后果的量化是我们在反垄断案件中经常思考的前沿性问题，青阳药业滥用市场支配地位反垄断案件首次引入了这个概念，在本案中，我们请教了重庆工商大学经济学系的专家教授，建立了上述数学模型，这个简单的模型将青阳药业拒绝供货的行为造成的损失进行了量化，使得我们较为直观地看到青阳药业长达6个月的拒绝供货对下游产业造成的直接伤害，通过量化损失使得合理性分析更具可行性与可操作性，这也为反垄断案件中复杂的合理性分析提供了一条新的思路。

三是在本案中对青阳药业滥用别嘌醇原料药市场支配地位引发的消费者权益损失做了分析。

本案中，青阳药业拒绝供货影响了市场正常的别嘌醇原料药供求关系，导致市场缺货，原料价格陡增，2014年别嘌醇原料药市场均价较上年度增长了1.23倍。按别嘌醇片的生产规格计0.1克/片，100片/瓶计算，1瓶别嘌醇片的原料成本上涨2.95元，原料药价格的上涨增加了制剂生产的成本。目前别嘌醇片的市场销售价格从以往的5.49元/瓶上涨到25.5元/瓶，虽有其他诸如国家药品招投标政策、物价和人工成本等多种因素的影响，但原料药价格助推制剂成本上涨最终都转嫁给了消费者，增加了别嘌醇制剂消费者的负担。

青阳药业滥用别嘌醇原料药市场支配地位行为直接影响的是别嘌醇原料药下游厂家的竞争格局，间接影响的是别嘌醇制剂市场的消费者福利，本案在合理性分析的部分加入这部分分析材料，既对应了相关市场界定中治疗痛风药物的分析部分，也能对别嘌醇制剂市场中消费者福利影响做出分析，较好地发挥了本案在业界的示范引领效果。

四是本案的查办对原料药行业起到了较好的教育和威慑作用，有效规范了该行业的经营秩序和公平竞争的市场环境，切实维护了消费者的权益。

我国现行的医疗卫生体制决定了医药行业存在着诸多弊病，多个原因造成医药行业的畸形竞争、药价虚高。青阳药业滥用市场支配地位反垄断案件的查办首次涉足药品生产原料领域，从调整原料药到成品药产业链的角度调整药品生产、经营模式，规范了药品产业排除、限制竞争的行为，有效调整了市场资源配置，从源头抑制了药价虚高，确保了消费者的权益。

五是打破传统执法理念，从调整产业结构角度执法，拓宽了执法领域，促使反垄断执法水平迈上了新台阶。

青阳药业反垄断案件的查办，突破了以往查办公用企业反垄断案件的传统类型，成为全国工商系统查办的首例在自然竞争状态中形成市场支配地位企业的反垄断案件，也是全国工商系统中首例涉及医药行业的反垄断案件，为查办医药行业的垄断行为起到了率先的垂范作用，促使反垄断执法水平达到更高的水准。

八家滚装货物国际海运企业横向垄断协议案

倪国宸

一、案情介绍

2014 年 8 月，当时的国家发改委价监局根据部分国际海运企业的自首启动了对滚装货物（包括汽车、卡车以及工程机械等）国际海运企业横向垄断协议案的调查，至 2015 年 12 月下发了最后的行政处罚决定书。

尽管案件事实较为复杂，但由于自首者的存在，相关证据仍得以相对充分的提取，特别是留存在境外的相关证据材料。承办人员梳理了大量证据后发现，本案中共有 8 家滚装货物国际海运企业在往返于中国与其他国家和地区的滚装货物海运服务市场上，存在互不侵犯既有业务以维持或抬高运费水平的共识。并且相关海运企业针对滚装货物制造商发出的进出口中国的海运业务招标、询价等事项，通过电话、会议、聚餐、电子邮件、专程拜访等方式频繁进行双边或多边沟通，交换敏感信息、进行价格协商、商讨投标意向、分配客户及航线，多次达成报高价或不报价的协议并予以实施，协助具有竞争关系的海运企业获得了海运订单。

---

* 倪国宸，上海市市场监督管理局反垄断办资深执法官员。

相关海运企业规避执法机构监管的意图明显，在沟通中采取了保密手段，比如对具体企业、人员和业务设置代号，以及在函件上提示阅后即焚等。同时，相关海运企业价格垄断行为持续时间较长，至少不少于四年；且影响面很广，涵盖滚装货物涉及多个汽车品牌和工程机械品牌，涉及进出口中国海运市场的北美—中国、欧洲—中国、中国—南美、中国—欧洲以及中国近海等多个主要航线。

最终，国家发改委价监局根据价格垄断协议行为的违法性质、程度、持续时间及配合执法的程度等因素，对 8 家海运企业分别处以各自 2014 年度与中国市场相关的滚装货物国际海运服务销售额不同比例的罚款：（1）对达成并实施垄断协议持续时间长、涉及品牌多、涉案事件多、情节严重的日本邮船株式会社、川崎汽船株式会社、商船三井株式会社，考虑到这三家海运企业主动报告了汽车等滚装货物国际海运市场达成垄断协议的有关情况并提供了重要证据，符合中国《反垄断法》第四十六条规定的宽大情节，因而对第一顺位自首的日本邮船株式会社给予 100% 的免除处罚，对第二顺位自首的川崎汽船株式会社给予 60% 的免除处罚，根据其情节最终处以 4% 的罚款，计 2 398. 09 万元，对第三顺位自首的商船三井株式会社给予 30% 的免除处罚，根据其情节最终处以 7% 的罚款，计 3 812. 11 万元；（2）对达成并实施垄断协议持续时间长、涉及品牌多、涉案事件多、情节严重但提供了反垄断执法机构未掌握的有关违法事实和证据的威克滚装船务有限公司、华轮威尔森物流有限公司，综合考虑分别处以 9% 和 8% 的罚款，分别计 2. 84 亿元和 4 506. 13 万元；（3）对达成并实施垄断协议持续时间长但涉及品牌、事件和航线数量较少的智利南美轮船有限公司、日本东车轮船有限公司、智利航运滚装船务有限公司分别处以 6% 、5% 和 4% 的罚款，分别计 307. 67 万元、1 126. 86 万元和 119. 84 万元。

二、案件的焦点问题及分析

（一）本案的法律适用：反垄断法还是招投标法

如何准确地适用法律、确定管辖权是本案处办过程中承办人员面临的第一个问题。

因我国《反垄断法》第十三条中并未明确列举串通招投标作为横向垄断协议的表现形式，故而在案件调查初始，也有观点认为本案的涉案行为应由《招标投标法》进行调整。

但承办人员认为，串通招投标行为在国内的主流观点和国外的法律实践中，都被认定为典型的垄断协议行为，其行为模式完全符合《反垄断法》第十三条规定的构成要件。同时，本案中当事人并非仅就一次招投标进行简单的围标，而是多次就多个招投标进行有组织的串谋，严重排除、限制了相关市场的竞争。此外，《招标投标法》第二条规定的“在中华人民共和国境内进行招标投标活动，适用本法”，显然不具有域外管辖的权限；相反，《反垄断法》第二条则规定：“中华人民共和国境外的垄断行为，对境内市场竞争产生排除、限制影响的，适用本法。”在本案中，滚装货物制造商通常在境外发出招标、询价等事项，相关海运企业的串通投标行为也多发生在境外，符合我国《反垄断法》的管辖范围。

因此，本案中相关海运企业的串通投标行为最终适用《反垄断法》进行查处。

（二）本案的违法认定：一个垄断协议还是多个垄断协议

由于涉案交易为一段时间内多次就多个具体滚装货物运输业务进行招标，对此究竟是应当认定为多个横向垄断协议还是一个横向垄断协议成为案件定性过程中的重要问题。对此，承办人员进行了多次讨论。

认定垄断协议时通常需要对经营者之间关于价格、产量或分割市场等内容的协议进行证明。但是，在本案中，涉案企业首先就互不侵犯既有业务以维持或抬高运费水平存在共识。在此共识的基础上，对于特定招标往往不需要对价格、产量或分割市场进行详细的沟通，而是可以通过不参与投标的方式协助其他企业获得订单。若按照涉案企业提出的按每次招投标交易进行认定的主张，只有一部分明确交流价格或分割市场行为可被认定为违法。这与事实情况并不相符。

对此，承办人员提出，在同一个相关市场内，具有竞争关系的经营者之间经常性地串通投标行为并非独立存在，各个串通投标行为之间存在的行为逻辑主要体现为基本合意与具体合意的双层结构。这一理论是日本反垄断学术界和执法实践中被普遍接受的观点。

基本合意是指相互串通的经营者之间通过明示或默示的方式，针对将来不特定招标进行相互协调的协议。协议的内容主要包括，相互串通的经营者之间针对招标项目决定中标人、确定中标后利益分配的基本规则。基本合意具有概括性、原则性的特征，可能是在具体招标项目发布之前就已经确立，也可能是在经营者针对招标项目进行串通的反复博弈中逐渐形成。在本案中，涉案企业间存在的互不侵犯既有业务以维持或抬高运费水平的共识就属于基本合意。

具体合意是相互串通的经营者之间通过明示或默示的方式针对特定招标进行相互协调的协议。协议的内容通常是为贯彻已经达成的基本合意，相互串通的经营者之间约定某一个招标中的预定中标人、报价水平、交易条件等具体事项。在本案中，针对具体招标、询价等事项，涉案企业通过电话、会议、聚餐、电子邮件、专程拜访等方式交换敏感信息、达成报高价或不报价的协议即属于具体合意。在存在基本合意的背景下，涉案企业就某一招标达成的价格、分割客户和市场的具体合意的沟通更加简化，从而使其行为具有更高的隐秘性。

通过基本合意与具体合意的双层结构，承办人员准确地勾勒出了此次滚装货物海运领域价格垄断案件的全貌，最终将60多个涉案串通投标行为认定为一个横向垄断协议。

（三）本案相关市场的界定

本案中，承办人员最终认定涉案企业违反《反垄断法》第十三条，达成并实施“固定或者变更商品价格”“分割销售市场”的横向垄断协议。尽管对于这类横向垄断协议，主流观点和执法实践均认为不需要为行为定性而界定相关市场，但是在评价竞争损害、衡量罚款金额时仍然需要考虑涉案企业的违法行为所影响的相关市场范围。

认定相关市场时，需要参照国务院反垄断委员会公布的《关于相关市场界定的指南》，从需求替代和供给替代进行界定。在本案中，部分涉案企业提出，从运输需求的角度看，从某特定地区到另一地区的航线与其他航线之间不具有替代性。例如，从北美到中国的航线与从欧洲到中国的航线之间就不具有替代性。甚至从北美到中国的去程与返程之间也不具有替代性。换言之，本案涉及的北美—中国、欧洲—中国、中国—南美、中国—欧洲、中国近海等航线应当分别界定相关市场。

对此，承办人员在本案反垄断专家论证会上提出了这一问题。有关专家指出，运输的需求不应该被分割为某特定地区到另一地区的具体需求，而应该以抽象的视角概括为从出发地至目的地的运输需求。因此，从美国至中国的运输需求与从欧洲至中国的运输需求在本质上没有区别。同时，承办人员从供给替代的角度提出，海运企业可以在不同航线之间灵活地调配船只，一个从事中美运输的海运企业可以迅速参与到中欧运输招标中，企业之间面临的竞争约束不以特定航线为限。再者，涉案企业之间往往通过分配航线来达成、实施垄断协议，涉案企业约定其中某一企业从事中欧航线特定品牌滚装货物的运输，作为交换，该企业不会参与其他航线上的招标，涉案企业的行为也充分说明不宜以航线作为相关市场界定的标准。

三、案件点评

本案是国家发改委价监局在国际海运领域查处的反垄断第一案，具有一定的开创性。以本案为契机，国家发改委价监局对海运及其相关的上下游行业展开了深入调查，对海运行业背景和特点有了充分的掌握。在本案公布后，国家发改委价监局又先后开展了对海运公司涉嫌就集装箱装卸费（THC）达成并实施垄断协议，及上海港、天津港、广州港、宁波舟山港和青岛港涉嫌就外贸进出口集装箱装卸费用滥用市场支配地位等问题的反垄断调查。此后，2017—2018 年，国家发改委价监局又对海运行业的关联行业进行了反垄断调查，先后公布了深圳拖轮公司垄断协议案、深圳理货公司垄断协议案。通过一系列执法活动，规范了海运行业及相关行业的竞争秩序，为生产企业减轻了负担，并保障了消费者利益和社会公共利益。

利乐滥用市场支配地位案

王晓茹

2016 年 11 月 16 日，国家工商总局发布对利乐公司①的行政处罚决定书，认定“2009—2013 年期间，利乐实施了没有正当理由搭售包材、没有正当理由限定交易和排除、限制竞争的忠诚折扣等滥用市场支配地位行为”，并对利乐罚款 6. 68 亿元（下称“本案”）。② 本案调查历时近五年，是工商总局罚款金额最高的案件。本文从经济学角度对案件的基本情况和焦点问题进行回顾。

一、案情介绍

纸基无菌包装于 1952 年由利乐公司创始人劳辛发明，是一种针对牛奶等易腐液态食品的包装材料，其特点是在无须冷藏的情况下长时间保质保鲜。近年来，随着市场需求的逐渐升温，纸基无菌包装行业快速发展。截至目前，该包装材料已经被广泛用于含乳饮料、果汁、茶饮料、蛋白和咖啡饮品等。本案当事人利乐于 1979 年进入中国市场，是中国最大的包材和相关设备供应商。在中国市场，利乐在

---

* 王晓茹，Compass Lexecon 经济咨询公司执行副总裁。

① 本案涉及当事人包括利乐国际股份有限公司、利乐中国有限公司、利乐包装有限公司，以下统称利乐。

② 国家工商总局，“工商竞争案字〔2016〕1 号”，http：//www. saic. gov. cn。

包材领域的主要竞争对手包括康美、纷美和新巨丰等，在设备领域的主要竞争对手包括康美、普丽盛、纷美等。

工商总局于 2012 年对本案立案，并于 2016 年发布《国家工商行政管理工商总局行政处罚决定书》（工商竞争案字〔2016〕1 号，下称“调查决定”）。在近 5 年的调查期间，工商总局进行了现场调查、市场问卷调查、询问调查，并调取了大量利乐及相关企业的书面证据和电子数据，分析论证了案件涉及的多方面问题。

本案是中国反垄断执法的标志性案件，涉及的技术问题多、范围广、复杂性高。工商总局和利乐在本案中都聘请了外部经济学家，就相关市场界定、市场支配地位认定以及相关行为的竞争影响评估进行了多轮讨论。囿于篇幅，本文将着重介绍本案关于滥用行为的经济分析。

二、案件焦点问题及分析

（一）相关市场界定

相关市场界定包括产品和地域市场界定。从经济学角度看，相关市场界定的主要方法包括需求替代分析、供给替代分析和假定垄断者测试（SSNIP）等。在本案中，工商总局认定了三个相关产品，分别为：纸基无菌包装设备（“灌装机”）；纸基无菌包装设备的技术服务（包括设备备件供应和维修服务）；纸基无菌包装材料（“包材”）。就地域市场而言，工商总局认为相关地域市场都为中国市场。

本案相关市场界定的焦点问题为：其他类型的包材和纸基无菌包材是否同属一个相关市场？利乐认为纸基无菌包材面临其他包材的竞争约束，同样的液体食品可能由纸基无菌包材包装，也可能由 PET（塑料材质）、玻璃瓶等包装，因此相关市场界定的范围应该更大。而工商总局基于无菌性能、包装内容物、系统成本等方面的分析，认为纸基无菌包材与其他类型的包材没有紧密替代关系。调查决定亦强调，不同类型的包装材料适用的包装设备截然不同，包装设备对包装材料的锁定强化了不同类型包装材料的差异性。

（二）市场支配地位认定

在本案中，双方就利乐是否具有市场支配地位存在一定的分歧。利乐认为其在包材市场面临纷美、新巨丰等企业的竞争压力，市场份额逐年降低，利乐可能并不具有市场支配地位。而工商总局在分析利乐的市场份额及市场竞争情况等因素后，认定利乐在三个相关市场都具有支配地位。

就利乐在包材市场面临的竞争约束，工商总局认可“利乐包材市场份额近年呈下降趋势”，[③] 并指出“液体食品生产商在包材采购方面一般采取向多个供应商采购的策略”[④]，表明竞争对手的发展确实给利乐带来了竞争压力。但工商总局认为“利乐包材销售数量逐年递增”，[⑤] 利乐对规模化的生产商而言“是重要的交易对象”，同时利乐的市场份额依然超过60%，并最终认定利乐在包材市场上“仍然具有明显竞争优势”。[⑥]

（三）滥用市场支配地位行为的分析

调查决定指出，利乐公司在2009—2013年实施了搭售包材、限定交易和排除、限制竞争的忠诚折扣等滥用市场支配地位行为，且这些行为没有正当理由。

---

③ 调查决定，第17—18页。
④ 同上。
⑤ 同上。
⑥ 同上。

1. 搭售

经济学对搭售进行了大量研究，认为搭售通常可以提高经济效率，包括成本节约、保证质量以及提高定价效率。一些文献也表明，在一些特定的市场环境下，企业可以通过搭售将其在一个市场的市场力量“杠杆”延伸至另一个市场。[⑦]

调查决定指出，2009—2013 年，利乐在提供包装设备销售、租赁过程中，限定客户在绩效确认期和保质期内使用利乐包材或“经利乐认可”“同等品质”的包材，在提供技术服务过程中限定包材的使用。[⑧] 工商总局认为这些行为构成《反垄断法》禁止的搭售。

工商总局对搭售的分析主要基于“杠杆理论”，认为利乐借助其在设备、技术服务市场的支配地位，促使客户不使用或减少使用非利乐包材。调查决定采用了“事实认定 + 不正当性认定”两阶段标准对此进行论证。就前者而言，工商总局认为利乐的模糊条款可能会诱导设备客户继续使用利乐包材，构成搭售。就不正当性认定而言，工商总局认为利乐的行为不符合行业惯例，也不存在如利乐所抗辩的“在绩效确认期内如果因使用第三方包材发生问题，就无法及时确定到底是设备的责任还是包材的责任”。[⑨]

略显遗憾的是，与当前国际上以合理分析评估搭售行为的执法实践不同，调查决定对搭售产生的竞争效应着墨较少。如前所述，利乐在包材市场面临日益显著的竞争压力，市场份额逐年下降。那么，利乐在多大程度上可以对客户购买包材产生实质影响是一个值得探讨的问题。我们应注意到，在绩效确认期和保质期对包材的合计时长不超过 21 个月，因此如果利乐的模糊条款对客户包材购买造成实质影响，

---

⑦ 相关介绍可参考吴汉洪，钟洲，《论搭售的反垄断争议》，《 中国人民大学学报》，2016 年第 4 期，第 55—65 页。

⑧ 调查决定，第 20—22 页。

⑨ 调查决定，第 24 页。

很有可能会在将近 5 年的调查期间显现出来。可以基于经济学理论，综合权衡搭售对竞争产生的正面和负面影响。

2. **限定交易**

限定交易是经济学中颇具争议的行为之一。芝加哥学派认为，限定交易往往是促进竞争的，它可以促进投资、提高产品质量、避免搭便车等。后芝加哥学派则认为限定交易可能对竞争产生负面影响，特别是当限定交易产生某种外部性时，可能对竞争对手等第三方造成损害。[10]

原纸是生产包材的主要原料，主要可分为牛底纸和白底纸两种。在工商总局立案调查以前，利乐主要使用牛底纸，而中国大陆市场大部分包材厂商均使用白底纸生产包材。调查决定指出，利乐通过 2011 年与红塔签署的《谅解备忘录》中排他性供应原纸的条款，限制了红塔与其他厂商就牛底纸项目进行合作，后续还通过限制红塔使用有关技术信息，妨碍红塔向其他厂商提供牛底纸。[11]

调查决定指出，利乐与红塔从 2009 年即开始“合作开发”牛底纸，但直到 2012 年 12 月双方才签订《供应与合作协议》，表明将牛底纸技术转化为实际生产能力可能需要较长时间的研发投入。从经济学角度看，合作开发可视为利乐的一项投资，鉴于投资可能面临第三方搭便车，利乐限制红塔使用“利乐技术信息”为第三方供应牛底纸的行为具有一定合理性。工商总局则认为“‘利乐技术信息’中包括大量公知技术和通用技术，如果原纸供应商不采用这些信息，对其生产质量稳定合格的原纸会有较大影响”。[12]

---

⑩ 相关介绍可参考迈克尔·温斯顿，《反垄断经济学前沿》，大连：东北财经大学出版社，2007 年。

⑪ 调查决定，第 29 页。调查决定也指出，该直接限制供应条款并没有在 2012 年 12 月具体操作性的《供应与合作协议》中出现。

⑫ 调查决定，第 30 页。

和国际执法实践相一致，工商总局主要基于“原料封锁”理论评估本案所涉限定交易行为。调查决定指出“从长远看，上述限定交易行为会导致牛底纸供应因为下游需求不足而放缓发展，同时进一步提高原纸供应商对大客户的依赖程度，包材行业也会因为关键原材料的供给受限而减缓创新节奏”。[13] 值得一提的是，从经济学角度看，原料封锁理论需要解决的一个关键问题是原料供应商是否有动机主动接受限制。如果调查决定能够对此进行分析，其论证将会更加全面。

3. **忠诚折扣**

忠诚折扣是经营者以交易相对人在一定时期内累计的商品交易数量、交易金额、交易份额为条件或根据其他忠诚度表现给予的折扣，类似折扣在日常生活中较为常见。经济学文献指出，忠诚折扣通常是促进竞争、提高消费者福利的，[14] 仅在一些特定情况下才可能对竞争产生负面影响。[15]

调查决定指出，在 2009—2013 年，利乐实施了追溯性折扣和目标折扣两类忠诚折扣，构成《反垄断法》禁止的“其他滥用市场支配地位的行为”。这是中国反垄断执法机构首次使用反垄断法的兜底条款。

工商总局对忠诚折扣的分析体现了较为前沿的“提高竞争对手成本”理论的思路，认为“反竞争机制主要在于支配地位企业利用不可竞争部分需求限制和影响可竞争部分需求”。[16] 调查决定指出，在可竞争部分需求有限的情况下，利乐的追溯性折扣提高了竞争对手参与竞争的难度，在短期会对竞争对手造成封锁，并导致竞争对手在长期“产能利用率不足，生存发展受到限制，进而影响到包材市场的竞争

⑬ 调查决定，第 33—34 页。

⑭ 这一点也在调查决定中得到认可。

⑮ 相关介绍可参见 Gates，S. Antitrust by Analogy：Developing Rules for Loyalty Rebates and Bundled Discounts. *Antitrust Law Journal*，2013，79（1）：99 - 137。

⑯ 调查决定，第 40 页。

和消费者利益”。[17]

调查决定表明，忠诚折扣是否存在反竞争效应取决于其是否会影响同等效率生产商的竞争力，这与欧美执法实践中的一些观点相互呼应。相关实践一般会基于价格—成本测试判断忠诚折扣是否使同等效率竞争者在可竞争部分低于成本定价，并据此判断忠诚折扣是否违法。在本案的调查过程中也使用了类似测试。

三、案件点评

从域外经验看，许多反垄断执法机构在执法早期的关注重点是滥用行为是否发生，滥用行为的限制性有多强、是否对竞争对手产生不利影响。在多年积累以后，才逐渐从强调法律分析转向法律、经济分析并重，从关注行为是否发生转向关注行为的实际竞争效应。在本案中，工商总局始终重视经济分析的运用，表明其一开始就重视与国际反垄断发展趋势的接轨。我们也期待中国执法机构在未来的案件中延续利乐案的办案思路，并进一步强化对竞争效应的分析。

---

⑰ 调查决定，第45页。

海南裕泰不服海南省物价局处罚决定行政诉讼案

薛强

作为我国第一起纵向垄断协议的行政诉讼案件，海南裕泰案历经一审、二审判决以及最高人民法院再审裁定，各级法院对纵向垄断协议的构成要件和认定标准做了较为充分的讨论。尽管该案未能解决反垄断行政执法和司法审判在纵向垄断协议认定标准方面的差异问题，但仍具有较大的参考价值。

一、案情介绍

2014 年至 2015 年，裕泰公司与其经销商签订了统一格式文本的《饲料产品销售合同》，该合同的第七条约定“乙方（经销商）应为甲方（裕泰公司）保密让利标准，且销售价服从甲方的指导价，否则，甲方有权减少其让利”。2015 年 8 月 25 日，海南省物价局对裕泰公司展开反垄断调查。2017 年 2 月 28 日，海南省物价局做出琼价监案处〔2017〕5 号行政处罚决定，认定相关行为构成“固定向第三人转售商品的价格”的纵向垄断协议行为，责令裕泰公司立即停止违法行为，并处罚款。

---

* 薛强，众达律师事务所合伙人。

之后，裕泰公司向海口市中级人民法院提起行政诉讼，请求撤销海南省物价局的处罚决定。经审理，海口市中级人民法院做出（2017）琼01行初681号行政判决，认为《反垄断法》第十四条规定的纵向垄断协议，不能仅以经营者与交易相对人达成了固定或者限定转售价格的协议为依据，而需要结合该法第十三条第二款，考虑相关价格协议是否具有排除、限制竞争的效果。因此，本案中《饲料产品销售合同》第七条之约定是否属于纵向垄断协议，需要综合考虑裕泰公司的经营规模、在相关市场所占份额、鱼饲料市场的竞争水平、该约定对产品供给数量和价格的影响程度、该约定对市场行情的影响等因素。通过分析裕泰公司的经营规模、市场份额等因素，海口市中级人民法院认为该协议不具有排除、限制竞争的效果，因此不构成纵向垄断协议，判决撤销海南省物价局的处罚决定。海南省物价局不服一审判决，提起上诉。

经二审，海南省高级人民法院做出（2017）琼行终1180号行政判决，该判决认为，该案的焦点在于《反垄断法》第十四条规定的限制固定转售价格的垄断协议是否以该法第十三条第二款规定的“排除、限制竞争”为构成要件。海南省高级人民法院认为，对垄断行为不仅要制止，还要预防。从文义上理解，《反垄断法》第十四条直接将“固定向第三人转售商品的价格”视为垄断协议并明令禁止，并未规定以“排除、限制竞争”为构成要件。因此，海南省高级人民法院最终认为，一旦经营者达成纵向垄断协议，只有当经营者提交证据材料证明其达成的协议满足该法第十五条规定的除外情形时，才不适用该法第十四条关于纵向垄断协议的认定。海南省高级人民法院遂撤销一审判决，并驳回裕泰公司的诉讼请求。裕泰公司不服，向最高人民法院提出再审申请。

最高人民法院于2018年12月18日做出（2018）最高法行申4675号裁定。关于本案的争议焦点，裕泰公司与经销商之间签订的固定转售价格协议是否构成纵向垄断协议，最高人民法院认为《反垄断法》第十三条第二款也适用于该法第十四条，即纵向垄断协议必须是排除、限制竞争的协议。同时，最高人民法院认为，固定转售价格及限制最低转售价格行为，不同于典型的纵向垄断协议，往往具有限制竞争和促进竞争的双面效应。但是，最高人民法院认为，考虑到当前的市场体制环境和反垄断执法处于初期阶段，为提高执法效率，反垄断执法机构经过调查证实经营者存在固定和限定转售价格的情况，即可认定为垄断协议，无须对“排除、限制竞争”承担举证责任。但上述认定可以由经营者通过提交证据进行抗辩予以推翻。而在民事诉讼方面，最高人民法院认为民事诉讼和行政执法存在明显差别，可以适用不同的审查标准。最终，最高人民法院驳回了裕泰公司的再审申请。

二、案件的焦点问题及分析

本案的焦点问题是纵向垄断协议的认定标准。《反垄断法》第十四条规定的纵向垄断协议包括“固定向第三人转售商品的价格”和“限定向第三人转售商品的最低价格”两种常见类型。这种固定或者限定转售价格的协议，也经常被称为转售价格维持，系指生产商固定或者限定经销商向其客户的转售价格。不同于竞争者之间固定价格、划分市场等典型的横向垄断协议，关于转售价格维持对市场竞争的影响，尚未形成一致的认识。相应的，不同司法辖区在转售价格维持的认定标准上也存在较大的差异。美国在 Leegin 案之后，对纵向垄断协议全面转向合理分析原则，原告方（包括行政执法机构）对纵向垄断协议的反竞争效果负有证明义务。而欧盟对于转售价格维持，仍采用本身违法原则，倾向于严格执法。

从某种意义上讲，对于纵向垄断协议的不同执法选择，折射出立法机关和执法机构在保障执法效率（更多容忍 false positive）和尊重现有商业模式（更多容忍 false negative）之间的权衡和纠结。

上述问题并非其他司法辖区特有。我国《反垄断法》实施以来，关于纵向垄断协议的构成要件和认定标准，行政执法和司法审判也长期存在不一致的情况。在行政执法领域，从“婴儿奶粉”案和“茅台五粮液”案，到“美敦力”案，再到持续数年的对车企销售环节的调查，纵向垄断协议一直是监管的重点。学界倾向于认为，行政执法机构采取的是“本身违法”原则。而在司法审判方面，法院对转售价格维持采取了不同的举证责任与认定方法。从北京锐邦涌和科贸有限公司诉强生（中国）医疗器材有限公司案以来，各级法院大多采取了“合理分析”原则，即认为原告必须举证证明纵向协议具有排除、限制竞争的效果，否则将承担举证不能的后果。

如下文所述，笔者认为，将目前行政执法和司法审判采取的认定标准，抽象为“本身违法”和“合理分析”，不能完全概括复杂的执法和审判实践。但是，长期以来反垄断行政执法和民事诉讼对于纵向垄断协议认定标准不一致的情况是客观存在的。在海南裕泰案的一审、二审和再审裁定过程中，各级法院都认为，案件的核心问题是纵向垄断协议的认定标准。

三、案件点评

“本身违法”和“合理分析”原则是人们对垄断行为认定标准的抽象概括，实际执法和司法过程要复杂得多。从我国的立法规定和执法实践看，反垄断执法机构实施的并不是严格的“本身违法”原则。本身违法原则，究其本意而言是仅看行为，不看效果。原因是经过长时间的反复讨论和观察，相关行为几乎一定会排除限制竞争，并且鲜有效率提升作用。因此，为提高执法效率，采取“本身违法”原则，原告方（包括行政执法机构）无须证明排除、限制竞争的效果，并且不允许被告方提出效率抗辩。但是，从我国反垄断执法机构的行政处罚决定书看，2016 年国家发改委美敦力处罚决定和上海市发改委施乐辉处罚决定，对排除限制竞争的效果都有论证，并未完全跳过该分析要件。另外，《反垄断法》第十五条也适用于纵向垄断协议，理论上讲，当事方可以据此提出效率抗辩。

从司法审判角度看，法院似乎也未严格遵循“合理分析”和“本身违法”的区分。最高人民法院《关于审理因垄断行为引发的民事纠纷案件应用法律若干问题的规定》第七条规定：“被诉垄断行为属于反垄断法第十三条第一款第（一）项至第（五）项规定的垄断协议的，被告应对该协议不具有排除、限制竞争的效果承担举证责任。”从这一规定看，对于典型的横向垄断协议，将推定其具有“排除、限制竞争的效果”，但同时允许被告举证予以推翻。换言之，即便是对于典型的横向垄断协议，最高人民法院司法解释设定的也仅仅是举证责任倒置的程序性规定，而非“本身违法”的实体性认定标准。在审判实践中，已经有法院允许推翻典型横向垄断协议“排除、限制竞争的效果”的假设。例如，湖北省高级人民法院在张道先与年年红砖厂、红岩砖瓦厂等反垄断民事诉讼案中就认定该案几家当地砖厂削减产量固定价格的协议不具有排除、限制竞争的效果，不构成横向垄断协议。

因此，有必要在“合理分析”与“本身违法”原则之外，对目前行政执法和司法审判针对纵向垄断协议的适用思路做进一步分析。笔者认为，目前一系列的分歧涉及三个基本问题：一是纵向垄断协议是否以“排除、限制竞争”为要件；二是“排除、限制竞争”如何证明；三是《反垄断法》第十五条在纵向垄断协议领域如何适用。

（一）纵向垄断协议是否以“排除、限制竞争”为要件

对于这个问题，最高人民法院在裕泰案再审裁定中明确认定，“二审认为《反垄断法》第十四条规定的限制固定转售价格的垄断协议无须以‘排除、限制竞争’为构成要件，缺乏法律依据”。即纵向

垄断协议也需要满足《反垄断法》第十三条“排除、限制竞争”的要件。同时，最高人民法院还纠正了海南省高级人民法院对于“排除、限制竞争”的狭义理解，认为“排除、限制竞争”也包括排除、限制竞争的可能性。

2020 年 1 月，国家市场监督管理总局公布了《反垄断法》修订草案（公开征求意见稿），对垄断协议章节进行了部分结构调整，将垄断协议的概念专设一条，规定“本法所称垄断协议，是指排除、限制竞争的协议、决定或者协同行为”，上述概念同时适用于横向和纵向垄断协议。因此，纵向垄断协议必须是排除、限制竞争的协议，对于这个问题，行政执法和司法审判已经形成一致意见。而所谓“排除、限制竞争”并不一定是现实的损害，也包括一种可能性，即一旦付诸实施，必然会造成排除、限制竞争的效果。

（二）“排除、限制竞争”如何证明

最高人民法院在裕泰案中设立了两种证明方式。对于行政执法而言，最高院认为，“固定向第三人转售商品的价格及限定向第三人转售商品的最低价格这两种协议，一般情况下本身就属于垄断协议，符合《反垄断法》第十三条规定的排除、限制竞争的标准。反垄断执法机构经过调查证实经营者存在上述两种情况，即可认定为垄断协议，无须对该协议是否符合‘排除、限制竞争’这一构成要件承担举证责任。当然，这种认定是可以由经营者通过提交证据进行抗辩予以推翻的”。换言之，反垄断行政执法机构一旦查实经营者之间达成固定或者限定转售价格的纵向协议，法律即推定该协议具有排除、限制竞争的效果。但是，需要注意的是，最高人民法院允许被调查方通过举证推翻该推定。至于被调查人可以在哪些方面举证推翻相关法律规定，最高人民法院并未予以明确。

对于民事诉讼，最高人民法院则认为，“在反垄断民事诉讼中，

法院审查垄断协议是否具有排除、限制竞争效果，并在此基础上进而判定是否支持原告的诉讼请求，并无不当”。因此，最高人民法院实际上维持了法院长期以来的思路，即民事诉讼原告需要举证证明相关纵向垄断协议具有排除、限制竞争的效果。

简言之，最高人民法院认可在“排除、限制竞争”证明问题上行政执法与司法审判可以采取不同的标准。反垄断执法机构可以依靠法律推定完成其举证，而民事诉讼原告则必须自行举证证明。

（三）《反垄断法》第十五条在纵向垄断协议领域的适用问题

该问题在裕泰案中讨论不多。从理论上讲，固定或者限定转售价格的协议被证明之后，被告（包括被调查人）一方有权依据《反垄断法》第十五条提出效率抗辩，主张豁免。实践中，这一规定应当如何适用，讨论不多。目前，大部分纵向垄断协议民事诉讼案件，都因为原告无法证明排除、限制竞争的效果而结案，没有机会对第十五条的适用问题做深入的讨论；而对于行政执法而言，由于反垄断执法机构只公布处罚案件，因此即便有经营者成功适用第十五条的案件，外界也无法得知执法机构的具体分析思路。

从理论上讲，第十五条属于效率抗辩，是在证成垄断协议（包括其排除、限制竞争的效果）后适用的。但由于第十五条大部分条款都有“不会严重限制相关市场的竞争”的附加要求，实际上第十五条的分析和“排除、限制竞争”的证明之间的关系也是剪不断，理还乱。这些问题只能留待未来的案件予以澄清。

综上，对于影响纵向垄断协议认定的三个问题，最高人民法院在裕泰案中对第一个问题进行了明确，即纵向垄断协议以“排除、限制竞争”为要件；对于第二个问题，即“排除、限制竞争”的证明问题，最高人民法院认可行政执法机构可以依靠法律推定，而民事诉讼原告必须举证证明；对于第十五条的适用问题，则着墨不多，只能留待未来予以明确。

伊士曼滥用市场支配地位案

浅析假定垄断者测试在界定相关商品市场中的运用

杨超

一、案情介绍

2019 年 4 月 16 日，上海市市场监督管理局对伊士曼（中国）投资管理有限公司滥用市场支配地位实施垄断行为（下称“伊士曼案”），依据《反垄断法》做出罚款 2 400 余万元的行政处罚。有业界指出这是“反垄断执法机构‘三合一’职能整合一周年之际发布的第一宗大案要案”，“该案具有重大的行业典型意义、重要的行为典型意义，为相关领域的垄断问题敲响了警钟，同时阐释了执法机构对于限定交易行为的认定思路和方法”。

由于界定相关市场可以识别那些对被调查方提供的产品或服务构成有效竞争约束的替代产品或服务，是进行竞争评估的一种工具，更是对滥用市场支配地位类型案件进行分析的前提。业界对该案的相关市场界定也给出了高度评价：“这也是中国反垄断执法机构首次在反垄断案件调查中公开运用‘假定垄断者测试’分析方法来界定相关市场。”笔者作为专案组执法者，将以相关商品市场界定的分析思路为线索，重点剖析假定垄断者测试的“惊艳首秀”，试图为今后的执法实践提供参考。

---

* 杨超，上海市市场监管局执法总队法制处处长。

二、案件的焦点问题及分析

（一）伊士曼案相关商品市场界定的分析思路

《国务院反垄断委员会关于相关市场界定的指南》（下称《指南》）指出，“相关商品市场，是根据商品的特性、用途及价格等因素，由需求者认为具有较为紧密替代关系的一组或一类商品所构成的市场。这些商品表现出较强的竞争关系，在反垄断执法中作为经营者进行竞争的商品范围”。界定相关市场通常会碰到的第一个问题是：需求者是谁？目标商品是什么？

1. **本案的需求者是涂料商等下游生产商，目标商品集合是成膜助剂**

一组或一类商品所构成的市场是从需求者视角界定的，所以准确认定谁是需求者就是界定相关市场的前提。本案的需求者有人说是终端消费者，因此界定相关商品市场时应考虑终端消费者需要的商品功能。事实上，尽管反垄断法的立法目的之一是保护消费者，但这并不意味着相关商品市场界定必须考虑终端消费者的需求替代。其实，界定相关市场应考虑与案件相关的竞争行为所处的环境。本案是涂料商、其他成膜助剂的供应商与伊士曼公司之间的争议，考虑到相关商品是为了满足生产性需要，因此本案的需求者应是涂料商等下游生产商，而不是终端消费者。

本案争议焦点是对醇酯十二销售的限制，醇酯十二是应用于水性建筑涂料领域的一种成膜助剂。据中国涂料工业行业协会统计，目前国内水性建筑涂料用量约占建筑涂料总量的 90% 以上，因此涉及面广，影响大。而水性建筑涂料通常由水、乳液、颜填料和各种助剂组成，乳液是水性建筑涂料最主要的原料，但大部分乳液自身最低成膜温度较高，难以在正常施工环境下成膜，因此需要添加成膜助剂，帮助其连续均匀成膜，因此在水性建筑涂料中成膜助剂是必要成分。成膜助剂根据组成成分不同可分为：醇类（乙二醇等）、醇脂类（醇脂十二、醇脂十六）、醇醚类（乙二醇丁醚等）、醇醚脂类（乙二醇丁酸醋酸酯）四类。我们认为目标商品若定为水性建筑涂料则太广，且有从消费者角度之嫌；若仅定为争议商品醇酯十二则太窄，反映不出成膜助剂市场竞争的全貌。故我们将目标商品集合定为成膜助剂。

2. 用替代性分析法区分醇酯十二与非醇酯类成膜助剂

考虑到物理化学特性及其市场应用现状，我们选择醇酯十二作为比较分析基准物。从需求方面看，醇酯十二与非醇酯类成膜助剂之间没有紧密替代关系。

（1）综合性能的差距。与非醇酯类成膜助剂相比，醇酯十二在成膜效率、相容性、分配系数、挥发速率等综合性能上表现优异，且具有很好的水解稳定性。醇酯十二能够同时满足建筑内外墙涂料的不同需求，兼顾我国南北地区不同环境，而非醇酯类虽然气味较低，环保性能优异，但在涂料的耐候性、低温稳定性等方面与醇酯十二差距较大，因此其应用场景多局限于价格较为昂贵的高端内墙涂料。

（2）价格的差异。大部分非醇酯类成膜助剂的市场售价均高于醇酯十二成膜助剂的市场售价一倍以上，而价格接近的少数非醇酯类成膜助剂供需极不稳定。

（3）较高的转换成本。由于成膜助剂对水性建筑涂料的品质影响很大，涂料及乳液生产商一般不会轻易转换既定的成膜助剂，否则需要重新测定一系列原材料配比关系以及长达数年的产品性能监测等，并因质量的不稳定而面临巨大的市场风险。

从供给方面看，醇酯十二生产行业存在较高的资金、技术门槛；不同类型成膜助剂的生产原料各不相同、生产设备无法通用、技术原理差异极大，非醇酯类成膜助剂的生产厂商无法迅速转产。故醇酯十二与非醇酯类成膜助剂不具有紧密替代性。

3. 醇脂十二与醇脂十六用替代性分析法遇到的困难

从需求方面分析，醇酯十二和醇酯十六在乳液的相容性、耐擦洗性、挥发速率以及产品气味等总体性能上虽有差异，但整体较为接近，醇酯十二的表现更为全面，应用范围更广；醇酯十二与醇酯十六市场价格较为接近，相差 10% 左右；涂料及乳液生产商在使用习惯上偏好醇酯十二，醇酯十六应用于水性建筑涂料的时间较短，其市场用量仅为醇酯十二的 5% 左右。从供给方面分析，醇酯十二和醇酯十六均为醇酯类成膜助剂，二者在分子结构上具有近似性，二者都是通过异丁醛化学反应得到，且可以通过同一套生产装置实现规模化生产，转产上不存在难度。在需求替代和供给替代分析不能清晰地界定相关商品市场时，我们首次运用了假定垄断者测试进行相关商品市场的界定。

（二）假定垄断者测试的分析思路及应用特点

《指南》第 7 条规定，“在经营者竞争的市场范围不够清晰或不易确定时，可以按照‘假定垄断者测试’的分析思路来界定相关市场”。传统的假定垄断者测试即假定拥有一组特定产品或服务的垄断者，对这组产品或服务进行小幅但显著（一般为 5% ~ 10%）且非临时性（一般为 1 年）涨价后是否有利可图。本案中，正是考虑到替代性分析无法确保相关市场界定的准确性，因此我们借助经济学分析的工具进一步分析。

为了论述假定垄断者测试的分析思路，我们假设 A 商品当前售价是 10，销售量是 100，假设需求弹性为 2，则当前的收益是 1 000。若价格上涨 5% 则为 10. 5，因需求弹性为 2，根据：

$$需求弹性 = 需求量变化的百分比 \div 价格变化的百分比$$

那么销售量将下降10%，故销量将跌至90。价格变化后的收益是10.5×90=945，则收益下降了55。然而这并不表明价格上涨因此就不能盈利，还应该考察成本减少的情况：

总成本=生产每单位的可变成本×销售量

假设单位可变成本为5，原来的总成本为500，价格变化后的总成本是450。价格变化前的利润是1 000-500=500；而价格上涨5%后的利润是945-450=495。因此5%的价格上涨是无利可图的，相关商品市场应该比A商品范围更广，再将销量转移的商品与A商品一起重复上面的验证过程，以得出恰当的相关商品市场。

其他条件不变，根据上述公式，假设A商品的需求弹性不是2，而是1.5。如果价格上涨5%为10.5，则销售量下降5%×1.5=7.5%，为92.5，因此收益下降到971.25。价格上涨后的成本则是5×92.5=462.5。因此涨价5%之前的利润是1000-500=500；涨价5%之后的利润是971.25-462.5=508.75。508.75>500。因此，5%的价格上涨是有利可图的，A商品是可以单独构成相关商品市场。

假设需求弹性仍是2，可变单位成本为6不是5，其他条件不变。如上面最开始的例子，销售量下降至90，销售收入降至945。但是涨价前后的总成本变化，涨价前为6×100=600，涨价后为6×90=540。故涨价前的利润为1 000-600=400，涨价5%后的利润为945-540=405。此时尽管总收入下降了55，因成本下降得更多，总的利润反而提高了。因此，5%的价格上涨也是有利可图的，A商品是可以单独构成相关商品市场。

综上所述，以下两方面影响着A商品假定垄断者测试是否有利可图。其一，假定的价格上涨后，A商品的销售量将要下降的程度，这其实是A商品的需求弹性，决定了假定价格上涨引起的收益变化；其二，伴随销售量的下降、生产成本下降，假定垄断者成本的节约程度。

（三）临界损失分析法的分析思路及应用特点

临界损失指的是使得一个小幅而显著的价格上涨无利可图的最低销售量损失。临界损失分析法探究的是一个假定垄断者因产品价格上涨而引起销售量的损失，由此造成无利可图之前，能够承受多少销售量的损失。

还是用上述 A 商品的案例，我们假设 A 商品当前售价是 10，销售量是 100，单位可变成本是 6，故毛利润是 4。假定垄断者将价格提高 10%，涨价后的价格为 11，故毛利润是 5。涨价前假定垄断者获得的总利润是 400，那么，涨价后假定垄断者需要销售多少产品才能使总利润达到 400 呢？答案是 80。这表明，假定垄断者在价格上涨变得不能盈利时所能承受的销售量损失为 20。所以，如果价格上涨 10% 导致销售量实际损失超过 20，那么假定垄断者就无利可图；反之，则是有利可图的，表明 A 商品是一个独立的相关市场。

在实际应用中，进行临界损失分析需要计算出两个关键指标。一是临界损失率（CL），当价格增加 $x\%$ 时，销量下降多少百分比会使得假定垄断者的利润保持不变。假定边际生产成本不变，则临界损失的计算公式为：

$$CL = s/(s + m)$$

其中，s 是指假定小幅而显著的价格上涨，以百分比计算，m 是指毛利润。临界损失随每次销售赚取的毛利润而变化，利润越高，临界损失越低。

二是实际损失率（AL），当价格增加 $x\%$ 后，待测试商品组合的实际销售下降比例。分析实际损失率必然首先要结合特定商品分析需求者对于该商品价格变动的敏感程度，即“需求价格弹性”，记为 T。则需求价格弹性的计算公式是：

$$T = \Delta Q/Q \div \Delta P/P = AL/x\%$$

其中 P 和 Q 指的是原来的价格和销售量，ΔP 和 ΔQ 是指变化后的价格和销售量。如果需求者的价格敏感程度不高，即价格弹性低，企业涨价导致的销售量损失也不高，则企业有动机涨价并获取更高利润。反之则不能获利。根据上述公式，当我们知道价格弹性 T，并设定涨幅，$x\% = 5\% \sim 10\%$，则根据公式：$AL = T \times x\%$，可以算出实际损失率 AL。

临界损失分析法通过比较 CL 与 AL 来判定涨价是否有利可图：如果 $AL > CL$，即价格上升导致的实际销售量下降幅度大于临界损失率，说明假定垄断者涨价不是有利可图的；相反，说明假定垄断者涨价是有利可图的，此类商品集合可作为独立的相关市场。

（四）临界损失分析法在伊士曼案中的运用

在伊士曼案中，根据临界损失率公式 $CL = s/(s + m)$，s 是指5%～10%的价格上涨，m 是结合伊士曼自认的毛利率×（涉及企业商业秘密，此处隐去），执法人员在此基础上给出了有利于当事人的毛利率计算区间。故当 s 为5%时，m 在计算区间，临界损失率处于 $CL1$ 区间；当 s 为10%时，m 在计算区间，临界损失率处于 $CL2$ 区间（涉及企业商业秘密，此处省略数据比对及推导过程）。

在计算实际损失率 AL 时，首先要测算出需求价格弹性。需求价格弹性的估算涉及较为复杂的经济计量工具，本案的经济学专家团队在执法机关采集的醇酯十二相关数据证据的基础上，通过模型构建和数据整理等方法，计算出2012—2016年该商品的价格弹性 T 为 x（涉及企业商业秘密，此处隐去），结合前文所述公式可计算出实际损失率 AL（涉及企业商业秘密，此处省略数据比对及推导过程）。在比对 AL 和 CL 后，我们发现无论提价5%还是10%，AL 的数值都显著小于

CL，则价格上升导致的实际销售量下降幅度小于临界损失，说明假定垄断者涨价是有利可图的，即醇酯十二可以构成本案认定的相关商品市场。

需要说明的是本案在测试过程中考虑了醇酯十六的影响。但醇酯十六需求量较小，波动幅度很大，且这些波动不是价格因素能显著解释的。换言之，醇酯十二价格波动的原因，除了原材料异丁醛成本因素之外，更主要是醇酯十二而不是醇酯十六的供需波动所致。另外，业界有观点指出本案临界分析法采用了“盈亏平衡”而非“利润最大化”原则进行分析，似有不妥。我们认为盈亏法符合经济学要求以及分析目的，而且不依赖需求函数形式假设，相比而言，“利润最大化”原则则需要依靠此类假设，且两种方法经过测试，仅数字大小有差异，并不影响最终结果。故在报告中我们采用了“盈亏平衡法”做表述。

三、案件点评

假定垄断者测试是对目标产品或服务进行小幅但显著且非临时性涨价后，看是否有利可图。而临界损失分析则关注的是一个假定垄断者因产品价格上涨引起的销售量损失，由此造成无利可图之前，能够承受多少销售量的损失。

假定垄断者测试是直接比较价格变动前后的利润变化，而临界损失分析法则是通过比较销售量损失是否到临界来间接回答是否有利可图。简言之，假定垄断者测试的思路是通过临界损失方法得以实现，利润比较就转换为销售量损失比较。故临界损失分析法是一种具体、常用也是最符合其思路的假定垄断者测试的方法。

究其本质，这两种方法，起决定性作用的是需求弹性和可变成本两个要素。第一，对任何给定的价格成本差额，需求弹性越低，价格上涨损失的销售量越小，以较高价格进行销售的剩余销售量越大，这组产品越可能构成一个单独的相关市场。第二，对任何给定的弹性，作为价格一部分的可变成本越大，销售量减少引起的成本节约越多，价格上涨盈利的可能性越大，这组产品越可能构成一个单独的相关市场。

假定垄断者测试在我国反垄断领域首次运用是在“奇虎360诉腾讯垄断”案的司法审判中。本案则是反垄断执法机构的“惊艳首秀”，有评论指出“体现了中国反垄断执法机构的日趋精细化的技术分析能力”。它在替代性分析法不能清晰界定时，给出了实证的经济学分析佐证，更具有说服力。

第六篇

12个行政垄断案

斯维尔诉广东省教育厅及第三人广联达行政垄断诉讼案

魏士廪　李蕊

一、案件基本情况

2013 年 1 月，教育部下发《教育部关于成立 2013—2015 年全国职业院校技能大赛组织委员会和执行委员会的通知》（教职成函〔2013〕2 号）并成立 2013—2015 年全国职业院校技能大赛执委会办公室。2014 年 2 月，该办公室发布《2014 年全国职业院校技能大赛赛项规程编制要求的通知》《2014 年全国职业院校技能大赛“工程造价基本技能”赛项规程》等文件。

2014 年 3 月，广东省教育厅下发《广东省教育厅关于开展2014 年全国职业院校技能大赛高职组广东省选拔赛的通知》（粤教高函〔2014〕22 号），通知要求举办全国职业院校技能大赛高职组广东省选拔赛，明确工程造价基本技能为其中的比赛项目之一。该项目竞赛由广东省教育厅主办，广州城建职业学院承办，第三人广联达软件股份有限公司（下称“广联达”）协办。

2014 年 4 月，广东省教育厅发布《2014 年全国职业院校技能大赛高职组广东省选拔赛实施细则》，并制定《赛项规程》和《赛项技

---

*　魏士廪，北京大成律师事务所高级合伙人；李蕊，北京大成律师事务所律师。

术规范》。上述赛项竞赛规程要求在工程造价基本技能赛项中使用广联达的认证系统、广联达土建算量软件 GCL2013 和广联达钢筋算量软件 GGJ2013，即广东省教育厅指定使用广联达的软件系统作为工程造价基本技能赛项的专用技术平台。

2014 年 4 月 29 日，深圳市斯维尔科技有限公司（下称“斯维尔”）向广州市中级人民法院提起行政诉讼，起诉广东省教育厅侵犯公平竞争权，广联达为本案第三人。2015 年 2 月，广州市中级人民法院做出一审判决，确认广东省教育厅在工程造价基本技能赛项中独家使用广联达软件的行为违法。

广东省教育厅及广联达不服一审判决，向广东省高级人民法院提出上诉。2017 年 6 月，广东省高级人民法院做出终审判决，驳回上诉，维持原判。

二、本案对反行政垄断诉讼的创新

（一）判决对垄断行为构成要件的分析与认定是本案的创新

本案判决之前尽管有极少的案例引用《反垄断法》第三十二条进行判决，但却没有更深入的论证与分析，更没有对行政垄断行为的构成要件在判决中予以清晰的论证，本案清晰且深入地论证了行政垄断构成的三要件，这是本案的重要创新之一。

广州中院做出的一审判决［（2014）穗中法行初字第 149 号］认定，“行政机关滥用行政权力排除、限制竞争应具备以下三个要件：一是主体为行政机关和法律、法规授权的具有管理公共事务职能的组织；二是行政机关及相关组织有限定或者变相限定单位或者个人经营、购买、使用其指定的经营者提供商品的行为；三是行政机关及相关组织在实施上述行为过程中滥用行政权力”。[①] 一审中，法院直接认可了广东省教育厅实施的行政行为具备前两个要件。

关于第三个要件，法院认为根据《行政诉讼法》相关规定，被告应对行政行为的合法性负举证责任。广东省教育厅认为其是根据教育部下发的通知要求独家使用广联达软件。但经过广州中院法庭调查，法院认为虽然教育部通知要求在国赛中使用广联达软件，但未强制要求各省举办的省赛也独家使用广联达软件。广东省教育厅举证的教育部通知不能构成其实施上述行政行为的上位法或上位文件依据。

鉴于广东省教育厅未能提供证据证明其实施的行政行为程序正当，系合理行使行政权力，应承担举证不能的责任，故法院确认广东省教育厅在赛项中独家指定第三人广联达软件的行政行为违法。

二审中，广东高院做出二审判决［（2015）粤高法行终字第 228 号］对认定行政垄断行为的三个要件做了微调，并进行了更深入的论证，即“认定行政机关滥用行政权力，排除、限制竞争应具备以下三个要件：一是主体是行政主体，即行政机关和法律、法规授权的具有管理公共事务职能的组织；二是行政机关及相关组织有限定或者变相限定单位或者个人经营、购买、使用其指定的经营者提供商品的行为；三是行政机关及相关组织在实施上述行为过程中滥用行政权力，并且产生了排除、限制竞争的效果，损害市场公平竞争秩序”。[②] 与一审判决相比，差别在于第三项要件中不仅要考察行政机关是否滥用行政权力，还应考察该项行政行为是否产生了排除、限制竞争的效果。

二审法院同样认可广东省教育厅实施的行政行为符合前两个要

① 参见（2014）穗中法行初字第 149 号行政判决书，载于中国裁判文书网，http://wenshu.court.gov.cn/website/wenshu/181107ANFZ0BXSK4/index.html? docId = 48d1-8911868b417eb892811a3b885ea6。

② 参见（2015）粤高法行终字第 228 号行政判决书，载于中国裁判文书网，http://wenshu.court.gov.cn/website/wenshu/181107ANFZ0BXSK4/index.html? docId = 29ef-b31f4df64981bcc5a81500a818fd。

件。结合本案案情，二审法院同样适用了行政机关应对行政行为负有举证责任的举证规则。法院认为，广东省教育厅应对其在涉案赛项中指定独家使用广联达相关软件的合法性负举证责任，包括其行为不仅合法且应当遵循正当程序，正当合理地行使行政权力负举证责任，如举证不能，理应承担败诉的结果。

在法律未明确规定行政行为应遵循何种法定程序的情形下，行政机关应当经过公开、公平的竞争性选择程序，除非有正当理由，否则构成行政机关滥用行政权力。

关于行政行为是否具有排除、限制竞争的效果，本案中，广东省教育厅指定独家使用广联达软件，直接排除了其他同类软件供应商（包括斯维尔公司在内）参与到赛项配套软件的竞争中，侵害了其他同类软件供应商的公平竞争权。与此同时，结合本案具体情况，学校之间的工程造价基本技能竞赛中，学生若想取得成绩则需对赛项配套工具和规则十分熟悉，这必然要求学校早早配置好同样的软件供学生练习，对于广联达扩大校园客户的销售是有利的。同时，参与竞赛的师生通过赛事筹备和参赛有助于培养他们的使用习惯，提高广联达的市场声誉，可帮助广联达长久地提高市场份额。鉴于指定独家使用行为会导致参赛院校师生在使用习惯方面产生依赖，提高广联达的知名度，有助于市场份额的提升，降低竞品及竞品公司市场份额，进而损害市场公平竞争秩序，产生了排除、限制竞争的效果。

（二）判决对程序违法的认定标准进一步丰富了行政垄断案件中程序性的内涵

一审中，法院通过被告举证责任，即广东省教育厅未能举证证明其实施的行政行为具有合法性，从而认定广东省教育厅存在滥用行政权力的行为。

二审判决中，法官对一审判决中关于程序合法的认定思路做了进一步深化论证。在斯维尔诉广东省教育厅一案中，广东省教育厅在指定独家使用广联达软件的文件中，虽有专家组会议评议决定与国赛保持一致，但没有进行合法性以及合理性论证，亦未能提供其他证据证明其经过公开、公平的竞争性选择程序指定使用广联达软件。并且，指定行为缺乏正当理由，指定软件仅用于学生竞赛，并非从国家安全需要、保守国家秘密、应对突发事件等正当理由考虑。判决进一步丰富了“正当理由”的范围，但没有展开论述，例如，指定独家软件的必要性、可替代性、例外因素等，这些要素国家发改委等部委联合出台的《公平竞争审查制度实施细则（暂行）》中均有所体现，并且也被目前的《反垄断法》修订草案（公开征求意见稿）吸纳。据此，二审法官更加充分地对行政程序违法的认定标准进行了分析，对程序违法的标准做了更完美的论证。

三、本案在理论上和实践中的重要意义

（一）本案对反行政垄断理论的贡献

本案是首例“民告官”反行政垄断诉讼案件，也是唯一的原告取得胜诉的案例。“北京大学经济法研究所所长盛杰民教授表示，无论该案最终审理的结果如何，本案的重要意义都不言自明。本案中涉及的如何认定行政垄断行为？对规范性文件、政策等抽象行政行为，是否可以提起反垄断诉讼？这些问题都是行政垄断问题中最具争议的焦点。”③针对“认定行政垄断行为”这一焦点问题，本案判决已经给出了十分具体、新颖的回答，对于认定行政垄断行为和程序合法等问题

③　万静，《行政垄断诉讼第一案：广东省教育厅因指定赛事软件被诉》，《 法制日报》，2014 年 12 月 4 日。

具有重要的指引作用。

具体来讲，斯维尔诉广东省教育厅案在法理上探讨了指定交易行政垄断行为的法律构成要件，并结合具体案情针对行政主体、指定交易行为和滥用行政权力三要件进行了深入分析，尤其是在行政权力滥用上，从程序的角度对程序合法性做了非常深入的法理上的论证，其包括应遵循法定程序和正当程序，以及没有法定程序的情况下，应采用竞争性选择程序。同时，对指定交易应做合法性论证、合理性论证均提出了要求，并将排除、限制竞争的效果放在滥用行政权力要件中进行论证和分析。该案对下一步反垄断修法提供了案例理论探讨支撑，为进一步完善行政垄断司法审查提供了很好的研究案例。

（二）本案对工程造价软件行业的影响

工程造价是一项对专业性、精确性要求非常高的、有难度的工作。在建设工程领域，广泛需要专业的造价人员使用专业的软件工具为建设工程提供细致精准的造价数据。鉴于该行业本身技术门槛比较高，活跃在市场上的工程造价软件供应商主要包括广联达公司、斯维尔公司、上海鲁班软件有限公司等有限的市场主体。

为了开发市场，各家公司纷纷将角逐的领域扩展至还在教育阶段的工程造价专业的学生。因为只要培养起学生对造价软件的依赖程度，就能帮助该公司培养未来的用户团体。而通过赞助、合作等方式参与到竞赛中，成为参赛队员熟识的软件工具则成为各家都在积极使用的销售手段。

本案的胜诉，将使得承办同类赛事的行政机关更加警惕，必将审慎对待造价软件入选程序，慎重采用独家使用的模式。长远看，这将有助于工程造价软件市场的加速竞争，进一步激发市场活力。

（三）本案对行政机关谨慎施政、关注竞争效果以及鼓励维权具有积极的促进作用

本案的胜诉是对“司空见惯的行政垄断”的反击，“国务院反垄断委员会专家咨询组副组长、对外经济贸易大学法学院教授黄勇表示，该案的审理其实对普及反垄断法主张的竞争文化是一次很好的示范。它再次彰显行政行为不得无正当理由介入市场竞争领域这一中央精神。”④在公平竞争审查制度建立之前，行政体系内部少有约束行政行为对市场竞争产生影响的评估或管理措施，甚至竞争观念都未普及。市场主体在遭遇市场准入门槛时，常常心怀畏惧或不能识破行政机关加持的光环，往往不能及时反抗。即使意识到自身公平竞争的权益受到行政措施的干扰，市场主体也会萌生投告无门之感。

本案的胜诉一方面鼓励了广泛的市场从业者，当遭遇红头文件设置市场准入障碍、侵害自身公平竞争权时，不要畏惧，运用专业视角分析行政行为的合法性，分析行政行为是否带来了排除、限制竞争的效果。

与此同时，此类行政诉讼踊跃出现必将给行政机关带来压力，使行政机关能谨慎施政，关注行政行为，不论是具体行政行为，还是规范性文件等抽象性行政行为的市场效果，迫使政府收敛权力，不再随意干扰市场；迫使政府部门关注行政决策程序的合法性。尤其是要借鉴本案二审判决对行政垄断行为构成要件的分析思路以及第三个要件中的行政程序合法性分析思路。在有明文规定的情况下，行政机关应严格按照法律法规规定的程序依法行政。在没有明确规定的情况下，行政机关应经过满足正当程序的需要，采用公开、公平的竞争性选择程序进行决策，除非有正当理由，否则构成滥用行政权力。

---

④　万静，《行政垄断司法判决第一例》，《法治周末》，2015 年 3 月 4 日。

（四）反行政垄断诉讼将成为反行政垄断制度落实的重要补充，并以外部力量引入司法对行政垄断行为的审查，提升反行政垄断的活力和动力

中国行政体系中一些积弊难以通过内部措施予以整改，“我国政府及政府部门习惯于以‘红头文件’、通知、会议纪要等方式破除行政垄断，比如多部委联合发文，但实际效果并不明显。地方竞争执法机构在执法过程中需要与地方政府、行业主管部门博弈，往往因地位相对较低、威慑力不足导致执法难度大、执法效果不理想”。⑤中国《反垄断法》特设置“第五章 滥用行政权力排除、限制竞争”，为规范行政行为对市场竞争的影响提供法律层面的依据。

反行政垄断执法要求相关部门进行整改，并纠正已做出的行政措施，深入学习《反垄断法》及反行政垄断相关法律知识，确保在日后的工作中严格遵守《反垄断法》等相关法律法规。反行政垄断执法对于该项滥用行政权力行为的纠正作用是十分明显的，而且还会在区域内、系统内形成一定的影响力。

但反垄断执法机构的有限力量显然无法覆盖全中国庞大的行政系统，本案的胜诉启示广大的市场主体，当遭遇行政机关滥用行政权力扭曲市场竞争并侵害自身市场份额时可以寻求司法救济。事实上，在本案启动之后，越来越多的市场主体选择通过行政诉讼方式对抗行政机关可能的滥用行政权力的行为，并取得了不错的结果。例如岳阳县通达运输有限公司与岳阳县道路运输管理所行政许可争议［（2017）

⑤ 黄勇，《新形势下反行政垄断执法与司法：挑战、思考与展望》，《价格理论与实践》，2015 年第 34 期，第 32—34 页。

湘 0621 行初 31 号］一案[⑥]中，法院依据《反垄断法》第八条、第三十七条认定被告行政行为违法；福鼎市海洋与渔业局、福建省泉州海丝船舶评估咨询有限公司指定交易争议［(2019) 闽行终 159 号］一案[⑦]中，法院依据《反垄断法》相关规定认定被诉行政行为违法。另外，如普宁市赛迪电子科技有限公司诉广东省经济和信息化委员会滥用行政权力纠纷，蒙自公共汽车有限公司诉蒙自市交通运输局交通运输行政管理纠纷案等案件，虽然未能在判决中认定行政行为违法但原告仍然勇于起诉，也不失为市场主体挑战滥用行政权力行为的有益尝试。本案之后提起的众多行政垄断诉讼案件也说明了本案对后续反行政垄断诉讼的深远影响。随着越来越多的企业选择通过提起行政诉讼维护自身竞争权益，反行政垄断诉讼将成为行政垄断执法的补充力量，共同维护法律尊严和市场竞争秩序。

2016 年，公平竞争审查制度正式建立，要求把自我审查和外部监督结合起来，加强社会监督和执法监督，及时纠正滥用行政权力排除、限制竞争的行为。斯维尔公司针对江西省行政机关实施的指定交易、设置市场准入障碍等行为，以公平竞争审查为突破口提出行政诉讼，成功地进入市场并促成相关规范性文件进入修订程序。

反行政垄断诉讼成为《反垄断法》与公平竞争审查制度落地的有力途径，也构筑了各项规范和环节之间的重要链接，将反行政垄断制度各要素串联起来，保持着反行政垄断机制的运转活力，并成为行政系统内部纠查措施的重要补充力量。

---

⑥ 参见（2017）湘 0621 行初 31 号行政判决书，载于中国裁判文书网，http：//wenshu.court.gov.cn/website/wenshu/181107ANFZ0BXSK4/index.html？docId = 4ca7b9c6c69a-4b51b191a7a900a16473。

⑦ 参见（2019）闽行终 159 号行政判决书，载于中国裁判文书网，http：//wenshu.court.gov.cn/website/wenshu/181107ANFZ0BXSK4/index.html？docId = efe3a4c8742b4a979170-ab370091cd79。

斯维尔诉赣住建厅、造价局侵害公平竞争权案

魏士廪　李蕊

2016年6月，国务院发布《关于在市场体系建设中建立公平竞争审查制度的意见》（国发〔2016〕34号），并于2016年7月1日开始实施，这是我国确立竞争政策基础性地位的关键一步。2017年10月，国家发改委、财政部等五部门联合出台《公平竞争审查制度实施细则（暂行）》（发改价监〔2017〕1849号），进一步细化了公平竞争审查制度的机制、程序、审查标准等内容，增强了制度的可操作性。

在两项全国性公平竞争审查制度文件公布实施之后，全国各省各地区纷纷出台地方性建立公平竞争审查制度相关文件。公平竞争审查制度逐渐从中央到地方，得以从文字上开始确立并细化。公平竞争审查制度实行自我审查与外部监督相结合的方式。“自我审查”是由政策制定机关对其制定的政策自行进行内部审查，需要政策制定机关具有自我修正与革新的气度和决心。“但就《反垄断法》实施至今规制行政垄断的效果来看，我国行政机关的自我纠正能力较弱，采用‘自我审查’为主的审查方式具有较大风险，难以保证审查的准确性、客观性及有效性。此外，大部分政策制定机关缺乏竞争评估的知识及能

*　魏士廪，北京大成律师事务所高级合伙人；李蕊，北京大成律师事务所律师。

力，对于相关政策的竞争评估缺乏专业性。”① 结合《公平竞争审查制度实施细则（暂行）》相关内容，所谓“外部监督”应包含单位及个人针对未进行公平竞争审查或违反审查标准出台政策措施等行为进行举报的方式，也包括反垄断执法机构对政策制定机关及上级机关提出建议，及政策制定机关的上级机关直接责令改正等方式。

在此背景下，本文通过介绍斯维尔诉赣住建厅、造价局侵害公平竞争权一案，从实务视角，为读者介绍公平竞争审查制度在司法层面的适用，探究行政诉讼作为公平竞争审查外部监督方式的可行性与有效性。

一、案件基本情况

江西省住房和城乡建设厅（下称“住建厅”）于2005年12月发布实施《关于加强建设工程计价软件管理的通知》（赣建价〔2005〕10号），要求凡使用江西省建设工程有关计价办法和建设工程消耗量定额等用于本省建设工程造价计价的计算机应用软件，均实行评审制度。同时要求，对使用未经评审或评审不合格的建设工程计价软件所完成的工作成果，不得作为各有关工程造价依据。同样，2010年3月，江西省住建厅发布《江西省建设工程计价管理办法》（赣建字〔2010〕3号），第五十六条要求“未使用经省建设行政主管部门及省建设工程造价管理机构评审合格的工程计价软件所完成的工程造价成果，不能作为各有关工程造价的依据”。

2017年11月2日，江西省建设工程造价管理局（下称“造价局”）在其官方网站发布《关于开展对2017年〈江西省建设工程定

① 朱静洁，《我国行政性垄断的公平竞争审查规制研究》，《价格理论与实践》，2017年第6期，第47—50页。

额〉配套使用的计价软件进行首次综合测评工作的通知》（赣建价发〔2017〕17号）。通知要求凡相关正规软件企业使用2017版《江西省建设工程定额》为依据开发形成的计价配套软件，在正式进入市场销售使用前，必须按规定向造价局申请综合测评，经综合测评合格后方可在江西省建设工程计价活动中使用。凡在江西省行政区域内从事建设工程计价活动的单位和个人，须使用经综合测评合格的建设工程计价软件作为计价工具，对使用未经综合测评或综合测评不合格的建设工程计价软件完成的工作成果，不得作为工程造价计价的依据。造价局声明，相关测评工作是受江西省住建厅委托，由造价局对2017版《江西省建设工程定额》配套使用的计价软件进行综合测评。

在上述文件公布之前，深圳市斯维尔科技股份有限公司（下称“斯维尔公司”）已在江西省市场耕耘多年，并拥有一定数量的客户。上述文件发布后，斯维尔公司为获取在江西省销售建设工程计价软件的合法资格，为争取上述通知要求的测评合格的结果，申请进行测评，并获取经江西省造价局盖章的《综合测评文件》。其中，《综合测评文件》第9.1.9条规定，“依据评审委员会评定的排序结果，测评人依序确定前五名申请测评人为测评合格单位，其他均为测评未合格单位。”即不论软件在技术上能否满足定额要求，仅以排序准入的方式确定五名经营者进入江西省市场。

2017年12月13日，造价局在其官网发布《2017版〈江西省建设工程定额〉配套使用计价软件综合测评工作结果公示》，称对申请测评的七家单位开发的七项计价软件进行了测评，根据得分排序，有五家单位开发的五项软件达到合格要求，但斯维尔公司及其开发的计价软件不在其中。随后，斯维尔公司与造价局相关负责人进行沟通。经了解，斯维尔公司在本次测评中得分达到92.63分，竟然是“不合格”。

2017年12月27日，住建厅发布《关于公布我省第一批2017版建设工程定额配套计价软件测评结果的通知》，斯维尔公司未在其中，住建厅在通知中要求“对使用未经测评合格的工程计价软件行为要依法依规进行查处”。此后，造价局另在其官网上公布了五家合格企业的服务电话。

斯维尔公司未进入“合格”名单，结合住建厅、造价局要求江西省内企业使用“合格”软件否则将进行查处等要求，斯维尔公司在未取得测评合格结果之前，不能从事江西省内销售、服务和售后维护工作，实质上被排除出了江西省市场。

二、诉讼过程及案件结果

斯维尔公司认为，江西省住建厅、造价局对计价软件进行的“测评结果”并非是基于软件本身的技术水平及公司商务服务能力，而是官方提前锁定合格企业的数量（五家），以测评计价软件为由，涉嫌滥用行政权力，变相设定江西省工程计价软件市场的准入障碍，不履行公平竞争审查法定程序和职责，损害了斯维尔公司的公平竞争权。通过协商无法解决上述争议后，2018 年 1 月 18 日，斯维尔公司向南昌铁路运输法院提起诉讼。斯维尔公司在《行政起诉状》中提出了 12 项诉讼请求，主要包括以下几类内容：（1）确认两被告行政行为违法并停止违法行为；（2）确认两被告未履行对其颁布的规范性文件进行公平竞争审查的行为违法；（3）确认两被告未针对其实施的变相设置市场准入障碍的行政行为进行公平竞争审查违法；（4）要求两被告撤销将斯维尔公司排除出市场的通知；（5）要求两被告对相关规范性文件及行政行为进行公平竞争审查；（6）请求法院对相关规范性文件进行合法性审查并向制定机关提出建议。

本案经过两次开庭，完成了证据交换、法庭辩论等程序。在诉讼过程中，斯维尔公司与江西省住建厅、造价局也进行了多轮协商。最终，本案以和解方式结案，斯维尔公司很快被允许进入江西省市场。2018 年 7 月，南昌铁路运输法院做出准予撤诉的《行政裁定书》，公平竞争审查诉讼第一案正式宣告结案。

2019 年 1 月 14 日，江西省住建厅发布《关于公布现行排除限制竞争政策措施清理结果的通知》，本案两项争议性规范性文件《关于加强建设工程计价软件管理的通知》（赣建价〔2005〕10 号）与《江西省建设工程计价管理办法》（赣建字〔2010〕3 号）双双被列入“需要修改的规范性文件目录”。②

三、公平竞争审查诉讼核心焦点法律问题分析

（一）行政机关未履行公平竞争审查或未按审查标准进行审查是否属于行政诉讼受案范围

《中华人民共和国行政诉讼法》第十二条规定了行政诉讼的受案范围，其中包括“（八）认为行政机关滥用行政权力排除或者限制竞争的”，即个人或单位认为行政机关的行政行为存在滥用行政权力，并产生了排除或限制竞争效果的，可就该项行政行为向人民法院提起行政诉讼。

从合法性角度而言，行政机关未按法定程序依法行政，构成程序违法，属于滥用行政权力。根据《国务院关于在市场体系建设中建立公平竞争审查制度的意见》《公平竞争审查制度实施细则（暂行）》，公平竞争审查制度的审查对象为“行政机关和法律、法规授权的具有管理公共事务职能的组织（以下统称政策制定机关）制定市场准入、

② http：//www. jxjst. gov. cn/zcwj _ 1/xgfzsxwj/201901/t20190114 _ 734774. htm ，访问时间 2020 年 2 月。

产业发展、招商引资、招标投标、政府采购、经营行为规范、资质标准等涉及市场主体经济活动的规章、规范性文件和其他政策措施"。政策制定机关在涉及市场准入和招标投标等主题的规章、规范性文件和其他政策措施出台时都应当进行公平竞争审查，否则，不得出台。可见，公平竞争审查是政策制定机关的法定义务和必须履行的程序。

《实施细则》第十四条第（一）款第 3 项规定"没有法律法规依据或者国务院规定，以备案、登记、注册、名录、年检、监制、认定、认证、审定、指定、配号、换证、要求设立分支机构等形式，设定或者变相设定市场准入障碍"，这样的行为属于"设置不合理和歧视性的准入和退出条件"。

本案中，住建厅、造价局出台的要求经测评合格，限定数量排序准入的行为，属于以上设置不合理和歧视性准入条件的行为。住建厅、造价局本应对本案涉诉行为及相关规范性文件进行公平竞争审查，但在做出该行政行为之前，并没有严格进行公平竞争审查，或没有严格按照审查标准进行审查，导致制定的文件含有违反审查标准的条款，构成未按照法定程序制定政策措施，属于滥用行政权力。结合涉诉政策措施实施后产生了变相设定市场准入障碍的效果，产生了排除、限制竞争的影响，根据行政诉讼法对受案范围的规定，住建厅、造价局未对涉诉规范性文件及依据该规范性文件实施的限定数量、排序准入措施进行公平竞争审查，导致产生排除、限制竞争效果的行为，应落入行政诉讼受案范围，人民法院应当受理。

本案立案之后，理论界也开始倡导探索公平竞争审查的司法救济。"公平竞争审查制度的一个亮点在于对行政机关制定政策措施施加了程序性控制的义务，从而将法院能否受理对抽象行政行为进行司法审查的问题转化为对行政机关是否履行特定职责的具体行政行为进行司法审查的问题，使法院有可能通过确认不履行公平竞争审查职责的行为违法，督促政策制定机关及时修订或废止违反公平竞争审查标准的政策措施，从而强化对行政性垄断的监督。”

在实践中，本案和解结案后，江西省住建厅最终发布《关于公布现行排除限制竞争政策措施清理结果的通知》，将本案两项争议性规范性文件，即赣建价〔2005〕10号文与赣建字〔2010〕3号文，列入“需要修改的规范性文件目录”，以实际行动印证了公平竞争审查诉讼对涉及竞争影响政策措施的制定、完善及制止行政垄断行为有效的外部监督效果。

（二）从公平竞争审查视角丰富行政垄断行为的认定条件

江西省住建厅、造价局根据赣建价〔2005〕10号文和赣建字〔2010〕3号文两项规范性文件要求，发布系列通知并进行测评活动，要求建设工程计价软件必经测评合格方可进入市场，是基于规范造价行为、保证工程计价软件在确定工程造价活动中的准确性等出发点。然而采取限定数量排序准入的方式，并使得技术与服务能力能够满足市场要求的计价软件因此被禁止进入市场，由此对市场竞争产生扭曲作用。从公平竞争审查诉讼的角度，江西省住建厅、造价局的相关行政行为应具备哪些认定条件才能构成滥用行政权力排除、限制竞争呢？

1. 关于行政行为的合法性、合理性和必要性，本案中，限定数量排序准入的地方性行政文件依据不具有合法性、合理性、必要性。

庭审过程中，住建厅也对斯维尔公司提出对上述两份规范性文件进行公平竞争审查的诉讼请求，分别向法院出具了对赣建价〔2005〕10号文和赣建字〔2010〕3号文合法性说明的函。住建厅认定，住建厅根据《中华人民共和国建筑法》《建设工程施工发包与承包计价管理办法》等规定印发上述两份规范性文件。住建部于2017年9月印发的《关于加强和改善工程造价监管的意见》，要求规范计价软件市场管理，建设计价软件监督检查机制，定期开展计价软件评估检查等。于是，住建厅于 2016 年印发《关于公布规范性文件清理结果的通知》（赣建发〔2016〕14 号），上述两份文件得以保留。住建厅认为上述两份文件均是依据有关上位法及上位政策制定，依据充分，文件内容和制发程序合法，属于合法有效的规范性文件。

显而易见，两份合法性说明的函存在时间逻辑顺序上的错误，不可能在 2016 年“提前一年预知”2017 年住建部制定文件的内容。即使两份文件是按照当时的上位法及上位政策制定的，也仅仅是指对计价软件的监督检查和管理，并非指行政机关可以设定事先的市场准入许可，也非指被授权机构可以采取限定数量排序准入的方式分批次放行相关计价软件进入市场。

根据《中华人民共和国行政许可法》第十三条：“本法第十二条所列事项，通过下列方式能够予以规范的，可以不设行政许可：

（一）公民、法人或者其他组织能够自主决定的；

（二）市场竞争机制能够有效调节的；

（三）行业组织或者中介机构能够自律管理的；

（四）行政机关采用事后监督等其他行政管理方式能够解决的。”

建设工程计价软件的管理完全可以通过市场竞争机制进行有效调节，也可以通过事后监督等其他行政管理方式解决，完全没有必要设定事先的市场准入测评数量控制。在庭审过程中，原告斯维尔公司另行收集了海南省、安徽省和广东省等 13 个省关于建设工程计价软件测评的通知。经了解，其他省也会采用测评方式对计价软件进行监督管理，但实施的是计价软件符合性测评检查，而不是数量上的控制，江西省住建厅、造价局实施的设定事先市场准入数量控制不具有合理性和必要性。

2. 关于行政垄断的主体要件、行为要件和效果要件，本案中限定数量排序准入的行政措施满足要件要求，构成行政垄断行为。

《反垄断法》第三十二条规定，“行政机关和法律、法规授权的具有管理公共事务职能的组织不得滥用行政权力，限定或者变相限定单位或者个人经营、购买、使用其指定的经营者提供的商品”。符合上述条款规定的行为，一般被定义为行政垄断行为。

广东省高级人民法院在斯维尔公司诉广东省教育厅、第三人广联达公司行政垄断案［（2015）粤高法行终字第228号］的二审行政判决书中对“行政机关滥用行政权力指定交易，排除、限制竞争”应具备的三项要件进行了分析。

第一，主体是行政主体，即行政机关和法律、法规授权的具有管理公共事务职能的组织；

第二，行政机关及其相关组织有限定或者变相限定单位或者个人经营、购买、使用其指定的经营者提供商品的行为；

第三，行政机关及相关组织在实施上述行为过程中滥用行政权力，并且产生了排除、限制竞争的效果，损害市场公平竞争制度。

本案中，江西省住建厅、造价局实施的限定数量排序准入措施满足认定行政垄断行为的前两项要件。住建厅承担着监督管理全省建筑市场、规范市场各方主体行为的相关职责；造价局是隶属住建厅并参照公务员法管理的事业单位，承担着指导监督各类工程建设标准、工程定额和工程造价计价工作的职能。两被告均为行政机关和法律、法规授权的具有管理公共事务职能的组织。

住建厅、造价局通过对计价软件进行综合测评，在斯维尔公司开发经营的软件经测评得到高分，且实际上已经得到市场认可的情况下，仅从数量上进行限制，指定测评得分前五名的计价软件及软件企业为“合格”而被允许进入江西省市场。这是名为测评，实为变相限定单位或者个人购买其指定的经营者提供商品的行为。

至于第三项要件，被诉行政行为为行政机关制定的涉及竞争影响的政策措施。在公平竞争审查制度建立之后，判断一项行政行为是否构成滥用行政权力，具有排除、限制竞争的效果，还可以从政策措施是否经过公平竞争审查程序作为考察的起点。若未经审查，属于程序上的不合法，则可认定该行政行为属于滥用行政权力。除此之外，继续对行政行为是否具有排除、限制竞争效果进行分析可判断该行政行为是否构成行政垄断行为。

一般而言，凡经过公平竞争审查出台的涉及市场竞争的规范性文件应符合公平竞争审查基本原则与审查标准，应不再含有影响公平竞争的内容。然而，即使经过了形式上的审查，仍会存在含有不合审查标准的内容。因此，除了考察政策措施的制定是否经过公平竞争审查程序，还要考虑政策措施的实施是否产生了排除、限制竞争的效果。

本案中，在本次综合测评之前，斯维尔公司已与江西省若干用户签订了计价软件销售服务合同，获取了一定数量的订单。事实证明斯维尔公司开发的计价软件具备了为客户提供服务的技术条件，并获取了市场一定程度的认可。江西省住建厅、造价局实施限定数量并将斯维尔公司排除出江西市场的行政措施，导致斯维尔公司无法参与市场竞争、无法开拓新客户、无法继续履行合同，严重损害斯维尔公司合法权益，扰乱市场竞争秩序。

另外，限定数量排序准入的行政措施将赋予先到者更为广阔的市场空间，使后来者丧失一定的交易机会，从长远看，这样的机制使先到者获取交易机会和市场认可度的难度更低，而后来者的难度和成本更高。因行政垄断行为导致起点的巨大差异严重破坏了公平的竞争环境秩序，损害了其他被迫后进入市场的经营者的公平竞争权。

然而，鉴于本案以和解方式结案，法院没有形成判决对涉诉行政行为是否构成行政垄断及公平竞争审查相关问题从司法角度进行阐释。通过本次诉讼，未能完成将公平竞争审查制度与认定行政垄断行为在司法上的结合，实为本案的遗憾。

四、将公平竞争审查与行政诉讼相结合的价值

（一）鼓励行政诉讼作为公平竞争审查制度的外部监督方式，能促进行政机关更有效率地完成实质性公平竞争审查，而非仅仅是履行形式上的审查程序

公平竞争审查制度设立以来，学者及实务工作者对自我审查与外部监督相结合的方式产生了诸多讨论，普遍被反馈的问题包括，自我审查动力不足、效果不佳，外部监督覆盖力不广、力量薄弱等。

期待行政机关依靠自我审查将所有涉及竞争影响的政策措施都进行有效审查是不切实际的。行政机关主观自我审查出现诸多不足，包括：有的行政机关自我审查不积极，有的流于形式，有的地方对经济的干预过细、过多、过深。“公平竞争审查是一种专业性审查，要求把握好‘度’，不仅需要考虑竞争价值与其他政策目标的平衡，还要结合竞争法律制度，对行业发展、创新激励、竞争状况等市场客观情况做出综合考察；另一种跨领域的综合审查，需要政策制定者拥有超脱于组织、行业、地域的全局观。”③ 而这些无疑对政策制定机关提出了极高的要求。

针对上述问题，鼓励个人及单位在竞争权益受到政策措施的负面影响后，从公平竞争审查及反行政垄断的视角提出行政诉讼，将行政机关未进行审查或者未能审查出来的违反审查标准的行为进行司法审查，不仅能够使受到负面影响的原告改善其面临的竞争困境，也可给予行政机关更大压力，使其充分反思、充分衡量其制定的政策措施对

③ 房立波，赵全新，杜连敬，《我国公平竞争审查的成效、问题与对策研究》，《价格理论与实践》，2018 年第 9 期，第 47—49 页。

市场、对竞争态势的影响，从而及早修正、完善争议政策措施。

（二）从公平竞争审查制度与《反垄断法》之间的关系看，应将公平竞争审查作为防止和制止行政垄断行为的有力武器

公平竞争审查制度与《反垄断法》是一脉相承又与时俱进的关系。“公平竞争审查制度是在《反垄断法》基础上设立的，二者内容上相互包含，公平竞争审查的手段也延伸至《反垄断法》。”④ 公平竞争审查可以从源头上规制违反公平竞争审查标准的条款，属于事前审查。但当事前审查失灵时，结合《反垄断法》中行政垄断相关条款以提出行政诉讼的方式，更有针对性、更有效率地解决事前审查中未能纠正的问题。

结合斯维尔公司诉赣住建厅、造价局一案的实践经验，公平竞争审查对于延伸理解“程序违法”、充实“行政垄断行为认定要件”等实务中的前沿问题提供了新的思路。

（三）推动公平竞争审查制度“入法”，在法律层面确立公平竞争审查是行政机关的法定程序与义务，为通过行政诉讼手段解决行政垄断问题奠定更好的基础

2020 年 1 月，国家市场监督管理总局对外正式公布了《〈反垄断法〉修订草案（公开征求意见稿）》（下称“征求意见稿”），增加了“国家建立和实施公平竞争审查制度，规范政府行政行为，防止出台排除、限制竞争的政策措施”等相关内容，首次将公平竞争审查制度写入法律层面。本案是在斯维尔诉广东省教育厅案的基础上，进一步完善了法定程序的含义，把公平竞争审查纳入法定程序之中，对行政

---

④ 陈林，《公平竞争审查、反垄断法与行政性垄断》，《学术研究》，2019 年第 61 期，第 112—119 页。

垄断中滥用行政权力的内涵做了更深入的拓展。同时，本案的实践也说明了，公平竞争审查不应仅仅停留在制度设计层面，应将公平竞争审查纳入法律层面，在法律层面确定公平竞争审查是行政机关和具有公共事务管理职责组织的法定程序和法定职责，为司法审查提供更明确和更强有力的法律依据。

法律条款不应休眠于纸面上，更需要实务案例的激活才能显示法律正义的力量。只有司法案例才能进一步丰富纸面法律条款的内涵，让法律条款变成维护企业公平竞争的真正力量，并进一步推动法律的发展和进步。相信随着越来越多的企业勇敢地提出诉求，随着中国法治进程不断进步，随着司法实践的不断发展，《反垄断法》及公平竞争审查制度将会各自或/和相互结合着发挥出遏制行政垄断，维护健康良好市场竞争秩序的积极作用。

河源市人民政府滥用行政权力案

孙文　陈华荣

2011年，广东省工商局收到河源市三家汽车GPS（全球定位系统）运营商联名投诉信，反映河源市政府在推广应用卫星定位汽车行驶记录仪工作中，强制全市汽车GPS运营商将所属车辆的监控数据通过新时空导航科技有限公司（下称“新时空公司”）上传并缴纳费用，损害了其他GPS运营商的合法权益，破坏了当地汽车GPS运营市场竞争格局，涉嫌滥用行政权力排除、限制竞争。

随后，广东省工商局按照《反垄断法》有关规定对上述投诉进行了调查。广东省工商局在大量调查取证和研究的基础上，根据《反垄断法》建议广东省政府纠正河源市政府滥用行政权力排除、限制竞争行为，恢复河源市汽车GPS运营市场竞争格局。

一、基本案情

强制推广应用卫星定位汽车行驶记录仪（即GPS记录仪），是广东省政府加强道路运输安全管理的一项重要措施。

* 孙文，广东省市场监督管理局反垄断处副处长；陈华荣，任职于广东省市场监督管理局价监竞争处。

河源市政府为落实上级部门关于强制推广应用卫星定位汽车行驶记录仪工作的要求，成立了强制推广应用卫星定位汽车行驶记录仪工作联席会议制度。第一次联席会议确定新时空公司自行筹资建设的卫星定位汽车行驶监控平台为市级监控平台，要求河源市其他 GPS 运营商将车辆监控数据接入市级监控平台。该会议决议以《市政府工作会议纪要》的形式下发各相关部门执行。

在之后的具体落实工作中，市政府联席会议将河源市级监控平台交由新时空公司负责日常管理并承担日常费用，其他 GPS 运营商的车辆监控数据必须通过新时空公司提供数据接入服务，才能接入该平台。新时空公司据此向河源市物价部门申请核准收费，河源市物价局批复同意新时空公司对其他 GPS 运营商收取不高于 30 元/辆/月的数据接入费用。由于河源市其他 GPS 运营商抵制市政府的指定行为，不将车辆监控数据接入河源市级监控平台，河源市政府召开联席会议，决定对未将监控数据接入市级监控平台的重点车辆，交通运输部门不予核发道路运输证，公安部门不予通过定期年审，以此强制河源市其他 GPS 运营商将车辆监控数据接入新时空公司管理的市级监控平台，接受新时空公司提供的有偿数据接入服务。

二、案件分析

（一）行为表现

河源市政府在强制推广应用卫星定位汽车行驶记录仪试点工作中，存在限定他人接受其指定经营者提供的服务的行政行为：

1. 指定作为经营者的新时空公司自行投资建设的卫星定位汽车行驶监控平台为市级监控平台，限定其他 GPS 运营商接受新时空公司提供的服务。

2010 年 1 月 8 日，河源市召开市政府工作会议，建立了河源市强制推广应用卫星定位汽车行驶记录仪工作联席会议制度，并确定新时空公司“自行筹资建设的卫星定位汽车行驶监控平台为市级卫星定位汽车行驶监控平台”，由其承担全市重点车辆监控数据的接收、上传和分发任务。会议要求，河源市境内其余几家安装卫星定位行驶记录仪的公司在 2010 年 1 月 31 日前将所有对重点车辆的监控数据接入市级平台，会议形成了《市政府工作会议纪要》（2010 年第 6 期）。

2010 年 5 月 12 日，河源市政府办公室印发了《河源市强制推广应用卫星定位汽车行驶记录仪工作方案》，要求河源市籍重点车辆必须按要求安装卫星定位汽车行驶记录仪，并将实时监控数据接入市级监控平台。

调查资料显示，新时空公司的监控平台在执法机构调查时已成为河源市指定的市级监控平台。但河源市级监控平台完全由新时空公司自行筹资建设，由新时空公司负责日常管理，并承担人员工资和运营费用。新时空公司本身是河源市 GPS 运营商之一，不具有政府行政管理职能。将新时空监控平台作为市级监控平台，不符合省安委会的有关政策规定。河源市政府指定新时空公司管理运营的监控平台为市级监控平台，要求河源市其他 GPS 运营商必须将重点车辆实时监控数据统一接入河源市级监控平台，实际上是限定其他 GPS 运营商接受新时空公司这一经营者提供的数据接收、上传和分发服务。

2. 制定收费标准，规定其他 GPS 运营商向作为经营者的新时空公司缴纳监控数据接入费用，接受新时空公司提供的有偿服务。

河源市政府指定新时空公司监控平台为市级监控平台之后，新时空公司以企业名义向河源市物价局上报了《关于核准我司销售卫星定位汽车行驶记录仪终端价格和车辆监控服务费、GPS 运营企业监控传输托管费的请示》（河新字〔2010〕第 005 号）。河源市物价局2010 年7 月20 日以河价〔2010〕65 号文批复，同意新时空公司对“其他经营企业需接入其 GPS 定位监控传输平台（市级监控平台）的，可在不高于 30 元/辆/月内，由双方协商确定”。

2011 年 1 月 20 日，由于河源市其他 GPS 运营商反映强烈并到市信访局上访，河源市政府召集相关部门召开工作会议，要求新时空公司“对其他 GPS 运营商平台上传其本企业承接的重点车辆实时监控数据到市级监控平台，免收 2011 年 1 月 1 日至 6 月 30 日期间的数据接入服务费。2011 年 7 月 1 日后的数据接入服务费，由新时空公司按不高于河价〔2010〕65 号文批复的价格与其他 GPS 运营商协商确定”。

据调查，根据河源市政府的会议要求，新时空公司对本市其他 GPS 运营商免收了 2011 年上半年数据接入服务费，但却要预收 2011 年下半年 30 元/辆/月的数据接入服务费，否则同样不能接入市级监控平台。同时，新时空公司对外市 GPS 运营商监控的需在河源市进行年审的车辆，没有根据河源市政府会议要求免收上半年的数据接入服务费用，而是一次性收取每台车全年 360 元。

3. 采取不予车辆通过定期年审的强制措施，限定其他 GPS 运营商的车辆监控数据必须接入新时空公司的监控平台，接受新时空公司提供的服务。

2010 年 11 月 11 日，河源市政府召开强制推广工作联席会议，要求从 2011 年 1 月起，河源市籍重点车辆未按要求安装卫星定位汽车行驶记录仪并将监控数据信号接入市级监控平台的，交通运输部门不予核发道路运输证，公安部门不予通过定期年审。2011 年 1 月 20 日，威霸公司、易流公司、金山公司、卓社公司到河源市信访局就上述强制措施进行上访之后，河源市政府召集相关部门召开工作会议，再次重申了上述要求。

调查资料显示，在执法机构调查时，河源市交通运输部门没有将“监控数据是否接入市级监控平台”作为核发道路运输证的前提条件，但河源市公安局交警支队车管所从 2011 年 1 月开始，已经执行河源市政府会议纪要的规定，凡未将监控数据接入新时空公司运营的市级监控平台的车辆，不予通过年审。该强制措施造成了河源市其他 GPS 运营商为维护客户的利益，不得不将车辆监控数据接入到新时空公司的监管平台，也就是所谓的市级监控平台，不得不接受新时空公司提供的数据接入和上传服务。

（二）行为影响

河源市政府上述行政行为，对河源市 GPS 运营服务市场的竞争格局造成了不良影响。（1）限制了经营者之间的公平竞争。河源市政府指定新时空公司自己创建、自己管理运营的卫星定位汽车行驶监控平台为市级监控平台，强制其他 GPS 运营商的车辆监控数据必须接入该监控平台，对不接入该平台的车辆实施不予通过年审的强制措施，限定其他 GPS 运营商接受新时空公司提供的有偿服务，这些行政行为不公平地助长了新时空公司的市场竞争优势，使新时空公司这一原本平等的市场竞争对手，变成了其他 GPS 运营商正常经营必须依赖的对象，造成了竞争格局的失衡，产生了限制竞争的后果。

在执法机构调查时，河源市其他 GPS 运营商对河源市政府的上述行为非常抵制。截至 2011 年 3 月 24 日，河源市的重点车辆中，只有 1 734台车辆的监控数据接入政府指定的市级监控平台，仍有近2 000台重点车辆没有纳入河源市级监控平台的监管范围。各级政府和部门应高度重视由于政府限制竞争而可能诱发的社会不稳定因素。

（2）不利于良好竞争状态的存续，可能使一些经营者的经营活动难以继续进行，导致排除竞争的后果。河源市政府指定新时空公司自行筹资建设的卫星定位汽车行驶监控平台为市级监控平台，使新时空公司在市场竞争中有了更大的优势。同时，其他 GPS 运营商在将监控数据接入市级监控平台时，必须接受新时空公司提供的有偿服务（目前该数据接入费用统一为 30 元/辆/月），这就必然加大其他 GPS 运营商的经营成本。据投诉企业反映，30元/辆/月的收费，相当于运营商收取客户终端服务费用的50%，使其他GPS运营商在与新时空公司的市场竞争中处于劣势。对此，其他GPS运营商反应非常强烈。这种情况长期发展下去，可能造成一些GPS运营商逐渐退出河源市GPS运营服务市场，使河源市GPS运营服务市场出现竞争不充分，甚至没有竞争的状态，导致新时空公司独家经营，不利于市场的健康发展。

（三）法律适用

广东省工商局经调查认为，河源市政府上述行为超出了法定权限和上级有关政策要求，干预了企业正常经营活动，对市场竞争格局带来了不利影响，违反了《反垄断法》第三十二条："行政机关和法律、法规授权的具有管理公共事务职能的组织不得滥用行政权力，限定或者变相限定单位或者个人经营、购买、使用其指定的经营者提供的商品"以及《工商行政管理机关制止滥用行政权力排除、限制竞争行为的规定》第三条："行政机关和法律、法规授权的具有管理公共事务职能的组织不得滥用行政权力，从事下列行为：（一）以明确要求、暗示或者拒绝、拖延行政许可以及重复检查等方式限定或者变相限定单位或者个人经营、购买、使用其指定的经营者提供的商品或者限定他人正常的经营活动"的规定，构成行政机关滥用行政权力排除、限制竞争行为。

根据《反垄断法》第五十一条、《工商行政管理机关制止滥用行政权力排除、限制竞争行为的规定》第六条、《工商行政管理机关制止滥用行政权力排除、限制竞争行为程序规定》第四条的规定，广东省工商局就河源市政府上述行为向广东省政府提出了依法处理的建议。

三、案件处理

广东省工商局认为，强制推广应用卫星定位汽车行驶记录仪，是广东省政府落实国务院有关通知要求，进一步加强安全生产工作的重要措施。省有关部门要求各试点市建立统一的市级监控平台，对于加强和规范市一级重点车辆监控信息的收集和管理十分必要。河源市政府结合地方实际，为确保当地安全生产，保护人民群众的生命和财产安全，做了大量工作。

但是，河源市政府在具体的试点工作中，指定作为经营者的新时空公司自行投资建设的卫星定位汽车行驶监控平台为市级监控平台，采取不予通过定期年审的强制性措施限定其他 GPS 运营商的车辆监控数据必须接入新时空公司实际管理运营的监控平台，规定其他 GPS 运营商向作为经营者的新时空公司缴纳监控数据接入费用，接受新时空公司提供的有偿服务，超出了法定权限和上级有关政策要求，干预了企业正常经营活动，对市场竞争格局带来了不利影响，其行为违反了《反垄断法》第三十二条的规定，构成行政机关滥用行政权力排除、限制竞争行为。

根据《反垄断法》第五十一条、《工商行政管理机关制止滥用行政权力排除、限制竞争行为的规定》第六条、《工商行政管理机关制止滥用行政权力排除、限制竞争行为程序规定》第四条的规定，广东省工商局建议省政府依法纠正河源市政府上述滥用行政权力排除、限制竞争行为。

2011 年 6 月 12 日，广东省政府做出复议决定，认为河源市政府上述指定行为“违反《反垄断法》第八条、第三十二条和《道路交通安全法》第十三条的规定，属于滥用行政职权，其行为明显不当”，决定撤销其具体行政行为。河源市政府根据省政府决定纠正了其滥用行政权力排除、限制竞争的行为，恢复了河源市汽车 GPS 运营市场的竞争格局。

四、案件疑难点分析

广东省工商局在查办此案的过程中，对于“谁是本案的违法主体”“是否存在滥用行政权力的行为”“工商部门对河源市政府的行为是否有管辖权”“应该适用《反不正当竞争法》还是《反垄断法》”以及“具体应该适用《反垄断法》哪一条款对河源市政府的行政行为进行规制”存在一定争议，具体如下：

（一）谁是本案的违法主体？

在本案中，做出指定新时空平台为市级监控平台决定的河源市强制推广工作联席会议，印发相关会议纪要的是市政府办公室，批复同意新时空公司收取数据接入费用的是市物价局，对未将监控数据接入新时空平台的车辆实施不予通过年审强制措施的是市交警支队车管所，而具体接收其他 GPS 运营商所属重点车辆监控数据并收取服务费用的是新时空公司，那么，哪个才是本案的违法主体？

办案人员对投诉材料和调查收集的证据资料进行了仔细分析，查明河源市政府建立的强制推广应用卫星定位汽车行驶记录仪工作联席会议制度，由市政府副秘书长为第一召集人，市安监局主要领导、分管领导分别为第二召集人，市安监局、公安局、交通局、建设局、教育局、质监局、经信局、法制局的分管领导为成员；指定新时空平台的决议是由第一次联席会议确定，并以《市政府工作会议纪要》的形式下发各相关部门执行的。市物价局同意新时空公司收取数据接入费用、市交警支队车管所实施强制措施、新时空公司具体管理运营河源市级监控平台等行为，都是依据《市政府工作会议纪要》决议做出的。由此可见，本案中一系列具体行政行为的根源均在市政府联席会议，而市政府联席会议是代行市政府具体工作职责的临时机构，因此，办案人员最终把本案的违法主体确定为河源市政府。

（二）是否存在滥用行政权力的行为？

在办案人员对河源市政府及相关部门的走访中，受访人员均表示强制推广应用卫星定位汽车行驶记录仪工作本身就是一项试点工作，没有现成经验可供参考。河源市属于山区经济欠发达地区，为了按时完成上级部门布置的试点任务，借助企业力量建设市级监控平台，是完全符合上级工作精神和地方实际的，也受到上级部门的充分肯定，不存在超越职权和违法行政问题。

对此，办案人员多次走访省相关部门，了解强制推广应用卫星定位汽车行驶记录仪工作的具体要求，并仔细比对相关文件和法律法规，最终查清：省联席会议虽然赋予了各试点市联席会议指定市级监控平台的职权，但对于指定对象有明确限定，要求是“监管部门”，而某市政府指定的新时空公司本身就是一家经营汽车 GPS 的私营企业，与其他 GPS 运营商原本处于同样的竞争地位，因此，河源市政府指定行为的对象不符合上级政策要求，其指定行为超越了上级赋予的权限。另一方面，被指定作为市级监控平台的卫星定位汽车行驶监控平台，是新时空公司自行筹资建设、自己运营管理的平台，成为市级监控平台之后新时空公司仍然负责其具体管理事务，并以企业名义向其他 GPS 运营商收取监控数据接入费用。市政府这一指定行为，实际上是将承担行政管理职权的市级监控平台交由新时空公司这一企业进行管理运营，使其他 GPS 运营商在接受政府行政监管的同时也必须接受新时空公司的管理。这样的指定行为缺乏法律依据，也违反了行政机关委托授权的基本原则，实质上构成了行政权力的滥用行为。

（三）工商部门对河源市政府的行为是否有管辖权？

在办案初期，执法人员对于河源市政府行为的管辖权问题存在明显分歧。一种意见认为河源市政府指定新时空平台为市级监控平台的行为，应该理解为政府购买公共服务的行为，即使违法也只是未实行公开招投标的问题，工商部门对此不具有管辖权；同时，河源市车管所对未将监控数据接入新时空平台的车辆实施不予通过年审的强制措施，应该属于政府部门在实施行政许可时附加了不合理条件，违反了《行政许可法》，工商部门同样没有管辖权。

另一种意见认为，新时空公司本身就是GPS运营商，由其具体承担具有行政管理职能的市级监控平台的管理运营，并以企业名义收取数据接入费用，这些行为不应认定为其接受政府委托代行政府职能，而应视为企业行为。而河源市政府这一指定行为，不仅改变了政府机关与行政相对人（其他GPS运营商）之间的权利义务关系，也改变了原本处于同等竞争地位的新时空公司与其他GPS运营商之间的竞争关系，对河源市汽车GPS运营市场的竞争秩序产生了不良影响。工商部门是市场竞争执法部门，《反垄断法》和《反不正当竞争法》均赋予工商部门依法制止行政机关滥用行政权力限制竞争行为的职责，因此，工商部门对河源市政府滥用行政权力排除、限制竞争的行为具有管辖权。

经反复研讨，办案人员最终统一了认识，采纳了第二种意见。

（四）应该适用《反不正当竞争法》还是《反垄断法》？

《反不正当竞争法》与《反垄断法》均有制止行政机关限制竞争的条款，就本案中市政府的指定行为而言，应该适用哪一部法律的规定？

办案人员经过反复论证和市场调查，最终确定适用《反垄断法》。

理由有二：

一是从执法效果看。《反垄断法》是保护竞争的专门性、基础性法律，条文中既有禁止滥用行政权力排除、限制竞争的原则性条款，又有单独一章对滥用行政权力排除、限制竞争的具体行为进行规定，其条文较《反不正当竞争法》第七条更为具体，因此更利于实践操作。同时，河源市政府的指定行为直接影响全市 11 家汽车 GPS 运营商、数千辆重点车辆的正常运营，涉及区域大，影响重大，适用《反垄断法》更能引起上级部门的重视，以期及时纠正河源市政府的不当行为。因此，本案选择适用《反垄断法》更利于保障执法效果。

二是从立法本意看。《反不正当竞争法》保护的是竞争者，关注的是市场竞争是否公平；《反垄断法》保护的是竞争本身，其关注的是市场竞争的有无，以及市场竞争是否有效。就本案而言，某市政府的指定行为虽然也损害了其他 GPS 运营商的权益，但更主要的是对河源市整个 GPS 运营市场竞争格局产生破坏。这种破坏一方面体现在新时空公司的市场竞争优势得到不公平的助长，使新时空公司这一原本平等的市场竞争对手，变成了其他 GPS 运营商正常经营必须依赖的对象，造成了竞争格局的失衡，限制了其他 GPS 运营商开展有效竞争。另一方面体现在新时空公司向其他 GPS 运营商收取的 30 元/辆/月的数据接入费用，该费用相当于其他 GPS 运营商收取客户终端服务费用的 50%，这大大增加了其他 GPS 运营商的经营成本，使其他 GPS 运营商竞争力下降，长期发展下去可能无法经营，不得不逐渐退出河源市的 GPS 运营服务市场，从而可能使河源市的 GPS 运营服务市场出现竞争不充分，甚至排除竞争的状态。因此，河源市政府的指定行为直接影响的是 GPS 运营服务市场有无竞争、能否有效竞争的问题，应该适用《反垄断法》相关规定进行规制。

（五）具体应该适用《反垄断法》哪一条款

一种意见认为河源市政府的指定行为主要通过《市政府工作会议纪要》的形式实施，应该适用《反垄断法》第三十七条：“行政机关不得滥用行政权力，制定含有排除、限制竞争内容的规定”和《工商行政管理机关制止滥用行政权力排除、限制竞争行为的规定》第四条：“行政机关不得滥用行政权力，以决定、公告、通告、通知、意见、会议纪要等形式，制定、发布含有排除、限制竞争内容的规定”进行定性处理。

另一种意见认为，河源市政府指定新时空平台的行为，是一种具体行政行为，虽然最终以《市政府工作会议纪要》这一公文形式印发，但仍不属于抽象行政行为，因此不能适用《反垄断法》第三十七条的规定。而新时空公司对河源市级监控平台的管理运营行为，不应认定为新时空公司代行政府管理职能，而应认定为企业经营行为。河源市政府指定新时空公司平台为市级监控平台，并将承担部分行政管理职能的市级监控平台交由新时空公司以企业名义进行运营和收费，客观上造成其他 GPS 运营商在接受政府行政监管的同时，必须将车辆监控数据通过新时空公司上传并缴纳数据接入费用，实质上是限定其他 GPS 运营商接受其指定的新时空公司提供的有偿服务，具有排除、限制竞争的实质性影响。因此，应该适用《反垄断法》第三十二条：“行政机关和法律、法规授权的具有管理公共事务职能的组织不得滥用行政权力，限定或者变相限定单位或者个人经营、购买、使用其指定的经营者提供的商品”及《工商行政管理机关制止滥用行政权力排除、限制竞争行为的规定》第三条：“行政机关和法律、法规授权的具有管理公共事务职能的组织不得滥用行政权力，从事下列行为：（一）以明确要求、暗示或者拒绝、拖延行政许可以及重复检查等方式限定或者变相限定单位或者个人经营、购买、使用其指定的经营者提供的商品或者限定他人正常的经营活动”的规定进行定性处理。

办案人员认为第二种意见更符合本案实际情况，采纳了第二种意见。

五、案件意义

此案是《反垄断法》实施以来处理的第一起地方政府滥用行政权力排除、限制竞争案，意义重大。一方面，加强了各地政府对《反垄断法》的认识，增强守法依法行政意识，减少对市场的行政干预，营造公平竞争市场环境；另一方面，此案也暴露了《反垄断法》第五章有关法律责任规定的缺陷，对于滥用行政权力排除、限制竞争行为，反垄断执法机构只有建议权，因此，规制滥用行政权力排除、限制竞争行为任重道远。

在2020年1月2日，国家市场监管总局发布《〈反垄断法〉修订草案（公开征求意见稿）》的公告，在第七章法律责任第五十八条中针对滥用行政权力，实施排除、限制竞争行为增加了“反垄断执法机构可以责令改正”以及“行政机关和法律、法规授权的具有管理公共事务职能的组织应当在反垄断执法机构规定的时间内完成改正行为，并将有关改正情况书面报告反垄断执法机构”，反垄断执法机构可以直接责令改正及限期改正并提交改正情况书面报告，这更加完善了对滥用行政权力排除、限制竞争的规制，相信在未来的市场监管中，一定可以逐步打破行政垄断，防止市场垄断，让市场活力和创造力竞相迸发，营造公平竞争的营商环境。

深圳市教育局滥用行政权力案

孙娟娟

一、案情简介

2014年5月28日，根据举报，国家发改委同广东省发改委，对深圳市教育局在中小学学生装管理工作中，滥用行政权力，统一价格，排除、限制竞争问题启动调查。经查，2003年，深圳市教育局出台《深圳市中小学校学生统一着装管理办法》（下称《管理办法》），明确规定对学生装统一价格规范管理；2009年、2013年对《管理办法》再次修订，仍对学生装实行统一价格管理。截至调查之日，深圳市教育局共开展了三次学生装招投标工作。在2011年、2014年学生装招标以及确定价格过程中深圳市教育局存在违反《反垄断法》相关规定的行为。

（一）引导经营者达成实施价格垄断协议

一是2011年招标前通过公布成本价引导企业统一报价。《反垄断法》禁止具有竞争关系的经营者达成固定或者变更价格的垄断协议。《招标投标法》明确规定，招标人设有标底的，标底必须保密。供应深圳中小学学生装的生产企业彼此具有竞争关系，在招投标活动中，

---

* 孙娟娟，广东省市场监督管理局执法监督处一级主任科员。

应按照各自成本并综合考量其他因素基础上自主确定投标价格。但在2011年招标中，深圳市教育局在招标公告中公布此前测算的成本价格（比未招标前售价平均高出13.73%），并要求投标企业按照保本微利、不得低于成本价格的原则报价。这种人为预先设定成本价的最低限价，干扰了招投标活动的公平竞争，引导企业达成了固定价格的垄断协议。二是2014年招标限定最高价格且以2011年中标执行价格为基础报价。在2014年招标中，深圳市教育局采用了折扣率报价方法，要求投标企业报价不高于2011年最终确定的执行价格，投标人应对所有产品按同一折扣率计算报价。此做法限定了投标报价的上限，且以通过价格垄断协议达成的2011年执行价格为依据，干预了经营者自主定价权。最终在中标的21家企业中，各家折扣率在0.92～0.99，最终销售价格为原执行价和折扣率的乘积。

（二）对投标人资格和评审条款设置歧视性条件

《反垄断法》规定，行政机关不得滥用行政权力，排斥或者限制外地经营者参加本地的招投标活动。深圳市教育局在投标人资格要求和评审标准方面，设定了明显有利于本地企业的不合理条件，使得外地企业在竞争中处于不利地位。如2011年招标中要求“投标人必须为深圳注册的企业，或在深圳有经工商注册的分支经营机构的企业”，而按照相关规定，注册分支机构，必须具备消防、环保等相关证照，受投标有限时效所制，此条规定会将很多来不及办理相关证照的潜在外地投标企业排斥在投标范围之外。2011年招标评分规则中将企业在深圳纳税额、本地学生装服务经验与分值挂钩，保护本地企业意图明显。其中，2011年规定，“在深圳纳税年平均50万元以上，100分，每年减少5万元，扣减10分”，“有深圳学生装服务经验的，100分，有广东省（深圳除外）市级或区级以上经验的，50分，有其他省份市级或区级以上经验的，20分”。2014年规定将近三年深圳纳税总金额作为评分标准等。

深圳市教育局意见为：一是学生装价格调整属惠民之举，且符合法律程序。在2011年招标前公布的成本价，经过了深圳市价格认证中心科学、权威的测算。招标后，按照“保本微利，质优价廉”的指导思想，深圳市教育局召开局长办公会专题讨论，集体研究决定学生装总体价格平均涨幅不高于15%，单款学生装价格涨幅不高于18%。后又充分征求中标企业意见和讨论，商定对招标确定的价格涨幅适当下调约6%，属于企业自愿、集体讨论的结果。整个价格调整行为程序合法，且目的是减轻学生家长负担，是有利于广大群众的惠民之举，不应认定为违法。二是招标公告中对投标人资质要求没有排斥外地企业。深圳市教育局认为在招标工作中不存在排斥外地企业的问题。理由是2011年《招标公告》规定，在深圳有经工商注册的分支经营机构的企业也可以参加投标。在深圳的商事登记制度下，外地企业在深圳注册分支机构并不存在困难。此外，《招标文件信息》评标信息表的评分规则规定“外地企业在深圳有专卖店或销售点的与深圳企业一样的分数，即使没有专卖店或销售点的企业承诺中标后设5个以上固定销售点的，都可以得20分”。这保障了外地企业参与投标的公平性。从招标结果看，深圳市2011年学生装招标最终中标的9家企业中也包括一家福建的企业。

经过与深圳市教育局几次约谈，以及与法律顾问的多次咨询交流，最终认定深圳市教育局的上述做法违反了《反垄断法》第八条“行政机关和法律、法规授权的具有管理公共事务职能的组织不得滥用行政权力，排除、限制竞争”，第三十四条“行政机关和法律、法规授权的具有管理公共事务职能的组织不得滥用行政权力，以设定歧视性资质要求、评审标准或者不依法发布信息等方式，排斥或者限制外地经营者参加本地的招标投标活动”，第三十六条“行政机关和法律、法规授权的具有管理公共事务职能的组织不得滥用行政权力，强制经营者从事本法规定的垄断行为”等规定，构成滥用行政权力排除、限制竞争的行为。

深圳市教育局在2014 年招标中已纠正了2011 年招标中的部分问题。并对上述违法事实表示认可，承诺按要求积极整改。同时将严格按照《反垄断法》等相关法律法规的规定，依法依规做好学生装管理工作。

二、法律适用与分析

（一）深圳市教育局最后统一调整价格虽然降低了学生装价格，有利于消费者，但不适用垄断豁免条款

一是从条文使用上考虑，《反垄断法》第七条、第十五条对反垄断豁免条款做出规定，但分别是针对国有经济占控制地位的、关系国民经济命脉和国家安全的行业以及依法实行专营专卖的行业、有利于市场发展的垄断协议。对于行政垄断，并无豁免情形。二是从立法目的考虑，《反垄断法》第一条对立法目的做出规定，本法不仅仅是为了保护具体消费者或经营者的利益，而是保护市场公平竞争，维护消费者利益和社会公共利益。即便这种降价行为有利于消费者，但同时却损害了经营者的利益。而且，调整价格的原因，是因为人为限定按不得低于测算成本价（比招投标前售价平均高出 13. 73%）的原则报价，导致中标价格比招标前价格高出 20. 5%。三是从规范行政角度考虑，行政主体行使职权不仅要遵循合法性，还需要遵循合理性。深圳市教育局干涉学生装市场，统一价格，仅仅依据教育部 1993 年发布的一个规范性文件，没有任何足够的法律依据。《行政许可法》第十六条规定，法规、规章都不得随意增设行政许可，第十七条更是直接否定了规范性文件设立行政许可的效力，第十三条规定，如果市场竞争机制能够有效调节，或者行政机关采用事后监督等其他行政管理方

式能够解决的事项，可以不设行政许可。深圳市教育局可以通过实施行政指导、监督企业生产质量等事后监管、管理方式来实现校服市场的良好运作，没有必要通过干预市场的手段来实现。所以深圳市教育局的行政行为不具备合法性和合理性。

（二）滥用行政权力与越权定价之间的关系

对深圳市教育局在招投标工作结束后，召集中标企业调整中标价格的行为认定当时存在争议，认为是越权定价，不一定构成滥用行政权力。

从行政垄断的构成要件分析。一是主体要件：实施行政垄断的主体必须是行政机关或者是法律、法规授权的具有管理公共事务职能的组织。深圳市教育局辩解其与校服生产企业之间是“平等民事主体关系”并不准确，在政府采购招标过程中，其似乎是属于采购人与供应商是平等主体。但在本案中深圳市教育局实际上并非校服的需求方，而利用其与学校之间的行政管理关系，发布部门规范性文件，运用行政权力管理全市的校服工作，绝非是市场主体所能进行的行为。二是行为要件：行政垄断主体实施的行为应当构成对行政权力的滥用。此处的滥用包括三种情形：无权行政、越权行政和违法行政。行政机关必须依法行政，遵循法无明文授权即不可为的基本原则，本案中深圳市教育局对校服进行管理的上位法依据仅仅是原国家教委于 1993 年发布的规范性文件。《教育法》及其相关法规并无明文授权教育部门可以实施校服许可经营，因此，深圳市教育局属于无权行政。三是结果要件：行政垄断必须达到限制、排除竞争的效果。在深圳市教育局发布的《管理办法》中：第十一条对校服生产企业的定价权利进行了限制；第十四条对校服生产企业的经营资格进行了限制；第二十一条和第二十二条甚至规定了相应的法律后果。在正常的市场秩序中，校服的供求双方应当是学校、学生与生产企业。校服的价格应当是市场主体通过谈判、竞争、提高生产效率并遵循价值规律形成的，同时任何企业都可以进入该市场参与竞争。深圳市教育局运用行政权力介入校服市场、实行校服专营，破坏了正常的竞争秩序，其行为已经足以限制、排除竞争，违反了《反垄断法》第三十二条、三十四条、三十七条的规定。

将深圳市教育局定性为越权定价与定性为滥用行政权力之间并无矛盾。越权定价主要规定在《价格法》第四十五条，指的是地方各级人民政府或者各级人民政府有关部门违反法律规定，超越定价权限和范围制定、调整价格。从价格法的角度看，判断越权定价是否成立应当依据《定价目录》《政府制定价格行为规则》《政府制定价格听证办法》等规定。校服价格不属于政府定价或政府指导价的范围，深圳市教育局无论经过何种程序制定价格，其行为都已构成越权定价。另外，深圳市教育局辩称学生装价格是通过招投标形成，2011 年的调价是“企业自愿行为”。我们认为，《价格法》第三条规定“市场调节价，是指由经营者自主制定，通过市场竞争形成的价格”。这里的自主制定，已经排除了行政机关的任何干预行为。在本案中，校服的定价以及调价并非出于企业自主下的自愿，而是行政干预下的“自愿”。如果校服价格属于市场调节价，校服生产企业根本不需要向深圳市教育局“请求合理调整学生装的价格”，深圳市教育局也不需要“集体研究决定”，不需要发文在全市统一实施，更不需要在《管理办法》中规定生产企业不按统一价格销售的法律后果。因此校服价格虽无政府定价之名，却有政府定价之实。深圳市教育局的行为构成越权定价。

越权定价与行政垄断只是同一性质的行为在不同法域的解读，二者都表现为行政机关滥用行政权力干预市场竞争，只是行政垄断的表现形式更为广泛。在本案中，我们认为行政垄断与越权定价是包含关系。

（三）《反垄断法》对政府采购中行政垄断行为的规制条款还不够完善

在本案中，招标文件评分标准中规定，在深圳市有 5 个或以上规定学生装专卖店的，100 分；承诺中标后设 5 个或以上固定销售点的，20 分。经调查，只有之前中标的 5 家学生装供应商具备在深圳市有 5 个或以上规定学生装专卖店。即使深圳市教育局辩解不具备 5 家或以上销售门店的投标人也会根据评分标准得到相应的分数，此项规定也明显倾向于之前中标的 5 家供应商，不仅排斥外地经营者，还排斥未曾中标的本地经营者，明显具有排他性，但是《反垄断法》中没有相应条款对其进行规制。

三、启示

（一）加强依法行政，遵循法无授权不可为

一些地方和部门法律意识淡薄，对行政垄断缺乏清晰认识，存在严重的侥幸心理。总是过分强调发挥政府作用，习惯于直接指导、干预和刺激经济，忽视市场在资源配置中的决定性作用，阻碍经济主体在市场竞争中提升增效和转型升级，从而造成行政效率的损失、政府公信力的下降，并可能为行政权力寻租提供温床。作为政府机关人员，必须严格依照宪法和法律行使权力，正确地处理好政府和市场的关系，市场经济也是法治经济，我们要努力做到让市场主体“法无禁止即可为”，让政府部门“法无授权不可为”，调动市场积极性，营造公平竞争的营商环境。

（二）加强对政府采购中行政垄断行为的规制，进一步提高《反垄断法》震慑力

一是《反垄断法》第三十三条至三十五条只是对排斥或者限制外地经营者的行政垄断行为进行了规制，并未对行政机关维护特定对象排斥或者限制本地经营者的行政垄断行为进行规制。二是应当由专业的反垄断执法机构规制行政垄断，直接责令整改，加大对实施行政垄断行为的政府机关及其负责人的行政处罚力度。在《反垄断法》修订工作中，我省针对上述情形提出了相应的修改意见。

（三）严格落实各项公平竞争审查制度，破除行政垄断

公平竞争是市场经济的基本原则，是市场机制高效运行的重要基础。行政机关要按照《反垄断法》和公平竞争审查制度要求，加强自我审查，从严审查增量政策，有序清理存量政策，防止出台排除、限制竞争的政策措施。

河北省交通运输厅等部门滥用行政权力案

只升敏*

一、基本案情

2014年2月，根据举报，国家发改委对河北省交通厅、物价局和财政厅出台文件，对客运班车通行费实施差别征收，涉嫌滥用行政权力排除和限制相关市场竞争的行为进行调查。查明河北省交通厅等有关部门两次下发文件，明确对本省客运班车实行通行费优惠50%的政策。具体情况如下：

一是2013年10月18日，河北省交通厅、物价局和财政厅联合下发《关于统一全省收费公路客运班车通行费车型分类标准的通知》（冀交公〔2013〕548号），确定自2013年12月1日起，全省收费公路车辆通行费车型分类，执行交通部《收费公路车辆通行费车型分类标准》，并对本省客运班车实行通行费优惠政策。客运班车通过办理高速公路ETC卡或者月票，按照计费额的50%给予优惠。

二是2013年10月30日，河北省交通厅下发《关于贯彻落实全省收费公路客运班车通行费车型分类标准有关事宜的通知》（冀交公〔2013〕574号），进一步明确规定，优惠政策“只适用于本省经道路运输管理机构批准，有固定运营线路的客运班线车辆”。

* 只升敏，原国家发改委价监与反垄断局副巡视员。

河北省有关部门对本省客运班车实行通行费优惠政策的行为，损害了河北省客运班车经营者与外省同一线路客运经营者之间的公平竞争，违反了《反垄断法》第八条“行政机关和法律、法规授权的具有管理公共事务职能的组织不得滥用行政权力，排除、限制竞争”规定，属于《反垄断法》第三十三条第（一）项所列“对外地商品设定歧视性收费项目、实行歧视性收费标准，或者规定歧视性价格”的行为。

2014 年 9 月 10 日，国家发改委根据《反垄断法》第五十一条的规定，向河北省人民政府办公厅下发执法建议函，建议其责令河北省交通厅等部门改正有关行为，对在本省内定点定线运行的所有客运企业，在通行费上给予公平待遇，恢复公平竞争的市场秩序。

经河北省人民政府同意，自 2014 年 10 月 1 日起，继续对本省客运班车实行通行费优惠政策，不只适用于本省经道路运输管理机构批准，有固定运营线路的客运班线车辆；所有在省内运行的客车，不区分省内省外均享受优惠政策。

二、案件分析

这是一起典型的行政机关滥用行政权力排除限制竞争案件，也是《反垄断法》出台后，执法机关查处的第一例滥用行政权力案件。该案的事实比较清楚，涉及两个文件；定性也不难，出台的文件明确规定对本省的经营者通行费给予优惠，属于典型的实行歧视性收费标准。执法人员在查清事实的基础上，又进一步对文件出台的背景、原因等进行了深入调查，并与国务院交通主管部门、价格主管部门多次沟通，确保对有关政策文件本意的认识和理解准确无误，为后续妥善处理打下坚实的基础。

（一）实行歧视性收费标准，损害了本省客运班车经营者与外省同一线路客运经营者之间的公平竞争

本省的客运经营者和跨省运输的客运经营者相互之间是竞争关系。客运班线运行线路和车辆由省级交通运输管理机关批准。对于跨省运输的，通常采取相关省所属客运经营者对开班车，车型、车辆数由始发地和终到地的道路运输管理机关各自审批，客票价格由价格主管部门核定。因此，同一条线路、相互对开的经营者独立经营、单独核算，相互之间是竞争关系。

歧视性收费标准导致外省经营者处于不利的竞争地位，实质是排除、限制了竞争。在客运班线实行对开、运输能力大体相当，且统一执行价格主管部门核定票价的情况下，通行费支出对经营者收益率影响较大。据某客运集团测算，其各子公司高速公路通行费占总收入的比重为10%~20%。河北省有关部门对本省客运班车实行通行费优惠政策，其实质是对本省客运班车经营者按照通行费额给予经济补偿，使河北省客运班车经营者的通行费成本大幅低于其他省份相关经营者，导致外省经营者处于不利的竞争地位。以天津至石家庄线路为例，天津公司单程需缴纳通行费360元，与之对开的河北省公司缴纳180元，单次差额180元。据天津某客运公司测算，仅这一线路天津公司比河北公司每年多支出130余万元。

（二）规范车辆车型分类导致部分经营者利益受损，因而出台优惠政策

案件调查过程中，执法人员梳理了与上述文件有关的政策规定，同时也深入调查了该案产生的原因。导致该案产生的原因之一是，在规范收费公路车辆通行费车型分类时，导致之前执行省级分类标准的部分道路运输经营者通行费增加，有关部门为此出台了优惠政策。

1999 年，河北省制定《收费公路（桥梁、隧道）管理办法》（冀交字〔1999〕655 号），确定了省内车型分类标准。2003 年，交通部颁布《收费公路车辆通行费车型分类》（JT/T489 - 2003），作为推荐性标准使用。两标准之间存在一定差异（具体见下表）。

河北省车型分类标准（客车）		国家车型分类标准（客车）	
小型	10 座以下	第 1 类	7 座以下
中型	11—28 座	第 2 类	8—19 座
大型	29—50 座	第 3 类	20—39 座
重型	50 座以上	第 4 类	40 座以上

2005 年，河北省物价局、交通厅制定《关于调整全省收费公路车型划分及降低部分类型车辆通行费收费标准的通知》（冀价行费〔2005〕4 号），明确车辆通行费车型分类按照国家规定的车型分类标准执行，从而导致 20—28 座（河北标准 2 类，国家标准 3 类）和 40—50 座（河北标准 3 类，国家标准 4 类）客运班车提高一个车型分类，增加了其通行费支出成本，部分客运经营者罢运。为缓解社会矛盾，平衡道路客运经营者利益，先后出台优惠政策。

第一阶段，冀价行费〔2005〕4 号出台后，省交通厅和物价局要求“新的车型划分使部分营运客车收入受损的，暂按原车型划分对应的收费标准”。具体方式为在办理 ETC 卡时做“降型”处理。但相关做法导致两方面问题。一是相关车辆持 ETC 卡通过京、津、晋等周边省份时，缴纳的通行费比按照国家统一标准低；二是未享受“降型”优惠政策的 29—39 座客车经营者对 40—50 座大型车同样执行国家 3 类标准缴纳通行费不满。

第二阶段，2013 年，交通部要求包括河北、天津等五省联网，五省必须执行同一个车型分类，即执行交通部颁布的《收费公路车辆通行费车型分类》（JT/T489 - 2003）。河北省之前的在办理 ETC 卡时做

“降型”处理的优惠方式不能再继续使用。为此，河北省交通运输厅等部门决定明确全省统一执行国家分类标准，并对本省客运班车实行通行费优惠政策。综合之前对客运班车的优惠幅度，确定优惠幅度为 50% 。

（三）有关部门对相关政策把握不准确

调查过程中，当事人提出出台优惠政策的做法符合国务院有关规定。涉及对 2011 年国务院办公厅下发《关于进一步促进道路运输行业健康稳定发展的通知》（国办发〔2011〕63 号，以下称“国办 63 号通知”）的理解和把握。国办 63 号通知第四条“完善落实优惠政策，支持道路运输行业加快发展”明确提出，要求“各地可根据实际情况，对省内定期定线运行的客运班线车辆通行费推广月票或年票制，实行大客户优惠”。该案当事人对上述政策认识的偏差有两点：

一是对“省内定期定线运行的客运班线车辆”的理解偏差。客运班线运行线路和车辆由省级交通运输管理机关批准。对于跨省运输的，通常采取相关省所属客运经营者对开班车，车型、车辆数由始发地和终到地的道路运输管理机关各自审批，客票价格由价格主管部门核定。国办 63 号通知中所称“省内定期定线运行的客运班线车辆”，不是指在省内工商部门注册的客运企业，而是指所有在省内运行的客车，不区分省内省外。

二是国办 63 号通知中的相关规定，是要求高速公路经营者与客运班线经营者自行协商，实行大客户优惠。该案中的有关部门先后要求高速公路经营者对部分车型仅进行降型处理，直至明确优惠幅度的做法，不符合国办 63 号通知的规定，干预了企业的自主经营。

云南省通信管理局行政垄断案

魏士廪*

云南省通信管理局组织四家电信公司达成垄断协议，被反垄断执法机构调查和整改，同时，四家公司被依法处罚，这是少有的因行政垄断导致其他关联垄断行为被同时处罚的案例，该案对清理整顿通信行业行政管理乱象，维护通信行业的公平竞争具有重要影响，也具有指标性的典型意义。

一、基本案情

根据中央政府门户网2015年6月3日转发的国家发改委官网公布的信息，国家发改委指导云南省发改委对云南省通信管理局滥用行政权力组织中国移动云南分公司、中国电信云南分公司、中国联通云南分公司和中国铁通云南分公司达成垄断协议进行了调查。①

调查发现，2009年8—10月，云南省通信管理局牵头组织中国移动云南分公司、中国电信云南分公司、中国联通云南分公司和中国铁通云南分公司多次会议协商，于2009年底达成《云南基础电信运营

* 魏士廪，北京大成律师事务所高级合伙人。

① 案情整理来源：《发改委：云南省通信管理局违反〈反垄断法〉滥用行政权力排除限制竞争被依法纠正》，见中央政府门户网 http：//www. gov. cn/xinwen/2015 - 06/03/content _2872715. htm 。访问时间2020年2月26日。

企业规范各类赠送活动的协议》（下称“《协议》”），对四家电信运营商开展相关赠送活动的内容、额度、频次等进行了约定，包括各企业均不得采取“无预存话费”“无保底消费”“无在网时限”等方式开展赠送活动；赠送通信内产品的价值不得高于用户承诺在网期限内承诺消费总额的60%，赠送通信外产品的价值不得高于用户承诺在网期限内承诺消费总额的30%；赠送活动对同一用户每年不超过两次（含两次）；各电信企业制定的积分回馈方案中，用户消费价值与积分价值之比不超过1∶1，积分价值与兑换服务的价值之比不超过1∶0.05。

《协议》同时规定了有关执行措施。对电信运营商违反《协议》开展赠送的行为，其他电信运营商可以向云南省通信管理局申告。云南省通信管理局在确认后下发整改通知书，责令相关企业进行整改。2011年6月，云南省通信管理局组织召开第一次规范电信市场秩序工作会，进一步细化了违规行为的解决流程。“电信企业的县市级分公司发现违规行为时，应主动以函件形式通报对方，双方协商解决；协商解决不了的，发现方可报上级州市级分公司协调解决”，“解决不了再报省公司协调，省公司间协调仍解决不了的，最后报管局（即云南省通信管理局）依法解决”。

由于四家电信运营商是电信市场上的主要经营者，相互之间为直接竞争关系。各电信运营商在市场营销中对消费者给予话费、充值卡等礼品赠送，直接影响产品最终价格，是开展市场竞争的重要手段。云南省通信管理局牵头组织四家电信运营商达成协议，对赠送的范围、幅度、频次等进行约定，并通过下发整改通知书等手段强制执行，限制了电信运营商的竞争能力和手段。同时，云南省通信管理局制定争议解决规则，要求处于竞争关系的电信运营商，在对赠送行为出现争议时，首先进行逐级协调，并争取达成一致，实质上是要求电信运营商就相关问题达成垄断协议，排除和限制了相关市场竞争。因此，上述行为违反了《反垄断法》第八条“行政机关和法律、法规授权的具有管理公共事务职能的组织不得滥用行政权力，排除、限制竞争”规定，属于第三十六条所列“滥用行政权力，强制经营者从事本法规定的垄断行为”的行为。

云南省发改委已督促云南省通信管理局进行整改，停止相关做法，恢复了公平竞争的市场秩序。国家发改委也就此与工信部进行了沟通。工信部将指导各省、自治区、直辖市通信管理局加强对《反垄断法》等法律法规的学习，提高依法行政能力，对辖区内类似行为进行清理规范。

同时，云南省发改委依法对参与垄断协议的四家电信运营商进行了处罚。其中，对参与达成并实施垄断协议的中国移动云南分公司、中国电信云南分公司、中国联通云南分公司，处以上一年度相关市场销售额 2% 的罚款；对参与达成但未实施垄断协议的中国铁通云南分公司，处以 20 万元罚款。罚款金额共计约 1 318 万元。

二、案例评析

（一）地方主管部门滥用行政权力组织通信领域主要经营者达成垄断协议改变竞争格局

中国移动云南分公司、中国电信云南分公司、中国联通云南分公司和中国铁通云南分公司是云南省通信领域的四大经营者，在没有行政权力的干扰、无法达成垄断协议的情况下，相互之间只能通过提高服务、降低价格、积极促销等手段争揽客户、扩大市场，已经形成了有效的竞争格局，对提高服务质量和消费者福利均是有利的。不管云南省通信管理局是出于避免恶性竞争的良好动机，还是其他目的，但客观上，其滥用行政权力组织四家竞争者达成了垄断协议，对四家电信运营商开展相关赠送活动的内容、额度、频次等进行了具体规定，要求各企业均不得采取“无预存话费”“无保底消费”“无在网时限”

等方式开展赠送活动，赠送通信内产品的价值不得高于用户承诺在网期限内承诺消费总额的60%，赠送通信外产品的价值不得高于用户承诺在网期限内承诺消费总额的30%；赠送活动对同一用户每年不超过两次（含两次）；各电信企业制定的积分回馈方案中，用户消费价值与积分价值之比不超过1∶1，积分价值与兑换服务的价值之比不超过1∶0.05。上述规定，为四家企业制定了明确统一的价格行为标准，排除了四家企业在价格方面的竞争，从竞争格局上使四家具有竞争关系的经营者“合四为一”，四家企业之间不再具有价格竞争关系，竞争格局由四家变成了实质性的“一家”。

（二）地方主管部门滥用行政权力组织实施和落实所达成的垄断协议，消除有效的价格竞争，损害消费者福利

云南省通信管理局滥用行政权力组织四家通信企业达成垄断协议后，还不遗余力地组织落实，主要表现：

制定争议解决规则，细化具有可操作性的解决方法和路径。在最初的四方垄断协议中已明确了任何一方违反垄断协议内容可以向云南省通信管理局申告，充当协议的监督执行者。2011年，组织召开第一次规范电信市场秩序工作会，进一步细化了违规行为的解决流程。要求处于竞争关系的电信运营商，在对赠送行为出现争议时，首先进行逐级协调，并争取达成一致。

对违规者通过下发整改通知书等手段强制执行。在上述协商手段不能解决各方争议时，通信管理部门对违反赠送的范围、幅度、频次等行为者下发整改通知书，强制遵守相关约定内容，强制垄断协议各方遵守垄断协议约定，在垄断协议的落实与执行方面起到了强有力的监督和强制实施作用。

云南省通信管理局通过组织其辖区的通信企业达成并实施垄断协议，控制交易价格，避免通过价格手段进行竞争，严重损害了消费者福利。

（三）对行政机关和相关经营者均予以处罚，从垄断行为的起因和利益驱动方面来解决问题，恢复原来的竞争格局，使经营者展开有效竞争

滥用行政权力强制四家企业达成和实施垄断协议的主要力量来自两个方面：内部动力为四家具有竞争关系的经营者，达成垄断协议后，四家企业是最大的受益者，四家企业可以通过垄断协议人为地控制价格，谋取暴利，对垄断协议的达成与实施具有内在和天然的利益驱动力；外部动力为四家通信企业的行业主管部门云南省通信管理局，云南省通信管理局也许是基于其所管理的企业提议或要求，也许是基于传统的行政管理思维，用行政管理的手段统一价格和标准后，避免行业恶性竞争和行业其他“乱象”，但事与愿违，由于竞争法意识的欠缺或对市场规则以及消费者福利的漠视，出现了违反《反垄断法》禁止性规定的行为，滥用行政权力，干预市场正常竞争，强制竞争者达成和实施垄断协议。针对本次滥用行政权力强制达成和实施垄断协议的行为，反垄断执法机构分别对本次垄断行为的内部动力和外部干预力量两个方面的行为者均进行了相应的查处，对滥用行政权力组织四家通信企业达成和实施垄断协议的云南省通信管理局要求进行整改，停止相关做法，恢复公平竞争的市场秩序，并进行网上公告。对四家具有竞争关系的通信企业按照垄断协议行为定性进行了相应的处罚。本次查处可谓做到了“内外兼修”，达到了较为理想的“标本兼治”效果。

（四）以点带面，通过工信部对通信行业反垄断问题梳理、自查自纠来解决行业中的行政垄断问题，既节省执法成本，又高效解决通信行业中因行政垄断产生的排除、限制竞争问题

本案的垄断行为始于《反垄断法》刚颁布实施不久后的 2009 年，

反垄断法还处于宣传培训阶段，除了经营者集中的案例外，还没有其他有影响力的反垄断行政执法案件出现，全国的经营者对该法还相对比较陌生，对反垄断法的威力还没有比较具体的感受。云南省通信管理局也许是出于对反垄断法的“无知”或其他“美好”的行为动机，四大通信企业也许是仰仗着有行政机关的“保护伞”或者是作为国有企业对反垄断的“误读”，这个时期的反垄断行为都具有比较明显和普遍的特征。在某种程度上，某种行为或案件可能反映了行业的普遍现象。反垄断执法的目的不是为了处罚，而是为了尽快恢复公平竞争的秩序，让广大消费者尽早受益。反垄断执法机构对上述行政垄断行为和垄断协议的达成与实施者进行了“内外兼修”的查处后，并没有止于云南省通信行业这一区域性的垄断行为本身，而是考虑到整个通信行业的基本情况，当时的反垄断执法机构国家发改委也就此与主管通信行业的工信部进行了沟通。工信部指导各省、自治区、直辖市通信管理局加强对《反垄断法》等法律法规的学习，提高依法行政能力，对辖区内类似行为进行清理规范，通过合规培训纠正了行业内存在的类似行为。在反垄断法执法初期，通过典型个案发现行业的突出问题，然后，通过主管部门进行依法行政与合规管理的学习和培训，以点带面比较高效地解决了行业突出的反垄断问题，具有积极的示范和导向意义。本案是首例同时查处滥用行政权力的行政机关和因行政机关滥用行政权力而实施相应垄断行为（本案是垄断协议）的经营者的典型案例，对后面行政垄断案件以及相关垄断行为案件的查处做出了很好的示范带头作用，从后来的执法情况看，尽管有部分通信企业涉嫌存在滥用市场支配地位的行为，有部分案例调查后被终止，但通信领域中的行政垄断和垄断协议案件没有再出现相关执法案例，这说明本案“以点带面”解决通信行业中的行政垄断问题以及预防和制止垄断协议行为方面起到了积极的作用。

蚌埠市卫计委滥用行政权力案

孙晋　徐则林

一、基本案情回顾

2015 年 8 月 17 日，国家发改委办公厅发函安徽省人民政府办公厅，建议纠正蚌埠市卫生计生委滥用行政权力排除限制竞争的有关行为。这一案件作为国内药品领域的首例行政性垄断执法案件，对安徽省乃至全国的药品采购产生了重要影响。在国家发改委发函之前，同年 2 月，安徽省卫计委等 6 部门联合印发了《安徽省公立医疗机构药品耗材带量采购指导意见》，掀开安徽省药改序幕。其中，蚌埠市成为排头兵，全面推行“药品带量采购”这一药品采购的新方式。在采购过程中，蚌埠市卫计委取消了部分不符合采购新规则药企的供货资格，导致其所有药品永久性不得在蚌埠市所有公立医疗机构销售。对于这种做法，广大药企强烈不满，蚌埠市带量采购联合体办公室遭到药企围堵；部分药企在合肥召开联合会议，集体抵制药品降价。一时间，市场秩序紊乱，企业情绪激烈。①

在这种背景下，国家发改委发函称，蚌埠市卫计委发布的《蚌埠市公立医疗机构临床用药单品种带量采购询价公告》（皖 C－2015－

---

*　孙晋，武汉大学法学院教授、竞争法与竞争政策研究中心主任；徐则林，武汉大学竞争法与竞争政策研究中心研究员。

①　肖玮，《药品招标部门遭炮轰谁之过》，《北京商报》，2015 年 5 月 8 日刊，第 2 版。

CG－X－111，下称“111号询价公告”）、市区组竞争性磋商公告（皖C－2015－CG－C－112项目，下称“112号公告”）和三县组竞争性磋商公告（皖C－2015－CG－C－168项目，下称“168号公告”）的部分条款滥用行政权力，存在指定经营者、设定歧视性资质标准、限定歧视性中标数量要求的现象，涉嫌违反《反垄断法》，产生了排除、限制竞争的效果。

随后，蚌埠市卫计委主任在接受采访时称，“国家发改委来函内容是比较片面的论断，未对蚌埠的相关政策进行全面论断”。[②] 9月8日，针对媒体文章《安徽药品“带量采购”成交中标价是落选品种15倍》，安徽省卫计委官网刊出《蚌芜药品带量采购符合省药采〈实施方案〉要求》一文，公开力挺蚌埠式药品采购，案件一度陷入胶着。[③] 同年9月24日，安徽省发改委颁布文件《关于开展省级市县一体化公共资源交易平台建设试点工作方案的通知》，将药品集中采购纳入其中，蚌埠市等城市成为第一批试点城市，原药改模式被彻底取缔。[④] 一体化公共资源交易平台主要为解决交易平台分散设立带来的制度规则不统一、运行不透明、服务不规范、信息和资源不共享、市场主体负担较重等问题，进而打破行业垄断和市场分割，提高公共资源配置效率，加快形成统一开放、竞争有序的现代市场体系。这一平台不断得以发展完善，并因其交易电子化、服务标准化、队伍专业化的优势，在2020年新冠疫情期间，全力支持和保障招投标等各类公共资源交易活动，为全省统筹做好疫情防控和经济社会平稳运行做出了积极贡献。

---

② 鲍晓菁，《安徽药品带量采购何去何从》，《经济参考报》，2015年8月28日刊，第7版。

③ 朱萍，《安徽卫计委回应国家发改委 否认地市药品带量采购违规》，《21世纪经济报道》，2015年9月10日刊，第19版。

④ 安徽省发展与改革委员会，《安徽省发展改革委关于开展省级市县一体化公共资源交易平台建设试点工作的通知》（皖发改公管函〔2015〕723号），http：//fzggw. ah. gov. cn/pub/content. jsp？newsId＝6F596925－0AC8－4961－91FC－534281202DF0，访问日期2020年3月26日。

二、本案违法性认定的基本思路

根据《反垄断法》第五十一条，“行政机关和法律、法规授权的具有管理公共事务职能的组织滥用行政权力，实施排除、限制竞争行为的，由上级机关责令改正；对直接负责的主管人员和其他直接责任人员依法给予处分。反垄断执法机构可以向有关上级机关提出依法处理的建议”，在国家市场监督管理总局组建之前，国家发改委作为反垄断执法机构，能够依据《反垄断法》赋予的权力，就蚌埠市卫计委涉嫌滥用行政权力的行为，对安徽省办公厅提出纠正建议。

蚌埠市计生委行为的违法性认定遵循以下基本思路：

第一，做出 111 号询价公告、112 号公告和 168 公告的主体，是安徽省蚌埠市卫生计生委员会。按照蚌埠市卫计委等 6 部门下发的《蚌埠市公立医疗卫生机构药品耗材设备集中采购实施办法（暂行)》，“集中采购工作机构设在市卫生计生委，名称为蚌埠市公立医疗卫生机构药品、耗材及设备集中采购工作办公室”。在 111 号询价公告和 112 号公告中，均明确表示开展相关招标采购工作的“安徽冲锋信息技术有限公司”是受蚌埠市卫计委委托。在 168 号公告中虽然调整为“受蚌埠市公立医疗机构药品带量采购联合体委托”，但之后两次发布的有关澄清公告均是以蚌埠市卫计委名义发布。因此，蚌埠市卫计委在药品集中采购中，履行了有关管理和监督指导职责，也直接参与了相关工作。

第二，安徽省蚌埠市卫计委滥用行政权力，实施了排除、限制竞争的行为。在 111 号询价公告中，30 种药品的规格、剂型和生产企业被直接确定，而这 30 种药品均有相应的替代性产品，相关生产企业之间为竞争关系，本应通过公平的政府采购程序来确定供应商。因此，这一规定涉嫌违反《反垄断法》第三十二条“行政机关和法律、法规授权的具有管理公共事务职能的组织不得滥用行政权力，限定或者变相限定单位或者个人经营、购买、使用其指定的经营者提供的商品”。在112号公告和168号公告中，对于年销售额的要求，市外企业被设置了显著高于本市企业的标准，且在外地和本地相关经营者数量明显存在巨大差别的情况下，两次招标均明确规定外地和本地同样的经营者中标名额。因此，这一规定涉嫌违反《反垄断法》第三十四条“行政机关和法律、法规授权的具有管理公共事务职能的组织不得滥用行政权力，以设定歧视性资质要求、评审标准或者不依法发布信息等方式，排斥或者限制外地经营者参加本地的招标投标活动”。

总的来说，由于政策制定主体明确，政策的违法部分又基本符合《反垄断法》的相关规定，蚌埠市卫计委行政性垄断行为的认定是相对较为容易的。但是，在国家发改委提出建议纠正之后，案件推进并非一帆风顺，反而受到了一些阻力。这是由于本案涉及了药品采购这个非常特殊而敏感的领域。药品关乎国计民生，无时无刻不在保障每个人的身体健康。对于公民来说，药品的重要性不言而喻，药品价格也决定了人民的生活幸福程度。随着我国社会主义市场经济体制改革的不断深入，医药行业也在蓬勃发展，在市场经济的主导下，其逐步摆脱了过去传统的经济发展形态，向着更加科学化、现代化的药品行业迈进，可以说，医药行业的改革一直都是这些年深化改革的主旋律之一。在本案中，反垄断执法受到的阻力，实质上来源于当地政府对推行医药改革、挤压药品价格水分、提升人民福利这一初心的认可和坚持，当地政府对其药品采购改革的方式充满自信。但是，合理科学的医药改革离不开对市场公平竞争的维护，任何公平竞争缺失的政策和程序都将如同空中楼阁，注定无法达到预期的结果。认识到这一点，可以发现，国家发改委并未否定蚌埠市卫计委的药改方式，而是建议纠正其中涉嫌违反公平竞争的部分，因此，本案的违法性认定也就不存在任何疑问。

三、药品采购领域行政性垄断案件及案由梳理

从集中招标到集中采购，近 30 年来，药品招标平台，绝大多数由地方卫生行政力量强势主导，并成为实际的药品定价者；而到了实际采购环节，又因为医药流通领域的各种利益冲突，衍生出“二次议价”等乱象。此前，央地医改办、卫计委也试图改革维新，但陆续涌现出的药交所、GPO（药品集中采购组织）等探索，也在实际运行过程中，难逃沉疴。其中，药品采购过程中行政主体滥用行政权力排除、限制竞争的现象尤为严重，也成为反垄断执法机构的重点关注对象。

国务院机构改革之后，独立设置的国家医保局横空出世，承担了包含组织制定和调整药品、医疗服务价格和收费标准，制定药品和医用耗材的招标采购政策并监督实施，监督管理纳入医保支出范围内的医疗服务行为和医疗费用等在内的足以变革医药行业的关键性职责。机构改革、模式创新，药品采购改革将会是一个逐步摸索和完善的过程。在这一过程中，行政性垄断是负责采购事项的行政主体不能触碰的红线，药改并不是政府随意干预市场竞争的正当理由。从这些年药品采购领域的行政性垄断案件来看，药改涉及规则框架改变和权力重新洗牌，容易出现对部分企业的不当倾斜，具体而言，垄断行为主要集中在指定交易对象和地方保护这两个方面：第一，在相关药品市场竞争充分、有可替代选择的情况下，直接指定具体供应药品的生产企业；或者，将中标对象限定为曾有过中标经历的企业，变相排除市场上的竞争者进入投标。第二，为本地企业提供更多的竞争优势，例如，给外地企业设置更高的经营资质、企业规模和企业销售额等方面的进入标准；又如，在外地企业明显偏多的情况下，限制外地企业中标的数量；以及直接在评价标准中，将本地企业的身份设置为加分项（如表 1）。

表 1　各地药品采购平台因涉嫌垄断被调查、通报一览表

发文时间	发布单位	公告主题
2015 年 8 月	国家发改委	国家发展改革委办公厅关于建议纠正蚌埠市卫计委滥用行政权力排除限制竞争有关行为的函⑤
2015 年 11 月	国家发改委	四川、浙江省卫计委及时纠正药品集中采购中违反《反垄断法》、排除限制竞争行为⑥
2017 年 2 月	国家发改委转发陕西省物价局	延安市卫计局主动纠正滥用行政权力排除限制竞争行为⑦
2017 年 4 月	国家发改委	深圳市卫计委承诺纠正公立医院药品集团采购改革试点中滥用行政权力排除、限制竞争行为⑧
2017 年 4 月	国家发改委转发新疆发改委	自治区发展改革委依法纠正塔城地区卫计委行政垄断行为⑨
2017 年 8 月	国家发改委转发四川省江安县发改委	江安县卫计局主动纠正滥用行政权力排除限制竞争行为⑩
2017 年 12 月	国家发改委转发安徽省物价局	安徽省物价局反垄断调查结论书⑪
2018 年 2 月	国家工商管理总局竞争执法局	上海公立医疗机构药品集团采购联盟相关经营者涉嫌垄断行为中止调查决定书⑫

---

⑤ 国家发展改革委，《国家发展改革委办公厅关于建议纠正蚌埠市卫生计生委滥用行政权力排除限制竞争有关行为的函》，《中国价格监管与反垄断》，2015 年第 9 期。

⑥ 国家发展改革委，《四川、浙江省卫生和计划生育委员会及时纠正药品集中采购中违反〈反垄断法〉、排除限制竞争行为》，《中国价格监管与反垄断》，2015 年第 11 期。

⑦ 国家发展改革委，《延安市卫计局主动纠正滥用行政权力排除限制竞争行为》，《中国价格监管与反垄断》，2018 年第 1 期。

⑧ http：//www. sdpc. gov. cn/gzdt/201704/t20170407 _ 843758. html，访问日期 2020 年 3 月 26 日。

⑨ http：//www. xjdrc. gov. cn/info/10516/11740. htm，访问日期 2020 年 3 月 26 日。

⑩ https：//www. ndrc. gov. cn/xwdt/dt/dfdt/201712/t20171225 _ 1003029. html，访问日期 2020 年 3 月 26 日。

⑪ http：//www. ahpi. gov. cn/DocHtml/1/17/12/xxgk _ 2017121255195. html，访问日期 2020 年 3 月 26 日。

⑫ http：//www. samr. gov. cn/fldj/tzgg/xzcf/201802/t20180201 _ 301595. html，访问日期 2020 年 3 月 26 日。

四、构建公平采购机制——有效助推药品采购改革进程

在蚌埠市卫计委收到国家发改委纠正其滥用行政权力行为的建议时，我国尚未建立起公平竞争审查制度。随着 2016 年国务院颁布《关于在市场体系建设中建立公平竞争审查制度的意见》，我国全面建立公平竞争审查制度，各级政府及所属部门均应在有关政策措施制定过程中进行公平竞争审查。作为一项在政策生效之前核查其公平性的制度，公平竞争审查能够很好起到事前规制作用，从源头上规范政府行为、防止滥用行政权力排除限制竞争。在药品采购过程中，公平竞争审查必须被予以贯彻落实，按照该制度的总体要求和基本原则对医药行业管制规则进行审查，同时在政策制定时严格遵守审查标准，让公平竞争审查常态化。

基于药品采购的特殊性，对采购方案的公平竞争审查应着重如下几个方面：第一，市场准入的公平性。不管是药品生产商或药品配送企业，准入是否有差别待遇等不合理的条件，以及遴选经营者时是否经过招投标等竞争方式。第二，要素的自由流动性。对药品生产企业、配送企业是否有地区贸易壁垒阻碍商品流通、是否对资源要素的流动予以指定或限定。第三，生产经营标准的平等性，是否给予上述主体特殊财政优惠政策影响公平竞争。第四，生产经营的自主性。能否确保公立医院、药品采购企业、药品配送企业的自主权；是否干预实行市场调节价的商品价格，例如药品总体降价幅度、GPO 与药品生产企业的价格谈判等。

近些年，我国医药行业反垄断执法数量一直居高不下，除了药品采购领域的行政性垄断案件，还有多起典型的垄断协议案，原料药拒绝交易、附加不合理交易条件案，严重损害了消费者利益。因此，对于如此庞大并且关切民生的医药市场，在加强公平竞争审查、反垄断执法的同时，还应有相应的反垄断执法规则作为指导。医药行业的反

垄断指南应该针对药品流通的多个环节，包含药品行业垄断行为的多重表现形式，诸如拒绝交易、固定价格、联合抵制交易、行政性垄断等，逐一进行归纳与总结。针对不同垄断行为，应该制定不同的认定原则和标准，以明晰究竟哪些行为落入反垄断指南的规制范围之内。

总之，药品采购的主管单位必须认识到，良性的药品采购机制离不开对公平竞争秩序的维护，构建公平的采购机制是助推药品采购改革的最有效方式。

“新居配”滥用行政权力案

李青　魏颖

2016 年 12 月 29 日，国家发改委通报，相关省级政府部门清理调整新建居民住宅小区供配电设施建设中涉嫌滥用行政权力排除限制竞争政策。案件公布后引起社会各方广泛关注，各界对案件给予高度评价。2018 年，该案入选国务院反垄断委员会专家咨询组公布的反垄断法实施十周年十大有影响力的案件。

一、案件的基本情况

国家发改委通报指出，收到多起举报反映部分省级人民政府所属部门指定供电企业，统一建设新建居民住宅小区供配电设施并统一收费（下称新居配统一建设、统一收费），涉嫌滥用行政权力、排除限制竞争。国家发改委组织开展了调查，督促相关省级人民政府所属部门对照《反垄断法》，清理和调整涉嫌滥用行政权力排除限制竞争的相关规定和做法。经查，截至 2015 年底，陆续有 12 个省份的省级政府部门出台了新居配统一建设、统一收费政策，截至 2016 年 12 月 10 日，其中 9 个地方基本完成清理调整工作，其余省份正在履行相关程序。

---

* 李青，原国家发改委价监与反垄断局副局长、国家市场监管总局价监竞争局副局长；魏颖，中国社会科学院国际法所竞争法基地研究员。

（一）重庆、贵州停止执行相关文件。2016 年 6 月 30 日，重庆市人民政府办公厅发布《关于停止执行重庆市新建居民住宅小区供配电设施建设管理办法（试行）的通知》。2016 年 11 月 7 日，贵州省发改委发布《关于暂停执行新建住宅区供配电设施建设费收费标准有关规定的通知》。2013 年 9 月 1 日，山西省人民政府《关于新建住宅小区供电设施工程费（试行）的批复》试行一年后停止实施。

（二）辽宁、吉林修改相关文件。2016 年 1 月 12 日，原辽宁省物价局发布《关于完善新建住宅供电工程建设收费的通知》，删除了统一建设、统一收费的内容。2016 年 8 月 15 日，原吉林省物价局发布《关于完善向新建住宅小区收取电力配套设施工程费的通知》，删除指定建设的规定，将各地市价格主管部门制定电力设施配套费标准的依据改为“有利于市场运作化的要求”。

（三）河北等省废止相关文件。2016 年 1 月 15 日，原河北省物价局与住房和城乡建设厅联合发布关于废止《河北省设区市市区新建住宅小区电力设施建设费管理暂行办法》的通知。2016 年 6 月 7 日，原黑龙江物价监督管理局印发通知，废止《黑龙江省新建住宅供电设施工程收费管理办法》。2016 年 6 月 28 日，甘肃省发改委发布《关于废止部分行政规范性文件的通知》，废止《关于新建居民住宅供配电工程建设暂行收费标准的通知》。2016 年 9 月 2 日，山西省太原市发改委发布《关于废止新建住宅小区供电设施工程费有关文件的通知》。

（四）出台新文件的同时废止旧文件。2016 年 12 月 1 日，青海省发改委印发《关于降低新建房屋供配电工程配套费标准等有关事项的通知》，并向省政府法制办进行规范性文件报备，《关于青海省城市新建房屋供配电工程配套费收费标准及相关事项的通知》同时废止。

（五）天津、广西正在履行相关程序。原天津市物价局正在修改《关于规范新建住宅区电力工程建设费收费标准的通知》，拟取消统一建设、统一收费的内容，将于年底出台修改后的新文件。广西壮族自治区人民政府法制办决定报请自治区人民政府废止《新建住宅区供配电设施建设维护管理办法》。

国家发改委在通报中强调，住宅小区供配电设施建设市场属于放开的竞争性市场，取得相关许可证的，即可从事电力设施的安装活动，部分地方指定供电企业统一建设新建住宅小区供配电设施，实际上剥夺了法律法规赋予房地产开发企业自主选择设计、施工、监理单位以及材料设备的权利，排除和限制了新建住宅小区供配电设施建设市场上非关联企业公平参与竞争的机会，不利于通过有效竞争确定合理价格，降低企业成本和消费者负担，因此违反了《反垄断法》第八条“行政机关和法律、法规授权的具有管理公共事务职能的组织不得滥用行政权力，排除、限制竞争”的规定，属于《反垄断法》第三十二条所列“限定或者变相限定单位或者个人经营、购买、使用其指定的经营者提供的商品”的行为。

二、案件的背景情况

截至 2015 年底，在新建居民住宅小区供配电设施建设中，主要有三种做法：一是由供电企业统一建设、统一收费。共有 12 个省份在全省采取了这种做法（其中 2 个为政府令规定，2 个为政府办公厅文件规定；8 个为省级有关部门文件规定）。还有一些省份的部分地市出台了相关文件。二是由有关部门制定收费标准，不要求统一建设。福建和上海采取这种模式，即有关部门制定供配电设施建设收费标准，但并未明确由供电企业统一建设，有资质的企业均可以参与。其中上海之前实行统一收费、统一建设，2015 年调整为此种方式。三是由房地产开发公司自行建设。北京等 10 个省份采取这种做法，由房地产开发公司自行选择有资质的单位进行建设，行政机关不进行干预。其中江苏、河南、湖北、广东等省份之前也曾采取统一建设、统一收费的做法，随着《反垄断法》的实施，陆续进行了调整。如河南省人大法工委在合法性审查中认为此项政策不符合《反垄断法》，并在征询全国人大法工委相关部门意见后，要求各地市政府废止“指定电力企业建设，统一收取费用”的做法；湖北省物价局2010年发文实行统一收费、统一建设维护，2014年发文明确放开建设价格实行市场调节；江苏省物价局自行废止了有关文件。

新建居民住宅小区供配电设施并统一收费问题持续多年，在国家发改委公开通报案件前，各界已有不少讨论，各方意见不一。

（一）房地产开发企业意见。多数房地产开发企业对“统一建设、统一收费”的模式反映强烈，认为房地产开发企业完全有能力自行委托有资质的企业承担供电配套设施的建设工作，并保障工程质量，业主或物业管理公司完全可以委托有资质的企业负责后期管理维护。由政府有关部门发文明确供电公司统一建设、统一收费，造成的后果是通过行政行为确定了供电公司在供电设施建设市场的支配地位，排除限制了市场竞争，导致供电配套设施建设市场价格虚高，增加了房地产开发成本和消费者购房负担。

（二）供电企业意见。供电企业大多认为，统一建设新建住宅小区供配电设施有合理性。一是保证供电设施工程质量。开发商受利益驱动，往往在设计、施工、监理和设备材料等方面不执行相关标准，加之验收部门监管不到位，导致供配电设施质量经常出现问题。由供电企业负责统一建设，可以防止出现上述情况。二是保障后期维护管理。按照有关法律法规规定，供配电设施应当由电力用户自行建设，自行负责维护管理。如果由供电企业统一建设，则方便接收相关产权，并统一进行后期维护管理。同时，实践中供电企业往往承担了后期管理维护的兜底责任，但没有专门资金来源，需要从供电设施建设费中提取一定资金。三是统一建设不会排除市场竞争。供电企业在统一建设供配电设施的过程中，通过招投标选择相关设计、施工、监理单位和设备材料供应商，引入了市场竞争机制。

（三）政府部门意见。政府部门对新居配统一建设、统一收费模式有两种观点。第一种观点认为，指定统一建设、统一收费的出发点是为了保障工程质量和后期管理维护。指定由供电企业统一建设，能够明确供电企业对供电设施的质量和维护责任，更好地保障供电安全。房地产企业自行委托其他企业承建容易出现质量问题，后期管理维护的责任也不明确。同时，目前国家规定的居民生活用电价格中，还不包括供配电设施建设和维护费用，住宅专项维修资金使用范围仅限于住宅共用部分和共用设备设施保修期满后的维修、更新和改造，不用于供配电设施维护，如果没有统一建设、统一收费，供电企业后期管理维护没有资金来源。第二种观点认为，指定供电企业统一建设的做法损害了市场竞争。尽管供电企业通过招投标选择供配电设施建设单位，但从具体操作看，评标委成员往往来自与其有关联的施工企业，不利于其他民营施工企业参与公平竞争。指定供电企业统一负责建设维护供配电设施，剥夺了开发商自主选择施工企业的权利。

三、案件的竞争分析

综合来看，“新居配”是一个开放竞争性市场，政府部门指定供电企业统一负责“新居配”建设，人为赋予供电企业垄断地位，独家控制进入居民住宅小区的售电通路，虽然在一定程度上有利于保障工程质量、落实后续维护，但严重排除限制了市场公平竞争，竞争损害明显大于政策收益。

（一）“新居配”市场属于放开的竞争性市场。我国对电力设施的承装、承修、承试实行许可证管理制度。根据《承装（修、试）电力设施许可证管理办法》（电监会令 2009 年第 28 号）规定，具备一定条件的企业，可以向电力监管机构申请承装（修、试）电力设施许可证，“取得承装类许可证的，可以从事电力设施的安装活动”“取得承修类许可证的，可以从事电力设施的维修活动”“取得承试类承装（修、试）电力设施许可证的，可以从事电力设施的试验业务”。由此可见，法律法规已经明确，住宅小区供配电设施建设市场属于放开的竞争性市场。政府部门应当按照相关法律法规规定，减少行政干预，把着力点放在加强市场监管，维护市场公平竞争秩序上来。

（二）政府部门指定统一建设、统一收费排除限制了市场竞争。部分地方指定供电企业统一建设新建住宅小区供配电设施，实际上剥夺了法律法规赋予房地产开发企业自主选择设计、施工、监理单位以及材料设备的权利，排除和限制了新建住宅小区供配电设施建设市场上非关联企业公平参与竞争的机会。即便是供电公司通过招投标选择设计、施工、监理单位和设备材料供应商，由于其既当裁判员又当运动员，也很难产生实质性的竞争效果。且统一建设模式下即使通过招投标降低了工程价格，但由于供电公司还是按政府规定的固定标准向房地产开发企业收取电力设施建设配套费，降价好处难以传导至房地产开发企业和最终消费者。据对房地产企业开展的问卷调查，各地新居配统一建设、统一收费明显扰乱和抬高了供配电设施安装价格，影响了市场机制正常发挥作用。据第三方机构对房地产企业开展的问卷调查，全国供配电安装的平均市场价格，新居配出台前为 74.69 元/平方米，政策实施期间是 109.54 元/平方米，价格上涨 34.85 元/平方米，涨幅近 50%。

（三）现有制度可以解决供电设施的质量问题。供电设施的质量问题事关居民用电安全，必须得到充分保障。按照《反垄断法》以及发挥市场在资源配置中的决定性作用和更好地发挥政府作用的要求，政府部门应采取最低限度影响市场公平竞争的政策措施来保障质量。从现有法律法规、相关政策和实践情况看，供配电设施建设质量监管体系比较完备。各级电力监管机构根据《承装（修、试）电力设施许可证管理办法》，对承装（修、试）电力设施许可证进行监督管理，监管内容就包括承装（修、试）电力设施单位执行相关电力技术、安全、定额和质量标准等的情况。《供电营业规则》明确规定，供电企业应当通过设计审核、中间检查、竣工验收等对供电设施进行质量管控，供电公司有权在验收合格后才予通电。因此，保障质量关键是加强事中事后监管，只要监管到位，供电设施质量是可以保障的。以保障工程质量为由，要求政府部门指定供电企业统一建设，理由是不充分的。

（四）后期维护管理主体和资金来源已有安排。2013 年国家发改委《关于完善居民阶梯电价制度的通知》要求，新建居民小区供电设施"由电网企业统一负责运行维护"；电网企业因此增加的运营维护费用"纳入输配电成本，适时通过调整电价予以疏导"。因此，小区供配电设施的后期管理维护主体以及资金来源已有安排，无须通过指定统一建设收取电力设施配套费解决。

（五）部分地方的做法充分说明放开统一建设是可行的。除 12 个省实行统一建设、统一收费模式外，其他省市自治区不再通过政府部门指定供电企业统一建设，并未产生突出的质量和维护问题，部分省市从统一建设、统一收费模式转到地产开发公司自行选择有资质的单位进行建设后，一方面激发了市场活力，另一方面房地产企业选择的施工企业与统一建设模式下供电企业选择的企业基本是一致的，质量并没有明显差异，充分说明只要加强电力设施建设的事中事后监管，放开统一建设是可行的。

四、案件的重大意义

从各国经验看，一国反垄断执法的历史，往往是由一个个重大典型的案件构成的。回顾新居配案件，无疑这是一起查处殊为不易、影响广泛深远的案件，案件中体现出的执法决心、分析方法和最终的执法效果，对于进一步做好反垄断工作，具有重要的借鉴意义。

（一）这是涉及利益调整最大的行政性垄断案件，案件的查处维护了公平竞争，减轻了企业成本，降低了消费者负担。反垄断执法的目的是维护市场公平竞争，增进消费者福利。新居配案件涉及供电企业、房地产企业、供配电设施施工企业、消费者等多方利益，案件的查处对各方利益产生了重大影响。据第三方机构对房地产企业开展的问卷调查，各地清理新居配统一建设、统一收费后，全国供配电安装的平均市场价格，从政策实施期间的 109.54 元/平方米，下降到 82.35 元/平方米，价格回落 27.19 元/平方米，接近政策出台前的价格。其中，实施过此项政策的省份，政策清理引导市场价格下降 18.83%。剔除时间因素，按照各地 2015 年新建住宅面积，清理整顿政策对部分地区房地产企业降成本的贡献一年达到 53.53 亿元。

（二）这是涉及面最广的行政性垄断案件，案件的查处促进了反垄断法实施，强化了反行政垄断执法权威，提升了行政机关公平竞争意识。法律的生命在于实施。在中国特殊国情下，反垄断法颁布之初并不被各方看好，“立法过早”“难以实施”“没有牙齿的老虎”等各种论调大有市场。特别是中国仍处于经济转型过程中，维护市场公平竞争的关键是有效规范政府行为，制止滥用行政权力排除限制竞争行为，但长期以来政府部门直接干预市场的行为惯性很强，很多观点认为反垄断法难以承担规范政府行为之重。本案中，滥用行政权力的行为波及面广，涉及 12 个省份（2 个省级政府规章，2 个政府办公厅文件，8 个省级有关部门文件），反垄断执法的难度可想而知。案件的查处和公开通报，展现了反垄断执法机构的坚定决心，向社会各界特别是行政机关，释放了强烈的信号，对于推进反垄断法实施，推动行政机关尊重、遵守反垄断法意义重大。

（三）这是涉及竞争政策与其他经济政策之间关系协调最为复杂

的行政性垄断案件，案件的查处充分体现了竞争政策的基础地位，为以竞争政策为基础协调其他经济政策提供了典型样本。以竞争政策为基础，协调其他经济政策共同发力，是我国当前经济政策转型的重要取向。政府管理具有经济发展、社会安全、管理成本等多维度的价值目标，实现竞争政策的基础地位，要科学平衡好各种价值取向，努力实现各种政策目标。本案中，政府管理涉及质量安全、社会稳定、行业发展等多重目标。反垄断执法机构在案件查处中，充分考虑了各方意见，进行了深入的竞争分析，对各方关心的供配电设施质量安全、后期维护、费用分配等问题，给予正面回应，在此基础上得出了最终的结论。案件分析的过程，实质上就是以竞争政策为基础，协调相关管制政策的过程。案件分析中体现出的竞争优先、竞争损害最小化等分析思路，对于规范政府行为、确立竞争政策基础地位有很强的借鉴意义。

深圳市卫计委 GPO 行政垄断案

仲春　王政宇

GPO（Group Purchasing Orgnization）肇始于美国，是指医院等医疗机构通过采购组织，集中采购药品、耗材以及医疗器械等物资，实现采购成本优化。这种采购模式在采购方（医院）与销售方（医药生产企业）之间额外设立一层采购服务中介，并致力于通过批量采购或强势中介的议价能力来降低采购价格。从竞争法的角度看，该机构设立并运作后，最需要提防的是购买方之间达成买方垄断，因为一方面，买方垄断市场正如卖方垄断市场，会产生社会福利的净损失；另一方面，买方垄断同样容易催生制度腐败与利益交换。如果政府在学习和落实国际医疗物资采购经验过程中未能全面理解国际制度产生和发展的社会经济背景以及医疗制度运作差异，并在制定实行政策过程中未能意识到相关经济学原理，低估制度的执行变异现实，就很可能好心做坏事，以计划代市场，以垄断代竞争，不恰当地干预市场经济的竞争秩序。

一、案情简介

2015 年 2 月，国务院办公厅发布《关于完善公立医院药品集中采

---

*　仲春，暨南大学知识产权研究院院长助理、副教授；王政宇，暨南大学 2019 级法律硕士研究生。

购工作的指导意见》，明确了在公立医院改革试点城市，允许以市为单位在省级药品集中采购平台上自行采购。2016 年 7 月，深圳市卫计委出台《深圳市推行公立医院集团采购改革试点实施方案》（下称"《实施方案》"），该方案明确，GPO 负责全市公立医院临床试验药品的统一采购工作，实施"带量采购"，组织定点生产、定点采购、谈判议价，减少药品流通环节，降低药品采购成本。

此后，国家发改委及广东省价监局多次收到药品生产经营企业和行业协会的投诉，认为深圳市公立医院药品集团采购涉嫌排除限制竞争问题，主要集中在：（1）作为遴选出的深圳市唯一药品集团采购组织——全药网药业被赋予的权力过大。其集药品谈判议价权、采购权、配送企业选择权于一身，并凭借强大话语权向药品生产企业、配送企业提出不合理要求；（2）剥夺了药品生产企业选择配送商的权利；（3）议价规则不透明，盈利模式缺乏监督。①

2017 年 4 月，国家发改委网站发布《深圳市卫计委承诺纠正公立医院药品集团采购改革试点中滥用行政权力排除限制竞争行为》，指出深圳市卫计委在改革试点中出现的只允许一家 GPO 提供采购服务、限定公立医院及药品生产企业使用该 GPO 的服务、限定药品生产企业对药品配送的选择权等行为，违反了《反垄断法》第八条、第三十二条规定，构成滥用行政权力排除、限制竞争的行为。

二、处罚涉及的行政垄断行为及深圳市卫计委整改方案

（一）只允许一家 GPO 提供药品集团采购服务

和许多政府措施出台时的初衷一样，深圳市 GPO 试点工作最初的

---

① 靳静，《推进药品集团采购应当符合公平竞争原则——以深圳 GPO 行政垄断案为例》，《中国价格监管与反垄断》，2017 年 5 月。

出发点良好，意图通过市场竞争让药价回归到正常水平，使得药品保障更加市场化、透明化、智能化和阳光化。但在改革试点工作中，深圳市卫计委通过向社会公开申报条件，按照既定遴选程序最终确定全药网药业作为唯一指定的采购企业。同时，根据国务院医改办、国家卫计委等八部门于 2016 年 12 月联合发布的《关于在公立医疗机构药品采购中推行“两票制”的施行意见》以及 2017 年 1 月国务院办公厅发布的《关于进一步改革完善药品生产流通使用政策的若干意见》中要求医疗机构、药品生产商必须通过地方政府的采购平台或 GPO 才能购买、销售的意见，全药网药业成为《实施方案》中试点药品的医疗机构与药品生产商交易的必经、唯一平台。

由此，全药网药业占据深圳特定药品采购市场绝对市场份额；同时，全药网药业对处于上下游产业之间获得绝对优势话语权。因此，全药网药业均具有绝对优势的市场支配地位。深圳市卫计委的遴选行为变相赋予被选中企业强势的市场支配地位，不合理排除、限制符合资质并有意愿参与采购的企业加入竞争，违反了《反垄断法》第八条的规定。这不仅不利于药品采购过程中采购商价格谈判的积极性，更严重破坏了当地药品采购市场的竞争秩序，违背 GPO 试点工作的初衷。

（二）限定深圳市公立医院、药品生产企业使用全药网药业提供的服务

《实施方案》排除了深圳市所有公立医院通过其他具备条件的集团采购组织以及在省级药品集中采购平台上自行采购的选择权。《实施方案》施行前，深圳市公立医院可以通过广东省药品交易平台进行采购。平台分散采购的好处在于平台上中标药品数量多，全省各医疗机构可以单独下单采购，药品的可选范围较广；弊端存在于采购量分散导致难以与药品生产机构谈判议价的窘境。深圳市 GPO 试点旨在通过第三方药企作为采购集团将全市公立医院的药品需求进行汇总，与

药品生产商统一谈判价格，以达到“量价挂钩、以量控价”的目的，降低采购成本。

然而集中采购并非需要通过一家平台进行，而是可以存在多家平台进行竞争，深圳市指定唯一一家 GPO 采购方的做法不妥。采购组织交由一家平台垄断进行，完全排除了交易双方的自由选择权。《深圳市公立医院药品集团采购规定（试行）》第五条要求“公立医院应与集团采购组织签订药品委托采购合同”，并在第二十六条规定了违反采购规定的单位和相关责任人应负的责任。这样的做法致使医疗机构只能通过全药网药业进行采购，阻断了原有的广东省药品交易平台的采购通道，严重损害了医疗机构的自主选择权。另一方面，变相限定药品生产企业只能通过全药网药业向深圳市公立医院销售目录内药品，不能通过省级药品集中采购平台销售，破坏了药品市场正常的竞争秩序。这使得生产企业要么全部接受全药网药业的服务，要么放弃深圳市公立医院的市场。深圳市卫计委的做法违反了《反垄断法》第三十二条等规定，构成滥用行政权力排除、限制竞争的行为。

（三）限定药品配送企业由全药网药业指定

配送属于药品交易的附属环节，市场上有多家企业可供选择，在价格、速度、综合服务方面都存在激烈竞争。但深圳市卫计委全权授予全药网药业选择药品配送的权力，即由全药网药业负责制定配送企业遴选办法、组织遴选工作，并最终确定配送企业。此举违反了国务院《关于完善公立医院药品集中采购工作的指导意见》中规定的“药品可由中标生产企业直接配送或委托有配送能力的药品经营企业配送到指定医院”。由于全药网药业系深圳海王集团的子公司，海王集团及其旗下公司凭借其领先的医药商业与连锁规模自身就是配送企业的有力争夺者，子公司作为遴选规定的制定者，必然影响遴选的公平性。

事实上，美国的GPO仅作为一个中介机构进行药价的谈判工作，不参与药品的实际采购与配送环节，这减少了GPO在过程中获取不正当利益的可能性。在全药网药业获得决定药品配送的权力后，更具有滥用行政权力、不合理搭售、限定交易等违法之嫌，不利于形成公开透明的竞争秩序。

（四）深圳市卫计委的整改措施

针对国家及广东省发改委指出的问题，深圳市卫计委承认错误并立即提出三项具体措施：一是确保公立医院药品采购自主权。在坚持集中采购的原则下，对公立医院药品采购不做强制性要求，允许公立医院自主选择委托现有集团采购组织（即全药网药业）或在广东省平台采购。二是确保选择药品配送企业自主权。修订完善公立医院药品集团采购药品配送相关制度，恢复药品生产企业选择确定配送企业的自主权。三是确保药品生产企业自主权。允许药品生产企业自主选择现有集团采购组织或其他采购平台向深圳市公立医院销售目录内药品。

时隔一年，深圳市卫计委于2018年制定了《深圳市公立医院药品集团采购规定（试行）》。[②] 相较于之前对GPO的遴选方式、运行机制、监督管理等方面有了较大改善，采取了例如将GPO纳入《深圳市公共资源交易目录》采用政府采购的方式产生、允许公立医院自主选择GPO、广东省第三方药品电子交易平台或其他符合有关规定的药品采购平台采购药品、确保药品生产企业和医疗机构的药品配送企业选择权等有力措施维护公平竞争秩序。

---

② 深圳市卫生和计划生育委员会关于印发《深圳市公立医院药品集团采购规定（试行）》的通知，http：//wjw. sz. gov. cn/xxgk/zcfggfxwj/mybh_5/201806/t20180612_12118781. htm，访问日期2020年2月5日。

三、案件评价与思考

深圳 GPO 案因涉及医药这一国计民生重要领域的行政垄断以及 GPO 模式自身的新颖性，引发了社会的关注与讨论。本案中我们可以看到，在各领域不断深入改革的时候，竞争领域的公平竞争审查、反垄断的私人执行等一系列改革也不应当缺席，公平稳定的竞争秩序是市场经济改革中最有力的支撑。

（一）探索 GPO 模式的完善之道，避免滥用行政权力

对 GPO 模式的探索不断深入得益于本国的智慧与外国的实践经验相结合，各国国情迥异不可避免造成 GPO 实际操作方面的差异，即使在 GPO 模式的发源地美国，也面临着诸多争议，其中之一就是反垄断风险。

1996 年，美国医疗保健强制反垄断政策中，通过以下两个指标控制 GPO 组织的采购行为：一个医疗组织通过某一 GPO 采购的某一产品或服务的数量，不能超过该医疗机构该产品或服务总量的 35%；一个医疗机构通过某一 GPO 组织采购的总额，必须低于该 GPO 组织全部采购总额的 20%。[③] 通过规定数量比例来减少 GPO 组织的垄断风险。

我国引入的 GPO 采购模式由于与行政权力的密切结合，进一步增大了垄断风险。作为政府集采平台的一个补充尝试，GPO 本身未能真正实现市场化竞争，导致医院和上游供应商缺乏自主选择权；[④] 同时，GPO 的盈利模式模糊，又增大了滥用优势地位，与采购商相互串通、

③ 常峰、刘洪强，《美国集中采购组织实施效果研究及其对我国药品采购的启示》，《中国卫生经济》，2015 年 10 月。

④ 医改 GPO 模式的困境与出路，http：//www. sohu. com/a/223746873 _724923，访问日期 2020 年 2 月 5 日。

恶意压低采购价格等疑虑。欣慰的是，通过上海、深圳两地的整改，我们可以看到行政机关正逐渐减少干预，让 GPO 模式更加市场化，减少行政垄断的可能性。只有不断总结 GPO 发展过程中的经验，不遗余力地探索与发展，才能使其发挥最大作用。

（二）积极倡导公平竞争秩序，维护公平竞争审查制度

“深圳市卫计委行政垄断案”并非行政垄断案件涉及医药领域的首案，国家发改委早在 2015 年就针对蚌埠市卫计委在药品采购中出现的排除、限制竞争等违反《反垄断法》的行为提出建议要求整改。在深圳市卫计委案件被调查之后不到半年，上海卫计委也收到了国家工商总局授权上海市工商局的通知，要求其就 GPO 试点过程中出现的联合抵制交易、排除限制竞争等违反《反垄断法》的行为进行整改。在实践中发现，上海 GPO 模式的制度设计相对完备，尤其是熟知医药行业法律法规、相关政策及医改动向，但是对竞争政策却知之甚少。[⑤]

虽然从短期来看，对医疗机构、生产企业的限制可以将更多的权力赋予 GPO，帮助其在谈判过程中拥有更多筹码以实现采购价格降低的目标。但长期看，GPO 垄断会凭借自己的优势地位控制药品的数量与价格，医疗机构只能够选择单一来源的采购服务，生产企业为满足 GPO 的减价目标而不断削减所剩无几的利润空间，这对企业发展、竞争秩序等方面都存在一定程度的危害。面对层出不穷的行政垄断行为，我们应继续倡导公平竞争秩序，在改革中通过严格执法、提高惩罚力度等有力措施维护公平竞争审查制度。

---

⑤ 杨超，苏永辉，《查办上海 GPO 垄断协议案的几点思考》，《中国市场监管研究》，2019 年 3 月。

（三）完善反垄断私人执行制度，推动竞争秩序进一步良性发展

环顾世界各国和地区的反垄断法实施体系，虽然公共主体依然在绝大多数国家和地区的反垄断执法中发挥主导作用，但近年来越来越多的国家和地区开始采取努力为反垄断法的私人实施扫除障碍。私人诉讼是行政执法的有效补充，虽非主导，亦非无足轻重，并且具有不可取代的价值。

本案并没有在深圳卫计委提出整改后停止纷争，2018 年广州某药业公司将国家市场监督管理局告上法庭，要求其履行查处深圳市卫计委涉嫌行政垄断的职责。⑥ 该企业认为，其于 2018 年 4 月 10 日向市场监管总局寄送《监督申请书》，要求总局查处深圳卫计委和全药网的垄断行为、全药网违反“两票制”和违反药品招标代理机构不得从事药品经营活动的违法行为，市场监管总局至今未履行其监督查处垄断行为的法定职责。

市场监管总局则答辩认为市场监管总局已经履行法定职责。首先，2016 年发改委已对深圳市卫计委相关行为进行了调查。目前该案件仍在处理过程中，不能重复查处。针对该公司举报涉及的全药网违反“两票制”和违反药品招标代理机构不得从事药品经营活动的事项，市场监管总局已转原国家食品药品监督管理总局处理。其次，该公司不具有提起本案诉讼的原告资格。反垄断法的立法目的在于保护市场公平竞争，提高经济运行效率，维护消费者利益和社会公共利益，促进社会主义市场经济健康发展。市场监管总局是否就其举报事项开展调查或处罚，对该公司的权益不产生直接影响，故其不具有提起本案诉讼的原告资格。综上，请求法院判决驳回原告的诉讼请求。

法院认为，行政机关履行法定职责，其首要任务在于维护公共利

---

⑥ （2018）京 01 行初 966 号。

益。为此，行政机关需要对多元利益进行综合考量和权衡，并在此基础上合理配置和使用行政资源，以确保其监管职责能够得以全面有效的行使，公共利益能够得到有效的保护。不特定相关公众基于行政机关对行政管理秩序的维护而客观上获得的利益，属于“公共利益的片段”，即所谓“反射利益”，尚不足以构成行政诉讼法上所指的合法权益。只有当行政机关不仅有为不特定相关公众的共同利益，更有为特定个人利益启动行政程序的法定义务时，行政机关履行职责才具有保护个人合法权益的功能，特定主体方有资格基于个人利益请求行政机关履行职责。

本案实际是行政处罚后续相关行政诉讼，原告企业希望通过法院的介入，迫使竞争执法机构进一步对其认为存在的第三方竞争违法行为进行监管。本案中，法院并未支持原告方的诉求。但原告如认为全药网的行为使得自身利益遭受损害，仍然可以向法院直接提起民事诉讼。

除了反垄断行政执法外，反垄断民事诉讼同样具有抑制垄断行为发生、制裁垄断、矫正企业行为的效果。实践中反垄断主管机构的主要任务是维护公共利益，但仅凭公共机关的力量难以保障每个市场参与者的合法利益不受损害。反垄断私人执行制度的适度发展，会激励私人基于利润最大化来理性选择执行投资和努力的程度，在保障个人利益的同时，往往也能弥补我国反垄断执法力量配比严重不足，实现维护公共利益的作用。⑦ 因此，该案后续行政诉讼也为我们完善中国反垄断私人执行制度提供思考，进一步充分发挥个人与社会的积极性，更好地维护公平竞争秩序。

---

⑦ 王健，《反垄断法私人执行的优越性及其实现》，《法律科学（西北政法学院学报）》，2007 年 4 月。

北京市房山区燃气开发中心行政垄断案

魏士廪

北京市房山区燃气开发中心（下称“房山区燃气开发中心”）行政垄断案发生在2018年初，北京市发改委介入调查后，相关问题很快得到整改和纠正，一年后，房山区燃气开发中心进行了改制，由事业单位改为了国有独资公司。作为具有公共事务管理职能的组织，身兼区域行业规划与管理职能，同时还出资办企业，经营管理燃气企业，角色定位不清，产生行政垄断案件是必然的。反垄断执法机构的调查不仅解决了案件本身涉及的滥用行政权力排除、限制竞争问题，更有价值的是，与国家事业单位机构改革相吻合，进一步促进了该机构的改革，但诱发滥用行政权力排除、限制竞争的角色定位错乱问题仍需要进一步深化改革进行根除。

一、案例基本情况

2018年2月，根据有关线索，北京市发改委对房山区燃气开发中心涉嫌滥用行政权力排除、限制竞争行为进行调查。

经查，房山区燃气开发中心负责房山区天然气工程建设、管理和经营等工作，承担着房山区燃气行业管理职能。该中心在开展燃气项

---

* 魏士廪，北京大成律师事务所高级合伙人。

目报装审批过程中，以直接委托、指定等形式，要求开发单位签订由房山区燃气开发中心提供的制式合同，限定开发单位选择房山区燃气开发中心下属企业从事施工建设。据调查，房山区内绝大部分燃气工程都未执行招投标程序，直接由房山区燃气开发中心下属企业施工建设。前述行为一定程度上限制了开发单位的自主选择权和其他具有资质施工企业的公平竞争权，违反了《反垄断法》第三十二条“行政机关和法律、法规授权的具有管理公共事务职能的组织不得滥用行政权力，限定或者变相限定单位或者个人经营、购买、使用其指定的经营者提供的商品”之规定，构成滥用行政权力排除、限制竞争的行为。

针对上述情况，北京市发改委向房山区政府办、区国资委、区城管委、区燃气开发中心等相关部门通报了排除、限制竞争行为的事实，并提出立即全面纠正的建议。房山区燃气开发中心积极配合执法调查，并实施了有效的整改措施，对行使区政府授权的燃气行业管理职能时存在的排除、限制竞争行为予以主动纠正，于2018年4月通过网站对主动纠正情况予以公示。

二、案例评析与启示

作为反垄断实务工作者，笔者对本案的实务价值更感兴趣，其实务价值主要体现在发现案件的来源渠道、实施行政垄断的路径、行为主体角色定位与行为本身引发的深层思考。

（一）案件的来源渠道对查办案件和清理行政垄断具有重要价值

北京市价格监督检查与反垄断局反垄断二处执法官员高建平在本案的办案体会中披露：“本案中，正是市级政府投资项目稽查部门发现房山区某燃气工程未采取公开招投标确定工程单位，而是依照房山燃气中心要求，委托中心指定的施工单位开展建设问题后，第一时间转来案件线索，保证办案人员在即使未事先发现排除、限制竞争文件的情况下，能够精准出击，及时纠正。”[①] 多数案件来源于举报，但本案恰恰是没有受害人举报，而是政府投资项目稽查部门发现该投资项目没有依法通过招标程序确定施工单位，而是根据燃气开发中心的要求直接委托。这说明滥用行政权力排除、限制竞争的案件为规避竞争，初期最常用的手段就是规避招标程序或其他类似的竞争性选择程序，该类案件往往因没有公开，相关公众或者竞争受损的企业难以发现，或者因证据信息太少，难以提起有效的举报，或者即使发现，也往往是很迟延的信息，工程可能因进入施工环节，一般的竞争受损者也无动力去举报。但本案的调查信息来源启示我们，政府投资项目稽查是发现行政垄断案件线索的重要渠道，能弥补社会举报的不足，并且非常精准。查处行政垄断案件，行政执法机构应从制度和行动上建立起与政府项目投资稽查部门、财政局政府采购相关监督部门等进行联合，筛查没有经过竞争性选择程序的案件，从而发现行政垄断案件的线索。该方法应在公平竞争审查和行政垄断调查案件中大力推广，非常有价值。

（二）实施行政垄断路径的隐蔽性与变异对公平竞争审查提出了更高的要求

本案中，房山区燃气开发中心是通过不履行法定招标等竞争性选择程序，而是通过要求开发单位签订由房山区燃气开发中心提供的制式合同，限定开发单位选择房山区燃气开发中心下属企业从事施工建

---

① 《北京市纠正房山区燃气开发中心行政性垄断行为》，纸质版详见《中国市场监管报》第八版，栏目主持人倪泰，2019 年 2 月 12 日；网络版详见《中国市场监管报》官网：http：//www. cicn. com. cn/zggsb/2019 – 02/12/cms115042article. shtml，访问时间 2020 年 2 月 24 日。

设的方式来排除、限制竞争。该种方式比较隐蔽，也是“行政措施”“变异”的初级形态，很难进入公平竞争审查的日常流程中。要避免该行为发生，一方面是依法严格监督《中华人民共和国招标投标法》和《中华人民共和国政府采购法》等相关配套法律制度的实施，另一方面就是加强公平竞争审查制度的落实力度和效果。本案中，在绕开招标程序后，实际上是把签订燃气开发中心制定的制式合同当作“行政措施”的“变异形态”，把指定其下属企业负责施工嵌入制式合同中来完成行政指定的。如果对燃气开发中心的这一“行政措施”的“变异形态”予以识别，并进行严格的公平竞争审查，该指定行为就不会发生，但公平竞争审查实务中，没有文号的文件在具体操作过程中很难进入审查流程。公平竞争审查由于多数仅是行政机关内部审查，审查的力度和深度往往不够，内动力也不足，流于形式的现象容易发生。加强公平竞争审查的广度、深度、力度、内动力以及监督机制是减少行政垄断行为发生的有效途径和方法。

（三）厘清并改革具有公共事务管理职能的组织的角色定位是解决诱发单位实施行政垄断行为的根本性前提条件

本案调查公布后，笔者曾应《中国市场监管报》倪泰记者的邀请对本案进行了分析和点评，详见《让反垄断之光照亮具有管理公共事务职能的组织》。[②] 点评文章发表时是 2019 年 2 月，文章重点从被调查单位的角色定位、行为特征以及解决问题的根本方向等方面进行点评，2019 年后半年北京市房山区燃气开发中心的改制也进一步印证了笔者的分析，厘清具有公共事务管理职能的组织角色定位是解决诱发单位实施行政垄断行为的根本性前提条件。

---

② 笔者注，本文部分内容已发表在2019 年2 月12 日的《中国市场监管报》第八版，栏目主持人倪泰，作者魏士廪，收录本书已获得报社的同意。详见中国市场监管报官网：http：//www. cicn. com. cn/zggsb/2019 －02/12/cms115042article. shtml。

与行政机关滥用行政权力排除、限制竞争相比，作为具有管理公共事务职能的组织，房山区燃气开发中心滥用行政权力限定交易案在现实生活中具有一定的隐蔽性和代表性，对竞争秩序的破坏比较严重，并且这种违法行为不容易根除。

本案作为行政性垄断案件，其隐蔽性主要来源于燃气中心的主体性质、机构组成和行为表现。在 2019 年初通过天眼查网站查询，燃气中心为事业单位，其作为投资主体，通过 100% 持股北京房山燃气开发集团有限公司（简称“房燃集团”）和 19% 持股北京房开控股集团有限公司对下属 27 家公司具有实际控制权，多数为与燃气行业或燃气行业上下游产品、服务有关的公司。2019 年初，房山区人民政府官网显示，燃气中心的 8 个内设机构全部为房燃集团的有关管理机构，燃气中心主页呈现的信息基本上都是房燃集团的企业经营行为信息。这种名义上是事业单位但主要精力放在企业经营管理的现象，为其实施行政性垄断行为抹上了一层“掩护色”，导致现实生活中辨识此类行政垄断行为存在一定难度。如果进一步查证该组织的性质，就可以发现其主管单位为北京市房山区人民政府，登记管理机关为房山区机构编制委员会办公室。其宗旨和业务范围是，为城乡燃气事业提供规划建设服务，做好燃气管道规划、设计、建设、管理、经营等工作。在房山区人民政府官网“政府信息公开机构导航”中“区政府部门”一栏下，“区燃气中心”赫然在列。2020 年 2 月，笔者在查询时发现，房山区人民政府官网原来披露的下属事业单位均已全部删除。

众所周知，燃气行业属于公用事业领域，事关老百姓的民生。通过这些信息，可以进一步确认燃气中心是法律法规授权的具有管理公共事务职能的组织，完全符合《反垄断法》第三十二条关于滥用行政权力限定交易的行政主体资格。

像燃气中心等法律法规授权、具有管理公共事务职能的组织实施行政垄断行为的现象具有一定普遍性和代表性，本案的调查与公布具有重要意义。国家市场监督管理总局官网本次公开的16起案例中，[③] 实施行政性垄断行为的山东省临沂市莒南县公共资源交易服务中心也是法律法规授权具有管理公共事务职能的组织，目前在全国各个省市县三级行政地区，多数设置了公共资源交易服务中心，这个领域存在大量的行政垄断行为，这类行为的根除并不容易，除了认识和观念上的原因，主要原因是公共事务管理职能与经营管理职能存在混合交叉，经营与管理具有角色定位冲突。

分析本案可以看出，燃气中心下属实际控股企业达27家之多，并且多数是燃气领域或其上下游产品、服务的企业。这种职能的混合交叉使得燃气中心难以超越自身利益，在某种程度上有既做运动员又做裁判员的嫌疑。这种职能混合交叉的情况下，利用公共事务管理职能为自己的下属企业提供交易机会具有内动力，指定交易或限定交易行为的发生就难以避免。要想根除此类行为，还需要在今后的事业单位体制改革中明确角色定位，坚决杜绝事业单位利用公共事务管理职能开办企业，清理事业单位的下属企业，还市场一个公平的竞争环境。只有定位中立了，才能根除限定交易的内动力。笔者搜索发现，2019年7月3日，北京市房山区人民政府在其官网已公布了《北京市房山区燃气开发中心自收自支事业单位改制为国有独资公司》，该公布称“房山区燃气开发中心按照区编办对事业单位改革要求，以《中华人民共和国公司法》《中华人民共和国企业国有资产法》《中华人民共和国劳动合同法》《北京市关于从事生产经营活动事业单位改革的实施意见》（京办发〔2017〕17号）和《北京市房山区关于从事生产经营活动事业单位改革的实施意见》（京房办发〔2018〕28号）等法律法规为依据，严格程序，依法依规操作，于2019年6月24日完

---

③ 《市场监管总局关于发布2018年市场监管部门制止滥用行政权力排除、限制竞争行为典型案例的公告》，国家市场监督管理总局官网，详见 http：//www. samr. gov. cn/fldj/tzgg/qlpc/201903/t20190313 _291971. html，访问时间2020年2月24日。

成了新公司的工商登记注册，新公司的名称为北京燃气房山有限责任公司，营业期限2019年6月24日至长期，登记机关北京市房山区市场监督管理局”。④

房山区燃气开发中心改制后，笔者再次到天眼查网站查询燃气开发中心改制后经营范围的变化，发现改制后的国有独资公司经营范围没有减少，除了增加了“道路货物运输”外，“规划管理”等公共事务管理职能仍然在列，不清楚改制后，该公司是否依然行使对房山区燃气行业的公共事务管理职能。

无独有偶，笔者发现西城区人民政府官网披露，“北京德源兴业投资管理有限公司是于2017年12月25日，按照《北京市关于从事生产经营活动事业单位改革的实施意见》文件精神，由自收自支事业单位北京市西城区房屋土地经营管理中心转制为独立法人的国有独资企业，承接了原北京市西城区房屋土地经营管理中心的全部业务、人员和资产，注册资本6亿元”。⑤ 2019年1月25日，该公司改制为“北京德源兴业投资管理集团有限公司”。其主要职责是“从事区政府授权直管公房等国有资产的经营和管理……按照政府的有关要求和城市建设开发规划，受政府委托组织和实施危旧房改造工作，参与新建小区的物业管理，加大产业开发力度，促进产业发展，为弥补直管公房修缮资金不足提供保障……承办区政府交办的其他事项。”⑥

从上面的两则案例可以看出，尽管原来的事业单位均改制为国有独资公司，但似乎部分公共事务管理职能也一并转移到了改制后的公司，没有看出原来的事业单位承担的部分公共事务管理的职能转移到

---

④ 见房山区人民政府官网：http：//www. bjfsh. gov. cn/zwgk/qgzw/ywdt _ 1912/bmdt _ 1913/gzdt _1914/201907/t20190703 _39966375 _fs. shtml，访问时间2020年2月19日。

⑤ 见北京市西城区人民政府官网：https：//www. bjxch. gov. cn/xcfw/qyfw/xxxq/pnidpv763599. html，访问时间2020年2月24日。

⑥ 见北京市西城区人民政府官网：https：//www. bjxch. gov. cn/xcfw/qyfw/xxxq/pnidpv763599. html，访问时间2020年2月24日。

了哪个部门，相反，改制后的经营范围没有减少，只有增加，西城区政府官网的介绍“承接了原北京市西城区房屋土地经营管理中心的全部业务”，这表明职能也全部随之转移。这样的改制使公共事务管理职能更为隐蔽，外壳变成了国有独资公司，更难分辨其公共事务管理职能的本质，一旦因公共事务管理职能行使不当，将使遭受竞争损害的受害者救济更加困难。这种改制与国家对事业单位改革要求离政企分开、事企分开，推进政府职能转变还有较远的距离。中共中央办公厅国务院办公厅印发的《关于从事生产经营活动事业单位改革的指导意见》通知（厅字〔2016〕38 号）第一条“总体要求”的“基本原则”中强调：“坚持政企分开、事企分开。遵循社会主义市场经济规律，推进政府职能转变，进一步理顺政府与市场关系，应由市场配置资源的生产经营活动坚决交给市场，将经营类事业单位逐步转制为企业。”上述具有公共事务管理职能的事业单位改制为国有独资公司尽管比原来推进了一步，但公共事务管理职能与企业的经营管理角色仍然没有梳理清楚，只是表面上从事业单位的形式转变成了国有独资公司形式，这种角色定位的混同仍然难以铲除诱发单位滥用行政权力排除、限制竞争的土壤，除加强公平竞争审查外，仍需要进一步深化公共事务管理机构的改革。

内蒙古公安厅指定使用独家印章软件系统行政垄断案

魏士廪　李蕊

一、案件基本情况

2013年4月23日，内蒙古自治区公安厅（下称“内蒙古公安厅”）向各盟市公安局下发了《全区印章治安管理信息系统整合联网及推广使用新型防伪印章实施方案》（内公办〔2013〕60号，下称“60号文”），决定按照“统一领导、统一规划、统一标准、统一建设”原则，对全区印章系统进行升级改造和整合联网，明确规定“依照政府采购程序，内蒙古恭安金丰网络印章科技有限责任公司（下称‘金丰公司’）为全区新型防伪印章系统建设项目中标单位，负责新型防伪印章系统软件的开发建设”，要求“各地积极支持配合金丰公司建设维护全区印章系统管理平台，杜绝自行其是、各自为政”。但经调查发现，选择金丰公司作为印章系统建设单位，并未履行任何招投标程序。

60号文出台后，内蒙古公安厅多次要求各盟市公安局尽快落实文件要求，卸载正在使用并经公安部检测通过的系统软件，安装使用金丰公司的系统软件，并要求全区刻章企业统一向金丰公司采购符合国

* 魏士廪，北京大成律师事务所高级合伙人；李蕊，北京大成律师事务所律师。

家有关技术标准的章材、芯片以及配套硬件设备等。

2016 年 1 月，受害人委托律师向原国家发改委价格监督检查与反垄断局递交举报材料，7 月递交补充资料，其间多次与执法机构面谈报告案件变化情况并配合执法调查参加执法调查现场会议。

2017 年 1 月 6 日，内蒙古公安厅再次向各盟市公安局下发《关于落实自治区党委巡视组意见强力推动印章系统建设的通知》（内公网传〔2017〕260 号），要求“对于已完成金丰系统安装调试却仍在使用旧系统运行的盟市，要切实采取措施，淘汰旧系统，启用新系统；对于至今尚未安装金丰系统的盟市，要迅速采取制定贯彻落实措施，明确责任部门、责任人，抓紧时间落实”。

2018 年 6 月 19 日，国家市场监督管理总局在其官网公开以总局办公厅名义向内蒙古自治区人民政府办公厅发送的《关于建议纠正内蒙古自治区公安厅滥用行政权力排除限制竞争有关行为的函》[①]，附有《内蒙古自治区公安厅滥用行政权力排除限制竞争的主要事实和整改建议》，并要求于 2018 年 7 月 10 日前将有关整改情况函告国家市场监督管理总局。

内蒙古自治区人民政府高度重视，立即责成内蒙古自治区公安厅按照市场监管总局要求认真整改、抓好落实。内蒙古自治区公安厅召开会议专题研究整改方案，决定按照市场监管总局提出的要求深入整改。整改措施主要包括：一是 7 月 3 日之日起废止 60 号文和《关于强力推动印章业系统建设的通知》（内公网传〔2017〕260 号）；二是 7 月 6 日函告金丰公司停止履约；三是按照公安部相关要求，全区安装公安部第三研究所提供的免费软件系统，向全区印章刻制企业配发公安部第三研究所免费提供的客户端软件；四是启动新的印章系统硬件

---

① 参见中央政府官网，http：//www. gov. cn/xinwen/2018 – 06/22/content _5300503. htm ，访问时间 2020 年 3 月。

招标和自治区本级印章系统运维单位的招标程序，部署各盟市公安机关自行开展本级印章系统运维单位招标工作；五是由刻章企业自行选择章材和刻章设备供应商。

国家市场监管总局认为，内蒙古自治区公安厅的上述整改措施，符合市场监管总局提出的整改要求，总局将会同公安部、内蒙古自治区人民政府，督促内蒙古自治区公安厅进一步做好整改落实工作，接受社会监督，确保切实整改到位，维护和促进相关市场的公平竞争秩序。

二、内蒙古公安厅滥用行政权力行为的反竞争效果分析

（一）关于相关地域市场及相关产品市场

本案指定行为没有发生前，各个盟市使用的也都是内蒙古自治区内的企业提供的印章软件，只是不同的企业提供的服务范围大小不同，内蒙古公安系统的管辖范围在自治区范围，印章的使用范围覆盖地也是内蒙古自治区行政区域范围内，本案指定行为影响辐射范围局限于内蒙古公安厅行政权力覆盖范围，故本案中的相关地域市场界定为内蒙古自治区行政区划覆盖的地域范围相对比较合适。

本案中，内蒙古公安厅实施行政垄断行为最为关键的步骤是颁布并实施 60 号文，指定金丰公司独家承担全区新型防伪印章系统软件的开发建设。在执行的过程中，内蒙古公安厅又强制要求全区各地公安机关及刻章公司卸载正在使用并已经公安部检测合格的印章系统软件，更换为金丰公司的印章系统软件，并要求刻章企业向金丰公司购买所需刻章设备和章材。与此指定交易行为相关的市场有三个，分别是印章系统软件市场、刻章设备市场及章材市场。

（二）对印章系统软件市场的反竞争效果分析

行政机关的指定行为直接作用在印章系统软件市场上。因此，应重点分析内蒙古公安厅指定金丰公司为印章软件的唯一供应商对印章系统软件经营者的竞争影响和对各地公安机关以及刻章企业选择印章系统软件自主权的影响。

第一，各地公安机关和刻章企业在选择印章系统软件上拥有自主权，指定行为侵犯了各地公安机关和刻章企业的自主选择权。2000年4月，公安部颁布《印章治安管理信息系统标准》（下称"《标准》"），并下发《关于贯彻执行〈印章治安管理信息系统标准〉的通知》（公通字〔2000〕36号），要求各地公安机关应用的印章系统软件必须经过公安部检测并符合《标准》，同时严禁借推广应用印章系统为名，强制更换印章或推行"防伪印章"。2001年8月31日，公安部又下发《关于规范印章治安管理信息系统建设的通知》（公传发〔2001〕2512号，下称"公安部2512号文"），明确要求"严禁独家垄断。各省、自治区、直辖市必须通过公开招标的方式，选择三家以上的系统软件在本省范围内供各地、州、市推广使用"。因此，各地公安机关和刻章企业应遵守公安部颁布实施的规范性文件，在选择系统软件上拥有一定的自主权。

事实上，60号文出台前，内蒙古自治区10个盟市自行选择了经公安部检测评估合格的多个品牌系统软件，包括银安系统、声鹭系统、泰越系统等七个品牌的印章系统，全区范围内公安系统所使用的印章系统软件市场是竞争性、开放性的。

第二，内蒙古公安厅指定独家供应商的行政行为等于禁止了其他印章软件企业进入内蒙古区域市场，排除和限制了系统软件市场竞争，形成并强化了金丰公司的垄断地位。60号文规定由一家企业统一建设全区印章系统，本身就违背了上位文件公安部2512号文的精神和要求，而且内蒙古公安厅未经招投标程序直接指定金丰公司，直接剥夺了其他供应商参与市场竞争的机会，侵害了已投入使用的其他品牌系统软件供应商的合法权益。60 号文出台后，内蒙古公安厅迫使七个盟市更换原有的系统软件变更为金丰系统，两个盟市原有软件供应商被迫与金丰公司开展合作，导致其他品牌供应商被无端清除出系统软件市场，形成和强化了金丰公司的垄断地位，严重破坏了公平竞争的市场秩序。

（三）对刻章设备市场和章材市场的反竞争效果分析

60 号文出台后，内蒙古公安厅要求全区刻章企业统一向金丰公司采购相关章材、芯片以及配套设备，同样以行政命令的方式赋予金丰公司在刻章设备和章材市场上的垄断地位。

据执法机构调查，60 号文出台之前，章材价格一般在 10 元/枚至 35 元/枚之间。60 号文出台后，刻章企业被迫更换使用金丰公司的章材（每枚最低 55 元、最高 85 元）；采购与金丰公司系统软件配套的“中晶高清扫描仪”（每台 1 600 元）、速拍证卡读写一体机（每台 4 800元）、全铜印章雕刻设备（每台 4 万元）等硬件设备，据调查这些设备价格要比一般市场价格高出 1 倍以上。在刻章公司原设备尚可使用且刻章全过程符合公安部文件要求的情况下，仍被迫高价更换金丰公司的配套设备并向金丰公司采购章材，不仅导致刻章公司付出高额成本，且如此成本也必将转嫁或传导给最终使用者和消费者，由广大消费者为内蒙古公安厅的行政垄断行为买单。事实上，金丰公司获得相关市场的垄断地位之后，印章价格明显上涨，60 号文出台前，每枚印章价格最高不超过 200 元，60 号文出台后，金丰公司向刻章企业推荐的指导价至少为每枚 280 元。

三、曲折复杂的案件过程

鉴于本案背景的复杂性和被调查机关的彪悍与强势做事风格，代理律师接受受害人委托时就已充分分析和评估了本案的难度与风险，并有针对性地设计和准备了组合拳预案，很多细节因保密需要，仍不方便披露。

本案中，被调查的行政垄断行为发生于2013年，2016年初，受害者在走投无路的情况下不得已才委托律师向执法机构举报。为避免内蒙古公安厅在专业上对自己的行为认识性错误，承办律师专程向内蒙古公安厅发出律师函，函中除详细分析和指明本案的违法所在，还列举了反垄断执法机构已调查的类似案件和诉讼案件，同时，还提醒内蒙古公安厅，如果对该行为是否违法存在怀疑，建议他们直接咨询国家反垄断执法机构或者邀请反垄断专家进行相关论证。据了解，内蒙古公安厅接到律师函后内部召开了一次会议，认为是上一届的行为，本届无意去改变，因此，没见有任何实质性改变。因本案涉及内蒙古自治区纪委"督办"要求执行60号文，承办律师根据委托人要求，向内蒙古自治区纪委也发送了一份律师函，但委托人随后担心引来其他麻烦，中途截下了该函。在不得已的情况下，承办律师受托把事先准好的其中一份举报函和相关证据赶在2016年春节前发给了当时的国家发改委价格监督检查与反垄断局。春节后，带领委托人与执法机构办案人员进行当面沟通，其后，又多次与执法机构联系、面谈和参加在内蒙古呼和浩特市的调查会议。本案调查一波三折，中间一度搁置了一段时间，内蒙古公安厅认为是纪委在督导他们执行60号文，根源不在自己。在执法机构的努力下，反垄断执法机构协调公安部委派专门工作人员与反垄断执法人员亲临现场，反垄断执法部门单独与内蒙古纪委沟通案情，有针对性地解决本案的难点，获得纪委的理解与支持。直到 2018 年，国家市场监督管理总局正式做出《关于建议纠正内蒙古自治区公安厅滥用行政权力排除限制竞争有关行为的函》。然而，内蒙古公安厅对国家市场监督管理总局的建议也并未积极落实。鉴于迟迟未向反垄断执法机构报送具体的整改方案，也未开展实质性整改工作，国家市场监督管理总局依法向内蒙古自治区人民政府提出督促整改建议，在此情况下，内蒙古公安厅基本上按照国家市场监督管理总局的整改建议快速落实整改措施。

四、专业执着的反行政垄断执法

本案的办案过程较为曲折、艰难，执法机构历时两年多才促使内蒙古公安厅完成整改，其中一个重要原因是被调查对象为中国行政体系内最为强势的行政部门之一，公安系统内部分工作人员因实权在手，在反垄断执法机构介入调查后，还强制推行金丰软件，利用纪委督导的名义，以“不作为”为由督察追究那些不愿意安装金丰公司印章软件的部分公安机关人员的责任，导致相关受害企业也顾虑重重，瞻前顾后，几乎对本案丧失了信心。

该案背景复杂，办案难度很大，反垄断执法机构为推进调查进展，克服了诸多困难。执法机构在办案过程中的取证工作做得非常扎实，从每个盟市的印章系统软件安装、卸载、售价，以及指定软件安装前后价格变化，包括印章软件系统上下游产品（印材、相关设备等）在指定软件安装前后的变化等，都做了非常细致的证据收集和整理。执法文书对基本事实的认定以及反竞争效果的论证都简洁明了、层次清晰、逻辑严谨。反竞争效果方面，从印章软件系统相关市场和章材以及印章设备相关产品市场分别进行了分析论证，指定第三方独家软件的反竞争效果非常严重，不仅排除了印章系统软件供应商的竞争，还把市场力量从印章软件相关市场直接传导至其下游产品（章材、印章设备）市场。执法技巧与智慧上，除了协调公安部配合外，还想办法克服纪委“督导”落实60号文产生的阻力，执法取证扎实全面，从多维度深入分析指定交易对多个产品市场的影响和对公平竞争秩序的损害，彰显了执法机构办理行政垄断案件的决心和公正执法的精神。除了一定的执法智慧与技巧外，主管本案的官员以及参与相关执法的人员如果对竞争执法没有一定的理想情怀和执法执着精神，恐怕难以坚持到底。从启动调查到结案跨越了反垄断执法机构改革重组的关键时刻，同时，原执法官员继续推动重组后的执法机构领导最后批复同意公开该案，这也是执法案件“最后一公里”最关键的一脚，使得本案的执法文书、处理结果以及反垄断执法机构打击行政垄断的坚决态度公之于众，增强广大民众的信心，也是向各级行政机构释放信号，警惕滥用行政权力官商勾结，警惕滥用行政权力排除、限制竞争。在前期国家发改委调查的基础上，国家市场监管总局领导终于批准公开该案，使得该案后期以比较高效的速度进行整改，保住了相关市场其他部分经营者的利益，恢复了市场的公平竞争环境，更彰显了反垄断执法机构的执法决心和公正执法的精神。

人民日报海外版旗下微信公众号“侠客岛”曾针对本案发文赞扬反垄断执法机构的雷厉行动，“‘红顶中介’的整治，靠一次监管部门的点名，或者一场新闻的曝光来推动，远远不够，还需要市场监管部门继续动真格”。[②]

五、本案对平台相关竞争问题的启示

内蒙古公安厅除了在印章系统软件上滥用行政权力指定交易外，

② 《【解局】被点名的地方公安厅，到底犯了什么事?》，载于“侠客岛”公众号，2018－06－26。

还要求刻章公司向软件供应商采购配套设备及章材，使得利得者“既做平台，又做平台上下游产品”。将其在平台产品市场获取的垄断优势延伸至上下游市场，影响上下游市场中的产品销售和使用，不公平竞争现象将顺着产业链传导，市场的扭曲效果就更严重。

本案对具有公共管理职能的机关设置平台类工具时有重要启示意义，尤其是涉及公共资源交易、公用平台、政府管理平台、公共利益分配等平台方面，应当关注平台本身提供方与上下游产品提供方的隔离措施与方法，这种隔离应关注实际效果，警惕出现“既做裁判员，又做运动员”现象，禁止角色定位的冲突和混乱，避免导致不公平竞争和垄断行为发生。

北京市交管局交通违章罚款管理滥用行政权力案

杨佳佳*

2018 年，国家市场监管总局查处和公布了两起比较有影响力的行政垄断案件，一是内蒙古自治区公安厅在印章软件系统管理中滥用行政权力排除限制竞争案，二是北京市公安交通管理局（下称北京市交管局）在交通违章罚款管理中涉嫌滥用行政权力排除限制竞争案。两起案件均由当时的价监竞争局公平竞争审查处负责查办。前者下发了《执法建议函》，后者由北京市交管局主动整改，一个刚性一个柔性，都取得了积极的社会评价，对行业主管部门和社会各界也均起到了普及《反垄断法》和公平竞争理念的重要作用。回顾北京市交管局的案件，虽然采取了柔性的执法方式，同样也取得了全面整改的执法效果，具有一定的典型意义。

一、案件相关违法事实

2018 年 5 月，根据举报，国家市场监管总局对北京市交管局在交通违章罚款管理中涉嫌滥用行政权力排除限制竞争行为进行了调查，查明以下事实。

* 杨佳佳，原国家发改委价监与反垄断局处长。

（一）未经竞争性程序，委托工商银行北京市分行作为北京市交通违章罚款唯一代收银行

1995 年 10 月 15 日，公安部、财政部、中国人民银行联合下发《关于改革交通违章罚款缴纳办法的通知》（公通字〔1995〕69 号），决定“在全国地级以上城市改革交通违章处罚办法，对交通违章行为人需要实行罚款处罚，实行由银行代收罚款的制度”。

北京市交管局在落实银行代收罚款制度时，考虑到工商银行北京市分行（下称“工行北京分行”）营业网点达到 600 多家，与其他商业银行相比，网点数量最多，网点服务设施条件较好，便于驾驶人缴纳罚款，且承诺建立与市交管局交通管理信息系统联通的交通违章信息管理系统平台，解决了建立信息化平台的资金投入问题，因此没有经过公开招投标、竞争性谈判等竞争性程序，选择工商银行北京市分行作为北京市交通违章罚款唯一代收银行。

1995 年 12 月 1 日，市交管局发布《关于改革交通违章罚款缴纳办法的通告》（1995 年第 21 号），决定“自 1995 年 12 月 29 日起，本市施行交通违章罚款银行”“机动车驾驶员在道路上驾驶机动车违反《中华人民共和国道路交通管理条例》等交通法规，被公安交通管理机关处以罚款处罚的，由违章的驾驶员到中国工商银行北京市分行所属交通违章罚款代收储蓄所缴纳罚款”。1995 年 12 月 5 日，市交管局下发《关于实行机动车驾驶员违章罚款交银行的通知》（交秩字〔1995〕96 号），对工行北京分行受理代收交通违章罚款工作程序做出具体规定。

1995 年 12 月 15 日，北京市交管局与工行北京分行签署了《代收交通违章罚款协议书》，正式委托其办理代收交通违章罚款业务。自此，工行北京分行成为北京市交通违章罚款唯一代收银行并延续至今。

（二）线下缴纳交通违章罚款必须通过工行银行卡办理

自 1995 年起，根据北京市交管局相关规定，北京市驾驶人在京发生的交通违章，必须到工商银行网点缴纳罚款。随着互联网技术的发展，近年来市交管局逐步开通了线上缴纳罚款方式。目前北京市驾驶人在京发生交通违法，可选择线上和线下两种途径缴纳罚款。线上缴纳，可通过北京交警 App、12123 交警 App、市交管局综合服务管理平台网站，使用所有带有银联标识的银行卡缴纳罚款，也可以通过工商银行网银缴纳。如果选择线下方式，除到工商银行网点柜台缴纳现金办理外，还可通过工商银行 ATM 机，设立于部分执法站、交通队、车辆检测场等地的多媒体自助终端机使用银行卡办理，但线下缴纳罚款都只能使用工商银行卡，不能使用其他银行卡。

（三）未向社会公示牡丹交通卡不再作为驾驶人信息卡

1999 年起，为提高执法管理效率，市交管局对机动车驾驶人推行信息卡管理措施。工行北京分行承诺不附带任何条件、免费向驾驶人发放工行发行的牡丹交通卡，因此市交管局决定将牡丹交通卡作为驾驶人智能信息卡，开展交通管理工作。

1999 年 5 月，市交管局印发《关于对本市机动车驾驶员实行牡丹交通卡管理的通告》，明确“牡丹交通卡是记录机动车驾驶员交通违法行为、交通事故处理情况和其他信息的智能信息卡，机动车驾驶员在本市道路上驾驶机动车时，须携带机动车驾驶证和牡丹交通卡”。规定“自 1999 年 7 月 1 日起，对持有本市核发的机动车驾驶证的驾驶员实行‘牡丹交通卡’管理”“驾驶员接受交通违法、事故处理时，由交通警察将违法行为及处罚结果写入牡丹交通卡。决定罚款处罚的，驾驶员须持牡丹交通卡在 15 日内到北京市工商银行储蓄所缴纳罚款”。

随着互联网技术和管理手段不断升级，现场交通处罚和执法站处罚可以通过新型移动警务终端或扫描枪、身份证阅读器等读取违法驾驶员信息并将违法信息实施上传数据库，驾驶人信息卡承载信息的功能和必要性逐步弱化。一些地方公安交管部门联合商业银行推行机动车驾驶人交通安全信息卡，出现违规强制发卡、商业银行“搭车发卡、借卡揽存”等问题，群众意见强烈。

2015 年 3 月 6 日，公安部印发《关于规范机动车驾驶人交通安全信息卡管理工作的通知》（公交管〔2015〕94 号），要求“各地公安交管部门依法依规加强和规范信息卡工作，防止利益行为，存在增设公民义务强制发卡、对未携带信息卡的行为设定处罚等不合理规定的要及时修订”。按照公安部要求，2015 年 4 月，市交管局取消牡丹交通卡作为驾驶人信息卡的功能，内部发文要求各交警支队、大队停止对未携带信息卡违法行为实施处罚。驾驶人可自愿选择继续保留该卡作为普通信用卡使用，或者到工商银行销户不再保留。但市交管局并未对社会公示此消息，也未进行相关必要宣传和说明。至今仍有相当大比例的驾驶人不了解这一规定，仍通过牡丹交通卡缴纳罚款。

二、案件定性分析

（一）市交管局未经竞争性程序，将工行北京分行确定为唯一交通罚款代收银行的做法，涉嫌违反《反垄断法》

一是指定唯一代收银行缺乏依据。《行政处罚法》规定“当事人应当自收到行政处罚决定书之日起十五日内，到指定的银行缴纳罚款”；《罚款决定与罚款收缴分离实施办法》（国务院令第 235 号）规定“做出罚款决定的行政机关应当与收缴的机构分离”，同时规定

“经中国人民银行批准有代理收付款业务的商业银行、信用合作社（下称代收机构），可以开办代收罚款的业务。具体代收机构由县级以上人民政府组织本级财政部门、中国人民银行当地分支机构和依法具有行政处罚权的行政机关共同研究，统一确定”。根据上述法律法规规定，可接受行政机关委托、办理代收行政处罚罚款业务的银行并非只能一家。北京市交管局自 1995 年指定工行北京分行为交通罚款代收唯一银行延续至今，长达二十余年。在当前市场、技术和信息条件下，将代收罚款业务限定于一家银行，已经完全没有必要。且委托多家银行代收，完全具有可操作性。如外地驾驶人在京发生交通违章，除线上缴纳罚款外，还可到工商银行、农业银行、中国银行、建设银行等 11 家银行的全国任意营业网点缴纳罚款。

二是指定代收银行后未依法依规进行调整。1995 年市交管局未经招投标、竞争性谈判等竞争性程序，直接确定工行北京分行为代收银行。在当时的情况下，商业银行数量有限，选择面窄，工行北京分行各方面优势比较突出，且当时《招标投标法》《反垄断法》均未出台，因此，从便民因素和尽快建立交通违章管理信息化平台角度考虑，北京市交管局的决定具有一定合理性。但是，2000 年《招标投标法》、2008 年《反垄断法》陆续实施，这期间随着经济发展，商业银行相关市场状况也发生了极大变化。国有银行、股份制银行、城市商业银行等各类金融机构快速发展，各银行在机构数量、金融服务能力、客户服务能力等方面均具有较强的竞争力。市交管局一直没有依照相关法律、法规的要求，通过公开正式的招投标等竞争性程序，向所有银行提供公平竞争的机会，遵循公开、公正、透明的原则选择合作银行。北京市交管局一直维持工商银行作为唯一代收银行的做法，排除、限制了其他具有合格资质和服务能力的银行参与交通违章罚款代收业务竞争。

（二）线下缴纳罚款只能在工行网点以及只能使用工商银行卡等规定，涉嫌违反《反垄断法》

驾驶人线下缴纳罚款，仍需到工商银行网点办理，即使是在执法站、机动车检测场等非工行网点使用多媒体自助终端机，也必须通过工行卡办理，因此，在线下缴纳罚款市场范围内，驾驶人仍然与工商银行服务紧密捆绑。北京市交管局提供的统计数据显示，2016 年和 2017 年，通过多媒体自助终端方式缴纳罚款的比例分别占总罚款数额的 80. 27% 和 75. 28% ，可见绝大部分罚款仍然是通过工行卡缴纳的，即通过工商银行服务办理的。市交管局虽未直接指定驾驶人必须使用工行卡，但由于市交管局指定工行代收罚款，而工行卡是工行向驾驶人发行的支付工具，驾驶人只有办理工行卡，成为工行客户，才能办理缴纳罚款业务。

此外，北京市交管局自 2015 年起就不再对驾驶人实行以牡丹交通卡为载体的驾驶人信息卡管理，不再强制驾驶人使用牡丹交通卡记载违章信息、缴纳罚款等，但一直未对广大驾驶人及社会公布及进行必要宣传，导致大多数驾驶人并不了解这项规定，仍然继续保留和使用牡丹交通卡缴纳罚款，或者办理其他金融业务，使得这部分驾驶人客观状态上持续成为工商银行客户，一定程度和范围降低了驾驶人选择办理其他银行卡通过线上缴纳罚款的可能性，从而排除和限制了其他银行参与相关市场竞争。

北京市交管局在交通违章罚款管理中的相关规定和做法，一定程度上排除、限制了竞争，涉嫌违反《反垄断法》第八条“行政机关和法律、法规授权的具有管理公共事务职能的组织不得滥用行政权力，排除、限制竞争”的规定，属于第三十二条所列的“限定或者变相限定单位或者个人经营、购买、使用其指定的经营者提供的商品”。

三、被查单位主动整改

市场监管总局对北京市交管局正式调查后，双方多次交换意见。这个过程实际上也是执法机关普及宣传《反垄断法》的重要时机。北京市交管局逐步认识到在交通违章罚款代收管理工作中存在排除限制竞争行为，涉嫌违反《反垄断法》相关规定，承诺主动整改，尽快调整相关工作方式方法，并提交了《北京市交管局关于交通违法罚款缴纳工作整改措施的函》，提出三项具体整改措施：

一是加强社会宣传引导。一方面，通过多种渠道告知群众，今后牡丹交通卡仅作为普通信用卡，不再强制驾驶人使用。另一方面，持续加大对市交管局对外服务网站、12123 手机 App 缴款渠道和方式的宣传力度，提示驾驶人合理选择缴纳方式。

二是加快终端升级改造。对现有执法站、机动车检测场、车管部门设置的多媒体自助终端机进行升级改造，力争实现支持其他银行卡办理罚款缴纳业务。

三是积极拓展代收银行。积极协调北京市财政部门，召集本市具备交通罚款代收资质的银行，在代收异地驾驶人交通违章罚款基础上，积极参与代收本市驾驶人交通违章罚款。对有意开展本市交通违章罚款的银行，将在系统建设和改造工作中给予大力支持和配合。

北京市交管局表示已经启动推进落实相关整改措施，并接受总局和社会公众对上述整改措施的监督。今后将继续严格遵守各项法律法规，按照《反垄断法》和公平竞争审查制度的要求，加强自我审查，规范各项工作管理，积极引进新技术、新方法，提供更多便民利民措施。

四、关于案件处理的几点思考

虽然此案件的处理没有下发执法建议函，而是通过比较柔和的方式结案，可是仔细体会，还是有几个特点值得思考和总结。

（一）公开案件及整改信息，接受社会监督

北京市交管局在交通违章罚款管理过程中存在的涉嫌滥用行政权力排除、限制竞争行为，事实基本清楚，但鉴于最初的指定行为发生在 1995 年，《反垄断法》尚未出台，且行为有一定合理性；调查后，市交管局认识到管理中的不当之处，主动承诺整改，并提出具体整改措施，积极消除排除、限制竞争影响，并且相关措施已经实质性推进。因此，2018 年 6 月 27 日，国家市场监管总局通过官网公布了《北京市公安局公安交通管理局积极纠正在交通违章代收罚款管理中排除限制竞争行为》的通报稿，对有关情况予以通报，公开相关案件信息，并对其整改情况持续监督。

（二）尊重历史合理性，推进反垄断法的衔接与适用

1995 年北京市交管局从尽快建立交通管理信息化平台，以及便利驾驶人缴纳罚款角度出发，确定了当时网点较多、设施较好，且承诺出资建立交通管理信息化系统的工行北京分行作为交通违章罚款唯一代收银行，具有一定合理性。但 2000 年《招标投标法》、2008 年《反垄断法》相继实施后，北京市交管局一直没有依照相关法律、法规的要求，通过公开正式的招投标等竞争性程序，向所有银行提供公平竞争的机会，遵循公开、公正、透明的原则选择合作银行。北京市交管局一直维持工行北京分行作为唯一代收银行的做法，排除、限制了其他具有合格资质和服务能力的银行参与交通违章罚款代收业务竞争。

线下缴纳违章罚款仍然只能通过工行卡办理，驾驶人实际上必须办理工行卡成为工商银行客户后，才能接受工商银行的服务缴纳罚款。此外，2015 年以后，北京市交管局未对社会广泛公示和宣传已不再强制将牡丹交通卡作为驾驶人信息卡使用，导致很大部分驾驶人仍然保留牡丹交通卡，并通过其缴纳罚款，一定程度上减少了驾驶人选择办理其他银行卡通过线上缴纳罚款的可能性，从而排除和限制了其他银行参与相关市场竞争。也就是说，肯定了交管局在 1995 年选择工行的历史合理性后，再指出其没有和《招标投标法》《反垄断法》的实施进行衔接和调整，具有客观现实性，比较容易获得被查单位的理解和认可。

（三）强化公平竞争理念，更好发挥政府行业管理作用

在很多案件调查过程中，发现一些政府主管部门并没有违反法律的主观恶意，而是在行业管理中缺乏公平竞争的理念和合规意识，倾向于使用简单而非市场化的管理方式，倾向于使用历史沿袭的传统管理方式而不愿与时俱进加以改变，倾向于使用事前的准入监管而非事中事后的过程监管。更好发挥政府行业管理作用，是建设统一开放、竞争有序的市场体系的重要保障。政府部门加强行业管理，应该不断强化公平竞争理念，不能以破坏全国统一大市场为代价，不能越过《反垄断法》和公平竞争审查制度的红线。

第七篇

12位国际专家和学者的观察

再接再厉：一项指引机构领导人建设良好竞争法体系的规范

威廉姆·科瓦希克

一、简介

自1990年以来，超过一百个司法辖区建立起了新的竞争法体系，这一惊人的增长促使人们反思一个关于公共管理的基本问题：如何构建一个有效的机构来实施法律的指令？中国及其他许多相对较晚采用竞争法的司法辖区在适用新规范方面均取得了非凡的进步。在《反垄断法》实施的头12年，中国不仅开展了一项雄心勃勃的执法及宣传计划，还对执法机构进行了重组，以增强实施原有法律及新政策举措（比如公平竞争审查制度）的能力。①

从中国2008年《反垄断法》生效以来的经历可以明显看出，中国执法机构（最初为商务部、国家发改委及工商管理总局的反垄断部门，现为国家市场监督管理总局）的高层领导对其角色的定位是为竞争法体系的长期成功奠定坚实的基础。笔者意识到，这一想法正是回答上述基本问题的重要部分。该问题的答案并不简单，但是，机构领

* William E. Kovacic，美国联邦贸易委员会前主席，乔治·华盛顿大学法学院国际竞争法教授。

① William E. Kovacic，China's competition law system in context，J. ANTITRUST ENFM'T (Special Issue 2015).

导层投入符合其所领导机构的长期最佳利益的承诺显然是答案的重要因素。②

笔者在担任美国联邦贸易委员会委员时曾多次深刻体会到这一点。2008—2009年，为迎接2014年其设立一百周年纪念日，美国联邦贸易委员会展开了一次自我研究。③ 联邦贸易委员会就竞争及消费者保护工作的未来方向召开了多次公开听证、访谈。相关活动主要着眼于联邦贸易委员会在组织结构及运作方面可能的改进事宜。

弗雷德里克·希尔默（Frederick Hilmer）提供了最为丰富的个人访谈之一。在20世纪90年代早期，希尔默领导过一个研究小组，该团队发布的报告引发了澳大利亚的重大经济改革，促成了该国竞争及消费者保护体系的重新设计。④ 在访谈之际，希尔默时任新南威尔士大学校长，负责教授商学院（包括高管教育课程等在内）的课程。笔者问他想传授给高管们最重要一课是什么。简单来说，他的回答是这样的："你的组织当前正在发生的好事，可能是你的前任们在许多年前投入的成果。当你每晚回家时可以问自己这个问题：我今天采取了哪些步骤来让我的组织在十年后取得成功？"

希尔默教授的建议直击一个主要困难的核心，而解决这一困难可以决定机构的兴衰。每天，无数私人及公共机构的领导层都在更迭。机构（比如公司、政府机构、大学）的前任领导人刚走，新的领导人便接任。在这些过渡过程中，新旧领导人的关系出现了无数问题。新任领导人是否了解其前任们在提升机构表现及信誉方面做出的努力？

---

② William E. Kovacic, *Formula for Success: A Formula One Approach to Understanding Competition Law System Performance*, in RECONCILING EFFICIENCY AND EQUITY—A GLOBAL CHALLENGE FOR COMPETITION POLICY 312 (Damien Gerard & Ioannis Lianos eds., 2019).

③ William E. Kovacic, Chairman, FTC, *The Federal Trade Commission at 100: Into Our 2nd Century* (January 2009).

④ National Competition Policy Review, *National Competition Policy* (Government of Australia, Aug. 25, 1993) (Frederick G. Hilmer, Chairman).

新任领导人是否接受其前任们已培育或启动的有益计划及做法？新任领导人是否认可其前任们已完成的良好工作？

新任领导人可以从两种基本的态度中择其一来面对刚卸职的前任。其一可以称为“再接再厉”（Even Better）。[⑤] 在这种态度下，新任领导人认可机构之前有价值的工作，并就前任对机构良好计划及流程所做的贡献表示感谢。新任领导人努力在机构良好传统的基础上开展工作，采取新措施促使机构“再接再厉”。在这一愿景下，新任领导人是接力赛团队的一员，最终的成功取决于每一个团队成员在每一棒中的表现，以及接力棒在每棒结尾时的有效交接。[⑥]

第二种态度可以称为“艰难困境”（Dire Straits）。在该种情况下，新任领导人将机构的计划及流程视为“一团糟”。新任领导人会保证采取坚决行动，让表现不佳的机构重焕活力。在“艰难困境”方式的领导换届下，新任领导人会严厉指摘机构之前的管理失误。这种态度的一种变体为，新任领导人会直接无视前任的所有工作。前任消失在机构的历史当中，就像苏联时期从老照片中移除失势后的党派官员一样。

有些时候，新任领导人应当采取“艰难困境”的路径，因为机构确实处于困境之中。一些机构因为想象力缺乏、懒惰、胆小或彻底腐败而完全失败，此时，新任领导人必须进行清扫，并采纳政策否定前任领导所做的灾难性的错误决定。如果不与过去的做法彻底撇清，机构自身的员工及外部观察者都可能认为这样是默许了让机构陷入窘境

⑤ “再接再厉”这一说法是笔者从 2014 年 David Currie 爵士及 Alex Chisholm 针对新成立的英国竞争和市场管理局员工的演讲中借鉴而来的。英国竞争和市场管理局由之前两个负责英国竞争政策的机构组成——竞争委员会及公平贸易办公室。Currie 和 Chisholm经常赞扬前任机构的贡献，并表示他们的目标是使新机构“再接再厉”。

⑥ “接力赛”的比喻是笔者从 Deborah Platt Majoras 处借鉴的，他曾在 2004 年 8 月至 2008 年 3 月担任 FTC 主席。该比喻出自他在 FTC 90 周年座谈会的开幕致辞（2004 年 9 月 22 日）。

的糟糕计划或流程。

但是，即使在这种情况下，明智的新任领导人在挑选前任作为替罪羊进行指责时也会多加小心。经过审查会发现，造成严重失败的原因有时可能比乍看起来更为复杂。如挑战者号航天飞机灾难⑦等事件的再现，揭示了各种力量的结合是如何引发一场大灾难的，而并非是由某一个或某几个人的不当行为引起的。只有在有必要采取极端措施修复已明显失败或濒临失败的机构时，采取“艰难困境”路径才有意义。即使如此，尽管这个机构的工作质量很大程度上令人沮丧，但也仍然需要谨慎地识别并保留某些能产生不错效果的措施。⑧

以下探讨了如何制定规范以促使每一代领导人能在一般情况下接受“再接再厉”的管理理念。本文首先描述了领导换届采用“再接再厉”的路径可以促进机构长期改进的原因。其次，本文研究了新任领导人有时会使用“艰难困境”方法的变体的原因。再次，本文还介绍了构建规范的技术，该等规范将为“再接再厉”路径提供帮助。该讨论在很大程度上依赖的方法是提高新任领导人对即将领导的机构的历史意识。

本文的主要灵感来自笔者在经济监管机构（主要是负责竞争政策和消费者保护政策的机构）的工作经验。这里讨论的主题建立在早期与詹姆

---

⑦ 参见 Diane Vaughan，*The Challenger Launch Decision*（1996）。Vaughan 教授关于挑战者号航天飞机灾难的研究，拒绝了 NASA“关注管理上的不当行为的传统解释”。她的研究“揭示了一个更为复杂的图景，使我们的注意力由个人因果解释转向权力的结构、结构及文化的力量等因素，这些因素不容易被发现和被解释清楚，但是它们对组织决策影响深远”（第 15 页）。

⑧ 1969 年两份关于 FTC 的研究谴责了 FTC 在领导、招聘及项目选择上的缺陷。该批评意见绝大部分言之有理。然而，两份报告中对 FTC 的经常性指责忽略了机构的重大成就，他们本应就此进行一项更为谨慎的评估，或至少解释为何这么一个明显被误导的机构有时可以完成非常出色的工作。对这两份关于 FTC 研究的评论，请见 David A. Hyman & William E. Kovacic，*Can't Anyone Here Play This Game? Judging the FTC's Critics*，83 GEO. WASH. L. REV. 1948（2015）（对 FTC 的批评）。

斯·库珀（James Cooper）[⑨]、大卫·海曼（David Hyman）[⑩]、马克·怀尔曼（Marc Winerman）[⑪] 关于组织行为及其领导者的研究成果之上。

二、为什么理解认可过去的成就很重要

出于三个根本原因，采取“再接再厉”路径的领导层过渡方式能拥有更强的提升机构表现的能力。第一，对于许多机构而言，如今的好计划通常建立在一段时间内积累的实验研究和执行经验之上。例如，美国联邦贸易委员会在当代的诉讼成就——包括2013—2015 年在联邦最高法院反垄断案件中的三连胜——就是源自乔纳森·纽霍特兰（Jonathan Nuechterlein）描述的“美国联邦贸易委员会一项历时数十年、重点关注竞争政策中困难而分散领域的举措”。[⑫] 与此类似，美国司法部从 20 世纪 70 年代至今将刑事反垄断执法发展为美国竞争政策的重要部分。[⑬] 武断地拒绝或诋毁早期工作（以及负责监督早期努力的领导人）即是忽略了未来成功的重要根基。

第二，新任领导人对此前所做的出色工作表示赞赏，可以提高早期为机构服务过的管理人员和员工的士气和生产效率。笔者虽然不能

---

⑨ James Cooper & William E. Kovacic, *Behavioral Economics: Implications for Regulatory Behavior*, 41 J. REG. ECON. 41 (2012).

⑩ Hyman & Kovacic, *FTC's Critics*, *supra*; David A. Hyman & William E. Kovacic, *Why Who Does What Matters: Governmental Design and Agency Performance*, 82 GEO. WASH. L. REV. 1446 (2014); William E. Kovacic & David A. Hyman, *Consume or Invest: What do/should Agency Leaders Maximize?*, 91 WASH. L. REV. 295 (2016) (*Consume or Invest*).

⑪ Marc Winerman & William E. Kovacic, *Outpost Years for a Start - Up Agency: The FTC from 1921 - 1925*, 77 ANTITRUST L. J. 145 (2010); Marc Winerman & William E. Kovacic, *The William Humphrey and Abram Myers Years: The FTC from 1925 to 1929*, 77 ANTITRUST L. J. 701 (2011).

⑫ Jonathan Nuechterlein, General Counsel, FTC, Remarks at Administrative Law Review Symposium, 1 - 2 (Mar. 20, 2015).

⑬ This progression is recounted in Donald I. Baker, *The Use of Criminal Law Remedies to Deter and Punish Cartels and Bid - Rigging*, 69 GEO. WASH. L. REV. 693 (2001).

为这一主张提供严格的证明，但是笔者在公共和私人机构工作的经验表明，员工在一个备受尊重的机构中工作可以从其中获得满足感。这些员工对于新任领导人领导的机构能否成功至关重要。新任领导人代表机构贬低过去的努力，对机构没有任何好处。

第三，新任领导人赞许过去制定的优秀计划和流程，有助于提高机构在重要的外部观众眼中的声望。机构可以培育在决定其成功中发挥作用的“品牌”。[14] 高层领导的公开声明也是提升或降低品牌的一种方式。拥有良好品牌的监管机构在为其扩大预算或权力的请求辩护时，更有可能受到审查法院的尊重以及立法者的同情。有一类机构，它们被一系列习惯于贬低过往成果、声称将要扭转糟糕局面的领导人领导着，与它们相比，一个被认为能参与到持续改进的直觉过程的机构可能更能激发信心。

“再接再厉”路径并非要求新任领导人承诺不改变现状。它设想的是，新任领导人把新思想引入日程并带领机构朝新方向发展，从而让新任领导人成为活力的源泉。新任领导人可以成为获得工作完成时的满足感的良方（即便是在非常成功的机构），从新的视角发现被他人忽略的可能性。安妮·宾加曼（Anne Bingaman）在20世纪90年代比尔·克林顿总统任期内出任反垄断助理总检察长，这表明贬损过去的成就并非精简机构或对机构的组织架构、人员和计划进行重大调整的必要条件。宾加曼是克林顿任命的第一位反垄断部门的负责人。她的讲话慷慨地称颂了来自共和党的助理总检察长的工作（包括William Baxter和Douglas Ginsburg）。[15] 宾加曼还启动了对美国司法部宽恕

---

[14] William E. Kovacic, *Creating a Respected Brand: How Regulatory Agencies Signal Quality*, 22 GEO. MASON L. REV. 237 (2015).

[15] See William E. Kovacic, *Politics and Partisanship in U. S. Federal Antitrust Enforcement*, 79 ANTITRUST L. J. 687, 705 (2014) (*Partisanship*) (describing Bingaman's speeches at DOJ).

制度的重大改善工作，并由此改变了美国及全球范围内对非法卡特尔协议的审查工作。宾加曼展示了一位新任领导人如何在口头上赞扬机构在过去所做的出色工作，同时还能在其中加入新的想法。

三、“艰难困境”表述的诉求

尽管机构领导换届时采用“再接再厉”的路径有其优势，但各方力量仍有可能迫使新任领导人接受各种“艰难困境”变体的做法，有以下四项主要原因。

1. 历史认知匮乏

新任领导人可能因为对机构历史的无知（比如成立原因、完成的工作以及项目形成的动力），而忽略了机构过去完成的出色工作，或者低估了前任领导对如今成就的贡献。一些新任领导人怀揣对机构历史的深入了解来到机构之中，但是一些人则不然。个人在特定领域具有深厚的专业知识和敏锐的历史认知并不是升职至高级领导职位的先决条件。一个对一个机构的过去知之甚少的人可能倾向于对该机构所做的事进行过于简单化的描述。

2. 自我夸耀

对于从事现场喜剧表演的表演者来说，“永远不要跟在一个有趣的喜剧演员后面”是一则长久的格言。有趣的喜剧演员会提升观众的期望。与之相反，蹩脚的喜剧演员则会使排在下一位的较优秀的喜剧演员脱颖而出。这个古老建议的一部分直觉在于外部观察者会按照正态分布进行评判；对当前表演者的评判将部分取决于外部观察者如何评价前一表演者和后续表演者的表演。

某些情况下，外部观察者完全有能力判断一出表演是否成功。这些笑话要么能让他们发笑，要么没有效果。观众可能无法分辨什么才是优秀的表演。多种因素都有可能会影响现场喜剧表演的成败：表演者的表演技巧、编剧制作优质题材的能力、管理者在指导表演者通过各种演出精进技艺方面的智慧或者是能够碰到善于接纳的观众（而非一众沉闷的醉汉）的纯粹运气。无论如何，即便观众无法准确辨别成功的所有根源，他们也可以自行评估演出是否有趣。

评估机构的工作则可能是一项更为艰巨的工作。在多数情况下，可能难以评估机构执行工作的情况如何。反垄断机构在企业并购执法方面是否表现出色——批准利于竞争或良性的交易，阻止或修正有害的交易？反卡特尔项目能阻止新卡特尔的形成吗？反垄断机构能对优先事项和项目选择做出正确的判断吗？在所有这些领域中，了解机构是否能够有效运作可能需要花费很长的时间，甚至是数十年。

假设一个机构被广泛认为表现优异。进一步的难题仍然存在：是什么成就了这些优秀成果？是依靠中层管理者和专业人员的技能（无论当时由谁领导机构都能取得有利成果）？良好的结果是否主要来自高层领导在早期做出的明智决策？在尝试回答这些问题时，可能很难对这些良好成果给予恰当评价。

致力于自我夸耀的新任领导人将会努力夸大其对机构良好表现的贡献。邀功的形式多种多样。在位领导者可能会贬低前任的贡献，要么通过宣称前任没有做任何有价值的事情（设定较低的基准以与现任进行比较），要么否认前任在采取有助于获得当前成功的行动中的功劳。另一种方式则是夸大机构当前举措的重要性，将新出现的问题描述为在相关问题无法推动最新技术发展时的政策突破。

新任领导者意欲提升自己形象的欲望也可能会影响机构在分配多少资源给当前项目、投资多少资源建设能力以改善未来项目方面的决策。这是有关“消耗或投入”的决定。[16] 一名主要受自我夸耀激励的新任领导者可能会在发起新举措的形式方面消耗过多，而投入太少，因为投入对机构绩效的积极影响可能要等到这位领导人离任很久后才会显现。对消耗的强调也可能使机构注重超出其可以取得良好成果的能力的项目。看重邀功的领导者最关注的是启动能引起关注的项目，而不太关注项目如何落实。

3. 阻碍长远眼光的动机

邀功和其他形式的自我夸耀并不是新任领导人可能强调消耗胜于投入的唯一原因。各类外部观察者，包括学者、律师、当选官员和新闻工作者（仅举几例），都可能会根据鼓励短期消耗而非长期投入的措施评估机构绩效。这样做鼓励了领导者侧重短期情况，而不是在一个更长远的连续时间里看待领导层的当前任期，并做出旨在复制和延续早期成功的决策。

在监管政策领域，以活动为基础的成功衡量标准占据上风。例如，起诉更多案件通常被认为可以代表一个机构的有效性。能长期构建机构能力、帮助机构处理更具抱负的事务的投入往往不会成为新闻头条、获得演讲邀请或立法监督委员会的感激。

如果机构的利益相关者推崇活动、漠视投入，那么新任领导者的消耗可能会大大超过投入。许多公职人员周围的环境并没有产生出强劲的、能长期提升机构的投入动机。安东尼·金（Anthony King）和艾弗·克鲁（Ivor Crewe）描述了英国部长级官员工作的情况：

> 他们欠缺一种动机：进行前瞻性的思考，认真考虑他们今天所做的一切可能会对后代造成的结果。他们也许会选择事先思考。他

---

[16] Kovacic & Hyman, *Consume or Invest*，同脚注⑧。

们可能会担心后代。他们甚至可能会担心自己在历史上的地位——如果他们认为自己可能在历史上留下一笔。但是，除了他们自己的良心之外，他们在此时此地都没有积极的动机去做这些事情。[17]

正如休·赫克洛（Hugh Heclo）观察到的，这种观点剥夺了一家机构观察该等机构如何发展演进、了解机构会在长期内受益于投入的重要性的能力："没有什么比机会主义更能让那么多真正的机会之门关闭。一个始终在权衡眼前成功概率的人永远不会相信任何长远的、足以使其成功的事情。"[18]

4. 党派性

在公共机构的世界里，党派性可能会成为接受"艰难困境"叙事的强烈动机。[19] 国家领导层的变动有时会涉及权力从一个派系转移到另一个派系，后者寻求奉行的政策与前任领导人的政策相背。为了显示其计划的智慧性，新任领导层可能会使用一种"艰难困境"的叙事形式，将公共机构（例如竞争主管机构）描述为已严重偏航。随着时间的推移，新任领导人可能意识到前任已经制定了一些强有力的计划和流程。新任领导人可能会认为现有的某些内容是值得保留的，仅仅是因为这样做将产生可供新领导人夸耀的成就。即使新任领导人浪费时间和机构资源为自己重新考量现有计划，一些良好的项目和做法仍会留存，并会在将来很好地服务于机构。另一方面，如果一个机构是不幸的，新任领导人会破坏现有健全的机构特征，因为其认为必须粉

---

⑰ ANTHONY KING & IVOR CREWE, THE BLUNDERS OF OUR GOVERNMENTS 156 (2013).

⑱ Hugh Heclo, *The Spirit of Public Administration*, 35 PS: POLITICAL SCI. & POLITICS 689, 691 (2002).

⑲ William E. Kovacic, *Partisanship*, 同脚注⑮。

碎前任管理层的形象。

四、再接再厉：为新任领导人构建健全的规范

在领导过渡时采用“再接再厉”路径如何能够获得更广泛的认可？一种途径是培养更强烈的对机构起源和发展的历史意识，促使人们接受希尔默提出并被“再接再厉”理念涵盖的前瞻性规范。

以美国联邦反垄断制度为例，该制度确立的基础是 130 年前通过的《谢尔曼法》。根据过去 40 年的观察，笔者看到美国司法部和联邦贸易委员会已采取了有用的措施，反思自身最近和更久远的经验，并研究其他监管机构的工作以指导当前和将来的决策制定。[20] 这些措施已经对商业现象有了更好的判断、对特定举措如何影响经济绩效有了更深入的了解、对计划选择和实施流程的强化以及对机构工作优劣更敏锐的直觉。

并非只有美国的机构采取了这些行动。笔者在与包括中国反垄断机构在内的其他监管机构接触时，也发现了类似的有益进展。各种国际组织，例如国际竞争网络，已经将“知识管理”（包括机构记忆的开发和应用）作为政策执行工作的核心。

尽管有这些好的趋势，但仍有改进的空间。随着时间的推移，在执行调查、追诉案件和准备报告的过程中，竞争主管机构积累了所谓的“反垄断大数据”。更深入地“挖掘”这些数据可以提高计划的选择和执行能力。在更普遍的层面上，全世界的竞争主管机构在一项工作上做得还不够，即审查过去的经验、识别计划成功的特征并了解项目失败的原因。从这些和其他方面来看，过去的经验对于政策制定者

---

[20] 具体的描述见 William E. Kovacic, *The Importance of History to the Design of Competition Policy Strategy: The Federal Trade Commission and Intellectual Property*, 30 SEATTLE L. REV. 319 (2006)。

来说仍是有待开发的资源。[21]

以下讨论描述了监管机构有关的历史研究的主要焦点，研究历史知识如何加强政策的形成和实施，并回顾美国的机构是如何利用历史的。在这样的过程中，该讨论发现在特定的方面，更充分的历史认知可以帮助美国联邦反垄断机构接受“再接再厉”的领导过渡规范。

1. 对监管机构的历史分析：相关焦点

本部分描述了包含监管领域和监管机构历史的知识类型，列出了一份具有可操作性的清单，用于增进对监管制度起源、授权执行机构行为的理解。以历史为导向提高竞争主管机构绩效的方法有两个维度：实证性和规范性。

（1）实证性的历史调查

实证性的调查涉及确定在给定时期内发生了何种历史事件。在所有事件中，历史学家和政策制定者可能想知道的是：

活动的类型和程度

- 机构如何使用资源？
- 机构发起什么案件？案件的类型？案件的处理结果为何？
- 机构进行了何种研究计划？发表了何种研究成果？
- 机构在面对其他公共机构时承担了何种宣传活动？
- 机构组织过何种会议、研讨会和其他形式的公开征求意见？
- 机构对于为构筑机构性知识的政策研究和发展投资了多少？

组织机构和运作

- 监管性机构是如何组织的？
- 机构如何组织内部的运作？

---

[21] *See* Edward J. Balleisen & Elizabeth K. Brake, *Historical Perspective and Better Regulatory Governance: An Agenda for Institutional Reform*, 8 REG. & GOV. 222 (2014).

- 机构是如何做出决定的?
- 机构的开支有多大?
- 机构过去有多少雇员?这些人需要何种能力?
- 机构的结构和运作架构是如何随时间改变的?

权力

- 机构的实质性授权是什么?是如何改变的?
- 机构从经营者收集信息的权力是什么?
- 机构对违法行为可以采取何种救济措施?

动机

- 如何解释机构的行为?
- 何种力量指引其优先事项、项目的选择以及在程序和组织方面的调整?

效果

- 机构是如何评估结果的?
- 机构的项目如何影响经济表现?
- 机构的项目如何影响商业行为?

(2) 规范性调查

第二类调查涉及规范性评估,包括:

- 机构是否行事正确:运用资源是否明智?
- 项目是否取得良好的实质性成果?应根据哪些标准评估资源分配和努力的实质性成果?
- 机构是否以正确的方式行事:在内部审议和与外部团体的互动中是否依照健全的程序?应根据哪些标准评估其流程?
- 经验表明应进行哪些调整?

2. 历史意识对机构表现的贡献

竞争主管机构可以通过寻求上述问题并将历史知识应用到当下决

策的过程中得到重要的收获，这就是理查德·诺伊施塔特（Richard Neustadt）和欧内斯特·梅（Ernest May）所称的“在时间流中思考”。[22] 也许最重要的收获就是学习。所有组织都是通过评估过去经验教训而进步。对于较新的竞争主管机构和较旧的机构而言，从过去经验中获得的知识体系是其更加熟练的重要原因。通过诚实地评估哪些工作有效、哪些工作无效，机构的表现可以实现稳定的（有时是惊人的）提升。历史意识的提高不仅意味着技术纯熟，对过去经验的深度思考也能增强机构对如何最好地解决问题的直觉。

在阐述努力增强经验学习的好处时，要在实践中实现这些好处并不容易。即使对致力于在最大程度上利用其经验基础的反垄断机构来说，确定过去发生的事情、知道事情发生的原因、了解机构决策的影响或者辨别机构是否使事情变得更好或更糟，并不总是（或不通常是）容易的。这些工作可能涉及与收集和解释信息相关的棘手问题。

关于行为经济学和心理学的当代文献提醒我们，有一些力量可以扭曲历史分析，使之毫无意义或有害。[23] 以下是一些复杂的情况。对过去学习有意愿的学生可能会被信息淹没——即便是对于单一的监管机构亦是如此。举个例子，联邦贸易委员会的信息非常丰富，包括机构的决定、命令、指南、演讲、规则、口述历史、机构主要官员和有影响力的非机构人员的论文集以及对机构的大量评论。甚至在面临难以解释的问题之前，研究人员会对创建一个能长期持续准确地追踪机构活动的数据库所面临的困难而感到绝望。而且，我们还没有开始尝试将联邦贸易委员会的工作内容与国内外的其他监管机构进行比较。

对信息过载的一种常见反应是求助于严重不完善的经验法则（启

---

[22] RICHARD E. NEUSTADT & ERNEST R. MAY, THINKING IN TIME—THE USES OF HISTORY FOR EFFDECISION MAKERS 247 - 70 (1986).

[23] 这一文献及其对监管决定的影响，参见 James C. Cooper & William E. Kovacic, *Behavioral Economics: Implications for Regulatory Behavior*, 41 J. REG. ECON. 41 (2012)。

发法）。历史调查之所以失败，是因为所选择的方法论即经验法则严重扭曲了数据收集，产生了不可靠的解释。确认偏差会导致研究人员或历史分析方法的使用者忽略或轻视与偏好假设相矛盾的信息和解释。任何以历史研究指导监管决策制定的拥护者都必须承认，引用历史来支持政策方案的文章频繁地涉及丹尼尔·欧内斯特（Daniel Ernest）所称的寻找“可利用的过去”，这是一种摘要写作的形式，列举有利于机构的案例而回避相反或不一致的决定。[24]

即使研究人员和历史分析方法的使用者尽最大努力控制确认偏差，其他行为性现象也可能成为障碍。可得性偏差可能导致监管者对显著不良事件（如在法庭上重大案件的败诉）给予过度的重视。比起冷静地评估错误问题并设计出能在下次做得更好的解决方案，机构更可能从特定的努力中完全退缩，并错过下次在这一政策领域进行更明智、有效干预的宝贵机会。

3. 历史研究与政策融合的不完善

不存在一部仅为监管事件书写的单独历史——不会单独考虑一个机构所为之事，不会单独解读一个机构的行为，也不会单独评估一个机构的工作价值。一个被劝告要更全面地考虑历史的机构可能会问：“是哪一段历史?”

这里有一些与审视过去、指导未来政策制定有关的难题，它们不分先后。首先，关涉所发生事件的数据往往极不完整或不易获取。竞争主管机构在它们如何收集和展示活动数据的方式上差异非常大。[25]一些机构提供更完整的诉讼事项信息（引证和链接到案件开始的事件、机构做出决定的报告以及上诉机构发布的决定）；其他机构则是

---

[24] Daniel R. Ernst, *The New Antitrust History*, 35 N. Y. L. Sch. L. Rev. 879, 883 (1990).

[25] William E. Kovacic et al., *How Does Your Competition Agency Measure Up?*, 7 EUR. COMPETITION J. 25 (2011).

简单地报告活动的总量（例如，在 2017 日历年，机构着手调查了 11 项涉及纵向限制的事项）。在多数情况下，为了准确了解发生的事件（而不是评估事件是否值得），研究人员几乎不得不从头开始收集数据集，例如阅读机构新闻稿和外部新闻报道。缺乏优质的数据以及普遍欠缺公认的报告准则，严重阻碍了对经济监管的优秀历史研究。笔者在此提出的最基本建议是，反垄断机构越是能够更好地汇报数据，就越能为追踪活动以及在机构内部和外部竞争政策团体讨论该机构已完成的工作提供更为确定的基础。

第二项与数据有关的考虑是各机构如何利用掌握的信息完善执法计划。在卡特尔执法领域，可以想象，竞争主管机构可能会重构这些卡特尔的发生过程，以确定卡特尔是如何形成和运行的：由谁决定设立这个共谋方案？是顶级管理层指示下属确立的卡特尔，还是发出更间接的暗示要求下级管理人员尽其所能满足利润预期？公司为实施卡特尔计划建立了哪些机制？一位卡特尔检察官的首要任务是证明协议的事实，然后再计算惩罚等级。这类对卡特尔运行的重构并不一定是优先事项。

这仅是发展所谓反垄断分析的众多可能领域之一——详细研究机构的经验基础，并以此作为未来执法的指南。事后评估越来越受到关注，这是各机构有兴趣对在执法事件发生前记录初始预期，并在执法后将这些预期与观察到的市场行为进行匹配的一种令人鼓舞的表现。

即便数据是完美的，历史调查的大部分结果仍将取决于解读和评估。此时，作为历史学家（可能是机构的雇员或学术顾问）的专业技能可能是必要的——目的是为了使竞争主管机构能够对机构的过去工作进行合理的评估，并为未来的计划提供有用的建议。

4. 历史分析：从更全面的应用中获益

本部分介绍了监管机构及其外部“共同生产者”——艾伦·菲尔

斯（Allan Fels）教授使用该术语描述可以直接或间接增强监管机构有效性的机构，例如大学研究人员——可以在哪些领域改善能够为决策提供依据的历史相关知识的基础。

产生更好的、具有历史相关性的数据和解释本身并不能确保其能够被融合至决策制定过程中。监管机构可以采取如下建议步骤将历史意识更完整地融入决策制定过程中。

如上所述，历史意识确实在联邦反垄断机构的决策中发挥了作用。相关知识主要有三种来源：（1）在机构长时间工作的个人；（2）与政策有关的办公室，例如政策规划办公室和总法律顾问办公室；（3）外部观察员（例如学术研究人员），机构会不时借鉴他们的工作成果，他们也会偶尔被借调参加机构工作或被聘请就特定事项提供建议。

这些机构没有“历史学家”的正式职位，尽管实际上有些人已经履行了这一职责。从 21 世纪初直到 10 年代退休，马克·怀尔曼的职能等同于联邦贸易委员会的官方历史学家，并对机构的有关起源和早期历史的文献做出了重大学术贡献。[26] 可以通过使这一角色更加正式的方式增强历史分析在机构决策中的作用——通过招募一名研究人员担任“机构历史学家”，将其职责置于负责制定更大政策的机构中。一种可能性是总法律顾问办公室，因为它直接参与更大的机构政策问题并实施具体的措施。

一种提高历史意识的方法是由某一司法辖区制订学术计划，向新任领导人教授机构的起源和发展。澳大利亚和新西兰政府学院向公务员提供的一类项目就是一个例子，该项目致力于通过向高级领导层提供关于监管政策历史的课程等方法改善公共管理。澳大利亚和新西兰

㉖ 一个著名的例子是：Marc Winerman, *The Origins of the FTC*: *Concentration*, *Cooperation*, *Control*, *and Competition*, 71 ANTITRUST L. J. 1（2003）。

政府学院通过为公务员提供行政管理教育、汇编审查特定政府项目的案例研究以及进行公共管理调研为政府提供服务。该组织的重点之一是从公共机构的经验中汲取经验教训并让新一代机构管理者可以学习这些知识。

历史导向训练的听众应该包括机构的利益相关者，他们的观点也会影响机构领导人的行为，包括立法机构及其职员、公民社会领袖、学者和新闻记者。更好的历史意识可能会引导这些利益相关者不仅通过基于活动的方式（例如，起诉的案件数量）来评估领导能力，而且还要赞赏妥善考量长期投入的领导者。

五、结论

更强的历史意识可能会鼓励新任领导人以改善机构长期表现的方式行事。更好地理解机构已经取得的成就，更全面地了解是何种力量促成了优秀的计划，这或许能够阻止那些诋毁前任领导者并对提高能力投入不足的短期定位。从过去的经验中习得教训是促使包括竞争主管机构在内的机构取得卓越成就的关键手段。从这一经验中得到的核心教训是，尊重机构过去取得的成就和对机构能力建设做出重大贡献的投入。在联结几代领导人的接力赛中，每位领导人在履新时的目标都应该是了解和保留长处，并在任期结束时交出比其上任之前更好的机构。

《反垄断法》出台后的12年

艾伦·菲尔斯

一、简介

中国《反垄断法》具有现代竞争法的核心特征。它禁止卡特尔和反竞争协议，禁止导致垄断的并购，也禁止滥用市场支配地位。《反垄断法》大致体现了国际最佳实践，尽管其中包含一些“中国特色”——主要反映了中国致力于建立社会主义市场经济的事实。

《反垄断法》还建立了适用和实施该法的监管机制。同时，《反垄断法》允许私人诉讼，对违反该法的行为也有制裁措施。①

它还规制了政府“滥用行政权力”的行为，这在竞争法中是非同寻常的规定。

《反垄断法》出台12年后，法律及其实施情况有何变化?

在本文中，我将简要评估立法、法律实施情况及其相关的制度安排。

我将特别关注两个问题：第一，对滥用行政权力的限制；第二，与国有企业经营有关的一些政策问题。

之所以强调这两个问题，是因为在包括中国在内的大多数国家，在评估竞争政策时对此常常不够重视。我认为，在撰写全球竞争政策

---

*　Allan Fels，墨尔本大学教授，中国社会科学院国际顾问。

① Allan Fels, *China's Antimonopoly Law2008* : *An Overview* 41, Rev Ind Organ, 7 (2012) .

历史时，应明确区分与商业企业反竞争行为相关的竞争法（或反托拉斯法，或反垄断法）和与政府限制相关的竞争政策（通常指竞争法无法触及的领域）。结论很可能是，在大多数国家，竞争法已经取得了可喜的成果，但竞争政策在应对政府施加的竞争限制方面却未能大有作为。这一概括几乎适用于包括中国在内的所有国家。②

二、立法质量

《反垄断法》的起草工作大约从 1994 年持续至 2007 年。冗长的起草过程部分是由于对竞争法的必要性和性质存在分歧，但这也使得中国能够对全球的竞争法进行认真而全面的研究。③ 这大致反映在《反垄断法》的特征上。它以欧洲尤其是德国的模式为基础，包含对卡特尔、滥用市场支配地位和反竞争并购的标准化禁止。④ 《反垄断法》用相当笼统的术语表述，并辅以众多的规则和指南。本人对《反垄断法》的观点是，中国拥有基本健全的、大致符合国际标准的竞争法法规，但其针对中国的具体情况也做出了一些调整。⑤

《反垄断法》与国际标准竞争法模型之间的显著差异之一是，其将促进社会主义市场经济作为目标。鉴于中国在经济政策上有完全不同的手段，因此有必要确定这种差异如何在法律中得到体现。《反垄断法》第一条规定，法律的目的之一是"促进社会主义市场经济健康

② 本文借鉴了 Allan Fels，*Professor Wang and the Anti-Monopoly Law* 2019，*Wang Xiaoye*，*The Pioneer of Competition Law in China – Liber Amicorum 2018* .

③ Lei Wang and Ivo Krizic，*Beyond Legal Transplant*：*China's "Shopping Around" Approach and Formation of Anti-Monopoly Law*（2017）40，World Competition Law and Economics Review 505.

④ 有关概述请见 Allan Fels，*China's Antimonopoly Law 2008*：*An Overview* 41，Rev Ind Organ，7（2012）；Xiaoye Wang & Jessica Su，*Competition Law in China*（2011）。其他作者也在 *Antitrust Law Journal* 75（1）（2008）中进行了早期评估。

⑤ Fels，同上。

发展”，而第四条规定，国家应“制定和实施与社会主义市场经济相适应的竞争规则，完善宏观调控，健全统一、开放、竞争、有序的市场体系”。显然，这些规定与中国对社会主义市场经济的承诺相一致，例如，《中华人民共和国宪法》第五条、第六条和第七条也表明了这一点。其他许多法律和政策宣言也确认了这一点。[⑥] 因此，想要改变这一目标与非社会主义市场经济下竞争法目标之间的任何差异并支持后者几乎是不可能的。

《反垄断法》还包含与国有企业有关的专门规定。《反垄断法》第七条规定，“国有经济占控制地位的关系国民经济命脉和国家安全的行业以及依法实行专营专卖的行业”受国家保护。《反垄断法》首次颁布时，有人担心该规定将使国有企业免于被监管。然而，对该规定更好的解释似乎是，除非会妨碍国有企业实现某些规定的重要社会目标，否则它们应受到法律规定的监管。[⑦]

《反垄断法》还包括许多实质性规定，将公共利益与关键竞争经济因素一并考虑。[⑧] 这样的规定在许多国家并不罕见，尽管在中国《反垄断法》中它们似乎比许多国家更广泛。例如，《反垄断法》第十五条为反竞争协议的豁免提供了许多依据。在竞争法中包含公共利益考量并非毫无道理。例如，中国还未达到发达国家的发展水平，而在中等收入国家，可能需要采取产业政策手段。在大多数已将公共利益测试囊括在法律之中的国家，随着时间的推移，其法律的变化趋势是限制公共利益的范围。但现在讨论这种情况是否会在中国发生还为时过早。

第五条在偏离国际准则的程度方面尤其值得讨论。尽管它禁止实质性减少竞争的并购（除非出于公共利益），但其仍对并购表示出积极的支持——以一种几乎没有可比较的法规作为参考的方式。然而，

---

⑥ 参见《习近平谈治国理政》，第 82—88 页。

⑦ Fels，同脚注④。

⑧ 常见的例子包括健康与安全、消费者保护、环境、区域经济发展和产业发展因素。

用王晓晔教授的话说，法律的措辞反映了立法过程，即“对不同观点的折中和协调”。[9] 王教授指出：

> 由于《反垄断法》是对中国经济改革的反映，因此其不可能不反映与改革有关的问题。《反垄断法》不能简单地复制美国的反托拉斯法或欧盟的竞争法；它必须具有一些中国元素，并与中国当前的情况相适应。[10]

行政垄断是另一个重大话题。许多人认为，“行政垄断是中国市场经济发展的最大障碍”。[11] 行政垄断是指政府施加的排除或限制竞争的限制。例如，这可能包括政府对来自其他地区的竞争对手进入本地市场设立的进入壁垒以及歧视性税收。如上所述，几乎在世界上的每个国家，竞争政策中的薄弱环节都是未能限制政府对竞争施加的限制。它们被强加在包括农业、制造业和服务业在内的许多经济部门以及各级政府上。政府对竞争施加这种限制的主要原因是支持这些限制的政治信仰和利益。在中国，政府对竞争的限制根深蒂固。[12] 与大多数国家一样，中国在竞争方面受到政府施加的诸多限制，对地域间竞争的限制尤其令人担忧。但是，从经济现代化早期阶段开始，中国就认识到减少或消除地域间广泛存在的竞争限制的重要性，这是早期制定竞争政策的重要考虑因素。1980 年以来，中国在移除这些竞争限制方面已取得了很大的进展，但仍有许多工作尚待完成。在《反垄断法》的起草过程中，曾就是否将禁止行政垄断纳入其范围进行了辩

---

⑨ Fels，同脚注④，第 xli 页。

⑩ 同上，第 xxiii—xxiv 页。

⑪ 王晓晔，同脚注②，第 17 章。

⑫ See, for example, Barry Naughton, *The Chinese Economy: Transitions and Growth* (2nd edn, MIT Press 2018), ch19; Arthur R. Kroeber, *China's Economy: What Everyone Needs to Know* (OUP 2016), 62 – 64.

论。由于学术界和公众的大力支持，《反垄断法》纳入了禁止滥用行政权力。该法第八条对禁止滥用行政权力消除限制竞争做出了一般性规定，并在第五章更详细地论述了行政垄断。

《反垄断法》在知识产权方面的规定有些模糊，但在大多数国家亦是如此。自 20 世纪 80 年代以来，中国的经济政策高度重视引进外国技术。中国曾在这些领域非常落后。与日本、韩国这些强调发展本国创新产品和工艺的国家不同，中国改革开放方针的基本理念是，应通过一项政策（其中包括大力鼓励外国直接投资）从其他国家引进大量技术。[⑬]《反垄断法》第五十五条规定，“经营者依照有关知识产权的法律、行政法规规定行使知识产权的行为，不适用本法；但是，经营者滥用知识产权，排除、限制竞争的行为，适用本法”。尽管一些外国专家反对加入这一条款，但事实上如果《反垄断法》不在原则上禁止对知识产权的反竞争滥用，那么竞争监管机构就没有处理此类案件的法律依据。此外，在欧洲和美国已经发生过滥用知识产权限制竞争的案例，这些案例表明该等反竞争行为在实践中确有发生，因此将这一条款列入《反垄断法》是合理的。[⑭]

总之，《反垄断法》的立法质量很高。该法在很大程度上符合国际最佳实践，与国际实践不同之处主要反映了政治制度（社会主义市场经济）和尚有争议的经济发展阶段之间的根本差异。然而，这并不表明该法不存在完善和提升的空间。

三、《反垄断法》的实施

拥有一部优秀的现代法并不一定意味着它会得到很好的实施，而拥

⑬　参见 Kroeber，同注脚⑫。

⑭　同上。

有一部劣法也不一定意味着它实施不力。鉴于这个话题已经由很多人深入探讨过,[15] 本文将对《反垄断法》的实施做出一些总体性的评价，然后重点探讨国有企业、政府限制竞争和机构安排等方面的话题。

《反垄断法》实施初期，其特点是采取了小心谨慎的态度。然而在三年之后，《反垄断法》在大型企业和更广泛领域的实施力度明显加强。国家和地方层面越来越频繁地处理反竞争协议。[16] 除了一些案件反映出源自中国价格管制历史的价格管制心态的痕迹之外，反垄断监管机构对卡特尔案件的选择并没有什么特别不同寻常之处。[17] 这可能是反垄断监管机构相对高度重视转售价格维持案件的一个原因。

《反垄断法》实施初期，关于滥用市场支配地位案件的公开决定很少，但从 2014 年开始，案件数量明显增加，涉及公用事业、法定垄断、电信产业、医药产业和知识产权等领域。[18] 大致上，《反垄断法》采取的方法在很大程度上遵循了与欧洲几乎相同的分析路径。众所周知，竞争法在处理这一领域时非常复杂。因此，我们最好将中国的实践视为一项正在进行中的工作，因为现在就其决定的质量下结论还为时过早。

然而，现实情况是需要做更多的工作来解决核心条款中的模糊之处，并更准确地确定核心条款的含义，而且反垄断监管机构和法院之

---

⑮ 详尽综合的概述参见 Wendy Ng, *The Political Economy of Competition Law in China* (CUP 2018)。另见 Adrian Emch & David Stallibrass, *China's Anti-Monopoly Law: The First Five Years* (Kluwer Law International 2013); Michael Faure & Xinzhu Zhang (eds), *The Chinese Anti-Monopoly Law: New Developments and Empirical Evidence* (2013); H. Stephen Harris Jr et al., *Anti-Monopoly Law and Practice in China* (2013); and "Chinese Competition Law Special Supplement" (2015), 3 *Journal of Antitrust Law*.

⑯ See Thomas K. Cheng, "The Meaning of Restriction of Competition Under the Monopolistic Agreements Provisions of the PRC Anti-Monopoly Law" (2017) 40 *World Competition: Law and Economics Review*, 323.

⑰ Yichen Yang, "Price-Related Cartels Under the Chinese Anti-Monopoly Law Regime: the Need to Clarify Four Substantive and Procedural Issues", 39 *World Competition: Law and Economics Review*, 479 (2016).

⑱ 参见 Wendy Ng，同脚注⑮。

间在思路上还存在一些分歧。[19]

并购方面的法律也已被谨慎地实施。在下文讨论的近期机构改革之前，并购一直由商务部负责审查。与大多数国家的情况一样，只有很少一部分经营者集中（中国有一套强制性的经营者集中申报制度）被禁止（但这并不表示该法没有阻止更多并购）。但是，商务部（以及现在接替它的机构国家市场监督管理总局）更频繁地要求企业在技术披露或共享方面提供限制性条件，这反映了中国对外国技术转让的一贯做法。[20]

在并购控制的执法方面，商务部有着令人印象非常深刻的佳绩，它奉行谨慎而稳定的管理模式，在中国之外也树立了良好的声誉。[21] 但商务部也面临着一些挑战，包括缺乏完全的独立性，人力资源的严重短缺以及在解释、厘清和适用《反垄断法》的一些高阶概念方面存在问题，如“支配地位”和“减少竞争”。[22] 非竞争因素在并购控制的实施中也发挥了不适当的作用。[23]

总体而言，过去十多年来，《反垄断法》的实施工作取得了显著成绩。但是，由于《反垄断法》的实施与国民经济体系密切相关，并且中国的经济体制仍处于转型期，因此《反垄断法》在实施过程中仍不可避免地会遇到许多问题，执法机构也面临着严峻的挑战。[24]

本文的剩余部分将讨论《反垄断法》对国有企业的适用，处理行政垄断时的实施问题，以及《反垄断法》的监管机构安排。

---

⑲ Xiaoye Wang, *Six Severe Challenges in Implementing China's Anti-Monopoly Law*, Competition Policy International（21 July 2018）.

⑳ Adrian Emch & Xiaoye Wang, “Five years of implementation of China's Anti-Monopoly Law: Achievements and Challenges”（2013）, 1 *Journal of Antitrust Enforcement*, 247, 269 – 71.

㉑ Xiaoye Wang and Adrian Emch, “*Chinese Merger Control Eight years on*”（2017）38 European Competition Law Review 53, 58 – 9.

㉒ 同上。

㉓ 同上。

㉔ 王晓晔，同脚注⑲。

（一）国有企业

过去已有一些针对国有企业的反垄断执法活动，但这些执法活动被认为比较薄弱。[25] 例如，并非所有为《反垄断法》所涵盖的国有企业的并购都进行了申报，在首批 35 起附加限制性条件批准的并购案和两起被禁止的并购案中，只有一起涉及国有企业［通用电气（中国）有限公司与中国神华煤制油化工有限公司设立合营企业案］。

在一项看似雄心勃勃、针对中国电信和中国联通的滥用市场支配地位的调查中，因受到相关行业部委的压力，此案以接受承诺而非法院强制执行的情况宣告结束。另一起与国有企业有关的案件——“中国航信卡特尔案”——似乎也是类似的结果，该案显然是通过协商解决的，没有正式的决定或公告。由于政治和其他原因，反垄断监管机构似乎在针对国有企业实施《反垄断法》时有所保留，这一话题将在下文展开讨论。[26]

然而，重要的是需要认识到，在全球范围内，竞争法对以纵向和横向整合为特征的国有企业并无太大影响，例如在发电、输电、配电和售电都由一个单一的纵向整合的垄断者经营的传统电力行业。在这些情况下，传统竞争法的适用范围有限。这种垄断者不存在与之共谋或进行并购的竞争对手，或通过滥用市场支配地位消除竞争。只有在开放的情况下，例如通过纵向和/或横向剥离，竞争法才能在防止这些分离后实体从事反竞争行为方面发挥更重要的作用。许多呼吁对国有企业更严厉实施竞争法的人没有认识到，在这种情况下，竞争解决方案有时超出了竞争法监管机构的能力范围。这些解决办法往往掌握在政客手中，他们有权决定是否应在横向和纵向层面打破这种垄断，是否应消除任何进入壁垒或法规规定的其他竞争障碍。因此，在现实

㉕ 参见 Wendy Ng，同脚注⑮，第 8 页。

㉖ 同上，第 307—310 页。

中，强化国有企业的竞争需要采取超出《反垄断法》范围的更广泛的措施：这通常是更广泛的竞争政策问题。

中国已经对其最重要的垄断领域采取了一系列分化措施。例如，国有企业一般不会拥有纯粹的垄断地位（存在某些例外，如国家铁路系统）。并且，在战略性行业（如航空、电信、石油和发电）和战略程度较低的行业（如煤矿、钢铁和有色金属加工），中国曾推出一项创造互相竞争的国有企业政策。[27] 但是，就此类措施促进竞争的潜力而言，其效率受到很大限制。例如，各级政府都不愿意让效率低下、无法抵御竞争的国有企业退出市场，互相竞争的国企之间的高管轮流也削弱了竞争。[28] 此外，这些做法在很大程度上也背离了竞争中立的原则。在竞争中立的原则下，国有企业不具有任何政策导致的净竞争优势。[29] 但是，中国的国有企业能优先获得土地、自然资源和政府补贴，不需要制定国有股权资本的市场回报率，却从政府对国有企业借款的隐性担保中获益。它们还被认为在监管、税收、政府采购和行政上诉方面具有不平等的优势。[30]

在这种背景下，人们对《反垄断法》对国有企业影响的预期应该很低。最重要的是，由于中国对国有企业在中国经济中所扮演角色的教条式保证，并且传统竞争法在任何情况下都是有限适用的，人们可能不会期待竞争法的实施会对中国国有企业带来很大的变化。

（二）政府限制竞争

《反垄断法》中关于行政垄断的规定明确表明其对处理政府限制

㉗ Kroeber，同注脚⑫，第 101—102 页。

㉘ 同上，第 109 页。

㉙ OECD，*Competitive Neutrality*：*Maintaining a Level Playing Field between Public and Private Business*（2012）.

㉚ 同上。Dong Zhang and Owen Freestone，“China’s Unfinished State-Owned Enterprise Reform”，2 *Economic Roundup*（2013），Department of Treasury Australia。

竞争问题的承诺，特别是针对地域间竞争的限制。然而，如何实施这些规定却引发了重大争论。

《反垄断法》第五十一条规定了行政垄断的执法层级。负责实施这些规定的主管机构并非竞争主管机构，而是实施了行政垄断行为的行政机关的上级机关。尽管不是由竞争主管机构来执行这些行政垄断的禁止性规定，但其可以向有关上级机关提出依法处理的建议，例如要求违法的行政机关采取整改措施和其他补救措施。但这一规定的措辞十分笼统，缺乏对何为适当的处罚或整改措施、何种机构负责监督违法的行政机关落实这些措施的指导。

《反垄断法》欠缺对行政垄断行为的具体惩罚措施，这衍生出了多种可能的解释路径。有一种解释认为这些规定十分严肃，应由中央政府采取行动实施该等规定；然而，由于行政垄断多涉及政治行为，而非更为具体的违法行为，因此标准化的处罚方式和程序并不适合行政垄断，这本身也引发了另一重困难。另一种解释是制定行政垄断规定时采取了一种折中的方式，这些规定是故意模棱两可的。还有一种解释认为这些规定仅具有象征意义，不必进行严肃解读。王晓晔教授对行政垄断所面临的挑战以及《反垄断法》该如何应对这些问题表达了担忧。例如，她近期提到针对行政垄断的执法并不奏效，原因在于上级行政机关无法保持中立——上级行政机关也能从该行政行为中获得经济利益，且不具备专业的竞争法技术，也缺乏处理竞争案件的能力。[31]

迄今为止，针对行政垄断的反垄断法执法活动并不多。[32] 这表明该禁止性规定仅是一种收效甚微的折中方案，不太可能产生任何重大影响。这一状况也符合大多数国际经验——反垄断监管机构在废除反竞争的政府法律法规方面所能施加的影响力有限。最近，对行政垄断

㉛ 王晓晔，同脚注⑲。
㉜ 参见 Wendy Ng，同脚注⑮。

的关注已经转移至了公平竞争审查制度。该制度由国务院于 2016 年 6 月创设，是中国供给侧结构性改革的一部分。[33] 这一制度支持和补充了《反垄断法》中关于行政垄断的规定。公平竞争审查制度的核心是制定政策的行政机关对拟制定的新法律预先进行审查，对已制定的法律进行再次审查，以防止任何排除、限制市场竞争的政策。该制度的覆盖范围非常广泛，任何反竞争的行为均不被接受，除非是为了维护国家经济安全、文化安全、国防建设、扶贫开发、救灾救助、节约能源资源、保护生态环境等公共利益。[34] 在现阶段很难评估公平竞争审查制度的影响，但如果参考他国经验，如此雄心勃勃的方法很可能远远无法达到令人满意的效果。可以肯定的是，如果要完全落实公平竞争审查制度背后的基本原则，将会遭遇来自各级政府相当大的政治阻力。这也反映了几乎各个国家在试图突破政府颁布和推动的反竞争性法律上的经验。

（三）机构安排及执法职能划分

直至 2018 年初，实施《反垄断法》的职责一直由三个政府部门分担。商务部负责审查经营者集中案件，国家发改委负责处理与价格有关的反竞争行为，国家工商总局负责处理非价格的相关事务。该分权结构是各部门相互争抢执法权的结果，并且由于各部门难以采取协调统一的执法手段而招致了许多批评。但是无论如何，正如下文所述，实施《反垄断法》的职责现如今已经进行了整合。

反垄断监管机构原隶属具有广泛职能的多个国家部委之下。然而应该指出的是，这对竞争执法来说不一定不利。如果反垄断监管机构处于一个重要的部委中，那么其将拥有来自该部委作为强大支持者的

㉝ 国务院《关于在市场体系建设中建立公平竞争审查制度的意见》，国发〔2016〕34 号，2016 年 6 月 1 日。

㉞ 同上，第三款第（四）项。

潜在优势，但是随之而来的一个关键问题是，在这样一个大型部委中，反垄断监管机构可能并不会得到应有的重视，因为该部委中可能会有其他更为优先的事项或机构。尤其是当反垄断监管机构隶属行业主管部委时，该部委本身可能会屈从于商业利益。竞争法律和竞争政策的推出可能会使反垄断监管机构与（特别是被认为是支持企业的）行业主管部门之间产生紧张关系。

许多评论家都主张构建一个统一、独立和强大的反垄断监管机构。[35] 在2007年《反垄断法》颁布之时，曾有高层指示如果执法权划分的效果不佳，则会考虑将反垄断监管机构整合至一个机构当中。虽然实施职责的划分似乎在实践中并没有引发很多问题，[36] 但是国务院还是在2018年3月向全国人大递交了一项提案，建议将三大反垄断主管机构合并为一个新的政府机构——国家市场监督管理总局。随后，其他领域的若干监管机构——消费者保护、食品药品管理及质量控制——连同此前三部委下的反垄断监管机构一并合并至同一部门。

从表面上看，随着时间推移，这种体制改革可能会带来一些重大变化。其应会在先前几个执法领域之间产生更优化的一致性和协调性。近年来，三大反垄断监管机构均加大了各自的执法力度，机构整合则可能会进一步加强这一趋势。尽管我们难以预测将三大反垄断监管机构整合至一个手握广泛监管权力的机构后会产生何种影响，但在这个权力广泛的监管机构内，反垄断监管机构传统上一心一意追求反垄断监管的做法可能会有所淡化。换言之，一个重要的问题是，这种变化是将竞争法置于市场监管的中心地位，还是将其作为更广泛监管结果的要素之一。

有一件事很清楚：新成立的反垄断监管机构并非一个完全独立的

---

[35] 王晓晔，同脚注②，第XXXi页。

[36] 参见Wendy Ng，同脚注⑮。

法定机构。如同之前划分执法权的安排时三大反垄断监管机构各隶属更高一级部委的情况一样，统一的反垄断监管机构仍然隶属一个更高一级的政府部门。显然，将执法权整合至同一个机构解决了评论家早期关注的问题之一，不过人们对机构独立性的担忧仍然存在。在这种情况下，更重要的关切在于为实施法律所投入的资源。但这些资源似乎很少。

四、结论

人们有理由庆祝中国对现代竞争法的采纳及其实施这 12 年来获得的成果。《反垄断法》在竞争法的标准执法领域（卡特尔、滥用市场支配地位和反竞争的并购）总体上都处理得很好，尤其是考虑到该法是一部年轻的法律，并且任何国家成功实施这样一部法律都需要一定的时间。但这并不是说《反垄断法》没有可改进的空间，尤其在决定的透明性方面仍有待提升。有迹象表明，《反垄断法》可能很快就会进行一些修改：有必要对该部法律进行重新整理，特别是涉及并购方面的规定。

《反垄断法》最大的薄弱部分在于竞争政策领域，而非竞争法领域。鉴于中国对在战略性行业实行公有制的坚定承诺，以及在对国有企业适用竞争法时的内在局限，该法能够对国有企业产生重大影响的希冀从一开始就是不现实的。就政府对竞争施加的限制而言，中国似乎认识到了这些问题的重要性，而这也是在各个国家都难以取得好结果的领域。建立公平竞争审查制度是中国的一项积极发展，中国似乎已经认识到需要对这一领域采取富有成效的行动。但目前对中国《反垄断法》与公共行政相关的拟议改变可能会产生何种影响做出结论还为时过早。

中国反垄断法实施12年回顾：基于比较视角的评估

阿尔贝托·海姆勒

美国《谢尔曼法》于1890年生效，《欧盟条约》于1957年生效，并且大多数欧盟国家在随后的几十年里制定了国内的反垄断法。从20世纪90年代开始，反垄断法的实施开始在世界范围内广泛开展，目前大多数国家都制定了法律。[①] 中国的《反垄断法》已经有12年的历史，是世界上最年轻的反垄断法之一，但根据许多文化，12年是成熟的年龄，事实上，在许多方面，中国的反垄断已经足够成熟。

早期，中国从成熟的司法辖区中获取经验，从大量的学术文献中汲取知识，但又仍按自己的路径继续发展。现在是时候了。成年人的行为在很大程度上取决于他们自己，他们的天性、态度、能力——在世界上产生积极影响的能力。我将用这一方式来描述中国反垄断执法的发展、《反垄断法》如何走向成熟以及仍然在机构和执法方面存在的挑战，尤其是与数字经济发展相关的竞争问题。

中国的特殊性在于，《反垄断法》同时还解决由法律授权处理公

---

* Alberto Heimler，意大利国家行政学院教授，经合组织竞争委员会“竞争与监管”工作组主席（法国）。笔者感谢林至人先生非常宝贵的意见，这些意见显著提升了本文的质量。

① 国际竞争网络有137个成员机构。

共事物的机构滥用行政权力的问题，而欧洲和美国的竞争主管机构通常并不直接涉及这一领域。中国在这方面的现行制度与执行《欧盟条约》中自由流动规定的制度具有可比性。本文的最后一部分将专门讨论中国相关条款的特殊性以及它们能否胜任在中国创造更具竞争性的环境。

反垄断执法采取何种模式?

美国在 19 世纪末（1890 年）首次引入反垄断法，以避免过度的产业集中并限制垄断的增加。在过去的 50 多年来，美国和加拿大（比美国早一年推行反垄断法，但几十年来没有大力执行）是世界上唯一实施反垄断法的国家。20 世纪中期（1957 年），《欧盟条约》中引入了反垄断条款，以促进产品和服务在欧盟内部市场间的自由流动。欧盟成员国则紧随其后。终于，在 20 世纪 90 年代，大多数摒弃了社会主义历史的国家通过了反垄断法，以确保私有化和自由化不会导致过度的市场力量。然而，尽管各国的目标有所不同，但法律规定采用的措辞和其所禁止的行为并无太大差异。在所有的司法辖区，法律禁止反竞争协议、滥用市场支配地位的行为和反竞争的企业合并。

各国的不同之处在于对这些非常相似的法律条款的解释方式。因此，自 20 世纪 90 年代越来越多的司法辖区采用反垄断法以来，主要国家的主管机构和国际组织都在努力促进对反垄断法实质性解释方面的趋同性（稍后会详细介绍）。在我看来，这种趋同性是显著的，它使得反垄断法追求的最终目标被普遍接受，即消费者福利标准。当然，就实际实施而言差异仍然存在——而且在某些情况下仍然相当明显。

各司法管辖区仍存在的差异之处是机构设置。目前存在两种模式：司法模式和行政模式。在司法模式中，由法官做出所有强制执行的决定（案件来自私人诉讼，或反垄断行政执法机关指示的案件），而在行政模式中，由公共行政机构直接做出决定，随后可能受到上诉法官的限制。在世界范围内，美国是司法模式的主要代表，而欧盟是行政模式的发起者。

这两个司法辖区都在世界范围内对反垄断执法发展产生了深远影响。自 20 世纪 90 年代以来，美国走在反垄断法条款解释和实施的前沿，在促进反垄断执法实践趋同方面发挥了积极作用；另一方面，欧盟竞争法的条款和制度结构已经成为世界各国的典范。

事实上，司法模式需要称职的法官和高效的司法系统以便使所有案件都能迅速结案，所有的这些特点都很难在美国之外找到。相反，在行政模式中，法官仅对上诉案件进行干预，使得做出决定的过程相对迅速，并大大减轻了早已不堪重负的司法系统的负担。此外，世界上大多数反垄断法的措辞都遵循欧盟，因为其被认为更具体和更具可执行性。

中国《反垄断法》、反垄断执法与机构的规模

中国《反垄断法》选择了欧盟的行政模式，在法律条文的措辞上也遵循了欧盟的模式，只有一些细微的变化。该法于 2007 年 8 月 30 日由全国人民代表大会通过，并于 2008 年 8 月 1 日起施行。与欧盟模式目标含蓄不同的是，中国《反垄断法》在第一条中规定了其总体目标："为了预防和制止垄断行为，保护市场公平竞争，提高经济运行效率，维护消费者利益和社会公共利益，促进社会主义市场经济健康发展，制定本法。"用经济学的术语来说，所有这一切可以概括为阻碍人为增长的市场力量。因此，中国《反垄断法》追求的目标符合世界上大多数反垄断法追求的目标。

在实质性条款方面，《反垄断法》遵循欧盟竞争法。《反垄断法》

第二章禁止具有被豁免可能性的反竞争协议。第三章禁止滥用市场支配地位，并且列举了可能导致支配地位的因素，并根据单个、两个和三个公司的市场份额做出可被推翻的推定（在欧盟，这些可被推翻的推定仅在二级立法中提出，且份额要高得多）。第四章涉及经营者集中控制，实行国务院规定的营业额门槛为基础的强制性预先申报制度并对可能大幅减少竞争的交易进行实质性审查，这符合最佳实践。

这些实质性规定由法院在私人诉讼中实施（当然，经营者集中控制除外），而公共实施则由反垄断委员会（AMC）负责，并最初由国务院授权给三家独立的机构：国家发改委、国家工商总局和商务部。国家发改委负责所有与价格有关的反竞争协议和滥用市场支配地位行为；国家工商总局负责所有与价格无关的反竞争协议和滥用市场支配地位行为；商务部则负责经营者集中控制。此外，除商务部统一进行经营者集中控制外，国家发改委和工商总局都有广泛的省级办事处网络（每个办事处的工作人员很少），这些办事处也积极参与反垄断执法工作。

从一开始，国际反垄断界就对这“三大支柱”的结构提出了严厉批评。首先，国家发改委和工商总局的管辖界限并不明确，许多违反竞争法的行为同时导致价格和非价格效应。因此，保持执法机构相互独立的结构增加了行政效率低下的风险，因为同一个案件在两个机构之间被分割。此外，这种独立可能导致判例法的割裂，各机构都制定了自己的解释原则，且不一定是趋同的。最后，通常与过去指导案件有关的部门专业知识将不会在各机构之间共享，从而导致执行效率越来越低。

2018 年的行政机构改革，建立了单一的竞争主管机构——国家市场监督管理总局。所有与以前分散执法有关的缺点都可以被消除。要确保其前身的三个机构在国家市场监督管理总局中进行全面重组，使它们有效地作为一个机构运行，而不必像以前那样拥有类似的专业分工。现在所有的条件都已具备，重组也已经完成。

然而，目前仍有待解决的主要挑战是人力不足。国家市场监督管理总局的人员严重不足，更重要的原因是由于前三个机构的合并，人员严重减少。正如表1所示，在中国反垄断执法机构工作的人员数量只是其他司法辖区（在规模上甚至不具可比性）可用人员的一小部分。诚然，一些与滥用市场支配地位相关的问题可以通过私人诉讼加以解决，但仍有许多问题尚未解决。卡特尔案件、解决与整个系统影响有关的问题（存在阻碍进入市场的由多个纵向协议组成的网络）或经营者集中控制，都需要一个运作良好、人员充足的公共机构。甚至对许多滥用支配地位问题而言，由于它们要求将可能的滥用行为视为影响竞争过程这一整体战略的一部分，并要求获得一套比单个公司或个人所能获得的更多的信息，因此需要公共机构的检查权才能收集必要的证据。

表1　选定司法辖区竞争主管机构的雇员人数（2018年）

司法辖区	雇员人数
澳大利亚	1 000
中国	45
欧盟	750
法国	200
德国	320
意大利	290
日本	830
荷兰	500
韩国	650
英国	560
美国	1 800

注：数据并未包含某些司法辖区中地方级别的竞争机构的管理人员。
资料来源：网络。

近年来，在欧盟和美国反垄断的所有领域，即卡特尔、经营者集中控制和滥用市场支配地位等领域，大多数主要的反垄断法实施程序都要求有超过 20 名专业人员组成的团队多年来致力于处理同一个案件，并且在许多主管机构，有许多此类案件在同时进行，[②] 在国家市场监督管理总局现有的人员配置条件下，这显然是不可能的。素质优良和数量充足的人员是一个高效机构的先决条件。

即使采用一部良法也是次级问题。法律可以被解释，而且，即使是执行“恶”法也不一定会导致错误的决定。另一方面，由于人员不足，导致许多可能的案件得不到处理。这些本应该被禁止的行为却未能被禁止，这使得中国可能充斥着虚假的负面情绪。执法机构的官员需要更适合经济的规模。

拥有 14 亿人口的中国有一个甚至不到荷兰竞争管理局人力 10% 的竞争主管机构，而荷兰是一个只有 1 700 万人口的国家。[③] 这是一个真正需要纠正的紧急情况，因为反垄断法是一个能够约束中国的公司、战略和实践的有效工具。

然而，虽然其规模较小，在过去 12 年里，中国机构在竞争法和竞争政策的所有领域（执法、程序指示、竞争宣传干预和改革建议等方面）取得的成就的确令人瞩目。我在本文中的任务不是回顾和描述其已经完成的出色工作，而是解决现有的挑战。

实质性规则要解决什么？

1890 年通过的美国《谢尔曼法》旨在降低大型工业托拉斯的力量，并“促进多样性和市场准入，反对高度集中和滥用权力”。根据参议员谢尔曼的说法，“如果我们无法忍受一位国王成为一种政治力

② 例如，在 2020 年 4 月，意大利竞争机构正处理 16 个不同的反垄断案件。

③ 荷兰的监管机构荷兰竞争管理局也是一家经济监管机构，因此该等比较并非在任务完全相同的机构之间进行。然而差异也是显著的。

量，我们也不应忍受一个统治生产、运输和销售任何生活必需品的国王。如果我们不屈服于一位皇帝，我们就不应屈服于具有阻止竞争和确定任何商品价格权力的贸易独裁者”。即使是为了实现这些广泛的目标，《谢尔曼法》的措辞还是非常笼统，即禁止限制贸易和垄断市场的意图。其结果是《谢尔曼法》难以被遵守（因为公司并不明确什么被禁止，什么被允许）和执行。

因此，随后的判例法试图使这些非常笼统的法律规定变得可行，从而产生了更为具体的禁令。许多做法都被禁止了，无论其对市场竞争的实际影响如何。横向定价、搭售、排他性地域限制、集体抵制交易、维持转售价格均被禁止。尽管这些禁令本身在提供法律确定性方面非常有效，但却导致效率极低的结果。正如约书亚·怀特（Joshua Wright）和道格拉斯·金斯伯格（Douglas Ginsgburg）所写④：“法院对《谢尔曼法》的解释……反映了社会和政治目标的大杂烩，其中许多目标具有明确的反竞争倾向，例如保护小经营者免受效率更高的竞争对手的侵害。”

因此，在20世纪70年代和80年代，在反垄断法的解释和实施过程中，一种主要源自芝加哥大学的学术批评开始出现并越发频繁。1977年，美国最高法院在大陆电视公司诉斯文尼尔公司（Continental T. V., Inc. v. GTE Sylvania Inc.）的判决中最终接受了这一新方法。⑤法院认为，只应禁止“不合理”的贸易限制，驳回了对排他性地域限制本身的禁止。几年后，在1979年，法院明确表示，“国会将《谢尔曼法》设计为一种消费者福利的处方”；⑥ 并且在1984年，法院表示

---

④ Wright, J. D. and Ginsburg, D. H. (2013), “The Goals of Antitrust: Welfare Trumps Choice”, *Fordham Law Review*.

⑤ 本案源于GTE拒绝大陆集团在已经分配给斯文尼尔的地区销售电视机。最高法院在该案中认定，GTE有充分理由转让专有领域，即允许提供高质量的预售服务（433 U. S. 36, 1977）。

⑥ Reiter v. Sonotone Corp., 442 U. S. 330, 343 (1979).

一项“在制定价格和产出时具有降低消费者偏好重要性的限制与反垄断法的这一基本目标不符”。[⑦]

到20世纪90年代，几乎所有本身违法的禁令都已被废除。今天，只有卡特尔因本身违法继续被禁止。这一切都意味着，通过反垄断执法来禁止某些行为变得更加困难，因为必须证明某一特定做法对竞争产生的负面影响才能加以禁止，而且所需证明要求事实证据和与之一致的损害理论。《谢尔曼法》中非常笼统的条款最初是通过本身违法原则而变得更加具体，并通过被广泛接受的合理分析原则（以一个庞大而明确的判例法为指导）使该法案再次变得可被普遍适用。

通过采用消费者福利标准，美国最高法院将对反垄断违法行为的评估从一个简单模式化的操作转换为一个更加复杂和基于综合效果的操作。该方法上的转变是实质性的，可以通过比较美国1968年和1982年的《合并指南》来理解。前者指出合并控制的“主要作用”是“维护和促进有利于竞争的市场结构”，后者则表明“不应允许合并创造或增强‘市场力量’”，并且市场力量并不是根据一些结构性市场特征来界定，而是决定于“一个或多个公司是否有能力将价格维持在竞争水平之上而获利”。

这种以效果为基础的反垄断新方法起源于美国，影响了全世界。虽然欧盟在向世界输出反垄断法律条款的措辞及其体制结构（行政模式）方面具有特别的影响力，但美国一直是反垄断经济研究方法的发源地，也是可以提供良好指导、论证充分的案例的必要发源地。基于这些原因，包括中国在内的所有国家，特别是在新的数字时代，都需要数量众多且有能力的跨学科工作人员。

---

⑦ NCAA v. Bd. of Regents of the Univ. of Okla., 468 U.S. 85, 107 (1984).

数字经济的挑战

数字平台已迅速成为许多市场中的主导者，许多主管机构正积极实施相应法律以阻止其可能的滥用行为，并阻止其通过反竞争的合并来强化其支配地位。欧盟委员会[⑧]最近对谷歌发起的两起调查遵循了传统的损害理论（针对同等效率的竞争对手的排他性做法），但欧盟委员会花了相当长的时间，运用超过 20 多人的经济学家、律师和技术专家团队来证明滥用行为。考虑到这些大型且利润丰厚的公司可以利用大量资源来组织和资助其辩护，反垄断执法者中的这些大规模且有能力的团队就显得尤为必要。

然而，新的挑战正迅速变得紧迫。消费者福利标准作为一个普遍共识，如今越来越受到质疑。数字平台面临的许多实践问题要求发展新模式或新损害理论来应对。的确，近年来，针对消费者福利标准的批评越来越多，其根源就在于约束大型数字巨头所遇到的困难。根据莉娜·卡恩（Lina Khan）[⑨] 的说法："反垄断法主要根据消费者（而不是生产者）的短期利益或整个市场的健康与否来评估竞争；反垄断理论将低廉的消费价格单独视为竞争状况良好的证据。使用这种评判标准，则亚马逊已经胜出。通过热忱地奉行其商业策略和夸大其降低消费价格的言论，亚马逊逃避了政府的审查。"她补充道："原则上，消费者利益不仅应包括花费，还应包括产品质量、品种和创新。"

虽然她得出结论："相比于对福利的衡量，对竞争过程和市场结构的分析能更好地洞悉竞争状况"，但我认为，她建议回到反垄断早期的公平概念是错误的。实际上，可以通过扩展和改进福利分析，解

---

⑧ COMMISSION DECISION of 27. 6. 2017 （AT. 39740-Google Search（Shopping））and COMMISSION DECISION of 18. 7. 2018（AT. 40099-Google Android）.

⑨ Lina Khan，'Amazon's Antitrust Paradox'，(2017) 126 Yale L. J. 710 – 805.

决传统方法的所有缺陷。

反垄断执法机构必须为跳出消费者福利标准的舒适圈付出巨大的努力。例如，卡恩认为："由于在线平台是至关重要的中间媒介，跨业务线进行整合可以使这些平台成为其竞争对手所依赖的基础设施。这种双重角色……使平台能够利用其服务来收集有关公司的信息，从而损害作为竞争对手的该等公司的地位。"要禁止这样的行为，就需要发展出一种新的范式。因为根据消费者福利标准，消费者得以享受该等行为模仿者提供的低价，这样的模仿在消费者福利标准下没有错误。

在达里尔·比格（Darryl Biggar）[10] 与我近期撰写的数篇论文中，我建议将保护不可逆的和关系特定的沉没投资作为反垄断执法机构追求的中期目标，如此可以最大限度地增加总剩余，从而向市场参与者明确指出被禁止的内容，并向反垄断机构指明如何执法。

关系特定的沉没投资非常普遍。正如我们在文中所述，在澳大利亚等煤炭出口国，煤矿企业可能会对矿山进行大量的沉没投资，因为如果不能以合理的条件进入煤炭出口港口，这些投资就没有什么价值。或者，在亚马逊市场上销售商品的一名卖家对产品的研发可能需要进行大量沉没投资，然后才能通过亚马逊的渠道出售产品。几乎所有正在进行的重要交易都需要交易的一方或多方当事人进行某种形式的沉没投资。

关系特定的沉没投资的主要问题在于它们会遭受"拦截"的威胁，即一旦投资沉没，交易中的相对方将改变交易条款和条件，以剥夺投资产生的利益并将其转交给合法的所有者。在竞争激烈的市场

---

⑩ See Biggar, D. and Heimler, A. (2019), "Is Protecting Sunk Investments a Primary Economic Rationale for Antitrust Law?", mimeo; Biggar, D., Fels, A. and Heimler, A. (2019), "The Goals of Competition Law Debate and Competition Policy for Labour Market", *CPI Chronicle*.

中，这些投资并不特定属于任何一个交易合作伙伴，也不能被剥夺，因为如果这样尝试，则很容易找到替代买方或替代卖方。然而，如果没有其他选择，交易的一方则可能通过改变贸易条款和条件剥夺沉没投资。

面对拦截的威胁，企业家将不愿进行必要的沉没投资，或者，他们会进行价值较小且不那么容易被拦截的投资。经济价值将被放弃。这种潜在的经济危害为反垄断或监管干预提供了坚实的经济依据，也指示了可能被采取的救济措施（反垄断的标准是交易价格刚好使沉没投资盈利，否则可能被认定为违法行为）。

我认为交易成本方法（保护关系特定的沉没投资）能够为反垄断规则提供必要的灵活性，从而使之摆脱通常过于呆板地适用消费者福利标准的情形。这都意味着，面对数字世界的发展带来的挑战，反垄断法的条款无须更改。在这方面，中国法律完全有能力应对所有需要。正如我所说，一些通用的解释和标准需要发展和修订。

中国《反垄断法》、行政垄断和促进竞争

《反垄断法》第八条引入了对行政垄断的控制，其第五章对此进行了更详细的介绍。行政机构通常不受反垄断法的约束，但在大多数国家，这些规定强调的反竞争行为被其他相关法律禁止。因此它们的行为不属于反垄断执法机构的管辖范围。例如，在欧盟，《反垄断法》第五章中提到的大多数做法都被《欧盟条约》禁止，尤其是自由流动条款。[11]

政府机构滥用行政权力可能会限制或扭曲竞争，国有企业的活动也会如此。尤其是，省级或地方级的此类政府机构可能通过偏袒所谓

---

⑪ 《欧盟条约》的目的是保证欧盟共同市场的货物、服务、资本和人员的自由流动。

的“地方冠军”来扭曲市场力量，例如通过发布特别的官方批准或强制其他企业与之交易，或者通过阻止竞争对手（包括来自邻近省份的竞争对手）进入当地市场。尽管这些规定所针对的目标非常重要，但是各省和地方政府没有任何动机遵守《反垄断法》，因为违反这些禁止性条款不会受到任何制裁。实际上，在过去的 12 年中，针对行政垄断的案件很少。

这就是国务院于2016 年6 月1 日发布《关于在市场体系建设中建立公平竞争审查制度的意见》（下称《意见》）的原因。该《意见》很明确，且其中包含一个旨在解决歧视性法规的问题清单。这些歧视性法规导致被其选定的公司在市场进入和退出过程中享有特权，影响商品的自由流通，或影响中国境内企业的成本和行为。国务院的清单围绕十八项一般性禁止性规定设计，这十八项禁令在《意见》中列明的具体情形下会予以推广。这些禁止性规定是针对省、地方政府的，当时的国家发改委（现为国家市场监督管理总局）则负责监督实施过程。正如我在别处指出的，国务院启动的公平竞争审查制度是对《反垄断法》对行政垄断缺乏有效约束的明确回应，而且确实受到欢迎，即便我建议对其中的例外制度进行一些细微修改。[12]

该清单的目的是在中国整体监管环境中实现公平竞争。中国的清单首先列出了十八项禁止性规定（关于歧视性补贴、歧视性公共采购规则和行为、授予歧视性特许权、歧视性定价、投资限制、税收优惠等），其目标是确保省、地方政府和行政部门不再向当地企业提供不正当的优势。这些禁止性规定很受欢迎，与欧盟自由流动规定非常相似。但是，中国设计的自我审查程序远弱于欧盟的自我审查程序。

在欧盟，《欧盟条约》依法禁止这些歧视性行为。如果政府不遵

---

⑫ 海姆勒（2019），《经合组织竞争评估工具箱、欧盟单一市场规则和规制改革：中国面临的挑战》，载于林至人编著，《减少竞争中的政策壁垒：国际经验与教训》，北京：中信出版集团，2019 年。

守，则私人和企业可以向法院寻求救济（自下而上的方法）。这与自上而下的中国式制度大相径庭。此外，对《欧盟条约》中禁止性行为的解释比起在公平竞争审查制度中可能要广泛得多。在欧盟，自由流动条款在某些情况下用于消除不合理的监管限制，而不仅仅是简单地确保它们以无歧视的方式适用。实际上，没有歧视行为（这似乎是公平竞争审查制度的目的）并不意味着来自监管干预的某种限制是正确的。

国务院的清单并不是为了确定“最佳”法规而建立的，而是作为一种避免偏袒性歧视（包括向国有企业提供特权）的方法。相比于中国国务院的十八项标准，《欧盟条约》在这方面涵盖更广，不仅禁止成员国制定歧视性规则，而且也尝试禁止那些实质上歧视非本地商品、服务和企业的规则，以促进市场准入。此外，通过法令和条约的方式，《欧盟条约》为那些消极禁止性规定不足以产生有效效果的地区的所有成员国创设了具体的监管规定。例如，欧盟直接干预以放开公共事业和私人服务领域的竞争，这是《意见》很难实现的。

十八项标准是应当被严格执行的禁止性规定，仅存在基于公共利益目标的例外（国防、健康、安全）。国家市场监督管理总局负责执行这些禁止性规定，增加了确定实施这些禁止性规定以促进更具竞争性的环境的可能性，例如，就业方面的考虑将不会作为一项例外。在这方面，如果国家市场监督管理总局严格而果断，公平竞争审查制度可能会成为在中国创造竞争中性的有效工具，即消除国有企业具有不合理优势的环境，正如欧盟通过实施内部市场规则所实现的。

如果《反垄断法》的最新拟议修订草案获得批准，则会将公平竞争审查制度引入立法。[13] 这是一个非常受欢迎的进步。这将使中国成

⑬ 《反垄断法》修订草案第九条：“国家建立和实施公平竞争审查制度，规范政府行政行为，防止出台排除、限制竞争的政策措施。”

为一个巨大的内部市场，而如果省、地方政府或行政机构不遵守国务院的禁止性规定，受影响的当事方（甚至私人实体）或许能够将这些反竞争规定诉诸法院。如此一来，更大的可能是，如果直接控制国有企业的政府没有有效处理国有企业获得的不正当优势，公平竞争审查制度下的私人实体也能够将给它们创设竞争劣势的行政行为诉诸法院。

如果该修订草案获得批准，则中国的制度将是一个完整的制度，国家有义务审查所有现行法规，而私人当事方能够在法庭上质疑任何未解决的问题。下一步或许应该是缩小现有例外的范围。

结论

历经 12 年，中国的反垄断体系逐渐成熟。国家市场监督管理总局及其前身（国家发改委、工商总局和商务部）已经展现了其了解反垄断执法机构所面临挑战的职责、独立性和能力。最新拟议的《反垄断法》修订草案非常出色，尽管我在本文中仅讨论了一项内容，即公平竞争审查制度。如果《反垄断法》修订草案获得批准，公平竞争审查制度将被纳入《反垄断法》，这将对中国的竞争政策产生积极影响。

要成为全球领先的反垄断执法机构，国家市场监督管理总局缺失的唯一要素是其规模。例如，国家市场监督管理总局的人力资源不到荷兰竞争管理机构的10%，但荷兰的人口仅略高于中国人口的1.2%。

中国应采取什么措施来补救这种情况？中国应该启动一项扩招计划，在接下来的 10～15 年中，每年可以雇用 20～30 人。这样，国家市场监督管理总局才能真正吸引中国最优秀的专业人士（当然，如果薪资有足够竞争力），因为他们可以有足够的时间（和截止日期）进行准备，从而有更大的机会通过资格考试。一次性增加国家市场监督管理总局员工的风险太大，而且大量新从业人员的专业素质无法达到要求。

新冠危机下的反垄断：拨云见日的公共利益和经济理性

弗里德里克·詹尼

新冠危机是由灾难性的外部冲击引发的，导致对抗疫产品的需求猛增。由于缺乏能够阻止疫情蔓延的设备或产品，许多国家采取了一般的隔离措施，它们被认为是控制疫情的唯一有效手段。

由于消费者无法实际进入商店，并且隔离政策对供应商施加了限制，许多市场上出现了必需品短缺和需求崩溃。

同时，为了维持需求，许多国家的政府向遭受疫情危机的工人提供了财政援助或刺激方案。但是，这种对消费的财政援助不一定有效，因为消费者实际上被阻止进入商店。

虽然疫情减缓，但无法保证在供需都受到疫情影响的市场上这两者将同时恢复并且这些市场能够很快恢复到以前的平衡状态。

鉴于这些事态的发展，我们需要关注，竞争监管机构应如何根据新的市场条件调整其反垄断执法，以及这场疫情对市场竞争意味着什么。

倡导

在政府为寻求解决短期问题而进行严格监管时，竞争监管机构的

* Frédéric Jenny，法国埃塞克商学院经济学教授，经合组织竞争委员会主席。

倡导功能就尤为重要。

竞争监管机构能够很好地帮助政府确保其考虑适用的新法规不会过度限制竞争。当这些障碍实际上阻碍了供需的平稳调整时，该等监管机构也可以主张解除监管障碍。

中国提供了一个与新冠疫情有关的优秀倡导案例。中国的公平竞争审查制度要求每个政府机构在制定政策和法规时都要进行公平竞争自我审查，以确保它们不会限制或排除竞争。在新冠病毒流行之初，各级政府都预计将颁布大量政策，以凸显对公平竞争审查制度的需求。应受国家市场监督管理总局（下称“市场监管总局”）审查的政策包括旨在确保抗疫物资供应、复产复工、消费增长和就业稳定的政策。在 2020 年 4 月 5 日发布的《市场监管总局关于支持疫情防控和复工复产反垄断执法的公告》中，市场监管总局承诺通过其公平竞争审查机制加强对其他政府机构的支持并推动对其他政府机构的指导。例如，截至 2020 年 4 月 21 日，北京市财政局已发布了 20 多项与疫情防控和企业复产复工有关的政策，并通过包括监管机构和有关学者的多方审查机制，排除了可能反竞争的条款。①

除了上述就紧急法规向政府提供建议，竞争监管机构还必须向企业界传达明确的信息，说明疫情下的竞争法实施原则，以便企业能够清楚地了解在困境中其被允许的行为和被禁止的行为。自危机时期以来，大多数竞争监管机构都发布了有关竞争执法的声明或指南。在更普遍的层面，所有这些声明都清楚地表明，竞争监管机构将不会容忍公司战略性地以经济危机为借口实施反竞争行为，例如固定价格、具有支配地位的公司滥用市场力量和定价、划分市场或交换战略性商业信息。因此，竞争的基本原则仍然与以往一样。

---

① 大成律师事务所，*COVID19：Chinese Antitrust Regulators have Taken Actions*，2020 年 4 月 21 日。

这些声明或指南以及竞争监管机构的后续行动证明了各国应对新冠疫情带来挑战的多样性。

我们将依次研究竞争执法的两个领域：在疫情期间，竞争监管机构对剥削性涨价行为的反应以及对公司之间合作的立场。

竞争监管机构对剥削性涨价的反应

物资短缺或是由于对某些产品的需求激增引起的，这些产品被认为是保护自己免受新冠病毒感染的必需品（例如口罩、手套、呼吸器、药物、试剂等），或是由于许多国家实行的隔离措施增加了哄抬价格和垄断性剥削行为的可能性。这些做法令公众十分震惊。

竞争监管机构对哄抬价格风险的反应有所不同，这取决于三个因素：该国竞争法是否具有公共利益目标或严格限于保护消费者剩余，竞争监管机构是否相信对价格滥用进行干预属于合法使用竞争法执法权限，最后，竞争监管机构是否具有保护消费者职能的多功能竞争机构。

美国联邦贸易委员会就是一个极端的例子。联邦贸易委员的职能是实施竞争法和保护消费者，但其不仅坚信不应该使用反垄断法来干预高价，还相信控制价格的反哄抬价格法可能对消费者而言弊大于利。美国联邦贸易委员会将干预反竞争的价格协议（从反垄断的角度）和欺诈行为（从保护消费者的角度），但将避免采取行动打击哄抬价格（美国司法部反垄断局也是如此）。

国际竞争网络（ICN）指导小组的声明揭示了美国竞争监管机构的立场并未得到其他国家竞争监管机构的普遍认同。该声明指出："新冠疫情引发了人们的担忧，尽管大多数企业将采取负责任的行动，但有些企业可能出现反竞争的行为，例如实施卡特尔或滥用市场支配地位。最重要的是要确保以具有竞争力的价格提供产品和服务，尤其是在当前情况下对紧急公共卫生需求至关重要的产品和服务，例如医疗用品和设备。竞争监管机构将在这场疫情中对反竞争的合并或行为保持警惕。”

在欧洲，人们越发愿意使用竞争法来约束滥用支配地位的剥削行为，欧洲近年来出现了一些针对制药公司的不公平和过高定价的案例。因此，2016 年 11 月 21 日，欧盟委员会专员维斯塔格（Vestager）宣布（涉及药品定价），“正如英国和意大利竞争监管机构最近的行动所表明的那样，竞争规则有时需要努力应对过高的价格”。但是，欧洲竞争监管机构面临的主要问题是，原则上，只有在具有支配地位的公司［即在一定时期内（而非仅在物资短缺的短期时间内）具有强大市场力量的公司］实施哄抬价格或达成价格卡特尔协议时，他们才能使用竞争执法权。此规则也有一些例外情况，例如在乌克兰，如果非支配地位公司同时或几乎同时提高价格，并且涨价行为无法通过客观因素解释，那么即使没有既存的卡特尔，公司也可能需要对过高定价负责。欧洲竞争监管机构面临的第二个问题是难以证明一家具有支配地位的公司的价格“过高”和“不公平”，从而能够制裁该公司。

但是，在某些欧洲国家（例如英国和意大利），竞争监管机构也被赋予了保护消费者的职能，因此可以使用消费者保护手段以及竞争执法手段一起来干预哄抬价格的行为。这种灵活性体现在，例如，英国竞争和市场管理局主席泰瑞爵士在 2020 年 3 月 20 日发表的声明中说：“我们将尽我们所能，采取任何行动或一切手段，以防止哄抬价格和误导性价格；在无法采取行动时，我们会在必要时为政府提供进一步行动的建议。”除了利用竞争和消费者保护职能相结合所提供的灵活性外，竞争和市场管理局在哄抬价格方面的立场也与美国联邦贸易委员会在可能采取的救济措施上的立场形成鲜明对比。实际上，其网站上发布的声明还指出：“此外，竞争和市场管理局将评估是否应建议政府考虑采取直接行动来规范价格。”

中国是具有类似灵活性的国家之一，可以根据《中华人民共和国价格法》（下称“《价格法》”）或《反垄断法》对哄抬价格行为进行调查。2020 年 2 月中旬，市场监管总局表示，其将重点对抗疫物资和日用品等基本商品的市场价格进行监管，并确保其遵守《价格法》。根据《价格法》，市场监管部门已查处了一批涉及这些产品的违法哄抬价格的案件。

最后，在一些竞争法与欧盟类似的国家（如南非），竞争法和消费者保护法（由不同的监管机构实施）对过高价格的定义进行了简化，以帮助执法者在“国家灾难”时期开展工作。因此，如果商品或服务的实质性价格上涨与该商品或服务的成本增加不符合或不相等，则可初步表明该价格过高或不公平。

竞争监管机构对竞争者之间协调的回应

在新冠疫情危机时期，竞争监管机构的第二个主要关注点是竞争者之间的横向协议。

竞争监管机构往往不赞成横向协议（或信息交换），并且它们很快指出经济危机不能作为卡特尔行为的理由。

然而，竞争监管机构不得不面对的一种可能性是，企业可能会寻求或必须进行协调，以缓解限制病毒传播、治疗病毒或发现疫苗所需的必需品或服务的短缺。一方面，竞争监管机构面临着一定的压力，要求其允许这种在当前情况下似乎可取的横向协调或合作；另一方面，他们也厌倦了被视为在卡特尔或信息交换问题上立场放软，或放松了对效率抗辩的严格态度。

尽管竞争监管机构最终屈服于将其执法实践适应危机特殊情况的压力，但它们选择遵循的路径却大不相同。事实上，竞争监管机构所面临挑战的答案取决于三个主要因素：它们能在多大程度上通过战略性地使用对优先事项的自由裁量权避免这一困境；它们在多大程度上愿意承认在新冠疫情危机的特殊情况下，一些横向协议可以提高效率；它们所实施的竞争法在多大程度上允许它们考虑到公共利益目标。

2020 年 3 月 23 日，欧洲竞争网络（欧盟竞争执法机构组成的网络）发表联合声明，② 欧洲竞争监管机构表示，它们理解新冠疫情危机造成的特殊情况可能会引发企业合作的需要，以确保向所有消费者供应和公平分配稀缺产品。随后它们建议，将不会“在当前情况下”“积极干预为避免供应短缺而采取的‘必要和临时’措施”。然而，欧洲竞争网络成员提出不干预的理由是：“此类措施不太可能存在问题，因为它们要么不构成《欧盟运行条约》第 101 条/《欧盟经济区协议》第 53 条项下的竞争限制，要么产生的效率很可能超过任何此类限制”。换言之，欧洲竞争网络成员监管机构表示，它们不会调查此类协议，因为其不会反竞争或可以产生足够的效率，因此它们没有理由进行干预。

然而，欧洲竞争网络的联合声明也确实提出了两个问题。

第一，这一做法似乎不符合欧洲法院的立场。欧洲法院在爱尔兰牛肉案中认为，竞争者为了解决经济危机在产量上的协调“在目的上”违反了欧洲竞争法。欧洲法院解释道：“即使假定一项拟定协议的当事方在行动时没有任何限制竞争的主观意图，而是以补救其所在行业危机造成的影响为目标，该等考虑都与法律适用的目的无关（《欧盟运行条约》第 101 条：禁止具有限制竞争的目的或效果的协议）。事实上，一项协议即使不以限制竞争为唯一目的（同样追求其他合法目标），其也可以被视为具有限制性的目的。”因此，欧洲法院与欧洲竞争网络成员的主张矛盾，即在某些情况下，此类协议不构成对竞争的限制。

第二，欧洲竞争网络的成员（即国家竞争监管机构）无权决定针

② 《反垄断：欧洲竞争网络关于新冠疫情危机期间适用竞争法的联合声明》。

对反竞争协议的禁止性规定是否适用于此类危机协议。事实上，在欧洲体系中，适用《欧盟运行条约》第101（3）条（宣布反竞争协议的禁止性规定不适用于有助于改善商品生产或分销、促进技术或经济进步，同时允许消费者公平分享由此产生的利益的协议）是欧盟委员会的权力。

欧盟委员会在2020年4月8日关于建立一个临时框架以评估与新冠疫情有关的反垄断问题的通讯文件中，并未主张第101条不适用于抗击新冠疫情危机所必需的合作协议，而是承认在新冠疫情危机期间，为适应行业生产、库存管理和分销而采取的措施可能需要交换商业敏感信息，并对生产何种药物的地点进行一定的协调。根据欧盟竞争规则，在正常情况下经营者之间的这种交流和协调存在问题。然而欧盟委员会指出，鉴于情况紧急及其临时性，这些措施不会引起欧盟委员会的优先执法，只要：（1）设计这些措施并且客观上有必要性为了以最有效的方式实际增加产出，以解决或避免基本产品或服务的供应短缺，例如用于治疗新冠肺炎患者的产品或服务；（2）这些措施是临时性的（仅在存在短缺风险时或在新冠肺炎暴发期间使用）；（3）这些措施不会超过为实现解决或避免供应短缺的目标所严格必要的限度。

因此，欧盟委员会将利用其检察裁量权确定是否调查可能有助于增加供应并满足上述条件的反竞争协议。通过这样做，欧盟委员会将避免不得不就这些协议的反竞争性质做出正式决定，并权衡它们的效率效益。因此，欧盟委员会也将避免其决定被法院推翻的风险。更重要的是，它还将避免创建适用第101(3)条的先例。事实上，自2004年欧共体法律现代化以来，欧盟委员会从未适用过第101(3)条。

美国联邦贸易委员会和美国司法部反垄断局于2020年3月24日发表了一份联合声明，为在新冠疫情期间致力于保护美国人健康和安全的企业合作提供指南。声明表示："两大机构还将在评估解决新冠疫情扩散及其后果的努力时考虑紧急情况。例如，医疗保健机构可能需要共同努力向无法立即获得个人防护设备、医疗用品或保健服务的社区提供资源和服务。其他企业可能需要临时合并生产、分销或服务网络，以帮助生产和分销它们传统上可能没有生产或分销的新冠疫情相关用品。这些共同努力（持续时间有限，且是帮助受新冠肺炎及其后果影响的病人、消费者和社区所必需的）可能是应对紧急情况的必要措施，为美国人提供否则可能无法获得的产品或服务。”因此，与欧盟委员会一样，他们承认，他们可以根据检查裁量权，决定不调查某种形式的反竞争合作，以应对当前的“紧急情况”。

英国竞争和市场管理局于 2020 年 3 月 25 日公布了应对危机的业务合作方式。[③] 此方法包含两个方面：首先，英国竞争和市场管理局解释说，在新冠疫情暴发期间，它将优先处理保护消费者的案件，特别是弱势消费者，并在最需要的地方为消费者带来利益。因此，如果合作措施满足下列条件，则监管机构将避免采取执法行动：对避免短缺或确保供应安全是适当和必要的；明显符合公共利益；有助于消费者的利益或健康；处理因新冠肺炎流行而产生的关键问题；持续时间不超过处理这些关键问题所必需的时间。其次，该方法指出，在不得不评估缓解短缺的合作协议时，如果这些避免或缓解短缺的协议是临时的并且被严格限制在必要的范围内，监管机构可能会认为这些协议符合 1998 年《竞争法》第九条规定的豁免条件。因为考虑到短期内缺乏替代品，难以缓解短缺使消费者公平分享利益，在大多数情况下这些协议是必不可少的。

因此，英国竞争和市场管理局与欧盟和美国的不同之处在于，它更公开地优先基于公共利益考虑（保护弱势消费者），并且它愿意以一种非常有利的方式将 1998 年《竞争法》第九条的豁免标准应用于缓解新冠肺炎危机中供应短缺的协议。

---

③ Guidance CMA approach to business cooperation in response to COVID-19，2020 年 3 月 25 日。

在中国，市场监管总局于 2020 年 4 月 5 日宣布，[④] “竞争者为疫情防控和复工复产达成的有利于技术进步、增进效率、实现社会公共利益和保护消费者利益的合作，符合《反垄断法》规定的，市场监管总局将依法给予豁免”。市场监管总局指出，可以豁免各种类型的协议，包括对相关产品或服务改进技术、降低成本、提高质量、增进效率的协议，实现救灾救助等公共利益的协议，以及提高中小型企业竞争力的协议。

因此，在中国，豁免将以经济和公共利益标准相结合为基础。此外，豁免的给予将根据《反垄断法》第十五条，该条允许某些类型的协议免于适用禁止垄断协议的第十三条和第十四条规定，前提是允许消费者分享从协议中获得的利益，并且将不会完全消除相关市场的竞争。在新冠肺炎危机前，第十五条从未在公开案件中适用，市场监管总局之前也从未发布过可从豁免中受益的反竞争协议的类型清单。因此，与过去相比，市场监管总局对某些反竞争协议采取了更为宽容的态度，并更愿意接受某些协议的效率抗辩。

最后，部分国家针对新冠肺炎疫情危机采取了不同的应对方式，而不仅是简单地调整竞争监管机构的做法。例如，在南非，政府暂停对关键部门适用竞争法，以促进私营部门协调应对并且支持南非政府采取行动应对疫情。《新冠疫情医疗卫生部门集体豁免条例》规定，仅出于应对新冠疫情这一全国性灾难之单一目的，并应卫生部之要求并在与之协调的情况下，可对达成的协议豁免适用《法案》第四条和第五条（禁止反竞争的横向和纵向协议）。南非政府还给予了额外两项集体豁免：“银行集体豁免”允许银行在南非银行协会、行业贸易协会和南非支付协会的范围内展开合作，其唯一目的是应对新冠疫

---

④ Announcement of the General Administration of Market Supervision on Supporting the Prevention and Control of Epidemic Situation and Resuming Production and Antitrust Enforcement, No. 13 of 2020, Antitrust Bureau, SAMR, April 04, 2020.

情；另一项是针对零售地产业的豁免——2020 年“零售集体豁免”于 2020 年 3 月 24 日获得通过，此项集体豁免旨在协助纾困指定经营范围内的零售租户。因此，不同于前述国家，南非明显关切在危急时期竞争法没有足够的能力、灵活性或适应力应对共谋。

同样，英国政府也于 2020 年 3 月 19 日宣布，作为一揽子措施的一部分，英国政府暂时放宽竞争法的部分监管内容，允许超市联合起来为国民提供食物。

这一做法被其他欧盟国家效仿。例如，挪威政府对运输业实行为期三个月的卡特尔禁令豁免，允许陷入困境的航空公司（如北欧航空和挪威航空）相互合作，确保货物的运输。

2020 年 5 月 4 日，欧盟委员会宣布暂时取消对牛奶、活植物、花卉以及马铃薯行业适用欧盟竞争法规。该项政策是欧盟委员会在欧洲新冠疫情期间为援助农产品行业采取的一揽子特殊措施的一部分。因此，奶农将被允许就计划生产的原奶量达成协议，活植物和花卉种植者将被允许就市场退出和自由分销、联合促销和临时生产计划做出共同的决定。最后，马铃薯种植者将被允许就市场退出和自由分销、转化和加工、储存、联合促销和临时生产计划做出共同决定。这些措施预计将维持六个月。

结论

我们可以在此次考察新冠疫情对竞争执法的影响中获得两项经验。

第一，非专业人士无法理解竞争监管机构为何不愿或无力应对市场混乱造成的价格后果，因而质疑竞争监管机构在主张促进或保护消费者福利方面的可信度。如果竞争执法明显不是处理哄抬物价或价格过高的最佳手段，那么明智的做法则可能是赋予竞争监管机构以消费者保护的补充职能，扩大其干预此等滥用行为的能力。

第二，除了在方法上的差异之外，竞争监管机构采取了类似的应对模式，即不追诉、（出于经济或公共利益目的）允许或单独豁免或集体豁免旨在缓解新冠疫情危机下出现的物资短缺而达成的横向合作协议。

正常情况下，竞争监管机构认为竞争性市场具有长期的集体利益，因此没有理由对竞争过程进行短期破坏甚至仅仅威胁破坏。当需求和供应在市场上可进行合理灵活的调整时，这种观点是可以被接受的。在这种情形下，如果一群消费者由于需求的意外增长而无法再按当前价格获得他们想要的产品，那么在供应被调整之前，短期内唯一的结果就是转向次优的商品或服务。并且他们将会失去原本花费一定资金购买不可得商品所获得的效用与现在花费相同资金购买次优商品或服务所获得的效用之间的差异。但是，供应商也会很快意识到存在需求过剩，并提高产量和价格，直至市场再次达到均衡。因此，无法获得一种商品的成本是有限的，从而无法保证干预竞争机制的正当性。

然而，在新冠疫情等状况下，这种调整对消费者的短期成本所起的作用与上述情况大不相同。首先，我们谈论的是市场供应已经完全消失（由于某些国家的隔离政策）或根本不存在（例如新冠疫苗的供应）。其次，同样重要的是，如果消费者无法保护自己免受病毒侵袭或无法接受测试以获得隔离或治疗，他们将在无意识的情况下使其他人暴露在被感染的风险中，从而促进了病毒的传播。换言之，竞争性市场自发调整的事实伴随着负外部性。如果供需调整耗时较长，这种负外部性将使社会付出更大的代价。

在这些情况下，一些政府和大多数消费者认为让市场自发调整的代价是不可接受的（也不值得为维护竞争而付出代价）。

因此，一些国家的政府决定对受新冠疫情影响的市场豁免适用竞争法。在其他国家，竞争监管机构则承受着被要求调整执法方式的压力，即将这些市场自然竞争性调整的负外部性的短期成本纳入考量。

在分析考虑所涉市场竞争性调整的负外部性的短期成本后，供应商通过达成协议比竞争更快速地增加供应的方式加快供需调整，该等协议会被以一个不同的角度看待。由削弱竞争带来的长期社会成本必须与减缓疫情扩散的短期利益进行权衡。该等协议的净差额通常被认为对社会有害；但在疫情下，其权衡结果则可能变为积极。

因此，竞争监管机构不反对采取短期合作协议来增加供应或进行创新，即便该等协议与每个供应商和消费者的个别调整过程相比可能会减少竞争，因为该等合作协议可以更快地产生效果。竞争监管机构（在一定范围内）接受对公司给予国家援助，防止部分公司退出市场；在经济尚未处于完全崩溃边缘的正常情况下，竞争监管机构并不愿意这样做。这只是为了抗击疫情而采取的措施。为了评估效率抗辩的条件，竞争监管机构考虑了如下事实：每当供需之间出现巨大缺口时，通过增加产量或分配供应量来加快调整过程就是增加福利。只要存在正当理由，竞争监管机构会考虑这样一个事实，即在健康危机导致的宏观经济环境下，成功的企业可能会在极短时间内发现其商业模式变得不足而走向失败。竞争监管机构已表明，它们不会放松危机下豁免卡特尔适用竞争法的严格标准。由于许多行业可能会在一段时间内受到需求低迷的影响，因此这一表述并不意味着它们没有意识到严格标准将适用在比以前更多的案件当中。

竞争监管机构坚持认为，这些调整并不以任何方式反映对其标准的妥协，或反映它们对消除不利于消费者福利的反竞争行为的决心有所下降。这是正确的。

这些调整构成了竞争法执法实践对现实的适应，其合理性在于，在非常规情况下使消费者福利最大化。因为在这种情况下，某些竞争性市场的自发调整将在短期内给社会带来巨大的负外部性。

竞争政策应如何应对新冠疫情?

安德鲁·泰瑞

一、概述

新冠肺炎悲剧性地夺走了许多生命，除此之外，抑制和扭转其扩散的隔离措施正在造成巨大的短期经济紊乱。这一情况还将具有持久的经济影响。竞争和消费者保护监管部门能够并且应当在解决疫情对消费者和市场造成的短期损害中发挥重要作用，并且至少同样重要的是，从长期来看，该等部门能够而且应该为危机后的强劲和可持续复苏做出贡献。

在短期内，与大多数其他经济体一样，英国经济已进入一个严重的衰退期。财政政策和货币政策构成了短期应对措施的核心。然而，竞争政策仍将继续在以下方面发挥重要作用：阻止在危机期间试图剥削消费者的个别企业；确保执法措施不妨碍企业出于正当理由进行的合作；就如何尽量减少若干紧急政策措施对竞争造成的持久性扭曲向政府提供建议。若要以必要的速度履行这些职责，英国竞争和市场管理局则必须以新的方式运作，即成立一个紧急“新冠肺炎特别小组”。

---

* Andrew Tyrie（The Rt Hon. Lord Tyrie），2020 年 9 月辞任英国竞争和市场管理局主席。此文提交于 2020 年 6 月 29 日。作者感谢 Gavin Thompson 和 Mike Walker 在撰写本文过程中给予的协助，并感谢 Bill Kovacic 及英国竞争和市场管理局高级执行团队的建议及评论。

为应对疫情采取的措施造成的长期经济后果具有高度不确定性。消费者行为、商业、供应链和监管环境都可能发生永久性变化。并且，各行业受到的影响差异很大，这些差异性影响转而又会改变经济结构和形态。许多变化可能会加剧先前已有的问题：市场集中度上升，数字平台的力量日益强大，保护主义，消费者脆弱性，以及公众对市场（通常合理）的不信任感加深。

竞争监管机构面临的任务是艰巨的。随着经济从新冠肺炎造成的衰退中复苏，竞争监管机构须适应和调整工作重点以应对随之而来的经济重塑。此次危机进一步凸显了竞争和消费者保护法法律框架中固有的缺陷；除非这些问题得以解决，否则适应性任务将更加艰巨。

在新冠肺炎危机背景下，竞争暂时性地服从于其他政策目标——公共健康、供应安全、工作保障，从更长远看，或许最重要的竞争政策挑战是如何保证这一情况不会变得根深蒂固。纳税人对企业的支持以及竞争法的特殊性除外规定都有可能催生新的既得利益集团，在危机消退后，这些既得利益集团将持续受益于与正常竞争力量的隔绝。危机前，已有的既得利益集团已使竞争监管机构难以对其进行及时有效地干预，而现在新的既得利益集团将加入其中。通常，这些既得利益集团均是最危险的大型企业，并且拥有最大的能力以牺牲较小竞争对手和消费者的利益为代价推行自己的主张。而英国竞争和市场管理局等竞争监管机构有能力并且应该成为反对这些既得利益集团的堡垒，竞争监管机构可就何时及如何取消危机措施和就危机可能带来的任何可以解决危机前扭曲现象的机会，向政府提供切实且权威的建议。

后文分为两部分。第二部分简要概述了英国竞争和市场管理局目前正在承担的工作，即迅速、有力地应对对竞争的直接威胁（例如，对哄抬物价的担忧，企业不尊重服务取消后退款的权利等）。第三部分着眼于竞争政策对经济复苏的潜在长期贡献。

二、即时回应：英国竞争和市场管理局新冠肺炎特别小组

总体而言，竞争监管机构并不是一个为应对危机而设的机构。竞争监管机构的执法工作跨度数月和数年，并在多种制衡机制下，结束于一个可预测的（通常是法律规定的）截止日期。然而，控制新冠肺炎及其传播的措施已经对市场造成破坏并对消费者利益造成了损害，因此，英国竞争和市场管理局需要在其立法基础、运作流程和结构之外设计一个更快和更灵活的应对方案。①

即便如此，2020 年 3 月，英国竞争和市场管理局还是在两周内成立了一个应急特别小组，以期就危机对消费者和竞争的直接影响做出快速、有力的响应，并预见其中的一些危机。

该特别小组与英国竞争和市场管理局在工作方式上完全不同，这反映出危机时期需要更迅速和更灵活的应对方法。该方法至少有三个特征值得强调。

第一，英国竞争和市场管理局邀请企业和消费者举报他们看到和经历的不公平行为。来自公众的反馈达到了前所未有的水平：在撰写本文时已收到近 8 万份投诉。最初，这些投诉主要涉及如药品、洗手液和食品等基本物资②哄抬物价的行为。最近，育儿/护理、婚礼/活

① 与某些竞争监管机构不同，英国竞争和市场管理局没有在紧急情况下可以改变其运行规定的成文法基础。此外，与其他司法辖区的立法机构不同，该立法性基础被设计为具有严格的法律保护和程序要求，这些法律保护和程序要求使得英国竞争和市场管理局在快速应对此类危机以及对竞争面临其他风险和对消费者给予保护时非常困难。

② 在撰写本文时，哄抬物价的投诉已经从非常高的水平开始回落。但英国竞争和市场管理局认为哄抬物价的风险仍然很高。随着对经济和社会活动限制的解除，出现哄抬物价风险的产品可能会发生变化：例如，如果政府开始鼓励或强制使用口罩，则哄抬口罩价格可能会变得更加普遍。

动和出差/旅游（尤其是在取消和退款方面）的投诉占了绝大多数。[③]

第二，特别小组会定期发布投诉分析以及投诉处理方式。[④]

第三，特别小组已经以新的、不同的方式解决引起其注意的损害。该创新方案之所以必要，部分原因在于英国竞争和市场管理局在解决某些类型有害做法（例如哄抬物价）时权力受到限制；部分原因在于正常的执法时间表不允许其以所需的速度解决损害。尤其是，特别小组进行了以下工作：

- 就不合理的价格上涨向交易者发出了数量空前的警告函（截至本文撰成时已有近 300 封）。英国竞争和市场管理局对哄抬价格采取有力应对措施的理由见附录。
- 在投诉表明损害严重的行业，迅速开展广泛的消费者执法调查。[⑤]
- 发布公共指南帮助企业做出正确的行为。[⑥] 这包括在这个特别困难的经济环境下指导企业与竞争对手可以和不可以进行何种合作，以及消费者法中关于取消和退款操作的指南。

---

③ 新冠肺炎的暴发对旅行的限制意味着消费者不得不取消假期、旅行和其他计划。投诉通常涉及在这些情况下企业拒绝退款；在获取退款的过程中引入不必要的复杂性；收取高额的管理或取消费用；迫使消费者接受代金券，而不是现金退款。

④ CMA 新冠肺炎特别小组更新：2020 年 5 月 21 日（https：//www. gov. uk/government/publications/cma – coronavirus – taskforce – update – 21 – may – 2020）。

⑤ 对包价旅游、婚礼和私人活动、托儿所和儿童保育服务供应商以及假日房屋出租进行现场调查。

⑥ 许多企业需要合作以确保基本产品和服务的供应安全，无论这些产品是为英国国家医疗服务体系员工和护理人员提供的个人防护设备，还是医院的呼吸机，或者那些被限制在家的人员的日常用品。在当前危机期间，竞争法不应阻碍企业之间开展某些类型的合作。

三、超越当前危机：竞争政策在经济复苏中的角色

本文余下部分考虑了经济的整体前景、对竞争和市场的影响以及英国竞争和市场管理局在支持危机后复苏中应发挥的作用。

货币和财政政策将继续作为确保强劲和可持续复苏的主要工具。此外，还需要一项强有力的供给侧政策。对于后者，英国竞争和市场管理局有两个明确但很重要的角色。首先，在面对可能的政治和结构性逆风时，它需要促进竞争性市场在确保经济活力和弹性方面的作用。其次，它必须通过保护消费者免受欺诈和其他不公平行为的侵害，维持市场的信任和信心。这两个角色都将要求它最大限度地利用现有的法定权力，并在这些权力不足的情况下，向政府提供强有力的建议，说明如何通过政策或立法解决竞争乏力和损害消费者利益的问题。

经济前景

危机后的平衡以及走向平衡的道路是极其不确定的。我们尚不知晓能以多快的速度安全解除对商业和社会活动的限制、是否可能会在之后重新实施这些限制、疫苗研究将取得怎样的进展、有效的治疗方法是否会很快出现。同样，对失业和现存企业倒闭可能造成的疤痕效应的范围和深度的任何评估都是推测性的，隔离所必需的行为改变将在多大程度上永久化亦是如此。

但有些事情是清楚的。我们知道经济成本将是巨大的：有人预计，2020 年的产出将比 2019 年低 7%～14%。[7]

公共财政将受到严重打击。承受让经济中的大型部门进入冬

---

⑦ HMT, Comparison of independent forecasts, June 2020.

眠的成本已经足够昂贵：英国财政部最近宣布，未来三个月，它将需要在英国国债市场筹集 1 800 亿英镑（作为对比，3 月 11 日预算案制定时预计为 390 亿英镑）。⑧ 但随着英国经济走出停滞期，可能会有更多的借贷。因此，预计在 2020—2021 年，公共部门借贷占 GDP 的比重将超过金融危机时的水平，接近第二次世界大战期间的水平。⑨

国际贸易预计将会下降，⑩ 原因有很多。首先，可以机械地预期全球需求和供应将受到冲击，商品贸易量随之减少。⑪ 其次，建立在全球供应链和“即时化”生产方式上的企业可能会变得缺少商业可持续性。再次，在危机期间，国际供应链未能在一些国家迅速、足量地提供个人防护设备等关键货物，这可能会增强政治上对恢复力和自给自足的迫切性。⑫

在危机之前，其他明显的结构性趋势可能会加速发展。线上零售的份额将上升，给实体店带来了更大的压力。⑬ 危机之前的债务（尤其是政府和企业部门的债务）很高，之后仍会更高。远程办公可能会增加，导致办公场所过剩，以补充不断变化的购物习惯所带来的多余的零售空间。

新冠肺炎引起的经济冲击是高度不对称的。⑭ 它正在损害着一

---

⑧ HMT, Revision to the DMO's 2020 - 21 financing remit for May to July 2020.

⑨ 《英国预算责任办公室对新冠肺炎的参考方案》，英国预算责任办公室，2020 年 4 月 14 日；英国预算责任办公室公共财政数据库。

⑩ 世贸组织在 2020 年 4 月底发布的预测显示，乐观估计，2020 年国际贸易额将下跌 12.9%，悲观估计将下跌 32%。

⑪ 标准贸易引力模型显示两国之间的贸易水平取决于进口国的需求水平、出口国的供给水平以及两国之间的距离。由于新冠肺炎既是一种需求冲击，也是一种供给冲击，因此短期内将会对贸易流通产生“双重打击”。

⑫ See, for instance, *New York Times*, The world needs masks. China makes them, but has been hoarding them, 13 March 2020; and RFI, Face mass from China intended for France ‘hijacked’ by US at the last minute, 2 April 2020.

⑬ 参见 ONS, Internet sales as a percentage of retail sales, Series J4MC。

⑭ 参见 OBR Coronavirus reference scenario, 14 April 2020, Table 1.2。

些行业，如酒店业和交通运输业，而其他行业却没有受到影响。其中一些行业（如线上零售、视频会议和流媒体服务）正因此受益。

经济前景对竞争、市场和英国竞争和市场管理局的工作都产生了许多影响。下文将考虑这些问题。

集中度上升

危机爆发前，英国多个部门已经出现了集中度上升的情况，[⑮] 而这通常会损害消费者利益和整体经济。[⑯] 正是这些担忧促使英国竞争和市场管理局早在危机之前便开始了相关工作，以了解整个经济领域的竞争状况。[⑰]

这些担忧在当前可能会加剧，这是因为尽管政府做出了最大努力，然而随着经济严重衰退并成为新的常态后，许多企业将会面临失败。在这些情况下，集中度上升并不总是会引发担忧。将生产资料重新分配给效率更高的企业的过程可以加速经济复苏。[⑱] 更严重的问题可能是反竞争的合并导致的集中度上升或者其他有生存能力的公司因短期需求震荡而退出市场。

竞争政策至少可以通过以下三种方式防止集中度“恶性”上升，

---

⑮ 参见“Is everybody concentrating? Recent trends in product and labour market concentration in the UK”，Resolution Foundation（July 2018）；“More money, more problems”，*The Economist*（26 July 2018）。

⑯ 从经验和经济理论来看，人们公认高度集中的市场通常会给消费者造成不良结果。在最简单的层面，市场上竞争者更少意味着竞争更少，因此往往导致价格更高或产品质量更低，或两者兼而有之。集中还会损害生产率，因为企业提高效率和创新的动机减弱（CMA, Productivity and Competition—a Summary of the Evidence, July 2015）。

⑰ 该项目于 3 月暂停，以便根据中央政府的建议将资源重新分配给最紧迫和关键的工作。该项目计划在短期内重启，在特别小组已完成工作的基础上继续工作，评估各部门的财务状况，分析新冠疫情对消费者和竞争的中期影响（详下文）。

⑱ 人们经常引用所谓“僵尸企业”（很大程度上是由于利率异常低）的存活来解释金融危机过后许多国家的产量和生产率恢复非常缓慢的情况。

促进“良性”上升。这三种方式是：强大的企业合并控制，向政府提供有力建议帮助政府避免低效救助受困企业和行业，密切监督和控制市场与消费者结果在整个经济中的变化情况。

强大的企业合并控制

适当的企业合并控制审查已经成为英国竞争和市场管理局的工作重心。[19] 恰是因为这场危机，这项重心仍须继续保持下去，原因有二。

第一，这场危机可能会刺激越来越多的企业合并，在这些合并交易中，合并方可以主张其中一方为若不合并则可能退出市场的困境企业。交易方会争辩说，应该允许进行这些合并，因为它们不会造成本来会发生的竞争损失。

在任何特定情况下，所谓“困境企业抗辩”是否合理取决于三个因素。[20] 第一，若不合并，该企业是会真的退出市场，还是可能生存下去？第二，该企业或资产是否存在非紧密竞争者的替代买方？第三，对于竞争而言，允许合并是否实际上不会比禁止合并更糟糕；或者允许处于困境的企业退出市场、重新分配其资产要比提高一家现存企业的市场支配力更好？

在预见此类情况后，英国竞争和市场管理局正在监控数据和媒体的报道，以帮助其确定哪些行业面临压力或正在进行重组。这将使英国竞争和市场管理局处于更有利的地位，当情况需要时，可以更快地做出并购决策。

第二，这场危机很可能会导致所谓“杀手收购”数量增多，大型现存企业借此收购小型初创企业从而消除潜在的未来竞争（例如，

---

[19] See Global Competition Review, Rating Enforcement 2019—Competition and Markets Authority, September 2019.

[20] CMA, Merger assessments during the COVID-19 pandemic (Annex A: Summary of the CMA's position on mergers involving 'failing firms'), 22 April, 2020.

Facebook 在 2012 年收购 Instagram)。[21] 在一个小型公司由于缺乏资金而极有可能破产的环境中，“杀手收购”出现的概率更高。如果允许现存企业低价收购小型竞争对手，扼制来自小型竞争对手的竞争威胁，那么新冠疫情造成的损害将会持续更长时间。

对低效救助的建议

迄今为止，英国公共部门对行业的绝大多数支持都是在经济层面。这些措施大部分是非歧视性的，因此，从竞争的角度而言，与针对具体企业的救助方案相比这些措施不易被扭曲。

但是，已有许多要求政府纾困企业和行业的呼吁。[22] 即使放宽地区隔离限制，由于结构性调整影响的是一部分行业的中长期前景，因此看起来这些呼吁仍会持续。

一项促进竞争的纾困方案需要区分企业和行业是正在面临流动性困难还是根本的破产。[23] 反过来，这不仅要求对新冠疫情暴发之前企业或部门的健康状况进行仔细审查，还需要评估它们在后危机时期将如何发展（在许多领域，需求可能会永久性降低，或者消费者的偏好差异很大)。对后一项的评估非常困难。

一项行之有效的救助方案还需要最大程度地降低国家通过介入提

㉑ 《纽约时报》最近报道了一起疑似“杀手收购”。根据报道，2010 年 Newport Medical Instruments 被授予一份美国政府合同，设计和制造可批量生产的低成本呼吸机。2012 年 5 月，销售呼吸机的大型医疗设备制造商 Covidien 收购了 Newport。美国相关的企业合并控制机构（联邦贸易委员会）批准了此项合并。2014 年，据称是应 Covidien 的要求取消了合同。值得注意的是，联邦贸易委员会的五名专员之一 Slaughter 已公开表示该机构应重新审查此案的事实部分。详见“The US tried to build a new fleet of ventilators. The mission failed. ” Nicholas Kulish, Sarah Kliff and Jessica Silver-Greenberg (*New York Times*, 29 March 2020, updated 20 April, 2020)。

㉒ 航空、高等教育、钢铁、公交运输和贸易信用保险部门的公司或贸易机构已经提出公共援助请求，并在某些情况下获得了同意。

㉓ 向破产公司提供援助可能对经济造成损害：可能导致对稀缺政府资金的利用效率低下；可能会排挤更有效率的公司（尤其是市场进入者)；限制将资源重新分配给效率更高的公司和部门。但是，根据公共政策的理由，救助可能不一定需要能促进竞争，甚至不必“有效率”。

供经济援助保障风险防范时带来的道德风险。这种“保障”——无论明示或默示——都可能造成市场低估风险从而导致经济疲弱。这也可能会削弱竞争，因为纳税人提供的保障往往会使最大的企业受益。

在过去十年中，经济转向了更加杠杆化的资本结构，这些资本结构为股东带来了丰厚的回报，更高的高管薪酬，但也让许多公司极易受到当前冲击的影响。在某些情况下，允许该等公司倒闭可能不被接受；以它们向更有弹性的商业和金融结构过渡为条件，向该等企业提供任何具体财政援助是有益处的。㉔

更强大的数字平台

《经济学人》最近指出：“虽然疫情将会催生众多失败者，但它明显已然造就了一个胜利者：大型科技公司。”㉕ 这似乎是对的。

大型科技公司㉖之所以能够度过危机，不仅是因为它们基本上不受地区隔离限制的影响（甚至受益于地区隔离限制），还因为它们拥有大量现金储备。㉗ 同时，它们的许多竞争对手和潜在竞争对手正在四处碰壁：这些竞争对手采取的快速增长以达到最小可存活规模的策略因风险资本枯竭而受到破坏。㉘ 这些公司可能会面临以下两种情况之一：要么退出市场，要么被大型科技公司收购。无论何种方式，短期内最大的科技公司的市场支配地位都会上升，竞争将会下降。

㉔ 为了最大程度地降低道德风险，纾困可能需要以新的所有权、新的管理层、股东或债权人损失为条件。

㉕ “Don't waste a good crisis” *The Economist*（4 April, 2020）.

㉖ Alphabet, Amazon, Apple, Facebook and Microsoft.

㉗ 美国投资数据公司 Factset 估计，到 2019 年底，微软拥有 1 370 亿美元的现金和短期投资，Alphabet 拥有 1 210 亿美元，苹果拥有 1 010 亿美元，脸书拥有 520 亿美元，亚马逊拥有 440 亿美元。

㉘ 参见 Startup Genome, *The Impact of COVID-19 on Global Startup Ecosystems*，该研究发现 41% 的初创公司拥有不足三个月的现金，在危机之前开始的四个融资流程中，有三个已经受到扰乱。

如果新冠肺炎危机加速了网上购物的长期趋势（这看起来似乎很合理），那么从长远看，竞争也会减少。这加强了诸如亚马逊等零售平台在其双边市场上的地位。在消费者方面，此类平台可能获得线上零售市场更高的份额。在供应方面，它们的线上零售市场可能成为满足消费者需求的更重要渠道，从而进一步巩固其市场地位。得益于在数字广告市场上的优势，谷歌和脸书也将从线上零售交易的增长中受益。

自《关于数字竞争的弗曼报告》发表以来，在英国政府的支持下，[29] 在英国已经形成了一个共识，[30] 即数字平台或其某些细分领域应受到促进竞争的监管框架的约束。2020 年 3 月，英国竞争和市场管理局受命领导一个跨监管机构的特别小组，就该框架的设计向政府提供建议。

新冠肺炎危机可能会强化对促进竞争监管需求的既有共识。新冠肺炎疫情很可能导致竞争减少，产品市场竞争加剧，渠道商对供应商的控制能力增强，以及数字广告市场的优势增强。所有这些都表明，将来至少需要进行同样多的监管审查。

但是从更广泛的政治经济学角度来看，答案可能并非如此简单明了。迄今为止，大型科技公司一直处于"良好的危机"中，并且证明了它们的优势，出色地承担工作，并在此过程中与政府建立重要联系。对竞争监管机构而言，力量增强可能意味着对其他方来说越来越不可或缺。在这种情况下，英国竞争和市场管理局的任务应当是对大型科技公司的市场支配程度以及对消费者福利可能产生的影响进行冷静的评估。在困难时期，我们不应该忽视科技巨头的工作，但是我们也不应允许它们在危机中的优势影响我们判断其不断增长的实力给消费者、其他企业和更广泛的经济带来的风险。

㉙ See Walker, M. 2020. "Competition policy and digital platforms: six entirely uncontroversial propositions" *European Competition Journal.*

㉚ 在 2020 年 3 月的预算中，英国首相接受了《弗曼报告》提出的开放数字市场竞争的全部六项战略建议。

不断增长的脆弱性

新冠肺炎导致处于弱势地位的消费者的数量及其脆弱程度的增加。例如，自我隔离本身会使个人更易受到伤害；在很多情况下，这也将导致收入的急剧减少，例如失业和经营破产。这场危机还为不公平操作和反竞争行为找到了新的手段和机会：哄抬物价，误导性宣传（例如关于个人防护设备的功效），被取消预订但无法退款。

从长远看，如果更多的经济活动在网上进行，将增加那些无法访问互联网或无法轻易在互联网上购物的人们目前已面临的脆弱性。这不仅是指那些在众所周知的指标上脆弱的人——那些可能的年长者或低收入人群。它可能还包括数以千万计的英国人，其中许多人只是没有时间，或者对越来越多的交易所需的技术不太熟悉。

近年来，英国竞争和市场管理局一直在寻求解决这些新脆弱性的战略。通过强有力地实施竞争法和消费者保护法，可以帮助解决当前新冠肺炎危机引发的新脆弱性。英国竞争和市场管理局的大部分消费者保护执法行动都是针对线上的损害。[31] 英国竞争和市场管理局将继续开展该执法行动，并同时对不尊重客户合法权益的企业采取行动。

英国竞争和市场管理局可以解决脆弱性增加的另一种途径是向政府和其他公共机构提供建议。正如近期报道的那样，特别小组一直在就紧急立法向政府提供建议，以更迅速、更有效地应对哄抬物价行为。[32]

贸易减少

甚至在新冠疫情暴发之前，十多年前还被强烈坚持的关于经济全

㉛ 例如，针对以下方面的工作：虚假和误导性的网络评价，在线酒店预订，二级票务网站和社交媒体背书。

㉜ *FT*, UK watchdog seeks powers to tackle coronavirus profiteering, 17 May, 2020.

球化益处的共识就已经开始破裂了。在过去十年中，关税已经停止下降，[33] 贸易和投资在全球产出中的占比停滞不前。[34] 几个主要国家的领导人都在谈论贸易保护主义。

如前所述，新冠肺炎会对国际贸易政治和机制产生负面影响。在如何确保重要供应（例如呼吸机和个人防护装备）方面面临的问题将增强实现更大经济自主性（可能通过选择性的产业战略）的政治理由。它还会强化将供应链迁回本国或离本国更近的商业动机：对人员流动和经济活动的持续限制将增加贸易壁垒和在国外开展业务的成本。随着政府以不同的速度解除对经济活动和人员流动的限制，以及对某些国家实施不同待遇，[35] 可能会出现一个复杂的新非关税贸易壁垒“意大利面碗现象”。[36] 自由贸易的基础原则（无论货物和服务来自何处，均应得到平等对待）将遭受进一步破坏。

这种影响在危机消退之后可能会持续很长时间，而这应是竞争监管部门关注的问题。如果贸易壁垒升高而贸易流下降，国内企业将面临更少的竞争压力。在其他条件相同的情况下，市场力量的影响将更加广泛，将使消费者遭受损害，全要素生产率下滑。

竞争政策面临的挑战将是尽可能用国内竞争压力替代损失的国际竞争压力。持续进行强有力的合并控制——伴随着更多国内合并可能被判定为反竞争——将需要加强跨经济市场监管，并通过市场研究和调查进行更严格的审查。在市场竞争结构薄弱时，英国竞争和市场管理局通常会提出建议或实施市场范围内的救济措施以加强竞争压力，

---

[33] 世界银行数据库（所有产品适用的关税税率的加权平均数），访问时间 2020 年 6 月 28 日。

[34] 世界银行数据库（贸易占 GDP 的百分比），访问时间 2020 年 6 月 28 日；联合国贸易和发展会议，《2019 年世界投资报告》。

[35] 参见 World Economic Forum, *These countries are making ‘travel bubbles’ for post-lockdown travel*, 2020 年 5 月 14 日。

[36] 该术语由经济学家 Jagdish Bhagwati 创造，用以描述双边和区域性自由贸易协定（每个协定都有自己的规则、关税和体制安排）的繁荣对自由贸易的破坏性影响。

保护消费者免受市场力量的影响。这可能会变成其更常见的工作特点。可能还需要更仔细地检视国内竞争面临的监管障碍，比如法规或监管机构的措施导致的市场准入或创新壁垒或监管机构的做法。

产业战略

当危机的短期压力减轻时，关注点可能会转向恢复长期性增长和生产力所需的经济政策，包括英国未来的产业战略。

在最坏的情况下，竞争政策和产业战略通常被视为是互相对立的，在最好的情况下则是相互排斥的。但是强有力的竞争政策也是高质量的产业战略。在英国，近几十年来，历届政府在很大程度上避免了选择性的国家干预来使受青睐的公司和产业（所谓的“挑选赢家”）受益。四十多年来，强有力的竞争政策已成为产业战略的核心。

大量的经验证据清楚地证明了这种方法的益处。[37] 但在未来几年，保留和支持竞争政策作为产业战略的核心将需要政治承诺。作为前国会议员，我很清楚部长可能会面临的采取其他做法的压力。此外，公众对市场竞争的不信任正在广泛蔓延。忠诚度溢价支付、虚假评论、线上隐私担忧、高昂的能源价格以及许多市场结果可见的不公平都破坏了人们将竞争视为公共利益源泉的信心。除此之外，危机还促使政府进行大规模干预以挽救经济，并促使政府批准企业的合作，保护供应链来帮助应对危机。[38]在此背景下，英国竞争和市场管理局能够并且应该通过证明其关注公众和消费者的担忧并尽可能地做出回应，使政府采用促进竞争的方法。[39]

---

[37] 在 Owen, G. (2012), Industrial policy in Europe since the Second World War: what has been learnt? ECIPE Occasional paper No. 1/2012 中可以找到摘要。

[38] 参见苹果和谷歌之间在联系人追踪应用程序方面的合作。

[39] CMA 计划明显接近我和 Andrea Coscelli、Bill Kovacic 在危机前的2月份演讲中提出的计划，请见 https://www.gov.uk/government/speeches/andrew-tyrie-closer-to-consumers-competition-and-consumer-protection-for-the-2020s。

另一种选择是英国继续沿用欧洲其他国家的政策，即采取一项产业政策——通过补贴、特殊待遇、放松监管（包括合并控制）和其他选择性的援助形式——来帮助政府选定的在战略或经济上具有重要意义的行业或企业。这种方法在欧盟部分地区已经重新流行，创造欧盟和国家“冠军”的动力已经导致同意反竞争性合并的压力；[40] 发展国家支持的基金以挫败外国收购；[41] 以及将域外影响引入欧盟国家援助框架的提议。[42] 这种产业战略方法很可能具有与美国贸易保护主义相同的广泛战略目标：面对来自中国国有企业的竞争，捍卫和促进国内产业。[43] 危机可能会增强这样的势头。[44]

最终，英国的部长们将决定这种方法是否符合公共利益或政府的目标。但是，英国竞争和市场管理局可以帮助阐明保护国内产业免受竞争影响的经济权衡。[45]它可以在解释竞争性产业战略与更高水平的经

---

[40] 例如，欧盟委员会决定禁止拟议的西门子—阿尔斯通的铁路合并导致了来自法国和德国政府的批评（https：//www. bmwi. de/Redaktion/DE/Downloads/F/franco - german - manifesto - for - a - european - industrial - policy. pdf？ __blob = publicationFile&v =2）。

[41] 参见 Federal Ministry for Economic Affairs and Energy, *Made in Germany*: *Industrial Strategy* 2030（特别是针对国家股权工具的提议）。

[42] Government of The Netherlands, Non-paper on strengthening the level playing field on the internal market, December 2019.

[43] 副主席 Vestager 在即将发布的关于欧盟委员会拥有的新权力的白皮书中宣布了这一目标，该白皮书将使委员会“应对……外国补贴和国家所有权可能对欧洲竞争造成的损害”。

[44] 近几个月来，一些欧盟国家宣布了新计划，并加快了已有计划的实施，以筛选和防止外国收购。法国宣布了一项 200 亿欧元的基金，以保护政府持股的 70 家上市公司，经济部长表示，用这些资金“以直接援助、加强国家参与或临时国有化的方式援助处于不利地位的公司”。在意大利，总理宣布扩大政府的“黄金权力”，以筛选和禁止外国收购，权力将扩大至包括欧盟成员国实体收购以及如金融和保险等其他行业的收购。德国和西班牙也采取了类似的措施，而副主席维斯塔格明确表示，欧盟委员会将不会干预“在任何需要的情况下，由国家出任市场参与者的问题——如果它们在公司拥有股份，或者它们想阻止此类收购的话”。因新冠肺炎造成的特殊情况，这些措施是合理的；但是，随着它们对外国投资和资本自由流动的敌对情绪日渐高涨，当危机消退时，它们可能难以被放开。

[45] 关键的权衡是，尽管保护选定行业免受国内或国际竞争的措施可能会保留市场结构和就业机会，但它们通常会导致对消费者的价格上涨和质量下降。

济福利之间的紧密联系方面发挥作用。并且可以显示出更具竞争性的方法将如何有助于其他公共政策目标，例如减少不平等[46]和促进创新。[47]

四、结论

新冠肺炎疫情可能使经济竞争力下降，并使消费者更加脆弱。可能需要关注的问题将大大超出英国竞争和市场管理局的能力，并可能挑战其法律框架。尽管如此，英国竞争和市场管理局可以为缓解其中相当多的问题做出重要贡献。

英国竞争和市场管理局已经通过其新成立的新冠肺炎特别小组应对了短期威胁，例如哄抬物价和违反消费者法律的行为。但是随着经济的调整和复苏，更大的长期挑战还在前方。

第一，市场可能会变得更加集中。英国竞争和市场管理局首先采取的部分措施是通过强有力的合并控制制止这种情况的发生：以适当的怀疑态度审查“困境企业”合并，并对“杀手收购”保持警惕。

第二，政府对整个经济以及特定行业和市场的干预力度将比以前大得多。

第三，向线上零售的转变将进一步加强主要数字平台在面向企业和消费者的市场中的主导地位。因此，更有理由加强对数字平台的监管。

---

[46] 参见经合组织（2017），*Inequality：a hidden cost of market power*。本文使用的模型表明，市场力量使最富有 10% 人群的财富增加了 12% ~21%，并使最贫穷 20% 人群的收入减少了 14% ~19%。这主要是因为市场力量的受益者——股东和管理者——更有可能成为收入和财富分配的顶端人群。

[47] Arrow KJ.（1962），*Economic welfare and the allocation of resources for invention. The Rate and Direction of Inventive Activity：Economic and Social Factors*, ed. Univ. -Natl. Bur. Comm. Econ. Res. , Comm. Econ. Growth Soc. Sci. Res. Counc. , pp. 609 –26. Cambridge, MA：NBER.

第四，国内产业的外部竞争压力可能下降。贸易水平可能保持低迷。在本次危机之前，贸易在全球产出中的占比就已经开始衰退。[48]这使得消除国内市场竞争中的障碍变得更加重要，比如现有企业造成的或政府法规创设的进入障碍。这也可能改变英国竞争和市场管理局在合并控制与市场监管等方面的分析及方法。

第五，新冠肺炎可能使消费者更易于受到欺诈、不当交易、高价及服务质量不佳的损害。自信且信息灵通的消费者是市场能良好运行的必要条件。英国竞争和市场管理局将通过市场工作与向政府及监管部门提议继续向政府解释如何更好地保护和赋予消费者合法权益。

第六，随着公众对市场不信任的加剧，产业政策可能会变得更具干涉主义及保护主义特征，从而缺乏对促进竞争这一本能的灌输。英国竞争和市场管理局可以通过表明其与公众关切的问题保持联系并且会尽其所能进行回应，帮助政府更容易地采取更有利于竞争的方法。

附录：哄抬物价及竞争政策

在收到很多关于商家对必需品收取不公平高价的举报后，英国竞争和市场管理局新冠肺炎特别小组成立了。在之后的数周，“哄抬物价”一直是特别小组收到的主要举报内容。

有一种经济学观点认为，哄抬物价是一种有效且可取的市场反应，能使需求与供给保持一致。政府对其进行干预——无论是通过竞争监管机构还是通过其他人——将破坏正常的市场运行并不可避免地导致弊大于利的结果。

该观点认为，从需求角度而言，哄抬物价意味着谁认为产品更具

[48] 2018 年国际贸易在全球产出中的占比与 2008 年处于同一水平，数据来自世界银行数据库（贸易占 GDP 的百分比），访问时间 2020 年 6 月 28 日。

价值则谁应是该产品的购买者。从供给角度而言，高价表明产品稀缺，因此会鼓励供应商增加供给。该论点的两个部分均存在缺陷。[49]

首先，就如食品等必需品而言，不同消费者对产品价值的判断不大可能存在较大差异。对同一产品愿意支付的价格的差异将基本上由收入不同驱动。这意味着当价格由于哄抬物价而上涨时，其结果并不是食品的社会化最优配置，而只是表明不够富裕的群体没有能力够买。如果确实存在短缺，那么短期来看，定量配给可能会是分配必需品的一个更有效的方式。

其次，哄抬物价导致的高价可能是短暂的。高价对供给量几乎没有影响。就高价反映囤积或贮藏的程度而言，其可能会提醒供应商需求将随后下降。

再次，哄抬物价中出现的价格上涨水平很可能远大于实现更多供给所需的价格上涨水平。除非企业的可变成本随着产量的增加而迅速增加，否则只需稍微提高价格就能使增加产量有利可图。

正是考虑到这样的经济状况，特别小组在英国竞争和市场管理局的法律框架限制范围内针对不当的价格上涨进行了强势回应。

---

[49] 虽然是有缺陷的，但是即使在经济学圈内也具有令人吃惊的吸引力。例如，芝加哥大学经济学教授 Harald Uhlig 3 月 15 日发推特称英国超市需要提高它们的价格从而防止供应品耗尽。这么做无疑将减少需求，并且，根据价格上涨的不同程度，可能会使货架一直有存货。但是，这么做是累退的，并且，如必需品的临时定量配给所表明的那样，这么做也是没有必要的。

一轮圆满：纪念中国反垄断法和知识产权的 12 年

莫琳·奥尔豪森　雅娜·塞德尔

一、概述

中国《反垄断法》[①] 实施 12 周年是一个特别的时间点，因为这意味着中国的竞争法走完了整一轮的时间，恰好可以回首来路。我曾经有幸受邀在《反垄断法》五周年和十周年的纪念场合发表演讲。在五周年的时候，我特别提到了执法能力建设问题，同时也提到了"必需设施原则"的适用问题，指出美国的反垄断体系并没有真正承认这一原则。[②] 在十周年的时候，我提出需要"对市场经济底层架构的更深刻的认同，尤其是对推动创新的知识产权的认同"。[③] 作为一篇回顾的文章，本文涉及的主题之一是创新，尤其是回顾《反垄断法》在知识

---

* Maureen K. Ohlhausen，贝克博茨律师事务所（Baker Botts LLP）反垄断和竞争法业务组合伙人兼国际部主席；Jana I. Seidl，贝克博茨律师事务所华盛顿特区办公室律师。本文仅代表作者个人观点，不反映律所或客户的看法。

① 《中华人民共和国反垄断法》，参见 http：//english. mofcom. gov. cn/article/policyrelease/Businessregulations/201303/20130300045909. shtml。

② Maureen K. Ohlhausen，*Illuminating the Story of China's Anti-monopoly Law*，Antitrust Source，Oct. 2013，第 3 页，参见 https：//www. ftc. gov/sites/default/files/documents/public _ statements/illuminating – story – chinas – anti – monopoly – law/1310amlstory. pdf。

③ Maureen K. Ohlhausen，"The Defense of Competition and Consumers in a Changing World：Reflections on a Decade of Competition Enforcement in China"，第七届中国竞争政策论坛的演讲，对外经济贸易大学竞争法中心，第 2 页（2018 年 7 月 31 日），参见 https：//www. ftc. gov/system/files/documents/public _ statements/1396664/ohlhausen – _ china _ speech _7 – 31 – 18. pdf。

产权方面的发展，以及这一关键领域的国际发展之时，我们已经站在了一个十字路口——当然，我在《反垄断法》五周年的纪念场合也强调过这个话题，即“必需设施原则”的问题。

《反垄断法》在过去 12 年中取得了巨大发展。从架构上说，2018 年 4 月中国的竞争执法机构实现了“三合一”，之前三家部委的反垄断行政执法机构的职能现统一于国家市场监督管理总局（下称“市场监管总局”）中。机构改革之后，市场监管总局随即颁布了包括《禁止滥用市场支配地位行为暂行规定》（2019 年 9 月生效）[4] 在内的数个暂行规定。2019 年 11 月，市场监管总局出台了《经营者反垄断合规指南（公开征求意见稿）》,[5] 2020 年 1 月，又制定了《反垄断法》2.0 版本——《 < 反垄断法 > 修订草案（公开征求意见稿）》（下称“2020 年《反垄断法修订草案》”）。[6] 如今显而易见的是，越来越多的变化正在路上。在应对这些变化的过程中，还有很多需要我们去完成的工作，比如，对于现今科技发展带来的生活环境的变化，诸如物联网，需要全球寻找出更适合的知识产权案例法的规制路径。

二、知识产权、反垄断以及《反垄断法》

《反垄断法》被中国执法机构和学界广泛地认为是中国的“经济

④ 《禁止滥用市场支配地位行为暂行规定》（国家市场监管总局于 2019 年 6 月 26 日公布，2019 年 9 月 1 日起生效），参见 http：//gkml. samr. gov. cn/nsjg/fldj/201907/t20190725 _305166. html。

⑤ 市场监管总局就《经营者反垄断合规指南（公开征求意见稿）》公开征求意见的公告（2019 年 11 月 28 日），参见 http：//www. samr. gov. cn/hd/zjdc/201911/t20191128 _308890. html。

⑥ 市场监管总局就《 < 反垄断法 > 修订草案（公开征求意见稿）》公开征求意见的公告（2020 年 1 月 2 日），参见 http：//www. samr. gov. cn/hd/zjdc/202001/t20200102 _310120. html。国家市场监管总局目前正在审阅公众对修订草案的意见。

宪法”,[7] 2008 年 8 月 1 日生效，这部法律规定在特定情形下知识产权权利人的行为也应当受其规制。具体而言，《反垄断法》“附则”的第五十五条做出了如下规定：

> 经营者依照有关知识产权的法律、行政法规规定行使知识产权的行为，不适用本法；但是，经营者滥用知识产权，排除、限制竞争的行为，适用本法。[8]

简言之，《反垄断法》适用于经营者滥用知识产权排除、限制竞争的情形。尽管因没有界定构成知识产权滥用的要素而在措辞上稍显模棱两可，但是可以大致理解为与美国的规制路径类似，因为美国的规制路径也认可知识产权对经济增长和创新的重要性，给予知识产权发展充分的自由度。

在最新的 2020 年《反垄断法修订草案》中，市场监管总局并未考虑修订第五十五条（《草案》第六十二条）的用语；而是修订第十八条（《草案》第二十一条），在其中纳入了特定的行业，该条专门列举了认定具有市场支配地位的因素。[9]《草案》强调对技术的关注，扩大了第十八条（《草案》第二十一条）的适用范围，要求在认定互联网领域的市场支配地位时需要额外考察其他因素——网络效应、规模经济、锁定效应及掌握和处理相关数据的能力。[10]

重要的是，我们应该认识到采用不同的法律检验框架来认定特定行业的知识产权事宜可能会产生问题。美国律师协会反垄断法分会曾

---

⑦ Paul Jones, “*Licensing in China: The New Anti – Monopoly Law, The Abuse of IP Rights and Trade Tensions*”, XLIII (2) les Nouvelles: J. Licensing Executives Soc'y Int'l 106 (2008 年 6 月)（指出中国执法机构和学界将《反垄断法》视为中国的“经济宪法”）。

⑧ 《反垄断法》，第五十五条。

⑨ 2020 年《反垄断法修订草案》，第二十一条。

⑩ 2020 年《反垄断法修订草案》，第二十一条。

评论，“如有必要，特定行业的考虑更适合实施规章或指南”。[11] 总体而言，目前《反垄断法》第十八条和第五十五条已经能够恰当地将《反垄断法》适用到知识产权，因此中国竞争监管机构应当谨慎对待，切勿提议需要特殊的规则来分析知识产权问题。相反，分析《反垄断法》应该如何适用于涉及知识产权和技术的情形时，应当基于特定的事实，并根据指南、透明的执法决策和法律先例进行构建。

专利权与竞争法原则的交汇之处各种相关问题相继出现，此为这些问题中的一例，自反垄断法诞生一个多世纪以来便一直对法院和学界形成挑战。鉴于知识产权与竞争法之间存在明显的分歧，即一个是鼓励垄断，另一个是限制垄断，各学派就如何构建法律规则或指南规制这一领域存在思想分歧也就不足为奇了。然而，关键的问题在于，给予垄断机会的判例法与遏制反竞争垄断的判例法是否能够相互协调。答案是肯定的。实际上，对专利上诉案件拥有专属管辖权的美国联邦巡回上诉法院巧妙地将竞争法和知识产权描述为“两者实际上是互补的，因为都是为了鼓励创新、产业发展和竞争”。[12] 根据竞争法原则确定何种情况可能会限制专利持有人的排他权时，培育创新的目标必须成为指导标杆。

因此，《反垄断法》从一开始就纳入了知识产权有关规定的做法非常合适，包括目前 2020 年《反垄断法修订草案》第一条增加鼓励创新具体目标的提议。[13] 过去二十年里，专利数量在全球激增，中国一直是这一增长的主要推动力。在《反垄断法》起草时，若以申请文件数量衡量，中国专利活动数量就已经开始超过其他大型的专利司法

---

⑪ 美国律师协会反垄断法分会，《就中国 <反垄断法> 修订草案向中国国家市场监管总局的评论》，第 14 页（2020 年 2 月 14 日），参见 https：//www.americanbar.org/content/dam/aba/administrative/antitrust_law/comments/february－2020/comment－21420－china.pdf。

⑫ Atari Games Corp. v. Nintendo of America, Inc., 897 F.2d 1572, 1576 (Fed. Cir. 1990).

⑬ 2020 年《反垄断法修订草案》，第一条。

辖区，如在2005年就超过了欧洲专利局。⑭ 这一趋势此后也仍在持续，2010年超过了日本，2011年超过了美国，并且现在每年在全球的申请数量最多。⑮ 2018年，中国国家知识产权局收到了近150万份申请（约占全球专利申请的46%），其中大部分来自中国居民。⑯ 相比之下，美国专利及商标局在2018年的申请量约为60万，排名第二。⑰ 就在2019年，中国发布了《关于强化知识产权保护的意见》，认为“加强知识产权保护，是完善产权保护制度最重要的内容，也是提高我国经济竞争力的最大激励”。⑱

三、知识产权案例法热点话题和反垄断法执法活动

但是自《反垄断法》实施以来，第五十五条是如何在实践中得以运用的？直至今日，由于《反垄断法》仍然相对年轻，只有少数案件为中国竞争法执行机构对如何处理某些知识产权和反垄断的交叉问题提供了指南。⑲ 这些案件都在中国反垄断执法机构“三合一”至国家市场监管总局之前结案。然而，我们希望这些案例和指南草案能够对市场监管总局在何种情况下可以得出标准必要专利持有者滥用其支配地位从而构成滥用其专利权违反《反垄断法》的结论具有指导意义。

---

⑭ 世界知识产权组织，2019年世界知识产权指标，第14页（2019年），参见https：//www. wipo. int/edocs/pubdocs/en/wipo _pub _941 _2019. pdf（下称“2019年世界知识产权指标”）。

⑮ 同上。

⑯ 国别统计概况：中国，世界知识产权组织（2020年3月），参见https：//www. wipo. int/ipstats/en/statistics/country _profile/profile. jsp？ code = CN。

⑰ 2019年世界知识产权指标，同脚注⑭，第12页。

⑱ 中国国务院，《中国发布 <关于强化知识产权保护的意见>》（2019年11月24日），参见 http：//english. www. gov. cn/policies/latestreleases/201911/24/content _ WS5dda-789bc6d0bcf8c4c17bd4. htm。

⑲ 这些案件在本文将做进一步讨论，包括：华为诉IDC（广东省高级人民法院，粤高民三中字第305号、第306号，2013年）、西电捷通诉索尼（北京知识产权法院）、国家发改委对高通的调查。

这些案件也引起了国际社会的广泛关注，甚至招致批评，例如 2015 年 2 月国家发改委与美国芯片制造商高通达成的决议。经过漫长的调查，国家发改委发布调查决定，认定高通滥用了市场支配地位，对无线标准必要专利收取不合理的高额许可费率，捆绑标准必要专利与非标准必要专利，不当采取“无许可，无芯片”的政策。高通选择接受这些指控，不对国家发改委决定提出异议，支付了 61 亿元人民币（合 8. 95 亿美元）的罚款，改变在中国的许可做法并得到了国家发改委的认可。[20] 值得注意的是，高通公司接受的是拟议和解方案，而非国家发改委发布的宽泛决定以及其中列出的国家发改委认可的具体整改措施，这给在将来应用类似原则时带来了一定程度的不确定性。展望未来，中国竞争体系持续关注知识产权与反垄断之间的交互，这还体现在 2020 年《反垄断法修订草案》及当前的执法活动中，例如市场监管总局于 2019 年对瑞典电信公司爱立信的 3G/4G 专利许可行为发起的调查。[21]

我们介绍《反垄断法》在知识产权领域的应用发展，以及这些发展如何与国际视野接轨。我们在庆祝《反垄断法》这 12 年来取得的巨大进步的同时，也会指出需要特别关注的领域。

标准必要专利的禁令救济

在知识产权反垄断领域中，最受争议的问题之一是标准必要专利持有人是否应当有寻求禁令救济的权利。美国司法部反垄断局、美国专利商标局和美国国家标准与技术研究院于 2019 年 12 月发布了《标

---

[20] 《高通和中国国家发改委达成决议》（2015 年 2 月 9 日），参见 https：//investor. qualcomm. com/news-events/press-releases/detail/672/qualcomm-and-chinas-national-development – and – reform（下称“高通新闻”）。

[21] Li Tao, *Ericsson says it is facing an antitrust probe in China over its intellectual property licensing*, South China Morning Post（April 17，2019），参见 https：//www. scmp. com/tech/policy/article/3006511/ericsson-says-it-facing-antitrust-probe-china-over-its-intellectual。

准必要专利救济的联合政策声明》（下称“《2019 标准必要专利政策声明》”），明确表明并不存在“一套特殊的法律规则来限制基于（公平）合理无歧视（FRAND）承诺的标准必要专利的侵权救济措施”。[22] 标准必要专利持有人可以与非标准必要专利持有人一样，在相同的法律框架下寻求禁令救济。《2019 标准必要专利政策声明》的此项规定旨在澄清可能广泛存在的对 2013 年版《标准必要专利政策声明》的误读。因此，《2019 标准必要专利政策声明》否决了任何有关不应向标准必要专利侵权案件提供禁令救济的建议，因为“这种建议将不利于已经实现精准平衡的专利制度，并终将损害创新和动态竞争”。[23]

《反垄断法》也经历了类似的思路转变过程。2013 年，华为诉 IDC（交互数字）的上诉法院广东省高级人民法院维持了一审法院的判决，认定标准必要专利持有人 IDC 通过过高定价和不合理搭售非标准必要专利与标准必要专利滥用了其市场支配地位。[24] 中国法院还认定，在华为进行了善意谈判并表达了愿意获得 FRAND 许可的意愿后，IDC 仍非法地寻求针对华为的禁令救济行动。许多解读认为，该裁决表明标准必要持有人应避免在许可纠纷中寻求禁令救济。

与之类似，商务部在附加限制性条件批准的合并案件中也将标准必要专利和禁令的有关义务作为行为性救济措施。例如，在 2015 年发布的诺基亚/阿尔卡特朗讯案的公告中，商务部要求诺基亚同意不应执行基于标准必要专利的禁令，除非诺基亚已经提供了符合 FRAND 原

---

[22] Press Release, Qualcomm, Qualcomm and China's National Development and Reform Commission Reach Resolution (Feb. 9, 2015), https://www.justice.gov/atr/page/file/1228016/download.

[23] 同上，第 4 页。

[24] 华为诉 IDC，广东省高级人民法院，粤高发民三终字，第 305 号，第 306 号（2013 年）。

则的许可条件，而潜在被许可人不具备善意。[25]微软/诺基亚案的附加限制性条件批准决定中也包含了类似的要求。[26]

国家工商总局《关于滥用知识产权的反垄断执法指南》历经数轮征求公众意见，还是出现了标准必要专利持有人可能寻求禁令救济的模糊规定。例如，美国律师协会反垄断法分会、知识产权法分会和国际法分会自 2014 年至 2017 年间就提交了数轮联合评论意见，主张澄清“在认定行为不损害竞争的情况下，寻求禁令救济的行动并不会构成违反《反垄断法》的行为”。[27] 令人鼓舞的是，2018 年北京知识产权法院在西电捷通诉索尼一案中做出了具有里程碑意义的判决，维持了与一项标准必要专利 FRAND 许可条款争议有关的首个禁令。[28] 法院明确了在何种情况下标准必要专利持有人可以寻求禁令。尤其是在该案中，法院认为如果潜在的被许可人出于恶意进行谈判（例如，采用拖延磋商和避免支付许可费的策略），标准必要专利持有人可以获得禁令。[29]

必需设施

今天，必需设施的概念将我们置于十字路口。笔者过去就曾对

---

[25] 商务部 2015 年第 44 号公告。

[26] 商务部 2014 年第 24 号公告。

[27] Comments of the Am. Bar Ass'n Sections of Antitrust Law, Intellectual Prop. Law, and Int'l Law on the Draft Anti-Monopoly Guidelines on Abuse of Intellectual Property Rights of the People's Republic of China 6（2017 年 4 月 20 日），参见 https：//www. americanbar. org/content/dam/aba/administrative/antitrust _ law/at _ comments _ salsipsil _ 20170420. pdf（下称“美国律师协会呈递工商总局的评论”）。

[28] Hui Zhang, Mengling Liu & James Yang, *Beijing High Court Upholds China's First – Ever SEP Injunction in Iwncomm v. Sony*, Kluwer Patent Blog（May 29, 2018），http：//patent-blog. kluweriplaw. com/2018/05/29/beijing – high – court – upholds – chinas – first – ever – sep – injunction – iwncomm – v – sony/.

[29] *New Lessons From a Milestone SEP – Based Infringement Litigation*, Managing IP（Mar. 21, 2018），https：//www. managingip. com/article/b1kbppqbxg3j5s/new – lessons – from – a – milestone – sep – based – infringement – litigation.

《反垄断法》如何误解或误用了必需设施原则表示过担忧。[30] 并且，我们还注意到国家工商管理总局《关于滥用知识产权的反垄断执法指南》也纳入了这一原则，这也令人担心。美国律师协会各分会在联合评论意见中警告道：“将必需设施原则应用于知识产权，将总体上极大地侵蚀知识产权持有人的排除性核心权利，抑制竞争者开发自有竞争性知识产权的动力，并会为创新设置长期性的障碍。”[31] 因此，美国律师协会建议全部删除将必需设施原则适用于知识产权的条款。[32]

需要明确的是，美国反垄断法几十年来的先例确立了该法并不支持权利人必须进行交易的广泛义务。《谢尔曼法》确实规定了与竞争对手交易或继续交易的义务，但该义务仅发生在极为有限的情况下，因为“（交易）一旦开始，《谢尔曼法》就可能被理解为是一部‘反离婚’法”。[33] 这些极为有限的情况包括，例如单方面终止自愿的（因此可能是有利可图的）前期交易，因为这一过程表明权利人愿意为实现反竞争目的而放弃短期利润。[34] 不幸的是，美国地区法院在联邦贸易委员会诉高通案的最新裁决中适用了广泛的交易义务，

---

[30] *Hearing on the Foreign Investment Climate in China*: *U. S. Administration Perspectives on the Foreign Investment Climate in China Before the U. S. – China Econ. c & Sec. Review Comm'n* (Jan. 28, 2015)，参见 https://www.uscc.gov/sites/default/files/Maureen%20Ohlhausen_Testimony.pdf（莫琳·奥尔豪森的声明）。

[31] ABA Comments to SAIC，同脚注⑪，第4页。

[32] 同上，第24—27页。

[33] Philip Areeda, *Essential Facilities*: *An Epithet in Need of Limiting Principles*, 58 Antitrust L. J. 841, 850 (1990); *see also* Aspen Skiing Co. v. Aspen Highlands Skiing Corp., 472 U. S. 585, 600–601 (1985). The Supreme Court described *Aspen* as "at or near the outer boundary of § 2 liability." Verizon Commc'ns Inc. v. Law Offices of Curtis V. Trinko, LLP, 540 U. S. 398, 409 (2004).

[34] *See Trinko*, 540 U. S. at 409. *See also* Brief of Dr. Janusz A. Ordover as *Amicus Curiae* in Support of Petitioner, Swisher Int'l Inc. v. Trendsettah USA, Inc. (U. S. Oct. 9, 2019) (No. 19–349), *available at* https://www.supremecourt.gov/DocketPDF/19/19-349/118554/20191009124442125_19-349acDrJanuszAOrdover.pdf.

认定高通有义务与其芯片组竞争对手进行有关标准必要专利的交易。[35] 并且，该裁决不当地将公司的反垄断交易义务扩张到了处理任何前期行为之外，从将某些专利许可给某些有限当事方的前期行为中推论出权利人有义务就所有专利和所有据称地位相似的当事方进行交易。

事实上，高通案是一个例外，该案目前正在美国联邦第九巡回上诉法院上诉并面临质疑，因而故事远未结束。因此，现在就断言美国对必需设施的处理方法已经偏离了前几十年先例还为时尚早。实际上，虽然该案仍在上诉期间，美国联邦第九巡回上诉法院采取了不同寻常的做法，其维持了一部分下级法院原本要求高通改变许可做法的命令，搁置了强迫高通提供无许可芯片并在芯片级别而非终端设备级别进行许可的要求。其注意到，高通已表明“地方法院在认定高通负有将其标准必要专利许可给与其具有竞争关系的芯片供应商的反垄断义务上存在严重的问题”，并且按照终端设备许可的做法“不违反反垄断法”。[36]

著名知识产权学者认为下级法院扩张交易义务的判决“非常麻烦”，并且是“对反垄断法的不当应用”。[37] 例如，米歇尔法官也表示担心，如果地方法院的判决得以维持，“结果是会出现创新寒蝉效应和专利排他性权利的潜在废止”。[38] 雷德法官与二十多位反垄断和专利

---

[35] 事实调查结果和法律结论，Fed. Trade Comm'n v. Qualcomm Inc. , No. 17 – cv – 220, (N. D. Cal. May 21, 2019), ECF No. 1490。

[36] Order at 4 – 5, Fed. Trade Comm'n v. Qualcomm, Inc. , No. 19 – 16122, (9th Cir. Aug. 23, 2019), ECF No. 74.

[37] *Amicus Curiae* Brief of the Honorable Paul R. Michel (Ret.) in Support of Appellant Qualcomm Incorporated at 3, Fed. Trade Comm'n v. Qualcomm, Inc. , No. 19 – 16122, (9th Cir. Aug. 30, 2019), ECF No. 88.

[38] Anne Cullen, *Retired Judges Join DOJ's Critique of FTC's Qualcomm Win*, Law 360 (Sep. 3, 2019), *available at* https://www.law360.com/articles/1194524/retired-judges-join-doj-s-critique-of-ftc-s-qualcomm-win.

法教授专家也一致感到担忧，“专利制度将不再保护对创新的长期投资，因为市场创新需要这些许可业务模式的保障”。[39]

正如这些学者强调的，一个被普遍接受的观点是将必需设施理论应用于知识产权会削弱创新动力，从而损害消费者的利益。但是，正如笔者过去几年与中国学者交流的过程中观察到的那样，也正如其他人认识到的那样，“中国对必需设施理论的接受程度似乎更高。这种接受程度在法律、经济和政策方面着实令人震惊”。[40] 这些担忧也是联邦贸易委员会起诉高通时迫使笔者撰写异议的原因。笔者警告说，“基于一项有缺陷的法律理论（包括独立的第 5 节）的执法行动缺乏经济和证据支持……仅仅是执法的发布，就将破坏美国在亚洲和世界范围内的知识产权”。[41] 该警告在今天仍然成立。美国以及中国的竞争体制必须谨慎行事，以免通过诸如摒弃对必需设施主张的怀疑态度等方式破坏强大的专利权。“从长远看，任何其他措施都将对创新产生严重的寒蝉效应，并损害消费者的利益。”[42]

四、结语

正如约翰·肯尼迪曾经指出的，“变化是生活的法则。那些只看

㊴ Brief of *Amici Curiae* Antitrust and Patent Law Professors, Economists, and Scholars in Support of Appellant and Reversal at 9, Fed. Trade Comm'n v. Qualcomm, Inc., No. 19 – 16122 (9th Cir. Aug. 30, 2019), ECF No. 85.

㊵ Yong Huang, Elizabeth Xiao-Ru Wang, & Roger Xin Zhang, *Essential Facilities Doctrine and its Application in Intellectual Property Space Under China's Anti-Monopoly Law*, 22 Geo. Mason L. Rev. 1103, 1104 (2015).

㊶ Dissenting Statement of Commissioner Maureen K. Ohlhausen at 1, In the Matter of Qualcomm, Inc., File No. 141 – 0199 (Jan. 17, 2017), https://www.ftc.gov/system/files/documents/cases/170117qualcomm_mko_dissenting_statement_17 – 1 – 17a.pdf.

㊷ Huang, et al.，同注脚㊵，第 1104 页。

到过去或现在的人必定会错失未来”。[43] 本着这种精神，《反垄断法》正值 12 周年，在其将步入下一个 12 年之际迎来了一个独特的机会，即重视通过支持强大的专利权制度来促进创新。中国竞争法制度的开放性让人鼓舞并值得称赞，它愿意借鉴其他反垄断司法辖区的经验，通过征询并考虑公众意见吸取知识渊博的业界和学界的经验，并至少依据部分意见经常修订草案。[44] 我们希望在下一轮的 12 年里，这些经验被转化吸收进《反垄断法》，选择一种知识产权与竞争法相互影响的路径，以保持强大的知识产权，促进创新，并更广泛地使消费者受益。

---

[43] John F. Kennedy, Address in the Assembly Hall at the Paulskirche in Frankfurt (June 25, 1963), https://www.presidency.ucsb.edu/documents/address-the-assembly-hall-the-paulskirche-frankfurt.

[44] *See*, *e.g.*, Maureen K. Ohlhausen, Antitrust Enforcement In China—What Next?, Address Before the Second Annual GCR Live Conference 9 (Sept. 16, 2014), https://www.ftc.gov/system/files/documents/public_statements/582501/140915gcrlive.pdf.

国家市场监督管理总局的成立和演进

蕾娜塔·海瑟　索菲娅·范德格瑞特

2018年对于中国竞争法而言是具有里程碑意义的一年。这一年是《反垄断法》实施十周年。此外，2018年还见证了中国竞争法实施机制的重大变革，其中最具引人瞩目的是自《反垄断法》颁布以来承担中国竞争法工作职责的三家执法机构被整合为一家，即国家市场监督管理总局。本文将考察市场监管总局的相关情况。首先，我们将回顾市场监管总局前身的体制，并探讨促使市场监管总局设立的事件。其次，我们将讨论市场监管总局职权的范围和性质，以及该机构行使职权的机制。再次，我们将介绍市场监管总局最近的行动和发展。最后，就市场监管总局在未来如何继续增强其执法能力，我们将提出一些建设性的意见。

一、市场监管总局的成立

三角结构的整合

自2008年《反垄断法》生效至2018年，《反垄断法》的执法工

---

* Renata B. Hesse，苏利文－克伦威尔（Sullivan & Cromwell）律师事务所合伙人，美国律师协会反垄断部门合伙人；Sophia A. Vandergrift，苏利文－克伦威尔律师事务所诉讼部特别顾问。

作分别由三家机关负责，即国家发改委、商务部和国家工商总局。在这三家行政执法机关承担反垄断执法职责时期，三家各有分工，在其授权范围内自主行使职权。商务部反垄断局负责企业合并控制审查；国家工商总局反垄断和反不正当竞争执法局负责调查违反《反垄断法》的非价格行为；发改委的价格监督检查与反垄断局负责调查违反《反垄断法》与价格有关的违法行为和价格规范。国务院反垄断委员会对三家执法机关提供指导。

2018 年 3 月 17 日，全国人民代表大会决定将三家反垄断执法机构合并为一家。2018 年 3 月 21 日，市场监管总局正式成立。废除三角结构的执法体系并将反垄断职责集中在市场监管总局同时也是中国行政体制改革中迈出的重要一步。此次重组后，国务院将对市场监管总局发挥更直接的监督领导作用。

2018 年 4 月末，市场监管总局的人员整合和运营已正式开始，并且绝大部分新安排已经在 6 个月内步入正轨。在过渡期结束时，国家工商总局已完全被吸纳进市场监管总局并停止了独立存续。另一方面，商务部和发改委则继续存续，即在规定的职责范围内开展工作，而这些工作将不再涉及竞争方面的事务。发改委、商务部和国家工商总局的反垄断执法人员被转移到新组建的市场监管总局。

建立统一机构的好处

自 2008 年《反垄断法》实施以来，中国的政策制定者不断提高其对竞争相关问题的关注。从下列不同的维度可以看到，中国的执法活动逐步活跃，包括被调查公司的数量、审查交易的数量和施加的罚款额度等。在推进竞争法地位进一步提高的趋势中，将商务部、国家工商总局和发改委的反垄断执法职权统一整合到市场监管总局是这一趋势的重要延伸。此次整合旨在进一步提高中国竞争执法在国内外的地位，而精简和优化中国竞争法的实施机制是推进该政策目标的必要前提。一份关于改革的报告曾写道："改革市场监管体系，实行统一的市场监管，是建立统一开放竞争有序的现代市场体系的关键环节。"

将三家反垄断执法机构合并为市场监管总局的这一举措可以消除曾经三家机构在执法过程中面临的部分挑战。此外，这一整合促进了原本相互孤立的三家机构之间的协作。因此，市场监管总局继承了其前任，成为一个更加凝聚和更具效率的机构。尤其是，将反垄断执法统一在市场监管总局下可以（1）消除原部分机关之间的职权重叠；（2）促进更多信息交流，从而促进各执法部门之间的协作；（3）分配和调整资源的能力更强，以回应市场需求。

消除原部分机关之间的职权重叠

市场监管总局的设立可以减少中国原体制下有时会出现的实质性和程序性事项差异。并不令人意外的是，原先的三家机构在实践中的管辖权边界划分并不完美。其结果是职权交叉的情况时常发生。例如，在既涉及价格又涉及非价格的违法案件中，发改委和国家工商总局之间就存在职权交叉。此类案件要么不得不分配给其中一家机关，但这家机关可能通常并不负责处理此类事务并因此缺乏处理相关行为各方面的经验知识，要么有时由这两家独立的执法机构同时进行调查。

此外，这三家机构的程序规则有时也明显不一致。一个值得注意的例子是国家工商总局和发改委在适用宽大制度上存在分歧。国家工商总局的宽大制度将参与反竞争协议的组织者排除在外，但发改委对此至少没有明确的规定。此外，配合的被调查者有资格在提供"重要证据"的情况下申请宽大，但两家机构对于"重要证据"的认定标准也有不同意见。最后，两家机构在具体确定宽大制度的申请人将获得何种特定豁免或减免时的标准也不同。根据国家工商总局的规定，主动但并非首位报告的经营者将根据国家工商总局的自由裁量得到减轻的处罚。而根据发改委的规定，第二家主动报告的经营者有资格获得

50% 或以上的罚款减免，之后主动报告的经营者有资格获得 50% 或以下的罚款减免。

机构的统一使市场监管总局在《反垄断法》的解释和适用上实现了更大的一致性，这进一步为在中国从事经营活动的企业就《反垄断法》的范围和效力提供了更清晰、更具确定性的指引。

改善信息交流

自《反垄断法》的实施到市场监管总局的成立，达到相关申报门槛的合并方均仅向商务部进行申报。国家工商总局和发改委过去并不参与并购审查，因此在并购审查中发现的信息很少能够传递到这两家主管部门。受限于此种组织结构，中国的执法机关无法像全球其他司法辖区的执法者那样实现并购审查机关与行为执法机关之间的信息交流。

将中国的并购审查和行为执法的专业人员统一在一起，为不同部门之间更频繁和公开地进行信息交流创造了机会。另一个增加了这种可能性的因素是，市场监管总局对并购案件中行为性救济措施监督的加强导致了并购之外的违反《反垄断法》的行为被发现和牵连。较之于商务部，市场监管总局在交易交割后的合规上投入了更多的时间和精力。例如，我们了解到，市场监管总局目前通常会在行为性救济措施实施的早期阶段进行多次实地核查，检查交易方的运营并采访其所在地的员工。这一程序为市场监管总局进一步发现并购之外的违反《反垄断法》的行为提供了更大的机会，因为统一的结构可以更好地驱使和激励该机构对此类行为开展执法活动。因此，与先前相比，市场监管总局更有可能利用并购审查来发现和调查从事反竞争行为的公司（或行业）。

更灵活地分配资源

在先前的体制下，竞争执法机关有时会因人员不足和其他资源的紧张而受挫。在资源有限的情况下开展工作限制了竞争执法机关处理事务的数量和复杂程度，这有时会导致对参与合并企业和调查目标的审查放缓。[1] 由于缺乏统一领导，竞争执法机关无法快速应对不断变化的市场需求（例如交易流和案件的复杂性）从而合理地分配有限的人手和预算，这加剧了资源紧张。

尽管与三家前竞争执法机关相比，市场监管总局似乎没有增加人员总编制，但市场监管总局对监管职能的整合使其更能应对与资源紧张相关的挑战。作为一个统一的机构，市场监管总局比三家前竞争执法机关更具灵活性，从而可以合理地分配各个职能部门的资源，在任何时候都能反映执法优先级并适应需求变化。

二、市场监管总局的职权

市场监管总局的设立被普遍认为是自 2008 年《反垄断法》实施以来中国竞争法最重大的发展。除（由市场监管总局反垄断局负责的）反垄断执法外，包括食品和药品管理、商标、消费者保护和反贿赂在内的一系列市场监督也属于市场监管总局的职责范围。

由于反垄断局在《反垄断法》执法和竞争政策方面拥有影响深远的权威，因此它是市场监管总局的核心。具体而言，反垄断局对滥用市场支配地位、垄断协议、企业并购控制和滥用行政权力的行为具有执法权。除了执法职能外，反垄断局还负责竞争政策的实施、公平竞争审查机制的确立、颁布与《反垄断法》有关的规则和指南以及该机构与国际反垄断机构的协调工作。这些各样的权力被划分至十个内部的处。其中三个处负责反垄断调查执法事务，包括垄断协议、滥用市场支配地位和滥用行政权力；四个处负责企业并购控制审查；三个处

① *See Consolidating Chinese antitrust agencies will lead to efficiency, better enforcement, top official say MLex* (Apr. 18, 2018); Peter Wang, et al., *China Merger Review: A New Gauntlet for Global M&A*, 15 M& A LAW, no. 8, 2011; Eleanor Fox, et al., *The Design of Competition Law Institutions: Global Norms, Local Choices* (1st ed. 2013).

负责竞争政策和与外部联系的工作。

除反垄断局外，市场监管总局内的其他两个司局在促进中国经济体系下的公平竞争也发挥了核心作用，即价格监督检查和反不正当竞争局以及执法稽查局。首先，价格监督检查和反不正当竞争局的职责是对价格和反不正当竞争相关行为的监督。该局负责《价格法》和《反不正当竞争法》[②] 的实施，从而避免与反垄断局的职权出现任何重叠。其次，执法稽查局制定和实施与市场监督管理有关的措施。

2018 年末，市场监管总局实施了“普遍授权”机制，即《市场监管总局关于反垄断执法授权的通知》[③]，授予省级市场监管部门更大的权力，从而省级市场监管部门可以独立启动和开展对发生在其行政区域内的违反《反垄断法》行为的调查。然而，修改后的权限受到某些限制，包括要求省级市场监管部门要在立案后十个工作日内，将立案情况向市场监管总局备案；在拟做出中止调查、终止调查和行政处罚决定时向市场监管总局报告。市场监管总局首先保留了对全国性事务的权力，尽管此类事务可以委托给省级主管部门。以前的政策要求省级主管部门在采取行动之前仅就个案获得授权，而该授权通知取代了以前的规定。为了平衡市场监管总局的权力集中问题，新授权通知将权力下放给了具备特别专业知识和充分了解各自市场的当地监管机构。这是市场监管总局消除权力设置体制障碍以提高效率的另一种手段，也是受 2016 年启动的公平竞争审查制度所鼓励以促进省级监管

---

② 《反不正当竞争法》是一项内容广泛的规定，适用于多个法律领域的行为，包括知识产权、商业秘密、商业贿赂，并且直到 2017 年修订之前，该法规也适用于反垄断。2017 年的修正案（于 2018 年 1 月生效）消除了《反不正当竞争法》和《反垄断法》的职能重叠。在这些修正实施前，《反垄断法》和《反不正当竞争法》都适用于某些相同类型的反竞争行为，包括掠夺性定价和捆绑销售。为避免这种复杂性，《反不正当竞争法》被修订，消除了与《反垄断法》的重叠，而将《反垄断法》作为此类行为的主要执法依据。

③ 《市场监管总局关于反垄断执法授权的通知》（2019 年 1 月 3 日发布），http://samr.saic.gov.cn/xw/yw/wjfb/201901/t20190103_279720.html。

机构参与竞争事务的又一行动。

市场监管总局及其省级市场监管部门一直积极发布旨在合理化和阐明中国竞争法的规则和指南。通过这些文件的发布，市场监管总局力求提高透明度并统一协调原三家竞争执法机构发布的实质性和程序性规则。企业合规是市场监管总局与市场沟通过程中最突出的方面之一（例如，《经营者反垄断合规指南》草案）。通过发布与合规相关的指南，主管部门为市场参与者提供了明确的意见和说明性案例，旨在阐明反垄断合规的重要性，进而鼓励企业制订更可靠的合规计划。

三、市场监管总局近期的行动

自成立以来，市场监管总局就其创建初衷做出了努力，朝着提高机构的一致性、效率和灵活性迈进。如今，在成立两年后，市场监管总局实行了积极的企业并购控制制度和除并购以外的执法计划。除了执法工作，市场监管总局还将继续阐释和完善其制定的法律法规，并发布指南。因此，无论是在国内还是在全球舞台上，市场监管总局的影响力都在增加。

尽管最初设立市场监管总局需要大量时间和资源投入，但由于新机构沿用了其前身机构此前的执法计划，所以执法工作（尤其是并购审查进程）几乎没有出现明显的中断。在刚成立的前六个月中，市场监管总局附加限制性条件批准了两起大型跨国并购案：依视路国际与陆逊梯卡集团合并案（2018 年 7 月）和林德集团与普莱克斯公司合并案（2018 年 9 月）。在设立初期，市场监管总局还针对应报未报交易的当事方发布了多项处罚决定。截至 2018 年底，市场监管总局已审查了 400 多件企业并购申报案件。

商务部反垄断局前任局长吴振国先生被选任为市场监管总局反垄断局第一任局长。反垄断局成立后不久，吴振国局长确立了多项核心政策目标：（1）建立统一、高效的《反垄断法》执法系统；（2）实现更加规范和专业的《反垄断法》执法工作；（3）加强《反垄断法》执法团队及其能力；（4）深化国际交流与合作。以下我们将逐项讨论市场监管总局追求这些目标的进展。

市场监管总局颁布的法规和指南

市场监管总局的成立不可避免地会引发如下疑问，即新机构是会沿用并遵守前身机构的做法，还是对其进行大幅度调整。为了解决有关其发展方向的问题，市场监管总局发布了许多重要的法规和指南，旨在统一其前身机构采用的零散框架，阐明其自身的执法方式。这些文件清楚地表明，市场监管总局保留了某些做法，但同时也在其权限内对《反垄断法》的实施进行了修改。

2019 年 7 月 1 日，市场监管总局发布了三项反垄断规定，④ 这些规定于 2019 年 9 月 1 日生效：《禁止垄断协议暂行规定》⑤，《禁止滥用市场支配地位行为暂行规定》⑥，《制止滥用行政权力排除、限制竞争行为暂行规定》⑦。这些规定均包含实质性规定和程序性规定。此外，《禁止垄断协议暂行规定》提供了一个框架，用于区分本身违法的垄断协议和适用“合理分析”原则的垄断协议。此外，它还规定了哪种类型的行为可根据承诺决定申请中止调查而哪种类型的行为不得适用中止调查。重要的是，该规定还通过阐明市场监管总局自己的计

---

④ 美国律师协会反垄断法分会和国际法分会共同向市场监管总局提交了有关这些修订草案的详细评论。首页函和评论请见 https：//www. americanbar. org/content/dam/aba/administrative/antitrust _ law/comments/february2020/comment – 21420 – china. pdf。

⑤ 《禁止垄断协议暂行规定》（2019 年 7 月 1 日发布），参见 http：//gkml. samr. gov. cn/nsjg/fgs/201907/t20190701 _303056. html。

⑥ 《禁止滥用市场支配地位行为暂行规定》（2019 年 7 月 1 日发布），参见 http：//gkml. samr. gov. cn/nsjg/fgs/201907/t20190701 _303057. html。

⑦ 《制止滥用行政权力排除、限制竞争行为暂行规定》（2019 年 6 月 26 日发布），参见 http：//www. gov. cn/gongbao/content/2019/content _5433728. htm。

划内容，废除了市场监管总局前身机构相互矛盾的宽大政策。在规定中，根据市场监管总局的制度设计，对于第一个申请者，反垄断执法机构可以免除处罚或者按照不低于80%的幅度减轻罚款；对于第二个申请者，可以按照30%~50%的幅度减轻罚款；对于第三个申请者，可以按照20%~30%的幅度减轻罚款。

《禁止滥用市场支配地位行为暂行规定》提供了市场监管总局将如何评估滥用支配地位的深入视角，包括市场监管总局将纳入考虑的因素。根据该法规，这些因素包市场结构、产品多样性以及涉及公司行为的一致程度。该法规就市场监管总局将如何分析掠夺性定价以及有利于被指控公司的抗辩也提供了指导。《制止滥用行政权力排除、限制竞争行为暂行规定》规定了在需依法判断构成滥用行政权力的具体行为类型以及明确了适用这些违法行为的执法程序。

2019年11月，市场监管总局发布了另一项重要指南：《经营者反垄断合规指南（公开征求意见稿）》。[⑧] 这些指南以不具约束力的意见稿形式发布，以征询公众意见。该意见稿在很大程度上借鉴了其他司法辖区的监管机构发布的类似指南，鼓励公司识别和评估反垄断风险，并相应地建立合规部门和实施合规计划。

2020年1月2日，作为释明和优化《反垄断法》执法的又一重大措施，市场监管总局发布了《<反垄断法>修订草案》（下称《修订草案》）。[⑨]《修订草案》考虑了《反垄断法》执法的各个方面，包括企业并购控制、反竞争行为执法和代理程序，尽管草案中一些最重要的修订是关于企业并购控制领域的内容。例如，《修订草案》在补交

⑧ 美国律师协会反垄断法分会和国际法分会共同向市场监管总局提交了有关指南意见稿的详细评论。首页函和评论请见 https：//www. americanbar. org/content/dam/aba/administrative/antitrust _ law/comments/december - 2019/comments - 122719 - china. pdf

⑨ 美国律师协会反垄断法分会和国际法分会共同向市场监管总局提交了有关修订草案的详细评论。首页函和该评论请见 https：//www. americanbar. org/content/dam/aba/administrative/antitrust _ law/comments/february - 2020/comment - 21420 - china. pdf

文件资料期间以及市场监管总局和集中方就救济措施进行磋商期间等审查过程中的某些节点引入了“停钟”机制。《修订草案》还明确了市场监管总局有权调查不满足申报门槛但会引发竞争问题的交易。从概念上讲，这种针对无须申报交易的方法与美国和其他主要执法机构采用的方法相一致，尽管美国律师协会在对《修订草案》的评论中建议，“当亚洲、中东和非洲地区将审查已完成的无须申报的经营者集中并发布清晰客观的实施法规或准则时，应考虑包括以下方面的限制”。[10]《修订草案》的其他几项规定也将使中国的《反垄断法》执法与美国和其他西方机制更相近。例如，与近期许多全球竞争主管机构对大型科技公司的审查日益严格一致，《修订草案》也规定一些用于评估互联网公司是否具有支配地位的考量因素。然而，与美国反垄断法明显不同的是，该《修订草案》禁止“过高定价”，这是美国不存在的法律概念。该《修订草案》截至 2020 年 1 月 21 日之前征询公众意见，之后市场监管总局将考虑公众意见，并相应地完成《修订草案》。

市场监管总局的企业并购控制

2019 年，市场监管总局共审查了 448 件交易，略多于 2018 年。这些交易无一被直接禁止。市场监管总局在 5 件交易中要求集中方提供救济措施，但无条件批准了其他 443 件交易。最近的数据表明，市场监管总局在继续完善其简易审查程序，以高效地批准没有明显竞争问题的交易。近年来，市场监管总局趋向于发出更少的要求并更快地完成审查。

在 2019 年，市场监管总局发布了 17 项关于未申报交易的处罚决定，继续积极主动地处罚这些无视申报义务的公司。2020 年 1 月 7 日，市场监管总局发布了《经营者集中审查暂行规定（征求意见稿）》并

---

⑩　同脚注⑨，第 19—20 页。

征求公众意见，以期完善企业并购控制审查程序的某些方面。该法规加强和协调了市场监管总局成立前的企业并购控制程序，释明了关键性的程序问题，并对合并分析提出了实质性建议。

市场监管总局的非企业并购类执法

2019 年，市场监管总局在包括汽车制造、公用事业和制药业在内的多个行业的非企业并购方面发布了 14 项处罚决定。在这些决定中，有 8 项涉及横向垄断协议，2 项涉及纵向垄断协议，另外 4 项涉及滥用市场支配地位行为。市场监管总局于 2019 年发布的最大罚款数额为人民币 1. 628 亿元（占相关市场 2018 年销售收入的 4%）。这一罚款是市场监管总局对汽车制造商长安福特汽车有限公司在重庆市固定转售价格行为的处罚。长安福特非法订立“价格纪律协议”，并对某些车辆设定最低价格。

市场监管总局在非企业并购领域的执法活动大部分是由省级执法机构（即省级市场监督管理局）完成的。通常，市场监管总局会按照目标企业年收入的百分比进行罚款。

四、中国竞争政策和执法的未来

展望中国竞争法的下一个十年，市场监管总局将有大量机会可以完善和优化其执法工具和政策议程。下面，我们借鉴全球执法机构的经验教训，就市场监管总局将如何最佳地推行正在进行的制度发展提出一些想法。

培养国内竞争文化

作为更切实改革的背景，中国的政策制定者和市场监管总局的领导人应继续在中国内部培养更普遍的竞争文化。随着中国继续从计划经济向市场经济转型，在市场内促进和加强竞争价值观念和实践将是至关重要的一步。建立预防或惩罚反竞争交易和行为的可溯记录，并向中国消费者证明这些行为如何使他们受益，都将能推动这一目标的实现。而且，与执法计划相结合，市场监管总局可以通过向市场发布指南、制定政策来激励良好的经济行为以提高竞争价值，并改善中国人民的生活。市场监管总局现有的推进公司合规计划的工作是该机构已朝此方向迈出的一大步。

促进中国竞争法框架内的正当程序

一个有效运行的竞争管理机构的标志之一是该机构愿意让其决定接受独立司法机关的审查。司法审查是任何执法体制（包括反垄断）正当程序的重要方面，因为它可以督促执法人员做出更加专业和审慎的执法决策，并制止和纠正滥用权力的行为。因此，通过引入司法审查程序，竞争执法机构可以证明其合法性并获得公众的信任。

目前，北京第一中级人民法院行政庭受理了针对市场监管总局决定的行政上诉案件，但当事方很少利用这一审查程序。为了建立更好的机构信誉，我们认为，在适当的情况下，市场监管总局鼓励对其决定进行可靠的司法审查记录是有益的。之后，这些决定可能在市场监管总局面前形成更透明和完善的实践体系的基础，包括通过使用全套的法律和经济工具。市场监管总局可以通过旨在解释司法审查的益处的公共宣传来解决此问题，并准确地介绍该程序将如何运行以及利用该程序的各方可能的期待。此外，市场监管总局还可能检视上诉程序的实质性改变是否会使它对起诉方更具吸引力。例如，审查的时效性是其他司法辖区预先阻止上诉的一个众所周知的方式。司法机构的独立性（或缺乏司法独立性）也可能是一个影响因素。因此，如果市场监管总局发现证明起诉足够迅速且司法审查将充分独立的方法，则各方可能会倾向于更好地利用司法审查机制。

在经济分析中担当更重要的角色

经济分析是在竞争领域做出合理有效的执法决定的关键因素。为了证明这一点，全球许多领先的竞争法监管体系都聘用了一批经济学家，他们的工作对于竞争分析和决策是不可或缺的。市场监管总局应效仿这些执法机构，采取措施将经济专业知识更好地纳入其分析过程，包括（1）聘用经济学家作为其内在助力，以及（2）根据需要继续利用外部经济专业知识。

评估历史上的救济措施并据此改革

市场监管总局及其前身机构在执法领域已有十余年，因此市场监管总局进行回顾性研究以检验其历史发布的救济措施有效性的时机已经成熟。尤其是，因为市场监管总局施加了在其他司法辖区不常见的救济措施，所以回顾性研究将使市场监管总局了解其救济措施的效果，并使该机构能够评估其救济措施是否能带来预期的经济效果。市场监管总局的同行（包括美国反垄断机构）在救济措施研究方面取得了巨大成功，它们在关于哪些救济措施最有效以及哪些因素决定了救济措施的成败方面总结了有价值的见解。

五、结论

从《反垄断法》的生效到市场监管总局的成立以及其间的许多举措，中国竞争法在过去 12 年中取得了长足的发展。然而，在更广阔的视野下，市场监管总局在转型经济中仍是一个相对年轻的竞争执法机构。所有迹象表明，市场监管总局将在体制上继续发展，并成为全球竞争格局中日益突出的参与者。

两个体系的故事：美国和中国反垄断审查决定的比较分析

道格拉斯·金斯伯格　蔡淑如

2020 年是中国《反垄断法》实施 12 周年。在过去 12 年间，中国颁布了其第一部反垄断法，设立了执行和实施该法的机构，并审查了大量经营者集中反垄断申报案件。中国的反垄断体制也从早年三家机构的体制转向了单一执法机构，即国家市场监管总局。2008 年以来，中国在反垄断法实施方面取得了巨大进展，已成为全球最重要的反垄断司法辖区之一。在全球开展业务的合并方在制定其反垄断申报批准方案时必须慎重地将中国纳入考虑。

一、美国与中国的企业合并控制法律

我们所做比较分析的背景是每个国家的企业合并控制法律。我们力求避免由于法律体系差异产生的轻率对比，而倾向于仔细考察每个案件的细节及这些差异所体现的潜在趋势。为方便读者阅读，我们先

* Douglas H. Ginsburg，美国哥伦比亚特区联邦巡回上诉法院资深法官，乔治·梅森大学安东宁·斯卡利亚（Antonin ScaLia）法学院教授，全球反垄断学会国际咨询委员会主席。Joanna Tsai，查尔斯里弗顾问公司（Charles River Associates）经济学家及副总裁。作者感谢 Cerin Lindgrensavage 和 Alexander Krzepicki 大量的研究及编辑协助，并感谢 Lizzie Lu 的研究及中文协助。

简要概括每个国家的相关法律。

（一）美国

美国的竞争法采取了一种更为分散的方式——两个联邦机构、50个州及私人主体均有权向法院提出对合并案的质疑。[①] 但是，大多数案件是由两大联邦机构之一（司法部反垄断局或联邦贸易委员会）根据《克莱顿法》第7部分提起，[②] 该法律禁止“可能实质性减少竞争或倾向于创造一个垄断者”的合并。但是，该法条仅涉及相关内容的一部分，作为一部“普通法法令”，法院具有广泛的权力来界定法律禁止的具体情形。[③]

但是，联邦最高法院已经超过45年没有审理过一起合并案件了，因为一个悬而未决的合并通常缺乏足够的时间来攀登上诉的阶梯。[④]因此，监管机构在上诉法院[⑤]及其自己制定的《横向合并指南》指引下开展活动。[⑥] 司法部于1984年公布的《纵向合并指南》并不具有同样大的影响力；然而，监管机构最近用新的指南替换了它们。[⑦]但是，这

① 参见 Brunswick Corp. v. Pueblo Bowl - O - Mat, Inc., 429 U.S. 477（1977）（私人主体提起的合并挑战，但是由于缺乏反垄断损害被驳回了）。

② 《美国法典》第15编18节。

③ Leegin Creative Leather Prod., Inc. v. PSKS, Inc., 551 U.S. 877, 899（2007）[引用 Northwest Airlines, Inc. v. Transport Workers, 451 U.S. 77, 98 n.42（1981）]（“与其他联邦法规管辖的领域相比，在反垄断领域，联邦法院更是起到普通法法院的作用”）。

④ 参见 United States v. Gen. Dynamics, 415 U.S. 486（1974）（联邦最高法院最后一个解释《克莱顿法》第7部分的案件）。

⑤ 尤其是，华盛顿特区巡回上诉法院在 United States v. Baker Hughes Inc., 908 F.2d 981（D.C. Cir. 1990）案中的意见（其对第7部分适用了举证责任转移框架）非常具有影响力，此后被大多数其他巡回法院采用。请见 FTC v. Penn State Hershey Med. Ctr., 838 F.3d 327（3d Cir. 2016）（适用举证责任转移框架）；Saint Alphonsus Med. Ctr. - Nampa Inc. v. St. Luke's Health Sys., Ltd., 778 F.3d 775（9th Cir. 2015）（同前）。

⑥ 参见美国司法部及联邦贸易委员会2010年《横向合并指南》，http：//www.justice.gov/atr/public/guidelines/hmg - 2010.pdf。

⑦ 参见司法部新闻稿，“司法部及联邦贸易委员会发布新的《纵向合并指南》”（2020年6月30日），https：//www.justice.gov/opa/pr/department-justice-and-federal-trade-commission-issue-new-vertical-merger-guidelines。

并不令人意外；经济学告诉我们，纵向限制主要是有利于竞争的或是竞争中立的。显然，合并审查的大部分工作将根据《横向合并指南》进行。

《横向合并指南》包括：市场界定；市场参与者（认定特定的公司，所谓可能驱动特定行业内竞争的“独行侠”），市场份额及集中度；单边效应；协同效应；市场进入（时间性、可能性及充分性）；效率，并报告了法院及监管机构的实践习惯。

几乎所有合并审查的启动都是因为满足了 1976 年《哈特 - 斯科特 - 罗迪诺反垄断改进法案》提出的合并前申报要求。该法案适用于所有超过评估门槛（该门槛会定期进行调整）的控制权变更。[8]只有一个机构——司法部或联邦贸易委员会——将审查每一项拟议交易；案件通常会分配给具有相关行业经验的机构。大多数合并将通过该流程并按计划进行；一些合并将被审查机构附条件批准，例如剥离；少数合并将被诉诸法院。[9]例如，在 2018 财年，两个机构总共审查了 2 111项拟议合并；对 39 个案件提出了完全或部分反对；最终附条件批准了其中的20 个；对6 个案件提出了行政或联邦法院诉讼来加以阻止；并且，13 个案件的交易方放弃了合并或进行了调整。[10] 监管机构根据这些申报所做的决定构成了以下比较分析中美部分的基础。

---

⑧ 请见《美国法典》第 15 编 18 节（a）（2）（A）-（B）。

⑨ 一个或多个州可以对一项合并提出质疑，并获得多于联邦机构可能寻求的让步，即使联邦机构根据联邦法律已经批准了该交易，这些州也可以这么做。最近的例子可以参见加利福尼亚州司法部新闻稿：“司法部长贝塞卡宣布和解，结束加利福尼亚州对 T - Mobile 与 Sprint 合并的挑战”（2020 年 3 月 11 日），https：//oag. ca. gov/news/press - releases/attorney - general - becerra - announces - settlement - ending - state% E2% 80% 99s - challenge - t - mobile；司法部的新闻稿，“司法部与 T - Mobile 及 Sprint 就其拟议合并达成和解，要求向 Dish 进行一系列剥离”（2019 年 7 月 29 日），https：//www. justice. gov/opa/pr/justice - department - settles - t - mobile - and - sprint - their - proposed - merger - requiring - package。

⑩ 美国司法部及联邦贸易委员会《2018 财年哈特 - 斯科特 - 罗迪诺年报》（2019 年），https：//www. ftc. gov/system/files/documents/reports/federal-trade-commission-bureau-competition-department-justice-antitrust-division-hart-scott-rodino/fy18hsrreport. pdf。

（二）中国

中国的竞争法仍在不断发展。《反垄断法》[11]颁布实施仅有 12 年；中国的竞争执法机构市场监管总局刚刚成立不到三年。市场监管总局在 2018 年由原先负责《反垄断法》实施的不同方面的三个机构合并而成。[12]新的改变也随之到来：2018 年全国人民代表大会指定《反垄断法》的修改作为优先立法事项，2020 年市场监管总局发布了《反垄断法》的修订草案及新的合并审查指南的草案并向公众征询意见。[13]

《反垄断法》第四章“经营者集中”包含一项进行合并审查的总体方案。第二十条定义了“经营者集中”，该专门术语不仅包括合并，也包括任何使一家公司取得对另一家公司施加“决定性影响”能力的交易。[14]第二十七条至第三十条提出了核心的理论框架，并列举了市场监管总局在审查一项合并时应当考虑的因素。[15] 虽然市场监管总局的前任机构之一公布的一些合并指南仍然有效，但是它们主要涉及程序性问题。[16]就相似度而言，第二十七条至第三十条与美国的《横向合并指南》更为相似。

---

⑪ 《中华人民共和国反垄断法》，http：//english. mofcom. gov. cn/article/policyrelease/Businessregulations/201303/20130300045909. shtml。

⑫ 参见 H. Stephen Harris Jr. and Anora Wang，“中国的‘一体化’合并审查规则将增强法律执行”，Winston & Strawn LLP（2020 年 1 月 16 日），https：//www. winston. com/en/competition-corner/chinas-all-in-one-merger-review-rules-will-enhance-enforcement. html。

⑬ 同上；H. Stephen Harris Jr. and Anera Wang，“中国准备以更具进取性的条款修改其《反垄断法》”，Winston & Strawn LLP（2020 年 1 月 10 日），https：//www. winston. com/en/competition-corner/china-set-to-revise-its-anti-monopoly-law-with-more-aggressive-provisions. html。

⑭ 参见《反垄断法》，第二十条。

⑮ 《反垄断法》，第二十七条至第三十条；Joanna Tsai and Yajing Jiang，“关于分析中国及美国在最近及早期跨司法辖区合并案件中的经济学方法所得出的经验教训”，24 Geo. Mason L. Rev. 1117，1121 - 22（2017）。

⑯ 参见《经营者集中申报办法》，http：//fldj. mofcom. gov. cn/article/c/200911/20091106639149. shtml；《经营者集中审查办法》，http：//fldj. mofcom. gov. cn/article/c/200911/20091106639145. shtml。

例如，第二十七条列举了以下因素，包括（1）合并方的市场份额及“其对市场的控制力”；（2）市场集中度；（3）合并对市场进入、技术进步的影响；（4）对消费者及竞争者的影响；（5）对国民经济发展的影响。[17] 前四项因素与美国的指南类似。[18]与美国监管机构一样，市场监管总局有权附条件批准一项合并，该条件可为结构性的（例如剥离）或行为性的（例如禁止某些行为）。[19]

美国监管机构仅关注合并可能对消费者福利造成的影响，而《反垄断法》的实施是为了实现多个目标：“预防和制止垄断行为，保护市场公平竞争，提高经济运行效率，维护消费者利益和社会公共利益，促进社会主义市场经济健康发展”。[20]《反垄断法》进一步要求市场监管总局考虑合并“对国民经济发展的影响”，并且当“经营者集中符合社会公共利益”时允许例外。[21] 考虑社会主义市场经济可能与政治顾虑有关，美国体系并没有该顾虑。

《反垄断法》并没有明确探讨单边或协同效应，或者一项合并可能对市场结构的影响。[22]对效率正当性抗辩的理由同样未做限定：若交易方可以证明“有利影响明显大于不利影响”则可被允许合并，但是法律并未进一步阐释可识别的“有利影响”。[23]

考虑到中国在合并方面的法律相对年轻，其已实现了相当好的发展；《反垄断法》及其监管机构越来越多地采用了复杂的经济学概念。美国花了一个多世纪的时间来发展其合并控制框架，而中国的合并体制仅在十多年的时间便成了最受尊重的竞争司法辖区之一。并且，如

---

[17] 《反垄断法》，第二十七条。
[18] 同脚注⑦。
[19] 《反垄断法》，第二十九条。
[20] 同上，第一条 。
[21] 同上，第二十七条和二十八条。
[22] 同上。
[23] 同上，第二十八条。

美国一样，正如以下合并审查案件所体现的，中国也一直持续地对其方法进行完善修补。

二、中美案例分析及总体趋势

我们分析的八个案例是2018年以来美国及中国审查决定的反垄断案件，其中，至少一个司法辖区附条件批准了该交易。如表1所示，这八个案件为依视路/陆逊梯卡案（2018年）、林德/普莱克斯案（2018年）、联合技术/罗克韦尔案（2018年）、诺贝丽斯/爱励案（2019年）、丹纳赫/通用电气案（2020年）、英飞凌/赛普拉斯案（2020年）、英伟达/迈络思案（2020年）及采埃孚/威伯科案（2020年）。这些案件涉及多个行业，包括眼镜、工业气体、汽车车身板、半导体、医疗保健产品、自动变速箱等。一些案件是严格的横向重叠案件，而其他一些案件则涉及纵向关系。对于这些案件中的大多数而言，两个司法辖区均予以附条件批准；其中的三个案件，在美国获无条件批准，而在中国则被附加了限制性条件。虽然我们在本文中概述了总体趋势，但监管机构的关注点及分析总是针对非常具体的基本事实。我们在讨论时，都会首先概述案例的事实背景、监管机构的决定，以及在每个司法辖区内监管机构做出决定的理由。

表1　中国附条件批准的经营者集中反垄断申报（2018年4月—2020年5月）

决定日期*	交易	关注点**	所处行业	美国	中国
2018年7月27日	依视路/陆逊梯卡	横向/纵向	眼镜	批准	附条件批准
2018年9月30日	林德/普莱克斯	横向	工业气体	附条件批准	附条件批准
2018年11月23日	联合技术/罗克韦尔	横向/纵向	航空航天系统	附条件批准	附条件批准

续表

决定日期*	交易	关注点**	所处行业	美国	中国
2019 年 12 月 20 日	诺贝丽斯/爱励	横向	汽车零部件	附条件批准	附条件批准
2020 年 2 月 28 日	丹纳赫/通用电气	横向	医疗保健	附条件批准	附条件批准
2020 年 4 月 2 日	英飞凌/赛普拉斯	横向/纵向	半导体	批准	附条件批准
2020 年 4 月 16 日	英伟达/迈络思	纵向	图形处理器	批准	附条件批准
2020 年 5 月 15 日	采埃孚/威伯科	横向	汽车	附条件批准	附条件批准

注：* 基于中国市场监管总局决定做出的日期。** 在一个或两个司法辖区。

根据上述八个案例的研究，我们可以看出中美并购制度的相似点及差异。

（一）本地竞争条件的重要性

中美监管机构在任何特定并购案中的结论差异，都不应轻易归因于该机构各自执行制度的严格性或严密性的差异。在上述某些案件中，很明显，当地市场条件的差异足以解释不同的结果。

例如，在依视路/陆逊梯卡案中，我们发现合并后实体在中国的市场份额远大于美国。事实上在中国的一个相关产品市场中，合并后实体在高端光学镜架的批发供应市场将拥有 80%～90% 的份额。在美国，两家公司的零售市场份额都很小，联邦贸易委员会的关注点因而完全是纵向损害理论。最终，联邦贸易委员会对该合并没有异议，而市场监管总局则通过禁止合并后实体捆绑销售和搭售以损害较小的竞争对手来缓解其竞争担忧。

需要强调的是，即使市场监管总局和美国监管机构得出相似的结果，就算存在同样的潜在担忧，担忧程度也可能不同。例如在诺贝丽斯/爱励案中，每个监管机构都以剥离大量制造产能为合并条件。但是，它们是分别基于在中国和北美的不同地域市场中的不同市场条件得出的。中国要求剥离欧洲业务，是因为其中一家公司通过欧洲业务向中国汽车制造商进行供应，而美国司法部则要求对于北美的一项业务剥离。

（二）监管机构决定的细节程度

（1）相比于美国监管机构的决定，市场监管总局的决定通常在理由阐述方面更为详细。对于市场监管总局而言，这是非常有用的做法，《反垄断法》只有 12 年的经验，因此先例数量少得多，也没有详细的指南可让外界了解其决定。先例和指南是关于监管机构思路透明性的来源之一，我们有理由期待市场监管总局发布的指南在这方面有重大改进。[24]

指南变得更加重要，因为《反垄断法》规定了多个目标，而不像美国判例法只关注消费者福利，这本身就赋予了市场监管总局更大的自由裁量权。例如，市场监管总局可能会从竞争的角度认定一项并购是无害的（或更有可能的是，甚至没有提及竞争问题），然后根据第二十七条不同意该合并，理由是其将对“国民经济的发展产生不利影响”。相反，市场监管总局也可能会认定一项合并将是反竞争的，但仍会批准，因为其根据第二十八条认定该“集中符合社会公共利益”。

美国监管机构如能提供更多有关其决策依据的细节就更好了，尤其是那些它们认为不需要采取任何行动的决定。在那些案件中，监管机构很少发布结案声明。事实上，自 2015 年以来，美国监管机构已

㉔ 参见 Harris and Wang，同脚注⑫（“与 2017 年商务部的审查办法草案相比，2020 年市场监管总局的审查办法草案加入了更多的实质性及程序性规则”）。

发布了 10 份结案声明：美国司法部已发布 6 份，而联邦贸易委员会则发表了 4 份声明。[25] 发布真正具有解释性的结案声明无疑会占用大量资源，但绝不是不切实际的。欧盟委员会通常会发布所有进入第二阶段调查的并购调查的结案声明。[26]

（2）市场监管总局似乎比美国监管机构更详细地定义产品市场。其结果是，市场监管总局趋向于在引起竞争关注的并购中确定出更多市场。例如，在联合技术/罗克韦尔柯林斯案中，市场监管总局确定了 21 个独立的产品市场（包括 9 个相邻市场），而美国司法部仅确定了两个。同样，在丹纳赫/通用电气案中，市场监管总局确定了 25 个产品市场（其中 6 个是相邻市场），而联邦贸易委员会仅确定了 7 个。

是什么造成了差异？这是否反映出市场监管总局定义产品市场的方式存在实质性差异，或者这只是监管机构更加激进的姿态，即与美国相比，市场监管总局在针对集中程度一般的市场也采取行动？

这种影响可能是因为市场监管总局重视市场结构，在市场结构中，高度集中被推定是存在竞争问题的。美国监管机构不再仅仅考虑市场份额和集中度等方面。取而代之的是，尤其是在差异化产品方面（如今很少有产品是严格同质的），美国监管机构使用诸如分流比率，向上定价压力以及获胜/亏损和竞标分析之类的工具来确定合并双方之间竞争的紧密程度，以及合并后实体是否有可能提高价格或减少产量、质量或创新。美国的经验表明，使用这些工具，与仅考虑市场份额、集中度和公司数量的情况相比，会对更少的并购活动在最终决定中表达需要救济措施来解决的顾虑，甚至都不会在最终决定中讨论救济措施。

（3）我们已经看到在一些案例中市场监管总局和美国监管机构分

---

[25] Anna Lyle-Smythe & Lucy Chambers, *Operating in a Black Box? A Comparative Assessment of Transparency Levels in Merger Control*, 24 NO. 2 *Antitrust Magazine*, 第 25 页。

[26] 同上。

别确定了产品的地域市场是全球性的，例如林德/普莱克斯案中的氦气，然而，市场监管总局貌似仍将中国定义为相关地域市场来对此次合并进行评估（并要求剥离）。相比之下，美国监管机构不会一边说某个市场是全球范围的，一边又仿佛将其视为美国或北美市场般进行评估。同样，在丹纳赫/通用电气案中，市场监管总局和联邦贸易委员会都将生物制药的研究、开发和生产所用产品的相关市场确定为全球市场，但市场监管总局继续深入研究了双方在中国以及全球的市场份额。

这种差异似乎可以追溯到第二十七条中的规定，该规定指示市场监管总局考虑合并对“国民经济发展”的影响。如果社会主义市场经济要求特定材料在一定程度上实现自给自足，那么在中国仍然可能禁止一个并不妨碍全球市场竞争的合并。

（三）仅被市场监管总局提出的关注点

即使市场监管总局和美国监管机构使用不同的工具分析了各个案件的重要性，在一些案件中，它们也存在共同的横向重叠的关注。更值得一提的是那些仅由一个监管机构提出的关注点。

（1）捆绑销售或搭售。美国并未施加而市场监管总局施加了救济措施的所有三个案例——依视路/陆逊梯卡、英伟达/迈络思及英飞凌/赛普拉斯案，都是基于合并后实体在其产品具有市场支配力的相邻市场实施捆绑或搭售产品的潜在能力和动机。这反映了一种纵向损害理论，例如封锁效应或提高竞争对手的成本。于 2019 年 9 月生效的《禁止滥用市场支配地位行为暂行规定》列举了某些具体滥用行为的正当理由，例如拒绝交易、搭售或附加不合理的交易条件等。[27] 由于

[27] *Orrick Antitrust Watch*，2019 年 9 月 19 日，https：//blogs. orrick. com/antitrust/2019/09/19/new-anti-monopoly-regulations-in-force-in-china/。

这些规定“基于执法机构在滥用支配地位案件中的相关经验”,[28] 对滥用支配地位的案件而言，我们推断，在发布《暂行规定》之前，即使不是全部禁止，对于一家具有支配地位的企业而言，搭售也通常是非法的。因为所有市场监管总局禁止合并后实体捆绑搭售的案例都涉及高市场份额，所以市场监管总局似乎将它们视为合并后将占据支配地位的公司，并只是试图减轻在中国被视为反竞争的后果。

相比之下，在这些案件中，美国监管机构对捆绑或搭售都没有表达任何关注，并在未发布决定的情况下批准了前两个交易。造成这种差异的原因很可能是，即使对于一家占支配地位的企业来说，捆绑销售和搭售在美国也不会被推定为是非法的。如果通常将两种产品一起购买，而很少单独购买，那么通过降低交易成本，捆绑销售对于消费者而言可能总体上是高效的。美国监管机构通常在出现不合理的补偿利益时依赖于事后执法，而不是事先预期合并后实体有捆绑搭售的动机。

（2）FRAND 要求。在所有案件中（除了诺贝丽斯/爱励案，该案广泛采用了交易方提议的救济措施），市场监管总局对其所涉及的一种或多种产品均施加了 FRAND 要求。尽管这是一种标准做法，但似乎隐含地鼓励客户去抱怨价格超出了 FRAND 的范围。我们想市场监管总局是否鼓励或至少愿意去从事价格调节业务。美国监管机构极不愿意采取任何需要对合并后行为继续监管的救济措施。当然，它们可能必须采取措施以强制执行其决定（或更准确地说，遵守它们订立并已被法院采用的同意法令），但更因为如此，它们避免施加容易被开放诠释和可能引起争议的条件。

（3）协同效应。在诺贝丽斯/爱励案中，仅市场监管总局对冷轧薄板市场中的合并后共谋表示顾虑，这是因为先前存在的纵向关系使其与合并后的竞争对手保持了良好的关系。因此，市场监管总局禁止

---

[28] 同上。

纵向整合的合并后实体将任何冷轧薄板出售给其竞争对手。在美国案例中，唯一有争议的问题是相关市场是否包括钢以及铝制车身板。对该问题的决定是倾向于将钢排除在外，其结果是该合并因在较窄的市场中具有反竞争影响而被禁止。如果将钢板纳入相关市场，则该机构可能会像中国监管机构那样考虑协同效应的可能性。市场监管总局有可能比美国监管机构或至少是司法部更加关心协同效应。但是，这似乎又不太可能，因为在林德/普莱克斯案中，联邦贸易委员会对协同效应表示了顾虑，而市场监管总局则没有——尽管在中国，排名前四的公司在许多产品中占有很高的份额。

市场监管总局在诺贝丽斯/爱励案中附加了纵向限制，以防止将来可能发生的共谋行为，这可能表明市场监管总局希望在相关市场中平衡“市场外”的利益与反竞争损害。美国联邦最高法院已明确表示，美国监管机构没有这样做的自由。[29]

（4）剥离。市场监管总局和美国监管机构都在这四个案例中提出剥离要求：林德/普莱克斯、联合技术/罗克韦尔、诺贝丽斯/爱励以及丹纳赫/通用电气。

在丹纳赫/通用电气案中，公司要剥离的业务在两个地方基本相同。但是，仅市场监管总局同时要求丹纳赫出售其正在进行的“Emily 项目”后提供过渡服务。这是一个“早期”项目，“各方将继续进行研发”，为期两年。[30]美国监管机构通常不赞成合并后实体与剥离资产购买者之间的纠缠，除非购买者需要卖方的帮助来经营所收购的业务。市场监管总局可能做出类似政策的一个例外，因为涉及项目是针对研发的，而丹纳赫可能对此有重要投入。

㉙ 美国诉 Topco Assocs 案，405 U. S. 596，611（1972）（“如果要做出牺牲某一部分经济的竞争以实现另一部分经济更好的竞争的决定，则……这是一项必须由国会而非私人执法力量或法院做出的决定”）。

㉚ 司力达律师事务所 Competition & Regulatory Newsletter，2020 年 2 月 26 日至 3 月 10 日。

三、结论

本文中，我们对最近美国和中国对 8 起合并案的决定进行了比较分析，目的是加深我们对中国合并分析的理解。在合并审查结果存在分歧的地方，我们还试图了解这种分歧的根源：无论是两国做法的差异、事实背景的差异还是管辖合并审查的基本法律的差异。在分析过程中，我们着力避免轻率的对比。两个司法辖区在并购案件处理上的差异不应轻易归因于并购制度的相对严格程度。

我们发现，就合并审查而言，中美之间的差异并不像它们最初看起来的那么大。实际上，二者的共同点可能大于差异。但是，仍然存在一些关键性差异。在我们的比较分析中，我们发现仅由市场监管总局提出的一些关注点。特别指出的是，在三例市场监管总局提出了救济措施而美国未提的案件中，市场监管总局提出了对捆绑销售或搭售的顾虑。除了一个案件之外，市场监管总局还将 FRAND 要求纳入了其所有救济措施中，并对先前存在的纵向关系产生的协同效应表示关注。

最后，我们提出两项建议。首先，美国监管机构最好效仿中国的榜样，在其决定中增加更多细节。透明度的提高将帮助企业考虑潜在的合并交易，也将帮助世界各地的年轻监管机构（这些机构从欧盟的决策中获取了更多细节）了解美国各项决定背后的想法以及哪些被监管机构认为是有利于竞争或竞争中性的，以区别于需要修正或禁止的情况。其次，我们认为市场监管总局也可以很好地参考美国，即通过在适当的情况下进一步考虑基于合理的经济学竞争效果分析，以达到在结构性因素（如合并份额和集中度等）之外评估合并双方之间竞争的目的。特别是，对于涉及差异化产品或服务的合并，美国监管机构经常采用经济工具，例如向上定价指数，获利/损失和出价分析以及自然实验，来评估交易方之间相对于其他竞争者的竞争紧密程度。在本文提及的许多案例中，我们已看到中国将经济分析纳入其中。随着中国《反垄断法》继续迅速而坚定地进入其下一个 12 年，持续且更多地将经济分析被纳入考量，结合市场监管总局更高的透明度，亦将同时促进执法官员、学者和实践从业人员之间建设性的讨论和思想交流。

中国转售价格维持分析

约书亚·怀特　伊恩·弗雷泽　周颖

自中国《反垄断法》于2008年8月生效以来已经过去了12年。其五十七条条款是一项重大成就，为这个七年前才加入世界贸易组织、拥有13亿人口的国家建立了广泛的反垄断制度。[①] 对于一个直到20世纪70年代末才开始建立其法律体系的国家而言，《反垄断法》是一项显著的进步，它表明中国制度正在进行中的自我反省。与任何重大的法律进步相同，在机构适应新的法律制度的过程中，成长的阵痛在所难免。这些是反垄断法不断发展和成熟的微观指标，而不应是引起恐慌的原因。

在《反垄断法》实施过程中，中国反垄断执法机构与法院在对法定转售价格维持条款的解释上出现了分歧。中国反垄断执法机构严格按照"禁止加例外"的方法解释《反垄断法》的转售价格维持条款，该方法与美国早已放弃的"本身违法标准"类似。与此同时，中国法院采取了更宽泛的解释方法。它们遵循了美国法院自20世纪90年代开始越来越多采用的"合理分析原则"方法。这种方法吸收了关于转

---

*　Joshua D. Wright，乔治·梅森大学安东宁·斯卡利亚法学院教授，兼全球反垄断研究所执行董事。Ian Fraser，安东宁·斯卡利亚法学院2020级法学博士。Ying Zhou，安东宁·斯卡利亚法学院法学博士候选人（2020年12月）。

① 《中华人民共和国反垄断法》，参见 http：//english. mofcom. gov. cn/article/policyrelease/Businessregulations/201303/20130300045909. shtml。

售价格维持竞争效果的现代经济学成果。该分歧首先出现在 21 世纪 10 年代初，当时法院和机构开始处理关于转售价格维持的争议，并一直持续到现在。

本文探讨了分歧的演变过程，并分析了未来中国转售价格维持法学理论融合的趋势。第一部分概述了中国反垄断机构对《反垄断法》中转售价格维持条款的解释和实施。第二部分回顾了中国法院对转售价格维持争议的处理方式，包括其对私人和公共执法行为的不同处理方式。第三部分解释了关于转售价格维持协议的经济学术研究的基本进展，这些变化反映了美国和欧盟的转售价格维持法学理论。第四部分得出结论认为，大量文献支持中国法院在私人诉讼中采用的合理原则方法，并建议在《反垄断法》修订中可以采用这种方法。

一、对转售价格维持协议采用严格的禁止加例外方法

从 2008 年到 2018 年，中国建立了由三个不同机构管理的国家反垄断执法体系。国家发改委监督与价格有关的行为，包括所有转售价格维持案件。在 2018 年中国部委机构改革之后，中国反垄断部门合并为一个机构，即国家市场监督管理总局。

中国反垄断执法机构处理转售价格维持案件采取的方法被表述为“禁止加例外”，② 这是基于对《反垄断法》第十四条禁止转售价格维持协议的字面解读。但第十五条规定有七种情形不适用第十四条关于禁止转售价格维持协议的规定。其中前五项例外要求受监管方证明其协议符合“不会严重限制相关市场的竞争，并且能够使消费者分享由此产生的利益”的条件。此要求不适用于第（6）项例外，这与中国

② See, e. g. , Kate Peng, William Ding, Lingbo Wei, Weimin Wu & Chi Pan, A Brief Analysis of Standards for Resale Price Maintenance Regulations Under the PRC Anti-Monopoly Law, *Competition Pol'y Int'l* (Mar. 10, 2020) .

鼓励通过出口卡特尔与外国公司达成交易的政策相一致。受监管方有责任证明自己符合这些例外之一。[③]《反垄断法》第四十六条规定，对违法者处以上一年度销售额 1% 以上 10% 以下的罚款并没收因违法协议所获得的违法所得。

《反垄断法》第十四条禁止经营者签订转售价格维持协议；中国反垄断执法机构对该表述的解释是为了排除法律上的灵活性，即可能给反垄断执法机构带来实质性工作负担的替代性方法，包括合理分析的方法。中文用词“禁止”比英语“prohibit”（阻止）语义略强，也可以翻译为“to forbid”。前国家发改委价格监督检查与反垄断局局长许昆林在 2013 年的一篇文章中将第十四条的这种表述解释为“清晰、明确”地禁止所有转售价格维持协议，并得出结论：“从立法原意和文本理解都没有其他的法律解读。”[④]一旦某项协议被认定为涉及转售价格维持，反垄断执法机构便宣布其违法，而不考虑其对竞争的影响。

国家发改委于 2013 年在其首个转售价格维持案例中采用了这种方法。国家发改委在茅台、五粮液价格垄断案中裁定，中国白酒巨头茅台和五粮液分别与经销商实施了规定转售给第三方的最低价格的纵向协议，违反了《反垄断法》第十四条。中国反垄断执法机构对茅台罚款 2.47 亿元人民币（约合 4 020 万美元），对五粮液罚款 2.02 亿元人民币（约合 3 280 万美元），这是当时中国反垄断历史上最高的总计罚款。[⑤]

---

③ Yingling Wei & Xuefei Bai, *Asia-Pacific Antitrust Review* 2020 — *China*: *Vertical Agreements*, Global Competition Rev.（Mar. 27, 2020）.

④ 同上，引自 Xu Kunlin, *Kuanda Zhengce Shiyong Yu Zongxiang Longduan Xieyi*（*The Suitability of a Broad Policy on Vertical Monopoly Agreements*）, Zhongguo Jingji Daobao（Oct. 31, 2013）, http://www.ceh.com.cn/xwpd/2013/10/255896.shtml.

⑤ *See*, *e. g.*, John Hickin, Hannah Ha & Philip Monaghan, *Record Fines Imposed in Chinese* Maotai Liquor *RPM Cases*, Mayer Brown JSM（Mar. 5, 2013）, https://www.mayerbrown.com/-/media/files/perspectives-events/publications/2013/03/record-fines-imposed-in-chinese-maotai-liquor-rpm/files/get-the-full-update/fileattachment/130305-prc-antitrustcompetition.pdf.

国家发改委在茅台、五粮液价格垄断案的决定中未具体说明其采用的是何种方法，也从未发布过信函或决定的全文，只有零散的新闻稿。⑥ 茅台公告仅透露该公司违反了《反垄断法》第十四条的规定实施了转售价格维持。⑦ 这种随意的公告似乎暗示着“禁止加例外”或“本身涉嫌违法”的分析方法。五粮液的公告仅承认该公司违反了《反垄断法》第十四条的规定实施了转售价格维持，并且包含了一位评述员对五粮液做法的反竞争影响的简要分析。⑧ 实际上，下述引用的表述仅是用经济学术语粉饰的论断：“本机关认为，你公司通过合同约定、价格管控、考核奖惩等方式，对经销商向第三人销售五粮液白酒的最低价格进行限定，对市场竞争秩序产生了不利影响，对消费者的合法权益造成了损害。”⑨

之后的案件表明，国家发改委及其继承者市场监管总局要求对《反垄断法》采取禁止加例外的解释方法。国家发改委在 2013 年至 2017 年裁定了 18 起转售价格维持案件；在一些案件中，国家发改委做出决定，仅由于转售价格维持协议的存在，转售价格维持即违反了《反垄断法》。⑩ 国家发改委在发布决定时，逐步开始对转售价格维持协议造成的竞争损害进行更详细的分析。例如，该机构在2016 年针对美敦力的转售价格维持的执法行动中包含这样的陈述：该公司“排除、限制了经销商之间的价格竞争”“限制了医疗器械行业品牌间的

⑥ Jet Deng, Ken Dai & Rangi He, *Yutai: A Landmark Case on Resale Price Maintenance in China — The Divergence in Public and Private Enforcement is Now Institutionalized*, Competition Pol'y Int'l (Feb. 22, 2018).

⑦ Press Release, Kweichou Moutai Co., Ltd., (Feb. 23, 2013), http://static.sse.com.cn/disclosure/listedinfo/announcement/c/2013-02-22/600519_20130223_1.pdf.

⑧ Deng, Dai & He (2018), 同脚注⑥。

⑨ Press Release, Yibin Wuliangye Co., Ltd. (Feb. 23, 2013), http://epaper.stcn.com/paper/zqsb/html/2013-02/23/content_444920.htm.

⑩ Deng, Dai & He (2018), 同脚注⑥。

竞争”并且“损害了终端购买者的合法权益和消费者利益”。[11]但是，正如对五粮液的处罚决定一样，对美敦力的决定没有引用任何具体证据，而是武断地提出了这些经济结论。[12]

国家发改委从未动摇过其作为基础的禁止加例外方法，如今，市场监管总局继续对转售价格维持的违法行为进行处罚而不进行任何经济分析。[13]例如，2019 年 12 月，市场监管总局认为丰田违反了《反垄断法》第十四条，并对其处以 8 760 万元人民币（1 240 万美元）的罚款。市场监管总局的决定基于转售价格维持协议本身即会排除和限制竞争的基本假设；该决定没有对转售价格维持协议的促进竞争和反竞争影响进行详细的经济分析。[14]为何国家发改委开始在其执法行为中加入更多的经济语言？这样做可能是为了减轻中国法院的压力，因为中国法院在私人诉讼中采用了另一种合理分析的方法；[15]或者，可能是为了应对将来国务院要求其这样做的命令。

在某种程度上，这些机构的做法类似于美国反垄断执法机构针对某些不构成本身违法的限制竞争行为所采取的本身涉嫌违法标准，例如固定价格和分割市场。[16] 在该标准下，当且仅当“司法经验和经济知识证明其可能损害消费者”时，被质疑的限制行为才被推定为是不合理的；美国反垄断执法机构无须进行广泛的经济分析来完成它们的

---

⑪ 国家发改委行政处罚决定书［2016］8 号，美敦力（上海）管理有限公司。2016 年 12 月 9 日：http：//www. gov. cn/xinwen/2016 - 12/09/content _5145747. htm。

⑫ 同上。

⑬ Yang Yang, *A Comparative Analysis of Antitrust Approaches to Resale Price Maintenance in China and the United States and Recommendations for China Going Forward*, Competition Pol'y Int'l（Mar. 4, 2019）；也可参见 Wei & Bai（2020），同脚注③（市场监管总局《禁止垄断协议暂行规定》，2019 年 7 月 1 日发布，2019 年 9 月 1 日生效，不包含对纵向协议的任何新的实质性分析）。

⑭ Peng et al. ，同脚注②。

⑮ 参见下文第二部分。

⑯ See Polygram Holding, Inc. v. FTC, 416 F. 3d 29（D. C. Cir. 2005）.

举证责任。[17] 但是，这种推论可能会被“限制行为的合理竞争正当理由”的证据驳斥，[18] 如此，则美国反垄断机构需要“对限制行为的周围市场环境进行更深入的研究分析”。[19]不同于美国的本身涉嫌违法标准，合理竞争理由并不能驳斥中国的推定。在禁止加例外方法下，唯一相关的问题是该协议是否属于《反垄断法》第十五条规定的法定例外之一，截至 2018 年，尚无已知的满足第十五条例外条款的实例。[20]

禁止加例外也非常类似于占据美国分析转售价格维持主流近一百年的本身违法原则，直到美国联邦最高法院在 2007 年的 Leegin 案判决中将其摒弃并且转而支持合理分析原则。Leegin 案证明，法院认可对转售价格维持适用本身违法原则会阻碍竞争和损害消费者福利这一观点，因为“制造商被迫采用次优的替代方法，并且消费者不得不承担次优方法所增加的费用”。[21]法院承认，尽管控辩双方都有证据，但“经济学文献中充满关于制造商使用‘转售价格维持’能够促进竞争的正当理由”。[22] 例如，转售价格维持协议通过消除品牌内价格竞争，鼓励零售商通过给消费者提供更好的服务和促销来彼此竞争，防止次等零售商从其他零售商的努力中搭便车，从而刺激品牌间竞争。[23] 市场监管总局继续将其禁止加例外方法应用于转售价格维持案件，它们没有意识到转售价格维持对竞争带来的有利因素，包括作为一种合同实施机制。[24]

---

⑰ 同脚注⑯，第 32—33 页，第 36—37 页。
⑱ 同上，第 33 页。
⑲ 同上。
⑳ 参见 Deng, Dai & He (2018)，同脚注⑥。
㉑ 同上，第 902 页。
㉒ Leegin 案，551 U. S.，第 889 页。
㉓ 同上，第 890 页。
㉔ Wei & Bai (2020)，同脚注②；*see* Benjamin Klein & Kevin M. Murphy, *Vertical Restraints as Contract Enforcement Mechanisms*, 31 J. L. & Econ. 265 (1988); *see also* Benjamin Klein, *Competitive Resale Price Maintenance in the Absence of Free Riding*, 76 Antitrust L. J. 431 (2009)。

二、中国法院对转售价格维持私人诉讼案件采用合理分析原则

不同于中国反垄断执法机构，中国法院对转售价格维持协议的处理并不遵循禁止加例外方法。相反，其大致遵循美国法院在结合现代经济分析的当代案件中对转售价格维持协议采取的合理分析方法。在中国的合理分析原则下，转售价格维持协议并非被推定为违法；而是在相关产品市场的背景下对转售价格维持协议的经济影响进行详细审查。

中国法院采用这种方法时参考了一般禁止垄断协议的《反垄断法》第十三条。《反垄断法》第十三条规定："本法所称垄断协议，是指排除、限制竞争的协议、决定或者其他协同行为。"在转售价格维持案件中，中国法院拒绝对该规定进行文字解释。例如，广东省高级人民法院在其 2018 年格力案判决中[25]提出以下理由：

> 但从逻辑上讲，《反垄断法》第十三条并不能反推出所有具有排除、限制竞争内容的协议都是必须不加区别应以限制的垄断协议。对于经营者与交易相对人之间的排除、限制竞争的协议，应当综合考虑对竞争秩序、经济效率的影响效果，对消费者和社会公共利益的影响效果，才能得出是否属于垄断协议的结论。[26]

中国法院已对《反垄断法》第十三条的"指排除或限制竞争"的用语范围进行了限缩，将转售价格维持协议从《反垄断法》的"垄断协议"定义中排除——只要它们发生在具有充分竞争的市场中，实

---

[25] 东莞市横沥国昌电器商店诉东莞市晟世欣兴格力贸易有限公司案（广东省高级人民法院 2018 年 8 月 3 日）（下称"格力案"）。

[26] 格力案，第 20 段。

施者的市场地位不是压倒性的，其目的和作用也不是排除或限制竞争。[27]

上海市高级人民法院于 2013 年在锐邦诉强生公司一案中的判决首次解释了这种方法。[28]法院拒绝对转售价格维持协议采取本身涉嫌违法方法，而是针对与限制行为可能产生的影响有关的四个问题进行了调查：（1）相关市场是否充分竞争；（2）被告是否有强大的市场地位；（3）协议背后是否具有规避竞争的目的；（4）转售价格维持协议的经济影响是否排除和限制竞争。[29]

广东省高级人民法院在其 2018 年格力案（这是格力空调机组经销商与其下游一个零售商之间的私人民事诉讼）的判决中呼应了这种做法。[30] 法院拒绝采用反垄断执法机构的禁止加例外做法，而是采用了与上海法院在锐邦案中相同的方法（除合并了第三点和第四点因素之外），运用了合理分析原则：（1）相关产品市场的整体竞争状况；（2）被告的市场地位；（3）转售价格限制的目的和效果。[31]法院认为相关产品市场相对具有竞争性，并且该协议没有任何反竞争目的或效果，因此，法院判决转售价格维持协议并不违反《反垄断法》第十四条。[32] 在随后的案件中，中国法院继续使用“合理分析”原则来分析私人民事纠纷案件。

法院在锐邦案和格力案中对合理分析原则因素的考虑与美国联邦最高法院在 Leegin 案中指出的理由一致，作为判断转售价格维持协议具有更大的反竞争潜力的指标：（1）转售价格维持协议是否在行业中

㉗ 参见北京锐邦涌和科贸有限公司诉强生（上海）医疗器材有限公司（上海高级人民法院，2013 年 8 月 1 日）（下称“锐邦案”）；格力案，同脚注㉕。

㉘ 锐邦案，同上。

㉙ Peng et al.，同脚注 ②。

㉚ 格力案，第 1—3 页。

㉛ 格力案，第 21—28 页。

㉜ 格力案，第 29 页。

广泛存在；(2) 零售商是否是转售价格维持协议的“推动力”；(3) 实施转售价格维持的制造商或零售商是否在相关市场中具有市场支配地位。[33]评估整体市场竞争力类似于评估转售价格维持是否在行业中普遍存在，这是 Leegin 案中的第二项因素。[34]并且，被告的市场地位几乎等同于制造商或零售商是否为占据市场支配地位的经营者，即 Leegin 案中的第三项因素。[35]

法院采取的合理分析原则与国家发改委/市场监管总局采取的本身涉嫌违法方法之间的分歧非常明显。在 21 世纪 10 年代后期，一个机会的出现使许多观察家认为有可能看到中国法院协调这两种不同的方法。2017 年 2 月，针对海南裕泰科技饲料公司（下称“裕泰”）要求经销商签署协议强迫它们以“指导价”出售鱼饲料，并规定若这些经销商违反协议将降低利润分成一案，国家发改委对裕泰发起了调查。[36] 国家发改委下属的海南省物价局调查得出结论认为，裕泰的协议是转售价格维持协议，违反了《反垄断法》第十四条，决定对裕泰处以 20 万元人民币（约 31 500 美元）的罚款——相对较轻的处罚反映了裕泰从未实际实施过这些协议这一事实。[37] 裕泰将该决定起诉至海南省海口市中级人民法院，法院撤销了国家发改委的行政决定并拒绝其使用的本身违法原则；法院认为国家发改委应从经济学角度分析裕泰与经销商的转售价格维持协议的影响。[38]如果此项判决生效，则能很好地代表法院与反垄断执法机构之间在分析方法和法理层面分歧的

---

[33] 参见 Leegin 案，551 U. S.，第 897—898 页；还可参见 Nine West Group Inc.，No. C－3937 (F. T. C. May 6，2008)，Order Granting in Part Petition to Reopen and Modify Order Issued April 11，2000，第 10—11 页。

[34] Leegin 案，551 U. S.，第 897 页。

[35] 同上。

[36] Deng，Dai & He (2018)，同脚注⑥。裕泰从未实际实施过这些协议。

[37] 参见海南省物价局上诉海南裕泰科技饲料有限公司案（海南省高级人民法院，2017 年 12 月 11 日），第 18—19 页（下称“裕泰案”）。

[38] Deng，Dai & He (2018)，同脚注⑥。

重新统一。

然而，海南省高级人民法院在上诉审判中推翻了该判决。海南省高级人民法院的意见紧密遵循了国家发改委对第十四条的解释，要求对转售价格维持协议采取禁止加例外或本身涉嫌违法的方法。[39] 法院判决认定，一旦反垄断执法机构确定纵向协议违反了第十四条，被告将承担责任，除非它们能够证明其行为属于第十五条规定的例外之一。[40]

为了解释该判决与其他中国判例（例如锐邦案和格力案）的背离，法院的结论为，其他法院在私人诉讼中采用的合理分析原则方法不适用于反垄断执法机构的公共执法行为。[41] 海南省高级人民法院做出此判决主要基于两个原因。首先，法院基于《反垄断法》第一条对第十三条、第十四条和第十五条进行了解释。第一条确定了《反垄断法》的目的是“为了预防和制止垄断行为，保护市场公平竞争，提高经济运行效率，维护消费者利益和社会公共利益，促进社会主义市场经济健康发展”。法院极其强调第一条的用词“预防”，认为“反垄断执法机构对垄断行为进行规制的原因在于实现《反垄断法》的上述立法目的，即对垄断行为不仅须‘制止’，而且须‘预防’”。[42] 其次，法院对第十四条的解释十分类似于国家发改委在先前执法行为中的做法，将该条对词语“禁止”的使用解读为“我国《反垄断法》对于垄断协议持积极否定态度”。[43] 法院还认为，第十四条将转售价格维持协议描述为一种“垄断协议”，因此“从逻辑上说符合该条明确列举情形的已属‘垄断协议’”。[44] 此外，法院将第十四条禁止“国务院反

---

[39] 裕泰案，第18—20页。
[40] 同上，第20页。
[41] 同上，第18页。
[42] 同上。
[43] 同上，第19页。
[44] 同上。

垄断执法机构认定的其他垄断协议”解读为“在反垄断这一特殊领域中，反垄断执法机构在‘认定’垄断协议上拥有一定的自由裁量权。”[45] 根据此逻辑，法院得出结论认为，《反垄断法》不要求中国反垄断执法机构认定转售价格维持协议构成非法垄断协议必须以“排除、限制竞争”为构成要件，任何其他解读在《反垄断法》下都难以成立。[46]

海南省高级人民法院并未明确禁止在私人诉讼中适用“合理分析原则”；该判决的措辞表明，法院认为禁止加例外方法在理论上也应适用于私人民事诉讼。[47] 但是，由于裕泰案的上诉法院认为私人诉讼中的原告必须证明所谓违法协议的实际损害（这需要首先证明该协议排除或限制了竞争），因此无论如何，在私人诉讼中进行的分析基本上等同于合理分析原则方法。[48]

裕泰向位于北京的最高人民法院申请再审，而最高人民法院裁定驳回再审申请。[49] 裁定最初似乎在证实合理分析原则方法的合理性：它公开承认现代经济学分析表明转售价格维持协议可能同时具有促进竞争和反竞争的效果，并认为在一般意义上，它们并非本身违法。尽管有人认为这与《反垄断法》第十三条和第十四条的用语相反，但最高人民法院也认为反竞争影响是转售价格维持协议主张的基本要件。[50]

但是，最高人民法院随后转换了立场并支持“禁止加例外”的方法。有以下两方面的原因。首先，要求反垄断执法机构对所有纵向协议案件进行全面的经济分析将大大增加执法成本并降低执法机构的效

㊺ 裕泰案，第 19 页。

㊻ 同上。

㊼ 同上，第 20 页。Wei & Bai（2020），同脚注③；Deng，Dai & He（2018），同脚注⑥。

㊽ 同上。

㊾ 海南裕泰科技饲料有限公司，行政裁定书（2018）最高法行申 4675 号（最高人民法院，2018 年 12 月 18 日）。

㊿ 同上。

率。其次，全面基于经济学分析的执法要求不适合中国当前的市场环境。[51] 换言之，最高人民法院的推论似乎是，因为中国的市场经济仍处于萌芽阶段并且在竞争方面尚未成熟，尽管有经济学证据表明本身违法并不成立，但对转售价格维持协议采取本身涉嫌违法的方法仍然是适当的，正如美国最高法院自 20 世纪 90 年代和 21 世纪头 10 年以来所承认的那样。[52]

最高人民法院对裕泰案的决定确认了反垄断执法机构的禁止加例外方法在公共执法活动中的合法性。但是，通过承认合理分析原则方法在经济学和法学上的合理性，指出私人诉讼中原告仍必须证明转售价格维持具有反竞争效果，最高人民法院对中国法院在私人执法诉讼中继续运用合理分析原则表示了许可。一位评论者写道："裕泰案（已经）有效地使法院与（反垄断执法机构）之间的分歧制度化，在中国应对转售价格维持的做法上产生了'一国两制'的（情况）"。[53]

三、现代经济学知识表明转售价格维持协议法理的合理方法

经济学的发展和不断积累的实证证据为美国法院对转售价格维持协议的认定从"本身违法"转变为"合理原则"提供了基础。美国联邦最高法院在 Leegin 案判决中的大部分内容更多围绕文献确定转售价格维持协议促进竞争的正当理由，打破了该种协议内在具有反竞争影响的旧概念。在承认转售价格维持具有反竞争可能的同时，法院认为，转售价格维持协议的潜在竞争优势有必要对个案采用合理分析原

[51] 同脚注㊾。

[52] 参见 Leegin 案，551 U. S. 877（2007）（最低转售价格维持协议的分析以合理分析原则代替本身违法）；案例 State Oil Co. v. Kahn，522 U. S. 3（1997）（判决认为最高转售价格维持协议必须进行合理原则分析，而非适用本身违法或本身涉嫌违法原则）；也参见 Klein，同脚注㉔。

[53] Deng，Dai & He（2018），同脚注⑥。

则方法，即围绕多个因素证明转售价格维持协议是否可能具有反竞争性。[54]

（一）经济分析支持转售价格维持协议可以促进竞争的解释

转售价格维持的反竞争损害理论是众所周知的。[55] 转售价格维持协议通过让制造商设定和监督定价行为，可能会导致经销商操纵价格，从而可能促进卡特尔的形成。[56] 理论上，具有市场支配地位的经销商有能力运用转售价格维持协议要求价格下限，避免与更高效的竞争者展开竞争。具有市场支配地位的制造商还可以利用转售价格维持协议保证零售利润，从制造商竞争对手处抢走经销商。尽管必须满足几项条件才能认定转售价格维持具有反竞争性，但文献普遍认为此类协议可能损害竞争。[57]

转售价格维持最常见的促进竞争的正当理由之一是有利于经销商的网点服务，因为该等协议可以确保不提供或少量提供促销服务的经销商无法搭乘提供全面促销服务经销商投资的便车，前者随后得以折扣价向消费者提供产品。[58] 网点服务包括诸如消费者教育和产品测试等可能需要经销商大量投资的产品。当消费者首先访问提供全方位服

---

[54] 参见上文第二部分对 Leegin 案因素的讨论。

[55] 参见 Leegin 案，551 U. S.，第889—894 页；Thomas A. Lambert & Michael Sykuta，*Why the New Evidence on Minimum Resale Price Maintenance Does Not Justify a Per Se or "Quick Look" Approach*，CPI Antitrust Chron.（Nov. 2013），*available at* https：//www. competitionpolicyinternational. com/file/view/7019（对与转售价格维持相关的正面和反面竞争理论进行了分类）。

[56] Joshua D. Wright，Comm'r，Fed. Trade Comm'n，The Economics of Resale Price Maintenance &Implications for Competition Law and Policy，Remarks Before the British Institute of International and Comparative Law 16（2014），https：//www. ftc. gov/system/files/documents/public _ statements/302501/140409rpm. pdf（集合研究）。

[57] 参见 Lambert & Sykuta，同脚注[55]，第 4 页（确定最低转售价格维持反竞争损害的必要条件）。

[58] 参见 Sylvania，433 U. S.，第 55 页（发现“折扣零售商能够搭提供服务的零售商的便车，获得由这些服务所带来的一些增加的需求”）。

务的零售商以获得有价值的促销服务，然后从不提供这些服务并因此得以较低价格出售的“折扣经销商”处购买产品时，折扣经销商的搭便车行为便会发生。当投资于开发品牌的先驱经销商被后来的竞争对手在品牌建立后通过打折销售产品削弱时，相关担忧则会产生。最低转售价格维持可以是通过消除零售折扣的方式防止这些问题的重要工具。

正如许多人指出的，仅“折扣经销商”一例不足以解释最低转售价格维持的普遍性。[59] 然而至关重要的是，即使不存在搭便车的问题，最低转售价格维持协议仍然可以为有效促销服务提供便利。美国联邦最高法院在 Leegin 案中依据本杰明·克莱因和凯文·墨菲开创性的纵向限制经济学文章，认定即使在没有搭便车的情况下，纵向限制（诸如最低转售价格维持等）仍然可以帮助协调制造商和经销商的激励动机。[60]

美国联邦最高法院在 Leegin 案中认可转售价格维持和其他纵向限制的效率合理性，这在反垄断文献中也是众所周知的。克莱因和墨菲在 1988 年的文章中证明，零售商提供的促销服务往往不足，因为当部分（但非全部）消费者重视促销服务时，制造商并未考虑其通过促销销售所获得的利润增量。制造商和零售商在零售商提供销售点促销活动方面存在一项关键的动机失衡，这是由存在转售价格维持的差异化市场中常见的两种经济因素引起的。首先，在零售商因促销而产生的销售增量中，制造商的利润（批发价格与边际生产成本的差值）通常要比零售商的利润（零售价格与所付批发价格的差值）大得多。在制造商生产品牌化、差异化的商品并且其面临的弹性需求远低于零售商时，将很可能出现上述情况。由于零售商不考虑制造商通过促销获得的额外利润，从制造商的角度看，零售商通常缺少足够的动力来提

---

[59] 请见 Klein，同脚注㉔，第 433 页（被告试图将所有转售价格维持案件置于防止搭便车的框架之内，导致了荒谬、明显属于借口的解释）。

[60] Leegin 案，551 U. S.，第 892 页，引自 Benjamin Klein & Kevin M. Murphy, *Vertical Restraints as ContractEnforcement Mechanisms*, 31 J. L. & Econ. 265（1988）。

供促销服务。[61]

第二种经济因素是制造商从零售商针对该制造商的活动中获得的销售增量通常大于零售商的整体销售增量。当零售商提供额外的服务来推广某一特定制造商的产品时，总销售额不会有较大的增长来抵消较低的零售利润。实际上，当多产品零售商为特定品牌（例如可口可乐）提供促销服务时，主要影响在于制造商之间的需求转移。[62] 换言之，因促销而产生的可口可乐销售增量可能至少部分会被其他苏打产品的销售减少所抵消。

考虑到这些一般的经济状况，即促销销售增量中的制造商利润超过零售商利润、提供促销活动不会对零售商之间的需求产生重大影响，以及主要导致制造商“品牌转移”的促销，零售商将缺乏足够的动机来提供针对制造商的促销活动。这些状况在现代差异化的产品经济、企业特定的下斜需求曲线和竞争激烈的零售业中普遍存在。在这些状况下，无论是否存在“折扣经销商”搭便车，制造商和零售商都有强烈的动力通过合同安排协调激励机制，以确保共同提供利润最大化的促销服务。

尽管这些状况为制造商就补偿零售商的促销服务提供了动机，企业仍可采用各种合同安排来协调动机。例如，制造商可能会通过每单位时段付款、降低批发价格或转售价格维持来补偿零售商。这些款项的目的是为零售商促销服务提供优质的流动性。该优质的流动性有助

---

[61] 在所需服务会对零售商之间的需求产生重大影响，并且消费者会根据零售商提供的服务转向从另一个零售商处购买时，情况就并非如此。但是，对许多所需的服务（例如提供优质货架空间），不太可能会对这些零售商之间的需求产生较大效应。有关根据零售商之间需求的影响对动机冲突做出的更完整的经济分析，参见 Ralph Winter, *Vertical Control; Price Versus Nonprice Competition*, 108 Q. J. Econ. 61（1993）and Benjamin Klein & Joshua D. Wright, *The Economics of Slotting Contracts*, 50 J. L. & Econ. 473（2007）。

[62] See Joshua D. Wright, *Slotting Contracts and Consumer Welfare*, 74 Antitrust L. J. 439（2007）.

于提高业绩，并在经济上可以自我执行。[63]

最低转售价格维持可用于促进经销商的销售点服务，其确保不提供或少量提供促销服务的经销商无法搭提供全方位促销服务的经销商的便车，然后以折扣价向消费者提供产品。当消费者首先访问全方位服务的零售商以获得有价值的促销服务，然后从不提供这些服务并因此以较低价格出售的“折扣经销商”处购买产品时，折扣经销商的搭便车行为便会发生。当投资于开发品牌的先驱经销商被后来的竞争对手在品牌建立后通过打折销售产品削弱时，相关担忧则会产生。

（二）实证研究表明转售价格维持协议不太可能具有反竞争性

尽管经济学家认识到最低转售价格维持可以促进反竞争的效果，但是实证研究表明转售价格维持通常有利于竞争。[64] 小托马斯·奥弗斯特里特（Thomas Overstreet Jr.）在1983年的一份报告中分析了从1968年至1982年美国联邦贸易委员会涉及转售价格维持的68个案件。[65] 奥弗斯特里特观察到，这些案件中绝大多数都发生在不利于制造商或经销商串通的市场中。他的评估表明，尽管转售价格维持协议可能会产生不良影响，但是无法得出转售价格维持协议往往具有反竞争性这一结论。

在1991年的一项研究中，保利娜·伊波利托（Pauline Ippolito）回顾了1975年至1982年报告的203起转售价格维持诉讼案件，得出的结论是，这些案件通常与经销商或制造商勾结的理论不符。[66] 尤其是，伊波利托发现在这些案件中对横向价格固定的主张极少——在私

---

[63] See Benjamin Klein & Keith B. Leffler, *The Role of Market Forces in Assuring Contractual Performance*, 89 J. Pol. Econ. 615 (1981).

[64] 同上。

[65] Thomas R. Overstreet, Jr., Bureau of Econ., Fed. Trade Comm'n, Resale Price Maintenance: Economic Theories and Empirical Evidence (1983).

[66] Pauline M. Ippolito, *Resale Price Maintenance: Empirical Evidence from Litigation*, 34 J. L. & Econ. 263 (1991).

人诉讼案件中只占 9.8%，在所有案件中只占 13.1%——即使从逻辑上讲，如果有证据证明涉案转售价格维持安排促进了经销商或制造商的共谋，这些主张是可以列入其中的。[67] 此外，这些案例大多数都提出了转售价格维持可以促进竞争的理由。伊波利托因此得出结论：相较基于共谋的解释，"促进服务和销售结合的理论似乎更能解释转售价格维持的做法"。[68]

自奥弗斯特里特和伊波利托以来，最近两次调研总结了纵向限制的有关实证文献，进一步质疑了转售价格维持总是或几乎总是反竞争的主张。[69] 第一份报告由美国联邦贸易委员会和美国司法部经济学家小组于 2005 年撰写，报告回顾了 1984 年至 2005 年间发表的 24 篇论文，这些论文报告了纵向整合和纵向限制的实证效应。[70] 这项研究仔细整合了证据，发现"对纵向整合和控制的实证分析未能找到证明这些行为损害竞争的令人信服的证据，许多研究反而发现了相反的证据"。[71] 尽管只有少数选定的研究直接涉及转售价格维持，但这些作者仍能得出结论，虽然"有些研究发现的证据表明既有利于竞争的效果，也有反竞争的效果……但几乎没有研究可以声称其已经发现了纵向行为可能损害竞争的情形"。[72]

第二项实证调查由弗朗辛·拉方丹和玛格丽特·斯莱德负责，其回顾了 23 篇分析纵向限制的论文。[73] 他们的分析研究与美国司法部和

---

[67] 同脚注[66]，第 281 页；Lambert & Sykuta，同脚注[55]，第 5—6 页（讨论伊波利托发现的部分）。

[68] Ippolito，同脚注[66]，第 291—292 页；另见 Lambert & Sykuta，同脚注[55]，第 5—6 页。

[69] James C. Cooper, Luke M Froeb, Dan P. O'Brien & Michael Vita, *Vertical Antitrust Policy as a Problem of Inference*, 23 Int'l J. Indus. Org. 639（2005）.

[70] 同上。

[71] 同上。

[72] 同上。

[73] Francine Lafontaine & Margaret Slade, *Exclusive Contracts and Vertical Restraints: Empirical Evidence and Public Policy*（Sept. 2005）（未发表的论文），http://www2.warwick.ac.uk/fac/soc/economics/staff/academic/slade/wp/ecsept2005.pdf。

美国联邦贸易委员会的研究部分重叠，但是拉方丹和斯莱德仍然得出了类似的结论，即实证证据显示纵向限制最终将有利于消费者福利："似乎在制造商选择施加限制时，不仅可以促进制造商自身发展，通常还可以促使消费者受益于更高质量的产品和更好的服务……因此，该证据支持这一结论：在这些市场中制造商和消费者的利益趋于一致。"[74] 美国联邦贸易委员会经济学家丹·奥布莱恩在2008年指出，最近三项研究提供了更多证据证明纵向限制可以减轻双重边际效应，而且正如美国联邦最高法院在1977年认识到的那样，[75] 这种行为激励了零售商的努力。[76] 奥布莱恩总结说，"除少数例外，文献不支持将这些行为作为反竞争原因的观点"，实证经济学证据支持了"一种相当强烈的先验信念，即认为这些行为在大多数情况下不太可能反竞争"。[77]

即便如此，对最低转售价格维持的怀疑也指向了自美国联邦最高法院在Leegin案做出判决以来所进行的实证工作，以此证明此类协议采用"本身违法"或"本身涉嫌违法"的处理方式是适当的。特别是在2013年的一项研究中，亚历山大·麦凯和戴维·史密斯探索了一项自然实验，通过对比保留本身违法原则的州和转向合理分析原则的州的价格、产量水平，比较了Leegin案前后的情况。[78] 麦凯和史密斯发现，在美国，对那些认为最低转售价格维持仍本身违法的州而言，采用合理分析原则标准的州的价格在统计学意义上明显上升，数

---

[74] 同脚注[73]，第22页。

[75] Cont'l T. V. v. GTE Sylvania，433 U. S.，1977年，第36页、第55—56页。

[76] Daniel P. O'Brien，*The Antitrust Treatment of Vertical Restraints*：*Beyond the Possibility Theorems*，*in* Report：The Pros and Cons of Vertical Restraints 40（Konkurrensverket，Swedish Competition Authority，ed.，Nov. 2008），http：//www. konkurrensverket. se/upload/Filer/Trycksaker/Rapporter/Pros&Cons/rap _ pros _ and _ cons _ vertical _ restraints. pdf。

[77] 同上，第82页。

[78] Alexander MacKay & David Aron Smith，*The Empirical Effects of Minimum Resale Price Maintenance on Prices and Output*（Apr. 29，2013），http：//alexandermackay. org/files/The%20Empirical%20Effects%20of%20MRPM. pdf.

量明显下降。[79] 基于这些结果，他们得出结论认为，由于对最低转售价格维持的宽大处理与价格上涨、产量降低相关，因此最低转售价格维持协议更有可能是反竞争而非促进竞争的。[80]

虽然麦凯和史密斯从方法学上讲更为先进，但是，从计量经济学上看，对于他们的一些早期实证工作，必须要更加小心地解释其结果。对于研究结果的仔细审查表明其并不支持对最低转售价格维持采取一种更具限制性的政策。[81] 虽然研究考虑了转售价格维持的法律环境对价格及数量的影响，但其结果并不符合转售价格维持反竞争理论的预测——产品类别的产量减少及价格上升。[82] 在转向合理分析原则的州当中，仅有 1.6% 的被调查产品类别同时出现价格上升和数量下降。[83] 此外，该研究并没有提出实际的证据表明，在发现价格上涨或产量下降的产品类别中实施了最低转售价格维持协议。[84] 这尤其存在问题，因为该研究利用了食品零售行业的消费品数据，传统上在该行业中并不采用最低转售价格维持协议，且许多产品在全国范围内经销。因此，制造商不可能在各州基础上签订最低转售价格维持协议。

总之，相关文献普遍同意转售价格维持可以通过促进品牌间竞争实现有利于竞争的效果，且不大可能具有反竞争效果。当其具有反竞争效果时，也有值得法院注意的可靠指标，包括最高法院在 Leegin 案中采用的因素：在某一行业中转售价格维持的广泛应用；零售商是否是转售价格维持背后的推动力；转售价格维持是否由一个具有市场支配力量的企业实施。[85] 与价格一样，产量也是效果分析中的关键因素，

---

[79] 同脚注[78]。
[80] 同上。
[81] Lambert & Sykuta，同脚注[55]，第 7—8 页。
[82] 同上。
[83] 同上。
[84] 同上。
[85] 参见 Leegin 案，551 U. S.，第 897—898 页；Nine West 案，第 10—11 页，上述第二部分所讨论的。

因为其可以帮助确定消费者剩余。大量证据都不支持反垄断执法机构及法院的做法，即在不通过经济分析识别反竞争效果的情况下就推定转售价格维持协议是天然存疑的。

四、合理分析原则可能给中国带来更大的福利

第三部分所述的经济学见解指引了美国及欧盟的法院抛弃对转售价格维持的本身违法禁止，而转向合理分析原则的方法。虽然经济学文献对转售价格维持的最终净效益一直含糊其词，但是其对转售价格维持潜在的有利于竞争的效益及关于该等协议不太可能不利于竞争的情形的见解提供了坚实的支持。并且，其中一些见解也出现在了中国法院对于转售价格维持协议的分析之中。例如，广东省高级人民法院在格力案中分析的三项因素中，有两项与美国联邦最高法院在 Leegin 案中利用合理分析原则对转售价格维持进行分析时考虑的因素非常相似。[86]

但是最高人民法院在裕泰案中的决定排除了这些见解对公共执法行动的任何适用。一些评论者认为中国市场还处于新兴阶段并且竞争不够充分，无法为使用合理分析原则对转售价格维持协议进行裁定提供合理性。[87] 最高人民法院在裕泰案裁定中明确依赖于这些担忧，当其拒绝对公共执法行动适用合理分析原则方法时，其指出“中国的市场环境及执法现实”，意味着中国市场竞争动态仍处于正在走向成熟的阶段，这阻止了反垄断执法机构针对每个案件采取有利/不利竞争效应的经济分析的方法。[88]

---

[86] 请见上述第二部分。

[87] 例如，南京大学中德法学研究所，王晓晔研究员应邀出席“市场行为的法律规制”学术研讨会，“王晓晔教授指出中国还没有对如何有效进行经济分析的标准方法。因此，原告不可能充分证明转售价格维持对市场竞争存在损害”，中国法学网，2018 年 3 月 26 日，链接 http：//www. iolaw. org. cn/showNews. aspx？ id =64125。

[88] Wei & Bai（2020），同脚注②。

该论点证明了许多；关于中国经济不适合合理分析原则的担忧是没有根据的。过去几十年间，针对转售价格维持的经济学及法学核心观点为，当一个转售价格维持协议的有利竞争效应大于其反竞争效应时，该转售价格维持协议本身就是一种竞争的形式。这是在 Sylvania 案中美国联邦最高法院关于纵向限制整体的核心观点之一，其承认，虽然“纵向限制减少了品牌内竞争”，但是它们也以多种重要的方式“促进了品牌间竞争”。[89] 该见解是法院之后在 Leegin 案决定中规定的最低转售价格维持协议适用合理分析原则的关键：有利于竞争的转售价格维持协议减少了品牌内竞争，从而“促进了品牌间竞争”，而促进品牌间竞争是“反垄断法本身的主要目的之一”。[90] 如中国这样的市场竞争可能尚处于新兴阶段、并未完全成熟的国家，将获得与市场已经成熟且高度竞争的国家同样多（或更多）的源自转售价格维持协议的竞争益处。

对中国市场竞争成熟度表示担忧的人们有时辩称，第二种类型的错误代表了转售价格维持案件中的一个巨大风险，因为成功实施反竞争的转售价格维持协议的企业经营者更可能最终支配市场，在该市场中它们不太可能面对来自现存竞争者及新进入者的激烈竞争。该论点是非常有道理的；事实上，美国联邦最高法院在 Leegin 案中指出了该种情况，其警告称具有支配地位的制造商或零售商如果具有市场力量可以滥用转售价格维持，该种情况在品牌间竞争及来自竞争对手的竞争较为激烈的市场中不太可能出现。[91]同时，这一论点也具有两面性。在新兴市场中，第一种类型的转售价格维持错误也代表了一个巨大风险，因为它们排除了有利于竞争的转售价格维持协议。相较于更发达的市场而言，这些协议将在缺乏激烈竞争的发展中市场起到更加积极

---

[89] Sylvania 案，433 U. S.，第 54—55 页。

[90] Leegin 案，551 U. S.，第 890 页。

[91] Leegin 案，551 U. S.，第 898 页。

的作用。在这些情形下，第一种类型的转售价格维持错误甚至可能启动一个有害的不再发展的永动循环：由于担心市场中品牌间缺乏竞争，错误地决定撤销一个潜在有利于竞争的转售价格维持协议，该协议本将限制品牌内竞争从而刺激品牌间竞争，该决定反过来又阻碍了市场中品牌间的竞争，并使得之后的转售价格维持协议更加不可能，因为缺乏品牌间竞争的市场一直无法发展起来；如此循环往复。

面临此种困境，中国市场竞争的成形需要更多（而不是更少）对于转售价格维持协议的经济分析，来识别所涉协议最终是有利于竞争还是会抑制竞争。我们认为，最高人民法院采用合理分析原则标准将有利于竞争，如我们之前指出的，合理分析原则也符合实证经济证据的分析。

虽然市场监管总局正在对《反垄断法》进行其自 2007 年颁布以来的首次修订，但第一轮征求公众意见的修正案草案并未直接解决该问题。[92] 基于对过去几十年间关于纵向限制及转售价格维持协议的经济学文献及实证证据的研究整理，我们得出结论认为，中国应当抓住此次难得的机会实施在经济上合理、在法学上明智的的改变，该种改变将促进中国的市场竞争，从而在整体上有益于中国消费者。但是，从某种程度上说，该种分歧的存在本身就是一个鼓舞人心的信号。中国正在允许通过正常的司法渠道得出最终决定，这对于整个中国反垄断法未来的发展及演变是一个积极的迹象。美国人应该更加谦虚地处理这一主题；美国花了超过一个世纪的时间才利用 Leegin 案推翻了 Dr. Miles 案中的本身违法原则，而中国似乎正在以创纪录的时间来做到这一点。

---

[92] 请见邓志松及戴建民，“对中国《反垄断法》修订草案的实践思考：关注六个领域十八处修改”，大成律师事务所（2020 年 2 月 27 日），第 4 页。

欧盟与中国的竞争法合作

托本·托夫特

在过去20年间，欧盟和中国在竞争法及其实施领域已经开展了积极的合作。尽管这一合作并非出于最初的设计，但双方的合作很快成为中国于2001年底加入WTO的自然结果之一。

最初的合作只是官员和专家关于竞争法一般原则的适度讨论，此后扩大到了关于《反垄断法》实际起草事宜的激烈讨论，再后来还涵盖了有关中国公平竞争审查制度和旨在建立本土统一市场工具的欧盟国家援助控制手段的重要交流。

从早期开始，技术合作就成为这种对话的基石和动力，它创造了使官员们可以非正式地交流思想、彼此了解的一个空间，也已经构建成了一个开放的论坛，并增进了官员之间的相互信任。

作为一个具有新成立的竞争法监管机构的新兴竞争法司法辖区，中国在近年来取得了许多进展，而欧盟在近年来也正在调整监管方式。尽管欧盟与中国的经济体制在诸多方面大相径庭，但欧盟已成为中国政策制定者的一个基准。

随着时间的推移，技术合作已经扩展至双方竞争法执法官员的实际执法合作中，双方定期就管辖范围内平行审查的案件交换意见。这

---

* Torben Toft，欧盟委员会竞争总司国际合作局资深专家。中欧竞争周项目欧方负责人。本文为作者个人观点，在任何情况下均不得视为欧盟委员会的官方立场。

对于全球经济非常重要，因为它提高了执法的效率和效果，并减少繁文缛节和执法结果冲突的风险。

对话的诞生

中国于 2001 年 12 月成为 WTO 的成员国。中国在被准许加入 WTO 之前经历了漫长的谈判过程，并做出了一系列的妥协。中国被要求在加入 WTO 后必须对中国经济适用的法律法规进行大规模修订，这最终促成中国进一步开放服务行业和对外资进一步开放。[①] 此外，中国还必须对关于知识产权保护的关注做出回应。由于竞争过去不受（目前仍然不受）WTO 的管辖，该领域在很大程度上未被纳入入世谈判。虽然部分谈判内容（特别是在补贴方面）涵盖了一些竞争方面的问题（国家援助），但是欧洲的竞争法监管机构（无论在欧盟层面还是成员国层面）并未直接参与中国的入世过程。

欧盟于 2000 年 5 月与中国就入世缔结了双边协议，并在 2001 年 9 月的中欧峰会[②]上正式欢迎中国加入 WTO。[③] 为了支持中国履行入世条款，欧盟在经济领域（包括竞争政策）向中国提供了全面的合作对话和技术援助。但是，双方并没有立即尝试探索关于竞争的双边对话的可能性。

2003 年春季，中欧竞争对话与合作迈出了坚实的第一步，与其说它是一项有计划战略的结果，不如说它是一系列的活动。在非典疫情暴发期间，欧盟驻北京代表团的官员（包括贸易部门负责人）出于健康原因被迫返回布鲁塞尔数周。从紧迫的工作事务抽离后，贸易部门负责人利用在布鲁塞尔停留的期间主动与欧盟委员会竞争总司接触，以便使其了解中国即将制定的竞争政策对欧盟的潜在影响。这些会面

① https：//www. emerald. com/insight/content/doi/10. 1108/17544400810884709/full/html.

② https：//ec. europa. eu/commission/presscorner/detail/en/PRES _01 _312.

③ https：//www. consilium. europa. eu/uedocs/cms _data/docs/pressdata/en/er/ACF28D9. html.

帮助人们关注中国即将出台的竞争政策可能产生的巨大影响，以及与中国提前接触的必要性。这促使欧盟优先考虑与中国接洽，并设计了启动欧盟和中国进行竞争政策相关对话的方式。

随着非典疫情的消退，紧接而来的是欧盟与中国迅速且谨慎的外交，2003 年 11 月，④ 当时负责欧盟竞争事务的委员马里奥·蒙蒂（Mario Monti）先生前往北京与中国商务部部长签署了一份宣言⑤，标志着欧盟与中国有史以来第一次竞争对话的起航。在访问期间，蒙蒂先生不仅会见了商务部的代表，还会见了中国工商总局的代表，当时这两个部委与国务院法制办共同负责起草《反垄断法》。2003 年 11 月的宣言最终促使中国商务部与欧盟委员会竞争总司于 2004 年 5 月 6 日通过了《中欧竞争政策对话框架性文件》（下称"《框架性文件》"）。⑥

由于上述过程，欧盟和中国之间的竞争法合作在中国尚未设立其竞争法监管机构及中国现代竞争政策刚刚起步之时就已经开始了。⑦ 早期开展的合作成了欧盟对中国竞争法的设计和发展做出贡献的决定性因素。

竞争政策对话的内容

《框架性文件》规定了对话的结构、内容和其他细节，对话的基础是欧盟竞争法及中国制定的各种与竞争有关的政策、法律和法规。竞争政策对话的首要目标是在中国和欧盟之间建立一个长期、透明的磋商论坛。该论坛将涵盖：

---

④ https：//ec. europa. eu/commission/presscorner/detail/en/IP _03 _1587.

⑤ https：//ec. europa. eu/competition/international/bilateral/cn2a _ en. pdf.

⑥ https：//ec. europa. eu/commission/presscorner/detail/en/IP _ 04 _ 597 和 https：//ec. europa. eu/competition/international/bilateral/china. html.

⑦ 例如，中国在七年后的 2011 年才与美国司法部达成《关于反垄断和反托拉斯合作的谅解备忘录》。https：//www. ftc. gov/sites/default/files/attachments/international - antitrust - and - consumer - protection - cooperation - agreements/110726mou - english. pdf。

> 反垄断法及其实施，包括就立法和打击国际卡特尔的新发展交换意见；全球经济中的企业并购控制；开放公用事业部门以及国家对市场进程的干预；在竞争政策领域向中国提供技术和能力建设援助。

布鲁塞尔和北京每年会轮番举行面对面的会议，由双方的高级官员共同担任主席。这些活动通常是组织欧盟委员会竞争事务委员与中国同行之间进行部长级会议的机会。在欧盟方面，代表团由政策司司长（或更高级别）带队。同样，中方由反垄断局局长（或更高级别）带队。在2018年3月国家市场监管总局成立之前，尽管反垄断局当时隶属商务部，反垄断局与来自国家发改委和工商总局的局长或副局长共同出席。各代表团还包括直接参与技术问题的工作人员，以进行技术讨论。

该等对话的价值部分在于双方官员多年来建立起来的良好信任。我们不应低估如此良好的人际往来在组织机构、文化和目标截然不同的两个司法辖区产生的价值。

最初几年对话（直到2007年8月通过《反垄断法》）集中讨论了《反垄断法》起草的问题。对话同样为在中欧世贸项目⑧下组织的广泛技术合作指明了方向，其中中欧世贸项目的设立是为了帮助中国适应入世要求。中欧世贸项目活动包括通过撰写专家报告（如《在中国建立竞争政策：欧盟的方法》）解决中国政府特别是商务部提出的具体问题。⑨ 项目也涉及举行一系列高级别会议，包括于2005年4月22日

⑧ http：//www.euchinawto.org/。中欧世贸项目（EUCTP）于2004年6月启动，为期五年（2004—2009年），是由欧盟委员会和中国政府联合资助的与贸易有关的技术援助项目。中欧世贸项目的总目标是帮助中国融入世界贸易体系，重点放在WTO的相关改革上。中欧世贸项目为合作活动提供专业知识和资金，增强中国有关贸易政策制定和监管问题上的能力，并使中国政府机构受益。中国商务部是中欧世贸项目的主要执行机构。

⑨ http：//www.euchinawto.org/en/view_cmpt06_iID_36.html.

举行的中欧竞争政策高级别研讨会。[10] 该项目还为前往中国的欧洲专家与中国《反垄断法》起草者提供定期技术交流的机会。为预备实施《反垄断法》，欧盟提供的支持是接待三名商务部官员在欧盟委员会竞争总司实习，使他们在执行方面积累实践经验。该项目非常成功，尤其是在知识传递方面——许多欧盟的法律原则都被纳入《反垄断法》体系。该项目也有助于商务部确立其作为中国主要竞争监管机构的地位。优异的成果促使技术合作持续成为发展中欧竞争合作项目的核心内容。[11] 多年来，中欧竞争合作项目已经发展出一种标准的开展方式，即在中国举办“中欧竞争周”（每两年一次）、在比利时开设“竞争暑期班”和一个访客参观项目——中国官员在与欧盟国家竞争监管部门进行长期借调之前有机会访问欧盟委员会竞争总司。

《反垄断法》的通过和生效

从 2007 年 8 月通过《反垄断法》至其一年后生效，这段时间是风暴来临前的平静时期——事实上也的确如此。商务部下属的反垄断局仍然是欧盟委员会竞争总司与中国负责竞争法相关事宜的政府机构（反垄断局和其他机构）进行沟通的唯一切入点。商务部的工作重点是起草实施条例，由于这些条例与中国的一般行政制度存在内在联系，因此外国专家的建议不会被认为具有直接的相关性。

在欧盟，实施一项新的法律通常是通过一套单独和专门的法规来完成的。相比之下，中国的实施条例依赖于一般的行政法，这也是所有政府部委的共通之处。《行政许可法》[12] 规定了企业并购审查方面的程序，

---

[10] http：//www. euchinawto. org/en/view _ cmpt06 _ iID _35. html.

[11] 中欧世贸项目二期（2010—2015 年）、欧洲大学桥梁课程（2016—2017 年）、亚洲竞争合作项目（2018—2021 年）。参见 https：//competitioncooperation. eu/。

[12] http：//en. pkulaw. cn/display. aspx？ cgid = 5f953c25c8723710bdfb&lib = law.

《行政处罚法》[13] 规定了根据《反垄断法》启动的任何针对违法行为的程序。一方面，这对反垄断法实施产生了巨大的有利影响；然而另一方面，它也限制了市场监管总局按照最佳国际实践设计程序的灵活性。

商务部：企业并购审查合作的新伙伴

《反垄断法》于2008年8月1日生效，这部法律开启了一个全新的世界。商务部下属的反垄断局成为欧盟委员会竞争总司在企业并购审查方面的合作伙伴。但是合作并非从一开始就取得了成功，第一次实际的交流直到2009年底才启动。商务部似乎想在竞争执法界扮演一个崭新的重要角色。商务部在2008年11月发布了第一份公告，附加限制性条件批准英博集团公司收购AB公司。[14] 该案的救济措施引发了国际上的关注。尽管估计的合并后市场份额仅为13%，但英博集团公司在相当长的一段时间内都被禁止在中国酿酒行业从事进一步收购。不久之后，商务部禁止了可口可乐拟议收购汇源一案。[15] 可口可乐和汇源分别占有中国果汁市场十分之一左右的份额。这两项决定将中国商务部牢牢地置于合并审查执法的世界版图之上。每个人都意识到，一个崭新、重要的角色已经到来；商务部成为企业在计划跨国企业并购时不可忽视的角色。人们还立即清楚地看到，商务部要求的救济措施内容有时可能并不常见，且商务部可能还会要求对未在世界上其他地方引起竞争担忧的交易采取救济措施。有文献提到，这种趋势在反垄断执法中将会持续下去，他们认为救济措施往往只针对外国企

⑬ http：//www. china. org. cn/english/government/207306. htm.

⑭ http：//english. mofcom. gov. cn/article/newsrelease/counselorsoffice/westernasiaandafricareport/200811/20081105902329. shtml.

⑮ https：//www. jonesday. com/en/insights/2009/03/antitrust – alert – – coca – cola – – huiyuan – deal – is – first – acquisition – blocked – by – china – antitrust – review.

业，而且损害理论与所采取的救济措施之间的关联性有时很难从竞争法的角度加以阐释。这些主张往往出现在下述情况下：审查结果似乎超出了决定所述的竞争担忧，或者审查结果与非中国竞争法监管机构在审查相同或类似行为时做出的结果不同。⑯

起初，商务部与欧盟委员会竞争总司之间少有就企业并购审查的合作。在所有“中欧竞争周”期间，如何增强双方在实践中的合作一直是备受讨论的热点话题。经过一系列讨论，时任商务部反垄断局局长尚明先生与欧盟委员会竞争总司副司长卡尔斯·莫索（Carles Esteva Mosso）先生于 2015 年 10 月签署了一项《中国商务部与欧盟竞争总司关于企业并购案件审查合作的实务指引》。⑰

这份 2015 年签署的文件迅速促进了商务部和欧盟委员会竞争总司在企业并购案件审查方面的合作。如今，双方通常会就两个司法辖区内同时平行审查的案件开展合作，已合作的案件超过 40 起。中欧的官员们例行讨论相关市场、损害理论以及一定程度的救济措施。随着时间推进，并购方已经习惯于中欧之间的企业并购审查合作，他们通常会提供对保密信息权利的弃权声明，以便允许中欧双方官员讨论相关保密信息。司法辖区之间的企业并购审查合作对避免产生互相冲突的决定至关重要，该等冲突将可能导致并购方无法完成交易。迄今为止，欧盟和中国避免了任何此类冲突。

欧盟委员会的新合作伙伴：发改委和工商总局

随着《反垄断法》的生效，原本已经具备广泛职能的发改委和工商总局又进一步被赋予了实施《反垄断法》的职能。发改委是国务院

⑯ 文中更多关于该议题的信息，参见 Wendy Ng，State Interest and the State - Centered Approach to Competition Law in China，The Antitrust Bulletin 1 - 15，2020 年。

⑰ https：//ec. europa. eu/competition/international/bilateral/china. html.

直属的非常强大的宏观经济管理部门，对中国经济具有广泛的行政和计划控制权。工商总局负责推进关于工商管理的立法，其中包括《反不正当竞争法》，该法提供了强有力的消费者保护和商标保护。[18]

虽然商务部和欧盟委员会竞争总司相互之间已十分熟悉，但发改委和工商总局是新的合作伙伴。建立这种关系需要一些时间。欧盟委员会竞争总司的官员努力理解这两大部委之间的权力分配，发改委和工商总局也不得不试图理解《反垄断法》的实质无关价格控制或消费者保护（即其此前和一贯的职责）——而是关乎保护市场竞争。

合作在双方的良好意愿下顺利开展，在“中欧竞争周”和对话期间进行了多次政策交流。欧盟委员会竞争总司受邀就两个部委发布的若干法规、指南和通知的起草工作进行讨论，这些法规、指南和通知涉及技术转让、宽恕制度、承诺、罚款和豁免等。欧盟委员会竞争总司意欲通过正式文件确定与发改委/工商总局的关系。2012 年 9 月 20 日，中欧双方签署了《关于反垄断法领域合作的谅解备忘录》（下称“《谅解备忘录》”）。[19] 因为商务部希望继续按照 2004 年《框架性文件》的规定担任中欧竞争对话的唯一联络方，2012 年的这份《谅解备忘录》未涉及结构性对话。尽管在“中欧竞争周”期间就合作形式讨论过多次，但欧盟委员会竞争总司和发改委/工商总局从未在反垄断案件中开展过任何实际的执法合作。发改委/工商总局似乎主要关注国内或区域性案件，而涉及跨国企业的少数案件似乎并不需要国际合作。

拓宽合作范围，纳入国家援助控制和公平竞争审查

许多人对《反垄断法》第五章感到困惑，其中包括不熟悉中国立

---

⑱ 因 2018 年中国实行政府行政管理改革，工商总局被并入新成立的国家市场监管总局。

⑲ https：//ec. europa. eu/competition/international/bilateral/china. html.

法传统的欧盟委员会竞争总司的执法人员。《反垄断法》中的部分条款与《欧盟条约》中确保货物、服务、人员和资本在欧盟内部市场上自由流动（所谓四大基本自由）的条款类似。实际上，它们是中国竞争法所独有的，反映了中国对经济的设计。此外，似乎尚未发生太多案件，许多人也并不清楚第五章的实施情况和目的。

2013 年 11 月，当中共十八届三中全会通过了意义深远的经济和社会改革时，这些条款才开始变得明晰起来。该次会议指出核心问题是处理好政府和市场的关系，使市场在资源配置中起决定性作用。中国启动了总体经济改革，旨在改善资源配置、促进创新并引入服务型经济。作为后续行动，国务院于 2016 年提出了一系列立法举措[20]，包括计划修订《反垄断法》和《反不正当竞争法》。[21] 拟议举措还包括建立公平竞争审查制度——要求各级政府审查现有和即将颁布的政策以确保该等政策有利于竞争。国务院 2016 年 6 月 14 日颁布的《关于在市场体系建设中建立公平竞争审查制度的意见》[22] 确立了公平竞争审查制度。尽管从技术上讲，公平竞争审查制度的创建并非基于一部法律，但中国领导阶层已经正式认可了该制度，称其旨在维护全国统一市场和具有明确市场进入和退出标准的公平竞争环境。发改委被委以构建审查机制的任务，并从经济合作与发展组织的“竞争评估工具包”[23] 和欧盟国家援助控制[24]中获得了启发。

公平竞争审查制度的通过促使发改委于 2017 年与欧盟委员会竞争总司就国家援助控制和公平竞争审查制度开展单独的新对话。[25] 欧

---

⑳ http：//www. gov. cn/zhengce/content/2016 －04/13/content _5063670. htm.

㉑ 同上。

㉒ http：//www. gov. cn/zhengce/content/2016 －06/14/content _5082066. htm.

㉓ https：//www. oecd. org/competition/assessment － toolkit. htm.

㉔ https：//ec. europa. eu/competition/state _ aid/overview/index _ en. html.

㉕ https：//ec. europa. eu/commission/presscorner/detail/en/IP _ 17 _ 1520，https：//ec. europa. eu/competition/international/bilateral/china. html.

盟委员会竞争事务委员玛格丽特·维斯塔格（Margrethe Vestager）女士和发改委主任何立峰先生签署了一份就国家援助控制展开新对话的谅解备忘录。欧盟委员会和发改委在一份联合声明[26]中强调，为防止公共政策扭曲和限制竞争，为保持公平的市场竞争、促进统一市场，中欧在国家援助控制和公平竞争审查方面的合作比以往任何时候都更为重要。对话将进一步推动欧盟和中国的共同利益，使双方合力推进公平的全球竞争与全球范围的公平竞争环境。

如同关于《反垄断法》的对话，国家援助对话的目的是在中欧之间建立起一个磋商、合作和透明度的机制。迄今为止，欧盟委员会竞争总司已利用该对话与中国分享了欧盟在实施国家援助相关法规方面的经验。国家援助对话将进一步推动欧盟和中国的共同利益，并促进全球公平竞争。对话也符合欧盟委员会解决国家补贴政策造成的扭曲的更广泛策略。此项对话得到了工作组的技术支持。该工作组由一个每年在“中欧竞争周”期间举行两次会议的联合指导小组组织。

中欧双方官员举行了多次会议，讨论国家援助控制在各自的市场实际情况和经济结构原则下的实施情况。通过联合工作可以明显看到，市场监管总局在推广公平竞争审查制度并使其获得理解和接受方面仍任重道远。

在2017年3月举办的“中欧竞争周”期间，时任商务部反垄断局局长吴振国先生宣布成立国家市场监管总局。由于新成立的市场监管总局的官员还有其他亟待优先处理的事项，行政机构重组的计划和实施意味着积极的技术合作将会暂停。仅关于企业并购审查的合作仍照常继续。大规模机构重组导致市场监管总局的成立，其机构职能在随后也发生了些许调整——由市场监管总局反垄断局负责《反垄断

---

[26] https：//ec. europa. eu/competition/international/bilateral/eu _ china _ joint _ communique _ 2017. pdf.

法》和公平竞争审查制度的实施。最开始，与公平竞争审查制度的实施相比，尤其是涉及审查当地政府机构为本地企业利益提供资金支持的政策时，市场监管总局似乎更注重《反垄断法》的实施工作。但是，对地方政府如何利用资金支持本地龙头企业的控制似乎对任何一个政府机构都至关重要——这些政府机构的任务是通过政策工具促进建立统一的国内市场。如果公平竞争审查制度要成为在中国建立国内统一市场的有效工具，则必须突显公平竞争审查制度在国家援助控制方面的影响。

《反垄断法》的修订

2020 年伊始，市场监管总局发布了《反垄断法》的修订草案。该草案似乎在法律与执法实践之间找到了一个更好的契合点。其中最令人兴奋的提议当属将公平竞争审查制度引入法律之中。如前所述，公平竞争审查制度在落实时将会面临挑战，原因之一就是缺乏适当的法律根据。若该提议能获得通过，修订后的《反垄断法》将为公平竞争审查制度提供法律基础，促使市场监管总局更积极地实施公平竞争审查制度，并发展出实施某种形式的国家援助控制。

将公平竞争审查制度纳入《反垄断法》的提议似乎鼓舞了公平竞争审查制度的实施。在市场监管总局的引领下，中国许多省级市场监管局都发布了新的方案，指导地方机构废除违背国家公平竞争审查制度的政策。它们甄别出包括政府干预在内的会妨碍建立全国统一市场的政策，例如强迫、组织和指导企业从事被中国《反垄断法》禁止的行为。

上述发展引起了人们的浓厚兴趣，并且，人们希望市场监管总局在实施公平竞争审查制度时能将重点放在控制补贴上。国家援助控制是竞争执法者的工具箱中用以构建有凝聚力的统一市场和一个真正公平竞争环境的至关重要的部分。欧盟委员会竞争总司很可能会以国家援助控制为重点，继续支持市场监管总局实施公平竞争审查制度。

未来如何？

本文撰写之时正值新冠疫情肆虐之际，这给我们对未来的展望笼上了一层阴霾。然而，正如 2003 年的非典疫情成为早期中欧合作发展的积极因素，此次疫情下体制、政策的发展也势必会取得进展。在与中国的对话中，欧盟始终主张竞争法是市场经济的支柱之一。竞争规则的实施应当是公平的，并建立在对事实进行合理的经济和法律分析的基础之上。而《反垄断法》遵循了一条稍有不同的路径，明确提及了社会主义市场经济（第一条）和国家对特定行业和企业的保护（第七条）。该路径不可避免地导致其实施结果时而与其他司法辖区相异。截至目前，市场监管总局已经巧妙地处理了《反垄断法》面临的特定中国特色问题，并且避免了有冲突的执法决定。然而不难预料，这个问题还将在未来的中欧竞争对话会议上继续存在。

同样显而易见的是，欧盟和中国将继续在公平和共通的规则、开放的市场和公平的营商环境方面拥有共同利益。因此，最有可能的前进道路是在国际社会及其治理机构之间开展更多的对话，进行更深入的互动。全球范围的企业家和政府都在关注大型的、具有全球影响力的重要角色，期待他们制定公平的全球标准并以身作则。

公平竞争审查制度及其未来的新法律基础都为中国得以降低竞争壁垒提供了机会，这些壁垒持续阻碍着中国境内外的私人企业。在改革后产生的新的实施格局中，市场监管总局似乎能够有效控制补贴的使用，以期在中国建立一个无缝的、运作更好的国内市场。这是一个鼓舞人心的迹象。显然，制定健全的国家援助政策需要顶层的政治承诺，而欧盟很可能会支持这一举动。

中国在促进竞争执法国际合作和程序保障方面的重要角色

乔治·卡里　布鲁斯·霍夫曼　黄存真　许涣冰

自12年前中国《反垄断法》实施以来，中国的竞争执法制度以难以置信的速度发展和成熟起来。通过向国际同行学习并借鉴自身的经验，中国的竞争执法制度一直不断地在实体上和程序上寻求自我完善。

随着中国成为一个日益重要的市场，中国的竞争执法制度也相应愈发重要，中国执法机构也已成为任何全球企业都不能忽视的执法机构。在经营者集中和垄断行为调查案件中，企业越来越多地发现自己需要面对包括中国在内的多个不同司法辖区监管机构的审查。竞争执法的多辖区性质不可避免地增加了监管的复杂性和不确定性。因此，国际合作以及一套公认的程序性保障措施对全球竞争制度越来越重要。作为一个日益重要的角色，国家市场监管总局及其前身在国际合作领域取得了快速进展，尽力在这方面做出重大贡献。

本文讨论了在当今复杂的全球竞争执法中国际合作的重要性以及采用统一的程序保障的必要性，回顾了中国在这方面取得的成就，并从国际法律工作者的角度为提高经营者集中审查过程中的程序公平提

* George S. Cary，佳利律师事务所华盛顿办公室合伙人。D. Bruce Hoffman，佳利律师事务所华盛顿办公室合伙人。黄存真，佳利律师事务所华盛顿特区办公室资深顾问。许涣冰，佳利律师事务所华盛顿办公室律师。作者特此感谢张红侠女士对本文提供的协助。本文仅代表作者的个人观点，不代表其工作单位或者其服务的客户的观点。

出了些许建议。

一、中国在竞争执法国际合作方面承担的角色

鉴于商业往来越来越强的跨国性质，竞争执法领域的国际合作也越来越重要。不同司法辖区的执法机构可能会启动涉及同一交易或垄断行为的调查程序，而相关证据和数据可能分布于不同的司法辖区。一个执法机构做出的具有全球重大影响的决定将不可避免地对其他司法辖区产生积极或消极的影响。同时，执法机构也面临挑战，如数字化和数据隐私给竞争执法带来的挑战。

中国早在出台《反垄断法》之前就参与了竞争执法的国际合作。早在 2004 年，欧盟—中国竞争政策对话就作为欧盟和中国在竞争执法方面的协商、透明和合作机制设立了起来。此机制持续至今。① 在 2011 年 7 月，美国司法部和联邦贸易委员会还与中国有关机构签署了有关竞争执法合作的谅解备忘录，当时中国相关机构为商务部、发改委和工商总局。② 新组建的市场监管总局也与 36 个司法辖区签署了 49 份有关竞争的双边谅解备忘录。③ 除双边政策对话外，市场监管总局还积极参与金砖国家的竞争法合作，④ 并在考虑积极参与其他多边合

① 参见欧盟竞争总司有关与中国的双边关系的网页：http：//ec. europa. eu/competition/international/bilateral/china. html。

② 参见联邦贸易委员会有关谅解备忘录的新闻发布：https：//www. ftc. gov/policy/cooperation - agreements/us - china - memorandum - understanding - antitrust - antimonopoly - cooperation。

③ 市场监管总局反垄断局副局长张光远在第八届中国竞争政策论坛上的讲话，2019 年 5 月 8 日。（截至讲话日，市场监管总局与 28 个司法辖区签署了 41 份竞争双边谅解备忘录，此后又分别与韩国、日本、菲律宾、塞尔维亚、摩洛哥、葡萄牙、俄罗斯和白俄罗斯签署了 8 份谅解备忘录。）

④ 2020 年 7 月 23 日，金砖国家反垄断政策协调委员会召开了视频会议讨论新冠疫情带来的经济影响，宣布对有效期至 2020 年 5 月的《金砖国家竞争法律与政策领域合作谅解备忘录》进行延期。第七届金砖国家国际竞争会议将于 2021 年在中国举行，市场监管总局代表甘霖在视频会议上简要介绍了相关准备工作。

作机制，包括国际竞争网络和多边程序框架。[5]

中国还与其他执法机构在具体案件上密切合作。随着中国市场对企业收入的占比越来越大，其已成为经营者集中（包括一些最复杂的交易）审查的关键司法辖区。在复杂的经营者集中案件中，执法机构之间的保密豁免请求已经成为一种常态。商务部（在市场监管总局成立之前负责经营者集中审查的机构）表示，其仅在 2017 年的前 8 个月就在超过 11 起经营者集中审查案件中与其他司法辖区有合作。[6] 在 2018 年至 2020 年 8 月中国附条件批准的 13 项交易中，4 项交易相关的官方新闻发布中特别提到了中国与欧盟和/或美国竞争执法机构的合作。[7]

令人鼓舞的是，市场监管总局继续履行了中国在竞争执法国际合作方面的承诺，并逐步扩大了合作程序和范围。除了关于市场界定和竞争评估的讨论外，中国已开始酌情参与协调救济措施的设计和实施。[8] 张光远副局长也在第八届中国竞争政策论坛上的发言中指出，

---

⑤ 2020 年 7 月 23 日，金砖国家反垄断政策协调委员会召开了视频会议讨论新冠疫情带来的经济影响，宣布对有效期至 2020 年 5 月的《金砖国家竞争法律与政策领域合作谅解备忘录》进行延期。第七届金砖国家国际竞争会议将于 2021 年在中国举行，市场监管总局代表甘霖在视频会议上简要介绍了相关准备工作。

⑥ Mlex 报告“商务部扩大经营者集中审查案件中与其他国际反垄断执法机构的合作”，2017 年 8 月 30 日，参见 http：//www. mlex. com/GlobalAntitrust/DetailView. aspx？cid =916697&siteid =202&rdir =1。

⑦ 欧盟委员会有关附条件批准拜耳收购孟山都的新闻发布，参见 https：//ec. europa. eu /commission/presscorner/detail/en/IP _18 _2282；欧盟委员会有关批准依视路和陆逊梯卡合并的新闻发布，参见 https：//ec. europa. eu/commission/presscorner/detail/en/IP _18 _1442；欧盟委员会有关附条件批准美国联合技术公司收购罗克韦尔柯林斯公司的新闻发布，参见 https：//ec. europa. eu/commission/presscorner/detail/en/IP _18 _3682；关于对丹纳赫收购 GE 生物制药附加条件的新闻发布，参见 https：//www. ftc. gov/news – events/press – releases/2020/03/ftc – imposes – conditions – danaher – corporations – acquisition – ge。

⑧ 例如，在审查丹纳赫收购 GE 生物制药的案件中，与巴西、中国、欧盟和以色列反垄断机构共同合作分析了拟议交易和潜在的救济措施。关于对丹纳赫收购 GE 生物制药附加条件的新闻发布，参见 https：//www. ftc. gov/news – events/press – releases/2020/03/ftc – imposes – conditions – danaher – corporations – acquisition – ge。

市场监管总局非常重视国际合作且正在积极“探索在垄断协议和滥用市场支配地位案件的反垄断调查方面的合作”。⑨

二、程序保障是国际合作的重要主题

国际合作的最终目标不一定是让所有执法机构对同一案件做出相同的结论。执法机构可能基于在它们各自司法辖区的不同事实或者竞争执法的不同标准得出不同的结论。各执法机构也确实曾对同一交易要求采取不同的救济措施，以解决各司法辖区的具体竞争问题。因此，更重要的是确保各方可以期待在各司法辖区的竞争执法中程序性保障措施具有显著的统一性。

竞争执法机构和法律工作者的国际对话也印证了这一点。OECD竞争委员会指出“国际讨论中出现的一个关键主题是竞争执法中的程序透明度和公平性的必要性和重要性。此主题超越了检察系统和行政系统之间的差异以及各成员国之间的其他法律、文化、历史和经济差异”。⑩ 因此，市场监管总局和欧盟竞争总司之间续签的竞争文件中清楚地阐明了诸如透明度、上诉以及非歧视等关键正当程序原则也就不足为奇了。⑪

程序公平是保障被执行方权利的需要，提倡程序公平也符合执法机构的利益。这一概念并非仅适用于竞争执法，而是适用于所有法律领域的法治基本概念。其在宪法条款、权利章程和司法判决中都得到了确认，包括中国的1999年《宪法修正案》，其中第五条规定：“中

---

⑨ 市场监管总局反垄断局副局长张光远在第八届中国竞争政策论坛上的讲话，2019年5月8日。

⑩ Organization for Economic Cooperation and Development (OECD) Competition Committee. Procedural Fairness and Transparency. Key Points, April, 2012.

⑪ See Speech by Zhang Guanyuan, then deputy director general of the Anti-monopoly Bureau of SAMR at 8th China Competition Policy Forum (May 8, 2019).

华人民共和国实行依法治国，建设社会主义法治国家。”

“司法更确定、更温和的时候，也是它更有效的时候。”⑫ 程序公平既能增强执法过程的合法性，又能提高执法过程的有效性。在当事方相信执法机构能提供程序保障时，如对保密信息和敏感信息进行保护时，他们会更愿意向执法机构提供信息协助案件审查。执法机构的公信力及其决定的合法性也会得到加强，从而提升合规激励和威慑力。正如美国司法部反垄断局助理检察长马坎·德拉希姆（Makan Delrahim）所言：“如果决策过程透明且公平，不同的结果就没有那么重要了。我们所有执法机构的决定的合法性都会因共同遵守透明且公平的决策程序而得到加强。”⑬ 市场监管总局反垄断局局长吴振国也赞同这一点，指出“专业和效率在执法中体现，也是近年来赢得国际声誉和尊重的重要因素，值得坚持”。⑭

因此，在竞争执法中，争取程序保障方面的一致和协调对国际合作至关重要。幸运的是，在这一问题上已经形成了强有力的共识。由于认识到各司法辖区在机构制度设置上的必要差异以及反垄断执法的情境性质，这一领域的趋同体现在最佳实践指南、非约束性软法律建议和实施原则等方面。⑮ 被普遍认可的是，透明度原则、充分告知指控和证据原则、给予当事方抗辩机会原则、独立的上诉审查原则、公

---

⑫ Alexis de Tocquieville, *Democracy in America*.

⑬ Makan Delrahim, International Antitrust Policy: Economic Liberty and the Rule of Law, NYU School of Law and Concurrences, New York, NY, October 27, 2017, at 14.

⑭ CPI Antitrust Chronicle March 2019, "CPI Talks with Zhenguo Wu," available at: https://www.competitionpolicyinternational.com/cpi-talks-21/.

⑮ *See e.g.*, Guidance on Investigative Process (2018) and Guiding Principles for Procedural Fairness in Competition Agency Enforcement (2018) by ICN; OECD Competition Committee's Procedural Fairness and Transparency, Key Points (2012), Policy Roundtables Procedural Fairness: Transparency Issues in Civil and Administrative Enforcement Proceedings (2010); and International Chamber of Commerce (ICC)'s Recommended framework for international best practices in competition law enforcement proceedings (2010) and ICC Discussion Paper, Effective Procedural Safeguards in Competition Law Enforcement Proceedings (2017).

正/不歧视原则和及时性是反垄断执法正当程序的关键。

中国已经展示了其在持续完善竞争执法中的正当程序和程序保障等关键要素方面的努力。为提高经营者集中审查程序的效率，中国在2014 年引入了简易程序，用以快速审查不太可能引起竞争问题的交易。目前，通过简易程序审查的交易中近 95% 会在 30 天内获得批准。

为了达到同样的目的，中国政府 2018 年对商务部、发改委和工商总局三个政府机构共享的反垄断执法权进行了整合，组建了市场监管总局，由其统一负责反垄断执法。这消除了工商总局和发改委在调查中由于管辖权界限不清所造成的不确定性，有望提高中国竞争执法的效率和统一性，包括提高程序、最佳实践、举证责任、证据规则和行为标准等方面的一致性。

除结构和程序方面的完善外，近年来颁布的诸多指引，给《反垄断法》提供了更多说明。2019 年，市场监管总局发布了一系列新的实施规则，包括有关限制性协议、滥用市场支配地位和滥用行政权力的反垄断调查的三个暂行规定，以及有关投诉处理、举报人奖励和竞争合规制度等的规则和指引。市场监管总局执法的透明度也得以加强，这表现在向公众更多披露附条件批准经营者集中案件和垄断行为调查案件的决定并说明相关理由、更多地参加国际会议、接受反垄断杂志的采访、召开新闻发布会以及发表执法报告。市场监管总局决定质量的提高（更深入地讨论支持其实质性决定的证据）深受国际社会的欢迎。

吴振国局长还多次重申了中国对这些程序原则的认可和遵守。在2018 年 12 月接受《反垄断信息》采访对今后竞争执法工作的指导原则发表意见时，吴局长指出“首先是遵守公平公正的原则，这对维护公平的竞争环境至关重要。在反垄断执法过程中，我们平等对待各类市场主体，确保各类市场主体公平参与市场竞争，并依法保护各方的合法权益”。[16] 在其 2019 年 3 月接受 CPI《反垄断法纪事》采访时，吴局长还指出，“促进反垄断执法更加规范化、专业化、常态化”是市场监管总局反垄断局的工作重点，包括“加强案件经济分析，完善执法程序，限制自由裁量权，平等对待各类市场主体，促进执法专业化、规范化”。[17]

这些年来中国在竞争执法的程序保障方面取得了长足进步，其在这方面的持续努力值得称赞。下文我们将抛砖引玉，从国际法律工作者的角度提出一些建议。

三、对中国加强竞争执法中的程序保障的建议

本部分概述经营者集中审查过程中正当程序和程序保障方面的一系列关键问题，为今后的进步谨提供一些建议。

（一）提供充分指引，确保透明度和可预测性

检验执法过程中的程序公平的一个关键标准是可预测性，而可预测性与程序的透明度又有着不可分割的联系。当事方只能遵守法律，而法律从业人员只有在了解相关法律后才能提供咨询。所以，提供明确阐释决定规则的充分指引（例如市场监管总局 2019 年发布的指引）是很重要的。

尽管发布了诸多指引，我们认为至少有一个领域尚明显缺少市场监管总局的指引。《反垄断法》第二十七条第五款允许中国竞争执法机构在经营者集中审查过程中考虑交易对“国民经济发展”的影响。

---

⑯ 专访市场监管总局反垄断局局长吴振国，Antitrust Source，2018 年 12 月，参见 https：//www. americanbar. org/content/dam/aba/publishing/antitrust _ source/2018 – 2019/atsource – december2018/dec18 _ wu _ intrvw _ 12 _ 17f. pdf。

⑰ CPI Antitrust Chronicle March 2019，“CPI Talks with Zhenguo Wu，” available at：https：//www. competitionpolicyinternational. com/cpi – talks – 21/.

这为在审查特定交易时考虑产业政策等反垄断法之外的因素提供了空间，并引入了一个模糊的标准，削弱了执法过程的可预测性和透明度。

尽管国际竞争界普遍认为，竞争政策的重点应放在消费者利益而非产业政策上，但如果中国选择偏离这一共识而让产业政策在竞争执法过程中发挥作用，那么在审查过程中考虑此类政策时，至少应对决策规则有明确的指引（比如何种情况如何考虑非竞争政策）。

（二）反垄断执法过程中及时和坦率的沟通

在整个经营者集中审查过程中，当事方有机会与市场监管总局负责案件审查的人员进行沟通。中国执法机构在这方面的做法近年来已有明显改进。事实上，市场监管总局允许在提交经营者集中申报之前进行沟通。[18] 市场监管总局对在审查过程中与当事方及其律师见面和沟通也持更加开放的态度。在新冠疫情期间，市场监管总局还允许通过电话会议方式以确保与全球各当事方的无障碍沟通。由于已证明这些措施能有效促进案件审查人员与当事方之间的及时沟通，因此，应考虑并欢迎在疫情结束之后继续允许使用电话会议。

（三）及早和充分查阅调查档案

《反垄断法》不允许当事方查阅调查档案，包括反垄断机构聘请的专家做出的经济分析或者非保密版的利益相关方的投诉。然而，中国经营者集中审查通常很重视利益相关方的意见。由于《反垄断法》允许在经营者集中审查过程中考虑中方利益相关方的意见，虽然该等意见不一定与反垄断有关甚至可能主要是产业政策方面的考虑，不能查阅调查档案加上告知当事方该等意见的时间滞后会削弱审查程序的

⑱ 参见《关于经营者集中申报的指导意见（2018 年 9 月 29 日修订）》，第九条至第十二条（经营者可就多个问题咨询市场监管总局的意见，包括交易是否需要申报，交易是否满足简易申报程序，提交申报材料的程序，以及相关市场的界定等）。

透明度和可预测性。

应尽早在审查过程中告知当事方对该等反垄断之外因素的考量。这会提高与当事方对话的效率，也能给予当事方及时对关注做出直接回应反馈的机会。

（四）及早披露关注/异议

在发现竞争问题后，应尽早通知当事方并附上明确的书面报告，说明相关法律依据、危害理论、被控违法行为以及确定的事实、数据和证据。

市场监管总局目前会通过各种方式向当事方传达其担忧和/或异议，包括通过与律师的正式会议和非正式通话。尽管该等沟通一般会说明相关危害理论，但没有给予当事方充分查阅确定担忧的事实、数据和证据的机会。这剥夺了当事方对市场监管总局在做出决定时所依赖的支持性证据做出回应的机会，并限制了当事方可能与市场监管总局进行的实质性沟通。

期待市场监管总局基于过去 12 年取得的经验进一步完善此方面的程序，从而能与当事方进行更加及时的、有据可依的沟通，能做到真正的互动和双向交流。

（五）充分告知和抗辩机会

就“及早披露关注/异议”而言，当事方应有机会通过听证会或查阅调查档案方式了解质疑对其不利的证据和论点。此外，市场监管总局应考虑和回应当事方的回复和反驳意见。

尽管相关规则和规定允许当事方在有关交易的最终决定做出之前请求举行听证，[19]由于缺少先例及缺少有关听证程序的详细规则，当事

⑲ 《经营者集中审查办法》，第七条；《经营者集中审查（暂行规定）》，第二十九条。

方很少请求此类听证。市场监管总局也可依据职权举行听证，[20] 但其倾向于将该等听证用于与供应商、客户、行业参与人、专家、行业协会和其他政府机构等利益相关方的讨论协商程序中。市场监管总局应将该等听证的适用范围扩大至与当事方的沟通，从而加强对抗辩权的保障。还应为该等听证制定必要的程序，以便当事方不会因为不可预测性而不愿意行使听证权。

在听证会上进行抗辩和反驳的机会不可避免地与律师的有效代理相关。就全球性的交易而言，由具有全球视野的国际律师代理能更好地促进沟通及提高国际合作。值得称赞的是，国际律师经常被允许参与审查程序，期待以后能在中国执业律师的指导下更多更直接地参与审查程序（包括参与证据听证会）。

（六）严格保护保密信息

《反垄断法》明确要求市场监管总局及其官员对其在执法过程中获悉的商业秘密和其他保密信息进行保密。[21]《反垄断法》中还规定了对违反保密义务的处罚（包括潜在刑事处罚），但该等处罚是否在实践中施加过尚不明晰。在整个经营者集中审查过程中，在与利益相关方共享文件或者在市场监管总局网站上公布时，当事方都可请求删减其提交的文件中的保密信息。

如上所述，增强对市场监管总局保密工作的信心将鼓励当事方分享更多信息，从而帮助市场监管总局更好地做出审查决定。虽然迄今还没有报告过有关违反保密规定的情形，值得通过建立一个明确的报告、裁定和纠正潜在违规情况的机制以重申市场监管总局在保密信息保护方面的持续承诺。

---

⑳ 《经营者集中审查办法》，第七条；《经营者集中审查（暂行规定）》，第二十九条。

㉑ 《反垄断法》，第四十一条。

四、结论

鉴于当今世界经济的一体化，不同司法辖区的竞争执法机构之间互相加强合作和沟通至关重要，特别是在持续推动竞争执法的程序保障方面。在短短 12 年时间里，中国已从一个经验不足的新手和如饥似渴的学习者，成长为国际政策对话的积极参与者和国际同行在竞争执法方面的重要合作伙伴。期待中国竞争执法在下一个 12 年里有更大的发展。

中国经营者集中审查程序的透明度和公平性

弗朗西斯科·冈萨雷斯-迪亚斯　黄存真　孙艺铭

程序透明和公平被普遍认为对有效的竞争执法制度至关重要。[①]透明化程序包括对外公开法律、政策、指南、程序实务以及执法机构和法院判决；程序公平则是对当事方和利益相关方的权利和限制建立和遵循公平而明确的程序，并为各方参与到执法者调查及决定制定的过程提供机会。[②]

透明而公正的程序可确保竞争执法程序的对象能受到公正、合理的对待，并为它们提供法律上的确定性和可预测性。[③]同时，通过保证所有的观点都能被适当纳入考量，透明而公正的程序还可以提高监管

* Francisco Enrique González-Díaz，佳利律师事务所布鲁塞尔办公室合伙人，马德里和布鲁塞尔律师协会成员。黄存真，佳利律师事务所华盛顿特区办公室资深顾问。孙艺铭，佳利律师事务所北京办公室律师。作者特此感谢陈兰心女士对本文提供的协助。本文仅代表作者的个人观点，不代表其工作单位或者其服务的客户的观点。

① 参见 OECD, Scoping note on Transparency and Procedural Fairness as a long-term theme for 2019 - 2020）（《经合组织范围说明》），第2页，2018年4月23日。参见 http：//www.oecd.org/officialdocuments/publicdisplaydocumentpdf/? cote = DAF/COMP/WD（2018）6&docLanguage = En，以及 D. Daniel Sokol and Andrew T. Guzman，Antitrust Procedural Fairness，Oxford Competition Law，2019年1月24日，第5页，参见 https：//oxcat.ouplaw.com/view/10.1093/law - ocl/9780198815426.001.0001/law - ocl - 9780198815426 - chapter - 2。

② 参见《经合组织范围说明》，第2页。

③ 同上。

机构分析和决定的质量，并最终建立起监管机构执法的公信力。[④]近年来，经营者集中审查的程序公正性和透明度经常成为受关注的焦点。[⑤]

本文将回顾中国过去 12 年来在建立透明、公平的经营者集中审查程序方面取得的进步，同时也会为如何更好地提高中国经营者集中审查程序的透明度和公平性提供一些建议。

一、中国经营者集中审查制度概述

中国的经营者集中审查制度可以追溯到 2003 年，到 2008 年《反垄断法》正式生效后得到积极实施。《反垄断法》正式建立起强制事前申报的经营者集中审查制度，要求经营者对达到申报门槛的拟定经营者集中交易在实施交易前进行申报审批。[⑥]负责经营者集中审查的机构曾经是中国商务部。2018 年 3 月国家市场监督管理总局成立，其负责包括经营者集中审查在内的全部反垄断法执法工作。《反垄断法》规定了分为两个阶段的经营者集中审查程序，且每一阶段的审查都有法定时间限制。[⑦]如果中国竞争执法机构认为某项交易将会产生限制竞争的影响，则其有权禁止该交易或者附加条件批准该项交易。[⑧]

中国竞争执法机构审查的经营者集中案件数量过去 12 年来一直呈现稳步增长，2009 年（实施《反垄断法》后的第一年）约有 80 件申报案件，而到 2018 年和 2019 年已经增长至每年超过 400 件的申报案件。截至 2020 年 4 月，中国竞争执法机构业已完成对共计 3 000 多

---

④ 参见《经合组织范围说明》，第 2 页。

⑤ 参见《反垄断程序公平性》，第 5 页。

⑥ 《反垄断法》，第二十一条。

⑦ 《反垄断法》，第二十五条和第二十六条。在申报材料被视为完整后，市场监管总局有 30 天的时间进行初步审查（中国的第一阶段审查）。在初步审查结束时，市场监管总局可以结案或者决定实施进一步审查（中国的第二阶段审查），进一步审查应在 90 天内完成（可延长不超过 60 天）。

⑧ 同上，第二十八条。

件经营者集中案件的审查，其中，3 092 件案件被无条件批准，49 件案件被附条件批准，两起案件被禁止。

二、中国对程序透明度和公平性重视程度不断提高

在中国法律体系下，经营者集中程序是一种行政执法程序，更确切地说是一种行政许可程序。⑨

透明和公平是中国行政法对行政程序规定的基本法律原则之一。例如，《行政许可法》第五条规定，行政许可程序应当“遵循公开、公平、公正的原则”，不得歧视。《行政许可法》第七条明确规定当事方就行政许可程序“享有陈述权、申辩权；有权依法申请行政复议或者提起行政诉讼”。

中国竞争执法机构日益重视保障反垄断执法的程序透明和公平。例如，市场监管总局反垄断局局长吴振国先生指出，完善执法程序、保护交易各方的合法权益以及提高执法的透明度是当前市场监管总局反垄断执法的工作重点之一。⑩

事实上，中国竞争执法机构一直在采取措施，通过加大对审查决定的公开程度和制定更加详细的程序规则和指南，提升中国经营者集中审查程序的透明度，并完善经营者集中审查中的程序性权利。

（一）中国经营者集中审查决定的透明化程度得到提高

公布更多、更为详细的审查决定，有利于外界对中国竞争执法机构决定制定过程的了解，进而为企业提供更多指导。

---

⑨ 此分类可见于 2018 年 9 月 29 日市场监管总局发布的《关于经营者集中申报的指导意见》。

⑩ 专访市场监管总局反垄断局局长吴振国，A Review of Achievement and Future Direction of Antimonopoly Law Enforcement in China，Concurrences，2019 年 2 月 27 日。

对于附条件批准案件和被禁止的案件，中国竞争执法机构应当公布其审查决定并说明理由[11]，这些被公布的审查决定随着时间推移越来越详尽，并包含越来越多的分析细节。虽然中国竞争执法机构在一些早期案件（如 2008 年的英博收购 AB 公司案[12]和 2009 年的可口可乐/汇源并购案[13]）中所做的审查决定比较简短且未能充分说明其决定所依据的事实，但其近期所做的审查决定已经逐渐提供更为充分且相对详细的竞争分析。在一些案件中，中国竞争执法机构的审查决定还展现出执法机构在使用经济工具和经济证据方面越来越有经验和信心。例如，在 2014 年的赛默飞世尔收购立菲技术公司案中，[14] 执法机构的审查决定在评估集中交易完成后价格是否会上涨时，采用了利润率—HHI 回归分析和说明性价格上涨测试进行经济分析。在 2017 年的马士基航运公司并购汉堡南美船务集团案中，[15] 执法机构的审查决定运用综合涨价压力指数（GUPPI）的量化分析来证明马士基航运公司在集中交易后有涨价的动机。

同样值得一提的是，中国竞争执法机构的信息披露现在已经超出了《反垄断法》规定的要求，其不仅公布禁止决定和附条件批准决定，还定期公布无条件批准的案件信息（包括案件名称及批准日期）。经营者集中审查数据公布频率也已经从之前的每季度发布一次公告（自 2012 年底以来），到每月发布一次公告（自 2019 年 4 月以来），再到目前每周发布一次公告（自 2019 年 6 月以来）。

---

[11] 《反垄断法》，第三十条。

[12] 商务部公告 2008 年第 95 号 关于附加限制性条件批准英博集团公司收购 AB 公司，2008 年 11 月 18 日。

[13] 商务部公告 2009 年第 22 号 关于禁止可口可乐公司收购中国汇源公司审查决定的公告，2009 年 3 月 19 日。

[14] 商务部公告 2014 年第 3 号 关于附加限制性条件批准赛默飞世尔科技公司收购立菲技术公司案经营者集中反垄断审查决定的公告，2014 年 1 月 14 日。

[15] 商务部公告 2017 年第 77 号 关于附加限制性条件批准马士基航运公司收购汉堡南美船务集团股权案经营者集中反垄断审查决定的公告，2017 年 11 月 7 日。

此外，自2014年2月首次引入简易程序后，中国竞争执法机构还一直定期在其网站上发布简易程序案件的交易和市场份额等信息以便在审查过程中征询公众意见。[16] 自2014年以来，执法机构还公开了未依法申报经营者集中和未经批准实施经营者集中的调查执法案件决定。同时，自2015年起，执法机构还开始公开修改或解除限制性条件的决定。

（二）制定经营者集中审查程序性规则和规定

中国竞争执法机构在制定经营者集中程序性规则和规定方面取得了令人瞩目的进展。

商务部（机构整合前负责经营者集中审查的机构）颁布了十几部涉及经营者集中审查各个程序环节的规则和规定。2018年9月，在机构整合后不久，作为新成立的中国竞争执法机构，市场监管总局更新了几部经营者集中审查程序性规则，又在2020年1月发布了《经营者集中审查暂行规定（征求意见稿）》向社会公开征求意见，[17]该征求意见稿旨在整合、梳理现行的各项经营者集中审查程序性规定。

三、中国经营者集中程序性权利演进完善

如下文所述，中国经营者集中审查制度下申报方的程序性权利数年来逐步完善，这是一个值得称赞的发展。在不远的将来，相信程序性权利还会被进一步完善。

---

⑯ 商务部公告2014年第12号《关于经营者集中简易案件适用标准的暂行规定》。满足特定标准（例如横向集中合并市场份额低于15%）的“简易案件”可以适用快速审查的简易程序。

⑰ 市场监管总局关于《经营者集中审查暂行规定（征求意见稿）》公开征求意见的公告，2020年1月7日。

（一）与竞争执法机构保持日常沟通

中国竞争执法机构已经形成了一套良好的实践做法，在从申报前商谈到救济措施磋商的整个经营者集中审查过程中，执法机构都与申报方保持联系。申报方可通过信函或传真方式向执法机构提交书面材料，[18]也可以通过会议口头表达他们的意见。近期，为应对新冠疫情，中国竞争执法机构在沟通方式上还展现出极大的灵活性，允许通过电子邮件或是电话会议的方式进行联系，以克服疫情对当面会谈造成的困难。[19]这些做法受到企业的广泛欢迎，企业也非常希望这些做法在未来可以成为一种常态，并期待在竞争执法机构和申报方之间能够建立更加丰富的对话渠道。

（二）知情权

除了在审查过程结束之后对社会公告最终决定外，中国竞争执法机构被要求在审查过程中以书面形式通知申报方其做出的程序性决定（例如，立案通知和进一步审查通知），并书面通知申报方其审查决定（即无条件批准、附条件批准或者禁止交易）。[20] 此外，中国竞争执法机构还应告知申报方其发现的竞争问题，并允许申报方在合理时限内提交书面意见。[21]

然而，现行经营者集中申报规则并没有明确规定竞争执法机构应该在何时告知申报方其发现的竞争问题，也没有明确竞争执法机构应

---

[18] 商务部《经营者集中审查办法》，2009 年 11 月 24 日，第五条；市场监管总局《经营者集中审查暂行规定（征求意见稿）》，2020 年 1 月 7 日，第二十七条。

[19] 参见市场监管总局关于支持疫情防控和复工复产反垄断执法的公告，2020 年 4 月 4 日，http：//gkml. samr. gov. cn/nsjg/fldj/202004/t20200405 _313859. html。

[20] 《反垄断法》，第二十五条和第二十六条。

[21] 《经营者集中审查办法》，第十条；《经营者集中审查暂行规定（征求意见稿）》，第四十一条。

该以何种形式（书面或口头）将竞争问题告知申报方。我们理解，在实践中，中国竞争执法机构通常会以口头通知的方式、明显在审查程序中较晚阶段（经常在第二阶段的延长期阶段，甚至有时在撤回并重新申报后）才将竞争问题告知申报方。在较晚阶段才指出竞争问题不可避免地会对知情权产生不利影响。

（三）听证权

在中国，申报方可在经营者集中审查最终决定做出前提出召开口头听证的请求。[22]中国竞争执法机构也可应其他相关方请求或主动召开口头听证。[23]执法机构可以邀请参加听证的范围广泛，包括参与集中的经营者、竞争对手、上游供应商、下游客户，其他有关的企业、专家、行业协会、其他政府部门以及消费者。[24]

我们理解，邀请广泛的行业参与者（包括中国本土竞争者）参与听证是一种常见做法，并有利于中国竞争执法机构征询各利益相关方的意见，在征询意见的过程中，一些与反垄断不相关的或与交易不相关的问题也会被提出。一旦执法机构提出竞争关注，申报方就很难进行反驳，而只能尽快提交救济方案以解决有关竞争关注，这部分是因为竞争关注经常在较晚阶段才被提出，因此留给申报方的时间也就不多。

（四）司法审查的权利

根据法律规定，经营者集中审查决定首先要经过行政复议，才能向有管辖权的法院上诉或是申请国务院裁决。[25]虽然和法院审理相比，

㉒ 《经营者集中审查办法》，第七条；《经营者集中审查暂行规定（征求意见稿）》，第二十九条。

㉓ 同上。

㉔ 同上。

㉕ 《反垄断法》，第五十三条；《行政复议法》，第十三条。

行政复议对解决经营者集中审查决定有关争议方面会更为迅速、更经济也更加灵活，但根据中国现行《行政复议法》，负责对经营者集中审查决定进行行政复议的机构是市场监管总局自身。

根据公开资料，我们迄今为止尚未见到任何一例中国经营者集中审查决定受到行政复议、司法审查或国务院裁决。

（五）保密信息受保护的权利

中国《反垄断法》明确要求中国竞争执法机构及其官员对其在竞争执法过程中获悉的商业秘密进行保密。[26]市场监管总局2020年1月发布的《反垄断法》修订稿中，[27]将这一保护范围扩大至个人隐私，[28]这也反映了个人隐私问题在中国越来越受到重视。

在经营者集中审查背景下，经营者集中审查有关规定进一步规定，市场监管总局和“被调查的经营者以及其他单位和个人”（我们理解后者可能指第三方参与人或者在审查过程中被征询意见的利益相关方）均应遵守保密要求，但根据法律法规应当披露的或者事先取得商业秘密权利人同意的除外。[29]申报方可以通过提交公开版本的方式，对其希望保密的信息进行标注。[30]虽然迄今还没有发生过保密信息泄露的争议，也没有发生过公开报道的第三方获取申报文件的纠纷，但由于现行规则的笼统性，公司有时仍会质疑是否有足够的保护措施来防止其申报文件中的保密信息被市场监管总局或其分支机构用于其他目的，或被泄露给中国竞争执法机构可能需要在征求利益相关方意见过程中与其共享信息的、有影响力的中国利益相关方。

---

[26] 《反垄断法》，第四十一条。

[27] 参见市场监管总局就《〈反垄断法〉修订草案（公开征求意见稿）》公开征求意见的公告（下称“《2020〈反垄断法〉修订草案》”），2020年1月2日。

[28] 《2020〈反垄断法〉修订草案》，第四十六条。

[29] 《经营者集中审查办法》，第十九条；《经营者集中审查（暂行规定）》，第八十九条。

[30] 《经营者集中申报办法》，第十二条；《经营者集中审查（暂行规定）》，第十二条。

四、对完善中国经营者集中审查程序的透明度及公平性的建议

随着中国过去 12 年来发展成为重要的经营者集中审查司法辖区之一，国际反垄断业界和企业必然期待中国经营者集中审查程序在保障透明度和程序公正上能够得到更高、更快的发展完善。

（一）撰写有更充分理由论证的附条件批准及禁止案件审查决定，公布更多无条件批准案件审查决定的相关信息

虽然中国竞争执法机构在公布的附条件批准和禁止案件审查决定中提供的分析日益全面，但这些分析仍然相对比较单薄（以欧盟为例，欧盟委员会附条件批准或禁止交易的审查决定可能包含长达几百页的分析，包含了交易方和其他市场参与方不同的观点，阐明欧盟委员会如何考量这些不同观点，分析证据，从而做出决定）。对企业来说，明确申报方或第三方提交的证据不被采纳的理由以及执法机构运用经济分析手段得出该结论的过程，相当有意义，并会为未来申报提供有帮助的指引。

令人鼓舞的是，近期无条件批准案件信息公布更加频繁。这可以作为未来发布更多无条件批准案件信息的第一步，特别是那些涉及敏感行业、有特色的市场以及独特交易结构的案件。

（二）以书面方式及时告知中国竞争执法机构对案件的评估

将中国竞争执法机构对竞争关注的评估明确、及时告知申报方，对申报方能够在做出最终决定前有效行使其申辩权利具有关键意义。

如上文所述，中国竞争执法机构通常以口头方式履行其告知申报方竞争关注的法律义务，这种沟通由于其口头性质可能不足以详细说明问题。而且，在表述对潜在竞争问题的正式意见时，中国竞争执法机构通常会考虑利益相关方的意见。由于利益相关方在何时做出反馈

是竞争执法机构无法控制的，这就使得竞争问题通常在审查过程中的较晚阶段才被执法机构向申报方提出，这有时也可能会被利益相关方利用成为它们达到商业目的的策略。

为更好地保障经营者集中审查过程中申报方的申辩权，可以考虑将告知竞争问题从口头方式改为书面方式，这能使申报方更好地了解更详细的论证分析和更多的证据细节，从而更有效地提出申辩观点。同时，另一点会广受欢迎的改变是，可以对利益相关方的反馈设定严格的时间限制，以使申报方至少能在第二阶段的前半段了解竞争关注。

（三）给予申报方审阅对其不利证据的机会

申报方应当能审阅对其不利的信息和证据，以更有效地行使其申辩权和听证权。

中国竞争执法机构已经采取措施不断提高审查程序的透明度，在此基础上，如果申报方能审阅执法机构（包括其聘请的经济学家）和利益相关方的观点所基于的信息和证据，那么对于潜在竞争问题的探讨也会更有成效。单方面的信息获取（即执法机构和利益相关方能接触申报方提交的信息，反之却不行）降低了透明度，也影响了申报方的申辩权。

企业在欧盟委员会的集中审查程序中可以审阅案件档案，[31] 如果与此类似，企业也拥有可以审阅中国竞争执法机构在确定竞争问题时使用的具体证据和信息的机会，将是十分受企业欢迎的举措。一些中国利益相关方可能倾向于对它们的身份及信息进行保密，实践中当然有多种方法来解决这一保密问题，比如进行保密编辑、采取摘要形式、建立资料室（data rooms）和保密圈（confidentiality rings），这些方法已经被欧盟及许多其他司法辖区使用。

---

[31] Commission Notice on the rules for access to the Commission file in cases pursuant to Articles 81 and 82 of the EC Treaty, Articles 53, 54 and 57 of the EEA Agreement and Council Regulation (EC) No 139/2004, OJ C 325, of 22 Dec. 2005.

（四）完善申报方的听证权

虽然中国的经营者集中审查制度规定了听证程序，申报方在听证程序中的程序性权利在实践中并未得到充分发展。即使执法机构将要做出对某申报方不利的最终决定，执法机构也没有义务必须同意申报方的口头听证申请。同时，执法机构也没有义务必须邀请申报方参加为其申报举行的听证会。

这与欧盟规定的听证权不同，[32]也和中国行政处罚程序（例如，可能导致罚款的反垄断调查程序）下当事方享有的听证权大相径庭。根据中国《行政处罚法》，行政处罚程序中的当事方在被处以一些严重行政处罚之前有要求举行口头听证的权利，如果要求举行听证，则行政机构应当组织听证。[33]考虑到禁止或附条件批准决定将会对集中的交易方产生不利的经济影响，我们认为申报方应该有充分的动机要求举行听证，并在不久的将来参加听证。

五、结语

虽然早期存在许多质疑中国经营者集中审查程序缺乏透明度的声音，[34]不可否认的是，中国竞争执法机构在过去 12 年里已经取得了长足的进步。我们期待在今后见证其在程序透明度和公平性方面取得更好的发展。

---

[32] 参见《欧盟基本权利宪章》第 41 条，“在采取任何会对其产生不利影响的个别措施之前，每个人都有发表意见的权利”，以及《欧共体合并条例》第 18（1）条和第 18（4）条，其中规定了在经营者集中程序中发表意见的权利。

[33] 《行政处罚法》，第四十二条。

[34] 参见 H. Stephen Harris, Jr. , Due Process and Procedural Rights under the China Anti-Monopoly Law，2014 年 6 月 CPI Antitrust Chronicle，第 3 页，https：//www. competition-policyinternational. com/ assets/Uploads/HarrisJUN – 141. pdf。

后记

张穹*

任何事物的发展都不能脱离特定的时空背景，受时空背景的影响并在一定程度上反作用于该时空背景。我国反垄断实践同样如此。自改革开放以来，我国经济发展经历了由政府全面垄断的计划经济向逐步引入竞争的市场经济过渡的演变。正是完善和发展社会主义市场经济的决定，释放了巨大的经济和社会活力，为我国经济持续繁荣增长提供了内在力量。这一变化背后隐藏的其实是我国关于政府与市场功能认知的转变。世界经济发展的历史经验表明，只有政府与市场两种有形和无形的力量共同作用、相互协调，才能推动一国经济长期持续增长。不断向市场释放空间，使市场在资源配置中发挥更大作用，弱化政府对经济的直接干预功能，推动政府逐渐退出微观经济领域，实际上是人们对普适性客观经济规律的深刻认识和充分尊重，也是对持续推进市场经济改革的经验总结。市场在资源配置中起主导性作用的市场经济模式，成为超越民族国家、政治理念和文化传统的普遍选择。

竞争是市场经济的本质特征，但竞争又总是和垄断如影随形。市场竞争中的经营者总是会产生排挤竞争对手、谋取垄断地位和攫取超额垄断利润的冲动，以实现自身利益最大化。这是市场经济运行过程

---

* 张穹，原国务院法制办副主任、国务院反垄断委员会专家咨询组组长。

中的不和谐因素，也是一种必然的经济现象。市场机制本身无法克服的“垄断化”缺陷和政府有限干预理论奠定了反垄断制度的理论基础，体现市场价值和竞争精神的反垄断法成为世界各国的普遍选择。由此可见，反垄断和市场经济是相伴共生的，计划经济中没有可供反垄断文化生长的土壤，而市场经济越成熟越需要反垄断。不同于西方发达国家的自由主义经济模式，我国市场经济的确立与发展脱胎于国家垄断经济的计划体制，是政府不断向市场让渡权力、使市场成为经济发展主导力量的转型过程。在此背景下，完善我国反垄断相关立法和配套制度，使之有效地保障市场竞争机制正常发挥作用、维护公平有序竞争秩序，既是激发市场主体活力、助推市场经济健康发展的重要前提，又是深化改革时期处理好政府与市场关系的必然要求。值此《反垄断法》修改之际，确有必要回顾我国过去 12 年来反垄断理论和实践的发展，为未来反垄断制度的改进和完善提供可资借鉴的素材与资料。

《反垄断法》作为保护市场竞争的基本法律制度，是我国市场经济有效运行的重要保障和支撑。自 2008 年 8 月 1 日正式实施以来，12 年间我国反垄断工作从无到有不断推进，理念化的制度规则通过积极的执法和司法活动转化为生动的反垄断实践，有力地预防和制止了非法垄断行为，维护了公平有序的市场竞争秩序，培育了竞争意识和文化，为保护消费者合法利益和社会公共利益做出了重要贡献。反垄断制度的功能和价值在完善市场经济体制的过程中不断得到彰显，其取得的成就主要表现在：

反垄断制度规则逐渐完善，制度建设重点由基本框架转向更为具体的领域，逐步构建起以《反垄断法》为主体，以垄断协议、滥用市场支配地位、行政垄断、经营者集中领域的暂行规定和指导意见为抓手的反垄断制度体系，增强了反垄断法规的针对性和可操作性，有利于为市场主体预判自身经营行为合法性提供细化标准，增加了反垄断执法的内部规范性和外部约束性；反垄断执法和司法实践不断拓展，产生了一大批具有重大社会影响的执法和司法垄断案件，例如本书中收录的赛默飞收购立菲科技案、利乐滥用市场支配地位案、云南省通信管理局行政垄断案等，涉案主体涵盖国内企业、境外企业、外资企业、民营企业、国有企业等诸多类型，涉案领域既包括电力、燃气等自然垄断行业，又包括医药、食品、保险等关乎人民群众切身利益的重要行业，形成了全方位宽领域的反垄断执法程序和审查机制；反垄断理论研究不断深入，从立法初期较为浅显的基础性制度研究，逐渐转向结合中国反垄断需求和实践的针对性研究，促使舶来自西方发达国家的反垄断制度扎根中国实践，扩展了反垄断理论研究的深度和广度，实现了理论和实践相互促进的良性互动；公平竞争意识和竞争文化渐渐觉醒，计划经济体制遗留下来的陈旧经济观念通过一系列典型案件和执法活动得到一定程度的纠正，各市场主体和社会公众对于公平有序竞争重要性的认识更加深刻，整体市场竞争环境也因此得以改善。

但是，过去的成绩是现在的起点。目前我国反垄断工作仍然面临着很多问题和挑战。这些问题和挑战不仅来源于国内经济结构转型的要求与数字产业的蓬勃兴起，也来源于国际上贸易保护主义抬头和竞争规则话语权争夺的趋势。一方面，国内经济产业结构优化和数字经济发展对反垄断执法和司法提出了新的要求，鼓励创新和竞争执法之间该如何平衡、创新要素在反垄断制度中怎样运用，都需要各界专家学者共同探索；数字经济所具有的网络效应、双边市场、锁定效应和平台模式也导致现行反垄断制度力有不逮。另一方面，经济全球化形势下一国国内市场的竞争状况越来越受到国际市场的影响，资本、技术、产品等跨境流动愈加频繁，企业参与国际竞争的比例逐渐增加。很多国家的竞争政策目标都从关注区域内公平市场建设转向国际市场竞争规则构建，试图通过双边、多边条约、区域联盟等各种形式输出本国竞争制度，掌握国际竞争规则的话语权。这导致国际竞争规则构建和国际合作成为完善我国反垄断制度的重要领域。对此，本书邀请的各位国内外专家和学者都在各自关注和擅长的领域进行了更加详细的阐述和分析，并提出了世界各国反垄断实践中具有普遍性和广泛性的一些难题，带领我们从更加宽广的视野对我国现行反垄断制度予以检视，颇具启发性和借鉴意义。

站在《反垄断法》即将修改的历史新节点上，面对国内外经济环境新变化带来的双重压力，做好未来的反垄断工作更需要各界有识之士勠力同心，勇于开拓。首先，在反垄断理念方面，由于历史和建国初期国内外经济贸易形势等因素，我国曾长期处于政府和市场之间更相信政府，竞争和管制之间更依赖管制的政府推进型经济发展模式。要消除历史经济发展路径遗留下来的惯性观念，未来《反垄断法》应当在培育竞争文化、强化竞争政策基础地位上发挥更大作用，形成积极的外部推进力量，加深竞争文化和价值的社会认同。其次，在反垄断制度方面，结合世界其他国家的反垄断经验来看，任何国家的反垄断制度体系都是在本国反垄断实践的基础上，通过大量的规章或指南等规范性文件交织起来的细密网络。继续加强反垄断领域具体规定和指南的制定，创新与数字经济特点相适应的制度规则，是新时期反垄断工作的必然使命。再次，在反垄断执法方面，伴随着人工智能、大数据、区块链等新型信息技术的应用，市场竞争中的垄断行为依靠技术的协助变得越来越复杂和隐蔽，提高了对执法精细化和专业化的要求。徒法不足以自行，新形势下发挥反垄断制度的维护竞争功能，还需加强执法队伍建设，不断完善反垄断执法中的专家论证、案件经济分析等机制。最后，在反垄断理论研究方面，不仅应结合我国当前的实际国情，深耕反垄断理论的本土性问题研究，增强反垄断理论研究的本土适应性，还应正确认识科技创新对竞争法律制度的挑战，创新与数字经济特点相适应的竞争理论。另外，应积极关注国际竞争理论和规则的新趋势，推进我国反垄断事业向国际更高水平迈进。

总之，回顾我国 12 年的反垄断实践历程，是反垄断配套规则体系不断健全的过程，也是执法机构改革和执法机制逐渐完善的过程。12 年反垄断工作的成就，离不开各界专家学者和社会公众的共同努力与关注。同时，我国反垄断实践在这 12 年经验积累的基础上，也获得了更加坚实的前进动力。反思过去和思考当下的意义都在于展望未来，这正是编委会编撰本书的出发点。作为反垄断立法的亲历者和反垄断实践的参与者，希望本书能够通过国内外专家学者对中国反垄断理论和案例的探讨，推动中外反垄断经验交流，总结过去反垄断工作的经验，记录并发现问题，为中国现在乃至未来反垄断实践的推进提供参考。

主要作者简介

彭森，中国经济体制改革研究会会长。曾任第十二届全国人大常委、财经委员会副主任委员，国家发改委副主任，国务院经济体制改革办公室副主任。

张穹，原国务院法制办副主任、国务院反垄断委员会专家咨询组组长。

林至人，北京凯恩克劳斯经济研究基金会创始理事兼执行主任。曾任牛津大学现代中国研究中心主任、经济学讲师，及多家国际金融与发展机构顾问。

于立，中国工业经济学会副会长，兼任竞争政策专业委员会主任。曾任国务院反垄断委员会专家咨询组成员。

王晓晔，深圳大学特聘教授，中国社会科学院二级研究员。曾任全国人大反垄断立法顾问、国务院反垄断委员会专家组成员、中国经济法研究会副会长。

王先林，上海交通大学特聘教授、二级教授、竞争法律与政策研究中心主任。国务院反垄断委员会专家咨询组成员，中国法学会经济法学研究会副会长。

孔祥俊，上海交通大学讲席教授、凯原法学院院长、知识产权与竞争法研究院院长。著有《反垄断法原理》《中国现行反垄断法理解与适用》等。

史际春，中国人民大学教授、安徽大学讲席教授、安徽师范大学法治中国建设研究院特聘教授，《法学家》主编。

许光耀，南开大学法学院教授。代表性著（译）作有《欧共体竞争立法》《欧共体竞争法通论》《欧共体竞争法经典判例研究》《垄断协议的反垄断法调整》《联邦反托拉斯政策》等。

吴汉洪，中国人民大学特聘教授、产业经济与竞争政策研究中心主任，中国世界贸易组织研究会理事。

时建中，中国政法大学副校长、教授。国务院反垄断委员会专家咨询组成员。中国法学会经济法学研究会副会长、中国科学技术法学会副会长、中国市场监督管理学会副会长。

林平，山东大学经济学院讲席教授。曾任香港经济学会会长。长期从事反垄断经济学和创新经济学研究，发表中英文学术文章百余篇。

徐士英，华东政法大学教授，浙江理工大学特聘教授。中国法学会经济法研究会常务理事暨监事，中国消费者法研究会常务理事。中国经济体制改革研究会竞争政策专业委员会专家委员。

盛杰民，北京大学法学院教授。中国经济体制改革研究会理事、专家。中国消费者协会理事、专家委员会专家。《反垄断法》审查修改专家小组成员。

黄勇，对外经济贸易大学竞争法中心主任、法学院教授。国务院反垄断委员会专家咨询组成员，全程参与《反垄断法》制定。

丁文联，金杜律师事务所高级顾问。曾任上海市高级人民法院知识产权庭副庭长、审判一庭庭长。

宁宣凤，金杜律师事务所合伙人。

任勇，北京市天地和律师事务所创始人兼主任合伙人。

朱理，最高人民法院知识产权法庭副庭长，兼任最高人民法院国际商事法庭法官、国务院反垄断委员会专家咨询组专家、国家知识产权局专家库专家。

张汉东，曾任国家发改委价监与反垄断局局长，并曾先后任职新疆发改委副主任，新疆巴州副书记、常务副州长，新疆阿勒泰地委书记，国务院医改办副主任。

李青，曾任国家发改委价监与反垄断局副局长、国家市场监管总局价监竞争局副局长。负责研究起草公平竞争审查制度，国发〔2016〕34号文件的主要起草人。

芮松艳，北京知识产权法院法官、审判委员会委员。

宋健，江苏省高级人民法院二级高级法官、审判委员会委员。曾任江苏省高级法院知识产权庭庭长。

尚明，中国世界贸易组织研究会总法律顾问、竞争政策与法律专业委员会主任。曾任商务部条约法律司司长和反垄断局局长、国务院反垄断委员会办公室主任。

赵晓光，先后在国家国有资产管理局、国务院法制办、国家邮政局任职。参与和主持了会计法、外贸法、公司法、反垄断法和电信条例、公司登记条例等50多部草案的拟订。

韩亮，方达律师事务所管委会主任、反垄断业务主管合伙人。

魏士廪，北京大成律师事务所高级合伙人。

钱晓强，金诚同达律师事务所合伙人。

魏颖，中国社会科学院国际法所竞争法基地研究员。先后在英国杜伦大学、澳大利亚新南威尔士大学做访问学者。

祁欢，中国政法大学国际法学院副院长、教授。中国国际反垄断和投资研究中心主任。中国国际经济法学会常务理事。

胡铁，北京德恒律师事务所合伙人。

解琳，曾先后在商务部条法司、中国驻欧盟使团经商参处、商务部反垄断局、国家市场监管总局反垄断局任职。

韩伟，中国社会科学院大学竞争法研究中心执行主任、副教授。竞争法国际协会（ASCOLA）会员。

张昕，对外经济贸易大学商学院博士后、竞争法中心研究员。中欧世贸项目（二期）竞争法专家。

张炜，先后在国家发改委、市场监管总局工作，参与了大量反垄断立法、执法和国际合作等一线业务。

赵亦勤，在反垄断实务一线工作多年，曾发表多篇专业论文及译作。

冯瑶，2019 年作为国际贸易与竞争团队的创始人及香港办公室负责人加入尚伦律师事务所。世泽律师事务所创始人之一。

张枫宜，北京市天地和律师事务所资深律师。

王文睿，北京市天地和律师事务所合伙人。

许蓉蓉，北京市君合律师事务所合伙人。

巩明芳，北京市君合律师事务所合伙人。

刘俊升，华润（集团）有限公司法律合规部高级法律顾问。

黄菁，方达律师事务所北京办公室反垄断业务合伙人。

王智宁，北京市天地和律师事务所资深律师。

马辰，北京市汉坤律师事务所合伙人。

仕达，北京市汉坤律师事务所顾问。

柳洁，北京市天地和律师事务所律师。

谢冠斌，立方律师事务所高级合伙人。

焦姗，立方律师事务所合伙人。

岑兆琦，中伦律师事务所合伙人。

祁放，方达律师事务所合伙人。

万江，曾就职于国家发改委。著有《中国反垄断法：理论、实践与国际比较》等。

只升敏，原国家发改委价监与反垄断局副巡视员。

张占江，上海财经大学法学院教授。先后在 *Journal of Competition Law and Economics*、《法学研究》《中外法学》等发表论文多篇。

鞠汉芳，江苏省市场监督管理局反垄断处处长。

胡健禾，重庆市市场监管综合行政执法总队副处长。

倪国宸，上海市市场监督管理局反垄断办资深执法官员。

王晓茹，美国芝加哥大学经济学博士，Compass Lexecon 经济咨询公司执行副总裁。

薛强，众达律师事务所合伙人。

杨超，上海市市场监管局执法总队法制处处长。

李蕊，北京大成律师事务所律师。

孙文，广东省市场监督管理局反垄断处副处长。

孙娟娟，广东省市场监督管理局执法监督处一级主任科员。

孙晋，武汉大学法学院教授、竞争法与竞争政策研究中心主任，中国商业法研究会副会长。

仲春，暨南大学知识产权研究院院长助理、副教授。出版专著《创新与反垄断——互联网企业滥用行为之法律规制研究》。

杨佳佳，原市场监管总局价监局公平竞争审查处处长。

William E. Kovacic，美国联邦贸易委员会前主席，乔治·华盛顿大学法学院国际竞争法教授。伦敦国王学院潘迪生法学院客座教授，英国竞争和市场管理局非执行董事。

Allan Fels，澳大利亚墨尔本大学教授，中国社会科学院国际顾问。曾任澳大利亚竞争与消费者委员会首任主席，并于1996—2003 年主持经合组织贸易与竞争委员会。

Alberto Heimler，意大利国家行政学院经济学教授，经合组织竞争委员会“竞争与监管”工作组主席（法国）。曾任国际竞争网络（ICN）指导小组及业务框架工作组主席。

Frédéric Jenny，法国埃塞克商学院经济学教授，经合组织竞争委员会主席。曾任英国公平贸易办公室非执行主任、法国最高法院法官、法国竞争管理局副主席、WTO 贸易与竞争工作组主席。

Andrew Tyrie，2020 年 9 月辞任英国竞争和市场管理局主席。此前曾任英国国会议员、财政部特别委员会主席、英国国会银行业标准委员会主席。

Maureen K. Ohlhausen，贝克博茨律师事务所反垄断和竞争法业务组合伙人兼国际部主席。曾任美国联邦贸易委员会法律顾问、代理主席、委员。

Jana I. Seidl，贝克博茨律师事务所华盛顿特区办公室律师。

Renata B. Hesse，苏利文－克伦威尔律师事务所合伙人，美国律师协会反垄断部门联合主席。曾两次担任美国司法部分管反垄断事务的代理副部长。

Sophia A. Vandergrift，苏利文－克伦威尔律师事务所诉讼部特别顾问。

Douglas H. Ginsburg，乔治·梅森大学安东宁·斯卡利亚法学院教授，全球反垄断学会国际咨询委员会主席。美国哥伦比亚特区联邦巡回上诉法院资深法官，曾任首席法官，并曾于 1987 年获得美国最高法院大法官提名。

Joanna Tsai，查尔斯里弗顾问公司经济学家及副总裁，美国律师协会反垄断部门并购委员会联席主席。曾任联邦贸易委员会经济顾问。

Joshua D. Wright，乔治·梅森大学安东宁·斯卡利亚法学院教授，兼全球反垄断研究所执行董事。曾任美国联邦贸易委员会常驻学者、委员。

Torben Toft，欧盟委员会竞争总司国际合作局资深专家。中欧竞争周项目欧方负责人。

George S. Cary，佳利律师事务所华盛顿办公室合伙人。曾任美国联邦贸易委员会竞争局副局长。

D. Bruce Hoffman，佳利律师事务所华盛顿办公室合伙人。曾任美国联邦贸易委员会竞争局局长，并组织成立了竞争局技术执法部门。

Francisco Enrique González-Díaz，佳利律师事务所布鲁塞尔办公室合伙人，马德里和布鲁塞尔律师协会成员。曾任欧盟委员会竞争总司并购局局长。

致　谢

这本书的缘起，与中国传统纪年有关。中国传统的干支纪年单位，以 12 为基，为一轮或一纪。12 年，是一个特别重要的年份，也有着特别的纪念意义。于是，有了这本书最早的完成年份认定。事实上，这种 12 年的缘分也确与《反垄断法》遥相呼应。庚子年初，业界开始较为集中地讨论修订实施了 12 年的《反垄断法》。在这样一个年份进行回顾，是非常恰当的时点。完成这本书，实属不易。从策划之初到落地，历时两年有余。最终组稿的一年里，因为疫情肆虐，很多外国专家“暂时性”失联，或不得不放弃。好在有国内外业界朋友们的鼎力支持，最终坚持下来。也终于，在庚子年末，完成了这一份特别的纪念。

在此，感谢北京凯恩克劳斯经济研究基金会为本书出版提供的资助；感谢彭森先生、张穹先生和威廉姆·科瓦希克先生为本书作序及后记；感谢所有国内外专家、学者及实务界人士为本书撰稿，回顾也好，案件评析也好，都是《反垄断法》实施 12 年最珍贵的记录；感谢北京市天地和律师事务所优秀的律师团队，在非常短的时间内完成了国外文稿的翻译工作，他们是贾龙、肖莆羚令、桂足、武瑶、裴梦然、周思佑、王哲、王智宁；感谢中信出版集团，特别感谢《比较》编辑室吴素萍主编和孟凡玲女士，她们为本书的出版编校付出了艰辛的努力。同时，对于本书中可能存在的不足与疏漏，敬请批评指正。

几经周折，书稿付印时，已是庚子年大雪时节。第一批阅读者，应该是在冬至了。本书不仅是对《反垄断法》实施 12 年的回顾与记录，更有对其未来 12 年的展望与期待。希望下一个 12 年，我们能够再次聚力续写，并诚挚祝福，今天文本上的所有美好愿望，能够在未来 12 年圆满实现。

本书编委会

二零二零年十二月